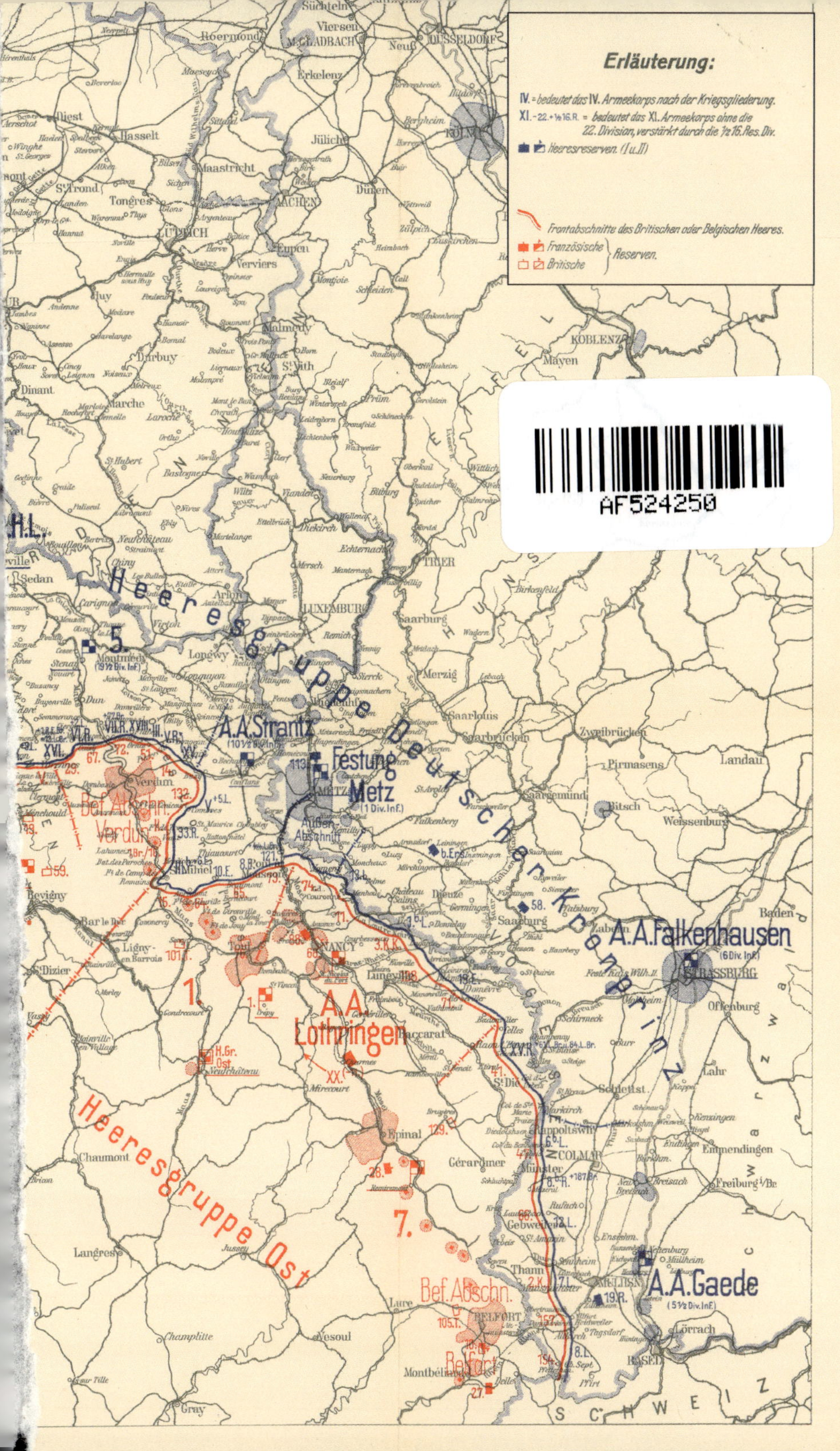
Erläuterung:
IV. = bedeutet das IV. Armeekorps nach der Kriegsgliederung.
XI. -22. + ½ 16. R. = bedeutet das XI. Armeekorps ohne die 22. Division, verstärkt durch die ½ 16. Res. Div.
Heeresreserven. (I u. II)
Frontabschnitte des Britischen oder Belgischen Heeres.
Französische
Britische
Reserven.
Heeresgruppe Deutscher Kronprinz
A.A. Strantz
(10½ Div. Inf.)
Festung Metz
(1 Div. Inf.)
Außen-Abschnitt
A.A. Falkenhausen
(6 Div. Inf.)
A.A. Gaede
(5½ Div. Inf.)
Heeresgruppe Ost
A.A. Lothringen
Bef. Abschn. Verdun
Bef. Abschn. Belfort
H. Gr. Ost
5.
1.
7.
VOGESEN
SCHWEIZ
Schwarzwald
Düsseldorf
M. Gladbach
Köln
Aachen
Lüttich
Maastricht
Koblenz
Trier
Luxemburg
Sedan
Verdun
Metz
Saarbrücken
Nancy
Toul
Lunéville
Épinal
Straßburg
Colmar
Mülhausen
Belfort
Basel
Freiburg i/Br.
Chaumont
Langres
Vesoul

Olaf Jessen

VERDUN 1916

Olaf Jessen

VERDUN 1916

Urschlacht des Jahrhunderts

C.H.Beck

Mit 66 Abbildungen und 8 Karten

1. und 2. Auflage. 2014

3., unveränderte Auflage. 2023

www.chbeck.de
Umschlaggestaltung: Geviert, Grafik & Typografie, Christian Otto
Umschlagabbildung: Französischer Soldat auf einem Blindgänger, © ecpa
Satz: Fotosatz Amann, Memmingen
Druck und Bindung: CPI – Ebner & Spiegel, Ulm
Gedruckt auf säurefreiem und alterungsbeständigem Papier
Printed in Germany
ISBN 978 3 406 80535 6

myclimate

klimaneutral produziert
www.chbeck.de/nachhaltig

INHALT

Verzeichnis der Hauptpersonen

THEOBALD VON BETHMANN HOLLWEG
Deutscher Reichskanzler und preußischer Ministerpräsident

CORDT VON BRANDIS
Oberleutnant, Chef der 8. Kompanie im II. Bataillon des preußischen Infanterieregiments Nr. 24

ERICH VON FALKENHAYN
General, Chef des Generalstabes des deutschen Feldheeres, ab 6. September 1916 Oberbefehlshaber der Neunten Deutschen Armee in Rumänien

HANS-JOACHIM HAUPT
Hauptmann, Chef der 7. Kompanie im II. Bataillon des preußischen Infanterieregiments Nr. 24, ab 25. Februar 1916 Kommandant des Fort Douaumont

GERHARD VON HEYMANN
Oberstleutnant, Erster Generalstabsoffizier («I a») der Fünften Deutschen Armee und der Heeresgruppe Deutscher Kronprinz, ab 23. April 1916 Kommandeur des 2. Garde-Regiments zu Fuß

OTTO KUNZE
Vizefeldwebel, 4. Kompanie des Sächsischen II. Pionierbataillons Nr. 22

EWALD VON LOCHOW
Kommandierender General des III. Deutschen Armeekorps, ab 15. April 1916 Kommandeur der «Angriffsgruppe Ost», ab 25. November 1916 Oberbefehlshaber der Fünften Deutschen Armee

Erich Ludendorff

Generalleutnant, Chef des Stabes bei Generalfeldmarschall Paul von Hindenburg, des Oberbefehlshabers aller deutschen Streitkräfte im Osten («Ober-Ost»), ab 29. August 1916 General der Infanterie, Erster Generalquartiermeister und Stellvertreter des Chefs des Generalstabes des deutschen Feldheeres

Eugen Radtke

Leutnant, Zugführer der 6. Kompanie im II. Bataillon des preußischen Infanterieregiments Nr. 24

Constantin Schmidt von Knobelsdorf

Generalleutnant, Chef des Stabes der Fünften Deutschen Armee und Chef des Stabes der Heeresgruppe Deutscher Kronprinz, ab 20. August 1916 Kommandierender General des X. Armeekorps

Gerhard Tappen

Generalleutnant, Chef der Operationsabteilung in der Obersten Heeresleitung, ab 28. August 1916 Chef des Stabes der Heeresgruppe Mackensen in Rumänien

Adolf Wild von Hohenborn

Generalleutnant, preußischer Kriegsminister, ab 29. Oktober 1916 Kommandierender General des XVI. Armeekorps

Wilhelm von Preussen

Kronprinz des Deutschen Reiches und von Preußen, Oberbefehlshaber der Fünften Deutschen Armee und Oberbefehlshaber der Heeresgruppe Deutscher Kronprinz

Wilhelm II.

Deutscher Kaiser und König von Preußen, Oberster Kriegsherr des Deutschen Reiches

ARISTIDE BRIAND
Französischer Ministerratspräsident und Außenminister

ÉDOUARD DE CASTELNAU
General, Chef des Stabes der französischen Streitkräfte, ab 27. Dezember 1916 Führer der Heeresgruppe Ost

ÉMILE DRIANT
Oberst, französischer Berufsoffizier, Autor von Zukunftsromanen, Abgeordneter von Nancy, Mitglied der Armeekommission der Kammer, Kommandeur des 56. und 59. Jägerbataillons im Sektor Verdun

ABEL FERRY
Leutnant, Zugführer im französischen Infanterieregiment Nr. 166, Abgeordneter von Épinal, Mitglied der Armeekommission der Kammer

JOSEPH GALLIENI
General, französischer Kriegsminister

CHARLES DE GAULLE
Hauptmann, Chef der 10. Kompanie des französischen Infanterieregiments Nr. 33

JOSEPH JOFFRE
General, Generalissimus des französischen Heeres

ROBERT NIVELLE
General, Kommandeur des III. Französischen Armeekorps, ab 1. Mai 1916 Kommandeur der Zweiten Französischen Armee, ab 26. Dezember 1916 Oberbefehlshaber der französischen Streitkräfte in Frankreich

PHILIPPE PÉTAIN
General, Kommandeur der Zweiten Französischen Armee, ab 1. Mai 1916 Oberbefehlshaber der Heeresgruppe Mitte

Raymond Poincaré
Französischer Staatspräsident

Sylvain Eugène Raynal
Major, Kommandant des Fort Vaux

Sir Douglas Haig
Feldmarschall, Oberbefehlshaber der Britischen Expeditionsstreitkräfte in Frankreich

Lord Herbert Kitchener
Feldmarschall, britischer Kriegsminister

Sir William Robertson
General, Chef des Imperialen Generalstabes in London

Diese Westfront hat der Teufel erfunden.

ADOLF WILD VON HOHENBORN, 1916

Einleitung

«No boats for the Continent!»[1], ruft der Zeitungsjunge, sein Extrablatt schwenkend: «Keine Schiffe zum Kontinent!» Cordt von Brandis wirkt beunruhigt. Eben ist sein Nachtzug aus Glasgow eingefahren. Nur ungern hat er eine Kajak-Tour abgebrochen. «Was haben wir an herrlichen Aussichten, an Freude an Sonne und Meer, an Spaß mit Seehunden und Delphinen erlebt!»[2] Doch ihn drängt es nach Hause. Der Leutnant will zu seinem Regiment nach Neuruppin. Wie ganz London weiß auch Brandis im Juli 1914 um die Kriegsgefahr. In der Euston Railway Station nimmt er die U-Bahn zur Victoria Station, kann dort aber kein Ticket nach Köln erwerben. «We dont't book for Cologne!», erklärt der Verkäufer: «Are you German?» – «Sind Sie Deutscher?»[3] Brandis steigt in die Linie 8, in einen Doppeldeckerbus, um das Konsulat am Bedford-Place zu erreichen. «Bei zunehmender Hitze und Müdigkeit»[4] nimmt er auf dem Oberdeck Platz. Die Fahrt führt über die Mall bis zum Trafalgar Square, dann rollt das Fahrzeug am Picadilly Circus und am Hyde Park vorbei nach Westen. Neben Brandis sitzt ein jüngerer Passagier, den er bittet, ihm mitzuteilen, wo er aussteigen soll. «Sind Sie Deutscher oder Österreicher?», entgegnet der junge Nebenmann, «jeder Deutsche sieht soldatenmäßig aus.»[5] Brandis fürchtet, verhaftet zu werden. Dann aber trifft es ihn «wie ein elektrischer Schlag: In den Straßenlärm hinein, ihn vielfach übertönend», mischt sich «ein tiefer Unterton», dem Dröhnen der Brandung vergleichbar, findet Brandis, «das mir in den letzten Wochen so vertraut geworden war». Der Leutnant hört den Gesang einer riesigen Menschenmenge. «Bedford-Place!», erklärt ihm sein Nebenmann, «die Deutschen!».[6] In der Straße marschieren Reservisten in Kolonnen immer wieder auf und ab. Schwarz-weiß-rote Fahnen flattern. Alle Passagiere sind «völlig verstummt». Auch Schaffner und Fahrer starren auf die Marschierer. Dem Bus schlägt Kriegsgesang entgegen: «Fest steht und treu die Wacht, die Wacht am Rhein!»[7] Begeistert reiht sich Brandis in die Kolonne ein. Neunzehn Monate später werden viele Sänger nicht mehr am Leben sein. Und das Regiment aus Neuruppin wird in einer Schlacht zum Einsatz gelangen, die nicht nur in Europa aufhorchen lässt.

Verdun 1916 – längste Schlacht der Weltgeschichte, Sinnbild des totalen Krieges, Markstein für das 20. Jahrhundert. «So furchtbar kann nicht einmal die Hölle sein»[8], entsetzte sich ein Augenzeuge. Nie wieder starben mehr Soldaten auf so engem Raum. Deutsche und französische Truppen verloren über 700 000 Soldaten.[9] Der Erste Weltkrieg zerstörte die Großreiche Deutschlands, Russlands, Österreich-Ungarns und der Türkei. Er war der Anfang vom Ende der Vorherrschaft Europas, zwang die USA auf die Weltbühne, führte zur Gründung der Sowjetunion und bot den Nährboden für den Aufstieg von Kommunismus und Nationalsozialismus.[10] Erfahrungen und Folgen des Großen Krieges haben den Zweiten Weltkrieg vorgeprägt – in so hohem Maße, dass Historiker die Zeit von 1914 bis 1945 als zweiten Dreißigjährigen Krieg bezeichnen.[11] Kein Zweifel: Die «Urkatastrophe» des 20. Jahrhunderts prägt noch unsere Gegenwart.[12] Und einer ihrer Wendepunkte war die Schlacht bei Verdun.

Dreihundert Tage und dreihundert Nächte tobte die Urschlacht des Jahrhunderts: vom deutschen Angriff am 21. Februar 1916 bis zum Ende der letzten französischen Großoffensive am 20. Dezember. Sie stieß die Entwicklung moderner Luftwaffen an, durchkreuzte die alliierten Pläne an der Somme, führte zum Sturz der beteiligten Heerführer, verschob die politischen Gewichte in Frankreich und Deutschland. Drei Viertel der französischen Streitkräfte kämpften an den Ufern der Maas. Bei Verdun entbrannte die – bis dahin – größte Materialschlacht der Geschichte. Zugleich bezeichnen die Kämpfe jenen Punkt, an dem die Hauptlast des Krieges von Frankreich auf Großbritannien überging. Hatte vorher für das Kaiserreich noch die Aussicht bestanden, den Krieg nicht zu verlieren, schwand diese Möglichkeit im Laufe der Schlacht dahin. Verdun befeuerte die Dolchstoßlegende, prägte das operative Denken beider Seiten, begünstigte den Bau der Maginot-Linie und legte auch dadurch den Keim für Frankreichs Niederlage 1940 im «Blitzkrieg» der Wehrmacht. Darüber hinaus verdichtete die Schlacht den Charakter des Weltkriegs als zivilisatorische Krise.[13] Viele Zeitgenossen erkannten eine Art Wasserscheide: vorher Licht, danach Schatten; von der Ordnung ins Chaos; zunächst Glanz, schließlich Elend. Für Historiker markiert der Weltkrieg den Abschluss des bürgerlichen Zeitalters. Es folgten Jahrzehnte, die in Diktatur, Vertreibung, Rassenkrieg und Shoa gipfelten.[14] Fest steht: Zwischen dem Fortschrittsglauben des 19. Jahrhunderts und dem Ausklang einer Ära totaler Völkerkriege stand die Erniedrigung des Menschen zum bloßen «Material». In solchem Licht betrachtet, erscheint Verdun als Inbegriff der Enthegung militärischer Gewalt.

Schlachten sind zu Symbolen für Kriege und Epochen oder schlicht sprichwörtlich geworden. Jedes «Waterloo» bedeutet eine endgültige Niederlage. «Stalingrad» steht für den Zweiten Weltkrieg. «Trafalgar» meint den Krieg unter Segeln. «Issos» beschwört die griechische Phalanx. «Verdun» *ist* der Erste Weltkrieg – jedenfalls für Franzosen und Deutsche.[15]

Warum Verdun? Noch immer hat die Forschung Schwierigkeiten, auf diese Schlüsselfrage eine Antwort zu finden.[16] Um den Sinn der «Blutmühle» strategisch zu erklären, verweisen Historiker gewöhnlich auf die «Weihnachtsdenkschrift» des Generalstabschefs Erich von Falkenhayn. Die französische Armee, behauptete Falkenhayn in seinen Memoiren, sollte bei Verdun «verbluten». Schon Falkenhayns Zeitgenossen misstrauten dieser Begründung.[17] Und das Wort «Ausbluten» weckt Abscheu noch in unserer Gegenwart. So erklärte die Gesellschaft für deutsche Sprache den Begriff «Menschenmaterial» zum «Unwort des zwanzigsten Jahrhunderts».[18] Gerd Krumeich hielt die Weihnachtsdenkschrift für einen «der ungeheuerlichsten Texte des Ersten Weltkriegs»; er sei in Frankreich «berühmt-berüchtigt».[19] Hinter der Weihnachtsdenkschrift, ergänzte Michael Salewski, verberge sich «der unmenschlichste strategische Plan des ganzen Krieges».[20]

Welchen Plan verfolgte Falkenhayn für 1916? Weshalb ein Angriff auf

Frankreichs stärkste Festung? Warum dauerte die Offensive so lange? Und warum hat die französische Heerführung die Schlacht angenommen? Konnte der Besitz einer Kleinstadt über Sieg oder Niederlage im Weltkrieg entscheiden? Was hat den Schlachtverlauf bestimmt? Wer eigentlich hat den Kampf gewonnen? Das französische Heer, wie fast alle Zeitgenossen glaubten? Oder vielleicht doch die Streitkräfte des Kaisers, wie deutschsprachige Autoren nach dem Krieg erklärten?[21] Gab es überhaupt einen Sieger? Und wie ist es um die Folgen der Kämpfe bestellt?

Bisher gibt es keine Darstellung der Schlacht bei Verdun, die aus archivalischen Quellen schöpft *und* das Wechselspiel zwischen dem «Krieg des kleinen Mannes» und dem Handeln der Heerführer beleuchtet.[22] Die wohl mit Abstand größte Forschungslücke betrifft die deutsche Führungsebene – vor allem aus Gründen, die im Zusammenbruch der militärgeschichtlichen Forschung in beiden deutschen Staaten nach dem Zweiten Weltkrieg wurzeln.[23] Dabei erscheint die Quellenlage eher günstig. Zwar sind viele einschlägige Akten 1945 bei der Zerstörung des Heeresarchivs verbrannt; doch mit dem Schriftgut der «Forschungsanstalt für Kriegs- und Heeresgeschichte» steht seit 1996 im Bundesarchiv Freiburg eine Ersatzüberlieferung bereit.[24] Dieses Schriftgut zur Schlacht entstand Anfang der 1930er Jahre im Zuge der Vorarbeiten zum amtlichen Weltkriegswerk. Jahrelang stellten die Potsdamer Historiker Nachforschungen an. So gibt es Kommentare, Randbemerkungen, Briefe und Stellungnahmen wohl aller damals lebender Stabsoffiziere, die bei Verdun mit operativen Fragen befasst waren: von der Obersten Heeresleitung und dem Oberkommando der Kronprinzenarmee über die Führung der Armee- und Reservekorps bis hinab zu den Stäben der Divisionen. Dutzende Augenzeugen aus den obersten Rängen versahen auf Bitten der Forschungsanstalt die Fahnen des Weltkriegswerkes mit ihren Anmerkungen. Zahllose Hinweise, Stellungnahmen oder Briefe schafften es nicht in die Druckfassung – gelegentlich auch deshalb, weil eine Veröffentlichung politisch unangebracht erschien.[25] Die Akten der Forschungsanstalt erlauben einen neuen Blick hinter die Kulissen der deutschen Führung. Weitere Bestände treten ergänzend hinzu: die Erinnerungen des Grafen von der Schulenburg-Tressow zum Beispiel, Erster Generalstabsoffizier der Kronprinzenarmee, aber auch die Aufzeichnungen von Frontoffizieren und einfachen Soldaten.[26]

Wer das Geschehen auf dem Schlachtfeld möglichst ungefiltert nachzeichnen möchte, ist durch die Akten gleichfalls begünstigt. Den Angriff auf das Fort Douaumont etwa haben Dutzende Augenzeugen ausführlich geschildert: vom Bataillonskommandeur über die Kompaniechefs und Zugführer bis hinab zu den Unteroffizieren und Mannschaften. Wohl kein anderes Infanteriegefecht des Krieges ist auf deutscher Seite ähnlich dicht überliefert.[27] Die oft ausführlichen, ungewöhnlich offenen Berichte waren ganz überwiegend nicht zur Veröffentlichung gedacht. Und kein Beteiligter hat sie für seine Angehörigen geschrieben, die aus persönlicher Rücksichtnahme oder aufgrund der Zensur üblicherweise kaum Einzelheiten der Kämpfe erfuhren.[28] Die meisten Berichterstatter waren erkennbar bemüht, sich möglichst genau zu erinnern. Denn jedermann wusste, dass die eigene Aussage ehrengerichtlich überprüft und mit den Darstellungen anderer Augenzeugen verglichen werden würde. Und so eröffnen die Aussagen der Angehörigen des Infanterieregiments 24 einen raren, fast unverstellten Blick auf das Antlitz des Weltkriegs. Auf französischer Seite ist die Schlachtfeld-Ebene schon seit Jahrzehnten dicht erforscht.[29] Ein «Glücksfall» freilich wie die zeitnahe kriegsgerichtliche Untersuchung der Kampfhandlung eines ganzen Bataillons ist französischen Historikern offenbar nicht zu Hilfe gekommen.

Die vorliegende Darstellung nutzt Material auch anderer Archive: des Tagebucharchivs Emmendingen oder des Pariser Nationalarchivs etwa. Aufschlussreich waren private Funde, besonders die Erinnerungen Gerhard von Heymanns, Verfasser des Angriffsentwurfes für *Unternehmen Gericht*.[30]

Die Abläufe innerhalb der französischen Führung sind besser erforscht als auf der Gegenseite. Die Amtshistoriker der Dritten Republik unterlegten in den 1920er und 1930er Jahren ihr Weltkriegswerk mit dem Abdruck tausender Quellen.[31] Aber auch dort fehlen Aktenstücke, die politisch heikel erschienen.[32]

«Was Kriegsbücher lesbar macht, ist das, was an Geist in der Kriegführung stecken kann», so der Historiker und Publizist Sebastian Haffner. «In den Materialschlachten, von denen Verdun eine war», glaubte Haffner, «steckte kein Geist. Es waren geistlose Schlächtereien.»[33] Wer hüben wie drüben in die Chefzimmer der Generalstäbe blickt, macht eine Entdeckung. Sie beunruhigt weit stärker als Berichte über Giftgas und Flammenwerfer: Verdun war eine Schlächterei – aber keine geistlose.

Wir müssen mehr Feinde töten,
als sie von unseren Männern töten können.

JOSEPH JOFFRE, 1915

Erstes Kapitel

PLÄNE

Montag, 11. Oktober 1915. Mézières, Präfektur. Ein sonniger Herbsttag: Am Horizont grollt der Donner der Geschütze. Fast ist die Spannung mit Händen zu greifen. Sechzig Kilometer entfernt, in der Champagne, tobt seit drei Wochen ein gewaltiges Ringen. Riesige Truppenmassen haben die deutschen Linien eingedrückt. Noch immer scheint ein Durchbruch möglich. Der Ausgang des Krieges, glauben viele, steht auf Messers Schneide. In Mézières ist das Artilleriefeuer Tag und Nacht zu hören. Doch am 11. Oktober 1915 dröhnt der Lärm so laut wie nie herüber.[1]

Generalleutnant Constantin Schmidt von Knobelsdorf steigt vor der Präfektur aus seinem Wagen. Am Eisengitter, das den Vorplatz vom Ehrenhof trennt, prangt ein Hinweisschild: «Generalstab».[2] In dem weitläufigen Gebäude, unmittelbar am Ufer der Maas gelegen, arbeiten die Halbgötter der Heeresleitung – eine Art Bruderschaft, die Elite des deutschen Offizierskorps. Unweit von Mézières konnten preußisch-deutsche Truppen 1870 das Heer Napoleons III. vernichten. Die Schlacht bei Sedan gilt als Geburtsstunde des Deutschen Reiches und Preußens Generalstab als sein Geburtshelfer. Jetzt aber kämpfen zwölf Nationen aus vier Kontinenten: zu Lande, zu Wasser und in der Luft. Dagegen wirkt der Sedan-Feldzug beinahe wie eine Fingerübung. Im August letzten Jahres, als der Weltkrieg begann, haben die Generalstäbe der sächsischen, württembergischen und bayerischen Armee den Großen Generalstab zur Obersten Heeresleitung erweitert.

Präfektur von Mézières, seit Ende 1914 Sitz der Obersten Heeresleitung

Die Wache salutiert, als Schmidt von Knobelsdorf den Ehrenhof durchschreitet. Landwehrmänner aus Sachsen-Weimar sichern in Mézières alle wichtigen Gebäude.[3] Vielleicht blickt der Generalleutnant kurz zum Himmel: Französische Flieger werfen über Mézières gelegentlich Bomben.[4] Schmidt von Knobelsdorf ist Chef des Stabes im Oberkommando der Fünften Armee. Im Namen des ältesten Kaisersohnes führt er zugleich die «Heeresgruppe Deutscher Kronprinz». Ihr unterstehen neben der Fünften Armee auch die Dritte Armee und die Armee-Abteilungen Strantz, Gaede und Falkenhausen, also sämtliche Truppen von der Champagne bis zum Oberelsass. Damit trägt Schmidt von Knobelsdorf Verantwortung für etwa die Hälfte der deutschen Westfront. Erstarrt im Patt des Stellungskrieges, reichen die Linien von der flandrischen Nordseeküste rund siebenhundert Kilometer weit bis nach Pfetterhausen an der Grenze zur Schweiz.

Schmidt von Knobelsdorf lässt seine Ankunft melden. Im Herbst 1914 hat Erich von Falkenhayn, «Chef des Generalstabes des Feldheeres», sein Hauptquartier von Luxemburg nach Mézières verlegt. Dass Falkenhayn ausgerechnet von hier aus die Operationen gegen Frankreich leitet, mag viele Einwohner zusätzlich erbittern. Einst haben die Räume der Präfektur eine der berühmtesten Militärschulen des Landes beherbergt: die *École royale du génie*. Marschall Berthier und General Bertrand, Napoleons enge Vertraute, haben in Mézières ihr Handwerk erlernt; Rouget de Lisle, Komponist und Dichter der Marseillaise; Lazare Carnot vor allem, Schöpfer der Revolutionsarmee von 1793 und Organisator des ersten Millionenheeres in Europa.

Gegenwärtig liegt Mézières von der Westfront mindestens fünfzig, von den Fronten in Russland und auf dem Balkan sogar bis zu zweitausend Kilometer entfernt. Generäle der Revolution führten ihre Truppen auf dem Scheitelpunkt einer Schlacht manchmal noch in vorderster Linie. Bonaparte etwa stürmte 1796 auf der Brücke von Arcole seinen Truppen voran, die Soldaten durch das eigene Beispiel ermunternd. Dabei hatten die Entwicklungen der Waffentechnik, besonders der Artillerie, aber auch das Anwachsen der Streitkräfte schon zu Napoleons Zeiten seit langem darauf hingewirkt, den Befehlshaber vom Schlachtfeld zu vertreiben. Um die Kämpfe mehr oder weniger lenken zu können, mussten Heerführer abwägen: zwischen der Notwendigkeit, sich hinreichend von Gefahren fernzuhalten, und dem Erfordernis, durch persönliches Beispiel zu führen. Noch Friedrich der Große und Napoleon suchten Mittelwege zwischen Feldherrnhügel und «heroischer Führerschaft».[5] Erst der Stellungskampf des Weltkrieges prägt endgültig einen anderen Führungsstil: die Châteaux-Generalität. Jetzt lenken Oberbefehlshaber mithilfe von Stäben die Schlacht am Telefon. Fernab der Front, meist einquartiert in beschlagnahmten Schlössern, fassen die Führer der Stäbe kaum noch einmal den Gedanken, sich in die Todeszone zu begeben.[6] Erzogen im Geiste von Wissenschaftlern des Krieges, auf den Militärakademien durch Prüfungen einer scharfen Auslese unterzogen, befehligt in allen Hauptstreitkräften Europas eine Kaste, die das Denken für wichtiger erachtet als das Kämpfen – auch wenn die meisten Stabsoffiziere sich hüten, diese Meinung offen auszusprechen. Noch die Oberkommandos der Armeen und der Korps schlagen ihre Hauptquartiere kilometerweit hinter der Kampflinie auf; erst die Divisionsstäbe liegen oft in Reichweite der jeweils feindlichen Artillerie.

Als Schmidt von Knobelsdorf den deutschen Generalstabschef begrüßt, begegnen sich Rivalen. Im September 1914, während der Schlacht an der Marne, die das Scheitern des Schlieffenplans besiegelte, galt Knobelsdorf als möglicher Nachfolger des jüngeren Moltke, zog aber gegenüber Falkenhayn den Kürzeren.[7] Im Januar 1915 war Knobelsdorf an Ränkespielen gegen den neuen Generalstabschef beteiligt. Abermals wurde er als Nachfolger gehandelt.[8] Doch der Kaiser hielt Falkenhayn im Amt.

Die Familie Schmidt von Knobelsdorf hat ihr Adelsdiplom erst vor rund sechzig Jahren erhalten. In der Verwandtschaft wird gern darauf verwiesen, dass der berühmte Adolf Menzel die Mutter des Generalleutnants in Öl porträtiert hat.[9] Offiziere aus Knobelsdorfs Umgebung gewinnen den Eindruck, dass er «starken Einfluss auf v. Falkenhayn» ausüben oder doch «mindestens gewinnen»[10] wolle. Mehrfach ist er unaufgefordert in Mézières erschienen. «Eine gewisse Minderbewertung, eventuell sogar andere Ambitionen»[11] kann Schmidt von Knobelsdorf nur schwer verbergen. Wie der Generalstabschef steht er im fünfundfünfzigsten Lebensjahr, weist aber das höhere Dienstalter auf; und so war Knobelsdorf in Berlin-Moabit Falkenhayns Vorgänger als Kommandeur des 4. Garderegiments zu Fuß.[12]

Nicht nur bei Schmidt von Knobelsdorf hat der Generalstabschef einen schweren Stand. Falkenhayn ist jünger als sämtliche Armeeführer und Kommandierenden Generäle des Heeres – abgesehen von den Befehlshabern aus fürstlichem Hause: Kronprinz Wilhelm von Preußen, Erzherzog Albrecht von Württemberg und Kronprinz Rupprecht von Bayern.[13] Falkenhayn, ein schlanker, auffallend selbstbewusster Offizier mit «klugen Augen nahm wohl für sich ein».[14] Er «arbeitete leicht und schnell, war in Wort und Schrift gewandt und verstand die Menschen zu nehmen. Dabei war er, bei vollendeter Liebenswürdigkeit im persönlichen Verkehr, vorsichtig und zurückhaltend und kam selten mit dem heraus, was er dachte und wollte.»[15] Seinen Kaiser beeindruckte Falkenhayn schon im Amt des Kriegsministers. Während der «Zabern-Affäre» verteidigte er die Kommandogewalt des Monarchen und das selbstherrliche Auftreten von Offizieren im Elsass so entschlossen, dass es im Reichstag zu Tumulten kam.[16] Auch die schwungvolle, weltläufige Art des Generals nimmt den Monarchen für ihn ein. Durch das persönliche Regiment Wilhelms II. und die halbparlamentarische Form der Regierung im Reiche entscheidet das Verhältnis zum Herrscher mehr denn je über Besetzung und Ausübung hoher Ämter.

Jedem Beobachter sticht Falkenhayns Kühle ins Auge. Sogar engen Mitarbeitern begegnet der Generalstabschef stets mit Zurückhaltung. Nur Erika, die zehnjährige Tochter, vermag ihn aus der Reserve zu locken. «Alles konnte er vertragen, aber wenn mit Eta etwas los war, dann war die kalte Natur warm.»[17]

Wie viele seiner Zeitgenossen hängt Falkenhayn einer Weltanschauung an, die Nationales mit Biologischem vermengt: Die Sozialdarwinisten, angeregt durch Darwins Evolutionstheorie, denken nicht allein in nationalen, rassischen und völkischen Bahnen; vor allem vergleichen sie Nationen, Rassen und Völker mit Lebewesen, die in einem beständigen Kampf ums Dasein dem Recht des Stärkeren folgen – naturgesetzlich sogar folgen müssen. Es liegt auf der Hand, dass Sozialdarwinisten militärische Auseinandersetzungen nicht nur für unausweichlich, sondern für natürlich und begrüßenswert halten. Das wiederum verschärft die Gefahr einer selbsterfüllenden Prophezeiung: Denn auch das Handeln von Bellizisten und Sozialdarwinisten wird durch die eigenen Erwartungen geprägt; in Zeiten diplomatischer Spannung kann sich diese Wechselwirkung zwischen Handlung und Erwartung so lange aufschaukeln, bis das Erwartete schließlich tatsächlich eintritt.[18] In der Julikrise 1914 hielt auch Falkenhayn einen Krieg für unvermeidlich.

Und wie die überwältigende Mehrheit seiner Zeitgenossen ist Falkenhayn ein Nationalist. Die nationalen Ideen in Europa haben schon Ausgang des 19. Jahrhunderts mehrere Änderungen erfahren. Die wohl auffälligste: Die liberalen Bestandteile zerfielen. Seitdem überlagert ein völkisch-rassischer Nationalismus die politisch-liberale Nationalidee.[19] Die Ursachen für diesen Wandel sind ebenso vielfältig wie strittig. Fest steht: Die europäischen Staaten wetteiferten immer fieberhafter um den Erwerb von Kolonien in Übersee. Dieser zugespitzte Wettstreit hat die Gefühle nationaler Bindung ohne Zweifel angeheizt. Überall in Europa werden die Wandlungen des Nationalismus weniger vom Adel oder der Arbeiterschaft, sondern vor allem von den Mittelschichten ge-

Im Großen Hauptquartier, Präfektur von Mézières, im Gelben Salon. Von links nach rechts: Kriegsminister Adolf Wild von Hohenborn, General Erich von Falkenhayn, Oberst Gerhard Tappen, General Eugen Ritter von Zöllner, Oberst Wilhelm Groener. Aufnahme von 1914

tragen. Ihr Glaube an die Bedeutung der Nation überhöht den eigenen gesellschaftlichen Rang; zudem betäubt er Ängste vor einer sozialen Bedrohung von unten. Denn der gesteigerte Nationalismus ist nicht zuletzt eine Antwort auf den Siegeszug neuer Weltanschauungen, die mit dem Aufstieg der Arbeiterbewegung verknüpft sind.

In der Präfektur von Mézières tauschen sich Falkenhayn und Knobelsdorf über die Lage aus. Der Generalstabschef trägt Zuversicht zur Schau. Einen Durchbruch in der Champagne hält er inzwischen für unmöglich.[20] Auch die britisch-französische Landung auf der Halbinsel Gallipoli scheint gescheitert. Konstantinopel ist vorerst gerettet; das Osmanische Reich bleibt an der Seite Berlins. Ähnlich günstig entwickeln sich die Dinge auf dem Balkan. Die Operationen deutscher und österreichisch-ungarischer Truppen gegen Serbien haben begonnen; vor zwei Tagen ist Belgrad in die Hände des Feldmarschalls August von

Mackensen gefallen. Anfang September hat die Regierung in Sofia eine Allianz mit den Mittelmächten abgeschlossen. Jetzt steht die bulgarische Armee Gewehr bei Fuß, jeden Augenblick bereit, in Serbien einzufallen. Die *Entente* hält dagegen. Ein britisch-französisches Expeditionskorps, die «Orientarmee», ist in Saloniki gelandet. Sie soll den serbischen Bündnispartner stützen.

An der russischen Front hingegen scheint alles beim Alten. Die Zarenarmee leidet noch immer unter der Katastrophe des vergangenen Frühjahrs. Nach dem Durchbruch deutscher Truppen bei Gorlice-Tarnów in Galizien, nach der Rückkehr zum Bewegungskrieg und riesigen Gebietsverlusten russischer Truppen sind die Stellungen beider Seiten nunmehr auf einer Linie erstarrt, die vom Rigaer Busen über Dünaburg und die Pripjet-Sümpfe bis zu den Karpaten verläuft und an der Grenze zum neutralen Rumänien endet. Schon treffen an der Westfront freie Divisionen aus Russland ein. Falkenhayn ist überzeugt: Die Entscheidung des Krieges kann nur in Frankreich fallen. Eben das ist der Grund für sein Treffen mit Schmidt von Knobelsdorf.

Anfang August hat Falkenhayn auf einen deutschen Massendurchbruch nördlich der Somme gesetzt, im britischen Abschnitt also.[21] Die eher unerfahrene, im Aufbau begriffene Streitmacht der Briten – eine Mischarmee aus Freiwilligen und Berufssoldaten – hält er für den leichter zu schlagenden Gegner. Nicht einmal die Hälfte der fünfzehn britischen Reserve-Divisionen in Frankreich, erläutern die Fachleute des Stabes, sei «voll zu bewerten»; die anderen acht seien «zur Zeit nicht vollwertig» oder bestünden «zum großen Teil aus jungen Truppenteilen». Auf den Britischen Inseln seien siebzehn Divisionen in der Ausbildung begriffen; nicht einmal Teile dieser Verbände könnten auf absehbare Zeit in Frankreich zum Einsatz gelangen.[22] Ohnehin sieht der Generalstabschef keineswegs in Frankreich, sondern in Großbritannien den Erzfeind des Reiches.

Seine August-Pläne diesen Jahres waren weit gediehen: Ein Ablenkungsangriff im Oberelsass gegen die Festung Belfort, hunderte Kilometer von der Somme entfernt, sollte erhebliche französische Reserven binden, die den Verbündeten zum Abriegeln des Einbruches bei den Briten fehlen würden. Doch aufgrund einer Denkschrift seiner Nachrichtenabteilung musste Falkenhayn schließlich alle Hoffnungen auf einen schnellen Massendurchbruch begraben.[23] Denn die Zahlen der Abteilung «III b» offenbarten ein unerwartet starkes Übergewicht der Gegner: 2,4 Millionen deutsche Soldaten stehen 3,5 Millionen Briten und Franzosen gegenüber.[24] Damit können die eigenen Kräfte in keinem Fall genügen, um an der Westfront einen Massendurchbruch zu erzielen. Und je länger der Krieg dauert, desto klarer muss sich dieses Verhältnis zum Nachteil der Mittelmächte verschieben. Während Österreich-Ungarn und das Deutsche Reich ihre Truppenzahl kaum noch zu steigern vermögen, darüber hinaus eine Fernblockade durch die *Royal Navy* das Versorgen der Bevölkerung täglich weiter erschwert, verfügen Frankreich und England über die schier unerschöpflichen Mittel ihrer kolonialen Reiche. Zudem genießen sie alle Vorteile amerikanischer Kredite und des Handels mit den neutralen USA. Für die Mittelmächte, fürchtet der deutsche Generalstabschef, wird sich das Fenster der Möglichkeiten bald vollkommen schließen.[25] Eine militärische Vernichtung der Gegner, urteilt Falkenhayn, ist nicht mehr zu erzwingen – schon das gigantische «Über-Sedan», auf das der Schlieffenplan zielte, lag wohl niemals in Reichweite der verfügbaren Kräfte.[26] «Wenn wir auch darüber zugrunde gehen – schön war's doch!»,[27] rief Falkenhayn, reichlich leichtfertig, bereits im August 1914. Und so hat der Generalstabschef nach Gorlice-Tarnów an Bethmann Hollweg, den Kanzler, die Bitte gerichtet, Möglichkeiten für einen Sonderfrieden mit Russland zu erkunden. Auch mit der französischen Regierung solle man möglichst zum Frieden gelangen. Frankreich allein, ohne Unterstützung durch Verbündete, ist für Falkenhayn kein gleichrangiger Gegner im Kampf um die Vorherrschaft in Europa. Gegenüber Paris und Sankt Petersburg will er sogar auf Eroberungen verzichten. Mit Blick auf das besetzte Belgien, dessen Annexion weite Teile der Öffentlichkeit lautstark fordern, möchte Falkenhayn alle Wünsche bis zu einem Sieg über das *Empire* zurückstellen. Erstmals seit Jahren kommt damit ein Chef des Generalstabes zu nüchternen, halbwegs ungeschminkten Beurteilungen der Stärkeverhältnisse in Europa – für Bethmann eine unangenehme Überraschung. Doch der Kanzler hält Falkenhayn für einen Schwarzseher. Zum Verzicht auf Annexionen ist er nicht bereit. Denn nach dem militärischen Sturmlauf der ersten Wochen hat sich in der deutschen Öffentlichkeit die Sorge der Vorkriegszeit, das Reich sei von Feinden umzingelt, in dem Wunsch entladen, auf dem Kontinent die Vormachtstellung zu erringen. Über die deutsche Niederlage an der Marne hat die Heimatfront – dieses Wort taucht nun auf – von amtlicher Stelle kein Wort erfahren. Und so nährt der halbe Erfolg des Heeres eine allgemeine Selbsttäuschung: Stehen nicht überall deutsche Truppen auf feindlichem Boden? Den Ernst der Lage erkennen weder die Abgeordneten des Reichstags noch der deutsche Kanzler. Eine «gänzliche Preisgabe» des eroberten Landes empfindet nicht nur Bethmann als «Pflichtverletzung gegenüber den Gefallenen».[28] Auf einen Siegespreis will er nicht verzichten. Zu groß erscheinen die bisherigen Opfer. Doch ohne tatkräftige Hilfe der Diplomatie ist ein Separatfrieden unter keinen Umständen denkbar. Wie also soll Falkenhayn handeln?

Gegenwärtig scheitert in der Champagne der fünfte alliierte Großversuch, an der Westfront den ersehnten Massendurchbruch zu erzwingen. Schwierigkeiten bereitet vor allem die Lenkung der Angriffstruppen. Weil Telefondrähte, die Soldaten im Kampf beim Vorrücken entrollen, durch Artilleriebeschuss ständig zerreißen und es tragbare Funkgeräte nicht gibt, fehlt den höheren Stäben jede Nachricht in Echtzeit. Im Chaos des Trichtergeländes können die Generäle aus der Ferne wenig Einfluss ausüben. Und ohne Lenkung ist ein Massendurchbruch unmöglich. Dem Verteidiger wird es stets rechtzeitig gelingen, seine Reserven heranzuführen und den Einbruch abzuriegeln.

Aus solchen Erfahrungen hat Falkenhayn nunmehr drei Folgerungen gezogen. Erstens: Wegen der ungleichen, immer nachteiliger sich entwickelnden Kräfteverhältnisse im Westen, die über kurz oder lang zur Niederlage des Reiches führen müssen, ist die Kriegsentscheidung «nur durch einen Stoß und nicht defensiv zu erreichen».[29] Bloße Verteidigung wird unter keinen Umständen genügen. Zweitens: Für einen Massendurchbruch besitzt das deutsche Heer nicht die Mittel. Ohnehin versagt bei dieser Form des Stoßes aller Erfahrung nach die Lenkung. Drittens: Ein operativer Durchbruch kann ohne vorgeschaltete Zermürbung feindlicher Reserven nicht gelingen.[30] Diese drei Voraussetzungen muss der Generalstabschef also in Rechnung stellen: «Angriff», «kein Massendurchbruch», «vorgeschaltete Zermürbung». Hauptschwierigkeit ist die geringere Truppenzahl. «Unser Problem ist eben», erläutert Falkenhayn, «mit verhältnismäßig bescheidenem Aufwand dem Gegner schweren Schaden an entscheidender Stelle zuzufügen.»[31] Eines hat der Stellungskrieg bisher gelehrt – im Grundsatz ist der Verteidiger hinter Stacheldraht und Maschinengewehren stets überlegen. Falkenhayn ahnt: Künftig werden Briten und Franzosen die deutschen Reserven durch *wearing-out-offensives* und *batailles d'usure* langsam zu verbrauchen trachten. Für eigene Zermürbungsangriffe wiederum fehlen Falkenhayn Truppen und Material.

Der Generalstabschef verfällt auf den Ausweg, seinen Gegnern noch vor dem deutschen Hauptstoß verlustreiche Entlastungs- oder Gegenangriffe aufzuzwingen – ein Durchbruch über die Bande sozusagen.[32] Wie aber kann man britische oder französische Truppen zu eigentlich aussichtslosen, unverhältnismässig blutigen Angriffen zwingen?

Falkenhayn sieht im Abwandeln alter Belfort-Pläne die Lösung. Großbritanniens Armee hält er weiterhin für den leichteren Gegner.[33] Falkenhayns Eröffnungsoffensive muss ein Ziel bedrohen, das der Gegner nicht aufgeben will; nur so kann sich ein Zwang zum Gegenangriff entwickeln. Andernfalls wird der Verteidiger ausweichen und der eigene Hieb als Luftstoß verpuffen. Denn an der Westfront sind die Linien tiefgestaffelt – ein bis zwei Kilometer mit drei Grabenlinien. Wie ein Gummiband haben sie bisher die Wucht aller Hauptschläge erst gemildert und dann abgefangen. Unmittelbar nördlich der Somme, im Abschnitt der Dritten Britischen Armee, gibt es nirgendwo ein derart wichtiges Ziel; in Flandern, im Abschnitt der Ersten und Zweiten Britischen Armee, machen die Bodenverhältnisse jede Großoffensive im Frühjahr unmöglich. Bleibt die französische Front. Tatsächlich findet Falkenhayn dort einen Punkt, den der Gegner aller Voraussicht nach kaum aufgeben wird: die Festung Belfort, Frankreichs Wächterin an der Burgundischen Pforte.

Alle drei Überlegungen – «schwache Briten», «Durchbruch über die Bande» und «Belfort» – führen schließlich zu einem neuen, wichtigen Grundgedanken, der die Schlacht bei Verdun nachhaltig prägen wird: «Greifen wir die Franzosen an, dann werden auch die Engländer gezwungen, anzugreifen, obwohl sie noch nicht dazu fertig sind. Daraus wird sich die Lage für den entscheidenden Stoß entwickeln.»[34] Nach wie vor soll eine Eröffnungsoffensive bei Belfort das französische Heer zur Festlegung starker Reserven zwingen. Und nach wie vor will Falkenhayn den operativen Durchbruch nicht dort, sondern nördlich der Somme, im Abschnitt der Briten, erzielen. Jetzt aber soll der Durchbruch nicht in einem Anlauf, sondern erst im Gegenstoß erfolgen, hinweg über die Trümmer einer gescheiterten britischen Entlastungsoffensive. Diesen Entlastungsversuch hält Falkenhayn aus bündnispolitischen Gründen für sicher.[35] Jeder überhastete Angriff der unerfahrenen, mit Artillerie eher spärlich ausgerüsteten Briten muss zwangsläufig fehlschlagen; dabei werden die Angreifer starke Reserven verbrauchen; eben das muss am Ende im Gegenstoß mit Divisionen der deutschen Heeresreserve die Möglichkeit zum Durchbruch eröffnen – so lautet die Rechnung Falkenhayns.

1916, erklärt der Generalstabschef, «müssen wir dem Gegner unseren Willen aufzwingen».[36] Das Heer benötige, so Falkenhayn gegenüber Knobelsdorf, einen «großen politischen und moralischen Erfolg», der einen «großen moralischen Eindruck»[37] mache. Ein zweites Sedan, die Vernichtung des feindlichen Heeres, hält er mit Recht für unmöglich. Lediglich eine «Art von Bewegungskrieg mit Feldbefestigungen»,[38] glaubt Falkenhayn, sei denkbar. Die neue Rolle von Artillerie und Maschinengewehr im Zeitalter der Millionenheere, die nur schwach motorisiert und ohne Panzer oder nachhaltige Unterstützung aus der Luft operieren, würde sogar nach einem operativen Durchbruch die Angriffsbewegung alsbald bremsen; damit wäre das Anlegen von Gräben und Unterständen wenigstens zeitweise erneut unausweichlich. Kein Zweifel: Falkenhayn darf, wenn überhaupt, tatsächlich nur auf einen Bewegungskrieg mit Feldbefestigungen setzen. Ein operativer Durchbruch aber, für die Heerführer aller Seiten im Stellungskrieg gleichsam der Heilige Gral, würde zweifellos nicht nur neutrale Staaten wie Rumänien beeindrucken, sie vielleicht sogar ins Lager der Mittelmächte ziehen; ein solcher Riesenerfolg, hofft Falkenhayn, könnte den Durchhaltewillen in Großbritannien und vor allem in Frankreich brechen. Das jedenfalls stellt die Nachrichtenabteilung der Obersten Heeresleitung seit Mai 1915 in Aussicht. Die Abteilung «III b» hat eine Denkschrift verfasst, die vor Zuversicht beinahe strotzt. Neben den Agenten-Berichten, die in der Kriegsnachrichtenstelle Lörrach einlaufen, fußt sie offenbar vor allem auf Angaben von Spion «17»: August Freiherr Schluga von Rastenfeld.[39] Schluga, ein kluger, findiger Beobachter, schöpft überwiegend aus offenen Quellen; seine Berichte sind keineswegs sensationell. Doch weil eine Vernichtung des Gegners unmöglich erscheint, spielt die Einschätzung der sozialen, politischen und massenpsychologischen Lage für Falkenhayn eine wichtige Rolle.[40] «III b» weist darauf hin, «dass der Kriegswille Frankreichs, so anerkennenswert seine Anspannung sei, zu Bruch gehen könne, nicht sowohl [sic] wegen einer Kette von Niederlagen, die weiteres militärisches Operieren unmöglich machten, als [sic] wegen der Schwere der Opfer, die die Volkskraft unrettbar zu knicken drohten.»[41] Kurzum: «Frankreichs Opfer sind in diesem Kriege so riesenhaft, dass die Regierung … in Bälde vor die Frage gestellt sein wird, zu entscheiden, ob nicht die Aufgabe des Widerstandes der Zukunft der Nation dienlicher sein wird.»[42] Ein solches Urteil deckt sich mit Einschätzungen aus der Friedenszeit. Der Große Generalstab hatte entsprechende Überlegungen schon unter dem jüngeren Moltke angestellt: «Wir hatten uns im Frieden immer gesagt», so Generalmajor Gerhard Tappen, Leiter der Operationsabteilung in Mézières, «dass die Franzosen keine Reserven hätten, um ihre Lücken auszufüllen. Woher sollten sie immer wieder neue Kräfte nehmen? Das verhältnismäßig kleine Volk hatte es dazu nicht. Es musste sich verbluten.»[43] Und so glaubt auch Falkenhayn, dass es nur einer letzten äußersten Kraftanstrengung bedürfe, um das französische Volk die Grenze «des noch Erträglichen»[44] überschreiten zu lassen.

Am Ende der Besprechung in Mézières stellt Falkenhayn vier Armeekorps für die Elsass-Offensive in Aussicht. «Nach Einfahren der Artillerie», notiert Schmidt von Knobelsdorf, «wird Infanterie in 120 Zügen heranrollen und sogleich den Angriff beginnen.»[45] Der deutsche Generalstabschef sucht die Entscheidung.

Freitag, 1. Oktober 1915. Paris, Palais Bourbon. Unter der Glaskuppel des Halbrunds im Palais Bourbon tritt Oberst Émile Driant ans Rednerpult. Auf dem Prunksessel des Präsidenten hat General Jean Marie Pédoya seinen Platz eingenommen; er leitet die Armeekommission der Abgeordnetenkammer. Sie tagt in nichtöffentlicher Sitzung. Pédoyas Aufgabe ist schwierig. Die Armeekommission beaufsichtigt im Namen des Parlaments den Kriegsminister, General Joseph Gallieni – ein militärisches Schwergewicht, das seinerseits dem Oberkommando vorgesetzt ist. Die Beziehungen zwischen Parlament, Regierung und Oberkommando sind überaus gespannt. Als Driant, ein sechzigjähriger Berufsoffizier, die Tribüne besteigt, scheinen viele Parlamentarier beunruhigt. Erst gestern hat Abel Ferry in der Kommission einen unerhörten Angriff auf das Oberkommando geführt.[46] Ferry, aus den Vogesen gebürtig, war in der Regierung Viviani bis vor wenigen Wochen Unterstaatssekretär für Auswärtige Angelegenheiten; durch den Rücktritt Vivianis hat er sein Amt verloren. Das mag die Schärfe von Ferrys Angriffen erklären. Am Pranger stand gestern Frankreichs beliebtester Feldherr: Joseph Joffre, Oberbefehlshaber aller Streitkräfte der Westfront. Im *Grand Quartier Général*, schimpfte Ferry, würden Offiziere befehligen, «die diesen Krieg nicht vorhergesagt, nicht studiert und nie gesehen»[47] hätten. In Zukunft müssten Angehörige des Generalstabes eine Zeit lang an der Front kommandieren. Darüber hinaus, klagte Ferry, gäbe es im Oberkommando zu viele Vertreter der technischen Truppen und zu wenige Infanterieoffiziere. Jedermann weiß: Joffre hat sein Handwerk bei den Pionieren erlernt. «Uns fehlt es an Führung»,[48] behauptete Ferry. Sein Wort hat Gewicht. Abel Ferry, vierunddreißig Jahre alt und Abgeordneter der *Gauche Radicale*, stammt aus einer berühmten Politiker-Familie. Er versteht sich als Sprachrohr der Front. Der Abgeordneten-Offizier dient freilich in einem ruhigen Abschnitt: im Sektor Verdun.

Auf der Tribüne hat er gestern ausgesprochen, was man in den Gängen des Palais Bourbon schon flüstert: Die Herbstschlacht in der Champagne war eine Katastrophe. 190 000 Mann neue Verluste, ein riesiger Munitionsverbrauch und nur vier Kilometer Geländegewinn;[49] am Patt des Stellungskrieges hat sich kein Deut verändert. Noch immer besetzen deutsche Truppen französischen Boden. Doch das Oberkommando verschleiert den Fehlschlag. Die Schlacht in der Champagne, so ist von Joffre nun zu hören, sei ein Erfolg seiner Strategie der Zermürbung. «Wir müssen mehr Feinde töten, als sie von unseren Männern töten können.»[50] In der Champagne sei das gelungen. Aber Joffre überschätzt die Verluste des Gegners erheblich. Vor allem die französischen, weniger die deutschen Truppen haben sich in der Champagne «verblutet».[51] Geplant als operativer Durchbruch, deutet Joffre die Schlacht nur deshalb als Zermürbungskampf, weil eine Rückkehr zum Bewegungskrieg gescheitert ist.[52]

Das Parlament schob Joffre während der Mobilmachung 1914 die Rolle des Militärdiktators zu und entmachtete sich im Taumel nationaler Begeisterung weitgehend selbst. Doch wider Erwarten zog sich der Kampf in die Länge. Die Kammer trat wieder zusammen. Seitdem sind Regierung und Oberkommando abermals der Aufsicht durch die Volksvertreter unterworfen, genauer: durch die Armeekommissionen von Senat und Kammer. Allerdings bleibt deren Aufsichtsrecht mehr Anspruch denn Wirklichkeit. Die Heeresleitung glaubt, sie allein halte das Schicksal des Landes in Händen. Parlament und Regierung sieht Joffre als Zuträger, die ihm die Mittel für seine Kriegführung beschaffen sollen. Das Kräfteverhältnis zwischen Oberkommando, Regierung und Abgeordnetenkammer so auszupendeln, dass weder diktatorische Verhältnisse einkehren noch die Arbeit von Armeeführung oder Regierung leidet, bleibt eine schwierige Aufgabe. Hart ringen Joffre auf der einen und Pédoya auf der anderen Seite um das Recht der Abgeordneten, die Armeezone besuchen zu dürfen – noch immer ein Gebiet, in dem Joffre wie ein Alleinherrscher waltet. Dort kann er Gerichte einsetzen, Durchsuchungen anordnen, Personen ausweisen, Besuche untersagen.[53]

Und nun also Driant, selbst Mitglied der Armeekommission; die Rede Ferrys hat er gestern im Halbrund verfolgt. Driant ist verheiratet mit einer Tochter des berüchtigten Boulanger; 1886 stand General Boulanger, der Abgott des Heeres, kurz vor einem Staatsstreich. Dann aber floh er nach Brüssel; Jahre später erschoss er sich am Grab der Geliebten: Als Cäsar begonnen, wie Catilina gelebt, als Romeo geendet – dieses Wort macht noch immer die Runde.[54] Auch Oberst Driant dient im

Oberst Émile Driant, Berufsoffizier, Schriftsteller, Abgeordneter von Nancy, Mitglied der Armeekommission der Kammer und Kommandeur des 56. und 59. Jägerbataillons im Sektor Verdun

Sektor Verdun. Landesweite Bekanntheit hat er als Verfasser von Zukunftsromanen erlangt. Es fällt schwer, eine Zeitung zu nennen, die seine Werke nicht abgedruckt hat. Der Oberst schreibt Abenteuergeschichten im Stile Jules Vernes. Es gibt Übersetzungen ins Deutsche, Spanische, sogar ins Japanische. Viele seiner Bücher spielen in Zeiten künftiger Kriege. Geschichten wie *La Guerre de demain*, *L'Invasion jaune* oder *Le Journal de guerre du Lieutenant von Piefke* spiegeln Driants nationale Idee: Nur durch Selbstabkapselung, innere Geschlossenheit und militärische Stärke werde Frankreich, das einzige Bollwerk der Zivilisation, sämtlichen Todfeinden trotzen: Asiaten, Afrikanern, Deutschen, Briten und Juden. *La Guerre fatale* zum Beispiel beschreibt, wie das moralisch überlegene französische Heer ein verweichlichtes Großbritannien erobert. Die Armee ist für Driant die Schule der Nation.

Und so verwundert es nicht, dass Abel Ferry, der heute ebenfalls im Halbrund sitzt, von Driant keine Rede im Sinne des Parlaments erwartet. Doch als der Oberst zu sprechen beginnt, schlägt er in dieselbe Kerbe: Die Heerführung vernachlässige ihre Pflichten. Das Parlament müsse auf Joffre ein Auge werfen. Es gebe Mängel des Grabensystems. Manche Abschnitte der Front seien einem Angriff ausgeliefert: «Die Organisation unserer Front ist an bestimmten Punkten nicht sicher.»[55]

Tatsächlich hat im Sektor Verdun der Bau vieler Stellungen eben erst begonnen. Es herrscht ein Mangel an Soldaten, die hinteren Linien sind teilweise unbesetzt. Die Truppen beklagen vernachlässigte Gräben besonders in der rückwärtigen Stellung.[56] Zögen sich die Verteidiger auf das westliche Maasufer zurück, wäre die Front leichter zu halten. Doch Driant lehnt das nachdrücklich ab; jeder Rückzug, glaubt er, untergrabe den Kampfgeist. Dass mit Driant ein Abgeordneter der Rechten eine ähnliche Auffassung vertritt wie Ferry, ein Vertreter der linken Mitte, verleiht den Auftritten der beiden Offiziere eine besondere Sprengkraft.

Die Schärfe, mit der zwei Parlamentarier in Uniform die eigene Armeeführung mitten im Krieg zu tadeln vermögen, wurzelt in politischen wie militärischen Gründen. Militärisch hat Joffres Ruf stark gelitten. Die Bevölkerung verehrt «Papa Joffre» weiterhin für das «Wunder an der Marne», dankt ihm die Abwehr des deutschen Vormarsches im Herbst 1914. Bei vielen Volksvertretern hingegen ist er wegen seiner Machtallüren und der hohen Verluste nicht länger unantastbar. Dass deutsche Truppen in Frankreich, nicht französische Truppen in Deutschland stehen, ist auch dem Versagen von Joffres Aufmarschplan geschuldet. Und die fürchterlichen Opfer der ersten Monate sind nicht zuletzt die Folge von Joffres Doktrin der *offensive à outrance*, der Lehre vom Angriff bis zum Äußersten, die Hunderttausende in den Kugelhagel der Maschinengewehre und Schnellfeuerkanonen getrieben hat.

Politisch ist das Hauptmerkmal der Dritten Republik ihr ausgeprägter Parlamentarismus. Aristide Briand, der Ministerratspräsident, verfügt als Regierungschef weder über einen eigenen Stab noch über einen besonderen Amtssitz. Briand leitet zugleich das Außenressort, führt die Regierung also nicht einmal in Vollzeit. Raymond Poincaré, der Staatspräsident, übt seine Rolle eher zurückhaltend aus – wie alle Präsidenten seit etwa zwei Jahrzehnten. Und dass Frankreichs Parteien kaum organisiert sind, viel schwächer als im Deutschen Kaiserreich, entspricht dem Stil einer parlamentarischen Regierungsweise, die keinerlei Frak-

General Joseph Joffre, Oberbefehlshaber der französischen Streitkräfte in Frankreich, während der Schlacht an der Marne in seinem Arbeitszimmer in Châtillon-sur-Seine. Aufnahme von 1914

tionszwang kennt. Das Selbstverständnis der Abgeordneten ist geprägt durch ihr Gefühl persönlicher Unabhängigkeit.[57]

Die Auftritte von Driant und Ferry lösen bei Poincaré, Briand und Pédoya, später auch bei Gallieni und Joffre, erhebliche Unruhe aus. Das ist verblüffend, denn noch vor drei Monaten haben Staatspräsident wie Oberbefehlshaber, aber auch René Viviani, der Vorgänger Briands, den Sektor Verdun als zweitrangigen Abschnitt betrachtet. Am 3. August 1915 hat die Operationsabteilung des *Grand Quartier Général* der Staatsführung eine «Untersuchung möglicher Operationspläne unserer Gegner»[58] vorgelegt. Sämtliche Annahmen fußen auf der «deutschen militärischen Mentalität», die sich im Militärschrifttum niederschlage und alle gegenwärtigen Operationen der Deutschen leite. Es sei ein Hauptkennzeichen ihrer Kriegführung, «trotz gewisser potentieller Folgen die kühnste – weil einfachste – Lösung zu wählen». Denn «ihr Marsch durch Belgien gegen unsere zurückweichende Linke, die Rochaden gegen die Russen, die letzte Offensive in Galizien, die augenblickliche konzentrische Offensive auf Warschau sind durchweg Beispiele

Ministerratspräsident Aristide Briand (Dritter von links)

für Kühnheit und Kraft.» Und weiter: «Der Umstand – innerhalb eines Kriegsjahres mehrmals zu beobachten –, dass ihre Anstrengung trotz aller Intensität das angestrebte Ziel verfehlt hat, hindert sie nicht daran, ihre Operationen nach denselben Grundsätzen weiterzuführen. Wir sind daher der begründeten Meinung, dass sie auf diese Weise bis zum Ende weitermachen werden, obwohl hellsichtige Köpfe unter ihnen zweifellos bereits den Grund ihres schlussendlichen Scheiterns erkannt haben werden – denn es ist derjenige, auf den Yorck von Wartenburg in jedem Kapitel seines Buches ‹Napoleon, der Feldherr› ab dem Feldzug von 1808 zurückkommt und den er leitmotivisch wiederholt: ‹Seine Politik hat seiner Strategie ein Ziel vorgegeben, das sie nicht erreichen konnte.›»

Darüber hinaus vertreten die Offiziere der Operationsabteilung die – allerdings irrige – Meinung, der deutsche Generalstab betrachte Frankreich als «Hauptfeind». Auch die Möglichkeit einer deutschen Offensive auf Verdun wird erwogen: «Der Angriff auf Verdun, häufig vorhergesagt, … wird in unseren Augen … nur eine Eröffnungsoffensive sein. Im Übrigen steht es uns frei, diesen Angriff zu entschärfen, indem wir Maßnahmen ergreifen, die aus Verdun kein zweites Przemyśl machen: Wir könnten ihnen die Festung überlassen, als offene Stadt und ohne Einwohner.»[59] Doch eines sei sicher: «Der von Deutschland geführte Krieg wird weitergehen wie er begonnen hat – entsprechend einem Plan, der von einer Mentalität geprägt ist, die im Geist des Riesenhaft-Kolossalen lebt und ihre Vorhaben bis zum bitteren Ende verfolgt.» Die Offiziere betonen, dass die *Entente* im kommenden Jahr die Initiative gewinnen müsse. «Die Verwirklichung eines Operationsplans der *Koalition* ist also dringlicher denn je. An unserer Front besteht dieser Plan darin, die Offensive zu ergreifen – mit dem Maximum der Mittel und Kräfte und so früh wie möglich.»[60] Kurzum: Die Operationsabteilung erwartet einen deutschen Durchbruchsversuch, ist aber völlig siegesgewiss. Im Fall eines Angriffs auf Verdun will sie Stadt und Festung räumen lassen. Truppen, Geschütze und Material sollen hinter die Maas zurückgezogen, Forts und Werke gesprengt und die Frontlinie verkürzt werden. Nicht nur Joffre, auch Generäle wie Auguste Dubail, Befehlshaber der Heeresgruppe Ost, sind der Meinung, dass Festungen ihren Wert als unabhängige Widerstandspunkte eingebüßt haben.

Und tatsächlich: Im August 1914 mussten Lüttich, Antwerpen und Maubeuge wie auch das Sperrfort Manonviller nach dem Beschuss durch schwere deutsche Artillerie rasch kapitulieren. «An die Stelle der Festung, die stets erobert werden kann», hat Dubail gefolgert, «muss heute eine befestigte Region treten, breit und tief, jeder Umfassung trotzend, deren Kommandeur seine volle Operationsfreiheit behält.»[61] Das ist auch Joffres Meinung. Deshalb hat er Dünkirchen, Verdun, Toul, Épinal und Belfort zu «Befestigten Regionen» erklären lassen. Seitdem kann das Oberkommando über deren Truppen und Geschütze frei verfügen. Um seine Offensive in der Champagne vorzubereiten, hatte Joffre allerorts Artillerie, Soldaten, Maschinengewehre und Munition abziehen lassen, und zwar in erheblichem Umfang – auch in der *Région fortifiée de Verdun*, der Befestigten Region Verdun.[62] Eben das ist der Hauptgrund für jene Mängel, die Driant und Ferry beklagen. Denn die

Eingliederung in das übliche Stellungssystem mit Stacheldraht, Blockhäusern, Unterständen und drei Verteidigungslinien mitsamt Annäherungsgräben erfordert einen hohen Aufwand an Zeit, Arbeitskräften und Material.[63] Noch ist Verdun kein nationales Symbol; nicht nur Joffre, auch Poincaré und die Mitglieder der Armeekommission haben sich bisher lediglich darum gesorgt, ob Truppen, Feldartillerie und Munition im Falle eines deutschen Angriffs rechtzeitig herausgeschafft werden könnten. Brücken, Schleusen, Bahnhöfe und viele militärische Anlagen sind zur Sprengung vorbereitet.[64] Keinesfalls sehen Regierung, Armeekommission oder das Oberkommando in der Festung Verdun einen kriegsentscheidenden Punkt oder einen symbolisch aufgeladenen Ort, dessen Besitz über das Schicksal der Nation entscheidet. Warum also kommt plötzlich Unruhe auf?

Ferry und Driant schieben einen rollenden Wagen. Ihre Klage über den Zustand der Gräben ist nur der Funke, der einen schwelenden Streit vollends entzündet. Nach dem Übertritt Bulgariens, dem Champagne-Fehlschlag und dem Rücktritt der Regierung Viviani liegen die Nerven allerseits blank. Im Parlament wachsen die Vorbehalte gegen Joffre. Das Ringen zwischen Heerführung und Kommission um die Leitung des Krieges steuert auf seinen Gipfelpunkt zu. In den kommenden Wochen wird der Auftritt der beiden Offiziere im Palais Bourbon die Verdun-Front Schritt für Schritt in einen Gegenstand des politischen Kampfes verwandeln: Einerseits das Parlament, das Joffres Fähigkeiten misstraut und die Aufsicht der Volksvertretung über das Oberkommando wiederherstellen möchte; andererseits Joffre, unterstützt durch Briands Regierung, der mit den Schwierigkeiten des Stellungskrieges ringt, sich zu Unrecht angegriffen wähnt und jedes Eindringen der Politik in die Armeezone ablehnt. Gallieni schreibt Joffre einen Brandbrief. Joffre droht mit Rücktritt. Briand nimmt Joffre gegenüber dem Parlament in Schutz. Poincaré wendet sich gegen Ferry.[65] Weil dieser verwirrende Streit nicht nur persönliche Machtfragen berührt, sondern tief in den Gegensätzen der Gesellschaft wurzelt, ist er schwer zu schlichten; und je länger er dauert, desto größer erscheint die Bedeutung der Front bei Verdun.

Das Ringen zwischen Kommission und Oberkommando ist ein Nachhall des Krieges der zwei Frankreich. Bevor die Heilige Union, die *Union sacrée* – Frankreichs Gegenstück zum Burgfrieden in Deutschland –, fast alle inneren Gegensätze überdeckt hat, war das Land in zwei Lager gespalten: in ein republikanisch-antiklerikales und ein konservativ-katholisches. Die Wurzeln dieser Spaltung reichen zurück bis in die Zeit der Französischen Revolution. Der alte Gegensatz hat die Republik noch vor etwa fünfzehn Jahren schwer erschüttert. 1894 verurteilte ein Kriegsgericht den jüdischen Offizier Alfred Dreyfus wegen Landesverrats zu lebenslanger Haft – ein Justizirrtum, wie sich herausstellen sollte. Bemühungen um eine Wiederaufnahme des Verfahrens mündeten in jahrelange öffentliche Auseinandersetzungen. Bald erfasste der Streit ganz Frankreich. Vereinfacht könnte man sagen: Monarchisten, Adel, Klerikale, Antisemiten und Armeespitze rangen gegen Republikaner und Sozialisten, also den weltlich-demokratischen Block. Die Schärfe der Auseinandersetzung gründete in ihrem Charakter eines Kampfes um die nationale Idee. Am Ende behielt das weltlich-demokratische Lager die Oberhand. Dreyfus kam frei, mit allen Ehrenrechten. Fortan saß die Dritte Republik umso fester im Sattel.[66] Freilich blieb das Misstrauen zwischen Republikanern und Armeespitze überaus lebendig. Noch immer geht es häufig in Geringschätzung über. Politiker verachten Generäle, Heerführer blicken auf Politiker herab. Die Wunden der Dreyfus-Affäre sind verheilt; doch die Narben schmerzen. Und an solche Narben rühren Ferry und Driant, als sie den Zustand der Gräben vor Verdun beklagen.

Sofort nach der Rede Driants beschließt die Kommission, General Pédoya und den Oberst an die Front zu entsenden. Sie sollen die Lage erkunden. Umgehend machen sich beide auf den Weg. Doch ein Besuch in der Armeezone scheitert am Widerstand Joffres. Aber sogar auf ihrer verkürzten Reise hören Driant und Pédoya Gerüchte, es gebe an vielen Abschnitten nur eine einzige Verteidigungslinie.[67]

Freitag, 3. Dezember 1915. London, War Office Building. Etwa tausend Räume, sieben Stockwerke und mehr als drei Kilometer lange Gänge: Glücklicherweise ist Sir Douglas Haig, Befehlshaber der Ersten Britischen Armee, auf den Bühnen der Macht seit langem zu Hause.

Der General hat im Kriegsministerium eine Verabredung mit Feldmarschall Kitchener. Haig erfreut sich glänzender Verbindungen. Der General kennt den König und Kitchener bestens. Lord Kitchener, der Kriegsminister, war seinerzeit Haigs Vorgesetzter in den Feldzügen gegen die Anhänger des Mahdi und gegen die Buren. Die Schlacht bei Omdurman hat Kitchener 1898 in den Olymp des *Empire* befördert. Und in Südafrika siegte seine Taktik der verbrannten Erde über burische Partisanen.[68] Auch Haig, damals Kavalleriekommandeur, hielt ein brutales Vorgehen für den kürzesten Weg zum Erfolg. Er ließ Vieh zusammentreiben, die Waffe des Hungers wirken und gefangene Buren erschießen, befürwortete das Niederbrennen von Farmen wie auch das Festhalten von Familien in Konzentrationslagern.[69] «Totale» Krieger sind Haig und Kitchener schon in Südafrika geworden.

Als vor über einem Jahr der Große Krieg begann, sagten beide einen langen, kostspieligen Kampf voraus – und zählten damit zu einer verschwindenden kleinen Minderheit. Kitchener, aus dem Ruhestand an die Spitze des Kriegsministeriums berufen, erhielt ähnlich wie Joffre eine Art Blanko-Vollmacht durch das Parlament.[70] Im *War Office Building* hob er das erste Massenheer der britischen Geschichte aus der Taufe: die Kitchener-Armeen. Seitdem sind fast zweieinhalb Millionen Freiwillige seinem Waffenruf gefolgt. Überall in Großbritannien werben Plakate mit dem Porträt des Kriegsministers: «Enlist today!»[71] Bisher sind rund eine Million Soldaten, zweihundertzwanzigtausend Tiere, dreihundertfünftausend Tonnen Lebensmittel, hundertzwanzigtausend Tonnen Munition und hunderttausende Tonnen weiterer Güter über den Ärmelkanal gelangt.[72] Aber selbst das wird nicht reichen. Inzwischen steht fest: Auch Großbritannien wird 1916 die Wehrpflicht einführen müssen. Ursprünglich wollte Kitchener seine neuen Armeen nicht vor dem dritten Kriegsjahr nach Frankreich entsenden. Erst dann, glaubte er, würden die deutschen und französischen Heere einander derartig erschöpft haben, dass Großbritannien den Krieg entscheiden und dadurch den Frieden gewinnen könnte.[73] Seine Rechnung ist längst schon durchkreuzt. Wollte man den Gesamtsieg nicht gefährden, durften Kitcheners Armeen unmöglich in der Zuschauerrolle verharren.

Im Kreise der Politiker fühlt sich der Kriegsminister unwohl. Sie würden ihn, klagt er Haig, ständig in Intrigen verwickeln wollen, um Premierminister Asquith zu stürzen. Doch er, Kitchener, halte Asquith für die beste Wahl. Daher seien alle Intrigen stets gescheitert. Viele Politiker wollten auch ihn, Kitchener, stürzen, fürchteten aber seinen Ruf als Kriegsheld.[74] Das Ansehen des Siegers von Omdurman scheint in der Bevölkerung ungebrochen. Kitcheners Kollegen im Kabinett hingegen stöhnen über seine Entschlossenheit, jedes Zusammenwirken mit Nicht-Militärs und Zivilbehörden abzuwehren. Wie Joffre kämpft auch Kitchener gegen jede Form politischer Aufsicht. Weil aber im letzten Frühjahr dem Expeditionskorps die Munition auszugehen drohte, ist nunmehr unter der Führung von David Lloyd George ein Rüstungsministerium entstanden. Auf Angelegenheiten der Kriegswirtschaft hat Kitchener inzwischen wenig Einfluss.[75] Seit einigen Tagen steuert der Lord auch den strategischen Kurs des Landes nicht länger im Alleingang. Schon bald wird Generalleutnant Sir William Robertson sein neues Amt als Chef des Imperialen Generalstabs in London antreten. Zuvor aber hatte Robertson selbstbewusst darauf bestanden, dass Kitchener nicht länger sein eigener Stabschef bleiben dürfe. Künftig wird auch Robertson den Premierminister in militärischen Fragen beraten.

Kitchener eröffnet Haig eine erfreuliche Nachricht: Man werde ihn, Haig, in den kommenden Tagen als Nachfolger von Feldmarschall French zum neuen Oberbefehlshaber des britischen Expeditionskorps ernennen.[76] Für Haig ist das keine Überraschung. Nach der Niederlage bei Loos im vergangenen Herbst hat er in seinen Berichten für Kitchener und König George dem Oberbefehlshaber schwere Fehler vorgeworfen, gelegentlich auch hinter dem Rücken von French. Tatsächlich hat French an der Front keine Lorbeeren geerntet. Haig scheint fest entschlossen, in Frankreich endlich einen britischen Sieg zu erkämpfen.[77] Ohnehin müsse der Krieg, glaubt Haig, so lange fortgeführt werden, bis die Regierung in Berlin alle Bedingungen annehme, die man diktiere.[78] Von einem Sieg der *Entente* ist auch Kitchener felsenfest überzeugt. Die Lage der Mittelmächte gleiche dem aussichtslosen Kampf der amerikanischen Südstaaten im Bürgerkrieg, meint er.[79] Mit den Franzosen müsse Haig gute Beziehungen unterhalten. «General Joffre», fasst Haig in seinem Tagebuch die Weisungen Kitcheners zusammen, «sei in Frankreich als Oberkommandierender zu betrachten; Joffre kenne dort das Land und die allgemeine Lage gut. Andernorts, auf dem Balkan oder in Ägypten zum Beispiel, sei das anders. Doch in Frankreich müssten wir alles daran setzen, den Wünschen Joffres so weit wie möglich entgegenzukommen, wie immer es auch um unsere persönlichen Gefühle für die französische Armee oder ihre Befehlshaber bestellt sei.»[80]

Haig hat sich über den Verbündeten kein schmeichelhaftes Urteil gebildet: «Diese französischen Führer», vertraute er im April 1915 seinem Tagebuch an, «sind eine seltsame Mischung aus durchschnittlichen Fähigkeiten (nicht mehr als durchschnittlich) und Unkenntnis der praktischen Seite des Krieges. Dafür sind sie von Natur aus nicht gemacht. Sie sind zu leicht erregbar, und sie scheinen niemals daran zu denken, was der Feind tun könnte.»[81] Kurzum: Die Franzosen bedürften der Führung. Ihre Mannschaften bestünden zum großen Teil aus Familienvätern ohne Angriffsschwung. Dass der Kampfwert britischer Soldaten den französischen und deutschen Truppen überlegen sei, hält Haig für ausgemacht.[82] Robertson behauptet, «jeder britische General in Frankreich», von wenigen Ausnahmen abgesehen, habe über Frankreichs militärische Führung dieselbe Meinung: «keine sehr hohe».[83] Britische und französische Generäle stammen meist aus verschiedenen Welten. In Frankreichs Wehrpflicht- und Massenarmee befehligen nicht selten hohe Kommandeure, deren Väter Angestellte oder Bauern waren.[84] Ihr Führungsstil ist rauer, als es *gentlemen* in Uniform gewohnt sind; denn die Generäle des *Empire* gehören zum Hochadel, zur *gentry* oder zur oberen Mittelklasse, haben teure Privatschulen besucht und sind geprägt durch den Dienst in einer kleinen Berufsarmee. Zweiundvierzig Prozent entstammen dem Adel.[85] Haig zum Beispiel, Sprössling eines uralten, reichen Schottenclans, hat als Student an der Universität Oxford einen Alltag erlebt, der an den Roman *Wiedersehen mit Brideshead* erinnert – Polo, Jagd, Lunch, Dinner und zuweilen auch Lektüre. Haig gehörte dem *Bullington Club* an, einer studentischen Vereinigung, die ausschließlich Adelige und Söhne großer Vermögen aufnimmt. Wird Haig sich einem Heerführer wie Joffre unterordnen, dessen Vater in der südfranzösischen Provinz gelebt und als Fassbinder sein Geld verdient hat? Kitcheners Weisungen klingen zweideutig: «Leitlinie muss die engste Zusammenarbeit von Franzosen und Briten als vereinigter Streitmacht sein; ich möchte Sie aber ausdrücklich darauf hinweisen, dass Sie ein unabhängiges Kommando führen.»[86]

Wenige Tage später bespricht Haig auch mit Robertson das weitere Vorgehen.[87] Generalmajor Sir William «Wully» Robertson, ein willensstarker, etwas grobschlächtig wirkender Mann, kommt aus dem Mannschaftsstand; er ist die Ausnahme, die die Regel bestätigt. Am Ende des Krieges wird er vom einfachen Soldaten in den Rang eines Feldmarschalls aufgestiegen sein – als einziger Angehöriger des britischen Heeres. Robertson und Haig sind fest entschlossen, die Politiker «in die Ecke zu drängen», so Robertson, «und am Ende die Oberhand zu behalten.»[88] Militärische Fragen gehörten in die Hände militärischer Fachleute; in diesem Punkt sind sich Kitchener, Haig und Robertson einig – freilich ohne wahrzunehmen, dass im gegenwärtigen Krieg alle Grenzen zwischen Militär, Politik, Wirtschaft und Wissenschaft mehr denn je zerfließen. Zudem sprechen die Militärs nicht mit einer Stimme. Im Gegensatz zu Kitchener halten Haig und Robertson einen operativen Durchbruch weiterhin für denkbar. Kitchener möchte möglichst ohne neue Großoffensiven mitsamt horrenden Verlusten den Krieg gewinnen. *Attrition*, Zermürbung, bedeutet für ihn: größtmögliche Schonung der Truppe, allmähliches Erdrücken des Gegners durch das eigene Übergewicht.[89]

Haig hingegen hat aus den Erfahrungen der letzten Offensiven denselben Schluss wie Falkenhayn gezogen: kein Durchbruch ohne vorgeschaltete Zermürbung feindlicher Reserven. Erst nach *wearing-out-offensives* könne andernorts ein «entscheidender Angriff» mit dem Ziel erfolgen, «die Verteidigungslinien des Feindes zu durchstoßen»[90] – dann aber möglichst in einem Anlauf. Dafür müsse man, so Haig, im Abschnitt des Hauptstoßes das vorbereitende Artilleriefeuer verstärken und die Angriffsfront auf ungefähr vierzig Kilometer verbreitern. Einen Durchbruch ohne vorherige Zermürbung feindlicher Reserven hält auch Robertson für ausgeschlossen. Doch anders als Haig glaubt er nicht an einen eher raschen Durchbruch. Robertson will einen Zwang zum Gegenangriff entfalten. Er befürwortet das *bite and hold*, ein

«Herausbeißen und Halten»: Um zu verhindern, dass der Verteidiger dem Angreifer noch im Zurückweichen schwere Verluste zufügen und den Einbruch schließlich abriegeln kann, müsse man einen Punkt attackieren, den die Deutschen nicht aufgeben wollten.[91] Dadurch gehe beim Halten des eroberten Ziels der taktische Vorteil vom ursprünglichen Verteidiger, den Deutschen, auf den Angreifer, die Briten, über. Tatsächlich bleibt im Grabenkrieg die Abwehr dem Angriff in aller Regel überlegen. Sobald aber die Deutschen durch ihre Gegenangriffe erschöpft seien, könne man ein neues, beschränktes, aber hinreichend wichtiges Angriffsziel erobern. Dessen Wegnahme würde den Verteidiger abermals zu Gegenangriffen zwingen. Dieser methodische Kampf könnte so lange von Neuem beginnen, bis auch die letzten deutschen Reserven verbraucht seien. Dann müsste am Ende der operative Durchbruch zwangsläufig gelingen: Zermürbung als Vorspiel für eine Rückkehr zum Bewegungskrieg.[92]

Heerführer mit vergleichbarer Schulung suchen nach Wegen aus derselben Taktik-Falle: Um das Patt des Stellungskrieges aufzubrechen, verfallen die Generalstäbe beider Seiten auf ähnliche Mittel.

Dezember 1915. Befestigte Region Verdun. Wohin man auch blickt – nichts als Uniformen. Arsenale, Kasernen, Magazine, der Luftschiffpark, ein Flugplatz sogar: Verdun ähnelt einem riesigen Heerlager. Von den zweiundzwanzigtausend *Verdunois* waren bereits vor dem Krieg ein Großteil Angehörige der Garnison.[93] Jetzt leben in Verdun noch etwa fünf- bis sechstausend Menschen. Von den deutschen Truppen sind sie in weitem Bogen halb eingeschlossen. Die Zitadelle verleiht der Kleinstadt ein höchst militärisches Gepräge. Geschützt durch sechzehn Meter Felsgestein, dient sie als Unterstand, Kommandoposten, Waffenlager und Munitionsdepot. Die Zitadelle ähnelt einem Rangierbahnhof zwischen Krieg und Frieden: Gerät Verdun unter den Beschuss deutscher Artillerie – bisher allerdings war das selten der Fall –, dann können hier alle infanteristischen Ablösungen beginnen und enden. Das Stollenlabyrinth vermag etwa sechstausend Soldaten aufzunehmen. Die unterirdischen Gänge haben alles in allem eine Länge von rund sieben Kilometern. Sie wirken geräumiger als die Tunnel der *Métro*. Eine Bäckerei

Stadt und Zitadelle (rechter Bildrand) Verdun. Luftaufnahme vom 25. Juni 1916

mit neun Öfen, Zentralheizung, elektrisches Licht, Krankenstation, Telefonzentrale, Veranstaltungsräume und eine erstklassige Belüftung: Die Zitadelle ist auf dem neuesten Stand der Technik.[94]

Die wichtigsten Bauten aber stehen weit außerhalb der Stadt. Verdun liegt in einem Talkessel mit steil abfallenden Hängen. Einzelne Kuppen durchstoßen die Linie umgebender Höhen, jede gekrönt durch eine Art Festung. Diese Werke und Forts, dreiundvierzig an der Zahl, bilden zwei Verteidigungsringe. Der äußere Ring hat einen Gesamtumfang von rund fünfundvierzig Kilometern. Dutzende kleinere Anlagen, oft betoniert, sichern das Gelände im Zwischenfeld: Batterien, Unterstände, Verschanzungen, Gräben. Alle diese Bauten sind durch ein Netz aus Straßen und Feldbahnen von nahezu zweihundert Kilometern Länge miteinander verbunden. Verdun, die größte Festung des Landes, ist ein Meisterwerk militärischer Ingenieurskunst.

Schöpfer des Ganzen war Raymond Séré de Rivières, General der

Genietruppen und Chef des Festungsbauwesens. Unter seiner Leitung sind Ende des 19. Jahrhunderts in Frankreich nicht weniger als hundertsechsundfünfzig Forts, vierzig Zwischenwerke und zweihundertvierundfünfzig feste Batteriestellungen entstanden.[95] Weil nach der Niederlage bei Sedan und dem Verlust Elsass-Lothringens wichtige Bollwerke wie Straßburg oder Metz künftig zum Deutschen Reich gehörten, hatte die französische Regierung beschlossen, einen neuen Festungsriegel zu errichten. Diese Sperrlinie verläuft von Verdun bis Toul und von Épinal bis Belfort.

Die Maas, gebettet in ein breites, fruchtbares Tal, durchfließt Verdun von Südosten nach Nordwesten. Ihre Windungen teilen auch das nördliche Vorfeld der Festung. Auf dem Westufer sperrt der Marre-Rücken den Zugang zur Stadt: die Forts Bois Bourrus, Marre, Vacherauville mitsamt dem Zwischenwerk Charny. Nordwestlich des Rückens, auf welligem Ackerboden, steigt das Gelände nach knapp fünftausend Metern zu den Spitzen des Toten Mannes und der Höhe 304 empor. Beide Gipfel bieten Einblicke in das Hinterland des Gegners. Die Front verläuft hart westlich, nördlich und nordöstlich der Höhen, ungefähr auf einer Linie, die das Dorf Avocourt im Westen mit den Siedlungen Malancourt und Béthincourt im Norden und dem Dorf Forges im Nordosten verbindet. Alle Dörfer sind in französischer Hand. Forges trennt fast nur ein Steinwurf vom Flussbett der Maas.

Am östlichen Ufer steigen die Maashöhen, die *Côtes de Meuse*, deutlich weiter empor, auf bis zu vierhundert Meter. Die Eisenbahnlinie von Metz nach Verdun – jetzt durch die Front zerschnitten – vermag nur in Windungen und durch den zwei Kilometer langen Tunnel von Tavannes die Stufe zu erklimmen. Viele Schluchten, Wälder und Höhen der *Côtes* erinnern an Wellen in stürmischer See, mit Tälern und Kämmen, die fast durchweg von südöstlicher in nordwestliche Richtung verlaufen. Auf dem ersten Wellenkamm, dem Rücken von Belleville, scheint Verdun zum Greifen nah. Die Doppeltürme der Kathedrale, alle Maas-Brücken und viele Straßen und Plätze sind mit bloßem Auge auszumachen. Auf dem Belleville-Kamm reiht sich die Kette von Bauten, die zum inneren Ring der Festung gehören: die Forts Belleville, Saint-Michel und Souville vor allem; dazu östlich von Souville, tausend Meter entfernt, die Geschütze der *Batterie de l'Hôpital* unweit des Fort Tavannes, das seinerseits den inneren Festungsring abschließt. Verglichen mit den Bauten des äußeren Ringes sind diese Anlagen sämtlich veraltet. Vom Belleville-Rücken geht es hinab ins erste Wellental, hinunter in die Weinberg-Schlucht also; von dort wieder bergauf zum Kalte-Erde-Rücken. Ihn krönen die Anlagen des äußeren Ringes: Fort Douaumont, das Flaggschiff der Festung, aber auch die Zwischenwerke Kalte Erde und Thiaumont. Gemeinsam mit Fort Vaux am Hochrand zur Woëvre-Ebene, weiter östlich gelegen, bildet der Kalte-Erde-Rücken einen mächtigen Riegel. Zugleich sichert Vaux im Verbund mit kleineren Anlagen den Aufstieg aus der Woëvre – ein rund hundertfünfzig Meter tiefer gelegenes Hügelland mit lehmig-tonigen Böden. Wer in der Woëvre zu den *Côtes* hinüberblickt, sieht eine dunkle, fast mauerartige Wand.

Vom Kalte-Erde-Rücken gelangt man ins nächste Wellental, in die Chauffour-Schlucht, an die sich die West-Ost-Schlucht links anschließt; von dort hinauf zum Pfefferrücken mit dem Dorf Louvemont, wo eine Handvoll Bewohner hartnäckig aushält: Frauen, Jugendliche, Alte, Kinder. Vor dem Krieg haben die Menschen der *Côtes* ihren Haupterwerb aus den Wäldern und dem Kalkstein der Böden geschöpft, der sich zum Baustein vorzüglich eignet.[96] Abermals hinab, in die Schluchten von Fay und Vacherauville; schließlich bergan zum Talou-Rücken, den der Maas-Kanal in weitem Bogen umschließt. Verlängert wird der Talou-Rücken durch Höhe 344 und den Fay-Wäldchen-Kamm. Am Rande des Wäldchens rückt das Dorf Beaumont ins Blickfeld, von seinen Bewohnern verlassen. Die Stellungen der Deutschen sind hier allzu nah. Folgt man von Beaumont dem kleinen Weg nach Ville, ist inmitten des Waldes bald eine Kreuzung erreicht: Dort treffen die Straßen aus Vacherauville, Flabas und Ville aufeinander.[97] Linker Hand, im Caures-Wald, und rechter Hand, im Wald von Champneuville, frieren zwei Jägerbataillone in den vordersten Gräben – Reservisten aus Épernay und dem besetzten Lille, alles in allem wohl etwa tausenddreihundert Mann. Die besetzten Gebiete sind für sie ähnlich entfernt wie die Rückseite des Mondes. Denn undurchdringlich ist die Linie der Front. Und so haben die Jäger aus Lille ihre Familien seit sechzehn Monaten nicht gesehen. Oberst Émile Driant, Kommandeur der Bataillone, kehrt Mitte Dezember auf seinen

Weihnachten 1915: Oberst Driant verteilt Geschenke an seine Jäger.

Gefechtsstand zurück: ein Betonbunker im Caures-Wald unweit der Kreuzung, bestens getarnt, und von Norden her nach wenigen Schritten kaum noch erkennbar. Der Caures-Wald, obwohl nun blätterlos, wirkt durch dichten Baumbestand und sein starkes, oft mannshohes Unterholz wie ein Naturhindernis.[98] Unter dem Kommando Driants steht auch Gérard de Martimprey, ehemals Kanzler der Medizinischen Fakultät an der Universität Saint-Joseph in Beirut. In nur wenigen Wochen wird er den Jägern gute Dienste leisten: Martimprey ist Sanitäter und Jesuitenpater.[99]

General von Falkenhayn kannte doch andere operative Mittel als die «Saugpumpe».

GERHARD TAPPEN, 1932

Zweites Kapitel

VOR DEM STURM

Freitag, 3. Dezember 1915. Schloss Pleß. Während Haig im *War Office Building* mit Lord Kitchener redet, betritt Falkenhayn, tausendsechshundert Kilometer entfernt, das Vestibül des Schlosses. Im Westflügel erwartet der Kaiser den täglichen Lagevortrag. Ende Oktober sind die meisten Angehörigen des Großen Hauptquartiers für die Dauer des serbischen Feldzugs zurück nach Pleß gezogen.[1] Generalstab, Hofstaat, Verbindungsstellen der Behörden, Sicherungseinheiten, Nachrichtentruppen, Wagenpark: Das Hauptquartier umfasst rund fünftausend Köpfe.[2] Und so platzt die oberschlesische Kleinstadt gleichsam aus allen Nähten. Doch in Pleß fallen die Absprachen mit der k. u. k.-Heeresleitung leichter: Der österreichische Generalstabschef Franz Graf Conrad von Hötzendorf hat sein Hauptquartier im nahen Teschen aufgeschlagen. Falkenhayns Automobil, ein besonders schnelles Modell, kann Teschen in nur einer Stunde erreichen.[3]

Schloss Pleß ist die Sommerresidenz einer der reichsten Familien des Landes. In Oberschlesien gehören Schwerindustrie und Großgrundbesitz vor allem fünf Magnaten, den «Schlotbaronen», unter ihnen Fürst Hans Heinrich XV. von Pleß.[4] Der Kaiser und sein Thronfolger kennen das Schloss schon aus der Vorkriegszeit. Für die Fürstin hegen beide eine Schwäche. Daisy von Pleß, aus englischem Hochadel stammend, gilt als Schönheit der Berliner Hofgesellschaft. Noch am Sterbebett seiner Mutter hat der Kaiser von Daisy geschwärmt und erklärt, «dass ich keine Frau kenne, die ich mehr bewundere und liebe»[5] Indessen hinterließ der Kronprinz im Gästebuch des Schlosses Verse: «Always happy, no distress, when I visit Daisy Pleß.»[6] Während Hans von Pleß auch im Krieg zum Gefolge des Monarchen gehört, darf Daisy die Männerwelt des «heiligen Hauptquartiers»[7] nur selten betreten; kann sie es dennoch, sorgen ihre Kimonos und Ausflüge mit Offizieren für Getuschel.

Auf seinem Weg zum Lagevortrag lässt Falkenhayn sich im Westkorridor melden, dem Vorzimmer der kaiserlichen Wohnung. Wie gewöhnlich wird der Generalstabschef in den Eichensalon mit dem großen Kartentisch gebeten.[8] Seit den Kriegen Friedrichs des Großen ist es für Preußens Könige Sitte, an der Spitze ihrer Truppen ins Feld zu ziehen. Mit Ausbruch des Weltkriegs schlüpfte auch Wilhelm II., der Verfassung gemäß, in die Rolle des «Obersten Kriegsherrn». Doch während Friedrich, der *roi connétable*, tatsächlich sein eigener Heerführer war, hatte 1866 schon der Großvater des Kaisers seine Kommandogewalt an den älteren Moltke übertragen. Seitdem lenkt auch Wilhelm II. die Operationen nur noch dem Namen nach. Allerdings: Gegen den ausdrücklichen Wunsch des Kaisers kann der Stabschef nicht handeln. Falkenhayn bleibt abhängig von Wilhelms Unterstützung. Wichtig ist auch die Fürsprache der beiden engsten Berater des Monarchen: Moritz Freiherr von Lyncker, Chef des Militärkabinetts, und Generaloberst Hans Georg von Plessen, Kommandant des Kaiserlichen Hauptquartiers. Wilhelm kann seinen Generalstabschef jederzeit entlassen. Wie schon zu Friedenszeiten, liegt eine Hauptquelle seiner Macht in der Personalpolitik.[9] Doch das Millionenheer operativ zu führen, übersteigt Wilhelms Fähigkeiten bei weitem.

Während der Lagevorträge sind Lyncker oder Plessen gewöhnlich zugegen. Im Eichensalon hat heute Plessen hinter dem Kaiser Platz genommen.[10] Falkenhayn kann gute Nachrichten verkünden. In Serbien scheint der Kampf gewonnen. Reste der serbischen Armee flüchten über die albanisch-montenegrinischen Berge. Damit sind viele eigene Verbände nicht länger auf dem Balkan gebunden. Der Kaiser ist «überglücklich über Serbien».[11] Und so schreitet im Westen der Aufbau deutscher Heeresreserven zügig voran. Vor acht Tagen hat Falkenhayn eine

Trennung von Heeres- und Armeereserve befohlen.[12] Über Reserven ersten Grades, die Heeresreserve, verfügt einzig und allein der Generalstabschef. Sie sind das Pfund, mit dem Falkenhayn bei der Planung seiner Offensiven zu wuchern vermag. Die Reserven zweiten Grades, die Armeereserven, bilden im Stellungskrieg das Sicherheitsnetz für die Oberkommandos der Armeen und Heeresgruppen. Reserven zweiten Grades müssen der Heeresleitung frühestens nach achtundvierzig Stunden und auch nur nach Anfrage zur Verfügung stehen. Bald wird es gelingen, die Gesamtreserve auf etwa fünfundzwanzig Divisionen aufzustocken.[13]

Auch deshalb haben Falkenhayn und Knobelsdorf beschlossen, ihre Eröffnungsoffensive auszuweiten. Nunmehr soll die Heeresgruppe Deutscher Kronprinz drei Teilangriffe führen: eine Attacke durch den Sundgau auf die Festung Belfort (Unternehmen *Schwarzwald*), einen zweiten Angriff im Südteil der Vogesen (Unternehmen *Kaiserstuhl*) und darüber hinaus, räumlich weit abgetrennt, eine dritte Teiloffensive in den Argonnen (Unternehmen *Waldfest*), ihrerseits aufgeteilt in zwei Stöße, und zwar bei Vauquois und bei Fille Morte.[14] Noch immer setzt Falkenhayn auf einen Durchbruch über die Bande im britischen Abschnitt.[15]

Für seine Eröffnungsoffensiven fordert Knobelsdorf so viele Truppen, dass ihm selbst Bedenken kommen. Falkenhayn werde, hofft er, «vor dem Geforderten nicht zurückschrecken». Diese Truppen würden «zwei gute Schläge» ermöglichen, im Elsass und in den Argonnen, und dadurch «einen wesentlichen Umschwung in der allgemeinen Lage hervorrufen».[16] Wären allerdings nicht genügend Reserven vorhanden, könne man die Attacke bei Vauquois auch abblasen und nur bei Fille Morte angreifen. Doch eine solche Schwächung der Argonnen-Offensive hält Falkenhayn für sehr bedenklich.[17] Er möchte auf das Urteil Tappens warten. Die Operationsabteilung soll errechnen, ob die Wünsche erfüllbar sind.

Falkenhayn dämpft die Hochstimmung des Kaisers. Er «entrollt Seiner Majestät ein ernstes Bild von der Kriegslage».[18] Gegenüber Wilhelm beschränkt sich der Generalstabschef auf die Erklärung, «dass zur Herbeiführung einer Entscheidung ein Schlag im Westen geführt werden muss, wozu alle verfügbaren Kräfte bereitzustellen sind!» Angreifen werde man bei Belfort; dort gebe es «die beste Flankendeckung».[19] Offen bleibt, ob Falkenhayn die Festung erobern oder aber lediglich die französischen Truppen aus den Vogesen vertreiben möchte, wo sie einen letzten Zipfel des Reichsgebiets besetzen. Der Generalstabschef verkündet, im Elsass vier Armeekorps einsetzen zu wollen. Damit muss eine Wegnahme der Südvogesen aller Voraussicht nach gelingen. *Diese* Absicht kann Falkenhayn dem Kaiser getrost offenlegen: Es sei das Ziel der Offensive bei Belfort, erläutert er, «die Franzosen aus den von ihnen besetzten Teilen des Oberelsass herauszuwerfen».[20] Dass Falkenhayn die Wegnahme der Festung ins Auge gefasst hat, sogar nördlich der Somme auf einen Durchbruch im Gegenstoß setzt, deutet er vorerst nicht einmal an; vielmehr spricht Falkenhayn nur allgemein von «Kriegsentscheidung» – ein Spiel mit verdeckten Karten gegenüber der politischen Leitung, das auch Haig und Joffre gut beherrschen. Der Generalstabschef möchte alle Möglichkeiten offenhalten. Im Falle eines Fehlschlags will er sich vor seinem Kriegsherrn, dem deutschen Heer und der Öffentlichkeit keinerlei Blöße geben.[21]

Wilhelm stimmt allen Vorschlägen des Generalstabschefs zu. Unternehmen *Schwarzwald* kann beginnen. Schon am nächsten Tag erteilt Falkenhayn den Ausführungsbefehl.[22] Sämtliche Truppenforderungen werden genehmigt. Die Kommandeure der Heeresreserve fordert Falkenhayn auf, ihre Verbände auf den Bewegungskrieg vorzubereiten.[23]

Montag, 6. Dezember 1915. Chantilly, Hotel «Le Grand Condé». Eine Kolonne schwerer Automobile rollt die enge, schnurgerade Hauptstraße hinab. Chantilly, eine Kleinstadt vierzig Kilometer nördlich von Paris, ist nicht nur in Frankreich für seine Pferderennbahn berühmt. Viele britische Jockeys, Pfleger und Trainer haben am Rande des Hippodroms, auf dem Friedhof Bourillon, ihre letzte Ruhestätte gefunden. Die Kolonne passiert Häuserzeilen, die von bescheidenem Wohlstand zeugen. Nahezu im rechten Winkel schmiegt sich das Straßennetz um ein herrliches Schloss mit Marstall und Parkanlagen. Mehr als zwei Jahrhunderte lang haben die Herzöge von Bourbon-Condé dort residiert. Die Erinnerung an den Großen Condé ist in der Stadt noch immer lebendig. Condé, bedeutender Feldherr und Anführer der Fronde gegen das Herrscherhaus, ließ 1671 den Sonnenkönig und dreitausend Angehörige des Hofstaats drei Tage und drei Nächte lang in Chantilly bewirten. Konzerte, Jagden, Tanz, Feuerwerk und Bankette, ins Werk gesetzt von François Vatel, Hofmeister und Küchenchef; Vatel starb am dritten Tag der Feierlichkeiten von eigener Hand. Weil eine Fischlieferung nicht rechtzeitig eintraf, soll er um seine Ehre gefürchtet haben. Europas höfische Festkultur – in Chantilly stand sie in prachtvoll-fremdartiger Blüte.[24]

An diesem Mittwoch, einem sonnigen Wintermorgen, ist nicht die Schlossanlage das Ziel der Kraftfahrzeuge. Am Stadtrand biegen die Automobile von der Hauptstraße ab, erreichen den Hof des Hotels *Le Grand Condé* und halten, eines nach dem anderen, vor der Treppe am Haupteingang. Das Gebäude beherbergt Frankreichs militärisches Nervenzentrum. Ende 1914 hat das *Grand Quartier Général* alle sechs Stockwerke in Beschlag genommen. Bis zu vierhundertfünfzig Offiziere schmieren Tag und Nacht das Räderwerk der französischen Kriegsmaschine. Gegen 9.00 Uhr treten in den Büros wohl die meisten Offiziere für wenige Augenblicke an ihre Fenster. Unten im Hof verlassen Generäle in fremden, farbenfrohen Uniformen die Kraftfahrzeuge, allesamt hohe Militärführer der *Entente*. Sie erwidern den militärischen Gruß der Ehrengarde und eilen in blitzenden Stiefeln die Treppe hinauf: Serben, Belgier, Italiener, Russen, Briten.[25]

Entente, das bedeutet «Bündnis» und «Einvernehmen»; zwar kämpfen jene Völkerheere, die seit nunmehr fast eineinhalb Jahren Krieg gegen die Mittelmächte führen, zweifellos in einem Bündnis; doch am Einvernehmen hat es bisher gemangelt. Eben das soll sich ändern. Um eine Gesamtstrategie für 1916 zu beschließen, treffen viele Spitzenmilitärs das erste Mal zusammen. Der serbische Militärattaché Oberst Stepanović, hochgewachsen, ohne Begleitung, vertritt eine geschlagene Armee. Geschlagen ist auch das Heer des Generalleutnants Félix Wielemans, Stabschef der belgischen Armee. Fast das gesamte, stark verwüstete Land steht unter deutscher Besatzung. Die Regierung ist nach Le Havre und der König nach De Panne in den äußersten Winkel seines Reiches geflohen. Nur wenige belgische Verbände kämpfen noch an der

Westfront. Erschienen ist auch Carlo Porro, Italiens stellvertretender Generalstabschef, ein Adeliger aus Mailand mit politischem Ehrgeiz. Sein offener Mantel liegt recht lässig auf den Schultern, den Ordensstern nicht überdeckend. Der betagte General Gilinski, Leiter der russischen Militärmission in Frankreich, schreitet die Stufen hinauf. Es erscheinen die Heerführer des Königreichs von Großbritannien und Irland: an ihrer Spitze Feldmarschall Sir John French, Oberbefehlshaber der britischen Expeditionsstreitkräfte in Frankreich. French steht kurz vor der Ablösung. Ihn begleitet Generalleutnant Sir Archibald Murray, Chef des Imperialen Generalstabs in London. Auch seine Tage als Stabschef sind gezählt. Murrays Amtsnachfolger, William Robertson, ist ebenfalls gekommen. Noch leitet er den Generalstab der Expeditionsstreitkräfte. Anwesend ist auch Generalleutnant Henry Wilson, ein fünfzigjähriger Ire mit verwitterten Zügen. Wilson leitet die Militärmission der Briten.

Alle Besucher werden in den Konferenzraum geführt. Adjutanten, Sekretäre und Übersetzer füllen die Stuhlreihen an den Wänden des Saales. Der Gastgeber: Oberbefehlshaber General Joseph Joffre, gefolgt von Generalmajor Maurice Pellé, für ein paar Tage noch Chef des Stabes.[26] Joffre hält sich selbst für einen gemäßigten Republikaner. Klerikaler Neigungen ist er jedenfalls unverdächtig.[27] Der General, wohlbeleibt, wirkt wie eine gemütliche Vatergestalt. Für gemütlich halten ihn allerdings kaum jene Offiziere, die Joffre 1914 entlassen hat und die sich seitdem in Limoges zur Verfügung Gallienis aufhalten müssen: achtunddreißig Divisionsführer, zehn Korps-Kommandeure und zwei Armeechefs.[28] Innerhalb der französischen Streitkräfte ist Joffres Stellung unangefochten. Das gilt umso mehr, als Poincaré und Briand ihn vor vier Tagen zum Oberbefehlshaber aller Fronten ernannt haben. Künftig wird der «Generalissimus» – so sein Titel – auch die Geschicke der Orientarmee lenken.[29] Zwar wird Joffres Machtzuwachs einmal mehr im Parlament für lebhafte Debatten sorgen; doch vor allem Poincaré hält eine Vereinheitlichung des Kommandos für geboten. Briand hingegen zögerte, lenkte schließlich ein und verknüpft das Überleben seiner Regierung immer enger mit dem Schicksal Joffres.

Um 9.15 Uhr betritt der Generalissimus den Raum. Nach einer knap-

Feldmarschall Douglas Haig und General Joseph Joffre

pen Begrüßung verliest General Pellé den *plan d'action*, Joffres «Aktionsplan»: Der Weg zum Sieg, glaubt Joffre, führe über eine bessere Abstimmung gemeinsamer Offensiven. Zudem müssten sich die eigenen Angriffe nicht gegen Türken oder Bulgaren, sondern gegen die Heere Deutschlands und Österreich-Ungarns richten.[30] Auf die Räumung Gallipolis können alle Anwesenden sich ohne weiteres verständigen. Doch wo soll das Bündnis künftig seinen Schwerpunkt setzen? Im Osten, auf dem Balkan, wie Gilinski und Stepanović nachdrücklich fordern? Im Westen, in Frankreich, wie Murray lebhaft erläutert? Soll man die Orientarmee in Saloniki verstärken oder abziehen?[31] Joffre selbst ist ein «Westler». Aber in Chantilly hält er mit seiner Meinung geschickt hinter dem Berg. Weil Joffre zwischen Russen und Briten vermittelt, wächst ihm nun eine Führungsrolle zu. Der Generalissimus als Stratege der *Entente* – diese Außenwirkung kommt Joffre auch innenpolitisch zupass.[32] Vor allem kann er durch seine Mittlerstellung das eigene Heer entlasten, denn Joffre nutzt die Saloniki-Frage, um die Zarenarmee im Boot zu halten und sie auch künftig Druck auf die deutsche Ostfront ausüben zu lassen. Das scheint nicht selbstverständlich. Gilinski hat nämlich hochfliegende Pläne für eine Balkan-Offensive vorgelegt.[33] Doch am Ende der drei Konferenztage wird feststehen: Die Orientarmee bleibt in Saloniki, so dass die russische Führung sich nicht im Stich gelassen fühlt und auch künftig panslawistischen Träumen nachhängen kann – aber mit so schwachen Kräften, dass jede Hoffnung auf eine große Balkan-Offensive entfällt. Wer «Papa Joffre» unterschätzt, hat längst verloren. In Chantilly gelingt dem Generalissimus sein diplomatisches Meisterstück.

Der zweite Konferenztag ist dem Rüstungsstand und Wirtschaftskrieg gewidmet, der *guerre économique*.[34] Vor allem Gilinski beklagt, es fehle seinen Truppen an schweren Geschützen und an Gewehren. Freilich bessere sich die Leistung der heimischen Industrie. Weil die Verbündeten zudem umfangreiche Waffenlieferungen zusagen, soll das Zarenheer im Frühjahr erneut schlagbereit sein. Der zweite Konferenztag verdeutlicht: Auch Spitzenmilitärs haben die Rolle der Wirtschaft für die Kriegführung verstanden.[35]

Am dritten und letzten Konferenztag beschließen die Teilnehmer eine strategische Leitlinie: Im Frühjahr wollen die Verbündeten auf dem russischen, französischen und italienischen Kriegsschauplatz gleichzeitig und mit größtmöglicher Kraft einen Allfrontenangriff führen. Dadurch hofft Joffre, den Mittelmächten ihren einzigen Vorteil zu nehmen: das Operieren auf der «inneren Linie».[36] Denn meisterhaft hat Falkenhayn bisher die Möglichkeit genutzt, seine Truppen zwischen Ost und West zu verschieben. Dadurch konnte er Angriffe abwehren oder Schwerpunkte für deutsche Offensiven bilden.[37] Die Alliierten hingegen müssen auf «äußeren Linien», meist über See, größere Entfernungen überwinden. Ihre Operationen nehmen mehr Zeit in Anspruch. Der Allfrontenangriff soll die Wende bringen. Würden zwischen allen Hauptoffensiven der Alliierten höchstens vier Wochen liegen, könnten die Mittelmächte ihre Reserven nicht mehr je nach Lage verschieben.

Was die Westfront betrifft, so bleibt vorerst offen, wann, wo und wie französische und britische Truppen gemeinsam angreifen werden.[38] Der

Generalissimus verdeutlicht aber schon jetzt: Das britische Heer muss künftig größere Lasten schultern. An kleinen Teiloffensiven, die dem Allfrontenangriff vorausgehen und die Reserven des Gegners zermürben sollen, werde Frankreichs Armee sich kaum beteiligen können. Seine Truppe, warnt Joffre, sei «am Rande ihrer Möglichkeiten der Rekrutierung» und benötige eine «Ruhepause bis zu dem Augenblick, an dem die offensiven Aktionen wiederaufgenommen»[39] würden. Vorher allerdings müsse man die Verbände auffüllen und neu bewaffnen. Darüber hinaus hält das Abschlussprotokoll der Konferenz fest: Sollten die deutschen Streitkräfte ihrerseits vor Beginn des Allfrontenangriffs einen der Alliierten attackieren, müssten alle anderen Parteien so nachdrücklich wie möglich zum Entlastungsangriff schreiten – offenbar auch dann, wenn ihre Vorbereitungen nicht völlig abgeschlossen wären.[40]

Eine alliierte Strategie der Zermürbung; Frankreichs Armee am Rande ihrer Möglichkeiten; Bündnispartner, die notfalls einen überhasteten Entlastungsangriff führen wollen – «man darf Falkenhayn», so Tappen im Rückblick, «nicht unterschätzen. Er war ein sehr kluger Mann.»[41]

Mittwoch, 8. Dezember 1915. Pleß, Kavaliershaus. Im Kavaliershaus, nur ein paar Schritte vom Schloss entfernt, arbeiten Offiziere der Obersten Heeresleitung. An der Nordseite des eher unscheinbaren Gebäudes stehen vier Telegrafenmasten. Sie nehmen das Gewirr dutzender Drähte auf, die seit ein paar Monaten aus dem Mauerwerk ragen.[42] Mit ihrer Hilfe lenkt Erich von Falkenhayn die deutschen Truppen. Während Schmidt von Knobelsdorf in Lothringen die Vorbereitungen für *Schwarzwald* und *Waldfest* vorantreibt, führt der Generalstabschef in Pleß lange Gespräche mit Tappen und Wild, seinen engsten Beratern.[43] Gerhard Tappen, Leiter der Operationsabteilung, gilt selbst bei Anhängern des Generalstabschefs nicht als die bestmögliche Wahl. Einige Beobachter halten Tappen gar für «pomadig».[44] Generalleutnant Adolf Wild von Hohenborn, Preußens Kriegsminister, geadelter Apothekersohn und Schulfreund des Kaisers, wirkt gelegentlich wie Falkenhayns Schatten.[45] Der humorvolle Wild ist für den Generalstabschef offenbar das, was einem Freund am nächsten kommt.

In den Gesprächen mit Tappen und Wild zeichnet sich abermals eine Kehrtwende ab: Falkenhayn schwenkt um von Belfort zu Verdun. Zwei Hauptgedanken sind vorgeprägt durch den Belfort-Plan. Erstens soll eine Eröffnungsoffensive den Gegner nach wie vor zur Festlegung starker Reserven zwingen. Und auch weiterhin rechnet Falkenhayn – zweitens – mit einem britischen Entlastungsangriff. Inzwischen glaubt er, dass ein solcher Angriff im Artois erfolgen wird. Das Artois war bereits Schauplatz von drei Großoffensiven des Gegners. Dort stehen im Augenblick die Zehnte Französische Armee unter General d'Urbal, die Erste Britische Armee, geführt durch General Monro, und die Sechste Deutsche Armee unter Kronprinz Rupprecht von Bayern. Aus den Grundideen «Eröffnungsoffensive» und «Artois» entsteht der Gedanke an eine Attacke auf Verdun.[46] Denn tritt Verdun an die Stelle von Belfort, rücken beide mutmaßlichen Hauptkampforte – Abschnitt Artois und Abschnitt Eröffnungsoffensive – um rund zweihundertsechzig Kilometer enger zusammen; von etwa fünfhundertsechzig Kilometern (Arras–Belfort) auf nur noch dreihundert Kilometer (Arras–Verdun). Damit könnten die Verbände der deutschen Heeresreserve, untergebracht stets in der Nähe von Bahnlinien, viel schneller an einen der beiden Hauptkampforte gelangen.

Für Verdun spricht vor allem: Anders als bei Belfort, bieten die Besonderheiten des Geländes an der Maas gute Möglichkeiten, vielleicht auch dort den Durchbruch über die Bande zu erzielen – und zwar im Nachstoßen nach einer schnellen Wegnahme aller Ostuferhöhen. Kerngedanke ist der Zwang zum Gegenangriff, also eine Abwandlung von Robertsons *bite and hold*. Nach einer überfallartigen Eroberung des Ostufers wären die deutschen Truppen voraussichtlich in der Lage, jeden Gegenangriff in vergleichsweise sicherer Stellung abzuwehren. Auf diese Weise würden nur bei den Franzosen außerordentlich hohe Verluste entstehen. Denn um Verdun zu retten, müssten die Verteidiger die Höhen oberhalb der Stadt zurückgewinnen: bergan, auf sehr engem Raum, im Feuer einer weit überlegenen deutschen Artillerie, ohne den Schutz betonierter Forts oder Unterstände und mit sämtlichen Nachschubwegen in Reichweite deutscher Geschütze. Dadurch müsste sich ein rasches «Verbluten» und im Nachstoßen mit Divisionen der deutschen Heeresreserve die Möglichkeit zum Durchbruch ergeben. Für ein Abriegeln besäßen die Verteidiger am Ende nicht mehr genügend Reserven. So würde beim Halten der Ostuferhöhen der taktische Vorteil vom ursprünglichen Verteidiger, den Franzosen, auf den Angreifer, die Deutschen, übergehen.[47] Kurzum: Im Falle eines Angriffs bei Verdun könnten die Heeresreserven nicht nur im Artois, sondern auch an der Maas das Zünglein an der Waage spielen. Falkenhayns Reserven sollen das Ringen entscheiden, sobald sich an einem der beiden Hauptkampforte die Gelegenheit zum Durchbruch bietet: *entweder* im Gegenstoß nördlich der Somme *oder* im Nachstoßen bei Verdun.[48]

Darüber hinaus bietet Verdun fünf weitere Vorteile. Erstens: Während bei Belfort die Entfernung von den deutschen Linien zur *Région fortifiée* knapp dreißig Kilometer beträgt, liegt die Befestigte Region Verdun unmittelbar vor den deutschen Stellungen; bei einem Überraschungsangriff auf Verdun fiele die Zeit für französische Abwehrmaßnahmen erheblich kürzer aus. Zweitens: Im Gegensatz zum Abschnitt Belfort ähnelt der Verdun-Frontbogen einem gefährlichen Ausfalltor; würden die französischen Streitkräfte über dieses Tor vorbrechen, könnten sie die deutsche Westfront rasch ins Wanken bringen. Schon lange erscheint es deshalb wünschenswert, «den Backenzahn Verdun auszuziehen».[49] Drittens: Anders als bei Belfort, sind vor Verdun Gasangriffe möglich. Vor Verdun ist die Angriffsrichtung Süden, vor Belfort Westen. Bei vorherrschenden Westwinden wären deutsche Gaseinsätze bei Belfort so gut wie ausgeschlossen.[50] Viertens: Im Gegensatz zum eher geraden Frontverlauf bei Belfort eröffnet der Frontbogen bei Verdun dem Angreifer Möglichkeiten zur Flankierung. Dadurch entstehe, so Falkenhayn, eine «Gelegenheit zu operativer und taktischer Umfassung, wie sie im Stellungskrieg sehr selten zu finden ist».[51] Darüber hinaus bilden die Stellungen der Franzosen auf dem Ostufer ungefähr ein gleichschenkliges Dreieck. Dessen Basis ist den Deutschen zugewandt. Beim Vordringen des Angreifers auf den *Côtes* muss sich dort der Frontraum mit wachsender Geschwindigkeit also so sehr verengen, «dass keine Maus darin leben kann».[52] Der deutschen Artillerie böten sich immer drückendere Möglichkeiten für ein kreuzendes Feuer. Fünftens: Eine Attacke auf Belfort erscheint schwieriger als eine Offensive bei Verdun.

Im Falle eines Angriffs auf Belfort, erläutert Oberstleutnant Gerhard von Heymann, Erster Generalstabsoffizier der Kronprinzenarmee, würden rechts «die Steilhänge der Vogesen und links die neutrale Schweiz jede ausholende Bewegung»[53] verhindern. Gefährlich erscheint zudem die Ballung starker Kräfte an der äußersten deutschen Linken. Die übrige Westfront wäre reichlich entblößt.[54] Außerdem bietet der Sektor Verdun mit Blick auf den Artillerie- und Truppenaufmarsch günstigere Bedingungen als der Abschnitt Belfort. Vor Belfort gibt es hinter den deutschen Linien nur eine wichtige Bahnlinie, die Verbindung von Straßburg nach Mühlhausen. Hinter der Verdun-Front kann die Heeresleitung zwei wichtige Bahnen nutzen: Koblenz–Montmédy und Straßburg–Montmédy–Lille. Montmédy, ihr Kreuzungspunkt, ist von der Kampflinie nur rund zwanzig Kilometer entfernt.

Und so übermitteln die Telegrafisten im Kavaliershaus von Pleß am Donnerstag, den 9. Dezember 1915, 11.32 Uhr, eine chiffrierte Botschaft der Obersten Heeresleitung an Schmidt von Knobelsdorf: «Über Schwarzwald und Waldfest kann endgültig erst nach nochmaliger mündlicher Beratung entschieden werden. Ich würde deshalb dankbar sein, wenn sich der Herr Stabschef an einem Tage zwischen dem 14. und 17. bei mir in Berlin Kriegsministerium einfinden könnte. Ich stelle daher zur Prüfung, ob nicht entweder Schwarzwald zu Ungunsten von Waldfest noch wesentlich verstärkt werden könnte,... oder ob unter Verzicht auf Schwarzwald das Waldfest zu einem großzügigen, mit allen erschwinglichen Mitteln auszustattenden Unternehmen um den auch dort winkenden wertvollen Preis ausgebaut werden soll.»[55] Der Generalstabschef misstraut den Künsten der Verschlüsselung. Deshalb bleibt er im Ungefähren. Aber Knobelsdorf versteht. Falkenhayn legt nahe, den Angriff auf Belfort fallenzulassen und stattdessen die beiden Teilangriffe von *Waldfest* durch eine einzige Großoffensive im Sektor Verdun zu ersetzen: Taktisches Ziel wäre die Wegnahme der Festung. «Ich wüsste nicht», so Schmidt von Knobelsdorf, «wo der ‹dort winkende wertvolle Preis› sonst stecken sollte.»[56] Bei der endgültigen Wahl zwischen Belfort und Verdun lässt Falkenhayn, ungewöhnlich genug, den Stabschef mitentscheiden. «Sehr wichtig», notiert Wild, «wird Knobelsdorfs Urteil sein, der bald zur Besprechung nach Berlin kommt.»[57] Das Verdun-

Telegramm erscheint für den Kriegsminister wie eine Gabelung am Wege: «Jedenfalls ist der bevorstehende Entschluss einer der schwersten des Feldzugs.» Der Durchbruch bei Gorlice-Tarnów «war Kinderspiel dagegen».[58]

Samstag, 11. Dezember 1915. Kaiserlicher Hofzug, auf dem Weg nach Wilna. Küchenwagen, Speisewagen, Gefolgewagen, Gepäckwagen, Salonwagen – viele Teile des Kaiserlichen Hofzuges, zur Tarnung grün gestrichen, sind auch telefonisch miteinander verbunden. Es gibt elektrische Klingeln, Badewannen, eine Warmwasserheizung. In der Küche stehen Bratröhre, Eisschrank, Spülmaschine und eine Vorrichtung zum Putzen des Silbers. Wilhelm, der Reisekaiser, ist auf dem Wege nach Wilna. «Heil Dir im Sonderzug ...», singen Spötter daheim die erste Strophe der deutschen Hymne. Im Salonwagen zieren Inschriften die Wände: «Erst wägen, dann wagen», «Furchtlos und beharrlich».[59] Falkenhayn, Tappen und viele Offiziere des Gefolges begleiten den Monarchen. Gestern haben Eisenbahner die Wagen der Obersten Heeresleitung im Bahnhof von Pleß an den Hofzug gekoppelt. Kattowitz, Kreuzburg, Gnesen und Thorn liegen hinter den Reisenden. Über Insterburg in Ostpreußen wird die Fahrt nun nach Litauen führen.[60]

Erst vor wenigen Wochen ist Wilna in die Hände deutscher Truppen gefallen. Jetzt soll Generalfeldmarschall Paul von Hindenburg, Führer von «Ober-Ost», der Oberbefehlshaber aller deutschen Streitkräfte im Osten, über die Lage berichten. Manche Waggons der Heeresleitung erinnern an rollende Kommandoposten. Tappen zum Beispiel reist in seinem persönlichen Wagen, in dem er die Abend- und Morgenmeldungen bearbeiten kann.[61]

Am 11. Dezember, dem Hauptreisetag, begibt sich Wilhelm in Falkenhayns Salonwagen. Er will den täglichen Lagevortrag hören. Der Generalstabschef erläutert auf «einer großen Operationskarte die Möglichkeiten im Westen». Dabei nennt er zum ersten Mal den neuen «Ansatzpunkt für eine Westoperation»:[62] Verdun. Zweifellos wiederholt Falkenhayn, dass die Kriegsentscheidung an der Westfront fallen müsse. Dabei kann er auf Meldungen seiner Nachrichtenabteilung verweisen. «III b» hat nach Abschluss der Wilna-Offensive gemeldet, «dass der Russe … durch die schweren Verluste, Strapazen sowie den Mangel an Waffen, Munition, Bekleidung usw. zurzeit geschwächt sei, der Halt der Truppe jedoch noch nicht so erschüttert sei, dass eine längere Ausschaltung dieses Feindes festgestellt werden könnte.» Zugleich macht die Nachrichtenabteilung «auf die Zerrüttung der staatlichen Organisation in Russland aufmerksam».[63] Solchen Berichten kann Falkenhayn sehr wohl entnehmen, dass er den Rücken im Osten mindestens bis zum Frühjahr frei haben wird. Während der Generalstabschef seinem Kriegsherrn das Umschwenken von Belfort zu Verdun begründet, deutet er wahrscheinlich nunmehr auch an, dass die Eröffnungsoffensive einen Durchbruch über die Bande und die Rückkehr zum Bewegungskrieg einleiten kann.[64] Im Übrigen hält Wilhelm jeden Versuch, einen Massendurchbruch zu erzielen, ebenfalls für aussichtslos.[65] Und so gibt der Kaiser sein Einverständnis. Die Planung für die Schlacht bei Verdun kann beginnen.

Am nächsten Morgen, 8.00 Uhr, erreicht der Hofzug den Bahnhof von Wilna. Hindenburg und Generaloberst von Eichhorn, Oberbefehlshaber der Zehnten Armee, warten am Bahnsteig.[66] Beide steigen in den Salonwagen des Kaisers. Nach ihren Vorträgen unternimmt Wilhelm mit seinen Offizieren einen Rundgang durch die Stadt. «Gutes Wetter, aber sehr schmutzige Straßen mit tauendem Eis»,[67] notiert Müller. In Wilna, bemerkt Tappen, herrsche «viel Elend und Hunger».[68] Auf dem Burgberg überblickt die Gruppe das Häusermeer. «Wie Florenz!»,[69] schwärmt der Kaiser. Als die Gruppe eine Kirche besichtigt, erkennt Tappen auch Generalleutnant Erich Ludendorff, Hindenburgs Stabschef. Tappen begrüßt ihn «ganz unbefangen» mit Handschlag. «Ich wüsste keinen Grund», wird sich Tappen erinnern, «weshalb ich das nicht hätte tun sollen.»[70] Doch Ludendorffs Umgebung quittiert die Geste mit Verblüffung. Eine solche Stimmung erscheint Tappen «einfach unfassbar, und ich habe mich auch deutlich darüber ausgesprochen, dass man doch abweichende militärische Ansichten nicht ins Persönliche zu übertragen brauche.»[71] Doch genau das tut vor allem Ludendorff ständig. Militärisch hochbegabt, hält er im Ober-Ost alle Fäden in Händen. Sein wohl wichtigster Trumpf ist der Mythos des Retters: Seit den Kesselschlachten bei Tannenberg und an den Masurischen Seen im August und September 1914 ist Hindenburgs Ruhm in der Öffentlichkeit kaum noch zu steigern. Das Ansehen Falkenhayns überstrahlt er um Längen. Alle Ratschläge, wie Ober-Ost stärker die Trommel der Propaganda zu rühren, weist Falkenhayn zurück.[72] Ludendorff und Hindenburg hatten schon früh beim Kaiser die Entlassung des Generalstabschefs gefordert.[73] Seitdem hält Wilhelm den Feldmarschall für einen zweiten Wallenstein.[74] Tatsächlich bedroht der Hindenburg-Mythos die Kommandogewalt des Monarchen.

Und noch immer ringen Ober-Ost und Heeresleitung nicht mit-, sondern gegeneinander. Strittig ist die Frage nach dem strategischen Schwerpunkt. Ost oder West? Ludendorff glaubt, man könne das russische Heer vernichten. Falkenhayn hält das für ausgeschlossen. Nach dem Durchbruch bei Gorlice-Tarnów hatte Ludendorff geplant, die Zarentruppen durch eine gigantische Zangenbewegung einzukesseln. Die Übermacht von Briten und Franzosen im Westen, die Tiefe des russischen Raumes und die Katastrophe der *Grande Armée* 1812 vor Augen, bevorzugte Falkenhayn eine weniger napoleonische Lösung.[75] Ludendorffs Persönlichkeit verschlimmert den Zwist. Er könne, bekennt Ludendorff, «nur lieben oder hassen, und den General von Falkenhayn hasse ich, mit ihm zusammenzuarbeiten, ist mir unmöglich».[76] Dass der Generalstabschef nur aus Eifersucht seine Pläne hintertreibe, steht für Ludendorff vollkommen fest. Kein Wunder, dass Falkenhayn fürchtet, Ludendorff sei «geistig nicht normal».[77] Der Kaiser verdächtigt Ludendorff als «zweifelhaften, von persönlichem Ehrgeiz zerfressenen Charakter».[78] Ludendorff, bestätigt Groener, sei ein «derart rabiater, nur sein eigenes Ich voranstellender Kerl, dass man ihn nächstdem für's Narrenhaus reif halten möchte».[79] Preußens Generalstabsoffiziere pflegen das Selbstbild, allein auf der Grundlage sachlicher Erwägung zu handeln. Diese Sachlichkeit ist Ludendorff in hohem Maße abhanden gekommen. In der französischen Führung scheint das Ringen um den Schwerpunkt entschieden. Joffre, der «Westler», führt den Oberbefehl über sämtliche Fronten. In der Militärführung des Deutschen Reiches hingegen dauert der Streit weiterhin an.

Bei der Abfahrt aus Wilna bittet Falkenhayn den Gesandten Karl Georg von Treutler in seinen Waggon. Treutler ist der Vertreter Bethmanns und des Auswärtigen Amtes im Großen Hauptquartier. «Also, es tut mir sehr leid», eröffnet er Treutler, «aber ich muss Sie in der Angelegenheit des U-Boot-Krieges verlassen.»[80] Treutler ist ohne Zweifel bestürzt. Denn eigentlich gilt der Generalstabschef als Gegner des U-Boot-Krieges. «Er pflegte sich», berichtet Groener, «dabei so auszudrücken: Er habe gerade genug Feinde zu bekämpfen und wünsche nicht, sich auch noch die Amerikaner auf den Hals zu laden.»[81] Bis zur Einstellung des U-Boot-Krieges im vergangenen September waren amerikanische Passagiere mehrfach bei Versenkungen ums Leben gekommen. Warnungsloser U-Boot-Krieg bedeutet: Krieg mit den Vereinigten Staaten – so viel scheint sicher. «Krieg mit Amerika», erklärte Falkenhayn damals, «kann ich jetzt nicht brauchen. Kann die Marine nicht garantieren, dass Weiterführung des bisherigen U-Boot-Krieges nicht zum Krieg mit Amerika führt, habe ich zu der Angelegenheit überhaupt nichts zu sagen.»[82] Das aber kann die Marine wahrhaftig auch weiterhin nicht garantieren. Nun jedoch, unmittelbar nach dem kaiserlichen Segen für die Planungen einer Verdun-Offensive, wechselt Falkenhayn ins Gegenlager. Sein Übergang auf die Seite der U-Boot-Krieger ist mit dem Verdun-Plan aufs Engste verbunden.

Henning von Holtzendorff, Chef des Admiralstabs, und Alfred von Tirpitz, Leiter des Reichsmarineamtes, gewähren eine verblüffende Zusage: Britannia, seit über einem Jahrhundert unumschränkte Herrscherin auf den Weltmeeren, sei innerhalb weniger Monate allein durch U-Boote «auf die Knie zu zwingen».[83] Damit *garantieren* beide Admirale allen Ernstes, Großbritannien um die Seeherrschaft zu bringen. Die deutsche Flotte, mit propagandistischem Aufwand und unter riesigen Kosten hochgerüstet, liegt seit Beginn des Krieges fast tatenlos vor Anker. Tirpitz und Holtzendorff scheinen allzu begierig, durch den Einsatz einer Art Wunderwaffe den Ruf der Marine zu retten. Schon hat das Reichsmarineamt einen Pressefeldzug für die Wiederaufnahme des warnungslosen U-Boot-Krieges begonnen. Eine Massenbewegung soll Druck von unten entfachen. Die Helfershelfer von Tirpitz bringen Gegner in Misskredit, einschließlich Kanzler und Kaiser.[84] Den Versprechungen der Marine begegnet Falkenhayn mit Vorsicht. Anders als Tirpitz, Holtzendorff oder Wild ist er weiterhin kein gläubiger Anhänger des U-Boot-Krieges.[85] Außerdem: Von Anfang an sprechen Tirpitz und Holtzendorff nicht mit einer Stimme. «Über Zahl der vorhandenen U-Boote», bemerkt sogar Wild, «und Möglichkeit des Beginns der neuen Aktion gingen ihre Angaben etwas auseinander.»[86]

Holtzendorff ist für das rasche Wechseln seiner Meinung derart berüchtigt, dass Wild ihn «Schaukelmann»[87] tauft. Noch schlechter ist es um die Glaubwürdigkeit von Tirpitz bestellt. Dessen Flottenstrategie ist vor den Augen der Welt soeben krachend gescheitert. Falkenhayn traut dem Großadmiral nicht über den Weg. Tirpitz lüge «ununterbrochen», klagt er, und sei «nicht zu fassen. Sobald man ihn irgendwie festnageln» wolle, weiche er aus. «Über die Zahl der verfügbaren Unterseeboote» erfahre er «alle Augenblicke etwas anderes.»[88] Die «Wassermenschen», gesteht Wild, «sind und bleiben ‹schwankende Gestalten›.»[89]

Doch bei Falkenhayns Seitenwechsel zählt weniger die Frage, ob die Versprechungen glaubwürdig sind; auch blickt er kaum mehr auf die Haltung der USA; das Deutsche Reich, urteilt Falkenhayn, habe bei einem Kriegseintritt der Amerikaner inzwischen nichts zu verlieren. Wirtschaftlich stünden die USA schon jetzt im Lager der *Entente*. Politisch sei nach dem Serbien-Feldzug die Gefahr beseitigt, dass neutrale europäische Staaten durch die Kriegsbeteiligung der USA ins Lager der Gegner gezogen würden.[90] Und militärisch wäre ein Eingreifen der USA in Europa frühestens 1917 denkbar. Bis dahin aber will der Generalstabschef den Krieg entscheiden. Falkenhayn hat anderes im Blick – den Kriegswillen in England nämlich und vor allem die mögliche Antwort des britischen Expeditionskorps. Denn in seiner Ausgangsrechnung spielt die U-Boot-Waffe eine ähnliche Rolle wie die Offensive bei Verdun: Sie ist das rote Tuch, das den Stier zum vorschnellen Angriff herausfordern soll, um ihm umso sicherer den Todesstoß zu versetzen.[91] Falkenhayn, der Englandhasser,[92] will die britische Heerführung noch stärker reizen. Dann werde sie, meint er, mit noch höherer Sicherheit eine überhastete Offensive vom Zaun brechen, vielleicht gegen die U-Boot-Basen in Flandern.[93] Doch ein Schlüsselpunkt seiner Gesamtstrategie ist der U-Boot-Krieg keineswegs – nur eine Ergänzungs-, nicht eine Kernmaßnahme. Die Entscheidung sucht Falkenhayn dort, wo jeder Führer des Feldheeres sie allenfalls zu suchen vermag: im Felde.[94]

Dienstag, 14. Dezember 1915. Berlin, Kriegsministerium. Vor etwa vierundzwanzig Stunden ist Falkenhayns Zug aus Wilna in der Reichshauptstadt eingetroffen. Im Kriegsministerium, Leipziger Straße, will der Generalstabschef nun Schmidt von Knobelsdorf treffen.

«Die Berliner Atmosphäre», notiert Wild, «ist die alte. Butternot ... und die oft bange Frage: ‹Wann und wie soll's enden?›»[95] Für Lebensmittel stehen die Berliner und besonders die Berlinerinnen jeden Tag Schlange. Getreide und Kartoffeln sind knapp, Brot und Butter rationiert. Hamstern gehört dennoch zum Alltag. Die staatliche Zwangswirtschaft verwaltet den Mangel.[96] Wie die *Union sacrée* offenbart auch der Burgfriede erste, haarfeine Risse. Bei den Sozialdemokraten sind sogar Spalten entstanden. Nächste Woche soll der Reichstag über neue Kriegskredite entscheiden. Beobachter wissen: Zwanzig Abgeordnete der SPD, darunter Karl Liebknecht, werden gegen eine Bewilligung stimmen.[97]

Schmidt von Knobelsdorf ist in Begleitung seines Sohnes angereist. Oberleutnant Günther Schmidt von Knobelsdorf dient als Kommandeur der Stabswache in Stenay, dem Hauptquartier der Kronprinzenarmee.[98] Auch Hauptmann Fritz von Falkenhayn weicht seinem Vater, dem Generalstabschef, möglichst nicht von der Seite.[99] Fritz ist im Generalstab technischer Leiter der Fliegertruppe. Bei den Beratungen im Kriegsministerium sind beide Söhne – natürlich – nicht zugegen. Das Gebot der Stunde lautet: strengste Geheimhaltung. Falkenhayn und Knobelsdorf besprechen sich unter vier Augen. Abgesehen von einer Operationskarte, die Schmidt von Knobelsdorf aus Stenay mitgebracht hat, werden keinerlei Unterlagen bearbeitet, mitgenommen oder verwendet.[100]

Schwarzwald wird ohne längere Aussprache gestrichen. Für Knobelsdorf ist die Eroberung Verduns seit der Schlacht an der Marne ein Wunschziel.[101] 1914 stand die Kronprinzenarmee bereits im Rücken der Festung. Falkenhayn wiederum hat sich offenbar ebenfalls schon für Verdun entschieden. Damit steht grundsätzlich fest: Die Würfel für eine Offensive an der Maas sind gefallen. Im Elsass laufen die Vorbereitungen nur noch zur Täuschung weiter.

Schmidt von Knobelsdorf erläutert die Grundzüge seines Planes. Am Kartentisch deutet er auf eine weitgespannte Front: von Le Four de

General Constantin Schmidt von Knobelsdorf, Chef des Stabes der Heeresgruppe Deutscher Kronprinz

Paris in den Argonnen bis nach Saint-Mihiel im Osten. Knobelsdorf fordert eine großräumige, sechsstufige Offensive auf beiden Maasufern.[102] Falkenhayn nickt. Auch er will «auf beiden Maasufern»[103] angreifen lassen. Als Knobelsdorf Einzelheiten erörtert, wird Tappen in den Konferenzraum gebeten.[104] Über die französischen Wehrbauten sind alle Anwesenden bestens im Bilde. Schon vor dem Krieg hatte der Große Generalstab Möglichkeiten für einen Angriff auf Verdun erwogen. Festungsaufgaben, Kriegsspiele, Denkschriften und Studien offenbaren: Der Angreifer muss nicht nur mit vorgeschobenen Feldstellungen, einer doppelten Fort-Linie und vielen kleineren Werken rechnen, sondern darüber hinaus mit dem Ausbau des Zwischenfeldes. Die Denkschrift «Verdun-Génicourt» enthält eine Beschreibung des Geländes und aller Hauptanlagen. Sie liegt im Chefzimmer von Knobelsdorfs Hauptquartier jederzeit bereit.[105] Seit Beginn des Krieges hat die deutsche Luftaufklärung sämtliche baulichen Erweiterungen ständig überwacht und auf Fotografien festgehalten.[106] Schon die Vorkriegsstudien unterstreichen: Bei allen Spielarten möglicher Verdun-Offensiven muss in jedem Fall ein Hauptstoß von Nordosten her erfolgen, auf dem Ostufer der Maas. Denn das Westufer kann sich ohne die höher gelegenen *Côtes* kaum halten; umgekehrt scheint das sehr wohl der Fall zu sein.[107] Falkenhayn, Tappen und Knobelsdorf vertagen sich auf morgen.

Als Schmidt von Knobelsdorf das Ministerium verlassen hat, beschleichen Falkenhayn Bedenken. Der Generalstabschef und Tappen beginnen zu rechnen. Die Breite der Front auf beiden Maasufern beträgt vierzig bis fünfzig Kilometer. Die Heeresreserve umfasst fünfundzwanzig Divisionen. Davon bleiben mindestens ein Drittel, also ungefähr acht Divisionen, für den Gegenstoß und Durchbruch im Artois vorbehalten. Bei Verdun könnten demnach siebzehn Divisionen zum Einsatz gelangen. Für die «ersten Angriffe auf dem östlichen Maas-Ufer», so Tappen, sind nach «eingehenden Berechnungen neun Divisionen erforderlich»;[108] bleiben acht Divisionen in der Heeresreserve. Davon wiederum ist ein Großteil für die Ablösung der ersten Angriffswelle auf dem Ostufer einzuplanen, «um die Kämpfe dauernd in Gang halten zu können».[109] Für solche Ablösungen wird Falkenhayn später vier bis sechs Divisionen in Aussicht nehmen; so bleiben möglicherweise nur zwei Reserve-Divisionen übrig – zu wenig für einen Westufer-Angriff. Schließlich ist die Front dort ähnlich breit wie am Ostufer. Doch einen solchen Angriff hält Tappen für dringend geboten.[110] Allzu groß erscheint die Gefahr, dass französische Artillerie auf dem Westufer den eigenen Ostufer-Angriff flankieren könnte. Offenbar schlägt Tappen eine andere Kräfteverteilung vor. Vielleicht sprechen beide auch schon jetzt über die Möglichkeit, das Ostufer in einem Zuge, ohne Ablösungen, zu überrennen. Übereinstimmung aber können beide nicht erzielen.

Am nächsten Vormittag erklärt der Generalstabschef gegenüber Schmidt von Knobelsdorf, er, Falkenhayn, könne «nicht genügend Kräfte zur Verfügung stellen, um den Angriff auf Verdun von Norden, Nordwesten und Nordosten gleichzeitig»[111] zu führen. Knobelsdorf zögert. Auch ihm erscheint die Gefahr einer französischen Flankierung vom Westufer riesig. Und ähnlich wie Oberstleutnant von Heymann, sein «I a», glaubt auch Knobelsdorf nicht an eine Entlastungsattacke im Artois.[112] Außerdem: Sogar «wenn die Engländer zu Lande geschlagen» würden, so Knobelsdorf, brächte das den Frieden nicht näher.[113] Schmidt von Knobelsdorf warnt: Während des Angriffs an der Maas «werden wir bei Verdun mit mindestens der halben französischen Armee zu kämpfen haben».[114] Doch Falkenhayn bleibt eisern. Eine Attacke am Westufer erklärt er «infolge Kräfte- und Artilleriemangels für nicht ausführbar».[115] Kurzum: «Keine Artillerie, keine Truppen.»[116]

Eigentlich wären Stadt und Festung mit den vorhandenen Kräften fast mit Sicherheit zu haben. Würde man beispielsweise fünfzehn Divisionen einsetzen und nur zehn zurückhalten, müsste Verdun aller Wahrscheinlichkeit nach fallen.[117] Dass Joffre Truppen und Material aus der Festung abgezogen hat, ist in Berlin nicht einmal bekannt.[118] Doch auf den Besitz der Stadt kommt es Falkenhayn nicht an – jedenfalls nicht in erster Linie. Die Ostuferhöhen sind ohnehin der Schlüssel für eine Wegnahme der Gesamtfestung. «Wer im Besitz der *Côtes* … auf dem Ostufer der Maas ist, indem er die auf ihnen gelegenen Befestigungen erobert hat, ist auch im Besitze der Festung»,[119] wird es später im Angriffsentwurf heißen. Über kurz oder lang soll Verdun also fallen. Dafür sprechen allein schon propagandistische Gründe. Die Festung ist aber nur ein Nebenziel. Ob über der Zitadelle die Trikolore oder die Reichsflagge weht, kann unmöglich über Sieg oder Niederlage im Weltkrieg entscheiden. Falkenhayn, Tappen, Wild, Groener und Knobelsdorf wissen das genau – ebenso wie Haig oder Joffre.[120] Vielmehr will Falkenhayn starke Reserven für einen zweiten, kriegsentscheidenden Stoß *entweder* bei Verdun *oder* im Artois zurückhalten – bei Verdun im Nachstoßen, im Artois durch einen Gegenstoß nach Abwehr einer britischen Entlastungsoffensive. Im Falle eines Durchbruchs bei Verdun soll die französische Front nach Westen aufgerollt, im Falle eines Durchbruchs im Artois die englisch-französischen Kräfte nördlich der Somme von den Hauptmassen der Franzosen getrennt, in Richtung Kanal gedrückt und möglichst vom Festland vertrieben werden.[121]

Schließlich fassen Falkenhayn und Knobelsdorf eine «Aushilfe»[122] ins Auge. Sie erwägen, den Westufer-Angriff erst *nach* der Offensive auf dem Ostufer beginnen zu lassen. Beide hoffen, dass die Verteidigung des Westufers dann zugunsten der *Côtes* geschwächt sein wird. Wäre der Angriff auf dem Ostufer erst einmal vorwärts gekommen, so könnte «von dort eine wirksame Flankierung der französischen Stellungen erfolgen».[123] Dass beide Generäle gleichermaßen annehmen, auf dem Ostufer auch ohne gleichzeitigen Westufer-Angriff weit genug voranzukommen, gründet auf ihrem Vertrauen in die eigene Artillerie. Denn darin besteht Einigkeit: Die Offensive muss einen unerhörten, nie dagewesenen Einsatz von Geschützen umfassen. Die «Wunderwaffen» des deutschen Heeres, die weltweit schwersten Kanonen, haben schon im Februar 1915 zwei Tage lang Fort Douaumont beschossen: der «Lange Max», ein 38-cm-Marinegeschütz, und eine Batterie 42-cm-Mörser, im Volksmund «Dicke Bertha» genannt. Damals meldeten Artilleriebeobachter zahlreiche Treffer, darunter am 15,5-cm-Panzerturm, und hielten das Fort für kampfunfähig.[124] Wenig spricht dafür, dass die Wehrbauten der Festung Verdun schwerstem Beschuss standhalten werden. Auch deshalb soll die Artillerie nun eine Hauptrolle spielen.

Und so entscheidet Schmidt von Knobelsdorf «für Angriff beginnend bei V.R.K. und dann folgend»,[125] also für eine Offensive zunächst nur auf dem Ostufer, im Abschnitt des V. Reservekorps unter General Erich von Gündell. Als Grundsatz gilt: Auf dem Ostufer überfallartig einen Infanterie-Keil bis zur Wegnahme der *Côtes* vortreiben, dann sofort schweres Geschütz einschieben, die französische Artillerie auf dem Westufer niederkämpfen oder, falls noch erforderlich, durch einen Infanterie-Angriff am Westufer die Lage bereinigen.[126] Für die Offensive auf Verdun bewilligt Falkenhayn fünf Korps. Der Generalstabschef stellt weitere Kräfte für die Spanne unmittelbar nach Beginn des Angriffs in Aussicht. Mündlich erhält Schmidt von Knobelsdorf den Befehl, die «Festung Verdun im beschleunigten Verfahren»[127] fortzunehmen.

Knobelsdorf reist zurück nach Lothringen. In Stenay beginnt die Ausarbeitung genauer Angriffsentwürfe. Falkenhayn und Tappen bleiben einige Tage in Berlin. Tappen kümmert sich im Kriegsministerium um die Ankurbelung der deutschen Rüstung. Außerdem erörtert er mit dem Generalstabschef weiterhin die Westufer-Attacke. Beide streiten so hitzig, dass Tappen als Leiter der Operationsabteilung zurücktreten will.[128] Am Ende aber bleibt alles beim Alten.

Fortes fortuna adiuvat!
ERICH VON FALKENHAYN, 1916

Drittes Kapitel

AUFMARSCH

Mitte Dezember 1915. Hirson. Gute Quartiere, gute Verpflegung: Nahe der belgischen Grenze, in der Kleinstadt Hirson, genießen die «Vierundzwanziger» einige Ruhewochen.[1] Ende November ist das Infanterieregiment Nr. 24 aus Neuruppin von der serbischen Front mit Zügen zum zweiten Mal nach Frankreich gelangt. Einheimische und Brandenburger, landläufig «Märker» genannt, leben in den kleinen Häusern eng beieinander. Offenbar gibt es kaum Reibungen. «Vingt-quatre – ils sont bons!» – «Vierundzwanziger – die sind gut!», ist gelegentlich zu hören, «sehr diszipliniert!»[2] Oberleutnant Cordt von Brandis und zwei seiner Zugführer, Leutnant Jürgen Freiherr von Eynatten und Leutnant Fritz von Oertzen, beaufsichtigen den Innendienst der 8. Kompanie. Wie alle Kompanien verfügt sie über eine Kampfstärke von rund einhundert Mann. Um letzte Schäden aus den Kämpfen in Serbien auszubessern, arbeiten Sattler, Schneider und Schuster in «fieberhafter Eile».[3] Die 8. Kompanie gehört zum II. Bataillon, das Major Kurt von Klüfer befehligt. Geführt werden die Vierundzwanziger durch Oberstleutnant von Oven. Ihm unterstehen drei Bataillone, alles in allem etwa dreitausend Mann.[4]

Regimenter pflegen Überlieferungen. Sie haben besondere Fahnen, Uniformen, Lieder und Feste, und sie führen geschichtsträchtige, auf das Stiftungsjahr bezogene Nummern. In Preußen sind die Verbände meist seit Jahrzehnten, oft seit mehr als einem Jahrhundert mit ihrem Garnisonsort verbunden. Die Geschichte der Vierundzwanziger hat

Oberleutnant Cordt von Brandis, Chef der 8. Kompanie der Vierundzwanziger

Fontane in seinen *Wanderungen durch die Mark Brandenburg* beinahe romantisch beschrieben: den Kampf unter Feldmarschall Blücher 1813 an der Katzbach, das späte Eingreifen bei Waterloo und die Siegesfeier mit den *Royal Highlanders* an den Lagerfeuern des Schlachtfelds; die Erstürmung der Düppeler Schanzen 1864; die Schlacht bei Gravelotte im deutsch-französischen Krieg 1870.[5] Nicht nur Brandis kennt bei den Vierundzwanzigern solche Erzählungen.[6] Alter, Verdienste und Blutzoll eines Regimentes beeinflussen das Ansehen von Offizieren wie Soldaten. Und sie stärken den Korpsgeist, ein Gefühl innerer Verbundenheit mit der Gruppe. Das Regiment aus Neuruppin genießt in Preußen einen vorzüglichen Ruf. Bisher hat es diesen Ruf durchaus bestätigt. 1914, bei Gefechten gegen britische Truppen, erlitten die Vierundzwanziger hohe Verluste – und Brandis eine Schusswunde nahe der Schulter. «Husten Sie mal», hatte ein Feldwebel ihn aufgefordert, «wenn Blut kommt, ist nichts mehr zu machen.»[7]

Seit ein paar Tagen muss auch die 8. Kompanie für den Bau eines «Übungswerkes» Soldaten abstellen. Im Wald bei Hirson entsteht eine

Etappenleben bei Verdun. Aufnahme des Pioniers Carl Bonsiep aus Hanau vom Eisenbahn-Regiment Nr. 2. Originalunterschrift: «Baden im Maaskanal bei Liny». Sommer 1916

Feldstellung «mit Hindernissen, Wolfsgruben, Spanischen Reitern und allem sonstigen Zubehör».[8] Die Anlage soll drei Linien umfassen. Sogar Steinbrüche, Gehöfte und Schluchten werden einbezogen.[9] Die Arbeit im Lehmboden erweist sich als mühsam. Es regnet fast ununterbrochen.[10] Doch die Zeit drängt. Schon nach Weihnachten soll die Ausbildung am Werk beginnen. Dann wird die ganze 6. Infanteriedivision, rund zwölftausend Mann, zu denen auch die Vierundzwanziger gehören, den Angriff auf eine befestigte Waldstellung üben. Zudem spielen «exerziermäßige Bewegungen, Exerziermarsch, Präsentiergriff usw.»[11] bei der Ausbildung nach wie vor eine wichtige Rolle. «Bezeichnend für die Disziplin der Truppe war es, dass Kragen und oberster Rockknopf auf Märschen nur auf Befehl geöffnet werden durfte.»[12] Trotz der vergangenen Kämpfe in Frankreich und Serbien kann das Regiment seine Offiziere, Unteroffiziere und Mannschaften noch immer aus den eigenen Reserven ergänzen. Der inneren Geschlossenheit kommt das zugute. Jede Kompanie ist in «Züge» und «Gruppen» unterteilt, geführt durch Leutnants und Unteroffiziere. Nicht zu den Infanterieregimentern gehören Sonderverbände wie «Stoßtrupps», «Maschinengewehr-

Abteilungen» oder «Minenwerfertruppen».[13] Alles in allem gewinnen Offiziere den Eindruck, ihre Truppe stehe in «hoher Blüte».[14] Wo der Fronteinsatz stattfinden soll, bleibt vorerst völlig im Dunkeln. «Aber so viel war jedem klar», meint Brandis, «dass es überall an der französischen Front härtere Nüsse zu knacken geben werde als bei den Kämpfen in Serbien.»[15]

Dienstag, 4. Januar 1916. Stenay, Jungenschule. Stenay hat sich verändert. Die jungen Männer fehlen. 1916 leben im Ort noch etwa tausendzweihundert Menschen, darunter zweiundsiebzig Männer im Alter von siebzehn bis achtundvierzig Jahren – letztere durchweg krank oder behindert.[16] Seit den ersten Tagen des Krieges steht die Stadt unter deutscher Besatzung. «Stenay», berichtet ein Offizier, «ist ein kleines, mit Soldaten vollgepfropftes Nest, das verhältnismäßig freundlich aussieht.»[17] Die Einwohner haben ihre Uhren eine Stunde vorgestellt. Es gilt die deutsche, nicht die französische Zeit.[18] Die Avenue Gambetta heißt jetzt Berliner Straße, aus der Rue Chanzy ist die Kronprinzenstraße, aus der Basse de Cervisy die Straße Unter den Linden geworden.[19] Als Währung gilt die deutsche Reichsmark. Die Besatzer beschlagnahmen Leuchter, Kessel, Pumpen und sogar die Griffe von Türen. Munitionsfabriken benötigen Kupfer. Aber auch Pferde, Schweine, Hühner, Kaninchen und Katzen sind bei der Kommandantur in Stenay sehr begehrt. Mit Katzenfellen kann man Militärstiefel füttern.[20]

In den ersten Stunden, noch während unweit der Stadt Gefechte tobten, hat es Plünderungen, Brandstiftungen, Durchsuchungen, Geiselnahmen und einen Todesfall gegeben. Den Direktor der Jungenschule, Henri Toussaint, haben deutsche Truppen gemeinsam mit anderen Geiseln auf die Maasbrücke getrieben, zwischen die Fronten. Toussaint erlitt einen Leistenschuss durch französische Schützen und erlag seiner Wunde im Lazarett.[21] Wie überall werden Zivilisten auch in Stenay zur Zwangsarbeit verpflichtet. Bisher sind es rund zwei Dutzend.[22] Vor ein paar Monaten haben mehr als zweihundert Menschen den Ort über die Schweiz ins freie Frankreich verlassen – manche aus eigenem Antrieb, gegen Zahlung einer erklecklichen Summe, andere als «unnütze Esser» nur unter Druck.[23] Es gibt Passpflicht, Bettelverbote und Ausgangssper-

Deutsche Feldmusik auf dem Marktplatz von Stenay, heute Place de la République. Im Hintergrund, in auffallender Entfernung, verfolgen französische Zivilisten das Konzert. Um 1915

ren. Die Besatzer werden in zensierten Briefen als «gut» und «höflich» beschrieben. Tatsächlich leben in der Kaserne Chanzy, nunmehr ein Kriegsgefangenlager, die französischen Soldaten den Bestimmungen des Völkerrechts entsprechend.[24] Im Musikpavillon auf dem Marktplatz geben Militärkapellen fast jeden Tag Konzerte. Kinder bekommen Freikarten fürs Kino. Umliegende Dörfer haben erstmals einen Stromanschluss erhalten. Ärzte in Uniform behandeln die Bevölkerung. Kurzum: Das Leben unter der Besatzung bringt überwiegend, aber nicht durchweg Härten.

Kronprinz Wilhelm von Preußen wohnt im Château des Tilleuls, einer Villa mit Park, Tennisplatz und Luftschutzbunker am nördlichen Stadtrand.[25] Mit ihm «Wand an Wand»[26] leben in der Villa auch Schmidt von Knobelsdorf und Gerhard von Heymann, Erster Generalstabsoffizier der Heeresgruppe. Etwa hundertfünfzig Schritte entfernt, in der Jungenschule, arbeitet das Oberkommando der Fünften Armee. Die Wacht-

Marktplatz von Stenay mit Feldbuchhandlung der Fünften Armee. Die Besatzer haben alle Straßen umbenannt. Rechts beginnend: die Rue Porte de Bourgogne, umbenannt in Berliner Straße, heute Rue Maginot. Um 1915

kompanie unter Günther Schmidt von Knobelsdorf sichert Villa wie Schule, aber auch alle anderen Gebäude, in denen hohe Offiziere einquartiert sind.[27] Täglich um 11.00 Uhr hält Heymann in der Schule seinen einstündigen Lagevortrag, vorher abgestimmt mit dem Chef des Stabes. Anwesend sind gewöhnlich der Kronprinz, Knobelsdorf und die Offiziere der Operationsabteilung.[28]

Kronprinz Wilhelm, Oberbefehlshaber einer Heeresgruppe, gilt als militärischer Lehrling. Mitten im Krieg möchte der Vierunddreißigjährige Einblicke gewinnen «in viele militärische Einzelheiten, wie sie für meine gesamte Ausbildung, taktische und strategische Schulung wichtig und wertvoll sind».[29] Ursprünglich sollte der Kronprinz den Oberbefehl über nur eine Division erhalten. Weil aber Rupprecht von Bayern und Albrecht von Württemberg bei Ausbruch des Krieges eine Armee übernahmen, erhob der Reichskanzler Einspruch, besorgt um das Ansehen des Hauses Hohenzollern. Außerdem sei ein Divisionskommandeur, gab Bethmann zu bedenken, zu stark gefährdet. Und wer wolle eine lange Regentschaft?[30] Der Kaiser gab nach. Anstelle des erkrankten Generals von Eichhorn ernannte Wilhelm II. seinen ältesten Sohn zum Oberbefehlshaber der Fünften Armee: «Du bekommst Generalleutnant Schmidt von Knobelsdorf als Chef des Generalstabes. Was er Dir rät, musst Du tun.»[31] Schon vor dem Krieg hatte Knobelsdorf sich der «operativen und taktischen Weiterbildung»[32] des Thronfolgers gewidmet.

Das «Kronprinzchen», wie Wild von Hohenborn ihn heimlich nennt, bringt seinem Stabschef militärfachlich «unbegrenztes Vertrauen» entgegen.[33] Legt Schmidt von Knobelsdorf seine Befehlsentwürfe vor, antwortet Wilhelm gewöhnlich: «Das ist Ihre Sache, Sie haben die Verantwortung.»[34] Gründlicher könnte Wilhelm kaum irren. Im preußisch-deutschen Generalstabssystem führt zwar der Chef des Stabes die Operationen; jede Anordnung aber trifft er lediglich im Namen des Oberbefehlshabers.[35] Mitverantwortung also trägt Wilhelm in jedem Fall. Frontsoldaten wie Öffentlichkeit nehmen von Knobelsdorf ohnehin kaum Notiz. Vor aller Welt lenkt nur *eine* Persönlichkeit die Geschicke der Heeresgruppe: der Kronprinz. Doch im täglichen Dienstbetrieb hat Wilhelm wenig zu tun. An die Front darf er nicht fahren. Und der Oberbefehlshaber hält sich an das Verbot. Stattdessen besucht er rückwärtige Stäbe, die Truppen in Ruhestellung oder die Etappe. Bei seinen Fahrten durchquert Wilhelm meist dieselben Orte. «Die jüngere weibliche Bevölkerung», erzählt ein Kadettenfreund des Prinzen, «zeigte ihm alsbald auf mannigfache Weise ihr Interesse, kam an die Fenster, trat vor die Türen, nickte und winkte. Dann ließ er den Wagen halten, begann ein Geplauder mit irgendeinem netten Mädchen oder einer anmutigen jungen Frau. Beim nächsten Male wurde dann der Aufenthalt schon länger. Er wusste, wo ihm ein hübsches Kind gefallen hatte. Er stieg aus, setzte sich nieder … Der Kronprinz war im Umgange mit Frauen gewiss nicht mehr unerfahren, aber er befand sich in der trügerischen Lage eines Mannes, der die Avantagen seiner Stellung für Erfolge seiner persönlichen Vorzüge hält.»[36] Eine junge Frau aus Stenay, Floristin angeblich, die Wilhelm häufiger trifft, wird im Ort «Kronprinzessin» gerufen.[37] Politisch gilt Wilhelm als Vertreter der äußersten Rechten. Er steht mit den «Alldeutschen» in Verbindung, die verblüffend maßlose Eroberungen fordern. Bei seinem Vater hat Wilhelm sich für Falkenhayns Ablösung, eine Wiederaufnahme des U-Boot-Krieges und die Ersetzung Bethmanns durch Tirpitz eingesetzt.[38]

Heute, am 4. Januar, legen Knobelsdorf und Heymann den endgültigen Angriffsentwurf für die Verdun-Offensive vor. Bei seinem Lagevortrag in der Jungenschule kann Heymann dem Kronprinzen einen letzten Überblick geben. Noch am Abend will Knobelsdorf nach Berlin abreisen, um Falkenhayn den Entwurf persönlich vorzulegen.[39] Den Decknamen des Unternehmens hat Schmidt von Knobelsdorf gewählt:[40] Unternehmen *Gericht*. Entscheidungskampf zwischen Gut und Böse, Armageddon, Auftakt für den Anbruch einer neuen Welt – so jedenfalls, muss man vermuten, deutet der Namensgeber die Offensive. An der Maas soll nicht nur die Entscheidung im Weltkrieg fallen; der Sieg des Kaiserreichs, hofft auch die Heimatfront, wird das jahrhundertelange Ringen zweier «Erbfeinde» ein für allemal beenden und eine dauerhafte Friedensordnung unter deutscher Führung begründen.[41]

Der Angriffsentwurf beginnt mit einem Schlüsselsatz: «Der Entschluss, die Festung Verdun in beschleunigtem Verfahren fortzunehmen, beruht auf der erprobten Wirkung der schweren und schwersten Artillerie.»[42] Vor dem Krieg hatte die Vierte Abteilung des Generalstabs eine Kampfdauer von bis zu zweieinhalb Monaten für die Einnahme beide Ufer veranschlagt, bei völliger Umfassung der Festung und unter Einsatz von schwerster Artillerie.[43] Noch vor ein paar Tagen äußerte Generalleutnant Kämpffer, Leiter der Pionier-Abteilung im Oberkommando der Fünften Armee, gegen einen Überraschungsangriff Bedenken. Die Verhältnisse vor Verdun, so Kämpffer, lägen anders als bei den Festungen in Belgien. Der General der Pioniere empfiehlt eine förmliche Belagerung.[44] Solche Einwände hält Knobelsdorf für übertrieben. «Die dicken Berthas», urteilt auch Plessen, «werden uns hier ebenso zum Siege verhelfen wie bei Lüttich, Namur, Maubeuge und Antwerpen!»[45] Der Angriffsentwurf sieht ein taktisch-operatives Verfahren vor, das durch Überraschung, moderne Pioniertechnik, Tiefengliederung, Flankierungen, Nachführen von Divisionen aus der Heeresreserve und die beispiellose Massierung von Artillerie einen überfallartigen Vorstoß bis zur Linie Thiaumont–Fleury–Souville–Tavannes ermöglichen soll.[46]

Schmidt von Knobelsdorf will keineswegs mit einem Schlag die Gesamtfestung, sondern vorläufig nur das Ostufer erobern. Spätestens dort soll sich der Zwang zum Gegenangriff entfalten. Aus Sicht des Verteidigers erscheint eine Rückeroberung der Höhen beiderseits Fleury, dann aus einer Art Kessel heraus, fast unmöglich. Falkenhayn hofft, dass die französischen Truppen, um Verdun zu retten, es trotzdem versuchen werden. Dann müsste sich ein rasches Zermürben und im Nachstoßen die Möglichkeit zum operativen Durchbruch ergeben. Wie Haig oder Joffre betrachtet Falkenhayn das Zermürben lediglich als Mittel zum Zweck. Der Generalstabschef zielt auf den kriegsentscheidenden Durchbruch und die Rückkehr zum Bewegungskrieg, nicht auf das «Weißbluten» des Gegners. Der Durchbruch soll entweder bei Verdun im Nachstoßen oder im Artois durch einen deutschen Gegenstoß nach Abwehr der britischen Entlastungsoffensive gelingen.[47] Ende Januar wird Falkenhayn behaupten, die Schlacht bei Verdun könnte innerhalb von vierzehn Tagen eine Entscheidung herbeiführen.[48] Demnach will er auf das «Verbluten» möglicherweise ganz verzichten. Dass die Franzosen das Ostufer hartnäckig verteidigen werden, halten Knobelsdorf und Falkenhayn für unwahrscheinlich. Vielmehr bedrückt den Generalstabschef die Sorge, «dass der Gegner Verdun aufgeben und sich hinter der Maas von neuem»[49] eingraben könnte. Auch Knobelsdorf setzt voraus, dass die französischen Truppen bereits stark abgekämpft sind.[50] Ohnehin hält nicht nur Falkenhayn den Kampfwert der eigenen Infanterie für weit überlegen. Dass die Soldaten der Republik weniger diszipliniert seien als die Soldaten des Kaisers, stand in allen nachrichtendienstlichen Berichten der Vorkriegszeit.[51] Fest steht: Die Ostuferhöhen gelten als Schlüssel für die Wegnahme der Gesamtfestung.[52] Sollte wider Erwarten der Durchbruch über die Bande misslingen, wäre am Ende immerhin Verdun im Besitz der Kronprinzenarmee. Die Heeresleitung könnte einen Propagandasieg ersten Ranges verbuchen – als Trostpreis sozusagen. Freilich wäre «der Vogel … unter Verlust einiger Schwanzfedern entwischt».[53]

Die rasche Wegnahme der Ostuferhöhen erscheint noch aus einem weiteren Grunde geboten: Die eigene Artillerie erhielte von dort aus Gelegenheit, die französischen Geschütze auf dem tiefer gelegenen Westufer niederzukämpfen, vor allem die Forts auf dem Marre-Rücken.[54] Auch *hinter* dem Marre-Rücken könnten französische Batterien in Stellung gehen, sichtgeschützt vor deutschen Artilleriebeobachtern am Boden. Allen Planern ist klar: Gelingt die Ausschaltung der Geschütze am Marre-Rücken nicht, droht den deutschen Ostufer-Verbänden ein furchtbares Flankenfeuer. Und so sollen sich zwei oder drei zeitlich versetzte Großangriffe – auf dem Ostufer, in der Woëvre und danach, je nach Lage, auch auf dem Westufer – wechselseitig vor allem artilleristisch unterstützen. Auf dem Ostufer selbst gilt das gegenseitige Unterstützen der Angriffsverbände gleichfalls als unabdingbar. Dank des artilleristischen Großaufgebotes und mittels taktischer Flankierungen, über die sich die angreifenden Divisionen bei ihrem Vorstoß in einen «dreieckigen» Kampfraum wechselseitig den Weg bahnen sollen, muss eine stetig abrollende Fortentwicklung der Operationen sogar mit eher schwachen Infanteriekräften gelingen – bis zur völligen Eroberung der Ostuferhöhen. Es komme darauf an, erläutert Heymann, «den Angriff niemals ins Stocken kommen zu lassen, damit die Franzosen keine Gelegenheit finden, sich in rückwärtigen Stellungen erneut zu setzen und den einmal gebrochenen Widerstand wieder zu organisieren».[55]

Drei Angriffskorps werden auf dem Ostufer zum Sturm antreten. Sie gehören zu den besten Verbänden des Heeres: Am rechten Angriffsflügel, im «Abschnitt A», das VII. Reservekorps unter Generalleutnant Hans von Zwehl, dem «Sieger von Maubeuge», mit seinen Regimentern aus dem Rheinland und Westfalen; in der Mitte, im «Abschnitt B», das erfahrene XVIII. Armeekorps aus Hessen, geführt durch Generalleutnant Dedo von Schenck; auf dem linken Flügel schließlich, im «Abschnitt C», dem wichtigsten Abschnitt, das III. Armeekorps aus Brandenburg und Berlin, ein Eliteverband unter General Ewald von Lochow. Die Spitze des Angriffskeils bildet das III. Armeekorps. In seinem Gefechtsstreifen liegt das Fort Douaumont. Ursprünglich umfasste die Basis des Keils in Richtung Douaumont nur eine Länge von etwa zwei Kilometern. In diesem Keil sollte dann «zahlreiche Artillerie zur Flankierung nach beiden Seiten Platz finden».[56] Erst im Laufe der weiteren Planung haben Heymann und Knobelsdorf die Basis bis zur Maas verlängert. Doch als «Keil-Angriff» in Richtung Douaumont denkt sich das Oberkommando den Angriff noch immer. Nach Vorbereitung besonders durch die nachgezogene Artillerie im Keil soll die Infanterie dann die Schlüssellinie Thiaumont–Tavannes erreichen.

Drei Armeekorps haben das Ostufer nunmehr ohne Ablösungen in nur einem Anlauf zu nehmen. Die Artillerie wird ihnen «die Angriffsgasse fegen».[57] Für einen möglichen Austausch erschöpfter Teile steht hinter der Einbruchstelle kein weiterer Großverband bereit. Als Aushilfe plant Knobelsdorf neue Verschiebungen: Er bildet eine Behelfsreserve. «Nach Lösung seiner Aufgaben», so sein Befehl, «wird über das VII. Reservekorps anderweitig verfügt werden.»[58] Soll heißen: Haben Zwehls Rheinländer und Westfalen am zweiten Schlachttag den Haumont-Rücken genommen und am dritten Tag auch den nächsten Wellenkamm erobert, können sie aus der vordersten Linie abgezogen werden – und dann als abgekämpfte Hilfsreserve dienen. Denn die Attacke am Ostufer soll nicht auf breiter Linie, sondern als Keilangriff mit Stoßrichtung zum Douaumont erfolgen. Dennoch wandeln Falkenhayn und Knobelsdorf auf dünnem Eis. Es mangelt an Soldaten und Kanonen. Die Kräfteverteilung bleibt ein Balanceakt.

Ob auf dem Westufer ebenfalls ein Infanteriestoß erfolgen wird, lässt der Angriffsentwurf vollkommen offen. Knobelsdorf drängt, Falkenhayn bremst. Es ist lediglich geplant, die deutschen Linien am Westufer, «nachdem der Kampf auf dem Ostufer entbrannt ist», durch ein weiteres Korps zu verstärken, «um in der Lage zu sein, sich bietende Vorteile offensiv auszunutzen».[59] Dafür stellt Falkenhayn das X. Reservekorps in Aussicht. Dieser Teil des Angriffsentwurfes spiegelt die gegensätzlichen Auffassungen mit Blick auf die Westufer-Attacke. Während für Falkenhayn nicht feststeht, ob ein Stoß überhaupt erfolgen wird, erscheint es Knobelsdorf «wünschenswert», auf dem Westufer «bald» die Höhen «Toter Mann» und «304»[60] wegzunehmen.

Unstreitig ist das Vorgehen am äußersten linken Angriffsflügel. In der Woëvre bilden die französischen Stellungen eine Art Sonderbogen. Diese Ausbuchtung soll durch das frische XV. Armeekorps unter General Berthold von Deimling zunächst von Nordosten her, danach durch ein weiteres Armeekorps auch aus südöstlicher Richtung, im Abschnitt der Armeeabteilung Strantz, eingedrückt werden – ähnlich einer offenen Flügeltür, bei der erst die eine, dann die andere Hälfte zuschlägt.[61] Am Ende stünde eine gewaltige Frontverkürzung: vom Nordabschnitt des Verdun-Sektors bis hinunter zum St.-Mihiel-Bogen im Süden, knapp sechzig Kilometer entfernt. Voraussetzung für das Zuklappen der Flügeltür: eine schnelle, vollständige Eroberung des Ostufers. Denn erst *danach* scheint in der Woëvre ein voller Erfolg beim Andrängen gegen die Ostuferhöhen möglich. Ist oben auf den *Côtes* die Linie Thiaumont–Tavannes erreicht, soll unten in der Woëvre das Korps Deimlings die Höhen ersteigen und die deutschen Linien verstärken.[62] Kein Vorkriegsplan enthält einen solchen Vorstoß aus der Woëvre gegen die *Côtes* – wegen der Schwierigkeiten des Geländes und der Festungsbauten, die den Höhenrand des Ostufers sichern.[63] Wenn nun also Heeresleitung und Armeeoberkommando zwei Divisionen mit dem Zuklappen der ersten Flügeltür betrauen, setzten Falkenhayn und Knobelsdorf mit großer Zuversicht auf eine schnelle Wegnahme der *Côtes*. Beiden schwebt offenbar vor, spätestens nach etwa neun Tagen sämtliche Höhenlinien bis unmittelbar vor und oberhalb der Stadt zu erreichen.[64]

Kopfzerbrechen bereitet in Stenay, dass Falkenhayn insgesamt zwei frische Korps für das Westufer und die Woëvre zusagt, *nachdem* der Ostuferangriff angelaufen sein wird, diese Kräfte aber in der Heeresreserve zurückhält. Doch ernsthaft beunruhigt scheint Knobelsdorf nicht. Er lässt durchblicken, «dass General von Falkenhayn gar nicht anders können würde, als alles Erforderliche heranzuführen, sobald der Angriff losgebrochen sei».[65]

Die Kriegsentscheidung, so Falkenhayn, soll «im Frühjahre»[66] fallen, bis spätestens Mai 1916, noch bevor der Gegner planvoll zu eigenen Offensiven antreten kann. Damit nimmt der Generalstabschef rund zehn Wochen Kampfzeit in Aussicht. Wohl mindestens die Hälfte dieser Spanne muss er für den Bewegungskrieg veranschlagen. Falkenhayn räumt also der Fünften Armee für das «Verbluten» französischer Reserven wie auch der Sechsten Armee im Artois für das Zermürben britischer Reserven äußerstenfalls fünf Wochen ein. Demnach soll schon im März

Hauptmann Hans-Joachim Haupt, Chef der 7. Kompanie der Vierundzwanziger

1916 ein Durchbruch je nach Lage entweder bei Verdun oder im Artois gelingen. Am Ende, hofft Falkenhayn, könnte ein günstiger Friedenschluss stehen, der mindestens *einen* Westgegner aus dem Krieg hinausgedrängt hat. Den Begriff «kriegsentscheidend» versteht er weiterhin politisch. Nicht militärische Vernichtung, sondern der Zusammenbruch des Durchhaltewillens soll den Weg zum «siegreichen Frieden»[67] bahnen.

Das also ist Falkenhayns Gesamtstrategie: Überfallartige Eroberung des Ostufers durch einen Angriffskeil – Nachziehen beweglicher Geschütze bis hinter die Linie Thiaumont–Tavannes – Niederkämpfen französischer Stellungen auf dem Westufer – Abwehr aller Gegenangriffe am Ostufer – gleichzeitige Abwehr einer britischen Entlastungsoffensive im Artois – Zermürben gegnerischer Reserven in spätestens fünf Wochen – operativer Durchbruch mit Divisionen der Heeresreserve entweder bei Verdun oder im Artois – «Bewegungskrieg mit Feldbefestigungen» – Aufrollen der feindlichen Front – Zusammenbruch des Widerstandswillens in Frankreich oder Großbritannien – Kriegsentscheidung bis Mai 1916 – Abschluss eines «siegreichen Friedens». Schmidt von Knobelsdorf reist nach Berlin. Mit dem Angriffsentwurf ist Falkenhayn einverstanden. Unternehmen *Gericht* soll am 12. Februar beginnen.

Zu: Der Weltkrieg 1914—1918. Zehnter Band.

Ver[...]
Artillerieaufmarsch der Abs[...]

Gen. d. Fußa. beim A.O.K. 5:
Genm. Schabel (Gen. d. Fußa. 10)

VII.R.

A.

B.

Abschnitt A. VII.R.K. Gen.d.Fußa.-Genm. Beeg (bayer. Gen.d.Fußa. 2)

Regt. Stapff (II./Res.Fußa. 13) — Rgt. Goecke (Fßa. Rgtsst. 103)

Gr. Schlieben-Troschke Fußa. Batl. 23 — Gr. Meißner II./Felda. 13 — Gr. Oldenburg II./Fußa. 5 — Gr. Lancelle 7./Res.Fda. 13 — Gr. Rost I./Fußa. 6 — Gr. Seeger I./Res.Fßa. 7

Regt. Mahrenholz (Fßa. Rgtsst. 106) — Regt. Simmer (bayr. Ldw. Fßa. Rgtsst. 1) — Regt. Wendt (R. Fda. 14)

Gr. Breitung I./bayr. Fßa. 3 — Gr. Kleinau III./Fußa. 4 — Gr. Willemer II./Res. Fußa. 2 — Gr. Stieve III./R. Fßa. 18 — Gr. Hewelke II./R. Felda. 14 — Gr. Mausom I./R. Fußa. 15

Feldartillerie (zur Verf. d. Generalkdos.)
Rgtsst. Res. Fda. 13 Obstlt. Reinecke
I./Res. 13 Mjr. v. Berckefeld — I./Res. 14 Mjr. Schulte-Mönting

33 — 4 — Art. 203

Schwerste Artill.
M7 γ4 β4 β6 β7

Verlegt bei E. S. Mittler & Sohn, Berlin.

Anm.: Jn der Skizze fehlen die Truppen[...]

Ost.
, B und C am 21. Februar.

Skizze 2.

Abschnitt B. XVIII. A.K. Gen.d.Fußa. Genm. Stüve (Gen.d.Fßa.7)

Regt. Trenkmann (Res.Fßa.Regt.14): Gr. Lehmann 6./Res.Felda.10 (5/27, 6/27, 5/63, 7/R10, 6/R10) – Gr. Schleicher 6./Res.Fßa.9 – Gr. Scholz III./Res.Fßa.14 (251, 248, 5/R6) – Gr. Schliephake I./Fßa.3 (4/3, 3/3, 2/3)

Regt. Bollmann (1.G.Res.Fußa.Regt.): Gr. v. Monschaw III./Fußa.7 (584, 218, 216, 6/7, 7/7) – Gr. Bachmann II./Fußa.9 (190, 5/R18, 4/9, 3/9) – Gr. Neumann I./Fußa.9 (2/9, 1/9)

Rgt. Eyser (Ldw.Fßa.Rgts.Kdo.16): Gr. v. Theobald III./Fußa.14 – Gr. Hasper II./Res.Fßa.6

Regt. Winkler (Res.Felda.10): Gr. Friedel Fßa.B.220 – Gr. Erdmann Fßa.B.223 (124, 321, 320, 319) – Gr. v. Knoch I./Res.Fda.10 – Gr. v. Reckow II./Felda.63 – Gr. Franck I./Felda.27

Feldart. (abkdt. Mun. Ersatz: St.Felda.27 Major v. Aigner)

Fliegerabwehr: II./Felda.27 Mjr. v. Avemann (4/27, 5/27 (1/2), 5/25)

Korps-Reserve: St.25 Felda.Br. Obst. Rumschöttel; St. Felda.25 Obst. v. Aulock; I./Felda.25 (1/25, 3/25); II./Felda.25 (4/25, 6/25); II./Felda.61 (4/61, 5/61)

21. Jnf. Div.: St.21 Felda.Br. Genm. Havenstein; St. Felda.63 Oberst v. Krenski; I./Felda.63 Major Hüter (1/63, 2/63, 3/63)

25. Jnf. Div.: St. Felda.61 Obst. Jngenohl; I./Felda.61 Hptm. v. Wienskowski (1/61, 2/61, 3/61)

32 byr. 6 – 209

Schwerste Artillerie: M5, M6

Abschnitt C. III. A.K. Gen.d.Fußa.: Genm. Ziethen (Gen.d.Fußa.11)

Regt. Kemmer (bayr. Fußa.2): Gr. Coermann II./Res.Fußa.16 – Gr. Banse I./Res.Fußa.16 – Gr. Kartewski I./2.G.Fßa.

Rgt. Fritzel (Ldw.Fußa.Regt.8): Gr. v. Sichlern Bayr.Fßa.B.St.216 – Gr. Gerner II./R.Fßa.8 – Gr. Welter Fußa.B.27

Regt. Richter (Res.Fßa.6): Gr. Lezius III./Res.Fßa.20 – Gr. Bensieg II./Fußa.20

Regt. Neumann (Res.Fßa.1): Gr. Anders II./Res.Fßa.7 – Gr. Böckh III./Res.Fßa.3 (604, 602, 476, 433)

Regt. Weiß (Fußa.5): Gr. Gleitz I./Fußa.11 (601, 654, 653) – Gr. Müller IV./Fßa.1 (12/1, 11/1) – Gr. Gottschalk I./Fußa.12 (4/12, 3/12, 2/12, 1/12) – Gr. Kleinschmidt I./Res.Fßa.9 (2/R9, 1/R9)

5. Feldart. Br.: Genm. v. Lotterer: Felda.18 Mjr. v. Rosenberg-Lipinsky (I./18 Mjr. de la Roi; II./18 Hauptm. Brüggemann) – Felda.54 Oberstlt. Sanner (I./54 Mjr. Liman; II./54 Mjr. Noldt)

6. Feldart. Br.: Genm. Krahmer: Felda.3 Oberst v. Rosenberg (I./3 Mjr. Kersten; II./3 Mjr. Kurth) – Felda.39 Major v. Schmid (I./39 Hptm. Coemmerer; II./39 Mjr. Schliewen)

Schwerste Artillerie: m3, γ1, γ2, /31, /32, /33, /38, K. W.

Bayr. 6, 11, 28, Art. 207

III. – C. – V.R.

Entwurf und Zeichnung in der Forschungsanstalt für Kriegs- und Heeresgeschichte.
Druck von Dietrich Reimer (Andrews & Steiner) Berlin.

6000 m = 6 km

der Feldbatterien der Übersichtlichkeit halber.

Anlage 3 a.

Batteriezeichen der Anlagen 3 b – 3 d.

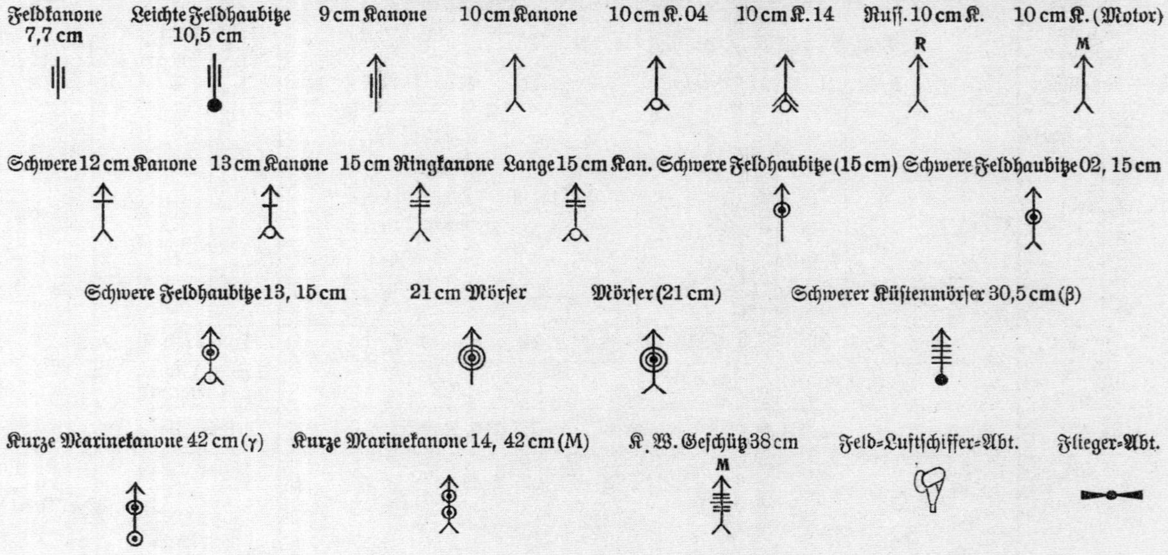

Feldkanone 7,7 cm

Leichte Feldhaubitze 10,5 cm

9 cm Kanone

10 cm Kanone

10 cm K. 04

10 cm K. 14

Ruff. 10 cm K.

R

10 cm K. (Motor)

M

Schwere 12 cm Kanone

13 cm Kanone

15 cm Ringkanone

Lange 15 cm Kan.

Schwere Feldhaubitze (15 cm)

Schwere Feldhaubitze 02, 15 cm

Schwere Feldhaubitze 13, 15 cm

21 cm Mörser

Mörser (21 cm)

Schwerer Küstenmörser 30,5 cm (β)

Kurze Marinekanone 42 cm (γ)

Kurze Marinekanone 14, 42 cm (M)

K. W. Geschütz 38 cm

M

Feld-Luftschiffer-Abt.

Flieger-Abt.

Montag, 7. Februar 1916. Auf dem Marsch nach Billy-sous-Mangiennes. Vorüber sind die Ruhetage von Hirson. Die Vierundzwanziger, aufgebrochen vor sechs Tagen, in Zügen über Luxemburg nach Xivry-Circourt im Département Meurthe-et-Moselle gebracht, marschieren siebzehn Kilometer bei ziemlichem «Dreckswetter» in ein «Drecksnest»:[68] nach Billy-sous-Mangiennes, in das Quartier des II. Bataillons, dreißig Kilometer nordwestlich der Stadt Verdun. Alle Regimentsnummern auf Achselstücken und Schulterklappen sind durch Stoffhüllen verdeckt.[69] An der Spitze seiner 7. Kompanie reitet Hans-Joachim Haupt, neunundreißig Jahre alt, Hauptmann der Landwehr. Die Soldaten kennen ihn als «streng, ja kommissig». Hinter vorgehaltener Hand haben sie ihn den «Feldgrauen»[70] getauft. Haupt pflegt die Gewohnheit, seine Kompanie als «Gefolgschaft» zu bezeichnen. In Hirson hat er seine Truppe am Aufbruchstag über die Rue Saint-Michel paradieren lassen: «Singend lasse ich meine Gefolgschaft an mir vorbeimarschieren, denn ich kenne meine Männer, sie wollen mir in diesem Augenblick etwas sagen. Mit straffem Ruck wurden die Gewehre angezogen, trutzig recken sich mir Köpfe entgegen, tiefernst bohrt sich Blick in Blick: ‹Siegreich woll'n wir Frankreich schlagen!›»[71]

Nach Billy marschieren auch Oberleutnant Cordt von Brandis und seine 8. Kompanie. «Je näher man dem Ziel kam», erzählt Brandis, «desto größer wurden die Vorbereitungen, auf die rings der Blick fiel. Überall wurde fieberhaft gearbeitet. Die Kolonnen der Artillerie und der Infanterie folgten sich in immer dichteren Abständen. Die Flugplätze mehrten sich.»[72] Erstmals ist die Masse deutscher Flieger auf engem Raum versammelt: hundertachtundsechzig Flugzeuge, dazu vierzehn Fesselballone und vier Zeppeline.[73] Ortschaften wie Spincourt sind hoffnungslos überbelegt. Beim besten Willen, so ein Beobachter, lasse sich «nicht mehr ein Mann oder ein Pferd unterbringen».[74] An besonders belebten Straßen oder Kreuzungen halten Feldgendarmen den Verkehr im Fluss.

Während die Vierundzwanziger nach Billy marschieren, beobachtet ein anderer Augenzeuge das Treiben an vorderster Linie: «Wie in einem Bienenkorbe kribbelte es und summte es in der Mulde an der Nordseite des von Azannes nach Südwesten streichenden Rückens. Auf der 60-cm-Förderbahn schleppen kleine Benzollokomotiven keuchend lange

Wagenreihen mit Schanzmaterial aller Art, am Hange des Rückens wimmelt es von Pionieren und Armierern, die die zahlreich angefangenen Stollen für die Angriffstruppen noch vermehren und erweitern: an diesem Hang allein an 50 Stollen mit Fassungsvermögen von 5 bis 150 Mann.»[75] Diese Stollen – «Untertreträume», wie die Generalstäbler sagen – sollen auf den *Côtes* in den Ausgangsstellungen achtzehntausend Soldaten schusssicher bergen.[76] Aus der Luft sind sie beinahe unsichtbar. Pioniere und Sondertruppen arbeiten Tag und Nacht ununterbrochen in drei Schichten, auch an den rückwärtigen Annäherungsgräben der Stollen. Für sie veranschlagt das Oberkommando eine Gesamtlänge von fünfunddreißig Kilometern.[77] Doch der Stollenbau bereitet Schwierigkeiten. Im Wald von Ormont stört Wasserzudrang das Vorankommen. Am «Kap der guten Hoffnung» muss Bohrgerät zum Einsatz kommen. Und nahe am Caures-Wald, vielleicht dreihundert Meter von Driants Jägern entfernt, sind Sprengungen unvermeidbar.[78]

Mit dem Stollenbau wollen Falkenhayn und Knobelsdorf den Fehler der französischen Führung vermeiden: In der Champagne hatte der Aushub von Wabengräben für die Sturmtruppe den Angriff verraten.[79] Riesige Materialmengen sind unbemerkt heranzuschaffen: 420 000 Stielhandgranaten, 18 000 Drahtscheren, 24 000 Infanterie-Schutzschilde, 560 000 Leuchtsignalpatronen, 52 500 Spaten, 52 500 Kreuzhacken, 21 000 Äxte, 1100 Tonnen Stacheldraht, 55 Tonnen Bindedraht, 14 000 Spanische Reiter, 105 000 Kubikmeter Bretter und Bohlen, 2 100 000 Sandsäcke – man könnte die Liste verlängern.[80] Drahtseilbahnen befördern Verpflegung und Munition hinauf auf die *Côtes*.[81] Zugleich wird das Spinnennetz von Feld- und Förderbahnen immer enger gewoben. Zwanzig Eisenbahnbaukompanien, sechsundzwanzig Armierungskompanien und siebentausend russische Kriegsgefangene sind im Einsatz, zusammen rund zwanzigtausend Köpfe.[82] Vom Umladebahnhof Montmédy führt die Ein-Meter-Schmalspurbahn über Damvillers bis nach Romagne-sous-les-Côtes, dem Endbahnhof der Feldbahn. Kleinere Förderbahnen, gezogen und geschoben von Benzolloks, Pferden oder Soldaten, führen von Romagne bis unmittelbar hinter die Front. Das Material wird in drei Hauptpionierparks gestapelt und von dort auf elf Sonderparks nahe der vordersten Linie verteilt.[83] Munitionsparks hor-

Scheinwerfer auf der Suche nach französischen Fliegern. Bleistiftzeichnung aus dem «Kriegsskizzenbuch» von Albert Reich. 1916

ten Geschosse: Wurfminen, Granatminen, Ladungsminen. Für den verdeckten Antransport auf Straßen werden Kilometer um Kilometer Wegemasken errichtet: Sichtschutz-Matten aus Binsen, Ästen und Stroh, angebracht von Baum zu Baum und beiderseits der Straßen.[84] Brückentrains stehen für den Maasübergang bereit.[85] Lichtsignalstationen können anstelle zerschossener Fernsprechkabel die Verbindungen zwischen den Stäben sichern. Tiefe Schächte für schwere und mittlere Minenwerfer werden gegraben. Die Zentnergeschosse der Minenwerfer, auf hohen, kurzen Flugbahnen verfeuert, sollen die vorderen Gräben des Gegners zerstören. Dicht hinter solchen Schächten entstehen neue Bettungen für schwere Geschütze. Denn nach dem ersten Raumgewinn der Infanterie will man die Batterien nachziehen.[86] Sondertruppen stellen getarnte Scheinwerfer auf, die Ziele im Nachtkampf noch auf drei Kilometer Entfernung beleuchten können.[87] Eigene Minenfelder vor den deutschen Gräben müssen nachts im Niemandsland heimlich geräumt, gekennzeichnet oder eingedrahtet werden. In allen Gräben mit Bretter-

Stellungsbau für einen Unterstand. 1916

verkleidungen liegen Ausfallleitern bereit. In den übrigen Gräben werden Ausfallstufen gegraben. Sturmgassen durch die eigenen Drahtverhaue will man erst in letzter Minute schlagen.

Eintreffende Truppen bestaunen den Aufwand buchstäblich mit offenem Mund. Um die Anmarschwege zu erkunden, werden Offiziere der Vierundzwanziger einige Tage nach ihrer Ankunft mit Lastwagen zu den vorderen Stellungen gefahren. «Wir hatten zwar», erzählt Leutnant Eugen Radtke, Zugführer der 6. Kompanie, «mit großen Vorbereitungen gerechnet, aber das Schauspiel, das sich uns hier bot, war einfach überwältigend. ... Jedes, auch das kleinste Waldstück, verbarg dem Gegner eine Überraschung. ... Wo kamen nur die vielen Geschütze her, und wie war es möglich, diese riesigen Geschosse, die teilweise fast Manneshöhe erreichten, in dem Schlamm der aufgeweichten Wege heranzuschaffen! ... In den ... Wäldern von Billy bis zur Front ... stand Geschütz neben Geschütz, reihenweise neben- und hintereinander. ... Wir Fußlatscher bekamen doch auf einmal mächtigen Respekt vor den schwe-

Leutnant der Reserve Eugen Radtke, Zugführer der 6. Kompanie bei den Vierundzwanzigern. Aufnahme aus dem Jahr 1916

ren Bumsern ... ‹Das soll für euch Infanteristen diesmal ein einfacher Fußmarsch nach Verdun werden›, bemerkte ein Artillerist, ‹wir Schweren trommeln alles kaputt.›»[88]

In den Wäldern stehen Batterien schwerer Flammenwerfer und Pionierverbände bereit. Jede moderne Truppe und Waffe hat sich vor der Festung zusammengefunden. Zweieinhalb Millionen Granaten liegen für die ersten sechs Kampftage regensicher unweit der Geschütze, herangeschafft durch 1300 Munitionszüge der Vollbahn.[89] 1225 Geschütze aller Kaliber, aufgestellt in einer Tiefe von zehn Kilometern: «Unser Artillerieaufmarsch gegen die Einbruchstelle», mutmaßt Wild von Hohenborn, «ist wohl von einer in der Weltgeschichte unerhörten Stärke.»[90] Der Kriegsminister sieht vollkommen recht. Auch die Truppen wirken zuversichtlich. Wohl die meisten Soldaten hoffen, so Ernst Weckerling, Unteroffizier in Schencks XVIII. Armeekorps, es komme «jetzt zu einer Entscheidungsschlacht, die eventuell das Ende des fürchterlichen Krieges herbeiführte. Wenn wir guter Laune waren, so sangen wir vaterländische Lieder, und zum Schluss sagten wir: ‹Nun werden wir ja auch bald unser Blut an den Mauern von Verdun verspritzen!›»[91] In Damvillers hängt am Denkmal für Marschall Gérard ein Schild: «Auf nach Verdun».[92]

Sonntag, 23. Januar 1916. Sektor Verdun, Caures-Wald. Im Caures-Wald fällt kein einziger Schuss. Dabei läuft die Gruppe ungedeckt neben den Gräben. Driant führt den Besucher, einen alten Bekannten, durch die Stellung der Jäger. So zügig läuft der hohe Gast die Linien bis zum Haumont-Wald entlang, dass Driant kaum folgen kann.[93] Sein Besucher trägt einen klingenden Namen: General Noël Marie Joseph Édouard Vicomte de Curières de Castelnau, vierundsechzig Jahre alt, auffallend klein gewachsen, Stabschef des *Grand Quartier Général* und gleichsam die rechte Hand Joffres.

Über die Pläne des Gegners tappt Chantilly im Dunkeln. Schlechtes Wetter behindert die Luftaufklärung. Zwar hat Joffre am 5. Januar den ersten Hinweis auf einen möglichen Angriff bei Verdun erhalten; doch der Generalissimus hält eine Großoffensive für unwahrscheinlich.[94] Auch deutsche Verschleierungsattacken entlang der Westfront sorgten für Verwirrung. Unruhe freilich löste ein Schreiben aus Dugny vom 16. Januar aus: General Frédéric Herr, Kommandeur der Befestigten Region Verdun, meldete aus seinem Hauptquartier, dass eine Offensive auf dem Ostufer mit großer Sicherheit bevorstehe und er ihr wenig entgegensetzen könne.[95] Das allerdings gibt Joffre zu denken. Denn so gering er den strategischen Wert der Festung auch einstuft: Nach dem Brandbrief Gallienis hatte der Generalissimus mit Rücktritt gedroht und der Regierung am 18. Dezember schriftlich erklärt: Die Front bei Verdun sei sicher.[96] Daher soll Castelnau nun die Lage sicherheitshalber vor Ort erkunden.

Édouard de Castelnau, vor ein paar Wochen noch Führer der Heeresgruppe Mitte, entstammt uraltem Adel und besucht jeden Sonntag die Messe – nicht die besten Voraussetzungen, um von den Regierenden der Republik in allerhöchste, schon halb politische Spitzenämter berufen zu werden. Dass es Castelnau trotzdem gelungen ist, spricht Bände. Auf Drängen Briands soll er dem Generalissimus künftig über die Schulter blicken.[97] Entsprechend frostig ist der Empfang in Chantilly ausgefallen. Castelnau aber verfügt nicht allein über militärische Talente. Tritt er durch die Eingangstür des *Grand Condé*, mit seinem Offiziersstock den Fußboden klopfend, nach links und rechts schalkhafte Blicke werfend, «näherte sich ihm», erzählt ein Stabsoffizier, «instinktiv jeder, der in der Nähe war – so viel Freude hatte man, ihn zu sehen. Er beherrschte die Kunst, durch ein liebenswürdiges Wort die Gesichter der Menschen aufzuhellen ... Dieser so kleine und robuste Mann strahlte Ehrlichkeit und Vertrauenswürdigkeit aus.»[98] Castelnau hat sich von seinen Mitarbeitern in Avize, dem Hauptquartier der Heeresgruppe Mitte, eher widerwillig getrennt. Über die Stimmung im *Grand Quartier Général* scheint er wenig begeistert. «Mein Eindruck ist, dass es dieser großen Organisation an Leben mangelt. Man muss es ihr einhauchen.»[99] Castelnau, Vater von zwölf Kindern, hat bereits drei Söhne im Weltkrieg verloren.

Nun hört er im Caures-Wald die Berichte Driants. Die Ruhe trüge, versichert der Oberst, erst in der Nacht erwache die Front der Deutschen zum Leben. Dann stünden am Himmel Raketen und man höre das Geräusch von Lastkraftwagen.[100] Mit der ersten Verteidigungsstellung ist Castelnau recht zufrieden: Drei Grabenlinien mitsamt Stützpunkten (*points d'appui*) und Blockhäusern (*blockhaus*), die sich mit Maschinengewehren wechselseitig flankieren – das sei klug und vernünftig. Die erste Verteidigungsstellung am Ostufer verbindet das Dorf Brabant-sur-Meuse am Ufer der Maas mit den Wäldern von Haumont, Caures, Ville und Herbebois und führt bis zum Dorf Ornes am Rande der *Côtes*.[101] Die zweite, völlig unbemannte Verteidigungsstellung hingegen, zwei Kilometer dahinter, lasse zu wünschen übrig, urteilt Castelnau. Sie verläuft ungefähr von den Dörfern Samogneux, Haumont und Beaumont über die Höhe La Wavrille bis nach Bezonvaux nahe der Woëvre.[102] Die dritte und vierte Stellung, berichtet Castelnau dem Generalissimus, gebe es bisher nur auf dem Papier. Vor allem aber bereitet ihm das Westufer Sorgen. Die Hauptwiderstandslinie zeichnet sich dort bestenfalls ab. Und so stellt Joffre der Befestigten Region noch am 23. Januar ein weiteres Korps zur Verfügung. General Herr lenkt die Truppen ans westliche Ufer.

Donnerstag, 10. Februar. Billy-sous-Mangiennes. «Schwer bepackt wie Saumtiere»[103] marschieren die Vierundzwanziger elf Kilometer durch die Nacht. Ziel ist ihre Ausgangsstellung für den Angriff. Das halbzerschossene Billy – «Mist, Rauch, leere Konservenbüchsen und leere Flaschen»[104] – verschwindet hinter den Soldaten in der Dunkelheit. «Der Regen hat aufgehört, Frost ist eingetreten, Schneewolken hängen schwer am Himmel», so Hauptmann Haupt, «bald wirbeln dicke Flocken durch die … Luft. Die Frostschicht bricht durch, der Schnee backt, es ist ein lausiges Marschieren.»[105] Am Koppel tragen die Soldaten ihr Sturmgepäck: Mantel, Zeltplane, Brotbeutel, Kochgeschirr, Schanzzeug, leere Sandsäcke, Gasmaske, Patronentasche mit hundertfünfzig Kugeln, zwei oder drei Handgranaten.[106] Als die Ruinen von Azannes durchquert sind, verteilen sich die Kompanien auf ihre Stollen. Ungewöhnlich viele Pioniere mit Drahtscheren, Sprengstoff und Flammenwerfern stoßen zur Truppe.[107] Der Gefechtsstreifen des Regiments liegt westlich des Dorfes Azannes nahe beim «Kap der guten Hoffnung». Frühmorgens kriechen die Truppen an den Nordhängen in ihre Stollen. Manche Untertreträume sind nur etwa einen Meter hoch. Dort liegen die Soldaten, so Leutnant Radtke, «eng aneinander gepfercht wie die Heringe».[108] Radtke und seine Männer haben es besonders schlecht getroffen. Andere Stollen sind «höhlenartig groß»,[109] miteinander durch Querstollen verbunden und verfügen über elektrisches Licht. An der Front herrscht «Totenstille».[110]

Am nächsten Morgen «nehmen die Batterien, die schon seit zwei Tagen begonnen haben, sich einzuschießen, das Feuer mit einzelnen Granaten wieder auf, um keinen Verdacht zu erwecken».[111] Tagsüber dürfen die Soldaten ihre Stollen nur zur Verrichtung der Notdurft verlassen. Die Glieder werden «steif von dem krummen Sitzen und Liegen».[112] In der Nacht zum 12. Februar rücken die letzten Bataillone heran. Die Stäbe der Korps und Divisionen begeben sich auf ihre Gefechtsstände. Kronprinz Wilhelm und Generalleutnant Schmidt von Knobelsdorf fahren mit Offizieren ihres Gefolges nach Vittarville. Das Dorf liegt fünfzehn Kilometer hinter der vordersten Linie und damit in Reichweite französischer Fernkampfgeschütze. Die Soldaten erhalten die Angriffsparole: «Hurra Kronprinz».[113] Erkennungsmarken werden «zum letzten Mal geprüft, die Regimentsnummern auf den Schulterklappen enthüllt und die weiße Armbinde als Erkennungszeichen für eigene Truppe bei Nacht über den linken Oberarm gestreift».[114] Drei Korps – als erste Welle rund zweiunddreißigtausend Mann – erwarten

12/2 1916

Heeresgruppe Kronprinz
Oberbefehlshaber.
Ia Nr. 512g.

A. H. Qu., den 12. Februar 1916.

146

Armee-Befehl.

Nach langer Zeit zäher Abwehr ruft uns der Befehl Seiner Majestät des Kaisers und Königs zum Angriff!

Seien wir von dem Bewußtsein durchdrungen, daß das Vaterland Großes von uns erwartet! Es gilt unseren Feinden zu zeigen, daß der eiserne Wille zum Siege in Deutschlands Söhnen lebendig geblieben ist und daß das Deutsche Heer, wo es zum Angriff schreitet, jeden Widerstand überwindet!

In fester Zuversicht, daß jeder an seiner Stelle sein Höchstes daran setzen wird, gebe ich den Befehl zum Angriff!

Gott mit uns!

Wilhelm
Kronprinz des Deutschen Reiches
und von Preußen.

Armeebefehl des Oberbefehlshabers der Heeresgruppe Deutscher Kronprinz zum Angriff auf Verdun, 12. Februar 1916

auf den *Côtes* das Zeichen zum Angriff. Erstmals seit August 1914 wird das deutsche Westheer wieder die Offensive ergreifen. Meldegänger übermitteln den Armeebefehl: «Nach langer zäher Abwehr ruft uns der Befehl Seiner Majestät des Kaisers und Königs zum Angriff! Seien wir von dem Bewusstsein durchdrungen, dass das Vaterland Großes von uns erwartet! Es gilt unseren Feinden zu zeigen, dass der eiserne Wille zum Siege in Deutschlands Söhnen lebendig geblieben ist und dass das Deutsche Heer, wo es zum Angriff schreitet, jeden Widerstand überwindet! In fester Zuversicht, dass jeder an seiner Stelle sein Höchstes daran setzen wird, gebe ich den Befehl zum Angriff! Gott mit uns! Wilhelm Kronprinz des Deutschen Reiches und von Preußen.»[115]

Am nächsten Morgen, dem 12. Februar, liegt dichter Nebel über der Landschaft. Und noch immer fällt Schnee. Artilleriebeobachter können ihre Ziele bestenfalls erahnen. Knobelsdorf muss den Angriff um vierundzwanzig Stunden verschieben. Doch am 13. ist die Sicht keineswegs besser. «Das Wetter», so Radtke, «wurde von Tag zu Tag schlechter und immer schlechter. Regen und nichts als Regen, grau in grau der Himmel.»[116] Die Vierundzwanziger verharren in den Stollen. «Wir mussten Wasser pumpen, um nicht zu ersaufen. Die Lebensmittel fingen an zu schimmeln und zu faulen. Es war einfach trostlos. Die Ratten, die sich in großer Zahl eingefunden hatten, teilten jede Mahlzeit mit uns.»[117] Darmkrankheiten brechen aus. Bald wirken die Stollen «schlimmer als eine Zuchthauszelle».[118] Die meisten Soldaten haben vorrangig nun offenbar nur einen Wunsch: «‹Wann geht es endlich los, wann kommen wir aus diesem Affenstall heraus?›, so schwirrten die Reden durcheinander.»[119] Der «Schlamassel» aber, wie die Vierundzwanziger lästern, wird Tag um Tag verschoben.

Montag, 14. Februar. Chantilly, Villa Poiret. In der Villa Poiret, dem Quartier Joffres, sind Haig und Robertson zu Gast. Nach mehreren Arbeitstreffen wollen die Alliierten nun abschließend über Ort, Zeit und Ablauf ihrer Großoffensive entscheiden. Redebedarf gibt es reichlich. Einigkeit besteht in dem Ziel, einen operativen Durchbruch und die Kriegsentscheidung zu erzwingen. Doch inzwischen ist klar: Russlands Streitkräfte werden bis zum Frühjahr noch nicht schlagbereit sein.

Den Allfrontenangriff muss die *Entente* also verschieben. Als Stichtag ist nunmehr der 1. Juli fest in Aussicht genommen. Darüber hinaus haben Haig und Joffre denselben Schluss wie Falkenhayn gezogen: kein Durchbruch ohne vorgeschaltete Zermürbung feindlicher Reserven. Vor dem Hauptschlag, so glauben beide, müssten *batailles d'usure* und *wearing-out offensives* die deutschen Reserven an anderer Stelle festlegen und schwächen.[120] Das Wort «verbluten», ein Begriff aus dem Schlachthaus, ist weder im *General Headquarter* noch im *Grand Quartier Général* geläufig, geschweige denn ähnlich beliebt wie bei den Diplomaten und Generälen des Kaiserreichs[121] – doch Unterschiede im strategischen Denken sind höchstens sprachlicher Natur.

Über die Art und Weise der Zermürbung entsteht zwischen Joffre und Haig allerdings handfester Streit. Noch Mitte Januar 1916 vertrat Haig die Meinung, Franzosen und Briten müssten gemeinsam bis zu fünf Wochen lang, von Mitte April bis Mai, Zermürbungsangriffe führen; zehn bis zwölf Tage vor dem Allfrontenangriff wären dann abermals gemeinsame Teilattacken vonnöten.[122] Schließlich wollte Haig «große Truppenmassen hineinwerfen an einem Punkt, an dem der Feind sich schwach gezeigt hat, um durchzubrechen und den Sieg zu erringen».[123] Doch Joffre verwies auf die Absprachen von Chantilly: Das britische Heer müsse größere Lasten schultern. Der Generalissimus forderte, dass nur die Briten im April und Mai Zermürbungsattacken führen sollten.[124] Dagegen wiederum äußerte Haig unter allerlei Vorwänden Bedenken. Die Moral seiner Truppe und der Heimatfront würde leiden, ebenso wie die Kreditwürdigkeit Großbritanniens.[125] Den wahren Grund seiner Blockade schrieb er dem König: Die Franzosen wünschten, empörte sich Haig, «dass die Briten Ende April mit dem Ziel angriffen, die deutschen Reserven zu ‹zermürben› (eine ‹bataille d'usure›, wie sie das zu nennen pflegen) – während sie selbst beabsichtigen, nichts zu tun, bis die Reserven des Feindes verschwunden sind!»[126] Zudem weiß Haig um die noch mangelnde Schlagkraft britischer Truppen: «Ich habe in Frankreich keine echte Armee, sondern eine Ansammlung von Divisionen, die für den Felddienst nicht ausgebildet sind.»[127] Joffre seinerseits bezweifelt, dass Haig ohne Zutun des französischen Heeres überhaupt irgendetwas unternehmen würde. Und so hat er als Schauplatz der gemeinsamen Offensive gleichsam die Nahtstelle zwischen beiden Streitkräften durchgesetzt: die Somme.[128] Doch die Verteilung der Lasten bleibt umstritten. Mit welchen Kräften sollen die Briten, mit wie vielen Divisionen die Franzosen angreifen? Welche Länge werden die jeweiligen Abschnitte haben? Je länger die Front, desto mehr Truppen müssen zum Einsatz gelangen.

Über solche Fragen wird in der Villa Poiret gestritten. Während Robertson meist zuhört, feilschen Haig und Joffre, dem Castelnau von Zeit zu Zeit beispringt, um jede Division und um jeden Frontkilometer. Bisweilen stellt sich der *Chief* absichtlich dumm. Hinweise Joffres, denen er gerade zugestimmt hat, übergeht Haig schon im nächsten Satz wie selbstverständlich. Das Gezerre in der Villa Poiret wird die Antwort beider Heerführer auf die Attacke bei Verdun nachhaltig prägen.

Arbeitssprache ist Französisch. Um das Erlernen der Sprache hat sich Haig, sonst mundfaul, sehr erfolgreich bemüht. Offiziere seines Stabes witzeln, er drücke sich auf Französisch klarer aus als in seiner Muttersprache:[129]

JOFFRE: Wir stimmen also über das weitere Vorgehen bis April überein.

HAIG: Vollkommen. Bleibt nur die Frage nach der Methode, mit der die Zermürbung der deutschen Streitkräfte erreicht werden soll.

JOFFRE: Wir streichen den Zermürbungsangriff, der für den Frühling ins Auge gefasst worden war. Wir beschäftigen uns nur noch mit der entscheidenden Offensive, die beginnen wird, sobald Russland bereit ist, also nicht vor dem 1. Juli.[130] Ich glaube übrigens, dass die Deutschen vorher angreifen werden.

HAIG: Das wäre gut.

Joffre und Haig hoffen auf einen deutschen Schlag gegen die Russen. Ein solcher Angriff im Osten, urteilt der Generalissimus, würde keine Entscheidung herbeiführen, könnte aber Briten und Franzosen Zeit verschaffen, alle Vorbereitungen für den eigenen Angriff abzuschließen.[131]

JOFFRE: Nehmen wir an, die Deutschen überlassen uns die Initiative. Acht, zehn oder fünfzehn Tage vorher wird man im Norden, zum Beispiel im Raum Ypern, eine Vorbereitungsaktion durchführen müssen.

HAIG: Ja, im Raum Ypern – Canal de la Bassée.

JOFFRE: Unser XXXVI. Korps würde sich daran beteiligen. Was die entscheidende Aktion betrifft, so müssen wir sie Seite an Seite gemeinsam durchführen.

HAIG: Ja, nicht weit davon, an der Somme. Wir werden durchbrechen.

JOFFRE: In unserem Abschnitt müssen wir – wir Franzosen – dafür beide Ufer der Somme einnehmen.

HAIG: Haben Sie das Straßen- und Eisenbahnnetz im Hinterland studiert?

JOFFRE: Ja. Die Frage der Verbindungswege werden wir später behandeln. Wir sollten also einen Angriff von 65 bis 70 Kilometern vorbereiten, bei dem wir Schulter an Schulter wären.

HAIG: Ja, man hätte dadurch nur zwei Flanken statt vier.

JOFFRE: Was die Abnutzung betrifft, so wäre es von Vorteil, wenn Sie uns die Truppen der Zehnten [Französischen] Armee auslösten.

HAIG: Selbstverständlich wird die Offensive von den Divisionen abhängen, über die wir [die Briten] verfügen; falls wir einige in den Abschnitt der Zehnten Armee setzen, werden wir weniger haben. Ich habe mich mit der Frage beschäftigt; ... an der vorbereiteten Front nördlich der Somme werde ich im April für den Angriff über 16 Divisionen verfügen.

JOFFRE: Zu diesem Zeitpunkt werden Sie nicht angreifen. Sie müssten nur dann angreifen, wenn die Deutschen die Russen angreifen würden. Aber das kann nicht vor Mai sein.

HAIG: Stimmt.

JOFFRE: Sie werden also keine Zermürbungsangriffe durchführen, aber Sie werden die Zehnte Armee auslösen und dadurch die Abnutzung von drei unserer [französischen] Korps vermeiden.

HAIG: Wenn ich die Front der Zehnten Armee übernehme, werde ich nur über 9 Divisionen verfügen, um im April anzugreifen, falls es nötig wäre, die Russen zu retten. Das ist nichts. Sie müssten mich also ... bis L'Ancre ablösen.

JOFFRE: Was Sie oben geben, nehmen Sie unten zurück. (...)

CASTELNAU: Könnten Sie die Front nicht mit weniger Divisionen halten? Ist das nicht viel?

HAIG: Die Front ist sehr lang.

CASTELNAU: 120 Kilometer!

HAIG: Es ist schwer zu sagen, aber ich glaube, dass die Zahl der Divisionen, die ich für das Halten meiner Front berechne, keineswegs zu hoch ist. (...)

JOFFRE: Wir können immerhin beschließen, dass Sie die Zehnte Armee ablösen werden, soweit und sobald Sie können.

HAIG: Im Grundsatz stimme ich zu, aber es ist wichtig, genug Truppen für die kriegsentscheidende Offensive zu haben. Der Zeitpunkt wird zweifellos sehr spät sein.

JOFFRE: Aber Sie werden doch die Zehnte Armee nicht mit einem Schlage ablösen. Sie werden Schritt für Schritt eine Division nach der anderen ablösen.
Folglich scheint mir, wir würden übereinstimmen: Offensive am 1. Juli,[132] 10 oder 15 Tage davor einleitende Kämpfe, um die feindlichen Reserven zu binden.
Sollten Deutsche und Österreicher die Russen attackieren, müssen wir angreifen. (...)

HAIG: Ganz meine Meinung. Und dieser Angriff würde selbstverständlich in der gleichen Weise erfolgen wie in dem Fall, in dem wir die Initiative behielten?

JOFFRE: Ja.

HAIG: Was ist mit den Einzelheiten der Offensive?

JOFFRE: Die werden wir gemeinsam ausarbeiten. (...)

Haig: Generalstabsoffiziere sollten festlegen, wie weit die Rechte des englischen Heeres reichen soll.

Joffre: General Castelnau wird sich darum kümmern. Gleich morgen wird er Offiziere schicken.

Haig: Also, wir sind einverstanden: Kriegsentscheidende Offensive an der Somme, wo die Franzosen beide Ufer einnehmen werden; dieser Offensive wird ein oder zwei Wochen zuvor ein Teilangriff im Norden vorausgehen; die Ablösung der Zehnten Armee ist im Grundsatz beschlossen, aber das Datum bleibt offen. Sie wird Schritt für Schritt erfolgen, entsprechend den englischen Möglichkeiten.

Joffre: Einverstanden. [133]

Das also sind die Absprachen vom Valentinstag: Die Zermürbungsattacken, ursprünglich als unabdingbar betrachtet, werden auf einen kurzen Angriff bei Ypern beschränkt – aus bündnispolitischen Gründen. Die britisch-französische Großoffensive wird nicht im Frühjahr, sondern am 1. Juli stattfinden – aus bündnisstrategischen Gründen. Der Durchbruchsstoß soll beiderseits der Somme erfolgen – aus bündnispolitischen Gründen. Und schließlich wird die Ablösung der Zehnten Französischen Armee auf unbestimmte Zeit verschoben – aus bündnispolitischen Gründen. Zwar ringen die Mittelmächte gegen eine Koalition, die personell wie wirtschaftlich am längeren Hebel sitzt; doch solche Mittel militärisch umzumünzen, erscheint alles andere als selbstverständlich.

Die französischen Streitkräfte haben bis zum 1. Juli vierzig, die britischen Truppen fünfundzwanzig Divisionen an der Somme bereitzustellen, insgesamt rund eine Million Mann. Keine längeren Zermürbungsangriffe, eine überschaubar verlängerte britische Linie, und Frankreichs Heer nach wie vor der Hauptlastträger: «DH» feiert das Treffen als «ziemlichen Sieg».[134] Und so kehrt Douglas Haig zufrieden nach Saint-Omer in sein Hauptquartier zurück.

Zur selben Stunde warten an der Maas 120 000 Soldaten des Kaisers seit drei Tagen auf den Beginn einer Schlacht, die Haigs «Ansammlung von Divisionen» schon jetzt zum Angriff zwingen soll.[135] Die Überraschung scheint Falkenhayn gelungen. Kein Wunder, dass der Generalstabschef ungewohnte Zuversicht verbreitet. Das Kriegstagebuch der Adjutantur des Kronprinzen meldet: «Reichskanzler steht auf dem Standpunkt, dass Deutschland aus diesem Kriege als unbesiegbar, Tirpitz und Falkenhayn, dass es als Sieger hervorgehen müsse.»[136]

Lasst, die ihr eintretet,
alle Hoffnung fahren!
DANTE ALIGHIERI, UM 1320

Viertes Kapitel

ANGRIFF

Dienstag, 15. Februar. Pillon, Rathaus.[1] Im Gefechtsstand des III. Armeekorps bittet Falkenhayn den Kommandierenden General Ewald von Lochow um sein Urteil zur Lage. Die Lochows entstammen brandenburgischem Uradel. Wohl jeder Offizier im III. Korps weiß, dass Lochow in «Petkus in der Mark»[2] ansässig ist, auf einem Rittergut mit mehr als tausend Hektar Grund und Boden. Die Märker, glaubte Fontane, «haben in hervorragender Weise den ridikülen Zug, alles, was sie besitzen oder leisten, für etwas ganz ungeheures anzusehen. Eine natürliche Folge früherer Ärmlichkeit, wo das kleinste für wertvoll galt.»[3] Bringt Lochow bei einer Parade das Hoch auf Wilhelm II. aus, pflegt er die Wendung «Unser allergnädigster Kaiser und Kriegsherr, König von Preußen» beinahe zu murmeln, um das «Markgraf von Brandenburg» umso lauter zu schmettern. Und so wird Lochow von seinen Soldaten auch «Markgraf» genannt.[4] Falkenhayn trifft einen General, dessen Selbstbewusstsein nicht zuletzt in seiner Herkunft wurzelt.

Ewald von Lochow lässt am Angriffsplan kein gutes Haar. Seine Bedenken hat er Schmidt von Knobelsdorf schon unterbreitet: Bekomme das III. Armeekorps beim Erreichen der äußeren Fort-Linie «nicht sofort Reserven für die ununterbrochene Weiterführung des Angriffs», werde «der Angriff zum Stehen kommen». Knobelsdorf hat abgewunken: «Bei dem gewaltigen Einsatz von Artillerie … werden die drei

Armeekorps auch ohne Einsatz von weiteren Kräften sich in den Besitz von Verdun setzen können.»[5]

Nun aber erklärt Lochow gegenüber Falkenhayn, dass auch die Kräfteverteilung fehlerhaft sei. Man müsse «alle fünf Armeekorps auf dem östlichen Maasufer gleichzeitig zum Angriff» ansetzen, mindestens aber «von Anfang an starke Teile» von Gündells V. Reservekorps. Außerdem: «Hinter jedem angreifenden Korps» sei «ein zweites» bereitzustellen, «um einzugreifen, sobald die Angriffskraft der vorderen nachlasse». Falkenhayn erwidert, er selbst wolle sich in die Befehle der Heeresgruppe nicht einmischen. Außerdem könne er, Falkenhayn, hinter den Angriffskorps keine weiteren Truppen bereitstellen, weil «mit feindlichen Angriffen an anderen Stellen der Front» zu rechnen sei. Doch Lochow wiederholt seine Bedenken «in verstärkter Form». Jetzt gewinnt das Gespräch an Schärfe. Es scheine ja, schlägt Falkenhayn tief, als habe Lochow «kein Vertrauen mehr zum III. Armeekorps». Lochow: Da befinde sich Falkenhayn «allerdings sehr im Irrtum». Aber auch die Leute des III. Armeekorps «bestünden aus Fleisch und Blut, und Verluste, Witterungsverhältnisse und Anstrengungen erschöpften schließlich die Leistungsfähigkeit auch der besten Truppen. Wenn das III. Armeekorps bis zum Douaumont vorwärts käme, habe es Glück, und wenn es sehr viel Glück habe, bekäme es den Douaumont. Dann aber gelange es in den vollen Bereich der permanenten Festungsbauten, in denen es seine Angriffskraft verzehren werde, und mittlerweile würden doch auch französische Verstärkungen herankommen.»[6]

Falkenhayn: Dann müssen wir das gewonnene Gelände halten. Die Franzosen werden dann durch flankierendes Artilleriefeuer so in die Zange genommen, dass sie sich schließlich verbluten müssen.

Lochow: Werden wir dazu die nötige Munition haben?

Falkenhayn: In dieser Beziehung habe ich keine Bedenken. Wir haben sehr reichlich Vorrat.

Nach dieser Auseinandersetzung erhält Major Georg Wetzell, Stabschef des III. Armeekorps, einen Anruf von Tappen. Wetzell habe offenbar, empört sich Tappen, Lochow ungünstig beeinflusst. Lochows «ernster Vortrag» habe Falkenhayn «in dem Glauben an den Erfolg des Verdun-Angriffs arg beschränkt».[7] Und tatsächlich: Im Rathaus von Pillon erwähnte der Generalstabschef das «Verbluten» erst dann, als Lochow hartnäckig Zweifel am Angriffsplan geäußert hatte. Schon jetzt schwingt im «Weißbluten» ein Ton der Rechtfertigung mit.

Donnerstag, 17. Februar, 15.00 Uhr.[8] **Romagne-sous-Montfaucon.** Vor wenigen Stunden hat der Generalstabschef telefonisch seinen Besuch angekündigt.[9] In Romagne-sous-Montfaucon, Hauptquartier des VI. Reservekorps, wird Falkenhayn durch Stabsoffiziere empfangen. Den Oberbefehl führt der Kommandierende General Konrad von Goßler. Als Chef des Stabes dient Oberstleutnant Otto Freiherr von Ledebur. Falkenhayn erscheint in Begleitung von Tappen. Auch Schmidt von Knobelsdorf ist aus Stenay gekommen. Goßlers VI. Reservekorps garnisoniert in Schlesien. Vor Verdun hält es am Westufer schon seit 1914 die Gräben, ist also «bodenständig», wie die Generalstäbler sagen. Fünf Tage ist Unternehmen *Gericht* nun schon überfällig. Falkenhayn bittet Ledebur um sein Urteil zur Lage. Mit Nachdruck betont der Oberstleutnant «die Notwendigkeit des gleichzeitigen Angriffs auf dem Westufer». Um seine Meinung «deutlicher als auf der Karte zu veranschaulichen»,[10] schlägt er vor, gemeinsam das Dorf Montfaucon zu besuchen. Vor mehr als einem Jahrhundert hatte bereits Goethe dort Ausschau gehalten, als Schlachtenbummler im Krieg gegen die Revolution.[11] Abgesehen vom Gündell-Turm am Ostufer der Maas bietet Montfaucon die beste Aussicht über das Schlachtfeld.[12]

Falkenhayn erklärt sich einverstanden. Gemeinsam mit Ledebur fährt er die Zehn-Kilometer-Strecke im vordersten Wagen. In Montfaucon gibt es kein unbeschädigtes Haus. Auch die Kirche liegt seit Monaten in Trümmern. Ihr Turm allerdings ist weiterhin gangbar. Über eine «enge, dunkle Wendeltreppe»[13] erreicht die Gruppe den Glockenstuhl. Üblicherweise sitzen hier zwei Beobachter an abgeblendeten Fenstern. Nun aber treten Falkenhayn und Knobelsdorf allein in den Raum. Allzu leicht könnte die «Ansammlung einer erheblichen Anzahl von Personen» im Glockenstuhl «die Aufmerksamkeit des Feindes erregen».[14] Die Generäle haben Glück. Weil es am Nachmittag aufgeklart hat, bietet sich die «bekannte glänzende Fernsicht».[15] Wie auf einem «grandiosen Kriegsspielplan»[16] liegt den zwei Heerführern das Schlachtfeld zu

Füßen. «Wir waren allein auf dem Turm», berichtet Schmidt von Knobelsdorf, «von dem man einen weiten Überblick über den ganzen westlichen Maasufer-Abschnitt hatte. Ich erläuterte das Gelände und beleuchtete die Angriffsaussichten. Eine klare oder gar bindende Zusicherung war nicht zu erreichen, nur ein besinnliches Schweigen.»[17] Falkenhayn sieht das Schlachtfeld offenbar zum ersten Mal.[18] Der Generalstabschef komme «fast nie an die Front»,[19] beobachten Stabsoffiziere. Die Aussicht in Montfaucon gibt zu denken. Alle Forts auf dem Westufer sind gut auszumachen. Am Horizont, weit im Osten, fällt der Blick auf Fort Douaumont.[20] Im Glockenstuhl des Turms ist zu erahnen: Blicken französische Artilleristen am Marre-Rücken durch ihre Gläser, können sie auf dem Ostufer auch einzelne Soldaten erkennen. «Unter dem Eindruck dieses gewaltigen Panoramas und der dortigen Besprechung», so Ledebur, erklärt der Generalstabschef, «er gäbe nunmehr die Wichtigkeit, die Einwirkung der feindlichen Artillerie des Westufers auf den Hauptangriff durch den gleichzeitigen Angriff des VI. Reservekorps wirksamer auszuschalten, unumwunden zu.»[21] Als die Offiziere, zurück in Romagne, voneinander Abschied nehmen, versichert Falkenhayn, Ledebur würde «die weiteren Befehle demnächst erhalten».[22] Am nächsten Abend erhält Knobelsdorf ein Telegramm aus Mézières: «Anforderungen leider doch über unsere Kräfte.»[23] Falkenhayn scheut die Attacke am Westufer. Zwar hat er Zweifel am Angriffsplan erkennen lassen; am Ende aber bleibt sein Denken geprägt durch die Zwänge der Lage: «Mit wie wenig komme ich aus?»[24]

Sonntag, 20. Februar. Chantilly, Villa Poiret. Erst jetzt scheint Joffre vollkommen sicher: Bei Verdun steht eine Offensive des Gegners bevor, offenbar sogar in den nächsten Stunden. Oberst Dupont, Leiter der Nachrichtenabteilung, hat am 12. Februar «aus normalerweise sehr zuverlässiger Quelle»[25] große Ballungen deutscher Truppen vor der Nordfront der Befestigten Region gemeldet. Allerdings stünden zwei weitere «ernste Angriffe»[26] bevor: einer im Artois, der andere in der Champagne. Weder Joffre noch Castelnau glauben an einen Durchbruchsstoß bei Verdun. Beide halten die bevorstehende Attacke für eine Ablenkungs- oder Eröffnungsoffensive; der Hauptschlag werde andernorts erfolgen.[27] Daher hat Joffre seit dem 12. Februar eher maßvoll Verstärkungen an die Maas verschoben. Vor zwei Tagen allerdings erhielt Feldmarschall Haig die Bitte aus Chantilly, ein Korps der Zehnten Französischen Armee bereits jetzt abzulösen.[28] Doch die Masse von Joffres Heeresreserve bleibt nördlich von Paris zur Sicherung der Hauptstadt wie auch in der Picardie, hinter der Nahtstelle zum britischen Expeditionskorps.[29] Paris oder die Somme – das sind für Joffre mögliche Ziele eines Durchbruchsversuchs. Auch der Nachrichtendienst des *Grand Quartier Général* berichtet von deutschen Plänen, andere Abschnitte der französischen Front anzugreifen.[30]

Und genau das bestätigt ein Bericht, der den Generalissimus soeben erreicht hat. Verfasser ist Oberst Pierre des Vallières, Leiter der Militärmission im Hauptquartier Haigs. Der Generalissimus weiß: Oberst Vallières, adelig und Sohn einer irischen Mutter, beeindruckt Haig nicht zuletzt durch seine Manieren,[31] denn der *Chief* schätzt Offiziere, die sich trotz französischer Uniform wie Gentlemen benehmen. Umso enger zieht er Vallières jeden Tag ins Vertrauen.[32] Entsprechend wertvoll sind dessen Berichte. Heute zum Beispiel hat der Oberst ein Schreiben des britischen Nachrichtendienstes aus London zusammengefasst. Der deutsche Generalstab, heißt es dort, habe entschieden, «zum nächstmöglichen Zeitpunkt einen Großangriff gegen die Westfront der Verbündeten zu führen … unter Einsatz von mindestens einer halben Million Mann, mit dem Ziel, Frankreich aus dem Felde zu schlagen». Der Hauptstoß werde sich gegen «Frankreich allein»[33] richten. General John Charteris, Leiter von Haigs Nachrichtendienst, glaube nicht, berichtet Vallières, dass die Deutschen bei Verdun auf einen Durchbruch zielten. «Die Vielzahl der Verteidigungsanlagen dort, die Maas, die Argonnen» sehe Charteris «als unüberwindliche Hindernisse für die Bewegung großer Truppenmassen». Vallières urteilt ähnlich: «Vor Verdun wird nur eine große Demonstration stattfinden mit dem Ziel, unsere Reserven dorthin zu ziehen und die französische öffentliche Meinung zu erschüttern. Der Durchbruch wird von den Deutschen in einer Gegend versucht werden, die für eine schnelle Verschiebung von Truppen, Artillerie und Nachschub günstig erscheint, zum Beispiel in der Champagne, wo der Boden im März tragfähig ist.»[34]

Haig hingegen, erläutert Vallières, befürchte einen deutschen Hauptangriff an seiner Front in Flandern, wahrscheinlich mit Stoßrichtung Calais. Solche Ansichten hält Vallières für beinahe dümmlich: «Diese Angriffsrichtung ist aber zu dieser Jahreszeit die am wenigsten wahrscheinliche, wegen des ungünstigen Wetters, wegen des Geländes; ich weise nur deshalb auf diese Meinung hin, um zu betonen, dass General Haig persönlich viel schwieriger zu überzeugen sein wird als sein Generalstab und dass andererseits die Demonstrationen, die der Feind mit Sicherheit unternehmen wird, ... das britische Oberkommando zweifellos beeindrucken werden.»[35] Auf Beobachter in Saint-Omer macht Vallières einen niedergeschlagenen Eindruck. Tatsächlich bedrückt den Oberst die Aussicht auf eine Attacke bei Verdun.[36] Offenbar wird der deutsche Hammer abermals den französischen Amboss treffen. In seinen Tagebüchern bezeichnet Vallières Großbritannien als «perfides Albion».[37] Wohl auch deshalb legt er dem Generalissimus nahe, einen starken Entlastungsangriff von Haig zu fordern, mit mindestens fünfzehn Divisionen. Zwar habe die Dritte Britische Armee unmittelbar nördlich der Somme – und nur dort könne eine Entlastungsattacke erfolgen – keinerlei Vorkehrungen getroffen; dennoch sei der britische Stoß die «beste Antwort»[38] auf eine deutsche Verdun-Offensive. Fest steht: Es wäre ungefähr jene Antwort, die Falkenhayn erhofft und erwartet.

Sonntag, 20. Februar. Chantilly, Hotel «Le Grand Condé». Während Joffre in der Villa Poiret an seinem Schreibtisch sitzt, greift Castelnau im *Grand Condé* zum Telefon. Der General lässt sich mit dem Stab der Heeresgruppe Mitte verbinden. In Avize kommandiert General Fernande de Langle de Cary. Ihm untersteht die Front von Soissons bis Saint-Mihiel, also auch die Befestigte Region Verdun. Am Apparat ist Stabschef Oberst Jacquand. Mit ihm pflegt Castelnau ein Vater-Sohn-Verhältnis. Der Oberst, hat Castelnau vor wenigen Wochen erklärt, sei «die beste Feder meines Flügels».[39] Nun bekommt Jacquand eine Art Weckruf. Gleichzeitig verspricht Castelnau, zwei frische Korps nach Verdun zu entsenden:

General Édouard de Castelnau, im Februar 1916 Chef des Stabes im *Grand Quartier Général*

CASTELNAU: Sie werden … nicht lange im Voraus gewarnt sein. Bringen Sie sich und Ihre Leute in Schwung!
JACQUAND: Werden Sie uns nicht besuchen?
CASTELNAU: Ich habe viel zu tun, und man lässt mich nicht dorthin gehen, wohin ich will. Ich werde Ihnen das XX. Armeekorps schicken, das bei der Heeresgruppe Ost keine Verwendung hat; es wird bei Ihnen morgen in der Gegend von Bar-le-Duc eintreffen. Außerdem werde ich Ihnen das I. Armeekorps nach Vitry schicken; aber eine seiner Divisionen wird die Gräben nicht vor morgen Mittag verlassen haben.
JACQUAND: Wir werden vielleicht nicht wissen, wohin mit Alledem. Es wird nicht genügend Unterkünfte geben.
CASTELNAU: Es gibt das Himmelszelt. Mit Ihrem System würden wir achtundvierzig Stunden zu spät dran sein.[40]

Gleichsam fünf nach zwölf will Castelnau das Kräfteverhältnis weiter verbessern. Doch das XX. Armeekorps steht westlich Épinal, das I. Korps an der Marne im Raum Épernay. Um die Verdun-Front zu erreichen, benötigen beide Verbände mindestens drei bis fünf Tage.[41] Einen noch längeren Weg muss das XIII. Korps zurücklegen, das Joffre von der Heeresgruppe Nord in Marsch setzt. Der Kampf um Verdun wird auch ein Wettlauf gegen die Zeit.

Immerhin: Vor acht Tagen, am 12. Februar, dem ursprünglichen Angriffstermin, verfügte die Befestigte Region über nur fünf Divisionen; mittlerweile stehen General Herr mehr als neun Divisionen zur Verfügung.[42] Schlechtes Wetter hat sieben Wochen lang den Aufmarsch des Angreifers gedeckt; nun ermöglicht es dem Verteidiger das Heranziehen weiterer Kräfte. Dennoch erscheint das Übergewicht der Deutschen vor allem artilleristisch noch immer erdrückend.[43]

Sonntag, 20. Februar. Chantilly, Villa Poiret. Nach dem Bericht aus der Feder von Oberst Vallières erhält der Generalissimus eine Absage Haigs: Der Feldmarschall verweigert jede Teilablösung der Zehnten Armee. «Sie werden sich erinnern», schreibt Haig, «dass ich – während ich der schrittweisen Ablösung Ihrer Zehnten Armee im Grundsatz zugestimmt habe, sobald dafür Truppen zur Verfügung stehen – nicht in der Lage war, eine Durchführung in absehbarer Zeit zu versprechen; ‹l'hiver prochain› war der Zeitpunkt, den ich tatsächlich genannt habe.»[44] Laut Protokoll hat Haig am 14. Februar keineswegs vom «nächsten Winter» gesprochen, sondern vom «Herbst»;[45] der Feldmarschall verweigert nicht nur jedes Entgegenkommen, sondern will den Generalissimus sogar noch länger warten lassen. Darüber hinaus habe man am Valentinstag, fährt Haig fort, sämtliche Pläne unter der Bedingung erörtert, «dass wir entweder die Initiative behalten oder aber die Deutschen im nächsten Frühjahr ihre Hauptoffensive gegen Russland richten würden; die neueren Entwicklungen machen aber einen deutschen Angriff an der Westfront wahrscheinlich, in großem Umfang und zu einem frühen Zeitpunkt – eine Situation, die wir nicht diskutiert haben».[46] Zwar spreche Vieles für einen Angriff bei Verdun; doch der Hauptschlag werde wahrscheinlich andernorts geführt. Haig fürchtet wahrhaftig um die britische Front: «Obwohl wir von einer beträchtlichen Truppenkonzentration bei Verdun wissen, haben wir auch zuverlässige Hinweise auf deutsche Truppenbewegungen nach Belgien.» Der Hauptstoß könne «irgendwo zwischen Nordsee und Somme» erfolgen. «Solange diese Möglichkeit besteht, ist es für mich unabdingbar, alle Divisionen in der Hand zu behalten, die ich noch als Reserve besitze.»[47] Gleichwohl stellt Haig einen britischen Entlastungsangriff in

Aussicht, falls sich herausstellen sollte, «dass der Feind seinen Hauptstoß südlich der Somme führen will».[48]

Vallières, Joffre, Castelnau, Charteris und Haig – sie alle glauben nicht, dass Falkenhayns Verdun-Offensive auf einen Durchbruch zielt. Kein Wunder: Das Festungsgelände muss ein Zurückweichen des «Frontbandes» für den Angreifer noch verlustreicher als üblich gestalten – vorausgesetzt freilich, dass dieses Band wirklich zurückweichen kann, die Festung also nicht um jeden Preis verteidigt werden soll. Aber weder Joffre noch Castelnau haben die Absicht, Verdun bedingungslos zu halten.[49] Vallières wiederum fordert massive britische Entlastungsangriffe, obwohl ihm Haigs Truppen völlig unvorbereitet erscheinen. Und der Feldmarschall stellt eine solche Entlastungsoffensive tatsächlich in Aussicht. Sein Versprechen soll eine bittere Pille versüßen: Denn Haig verweigert jede Teilablösung der Zehnten Armee und damit den Aufbau französischer Zusatzreserven. Wüsste Falkenhayn um die Lage beim Gegner – er wäre zweifellos hochzufrieden.

Sonntag, 20. Februar. Sektor Verdun, Caures-Wald. Nach Einbruch der Dunkelheit herrscht klirrender Frost.[50] Oberst Driant sitzt im Gehöft Mormont, seinem Hauptquartier, östlich von Höhe 344.[51] «Heute Abend», schreibt er einem Freund, «gehe ich in Gedanken all diejenigen Männer und Frauen durch, derer ich vor dem Sturm gedenken will. Ich meine hiermit den deutschen Angriff, den wir von einem Tag auf den anderen erwarten … Ich verspüre eine gewisse Befriedigung, diesen Angriff vorhergesagt zu haben. Viele … Jäger … werden in acht oder fünfzehn Tagen nicht mehr da sein, und das stimmt mich traurig … Sei's drum! Das ist der Krieg …».[52] Driant schreibt auch seiner Frau Marcelle: «In Eile nur ein paar Zeilen, denn ich will hinaufgehen und meine Leute aufmuntern, die letzten Vorbereitungen begutachten … In Gottes Namen! Ich werde mein Bestes tun, siehst Du, und ich bin ganz ruhig. Ich habe immer so viel Glück gehabt, dass ich auch diesmal an mein Glück glaube. Der Sturmangriff kann in dieser Nacht losgehen wie auch um einige Tage verschoben werden. Aber ausbleiben wird er nicht. … Meine armen Bataillone, die bis jetzt ziemlich verschont geblieben sind! … Wer weiß! Aber wie klein man sich in solchen Stunden fühlt!»[53]

Oberst Émile Driant mit Handkamera

Sonntag, 20. Februar. Sektor Verdun, Villers-les-Mangiennes. 23.15 Uhr. Generalleutnant Victor Kühne geht ohne Begleitung durch Villers-les-Mangiennes. Das Dorf beherbergt den Stab der 25. Infanteriedivision aus Darmstadt, die zum XVIII. Armeekorps gehört. Die Division steht unter Kühnes Kommando. Morgen sollen die Darmstädter im Caures-

Wald kämpfen. Zwischen zwei Regimentern war ein «heftiger Streit um die Ehre des ersten Angriffs»[54] entbrannt. Kühne hat ihn gestern geschlichtet. Wie alle Angriffstruppen soll auch sein Verband zunächst «vorfühlen», bis zu welchem Grade das Geschützfeuer die Gräben des Gegners wirklich zerstört hat. Kühne hat klare Befehle erteilt: Am ersten Angriffstag sollen Patrouillen Punkt 16.00 Uhr nach der Vorverlegung des deutschen Artilleriefeuers «durch den Caures-Wald in südliche Richtung» vorstoßen und feststellen, welche Stellungen weiterhin besetzt sind. «Die Erkundungsabteilungen müssen bis zum 22.2. 6.00 morgens in unsere Stellungen zurückgekehrt sein.»[55] Erst am zweiten Angriffstag ist der Caures-Wald «in einem Zuge»[56] zu stürmen. Über den Gegner weiß Kühne dank Flieger-Luftbildern recht gut Bescheid. Im Caures-Wald, so Kühne, sei «eine aus drei Linien bestehende Verteidigungslinie»[57] zu durchbrechen. Die ersten beiden Linien lägen zwei- bis dreihundert Meter auseinander, verbunden durch mehrere Zwischenglieder. Die dritte Stellung befinde sich fünfhundert Meter dahinter. An einzelnen Punkten sind auf den Luftaufnahmen auch Blockhäuser zu erkennen.

Um selbst Kraft zu schöpfen, streift Kühne noch einmal durch Villers, «das den ganzen Tag hindurch von eifrigster, lärmendster Tätigkeit erfüllt gewesen war. Jetzt war es still, – ganz still, kein Laut mehr zu hören. Das Mondlicht lag … auf den überschwemmten Wiesen; selbst der Schmutz der Straße glänzte wie Silber. Und der Gegensatz zwischen dieser wunderbaren Ruhe und Schönheit und dem furchtbar Großen, das uns erwartete, war tief ergreifend. Unvergesslich.»[58] Ähnlich still wird es in den nächsten dreihundert Nächten nie wieder werden.

Montag, 21. Februar. Sektor Verdun, Kap der guten Hoffnung. 7.00 Uhr. Leutnant Radtke, Zugführer bei den Vierundzwanzigern, blickt aus seinem Stollen. Die Wolken sind verschwunden. Mit «herrlichem Sonnenschein und klarblauem Himmel», so Radtke, beginnt der erste Schlachttag bei Verdun: «Deutsche Flieger und nochmals deutsche Flieger» summen «wie die Libellen in der klaren Luft herum».[59] Um den Angriff der Infanterie zu schützen, hat Schmidt von Knobelsdorf den Aufbau einer «Luftsperre» befohlen. Außerdem stehen zehn Kilometer hinter der vordersten Linie zwölf Fesselballone am Himmel. In ihren Körben können je zwei Beobachter telefonisch das Feuer der Geschütze leiten.[60] 7.12 Uhr: Der Kronprinz erteilt den Angriffsbefehl. Im Wald von Warphémont erzittert der Boden. Unternehmen *Gericht* hat begonnen. Ein 38-cm-Fernkampfgeschütz, der «Lange Max», verfeuert die erste Granate. Damit das Trommelfell nicht reißt, legen Marineartilleristen beide Hände an die Ohren und öffnen die Münder. Ursprünglich war der «Lange Max» für den Einsatz auf Linienschiffen gedacht. Und so kommandiert im Warphémont-Wald ein Korvettenkapitän die Artilleristen. Zwei weitere Riesengeschütze in betonierten Bettungen schleudern ihre 760-Kilo-Geschosse dreißig Kilometer in Richtung Verdun.[61] Das Feuer zielt auf Zitadelle, Bahnhof und Brücken.[62]

Was unmittelbar nach dem Abschuss im Wald von Warphémont geschieht, können alle Augenzeugen nur in bildlicher Sprache beschreiben. Haupt, der «Feldgraue», beobachtet das Schauspiel südöstlich von Azannes: «Es rauscht über uns hinweg wie ein D-Zug, es glitscht und schliddert, es schlürft und seufzt, es knurrt und murrt und bricht sich hundertfältig wieder im Gelände. Hart schlagen die Langrohrkanonen und kläffen die Feldgeschütze, es kracht die Haubitze, dumpf dröhnen die Mörser, heulend und jaulend schraubt es sich durch die Lüfte. Und drüben? Drüben steht die Welt auf dem Kopfe, ganze Bäume werden mit den Wurzeln himmelwärts aus dem Herbebois herausgerissen und schwarze Schwadenpinien wachsen aus Qualm und Blitz empor.»[63] In Montmédy zittern die Fensterscheiben.[64] Sogar hundertfünfzig Kilometer entfernt, an der Vogesenfront, ist plötzlich andauerndes Grollen zu hören; selbst dort zittert der Boden, ähnlich einem ständigen Trommelwirbel, den Paukenschläge übertönen.[65] Noch sechzig Kilometer hinter dem Schlachtfeld sind Bilder an Wohnzimmerwänden in «fortwährender, zitternder Bewegung».[66]

Leutnant Radtke sitzt in seinem Stollen wie im Auge des Orkans: «Das Schauspiel, das sich uns bot, war überwältigend. Man hörte die riesigen Geschosse aufheulend heranorgeln und fauchend und knatternd über uns hinwegrauschen. Die ganz schweren Geschosse, die ‹Langen Maxe›, … rauschten mit tiefem Brummbass vorüber. Mit ganz kurzem Knall beim Abschuss und hellem Zischen sausten die leichten Geschosse … vorüber. Es war ein Höllenkonzert von gewaltiger Schönheit, eine Sinfonie des Teufels.»[67]

Gegen 9.00 Uhr, nach fast zwei Stunden Dauerfeuer, nimmt ein anderer Offizier der Vierundzwanziger plötzlich neue Geräusche wahr. Seine Kompanie gehört zur ersten Angriffswelle und wartet im vordersten Graben: «Da … ein furchtbarer Krach, dass der Unterstand in seinen Fugen wackelt. … Es sind unsere Minenwerfer, die ihre Tätigkeit beginnen. Die besonders scharfen Explosionen ihrer Geschosse übertönen alles. … Wie der Pfeil vom Flitzbogen, deutlich sichtbar, schnellen die Riesengeschosse … fast senkrecht empor. In einer Höhe von 4 bis 500 Meter [sic] sieht man sie, klein wie eine Bierflasche, einen Moment in der Luft stillstehen, dann mit der Spitze nach unten, breit torkelnd, mit drohendem Gezisch und Gesause nach unten stürzen. Einen Moment später sieht man eine mächtige Rauchwolke … erscheinen, dann ein geradezu infernalischer Krach: eine Detonation, so wahnsinnig kreischend, krachend und berstend, dass man zusammenfährt. Ungefähr 500 Meter über der Explosion schwebt einen Augenblick ein zitternder Luftregenbogen. Dann hört man die sausenden Sprengstücke einschlagen, die bis in die Nähe des eigenen Grabens fliegen und alles zum Deckungsuchen zwingen.»[68]

Die Wirkung schwerer Minenwerfer im Caures-Wald schildert Victor Kühne, Befehlshaber der Division aus Darmstadt: «Wie schwere Gewitterschläge brüllend verrichten die detonierenden Minen in der feindlichen Stellung ihr Zerstörungswerk. In die aufquellenden Rauchmassen mischen sich nicht nur Wolken der aufgerissenen Erde, sondern auch Baumstämme, Balken, Drahtfetzen, Menschenleiber – ein Anblick, der die Phantasie eines Dante in seiner furchtbaren Größe und Schrecklichkeit überbietet. Staunend und erschüttert sieht die Infanterie vor sich die Arbeit der Schwesterwaffe.»[69] Mittlerweile steigt über den *Côtes* breiter, dichter Rauch bis in große Höhen empor. Inmitten dieser Wand aus Wolken und Staub leuchten regelmäßig große, dunkelrote Scheiben auf – sie verraten das Platzen von 35,5-cm-Schrapnells im französischen Hinterland, verfeuert durch deutsche Marinekanonen. Explodieren 42-cm-Granaten der «Dicken Berthas», stehen minutenlang schwarze Rauchwolken «wie große Pinien zusammengeballt über dem Boden»,[70] so Tappen, der das Schauspiel mit Falkenhayn auf den Höhen südwestlich von Pillon verfolgt. Selbst dort riecht es so stark nach Kampfgasen, dass die Augen tränen.[71]

Im Übrigen schießen die Artilleristen nach Karte. Quadrat für Quadrat frisst sich der Eisenhagel durch die Wälder. Das planvolle Fortschreiten des Zerstörungswerkes beobachtet Marc Stéphane, fünfundvierzig Jahre alt, Schriftsteller, Kriegsfreiwilliger und Korporal bei den Jägern des Oberst Driant. Stéphane, von seinen Kameraden «Großvater» gerufen, glaubt sich in einem Orkan, bei dem es Pflastersteine regnet. Weil sein eigener Kompaniestand noch halbwegs sicher erscheint, kann er verfolgen, wie sich der Geschossregen Geländequadrat für Geländequadrat über die Stellungen ergießt. Stéphane fühlt sich an den Strahl eines Gartenschlauchs erinnert.[72] Im Caures-Wald hat Oberst Driant jede Verbindung mit den vorderen Gräben, aber auch mit den Stäben im Hinterland verloren. Sämtliche Telefonverbindungen sind gekappt. Pater Martimprey erteilt einigen Jägern, darunter Driant, die Absolution.[73]

Wie es Soldaten im Eisenhagel ergeht, haben Überlebende geschildert. Möglichst tief in die Gräben gepresst, können die Männer, wenn überhaupt, nur noch bruchstückhafte Gedanken fassen: «Ich lebe noch. Ich werde sterben. Ich leide. Ich werde ersticken. Heiliger Gott im Himmel, verzeih mir, hilf!»[74] Einige bemerken nach längerer Zeit, dass sie pausenlos wimmern. Bei anderen versagen die Schließmuskeln.[75] Granatsplitter, die nicht einmal zwei Männer anheben können, schneiden als gezackte Riesenbrocken Menschen der Länge nach oder in der Mitte entzwei, hämmern Schädel wie durch Keulenschläge in den Brustkorb hinein oder zerstampfen Körper bis zur Unkenntlichkeit. Leichenfetzen oder Eingeweide landen in den Bäumen.[76] Der französische Feldwebel Paul Dubrulle beschreibt die Angst vor dem Zerrissen-Werden: «Wenn man von ferne das Pfeifen hörte, so zog sich der ganze Körper zusammen, um der maßlosen Gewalt der Explosionswellen standzuhalten, und jede Wiederholung war ein neuer Angriff, eine neue Erschöpfung, ein neues Leiden. Dieser Belastung können auch die besten Nerven nicht lange widerstehen … Es ist vielleicht am ehesten mit der Seekrankheit zu vergleichen … Durch die Kugel zu sterben, scheint nicht schwer; dabei bleiben Teile unseres Wesens unversehrt; aber zerrissen, in Stücke gehackt, zu Brei zerstampft zu werden, ist eine Angst, die das Fleisch nicht ertragen kann …».[77] Da mag es fast trösten, dass berstende Granaten auch Über- und Unterdruck in den Organen verursachen können; dann reißen die Lungen oder es kommt zu Gehirnblutungen. Äußerlich bleiben die Opfer unversehrt.[78]

Im Caures-Wald steht Hilfssanitäter Magnelot an der hintersten Auffanglinie, im Sanitätsposten, unweit des Bunkers von Oberst Driant: «Von allen Seiten kommen Schreie, Klagen, Rufe. Jäger, die in dürftigen Unterständen aus Baumstämmen Zuflucht gesucht haben, wärmen sich, so gut es geht, an kleinen Feuern. Es gibt viele Verwundete. Einige haben … schwere Verbrennungen erlitten.» Die Verletzten wirken «erstarrt, schweigend, zusammengesackt» und zucken «bei hohen Pfeiftönen und Einschlägen aller Kaliber» stets aufs Neue zusammen. «Abgestumpft durch den höllischen Lärm, könnte man verrückt werden. … Man denkt an diejenigen, die man liebt, an seine Familie, seine Frau, seine Kinder, an das glückliche Leben von früher, an die Ungewissheit von heute.»[79] Auch der Bunker Driants erhält einen seitlichen Treffer: ein Leutnant tot, neun Mannschaften verwundet, manche verschüttet. Als man die Jäger ausgräbt, rennt ein Verletzter unter wahnwitzigem Gelächter davon.[80] Um 15.00 Uhr steigert sich der Beschuss zum Trommelfeuer. Jetzt verbrauchen die deutschen Geschütze noch einmal das Drei- bis Vierfache der Munitionsmenge, die sie bisher stündlich verschossen haben.[81] Und so tobt ein Artilleriefeuer, «wie es bisher in der Kriegsgeschichte aller Völker noch nicht zu verzeichnen ist».[82]

Montag, 21. Februar. Sektor Verdun, südöstlich von Azannes. 16.00 Uhr. Seit neun Stunden feuern die deutschen Geschütze ohne Pause. Allmählich beginnt es zu dämmern. Bei der Division Kühnes tragen Zufallstreffer der französischen Artillerie «die ersten Verluste in die mit Sturmtruppen gefüllten Angriffsgräben».[83] Weiter links, an der Höhe südöstlich von Azannes, beobachtet Haupt in seinem «Balkon»,[84] wie die eigenen Batterien das Feuer vorverlegen. Nun beschießt die Artillerie auch Dörfer wie Bezonvaux oder Vaux, wo noch immer Zivilisten leben. Wer kann, ergreift spätestens jetzt dort die Flucht.[85] Haupts Kom-

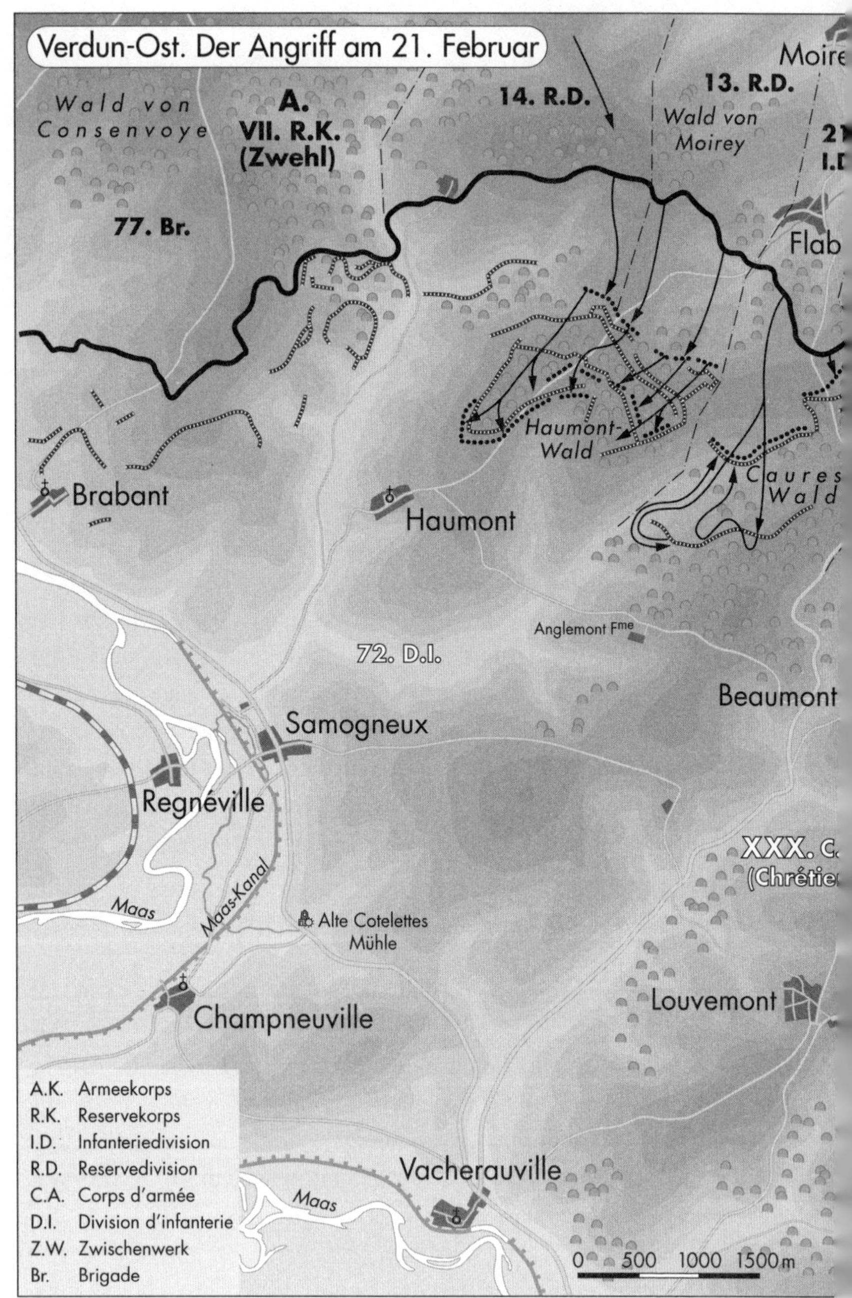
Verdun-Ost. Der Angriff am 21. Februar
Wald von Consenvoye
A.
VII. R.K.
(Zwehl)
14. R.D.
13. R.D.
Wald von Moirey
77. Br.
Haumont-Wald
Caures Wald
Brabant
Haumont
Anglemont Fme
72. D.I.
Beaumont
Samogneux
Regnéville
Maas
Maas-Kanal
Alte Cotelettes Mühle
Champneuville
Louvemont
Vacherauville
Maas
0 500 1000 1500 m
A.K. Armeekorps
R.K. Reservekorps
I.D. Infanteriedivision
R.D. Reservedivision
C.A. Corps d'armée
D.I. Division d'infanterie
Z.W. Zwischenwerk
Br. Brigade

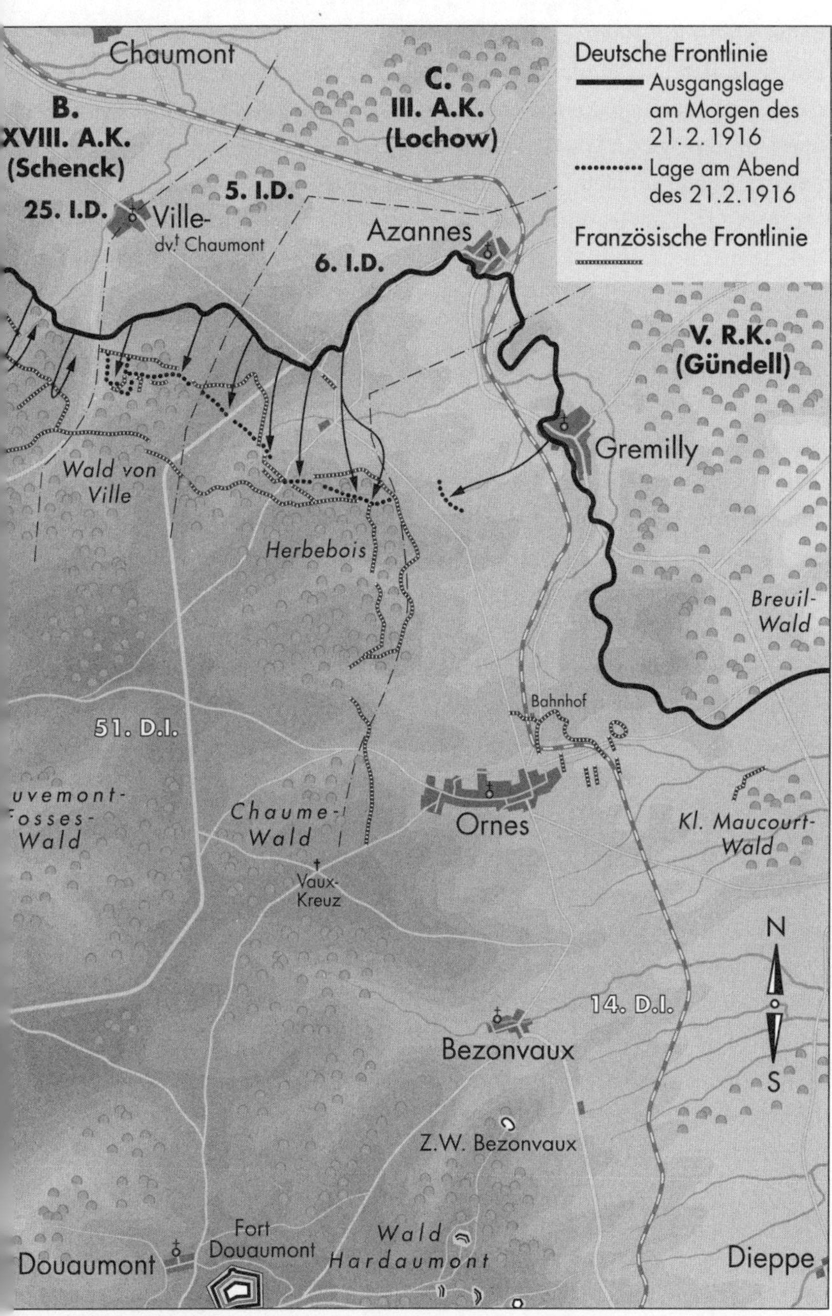
Deutsche Frontlinie
Ausgangslage am Morgen des 21.2.1916
Lage am Abend des 21.2.1916
Französische Frontlinie
Chaumont
B.
XVIII. A.K.
(Schenck)
C.
III. A.K.
(Lochow)
25. I.D.
5. I.D.
6. I.D.
Ville-dv.t Chaumont
Azannes
V. R.K.
(Gündell)
Gremilly
Wald von Ville
Herbebois
Breuil-Wald
Bahnhof
51. D.I.
uvemont-Fosses-Wald
Chaume-Wald
Ornes
Kl. Maucourt-Wald
Vaux-Kreuz
N
S
14. D.I.
Bezonvaux
Z.W. Bezonvaux
Fort Douaumont
Douaumont
Wald Hardaumont
Dieppe

panie gehört zur Regimentsreserve, ist also am «Vorfühlen» im Herbebois nicht beteiligt. Punkt 16.00 Uhr klettern Pioniere und Infanteristen entlang einer zehn Kilometer langen Front zwischen Azannes im Osten und Consenvoye im Westen aus ihren Gräben. Im Abschnitt der Vierundzwanziger, vor dem Herbebois, winden sich die Züge «durch die Sturmgassen, die Gruppen lösen sich auf und in ganz lichter Schützenlinie geht es in Marsch-Marsch und Schritt auf den Feind, dessen Stellung noch unter Qualm liegt. Die Sturmentfernungen schwanken zwischen 400 bis 900 Meter.»[86] «Sturmentfernung» – das ist die Wegstrecke im Niemandsland.

Wie befohlen, stoßen nur «Offizierspatrouillen» vor, Züge in einer Stärke von etwa vierzig Mann.[87] An der Spitze laufen Handgranaten-Trupps und Pioniere mit Drahtscheren. Dahinter folgen Schützen der Infanterie, begleitet von Flammenwerfer-Trägern und Artillerieoffizieren. Letztere sollen mit den eigenen Batterien Verbindung halten.[88] Im Gefechtsstreifen der Vierundzwanziger sind die meisten Verteidiger aus ihrem vordersten Graben – dem «Knochengraben» – schon während des Artilleriefeuers in Scharen geflüchtet. Nun aber erleben die Vierundzwanziger eine Enttäuschung. Denn der Widerstand ist keineswegs gebrochen. Die Züge von drei Kompanien am rechten, westlichen Flügel des Regiments werden durch den Beschuss eines französischen Maschinengewehrs aus dem Ville-Wald weit nach links abgedrängt, «in eine Mulde»[89] am Westrand des Herbebois. Vorteil der Verteidiger im Stellungskrieg: Zwei Schützen an einem Maschinengewehr zwingen ungefähr dreihundert Angreifer in Deckung.

Auch im Herbebois regt sich jetzt Gegenwehr. Niedrige, gut getarnte Blockhäuser, «selbst auf wenige Schritte»[90] nicht erkennbar, dienen MG-Schützen als Unterstand. Mehrere Blockhäuser haben den Beschuss überstanden. Es sei unmöglich, gesteht Radtke, «diese Stellung durch Artilleriefeuer zu fassen, weil auch der beste Artilleriebeobachter seinen Geschützen kein genaues Ziel angeben»[91] könne. Außerdem: Die weitaus meisten Granaten aller Streitkräfte des Weltkriegs besitzen einen eher geringen Sprengstoffanteil. Nur dank sehr starker Eisenmäntel halten sie den Belastungen während des Abfeuerns stand. Zweck der Granaten ist es, als Nebenwirkung zur Explosion möglichst viele Splitter zu streuen.[92] Die meisten Geschosse sind daher mit Aufschlagzündern versehen. Die Detonationen verursachen riesige Erd- und Rauchfontänen; sie streuen mit Hochgeschwindigkeit große Splitter – aber die Sprengwirkung gegen Unterstände ist nicht durchweg vernichtend. Und schließlich verfügen die Zünder über keine so große Empfindlichkeit, dass die Granaten bei der geringsten Berührung mit Draht explodieren. Dadurch verpufft ihre Sprengwirkung weitgehend im Erdreich unterhalb der Verhaue; das aber zerstört den Stacheldraht meist nicht, sondern schleudert ihn lediglich in die Höhe.[93]

Auch im Herbebois sind viele Blockhäuser und Drahtverhaue unversehrt. «Im Walde selber», so Haupt, «sperren unzerstörte Hindernisse, dahinter hoher Maschendraht, das weitere Vorkommen.»[94] Viele Gräben werden durch fünfzig Meter breite Hindernisse «aus Drahtböcken und Stacheligeln»[95] geschützt. Unauffällige Schussschneisen durchziehen kreuz und quer den Wald. Wer ahnungslos in solche Durchhaue tritt, wird beinahe unfehlbar getötet, während seine Kameraden ergebnislos rätseln, woher die Schüsse eigentlich kommen. Auch auf den Bäumen sitzen französische Schützen.[96] Vergeblich wollen Pioniere den Stacheldraht durchschneiden. Einem Unteroffizier, die Drahtschere fest in der Hand, wird durch eine Handgranate das Bein abgerissen.[97] Die Natur hilft dem Verteidiger. «Zwischen hohen Laubbäumen, Eichen und Buchen», so Brandis, wuchert «dichtes Gebüsch in mehr als Mannshöhe, von Brombeergerank fast undurchdringlich durchflochten».[98] Querschläger im Holz machen die Suche nach Deckung zum Glücksspiel.[99]

Als die Sonne am Horizont verschwindet, hat wieder Schneegestöber eingesetzt. Die Vierundzwanziger liegen in «mit Schneewasser gefüllten Trichtern»[100] oder auf freier Erde. Offiziere wie Unteroffiziere «springen von Gruppe zu Gruppe, um die … Abwehr zu organisieren. Melder suchen Verbindungen, Fernsprecher strecken Leitungen …».[101] Auch Sanitätsunteroffiziere und Krankenträger verrichten ihre Arbeit. Zugleich dröhnen unaufhörlich «die schweren Roller», so Brandis, und grellen «die Blitze ihrer Abschüsse durch das Dunkel».[102] Auch wegen des Frostes ist an Schlaf nicht zu denken. Die Vierundzwanziger liegen am Herbebois fest.

Montag, 21. Februar. Saint-Omer, Rue Saint-Bertin. Im britischen Hauptquartier ist die Nachricht vom Beginn der Schlacht längst eingetroffen. Noch gestern wollte Haig seine Antwort auf die deutsche Offensive aufschieben, bis für seine eigene Front in Flandern keine Gefahr mehr bestünde. Doch die Gespräche mit Vallières und Charteris haben offenbar Wirkung gezeigt. Denn jetzt zögert er keine Sekunde: Haig trifft Vorkehrungen für einen raschen, kräftigen Entlastungsstoß seiner Dritten Armee unmittelbar nördlich der Somme. «In diesem Augenblick», lässt er Joffre wissen, «haben zehn Divisionen der Dritten Armee begonnen, das Angriffsgelände vorzubereiten.»[103] Marschbefehle für fünf weitere Divisionen und mehrere Batterien schwerer Geschütze sind ergangen. Diese Divisionen sollen die Dritte Armee für den Angriff verstärken. «Ich kann nichts Wirksameres tun», glaubt Haig, «als selbst auf dem bekannten Gelände nördlich der Somme anzugreifen.... In fünfzehn Tagen oder spätestens drei Wochen werde ich zum Angriff bereit sein.»[104] Ein überstürzter britischer Entlastungsstoß mit fünfzehn Divisionen – Haig tappt in Falkenhayns Falle.

Dienstag, 22. Februar. Sektor Verdun, Caures-Wald. Die «neun schwächeren Patrouillen» der Division aus Darmstadt sind gestern im Caures-Wald ebenfalls auf unversehrte Blockhäuser und Drahtverhaue gestoßen.[105] Vor der zweiten französischen Grabenlinie wurde das Abwehrfeuer derartig stark, dass die meisten Patrouillen wie befohlen in ihre Ausgangstellung zurückgingen.[106] Schon jetzt, nach dem ersten Artillerieüberfall, war der Caures-Wald kaum wiederzuerkennen.[107] Kühnes Patrouillen allerdings haben festgestellt, «dass die Minen durchweg mitten zwischen dem ersten und zweiten Graben gelegen hatten, so dass die Gräben fast unberührt waren ...».[108] Heute sollen die Minenwerfer, mit neuen Zielangaben versehen, die beiden vordersten Linien der Jäger punktgenau zerstören. Kaum die Hälfte von Driants Soldaten ist inzwischen noch unverwundet.[109] Vielleicht erinnert der Oberst an seinen Tagesbefehl vom 15. Januar: «Jäger ergeben sich nicht.»[110]

Am äußersten rechten deutschen Angriffsflügel, im «Abschnitt A», hat General von Zwehl die «Vorfühl»-Befehle Knobelsdorfs in den Wind geschlagen. Zwehls VII. Reservekorps konnte die größten Fortschritte erzielen. Im «Abschnitt B» sollen nun auch die Hessen ähnlich weit vorankommen. Frühmorgens spricht Knobelsdorf telefonisch mit dem Stabschef des XVIII. Armeekorps, drängt auf Wegnahme des Caures-Waldes und fordert ein Zusammenwirken mit den brandenburgischen Nachbarverbänden[111] – taktische Flankierungen und das vorbereitende Feuer der Artillerie sollen den Darmstädtern beim Vorstoß helfen. Ehrgeizig legt Knobelsdorf nahe, die Tagesziele zu erweitern. Tatsächlich hat Kühnes Division nun nicht nur den Caures-Wald, sondern auch Beaumont und den Fosses-Wald zu nehmen.[112]

Seit 7.00 Uhr liegt auf dem Caures-Wald abermals deutscher Artilleriebeschuss. Diesmal schlagen die Minenwerfer große Schneisen in die Verhaue.[113] An der Nordwestecke des Waldes liegt der junge Oberleutnant Robin in Stellung, Führer der 9. Kompanie. Auf der Suche nach Deckung irren Überlebende seiner Kompanie im Hagel der Granaten umher. Einer der Jäger erreicht die Kante von Robins Gefechtsstand, ruft «Herr Leutnant, der Unterstand …»[114] und verschwindet in einer Detonation. Bald sind die Gräben der ersten Linie völlig zerstört. Auch Robin wird verschüttet, kann sich aber wieder ausgraben. Als die deutsche Artillerie ihr Feuer um 11.00 Uhr nach Süden verlegt, setzt sich die Masse des XVIII. Armeekorps in Wellen mit zwei Minuten Abstand in Bewegung. Fast unmittelbar nach dem Ende der Beschießung wird Robins Bunker umzingelt. «Großvater» Stéphane, der sich in der Nähe des Oberleutnants befindet, schildert das Geschehen: «‹Schießen, um Gottes willen, schießen!›, brüllt Robin. ‹Unmöglich›, ruft ein Jäger zurück, ‹sie sind da, zu Hunderten, nur sechs Meter weg.› – ‹Egal, Feuer!› – ‹Das ist verrückt, Herr Leutnant, ich sage Ihnen doch, sie sind da, mehr als hundert Mann haben den Gefechtsstand umzingelt!›»[115] Laut Stéphane bricht der junge Robin in Tränen aus: «Was sollen wir denn jetzt tun?» Stéphane hört eine Stimme in gutem Französisch: «Ist da jemand drin?» Dann erscheint das Gesicht eines deutschen Soldaten mit goldgeränderter Brille und blassem Gesicht.[116] Andere Soldaten der Kompanie leisten Widerstand. Ein Kolbenschlag zertrümmert das Gesicht des Jägers Hénin. Oberfeldwebel Simon wird durch eine Handgranate entstellt und der Bauch von Unteroffizier Dubois durch ein Bajonett aufgerissen.[117] Die ersten Gefangenen, «zum Teil sehr erschöpft», erreichen zwischen 13.00 und 14.00 Uhr das Hauptquartier Kühnes: ein Offizier und fünfzig Mann vom Jägerbataillon 59. «Sie machten keinen Hehl aus der Zufriedenheit mit ihrem Geschick.»[118] Am Nordzipfel des Waldes leisten die Jäger von Hauptmann Séguin hartnäckig Widerstand. Doch die Kompanie wird aufgerieben: Zunächst sind es vierzig, dann noch zehn Soldaten mit sechs brauchbaren Gewehren.[119] In einigen Gräben bringen deutsche Pioniere Flammenwerfer zum Einsatz. Leutnant Pagnon wird «furchtbar entstellt».[120] Andernorts entwickeln sich Handgranaten-, Bajonett-, Spaten-, Messer- und Kolbenkämpfe – ein archaisches Ringen Mann gegen Mann. Séguin, schon am Fuß verwundet, verliert durch ein Artilleriegeschoss den rechten Arm. Während ein Feldwebel seine Schnürsenkel als Aderpresse benutzt, wird Séguins Gefechtsstand überrannt. Zwischen dem verstümmelten Séguin und einem hessischen Offizier kommt es zu einer unwirklichen Begegnung: «Mon Capitaine», redet ihn der Hesse an, «je vous félicite pour votre résistance, et vous fais mes condoléances pour vos blessures.»[121] – «Herr Hauptmann, ich gratuliere zu Ihrem Widerstand. Mein Beileid wegen Ihrer Verwundungen.»

Außergewöhnliches ereignet sich gegen 14.00 Uhr unweit des Bunkers von Driant. An der Straße nach Ville stehen zwei französische Maschinengewehre.[122] Ihre Garben streichen die Straße entlang und machen den Angreifern, so Kühne, «das Überschreiten unmöglich».[123] Feldartillerist Leutnant Deinhardt erhält Befehl, mit seinem Geschütz die Bedienungen der Maschinengewehre niederzukämpfen. Ein «regelrechter Zweikampf auf 500 Meter»[124] beginnt. Eine Maschinengewehr-Bedienung bricht den Kampf offenbar sofort ab und eilt, berichtet Unteroffizier Murat, mit ihrem Maschinengewehr zum Bunker Driants, «um dem Oberst zu melden, dass auf der Straße nach Ville ein 7,7-cm-Geschütz aufgestellt ist …». Driant erwidert: «Meine Freunde, dann werdet ihr ganz einfach euer MG der Straße genau gegenüber aufstellen, und dann gebe ich den Artilleristen keine Minute mehr.»[125] Die Schützen zögern, erkennbar verunsichert, gehen schließlich aber, so Murat, «etwa 30 Meter vor uns, gegenüber der Straße nach Ville», abermals in Stellung. «Schon hören wir die ersten Garben rattern.»[126] Alles in allem dauert der Kampf etwa zwanzig Minuten. Das deutsche Feldgeschütz, zuletzt von drei Offizieren bedient, bleibt in «ruhigem, gut gezielten Feuer».[127] Und: «Wie Hagel prasseln die M.G.-Geschosse gegen die Schutzschilde.»[128] Dann erhalten die zwei Schützen, die Driant zurück ins Gefecht geschickt hat, einen «Volltreffer».[129] Das Maschinengewehr wird «samt seiner Bedienung … vernichtet».[130] Die Männer am zweiten Maschinengewehr ergreifen die Flucht. Gegen 16.00 Uhr kämpfen am Driant-Bunker noch etwa hundertzwanzig Jäger. Hessische Infanterie und das Feldgeschütz von Leutnant Deinhardt beschießen «pausenlos» den Gefechtsstand. «Aus allen Richtungen», so Murat, «pfeifen uns die Kugeln um die Ohren.»[131] Vielleicht sechzig Meter sind die hessischen Infanteristen jetzt noch entfernt. «Hurra»-Gebrüll und deutsche Hornsignale pflanzen «sich durch den ganzen Wald fort».[132]

Nach kurzer Beratung mit seinen Bataillonskommandeuren beschließt Driant den Rückzug in Richtung Beaumont. Der Oberst verbrennt seine Papiere. Die Offiziere raffen drei Gruppen zusammen. Sie sollen sich beim Zurückgehen gegenseitig decken. Französische Hornisten blasen Rückzugssignale. Am Sanitätsposten südlich des Bunkers wechselt Driant einige Worte mit Martimprey. Der Pater will bei den Sterbenden bleiben.[133] Als die Gruppe Driants aus dem Waldrand hinaustritt, erhält sie infanteristisches Feuer. Jäger Papin wird von einer Kugel getroffen. Driant holt ein Verbandspäckchen hervor, verbindet Papin in einem Trichter und läuft weiter. Noch immer erhalten die weichenden Jäger mit «tollem Geknalle»[134] Verfolgungsfeuer von hessischen Infanteristen am Rande des Waldes. Unteroffizier Jules Hacquin berichtet: «Ich hatte mich gerade in einen Granattrichter fallen lassen, als der Unteroffizier Coisne, der einen Schritt vor Oberst Driant lief, sich in denselben Trichter wie ich fallen ließ. Ich habe deutlich gesehen, wie Oberst Driant am Rande dieses Granattrichters die Arme ausstreckte, ‹Oh, mein Gott!› sagte, dann eine halbe Drehung um sich selbst machte und nach hinten mit dem Gesicht zum Wald zusammenbrach. … Er gab kein Lebenszeichen mehr von sich, das Blut quoll ihm aus einer Wunde am Kopf und auch aus dem Mund. Er hatte die Blässe einer Leiche und seine Augen waren halb geschlossen. Es kann etwa 16.30 Uhr gewesen sein.»[135] Möglicherweise hat eine französische MG-Bedienung auf der Wavrille die Gruppe Driants mit deutschen Infanteristen verwechselt.[136]

Auf sein Glück jedenfalls, im letzten Brief an seine Frau beschworen, hoffte der Oberst vergebens.

Am späten Abend ist der Caures-Wald in hessischen Händen. Doch ein Nachstoßen bis Beaumont erscheint im Kreuzfeuer französischer Maschinengewehre völlig unmöglich. Denn MG-Bedienungen sitzen im Fay-Wäldchen und auf der Wavrille. In jeder Minute können sie vierhundert 8-mm-Geschosse verschießen. Das «Vorgehen über die freie Fläche gegen Beaumont», so Kühne, «wäre für uns ein wahres Spießrutenlaufen gewesen.»[137] Und so müssen die Hessen im Caures-Wald schanzen. Nun aber legt die Artillerie des Gegners ihrerseits Dauerfeuer auf den Wald. Am frühen Morgen trifft Georg Wolf, Schütze im Infanterieregiment 87, auf völlig verstörte, schluchzende Angehörige seiner Kompanie. Granaten haben einem Kameraden den Kopf abgerissen.[138] Über dem Caures-Wald liegt dichter Nebel.

Wie viele Jäger gestorben sind, ist zweifelsfrei nicht mehr zu klären. Beide Bataillone bestanden zusammen aus etwa tausenddreihundert Mann. Victor Kühne zufolge nahm die 25. Division, eingesetzt ausschließlich im Caures-Wald, während der ersten beiden Tage ihrer Kämpfe siebenhundertzehn Mann gefangen.[139] Offenbar hat Kühne die Zahl seinem Tagebuch entnommen. Als er in den dreißiger Jahren den Bericht über die Gefechte verfasste, waren solche Angaben im Heeresarchiv noch überprüfbar; kaum vorstellbar also, dass der General übertrieben hat. Laut Horne erreichten «eine Handvoll Offiziere und ungefähr 500 Mann» die «französischen Linien».[140] Alle drei Zahlen legen nahe, dass im Caures-Wald etwa neunzig Jäger zu Tode gekommen sind. Unter Kühnes Gefangenen waren möglicherweise Angehörige von Nachbarverbänden. Und Hornes Zahl ist lediglich eine Schätzung. Dennoch scheint klar: Die Jäger Driants haben weder auffallend zahlreich ihr Leben «geopfert» noch den Vorstoß der Angreifer planwidrig verzögert.[141] Sobald sie in Gefangenschaft gerieten – und das ist hundertfach geschehen –, waren die meisten Jäger erkennbar erleichtert, noch am Leben zu sein. Einen Tag später wird Tappen notieren: Es gehe «alles völlig nach Wunsch».[142]

Oberst Driant bleibt auch im Tode eine öffentliche Person. Staatspräsident Poincaré und der König von Spanien schalten sich ein in die Klärung der Frage, ob Driant in Gefangenschaft geraten oder umgekommen ist.[143] Und schon bald deuten Truppenführer, Priester, Parlamentarier, Journalisten und die «Liga der Patrioten», allen voran Maurice Barrès, Schriftsteller und Abgeordneter der nationalistischen Rechten, das Geschehen als Opfergang. Sie überhöhen die Kämpfe als Vorbild für eine «Pflicht zum Sterben».[144]

Kühnes Soldaten schaffen Oberst Driant und sieben weiteren Jägern «schöne Grabstätten, die mit Tannen bepflanzt und mit zierlichen Birkengeländern» umzogen sind. «Namensschilder» werden «an Birkenstämmchen» befestigt. In den späteren Kämpfen wird französische Artillerie die Gräber zerstören. «Ich hatte sie aber», ergänzt Kühne, «photographiert und habe über die Schweiz Abzüge an Frau Driant gesandt.»[145] Schon Mitte März wird Marcelle Driant auch einen Brief aus Wiesbaden erhalten. Als Tochter Boulangers kennt sie die Macht der Presse: Marcelle Driant überlässt das Schreiben Barrès, dem politischen Mitkämpfer ihres Mannes. Barrès veröffentlicht es im *L'Écho de Paris*. «Hier ist der deutsche Brief», hilft Barrès seinen Lesern, «der das Leben eines großen Franzosen beschließt»:[146]

Wiesbaden, 16. März 1916

Madame,
mein Sohn, Leutnant der Artillerie, der im Abschnitt Ihres Herrn Gatten gekämpft hat, bittet mich, Ihnen zu schreiben und Ihnen zu versichern, dass Herr Driant mit Sorgfalt und Achtung bestattet worden ist, und dass seine feindlichen Kameraden ihm ein schönes Grab ausgehoben und geschmückt haben. Ich beeile mich, Ihnen gemeinsam mit meinem Sohn unser tief empfundenes Beileid auszusprechen. Mein Sohn lässt Ihnen ausrichten, dass man bei Herrn Driant ein Medaillon aus drei kleinen Herzen gefunden hat, das er um den Hals trug. Es steht zu Ihrer Verfügung. Wenn Sie möchten, werde ich es Ihnen über Frau Baronin von Glütz-Ruchte [sic] in Solothurn zukommen lassen, die die Güte haben wird, Ihnen diese Zeilen zu schicken. Auf einem Teil der Kette ist auf goldenem Hintergrund graviert (die Medaille ist aus Gold): ‹Erinnerung an die Erstkommunion von Marie-Thérèse, 14. Juni 1902›.
Herr Driant ist ganz nahe beim Bataillonskommandeur Étienne Renouard vom selben Bataillon 57/59 Jäger zu Fuß am Rande des Caures-Waldes bestattet worden, zwischen Beaumont und Flabas.
Das Grabmal wird gepflegt, so dass Sie es in Friedenstagen finden werden.

Mit vorzüglicher Hochachtung,
Baronin Schrotter [sic]

Wenn dieser Mann nicht immer zur Messe gehen würde, wären die Deutschen schon längst aus unserem Land verschwunden.

BRIAND ÜBER CASTELNAU, 1916

Fünftes Kapitel

DAMMBRUCH

Dienstag, 22. Februar. Chantilly, Hotel «Le Grand Condé». 20.00 Uhr. Joffre fährt Haig in die Parade. Der Generalissimus unterbindet einen Entlastungsangriff. Wenige Stunden nach Beginn der Schlacht bei Verdun weiß Joffre genau, welche deutschen Korps an der Maas kämpfen. Über den Einsatz nur geringer infanteristischer Kräfte ist er im Bilde.[1] Umso mehr bleibt der Generalissimus überzeugt, dass es sich um eine Eröffnungsoffensive handelt. «Die Schlacht dauert mit großer Heftigkeit an», lässt er Haig um 20.00 Uhr telegrafieren. «Die kommandierenden Generäle der beteiligten Armee und der Heeresgruppe berichten, dass der Feind allem Anschein nach eine sehr umfassende Anstrengung unternimmt. Unter diesen Umständen bitte ich Sie, dringend die Ablösung der Zehnten Armee durchzuführen und dabei sofort mit dem IX. Korps zu beginnen.»[2] Joffre widersteht der Versuchung, die unerfahrenen Briten für sich angreifen zu lassen. Stattdessen beantwortet er die Verdun-Offensive mit dem Aufbau starker Heeresreserven. Und wie nebenbei nutzt er die Gelegenheit, den Widerstand des *Chiefs* zu brechen. Denn wer sogar zum Angriff bläst, kann die Übernahme weiterer Frontabschnitte nicht mehr verweigern. Dadurch gewinnt Joffre einerseits neue Reserven; andererseits bindet er die Expeditionsarmee viel rascher und umfangreicher in die Frontlinie ein, als von Haig ursprünglich gewünscht – ohne aber dessen Truppen in eine überhastete Offensive zu treiben. Kurzum: Joffre schlägt mehrere Fliegen mit einer Klappe.

«Es ist schwierig, mit Sicherheit zu sagen, wie sich diese Offensive entwickeln wird», lässt er Haig wissen. «Ich schätze jedoch, dass sie zunächst eine Reihe von einzelnen Unternehmungen umfasst, die auf der gesamten Westfront stattfinden können, mit dem Ziel, uns im Unklaren zu lassen; danach ein vorgeschalteter Angriff wahrscheinlich mit beträchtlicher Truppenstärke – zum Beispiel auf Verdun – und schließlich ein oder zwei Hauptangriffe, vorgetragen mit umfangreichen Kräften.»[3] Stillschweigend setzt der Generalissimus voraus, dass Falkenhayn ähnliche Schlüsse wie er selbst gezogen hat: kein Durchbruch ohne vorgeschaltete Zermürbung feindlicher Reserven. Und weiterhin erscheint ihm ausgeschlossen, dass Falkenhayn den Weltkrieg durch die Eroberung einer Kleinstadt in Lothringen entscheiden will – und auch in diesem Punkt urteilt der Generalissimus richtig. Er könne, erklärt Joffre, Verdun «nicht als das Ziel des deutschen Hauptangriffs» betrachten, weil ihm «der strategische Gewinn»[4] entgehe, den sich der Gegner davon erhoffen könnte. Vielmehr sei wahrscheinlich, erläutert er Haig, dass die Deutschen «diesen entscheidenden Stoß gegen die von den *französischen* Truppen gehaltene Front richten werden, von der sie wissen, dass sie vergleichsweise dünn ist und die Reserven sehr begrenzt sind».[5]

Allerdings tappt Joffre völlig im Dunkeln, wo genau der Hauptschlag eigentlich erfolgen könnte. Die Meldungen seiner Nachrichtenabteilung ergeben ein unklares Bild. Nachdrücklich aber warnt er vor überstürzten Attacken: «Im Übrigen sind die Kräfte, über die Sie zurzeit verfügen», belehrt er Haig, «nicht ausreichend, um auf sich gestellt einen entscheidenden Erfolg in diesem Operationsgebiet zu erzielen.»[6] Die Schlüsselwendung lautet: «auf sich gestellt». Denn eine gemeinsame Entlastungsattacke lehnt Joffre rundheraus ab. Doch auf eigene Faust wird Haig nichts unternehmen. Der britisch-französische Gegenschlag, erläutert Joffre, müsse den Krieg entscheiden, dürfe also nicht überhastet erfolgen und sei mit so großem Nachdruck zu führen, «dass sich die feindlichen Kräfte nach ihrem Scheitern nicht wieder sammeln können».[7]

Joffre und Falkenhayn, ähnlich geschult, offenbaren in ähnlicher Lage ein ähnliches Denken. Wie der Generalstabschef will auch der Generalissimus den Angriff des Gegners nicht bloß abwehren, sondern im Gegenstoß einen Durchbruch erzielen und den Krieg entscheiden. Nunmehr setzen Joffre und Falkenhayn auf dieselbe Grundidee: Abwehr – Zermürbung – Gegenstoß – Durchbruch. Joffre wartet auf den deutschen Hauptangriff, Falkenhayn auf die Entlastungsattacke von Briten und Franzosen – ein Bild des gegenseitigen Belauerns. Und auch Joffre geizt mit seinen Kräften. Weil er den Zweck der deutschen Offensive im Kern durchschaut, verschiebt der Generalissimus die Masse seiner Reserven keineswegs mit einem Schlag in Richtung Maas. Stattdessen achtet er darauf, die eigene Front nirgendwo über Gebühr zu entblößen.[8] Es sei unerlässlich, erläutert er Haig, «dass ich mir zur gegebenen Zeit sehr umfangreiche Reserven aufbaue».[9] Durch die Verlängerung der britischen Front will er den Spielraum erhalten, ungefähr so viele Divisionen ständig als Reserve vorzuhalten, wie der Gegner bei seiner nun beginnenden Offensive abnutzen wird.[10] Allein dadurch, meint er, sei am Ende ein Durchbruch im Gegenstoß möglich. In einem Punkt aber irrt Joffre gewaltig: Er übersieht, dass Falkenhayn nach seiner Eröffnungsoffensive keinen frontalen Hauptschlag an anderer Stelle plant, sondern bei Verdun auf einen Durchbruch im Nachstoßen hofft.[11] Doch dieser Irrtum scheint verständlich; jedenfalls gründet er in nüchternem, rein operativem Denken. Denn Joffre will Verdun nicht bedingungslos halten.

Indessen staunt der *Chief* über die «äußerst sonderbaren Leute»[12] in Chantilly, die sein waffenbrüderliches Angebot nicht begrüßen, sondern ruppig übergehen. Der Generalissimus hat Haig vor sich selbst gerettet.

Mittwoch, 23. Februar. Sektor Verdun, Nordrand des Herbebois. 10.30 Uhr. «Ein Orkan schwerer und schwerster Geschosse», staunt Leutnant Radtke, fegt «über den so schwer heimgesuchten Herbebois» – seit nunmehr dreieinhalb Stunden. «Die Granaten, in den Kronen der Bäume krepierend», reißen «große Äste herab» und verwandeln «den Herbebois in ein wüstes Chaos».[13] Die Vierundzwanziger und ihre 6. Division liegen nach wie vor fest. Als einziger Teil der ersten Verteidigungsstellung ist der Herbebois noch immer in französischen Händen. Nach Vorbereitung durch die Artillerie soll nun die «Sturmabteilung

Rohr» gemeinsam mit den Vierundzwanzigern eine Bresche schlagen. Nur Angehörige der Sturmabteilung tragen Stahlhelme. Und nur sie beherrschen das «Stoßtruppverfahren», eine taktische Antwort auf den Grabenkrieg, die vor allem Hauptmann Willy Rohr entwickelt hat. Falkenhayn fördert das Verfahren mit Nachdruck.[14] Soldaten der Sturmabteilung nutzen kaum noch das Infanteriegewehr, sondern kämpfen bevorzugt mit Maschinengewehren und Nahkampfwaffen: Flammenwerfer, Handgranaten und auch mit Minenwerfern. In den meist unübersichtlichen Grabenkämpfen verlagert sich die Führung des Gefechts von oben nach unten. Daher sind Sturmabteilungen nicht mehr in Kompanien oder Züge gegliedert, sondern bestehen nur noch aus Gruppen.[15]

Weil der Rheinländer Richard Müller Handgranaten besonders weit zu schleudern vermag, hat man ihn vor ein paar Wochen in die Sturmabteilung Rohr versetzt. Müllers Gruppe, geführt von Pionierleutnant Ernst Voigt, gelangt über das Kap der guten Hoffnung ins Niemandsland. Voigt nimmt eine Handkamera mit in die Schlacht – ihm werden ungewöhnliche Aufnahmen gelingen. «Na, wir sind gespannt, was nun kommen wird», berichtet Müller, wohl stark untertreibend. «Im Laufschritt springen wir … den Steilhang hinunter. Im fußhohen Schnee über Granattrichter, Eisschollen, gefrorene Erdklumpen! Die reinste Rutschpartie, meist auf dem Hosenboden! Vor uns im Grunde liegt das neutrale, vollständig zerschossene Soumazannes, das bisher zwischen der deutschen und französischen Stellung lag.»[16] Im Knochengraben vor dem Herbebois warten Müller und seine Kameraden auf den Beginn des Sturmangriffs. «Bei ununterbrochenem Heulen und Krachen der Granaten werden wir am nördlichen Waldrande als zweite Welle eingesetzt, dicht vor uns die alten Mannschaften des Sturmbataillons Rohr. Auch die 24er Brandenburger liegen mit entschlossenen Gesichtern uns links und rechts zur Seite.»[17] Kurz vor 11.00 Uhr treten die Soldaten aus den Unterständen. Die Offiziere blicken auf ihre Uhren. «Der eine», beobachtet Müller, «hat kampfesfreudig alle Sinne nur auf den Feind konzentriert. Er zügelt kaum den Drang nach vorwärts. Der andere zieht in der Stunde, die über Leben und Tod entscheidet, unsichtbare, aber umso machtvollere Fäden in die Heimat zu allem, was er dort gelassen.... Wiederum andere suchen mit Witzen, Lachen und Spotten sich selber und die Kameraden über jenes eigenartige Frontkämpferempfinden dieser Minuten hinwegzutäuschen. Und andere sieht man essend, trinkend, dicke Qualmwolken der Zigaretten ausstoßend – anscheinend gelassen entgegenharren.»[18]

Punkt 11.00 Uhr verlegt die Artillerie ihr Feuer nach Süden. Alle Männer klettern aus dem Graben. «Vor uns», beobachtet Müller, «arbeitet sich die erste Abteilung Rohr mit Flammenwerfern im Waldesdickicht und Drahtverhau mühsam vorwärts. Unsere zweite Abteilung folgt nach; es wird mein erster Sturmangriff! Rollende Gewehrsalven fegen zwischen uns! Laute Hurrarufe schallen durch den Wald! MG knattern! Der Schnee spritzt von den Bäumen auf unsere Köpfe nieder.»[19] Französische Schützen erschießen mehrere Flammenwerfer-Träger, ehe sie ihre Waffe einsetzen können.[20] Im dichten Unterholz gelangen Flammenwerfer ohnehin kaum zur Geltung.[21] Vor allem das Sperrfeuer französischer Artillerie zwingt nicht nur Müllers Gruppe rasch in die Trichter. «Banges Zagen bei Manchen, bittere Wut im Herzen bei den Anderen ..., die hier mit zusammengebissenen Zähnen zusehen» müssen, «wie sie sich nach und nach»[22] verbluten.

Haupt, der «Feldgraue», erhält den Auftrag, zwei Kompanien der Regimentsreserve in den Einsatz zu führen. Weil die rechten Nachbarverbände mehr Raum gewonnen haben, kann Haupt seine Truppe etwa tausend Meter in den Ville-Wald vorführen. Einige Leichen zeugen von den harten Kämpfen. Leutnant Werner Brand sieht im Ville-Wald einen Deutschen und einen Franzosen, «im Tode noch halb umschlungen, anscheinend beide im Ringen miteinander von einer Handgranate getötet».[23] Der Ville-Wald ist vom Herbebois nur durch die «Kegelbahn» getrennt. Diese baumfreie Trasse verläuft rund fünf Kilometer auf einem Höhenrücken fast schnurgerade in südliche Richtung vom Rande des Ville-Walds bis zum Fort Douaumont.[24] Haupt wird durch seinen «Kompanietrupp» begleitet: Melder, Hornist und die Gefechtsordonanz. Wie die meisten Offiziere, auch der britischen oder französischen Heere, trägt Haupt außer seinem Karabiner zudem einen Stock. Der Offiziersstock, meist aus Eichenholz gefertigt, bezeichnet die Befehlsgewalt. Er versinnbildlicht jene Epoche, in der Offiziere noch über das Recht zur körperlichen Züchtigung verfügten. Zugleich ist der Stock eine Art Überrest der mittelalterlichen Kriegerkaste. Denn dem Selbstbild des Rittertums lief es völlig zuwider, mit Feuerwaffen aus der Entfernung zu kämpfen.[25] Und so töten Offiziere vom Kompanieführer aufwärts möglichst noch immer nicht selbst, sondern überlassen das Töten ihren Untergebenen.

Haupt quert die Kegelbahn als Erster. Seine beiden Kompanien bleiben im Ville-Wald zurück. Leutnant Franz Wolf allerdings springt nach Aufforderung durch Handzeichen gleichfalls über die Lichtung. «Mein junger Leutnant Wolf», erklärt Haupt, «soll tiefer im Herbebois die Lage erkunden.»[26] Dann queren die Kompanien gruppenweise die Lichtung. «Nichts verlernt seit Hirson!», strahlt Haupt, der den Kampf spürbar genießt. «Ruhig das feindliche Artilleriefeuer unterlaufend, ausweichend, abwartend, arbeiten sich die Gruppen herüber. Von drüben schon können mich die Führer sehen, sie kennen meine Art und scheuen eine dreckige Randbemerkung mehr als das ganze Gedöns, was da mit Krach und Stank über die Kegelbahn rollt»,[27] poltert Haupt in der zackigen, immer verniedlichenden Sprache des Troupiers.

Radtkes Kompanie, ebenfalls in den Ville-Wald vorgeführt, quert die Kegelbahn weit weniger dramatisch. Im Gänsemarsch nutzen Radtke und seine Kameraden einen ehemals französischen Graben, der den Ville-Wald mit dem Herbebois verbindet.[28] Am Ende liegen Radtkes Männer unmittelbar neben den Soldaten von Haupt: im Nordwestzipfel des Herbebois, in Flanke und Rücken der Verteidiger.[29] Radtke berichtet: «Jeder unbedachte Schritt in die kreuz und quer sich hinziehenden Schneisen erforderte Opfer, meist durch Kopfschüsse. Ich hatte alle Hände voll zu tun, die Leute aufzuklären, die es nicht verstehen konnten, dass man in solch einem dichten Walde nicht sicher sein sollte. Verschiedene Leute fallen trotz größter Vorsicht nacheinander, vom unsichtbaren Gegner erledigt. Querschläger trillern mit schrillem Klang durch die Bäume und verursachen scheußliche Wunden.»[30] Leutnant Franz Wolf erhält einen Bauchschuss.[31] Als der Verwundete zum Hauptmann getragen wird, erreicht Brandis die Gruppe. Zu Haupts Füßen, erkennt Brandis, liegt «der junge Leutnant Wolf, blass, krampfhaft die Schmerzen verbeißend.… ‹Ich wusste nicht, dass ein Heimatschuss so weh tut!›»,[32] stöhnt der Verletzte. Später wird Haupt die letzte Meldung des Leutnants auf einem Zettel erhalten: «Werde schwer verwundet abgetragen, bitte um Entschuldigung, dass ich mich nicht persönlich abmelde, kann nicht mehr gehen.»[33] Wolfs älterer Bruder Johannes, Führer der 1. Kompanie und bei den Vierundzwanzigern «sehr beliebt»,[34] ist gestern nördlich des Waldes gleichfalls nach einem Bauchschuss verstorben. Die Brüder Wolf werden gemeinsam bestattet.[35]

Um 17.15 Uhr hat ein weiterer Sturmangriff, geführt von drei Seiten, doch noch Erfolg. «Um den Höllenlärm zu übertönen»,[36] werden Befehle ausschließlich gebrüllt. «Wie vorher verabredet», erzählt Radtke, «setzen unsere sämtlichen Maschinengewehre schlagartig mit heftigem Feuer ein. Die Hörner der Tamboure schreien, was die Lunge hergeben kann. Mit lautem Hurragebrüll, das sich in den Schluchten des Herbebois durch Echo vielfach bricht, erhebt sich die ganze Linie zum Sturm.... Die Franzmänner haben es plötzlich mit der Angst bekommen. Nur verhältnismäßig wenige Gefangene werden eingebracht, da der Franzose in wilder Flucht nunmehr den Herbebois verlässt.»[37]

«Tommy», «Poilu», «Boche», «Franzmann» – die Selbst- und Fremdwahrnehmung der Soldaten folgt eingebürgerten Vorurteilen, geprägt durch die nationalen Ideen in Europa. Dabei klingt bei «Franzmann» eine historische Stetigkeit des Feindbildes an, die «Erbfeindschaft» nämlich. Zugleich schwingen Gefühle eigener Überlegenheit mit, die freilich seltener in Hass umschlagen als gegenüber den «Tommys».[38]

Im Herbebois finden die Vierundzwanziger nur wenige französische Tote, oft allerdings «in eigentümlichen Stellungen erstarrt. Anscheinend durch die Wirkung deutscher Gasgeschosse behindert, hielten sie häufig den recht primitiven Gasschutz, der in einer Art von Riechkissen bestand und vor Nase und Mund gelegt wurde, in der Hand.»[39]

Die Nacht verbringen die Vierundzwanziger am Hinterhang eines Höhenrückens südwestlich vom Herbebois, auf den winterlichen Äckern des Gehöfts Saint-André. «Es war eine sternklare Nacht», erinnert sich Radtke, «der scharfe Frost ging durch Mark und Bein. Es fror ziemlich stark. Ringsum lagen Waldstücke, die ab und zu durch die hochgehenden Leuchtraketen schemenhaft erleuchtet wurden und sich gegen den Himmel wie eine Theaterkulisse abhoben. So gut wie möglich suchte jeder für die Nacht sich einzurichten. Das Eingraben in dem steinigen und hartgefrorenen Boden war unmöglich, die Spatenstiele brachen einfach ab. So lagen wir nun auf dem hartgefrorenen Boden, den Tornister unter dem Kopfe, die Beine wie ein Igel angezogen und nur notdürftig mit dem Mantel zugedeckt und versuchten zu schlafen. Aber nicht lange dauerte dieser Zustand, die eisige Kälte zwang uns aufzustehen. Erschauernd sprangen wir auf, und es war sonderbar in der Nacht anzusehen, wie wir durch Hin- und Herlaufen unsere verklammten und halberfrorenen Glieder wieder etwas erwärmten und beweglich machten.»[40] Weil das französische Sperrfeuer die Nacht über anhält, kommt keine Verpflegung heran. Bei den Offizieren herrscht trotzdem «gehobene Stimmung».[41] Denn «Zentnerlasten fielen den Führern vom Herzen», gesteht Brandis, «dass endlich dieses übelste Stück Bergwald… bezwungen war nach dreitägigem Ringen.»[42] Hoch über den Köpfen der Vierundzwanziger ziehen die Geschosse des Fernfeuers «wie Glühwürmchen ihre Bahnen».[43] Alle Kompanien, die seit dem ersten Tag im Einsatz waren, werden in der Dunkelheit abgelöst. Und so liegen beim Zweiten Bataillon jetzt die Kompanien 5 bis 8 in vorderster Linie – also auch die Soldaten von Brandis, Radtke und Haupt. Langsam, aber stetig schiebt sich der Keil auf den *Côtes* in Richtung Verdun.

Donnerstag, 24. Februar. Sektor Verdun, südöstlich der Saint-André-Ferme. 12.15 Uhr. Und wieder ein Bergwald: Etwa sechshundert Meter entfernt liegt der Chaume-Wald, von den Vierundzwanzigern durch jene enge Schlucht getrennt, in der die Orne, ein Zufluss der Mosel, entspringt. «Misstrauisch» wird der Wald, so Brandis, «nach den Erfahrungen der letzten Tage betrachtet», denn so viel scheint klar: Der Chaume-Wald ist abermals einer dieser «mit dichtem Unterholz durchwachsenen und stark befestigten Bergwälder».[44] Bei einsetzendem Tageslicht hat die Artillerieschlacht an Heftigkeit gewonnen. Französische Batterien beschießen auch den Höhenrücken, an dessen Hinterhang die Vierundzwanziger liegen. Die deutsche Artillerie überschüttet ihrerseits seit 9.30 Uhr unter anderem den Chaume-Wald «mit gewaltigem Getöse und Hagel von Eisensplittern».[45] Radtke blickt rechts auf die Höhe Wavrille, etwa tausend Meter entfernt und erst gestern durch brandenburgische Regimenter unter außergewöhnlich hohen Verlusten

Eroberte französische Batterie im Gefechtsabschnitt B des XVIII. Armeekorps (Schenck). Aufnahme des Hauptmanns von Reckow, Feld-Artillerie-Regiment Nr. 63. Februar/März 1916

erobert. «Plötzlich ging dort», beobachtet Radtke, «ein Höllenspektakel los.» Französische Artillerie legt schweres Feuer auf die Wavrille: «Als die schweren Brocken dazwischen sausten, konnte man ganz deutlich mit bloßem Auge erkennen, wie einzelne Leute und ganze Baumstümpfe hochgeschleudert wurden. Es war ein grausiges Schauspiel.»[46] Baumhoch fliegen Gewehre, Tornister und Körperteile.[47]

Der Sturm auf den Chaume-Wald soll in zwei Wellen Punkt 12.30 Uhr erfolgen: voran die Kompanie von Brandis und die 5. Kompanie von Leutnant Heinz Boetticher; dahinter als Rückhalt die Kompanien von

Radtke und Haupt. Doch schon zehn Minuten vor Ende des Artilleriefeuers beginnt die erste Angriffswelle, durch das französische Sperrfeuer hindurch, den Hang herunterzustürmen. Am Hang gegenüber ist der Chaume-Wald «ein einziger Qualm».[48] Während die erste Welle, wie gewünscht, viele Verteidiger überrascht, die nach dem Ende des deutschen Artilleriebeschusses eben erst aus ihren Unterständen treten, wird die zweite Welle der Vierundzwanziger beim Hinabrennen beschossen. «Es pfeift und zischt beim Vorwärtslaufen», so Radtke. «Wir bieten aber auch den am jenseitigen Abhang befindlichen Franzosen ein Ziel wie auf dem Schießstand. Die Kugeln tanzen nur so auf dem steinigen Boden um uns herum.»[49] Haupt steigert sich offenbar in eine Art Rausch: «Das alte Sturmsignal jauchzt auf, Infanterieschüsse peitschen, M.G. klopfen, Handgranaten krachen. ‹Ha, welche Lust, Soldat zu sein!›. Mit erhobenen Händen kommen die ersten Franzosen gelaufen, lasst sie weiterlaufen! ... Die Sturmträger beißen sich die steile Höhe hinauf, die Pioniere öffnen die Drahtfelder, der zweite Stoß bekommt seine Arbeit, um Insel und Nester, um Unterstände und Grabenwehren.»[50] Durch die Schießscharten der Blockhäuser fliegen Handgranaten, «und bald kommen die Franzosen mit angstverzerrten Gesichtern und hocherhobenen Armen auf uns zugelaufen».[51]

Gegen 13.45 Uhr ist der Südrand des Chaume-Waldes erreicht. Viele Verteidiger haben sich ergeben. Andere bleiben sitzend oder liegend in den Gräben, «mit vollgebluteten Uniformen, zerfetzten Körpern, die starre Ruhe des Todes auf den wächsernen Gesichtern».[52] Einige Truppenteile schießen über das Tagesziel weit hinaus. Leutnant Jürgen Freiherr von Eynatten zum Beispiel, Zugführer unter Brandis, dringt mit seinen Soldaten durch den Caurières-Wald bis in die südwestliche Ecke des Hermitage-Waldes vor und steht damit in der Artillerielinie des Gegners.[53] Als Eynatten einem französischen Artilleristen den Unterkiefer «glatt» wegschießt, packt dessen Kameraden «kalter Graus».[54] Die Artilleristen heben ihre Hände. Geschütze gelten für Infanteristen als höchste Trophäe. Und so schreiben deutsche Soldaten auf die Rohre mit Kreide die Ziffern ihres Truppenteils. Die Leute Eynattens finden «Lebensmittel in Mengen, von der eingemachten Ananas bis zum Eisbein mit Sauerkohl. Wein, Decken, Ferngläser, sogar zwei Pferde.» Leut-

24. Februar 1916: Soldaten der 7. Kompanie, geführt durch Hauptmann Haupt (mit Stock), beim Angriff zwischen Chaume- und Caurières-Wald

nant Martin Schünemann und ein Gefreiter erkunden das Vorgelände auf den beiden «gesattelten und gezäunten Beutepferden aus dem Schuppen».[55] Der Leutnant und sein Begleiter reiten über die Kegelbahn bis zur «Höhe 347». Damit ist Schünemann in diesem Augenblick der am weitesten gegen Verdun vorgerückte Infanterieoffizier.[56] Der Leutnant beobachtet, dass französische Kolonnen ins Dorf Douaumont einrücken. Schünemann, Eynatten, Brandis und andere Frontoffiziere haben im Laufe des Tages einen klaren Eindruck gewonnen: Die Verteidigung der Festung ist im Zusammenbruch begriffen.

Donnerstag, 24. Februar. Mézières, Präfektur. 18.25 Uhr. Wild äußert Bedenken. Nach einem Besuch «bei Muttern»[57] und bei seiner Gattin in Berlin ist der Kriegsminister seit vorgestern zurück in Mézières. «Der Anfang bei Verdun ist erfolgversprechend», urteilt Wild. Gestern allerdings hat er sich erstmals dem Schlachtfeld genähert. In Stenay traf er den Kronprinzen «fröhlichen Muts». Wild war eine Stunde lang auch bei Knobelsdorf, «der mit guten Nerven die Sache ruhig leitet».[58] Der Artillerieaufmarsch erschien dem Kriegsminister «imposant». – «Und dass diese Artillerie und diese Munition versammelt werden konnten, das ist das Verdienst des Kriegsministeriums!» Aber «der ganze Plan gegen Verdun», so Wild, «gefällt mir in seiner Ausführung nicht völlig».[59] Und so wirkt er heute Abend auf Falkenhayn ein. «Sehr gut ist der Stoß östlich der Maas angesetzt», bestätigt Wild. «Dass aber auch das XV. Armeekorps in der Woëvre-Ebene vorstoßen soll, halte ich für falsch. Die französischen Stellungen in der Ebene fallen von selbst, wenn der Hauptstoß – mit seinem linken Flügel dem Rand der *Côtes* folgend – Raum gewinnt. In der Ebene muss man Menschen sparen. Dann aber muss vor allem westlich der Maas angepackt werden. Dass hier nichts geschieht, ist ein direkter Fehler.»[60] Gegen die Verteilung der Kräfte hat schon Lochow in Pillon schwere Bedenken erhoben. Und den Angriff am Westufer fordern Knobelsdorf und Tappen ohnehin bereits seit Beginn der Verdun-Planungen.

Indessen sind aus Stenay heute fast durchweg gute Nachrichten eingetroffen. Am vierten Schlachttag konnten die drei Angriffskorps überall wenigstens zweitausend Meter gewinnen. Am weitesten ist Lochows Korps gekommen: Seine 5. Infanteriedivision hat den Fosses-Wald und das Chambrettes-Gehöft genommen, die 6. Division sogar den Südrand des Hermitage erreicht und französische Geschütze erobert. Schencks XVIII. Korps ist seit heute im Besitz des Dorfes Beaumont. Alles in allem entspricht dieser Geländegewinn der Summe der letzten drei Tage. Zwehls VII. Reservekorps hat frühmorgens Samogneux erobert, ist dann allerdings unter heftiges Artilleriefeuer vom Westufer geraten.[61]

Wie geplant, hat Zwehl eine Division aus dem Kampf abgezogen und als Reserve zur Verfügung von Knobelsdorf gestellt. Zwehls andere Division bezieht Stellungen mit Front gegen die Maas, weil Zwehl ein Übersetzen französischer Infanterie vom West- auf das Ostufer befürchtet. Damit scheint die Vorwärtsbewegung beim VII. Reservekorps vorerst zum Erliegen gekommen. Aus Sicht von Falkenhayn und Knobelsdorf wirkt das zwar keineswegs dramatisch, denn den Hauptkeil soll nicht Zwehl, sondern das III. Armeekorps weiter östlich in die französischen Linien treiben;[62] nun aber legt Wild den Finger ebenfalls in die Wunde. Falkenhayn lenkt ein. Wie schon eine Woche zuvor in Montfaucon scheint der Generalstabschef abermals entschlossen, am Westufer angreifen zu lassen. Als Knobelsdorf weitere Geschütze für die Woëvre beantragt, weist Falkenhayn diesen Wunsch um 18.25 Uhr zu Wilds «Freude»[63] telegrafisch zurück: «Es ist auch zweifelhaft», lässt Falkenhayn nach Stenay drahten, «ob, wenn Artillerie verfügbar wäre, diese gegenwärtig nicht zweckmäßiger auf dem linken Maasufer als in der Woëvre eingesetzt werden würde. Der Hauptangriff auf den *Côtes Lorraines* kann von der Ebene nicht wesentlich gestört werden, wohl aber sehr empfindlich von der *Côte de Marre* aus.»[64] Das aber ist wahrhaftig keine überraschende Einsicht. Welchen Sinn, muss sich Falkenhayn fragen, hat dann noch der Stoß in der Woëvre? *Entscheidende* Bedeutung kann er keinesfalls erlangen. Warum also ist Deimlings XV. Armeekorps nicht von vornherein auf den *Côtes* oder am Westufer zum Einsatz gelangt? Dem Generalstabschef dämmert: Die Attacke in der Woëvre, von Knobelsdorf geplant und durch ihn selbst gebilligt, war tatsächlich ein schwerer Fehler – und mit dem Mangel an Kräften nicht zu begründen. Knobelsdorf seinerseits greift umgehend zu. Schon am nächsten Tag wird er weitere Truppen «zur Wegnahme der Cumières- und Tote-Mann-Stellung» auf dem Westufer fordern: «Je schneller, je besser.»[65]

Donnerstag, 24. Februar. Chantilly, Villa Poiret. 19.00 Uhr. Joffre und Castelnau beraten in der Villa Poiret. Das eher kleine Gebäude, am Boulevard d'Aumale gelegen, ist vom *Grand Condé* nur etwa hundert Schritte entfernt. Schlag auf Schlag sind den ganzen Tag über schlechte Nachrichten eingelaufen: Samogneux und Beaumont in deutschen Händen, die zweite Verteidigungsstellung auf den *Côtes* nach drei Stunden gefallen. Auf dem Ostufer scheint der Damm gebrochen. Die Operationen sind dort wieder in Bewegung geraten.

Gegen 19.00 Uhr meldet ein Telefonist, General de Langle bestehe darauf, mit Joffre persönlich zu reden. Der Generalissimus scheut telefonische Gespräche, lässt aber den Anruf in die Villa durchstellen. Als sich der Führer der Heeresgruppe Mitte meldet, drücken Joffre und

General Fernand de Langle, im Februar 1916 Kommandeur der Heeresgruppe Mitte

Castelnau jeweils einen Hörer ans Ohr.[66] Die Lage auf dem Ostufer, so Langle mit nervöser Stimme, entwickle sich «sehr ernst». Der deutsche Vorstoß auf den *Côtes* könne die eigenen Truppen in der Woëvre abschneiden. Langle meint vor allem zwei Landwehrbrigaden, die den Sonderbogen in der Ebene halten. Weil die Deutschen auf dem Ostufer fünf Kilometer Raum gewonnen haben, geraten die rückwärtigen Verbindungen beider Brigaden immer mehr in Gefahr. Langle befürchtet, die Landwehrmänner könnten in Panik geraten, auf die *Côtes* fliehen, Verwirrung auslösen und die Verteidigung des gesamten Sektors gefährden.[67] Er sieht nur einen Ausweg: kampflose Räumung der Woëvre.

LANGLE: Ich teile Ihnen mit, dass ich befehle, schon in dieser Nacht alle Kräfte aus der Woëvre auf die Maashöhen zurückzuziehen. Ich bitte Sie nicht um Genehmigung für diesen Rückzug: Ich ordne ihn auf meine volle Verantwortung hin an. Ich halte ihn für absolut erforderlich und für äußerst dringlich.

JOFFRE: Können Sie auf dieser Seite nicht wenigstens zwischen Ornes und Fromezey halten?

LANGLE: Nein.

JOFFRE: Sie sind vor Ort und folglich der Einzige, der die Lage beurteilen und entscheiden kann, was zu tun ist.[68]

Dass seine Maßnahme in Chantilly auf Unwillen stoßen muss, ist Langle nur allzu bewusst. Castelnau hat ihn in Avize gut kennengelernt und schätzt Langle als «modernen Bayard».[69] Tatsächlich wälzt Langle die Entscheidung zum Rückzug nicht auf seine Vorgesetzten ab. Indessen hat Deimlings Korps in der Woëvre den Kampf noch nicht einmal begonnen.[70]

Donnerstag, 24. Februar. Dugny-sur-Meuse, Château de Billemont. 20.00 Uhr. Nativité-Notre-Dame, die Kirche von Dugny, sei die «Wiege Frankreichs» – so jedenfalls lautet ein sagenhafter Bericht, den man Besuchern des Ortes gerne aufbindet. In dieser Kirche nämlich hätten karolingische Fürsten und ihre Gesandten – vielleicht – über jene Urkunde beraten, die vor tausend Jahren die Teilung des Riesenreiches Karls des Großen besiegelt habe: der Vertrag von Verdun.[71] In Sichtweite der Nativité-Notre-Dame, im Schloss von Billemont, hat General Herr sein Hauptquartier eingerichtet. Frédéric-Georges Herr, einundsechzig Jahre alt, Sohn eines Arztes aus Neubreisach und durch Heirat mit der Familie Peugeot verbunden, scheint am Ende seiner Kräfte. Seit drei Nächten hat er so gut wie nicht geschlafen. Im Stab der Befestigten Region herrsche Katastrophenstimmung, beobachtet der Historiker Louis Madelin, Leutnant in Dugny.[72] Flüchtlinge haben das Städtchen, neun Kilometer südlich von Verdun gelegen, regelrecht überflutet: Kinder, Alte, Frauen mit Karren oder Koffern. Auch Leichtverwundete und militärische Kolonnen ziehen durch die Gassen.[73] Um 20.00 Uhr gibt General Herr den Räumungsbefehl aus Avize weiter.[74] Wie von Knobelsdorf erhofft, klappen auf der Woëvre im Schutz der Nacht beide «Flügeltüren» nun tatsächlich zu: die Landwehr-Brigaden weichen kampflos zurück auf die Linie Bezonvaux–Eix, in Stellungen unmittelbar am Rande der *Côtes*; die «Gruppe Duchêne» – sie bildet die südliche «Flügeltür» – soll auf Stellungen zwischen Eix und Les Éparges zurückgehen und gleichfalls den Aufgang zum Ostufer sperren. Bei ihrem nächtlichen Abzug müssen die Truppen fünfzig schwere Geschütze in der Ebene lassen – ein schmerzlicher Verlust.[75]

Um die Lenkung seiner Verbände einfacher zu gestalten, hat Herr an beiden Ufern je eine Kampfgruppe gebildet: die «Gruppe Bazelaire»

General Frédéric-Georges Herr, im Februar 1916 Kommandeur der Befestigten Region Verdun

auf dem Westufer und die «Gruppe Chrétien» auf den *Côtes*. Divisionsgeneral Paul Chrétien liegt mit seinen Stabsoffizieren im Fort Souville. An ihn richtet Herr nun die Weisung, sofort mit der Räumung des Ostufers zu beginnen. Fieberhaft regelt Herrs Stab in Dugny, über welche Straßen und Brücken schwere Geschütze und alle Versorgungstruppen zurückweichen sollen. Die Minenkammern sämtlicher Brücken und auch der Festungsanlagen auf den *Côtes* sind zu laden. Vor allem dürfen keine weiteren, jetzt noch ankommenden Truppen mehr auf das Ostufer gelangen.[76] General Herr erteilt seinem Stab den Befehl, das Hauptquartier nach Souilly zurückzuverlegen, zwölf Kilometer nach Südwesten. Die Abwehr auf den *Côtes* bricht wahrhaftig zusammen. Verdun steht kurz vor dem Fall.

Donnerstag, 24. Februar. Chantilly, Villa Poiret. 20.30 Uhr. Nach dem Abendessen im Kasino geht Castelnau zurück in die Villa Poiret, begleitet von Oberstleutnant Renouard, General Maurice Pellé und General Maurice Janin, allesamt enge Mitarbeiter Joffres. Auch weil Pellé und Janin mit ihrer Kirchenferne nicht hinter dem Berg halten, nennt sie

Castelnau, der Katholik, «Jungtürken». Beide Generäle lassen weiterhin Vorbehalte gegen den Chef des Stabes erkennen.[77] Über Parlament und Regierung sprechen die Jungtürken mit offener Verachtung – was sich Joffre in seiner Gegenwart allerdings verbittet. Beobachter gewinnen den Eindruck, dass manche Offiziere in Chantilly die Abgeordneten im Palais Bourbon für gefährlicher halten als die Streitkräfte des Kaisers.[78] Castelnau hat seine Begleiter über den Ernst der Lage unterrichtet. Nun will man mit dem Generalissimus das weitere Vorgehen besprechen. «Der Oberbefehlshaber», so Castelnau, «bewegt und besorgt wie wir alle, nimmt den Kopf in beide Hände; er blickt uns tief in die Augen; er selbst sucht schweigend – und befragt in gewisser Weise auch uns – nach der Lösung jenes furchtbaren Problems, das uns die große Partie stellt, die sich an den Ufern der Maas abspielt.»[79] Langles Stimmlage am Telefon schien eine Katastrophe anzukündigen. Solche Nervosität wirkt auf Joffre und Castelnau übertrieben. Immerhin sind Reserven im Anmarsch, das XX. Armeekorps vor allem, das morgen Mittag mit Masse bei Bar-le-Duc eintreffen wird. Käme dieses Korps ohne Verzug auf die *Côtes*, würde es den später anrückenden Truppen, namentlich dem I. und dem XIII. Korps, wertvolle Zeit verschaffen; diese Verbände der zweiten Reservewelle könnten zurückflutende Truppen vom Ostufer auffangen, die Front am Westufer festigen und die Kronprinzenarmee am Maasübergang hindern.

Um 21.14 Uhr lässt Joffre an Langle ein Telegramm absetzen: «Primo: Ich billige im Voraus die Entscheidungen, die Sie mit Blick auf den Rückzug der im Woëvre-Bogen stehenden Truppen treffen werden, falls Sie ihn für erforderlich halten. Sie allein urteilen über die Erfordernisse der Schlacht. Secundo: Aber Sie müssen an der Nordfront zwischen Maas und Woëvre mit allen Mitteln standhalten, über die Sie verfügen. Setzen Sie dafür ohne Zögern das gesamte XX. Armeekorps ein. Sein Einsatz ist fraglos notwendig, um Zeit für das Eingreifen der Reserve-Divisionen zu gewinnen, deren Anmarsch zur Maas Sie beschleunigen müssen.»[80] Joffre und Castelnau wollen Langle gleichermaßen beruhigen und anspornen. Doch beide befürchten, dass man das Ostufer am Ende wird räumen müssen und dass Langle für eine so schwierige Operation nicht mehr die notwendigen Nerven besitzt.

Castelnau schlägt vor, drei Offiziere nach Verdun zu entsenden, deren Fähigkeiten er in Avize schätzen gelernt hat: General Philippe Pétain, Oberbefehlshaber der Zweiten Armee, Oberstleutnant Léon Zeller, seinen Stabschef, und Hauptmann Bernard Serrigny, Pétains Kabinettschef. In den französischen Streitkräften ist der Stabschef unterhalb der Ebene des *Grand Quartier Général* kein mitverantwortlicher Berater. Offiziere wie Zeller leiten die Organisation des Nachschubs. Operative Fragen bespricht der Armee-Oberbefehlshaber vor allem mit seinen *adjoints*, einer kleinen Gruppe von Offizieren, an deren Spitze der Kabinettschef steht.[81] Ähnlich dem deutschen «Chef des Stabes» scheint der Kabinettschef mit seinem Oberbefehlshaber in einer «militärischen Ehe» verbunden; doch seine Stellung ist vergleichsweise schwächer. Mit der Machtfülle Knobelsdorfs kann Serrigny sich ohnehin auf keinen Fall messen.

Gegenwärtig ist Pétain mit seinem Stab zur Erholung in Noailles, gilt also auch als verfügbar.[82] Joffre stimmt zu. Pétain soll am 26. Februar, 00.00 Uhr, den Befehl über sämtliche Truppen ausschließlich am Westufer übernehmen und dort die Maaslinie halten. Die Weisungen des Generalissimus fasst Renouard in schriftlicher Form zusammen: «Der Oberbefehlshaber der Zweiten Armee hat zunächst als Aufgabe, 1) sämtliche Truppen der Befestigten Region Verdun zu sammeln, die auf dem rechten Maasufer kämpfen, sollten diese sich auf das linke Ufer zurückziehen müssen, 2) den Feind am Überschreiten der Maas zu hindern. … J. Joffre.»[83] Noch immer wollen Joffre und Castelnau die Stadt keineswegs bedingungslos halten. Beide kommen überein, dass sich Pétain morgen um 8.00 Uhr in Chantilly einfinden soll. Danach läuft Castelnau vier Gehminuten zu seinem Quartier in der Rue d'Aumale Nr. 4; Joffre indessen, der eisern auf regelmäßige Schlafzeiten achtet, begibt sich in der Villa Poiret zu Bett.

Donnerstag, 24. Februar. Chantilly, Rue d'Aumale Nr. 4. 22.00 Uhr. Castelnau versammelt drei Mitarbeiter in seinem Büro, fasst die Entwicklung noch einmal zusammen und bittet jeden Offizier um sein Urteil zur Lage. Alle Anwesenden wirken verblüfft, dass der Generalissimus sich in Verdun keinen persönlichen Eindruck verschaffen möchte.[84] Die Bedeutung der Ostuferhöhen kennt Castelnau genau. Schon 1914 hat er gefordert, die *Côtes* nur unter größter Bedrängnis preiszugeben.[85] Folgt man seiner Schilderung des Abends, dann hat während des Kriegsrats in der Rue d'Aumale Nr. 4 eine Napoleon-Anekdote den Ausschlag gegeben. Denn mit dieser Geschichte, behauptet Castelnau, habe einer der Offiziere die Stimmung auf den Punkt gebracht. In schwieriger Lage, lautet die Erzählung, habe Napoleon, persönlich an anderer Stelle gebunden, Melder auf Melder zum Schlachtfeld vorausgeschickt; alle Melder hätten stets nur dieselbe Botschaft verkündet: «Der Kaiser kommt! Der Kaiser kommt! Er ist unterwegs!»[86] – «Sie haben recht, so muss man handeln», will Castelnau geantwortet haben. «Nach einiger Überlegung kam ich zu dem Schluss, dass der Platz des Chefs in jedem Fall da draußen war, mit dem Gewicht seiner Autorität und der Ausstrahlung seiner Seele.»[87] Telefonisch spricht Castelnau mit dem diensthabenden Offizier in der Villa Poiret, fordert ihn auf, Joffre zu wecken, und bittet den Generalissimus, sofort nach Verdun aufbrechen zu dürfen. «Machen Sie, was Sie wollen», soll Joffre geantwortet haben, «ich lasse Ihnen freie Hand.»[88] Leutnant Laguionie benachrichtigt Castelnaus Fahrer. Gegen 0.30 Uhr macht sich der General mit drei Offizieren und zwei Automobilen über Avize auf den Weg nach Verdun. Während der Fahrt nach Avize – einer Strecke von hundertsechzig Kilometern – geraten die Wagen in heftiges Schneetreiben.

Freitag, 25. Februar. Chantilly, Villa Poiret. 00.15 Uhr. Joffre findet keine Ruhe. Gegen Mitternacht erscheint Aristide Briand, der Ministerratspräsident, ohne Vorwarnung im *Grand Condé*. Janin, Pellé und andere Stabsoffiziere begleiten ihn zur Villa Joffres. Mit wachsender Sorge hat Briand in Paris die Nachrichten aus Verdun verfolgt. Driant und Ferry haben offenbar Recht behalten. Nun will der Regierungschef sicherstellen, dass man in Chantilly alles Menschenmögliche tut, um Verdun zu halten. Denn Briand, seit vier Monaten im Amt, hat das Schicksal seiner Regierung auf Gedeih und Verderb an Joffres Zusage geknüpft, die Verdun-Front sei sicher. Fiele Verdun, wären nicht nur Joffres Tage als Oberbefehlshaber gezählt – auch der Regierungschef könnte sich kaum noch im Amt halten. Denn längst schon hat sich der Sektor Verdun in einen Gegenstand des politischen Kampfes verwandelt. Im

Palais Bourbon haben einige Abgeordnete den Kriegswillen des Sozialisten Briand bezweifelt. Umso entschlossener gab Briand sich in seiner ersten Regierungserklärung: «Die Stunde gehört den Taten.... Nie hat Frankreich eine Armee besessen, die des Sieges würdiger gewesen ist.... Die Mittelmächte können ihre Niederlage noch hinausschieben, aber nicht verhindern.... Wir sind entschlossen, bis zum Ende zu gehen.... Wir haben den Willen zu siegen und werden siegen.»[89] Nach einem Sieg aber sieht es im Augenblick ganz und gar nicht aus.

In Joffres Arbeitszimmer erläutert Oberstleutnant Bel die Lage.[90] Bel kann sich auf die Denkschrift des *Grand Quartier Général* vom August letzten Jahres stützen: Sie empfiehlt eine Räumung von Stadt und Festung. Der Oberstleutnant verweist auch auf den jüngsten Bericht aus Avize. Er stammt von Oberst Claudel, einem Mitarbeiter Joffres, den der Generalissimus nach Avize entsandt hat. Claudel hält eine Räumung des Ostufers für unvermeidbar.[91] Zweifellos schalten sich auch Janin und Pellé in die Unterhaltung ein. Beide vertreten die Meinung, Verdun sei vor allem ein geographischer Punkt. Bei der Losung «Fällt Verdun, fällt Frankreich» handele es sich um «Aberglauben».[92] Während Joffre mit undurchdringlicher Miene das Gespräch verfolgt, unterbricht Briand, Kette rauchend, die Offiziere immer häufiger: «Für Sie würde die Aufgabe von Verdun keine Niederlage bedeuten, das habe ich begriffen; doch für den Rest der Welt wäre es eine. Und seien Sie versichert: Unsere Soldaten würden an diesem Tag einen schlimmen Schock erleiden.»[93] Doch beharrlich nennen die Militärs alle Gründe für eine Räumung. Der deutsche Hauptschlag werde andernorts erfolgen. Nach Aufgabe der Festung könnte man die Linien verkürzen und mit geringerem Aufwand an Menschenleben halten. Würde man Reserven jetzt ans Westufer lenken, käme die Front höchstwahrscheinlich entlang der Maas zum Stehen, spätestens aber irgendwo zwischen den Argonnen und Saint-Mihiel. Ein operativer Durchbruch in die freie Ebene um Châlons wäre danach so gut wie unmöglich. Auf dem Ostufer kämpft der Verteidiger außerdem mit dem Rücken zur Maas, stets in Gefahr, durch die Zerstörung aller vier Brücken jede Verbindung zu verlieren. Warum solle das französische Heer, fragen die Stabsoffiziere, um ein paar Häusertrümmer kämpfen, zumal die Festung schwer zu versorgen sei?[94]

Kein Zweifel: Die militärische Vernunft spricht klipp und klar für die Räumung der Festung. Joffres Stab will bei Verdun jene Antwort erteilen, die Falkenhayn am meisten fürchtet. Und tatsächlich: Bisher haben die Verteidiger weder auffallend starke Reserven noch umfangreiches Material oder eine lange Kampfzeit aufgewendet. Zwar wäre der Verlust von Verdun propagandistisch ein Rückschlag; doch noch könnte der Rückzug trotz aller Einwände Briands ohne schweren Gesichtsverlust im In- oder Ausland erfolgen. Und wiche das «Frontband» einmal mehr zurück, wäre den deutschen Truppen die Initiative sicher bald entwunden.

Briands taktisches Geschick verwechseln einige Beobachter mit Zögerlichkeit, andere mit Schwäche; doch in einem Punkt stimmen alle überein: Briand ist ein Großmeister in der Kunst des politischen Überlebens.[95] Und auch jetzt gewinnt sein Machterhaltungstrieb die Oberhand. «Wenn Sie Verdun aufgeben», brüllt er, «sind Sie Feiglinge, hören Sie! Und der Oberbefehlshaber wird mir nicht erst an jenem Tage seinen Rücktritt erklären! Er wird es heute schon tun!»[96] Briand neigt nicht zu Wutausbrüchen. Nun aber verliert er die Fassung. In diesem Augenblick entscheidet Joffre: «Der Ministerratspräsident hat recht. Ich teile seine Auffassung. Kein Zurückfallen auf das linke Ufer. Wir kämpfen bis zum Ende.»[97] Joffre nimmt die Schlacht an. Die Würfel sind gefallen. Für den Generalissimus verwandelt sich die hinhaltende Verteidigung der *Côtes* in einen bedingungslosen Kampf auf Biegen und Brechen. In diesem Augenblick hat die Regierung Briand die «Diktatur» des Oberkommandos ein für allemal beendet. Zugleich schlägt Briand sämtliche strategischen Bedenken in den Wind. In Paris wie in Chantilly beginnt die Schlacht bei Verdun mit einer politischen Entscheidung.[98] Von nun an sollen Frankreichs Streitkräfte an der Maas nicht mehr aus militärischen Gründen kämpfen. Neue Befehle erteilt Joffre allerdings vorläufig nicht.

Die erste Gleichung in Falkenhayns Rechnung ist aufgegangen. Noch aber stehen die Kämpfe auf Messers Schneide.

Freitag, 25. Februar. Paris, Hotel «Terminus». 3.00 Uhr. Gegen 22.00 Uhr hat Hauptmann Bernard Serrigny in Noailles vom Telegramm des *Grand Quartier Général* erfahren, das Pétain nach Chantilly beordert. Dabei war der General seit etwa sechs Stunden aus der Stadt verschwunden. Irgendeine Nachricht, wo er notfalls zu finden wäre, hat Pétain nicht hinterlassen. Aber in «militärischen Ehen» wie zwischen Serrigny und Pétain sind außerdienstliche Gewohnheiten offenbar bestens bekannt. Serrigny lässt sich nach Paris ins Hotel *Terminus* unweit des Nordbahnhofs fahren. Als er gegen 3.00 Uhr den Empfangsraum betritt, streitet die Dame an der Rezeption nachdrücklich ab, dass sich ein General im Hause befindet. Erst als Serrigny erklärt, es gehe «um das Überleben Frankreichs»,[99] wird er vor Pétains Zimmertür geführt. Auf der Schwelle stehen Militärstiefel und Damenschuhe. General Pétain hat offenbar Besuch von einer Prostituierten.[100] Der General erscheint an der Tür, verärgert und spärlich bekleidet, hört die Nachricht Serrignys und gibt seinem Kabinettschef die Weisung, sich im *Terminus* für ein paar Stunden einzuquartieren. Man werde frühmorgens, bestimmt Pétain, gemeinsam nach Chantilly fahren.

Freitag, 25. Februar. Avize, Hauptquartier Heeresgruppe Mitte. 4.00 Uhr. Castelnau hat im Schneetreiben viel Zeit verloren. Erst gegen 4.00 Uhr erreichen seine Automobile Avize. Zwei Stunden vorher ist Langle aus Dugny zurückgekommen. Doch bevor Langle die Lage vor Verdun zur Sprache bringen kann, drängt Castelnau darauf, dass der General die Gegenbefehle an Herr telefonisch bestätigt: «Angesichts der Befehle des Oberbefehlshabers», lässt Langle um 4.20 Uhr nach Dugny durchgeben, «hält General de Langle seinen Befehl nicht aufrecht, keine Truppen mehr auf das rechte Ufer der Maas zu lenken. Sollte es, um im Norden halten zu können, erforderlich sein, das XX. Armeekorps, das sich noch auf den linken Ufer befindet, ganz oder teilweise einzusetzen, so ist General Herr dazu berechtigt.»[101] Erst danach kann Langle ausführlich warnen, «dass unsere Truppen zurückfluten und nichts sie aufhalten könne.» Der General «fürchtet ein neues Sedan. Die Maas über die Ufer getreten und einen Kilometer breit; ihre Brücken sind bombardiert.»

Langle wiederholt, dass er für die Räumung der Woëvre «die gesamte Verantwortung» übernehme. «Man spürt», urteilt ein Offizier in Castelnaus Begleitung, «dass er nur daran denkt, Rückzugsbefehle zu geben.»[102] Allerdings hat Langle nach Joffres Telegramm tatsächlich angeordnet, die Spitzen der Reserve-Verbände, namentlich die 39. Division des XX. Korps, nun doch auf das Ostufer zu lenken. Diese Division wird also schon im Laufe des Tages auf die *Côtes* gelangen. Das I. Korps aus Épernay freilich kann erst heute Abend in der Befestigten Region eintreffen, das XIII. Korps nicht vor dem Morgen des 26. an den Ausladebahnhöfen Sainte-Menehould und Revigny-sur-Ornain ankommen.[103] Kurzum: Eine halbwegs sichere Lage könnten die Verbände der zweiten Welle, wenn überhaupt, wohl frühestens am 26., wahrscheinlich erst am 27. oder 28. Februar herstellen. Immerhin haben die deutschen Truppen den äußeren Fortsgürtel bisher nicht erreicht.

In dieser Lage auf Spitz und Knopf handelt Castelnau offen über den Kopf Langles hinweg. Um 5.45 Uhr lässt er General Herr telefonisch erneut nachdrücklich antreiben: «Als Bestätigung der Befehle des Oberbefehlshabers weist General Castelnau in aller Form an, dass die Nordfront bei Verdun zwischen Douaumont und der Maas und die Ostfront entlang der Maashöhen gehalten werden müssen – koste es, was es wolle und mit allen Ihnen zur Verfügung stehenden Mitteln. Die Maas wird auf dem rechten Ufer verteidigt. Es kann nur darum gehen, den Feind um jeden Preis auf *diesem* Ufer aufzuhalten.»[104] Nun also drängt Castelnau sogar «um jeden Preis» und «koste es, was es wolle» darauf, die Maaslinie schon auf dem Ostufer zu verteidigen. Nur dadurch, so glaubt er, sei ein Zeitpuffer für das Eingreifen der zweiten Reservewelle zu gewinnen. Mit anderen Worten: Die Verteidiger sollen auf den *Côtes* dafür kämpfen, dass die französische Front *westlich* der Maas nicht ins Wanken gerät und ein Rückzug in Richtung Argonnen vermieden werden kann. Ähnliches stand bereits im Joffre-Telegramm. Doch durch Castelnau erhält die Schlachtenführung einen hart entschlossenen Zug.

Freitag, 25. Februar. Dugny-sur-Meuse, Château de Billemont. 8.30 Uhr. Auf der Fahrt nach Dugny hat Castelnau alle Anzeichen einer «mehr als kritischen Lage»[105] wahrgenommen: «Schreckliches Gewühl auf den

Februar 1916: Die Bevölkerung von Verdun und der umliegenden Dörfer ergreift die Flucht.

Straßen», erzählt ein Offizier seiner Begleitung, «nahe Verdun der Bischof zu Fuß, der dem General, seinen Hut schwenkend, zurief: ‹Danke, General, dass Sie kommen und Verdun retten!›»[106]

Gegen 8.30 Uhr erreichen die beiden Wagen das Schloss von Billemont. Der Stab von General Herr ist im Umzug begriffen: Überall Gepäck und Akten, eilig in Automobile verfrachtet, General Herr «hinter einem Tisch sitzend, den Kopf zwischen den Händen und weinend»,[107] behauptet Leutnant Louis Madelin. «Dann sehen wir», erzählt Madelin, «in einem kleinen Schneesturm, den General de Castelnau ankommen. Die bloße Anwesenheit des großen Chefs senkte das Fieber und beruhigte die Unruhigen.»[108] General Herr steht am Rande des Zusammenbruchs. Und so nimmt Castelnau das Heft in die Hand. Er beschleunigt den Übergang der 39. Division auf das Ostufer und begibt sich gegen 11.30 Uhr in die Kaserne Bévaux am Südrand Verduns. Dort hat bereits

General Maurice Balfourier, Oberbefehlshaber des anrollenden XX. Korps, seinen Stab einquartiert. «Der General Balfourier», berichtet ein Augenzeuge, «ist in seiner Ruhe und Zuversicht bewundernswert.... Man hört ihn telefonieren: ‹Der General de Castelnau, der neben mir steht, befiehlt, die gegenwärtigen Stellungen um jeden Preis zu halten.›»[109] Balfouriers Truppen, drängt Castelnau, müssten Chrétiens angeschlagene Verbände auf den *Côtes* möglichst zügig ersetzen.[110]

Um 12.30 Uhr erreicht Castelnau das Rathaus von Souilly, ein kleines Gebäude an der Straße von Bar-le-Duc nach Verdun. Dort ist der Stab General Herrs im Begriff, sich einzurichten. Castelnau fasst seine Eindrücke zusammen: Die deutsche Führung, meint er, habe scheinbar verkannt, dass es am Ostufer keine organisierte Verteidigung mehr gebe. Jedenfalls lasse sie ihre Truppen weiterhin erst nach Vorbereitung durch die Artillerie attackieren.[111] Umso mehr scheint der General überzeugt, dass die neue Linie auf den *Côtes* gehalten werden kann. Aber General Herr besitzt dafür nicht mehr die Nerven. Mitten in der Schlacht ändert Castelnau die Befehlskette: Morgen soll General Pétain das Kommando nicht nur am Westufer, sondern über die gesamte Befestigte Region Verdun übernehmen.

Freitag, 25. Februar. London, War Office Building. Haig ist nach London gereist. Der *Chief* will mit Kitchener und Robertson über die Antwort auf Unternehmen *Gericht* beraten. «Die Deutschen», meint Kitchener, «spielen uns in die Karten, indem sie uns bei Verdun jene Zermürbungsschlacht anbieten, die wir selbst wollen.»[112] Roberson teilt Kitcheners Meinung. Offenbar ist man im Kriegsministerium stillschweigend froh, dass der Generalissimus die Pläne Haigs schon im Keim erstickt hat. Damit ist eine britische Entlastungsoffensive aber keineswegs vom Tisch. Haig, Kitchener und Robertson sehen drei mögliche Antworten auf Falkenhayns Offensive. Erstens: Bei Verdun entwickelt sich ein Patt mit hohen Verlusten auf beiden Seiten. Dann müssten die französischen Streitkräfte Teile der britischen Front übernehmen, damit Haigs Truppen selbständig in Flandern angreifen könnten. Erlitten die Franzosen bei dem Patt vor Verdun lediglich Verluste in einer Höhe, die Joffre auch weiterhin eine Offensive gestatten würde, bliebe es beim

Angriff an der Somme. Zweitens: Die französische Armee schlägt bei Verdun die Angreifer zurück und führt einen Gegenstoß. In diesem Fall soll die britische Armee sofort an der Somme-Front attackieren. Denn dort müsste sich dann der Gegner zur Abwehr des französischen Stoßes geschwächt haben. Drittens: Die französische Armee erlebt bei Verdun eine «Katastrophe».[113] In diesem Fall wäre ohne Verzug ein britisch-französischer Entlastungsschlag zu führen – allerdings nicht an der Somme. Denn einerseits hätten sich die Deutschen dort in diesem Fall um keinen Deut geschwächt; andererseits würde die britische Streitmacht an der Somme unter derartig ungünstigen Voraussetzungen eine längere Vorbereitung benötigen als in ihren ehemaligen Angriffsabschnitten im Norden. Kitchener erinnert daran, dass der Leiter von Robertsons Operationsabteilung eine britisch-französische Offensive auf Cambrai vorgeschlagen habe.[114] Cambrai liegt hinter der Südfront der Sechsten Armee des Kronprinzen Rupprecht.

Wieder also hat Falkenhayn richtig gerechnet. Denn gelänge die Wegnahme der Ostuferhöhen, stünde Verdun unzweifelhaft vor einer «Katastrophe». In diesem Fall scheinen Kitchener, Robertson und Haig entschlossen, gemeinsam mit Joffre sofort einen Entlastungsschlag im Artois zu führen. Umso klarer steht damit endgültig fest: Die Kämpfe auf den *Côtes* entscheiden über Gelingen und Scheitern der deutschen Gesamtstrategie.

Freitag, 25. Februar. Sektor Verdun, Caurières-Wald. 6.39 Uhr. Als über den *Côtes* nach einer weiteren Frostnacht seit 6.39 Uhr der Morgen graut, friert das Zweite Bataillon der Vierundzwanziger unter Major Kurt von Klüfer in den Wäldern von Caurières und Hermitage. «Dauerlauf und gymnastische Gliederverrenkungen», so ein Musketier aus der Radtke-Kompanie, «bringen das fast erstarrte Blut wieder in Wallung. Wenn wenigstens ein Schluck heißer Kaffee aufzutreiben wäre. Unsere Küche haben wir leider seit Tagen nicht mehr gesehen. Die eiserne Portion darf angegriffen werden. Die Parole geht durch, nicht zu viel zu essen wegen eventueller Bauchschüsse.»[115] Das Regiment und seine beiden Nachbarverbände bilden nunmehr die Spitze des deutschen Angriffskeils. Etwa fünfhundertfünzig Meter vom Südrand des Hermi-

24. Februar 1916, gegen 16.45 Uhr: Hauptmann Haupt (vorne Mitte) und Angehörige seiner Kompanie graben sich am Nordrand des Caurières-Walds für die Nacht ein.

tage-Walds entfernt, auf einer kleinen, baumfreien Kuppe, sind französische Truppen «emsig bemüht»,[116] ihre hastig bezogene Stellung auszubauen. Dort schanzen jene Kompanien, die Leutnant Schünemann gestern bei seinem Ritt über die Kegelbahn entdeckt hat.[117] Erstmals seit Schlachtbeginn ist die französische Artillerie fast völlig verstummt.[118] Mit Gewehren und Maschinengewehren eröffnen die Vierundzwanziger das Feuer. Fort Douaumont ist knapp dreitausend Meter entfernt.

Schon nach kurzer Zeit kamen die Franzmänner ins Rennen,
und es machte uns riesig Spaß,
die Biester stehend freihändig abzuknallen.

OTTO PAULITZ, MUSKETIER IM ZUG RADTKE, 1916

Sechstes Kapitel

DOUAUMONT

Freitag, 25. Februar. Sektor Verdun, Südrand Hermitage-Wald. 8.50 Uhr. Im Gefechtsstreifen der 6. Division sollen heute die letzten französischen Feldstellungen vor dem äußeren Festungsring fallen. Die Verteidiger auf der Kuppe können im Infanteriefeuer nicht länger schanzen. Pionier-Unteroffizier Felix Otto Kunze, vierundzwanzig Jahre alt, Vizefeldwebel im sächsischen Pionierzug des Leutnants Ernst Voigt, hat mit seinen Kameraden im Wald von Caurières übernachtet. Voigt führt die Pioniere wenige hundert Meter weiter nach Süden, an den Rand des Walds von Hermitage. Wie alle Pioniere sind auch Voigts Leute für den Festungskampf besonders ausgebildet. Major Klüfer verteilt den Pionierzug auf alle vier Kompanien. Die Kunze-Gruppe untersteht Hauptmann Haupt. Unter Führung des Vizefeldwebels wird sie Sonderaufgaben übernehmen. Kunze, dem Haupt auch einige Schützen zuteilt, soll der ersten Welle von Haupts Soldaten um zwei, drei Minuten vorauseilen und etwaige Hindernisse beseitigen. Sind alle französischen Gräben genommen, haben die Pioniere darüber hinaus das Vorfeld der Festung zu erkunden. Dort sollen sie, so Kunze, «Drahtverhaue, elektrisch geladene Anlagen, Minen aller Art, Blockhäuser und sonstige Stützpunkte» räumen, «um den Sturm auf die Feste … vorzubereiten».[1] Die Vierundzwanziger aber, lautet der Regimentsbefehl, dürfen keinesfalls eine Linie südlich der zweiten französischen Feld-

Vizefeldwebel Otto Kunze vom II. sächsischen Pionierbataillon. Aufnahme vom 22. August 1914

stellung überschreiten. Denn die Wegnahme des Forts erscheint – wenn überhaupt – frühestens am nächsten Tag möglich. Vorher muss die Artillerie ihre Stellungen über Nacht einige Kilometer nach vorn verlegen – auf dem Gelände der *Côtes* bei Eis und Schnee ein ebenso schwieriges wie zeitraubendes Unterfangen.[2] Die Regimentsbefehle bedeuten für den Ehrgeiz der Offiziere auch in anderer Hinsicht eine Enttäuschung, denn der Gefechtsstreifen des Bataillons wird nach links verschoben. Nun führt er unmittelbar östlich am Fort Douaumont vorbei. «Bedauerlich»,[3] meint Radtke, eine «bittere Enttäuschung»,[4] klagt Brandis. Punkt 15.00 Uhr, so der Plan, wird der Angriff beginnen.

Im Hermitage-Wald stehen die Kompanien von Haupt und Leutnant Heinz Boetticher heute Morgen in hinterer Linie. Die erste Angriffswelle sollen die Truppen von Brandis und Leutnant Werner Müller bilden, dem Kompaniechef Radtkes.[5] Brandis und Müller äußern Bedenken. Bis zur ersten französischen Stellung gegenüber auf der Kuppe müssen ihre Soldaten die Hermitage-Mulde durchqueren und danach

25. Februar 1916: Kaiser Wilhelm II. verlässt das Château des Tilleuls in Stenay. «Wir waren also heute vorn, d. h. wir gelangten nur bis zum Armee-Oberkommando 5 Kronprinz; weiter nach vorn ließen sie uns nicht.» (Lyncker)

fünfhundert Meter über offenes Gelände aufwärts laufen. Klüfer entscheidet, dass drei Maschinengewehre, erhöht aufgestellt, über die Köpfe der Angreifer hinwegfeuern werden, um die Verteidiger auf der Kuppe solange in Deckung zu zwingen, bis die Soldaten von Brandis und Müller den Graben erreichen. Danach soll die erste Welle möglichst ohne Verzug auch die zweite französische Stellung erobern, halblinks sechshundert Meter von den ersten Gräben auf der Kuppe entfernt, am Rande des Hassoule-Walds gelegen.

Seit 9.00 Uhr beschießt die Feldartillerie des Regiments beide französischen Grabenanlagen. Doch der endgültige Befehl aus Pillon, Gefechtstand des «Markgrafen» Ewald von Lochow, lässt Stunde um Stunde auf sich warten – offenbar weil Fernsprechleitungen entweder gestört oder bisher nicht verlegt worden sind.[6] Beide Nachbarverbände der Vierundzwanziger werden Lochows Befehle so spät erhalten, dass sie vorläufig überhaupt nicht antreten und das Regiment aus Neuruppin alleine angreifen muss. Auch zu Klüfer dringen die Weisungen sehr verspätet durch.[7] Wenige Minuten vor 15.00 Uhr steht Radtke am Südrand des Walds von Hermitage. Man werde, teilt er seinen Leuten mit, «nicht wie sonst mit Trompetensignal, sondern nach Zeit»[8] angreifen. So lange wie möglich sollen sich die Verteidiger oben auf der Kuppe in ihren Gräben ducken. Musketier Wilhelm Tögel berichtet: «Leutnant Radtke kommandiert: ‹Alles fertigmachen, Seitengewehr pflanzt auf!› Die Uhr in der Hand, zählt er die abgelaufenen Minuten.»[9] Plötzlich bemerkt Radtke «ein Rauschen, Pfeifen, Krachen und Durcheinander … Links von mir höre ich den Ruf: ‹Sanitäter!› und Schreien von Verwundeten.»[10] Geschosse der eigenen schweren Artillerie haben Radtkes Kompanie getroffen. Einige Soldaten weichen panisch zurück.[11] Während der Schlacht wird sich Ähnliches auf beiden Seiten häufig wiederholen. Ohne tragbare Sprechverbindung bleibt das Zusammenspiel von Infanterie und Artillerie überaus schwierig, zumal auf dem unübersichtlichen Gelände der *Côtes*. In der Verwirrung des Augenblicks führt Hauptmann Haupt seine Kompanie in die vorderste Linie. Kunzes Trupp gerät dadurch nun vor die erste Angriffswelle. Um 14.57 Uhr gibt Haupt das Zeichen zum Vorgehen, sechs Minuten später tritt auch der Radtke-Zug an.[12]

Um 15.11 Uhr läuft der Kunze-Trupp «zu zweien oder dreien»[13] weit vor den Schützenschwärmen der Kompanie von Haupt. Die erste französische Stellung auf der Kuppe östlich umgehend, nähert sich Kunze der zweiten Grabenlinie am Wäldchen von Hassoule. «Feindliches MG-Feuer», so der Vizefeldwebel, schlägt dem Trupp entgegen. Unteroffizier Brade stirbt «direkt neben» ihm «durch Schläfenschuss».[14] Zugleich erreicht der Trupp «den Feuerbereich unserer Artillerie». Das habe, so Kunze, immerhin den Vorteil, «auf 40 bis 50 Meter an die feindliche Stellung»[15] heranzukommen. Als die deutsche Artillerie ihr Feuer verlegt, zeigen sich «beim Feind vereinzelt weiße Tücher und gleichzeitig» kommen «die Franzosen, ihrer Waffe entledigt, aus den Gräben gestiegen … und … uns entgegen marschiert», sichtlich «ermattet und ermüdet», anscheinend «heilfroh, dass sich der Krieg für sie an der Front erledigt» hat. «Einer der Gefangenen, der die deutsche Sprache» beherrscht, teilt mit, «dass das Fort Douaumont nur schwach besetzt sei. Sie seien erst in der vergangenen Nacht von Toul gekommen und seien als Besatzung für das Fort Douaumont bestimmt gewesen. Nach kurzer Rast im Fort seien sie aber außerhalb des Forts eingesetzt worden.» Französische Truppen, in der Nacht aus Toul gekommen: Offenbar gehört der Gefangene zu den Spitzenverbänden des XX. Korps, zur ersten Reservewelle also, die Joffre und Castelnau ein paar Stunden zuvor auf das Ostufer gelenkt haben. Kunze gewinnt den Eindruck, es handele sich um «meist ältere Leute, die scheinbar für den Frontkrieg wenig Neigung»[16] besäßen.

Nach dieser ungefähr dreiminütigen Unterhaltung mitten auf dem Schlachtfeld laufen die Gefangenen ohne Begleitung in nördliche Richtung auf die Linien der Vierundzwanziger zu. Kunzes Trupp strebt dem verlassenen Graben am Hassoule-Wald entgegen, als «plötzlich direkt vor» den Angreifern «wieder ein feindliches Maschinengewehr» feuert. Kunze: «Obwohl unser Artilleriefeuer bereits vorverlegt war, sengten 4 Granaten, wie auf Kommando, direkt vor das feindliche Maschinengewehr. Die eigene Gefahr nicht achtend, stürzten wir durch die unmittelbar vor uns krepierenden Granaten in den feindlichen Graben. Der Maschinengewehrschütze, ein französischer Korporal, war wie vom Teufel besessen und schoss unvermindert weiter. Ich schoss ihn deshalb nieder. Er wurde notdürftig verbunden. Als wir im Begriffe waren, unseren Angriff fortzusetzen, griff der Verwundete erneut zur Waffe. Ich schoss deshalb erneut und traf ihn tödlich.» Danach kann Kunze «außer einzelnen flüchtenden Franzosen»[17] keine weiteren Gegner zwischen seinem Trupp und dem Fort mehr erkennen.

Demnach ist der Widerstand auffallend rasch, aber nicht geschlossen zusammengebrochen. Während die meisten Verteidiger, durch den Artilleriebeschuss beeindruckt, schon im Graben ihre Waffen abgelegt haben und danach den Angreifern entgegengingen, flüchtete offenbar nur eine Minderheit in Richtung Dorf und Fort Douaumont, während ein einzelner Schütze am Maschinengewehr – zweifellos gegen alle Gewohnheit des Grabenkampfes – das Feuer wieder aufnahm, nachdem die französischen Gefangenen aus der Schusslinie getreten waren. Erst jetzt verwandelte sich der Soldat am Maschinengewehr für Kunze

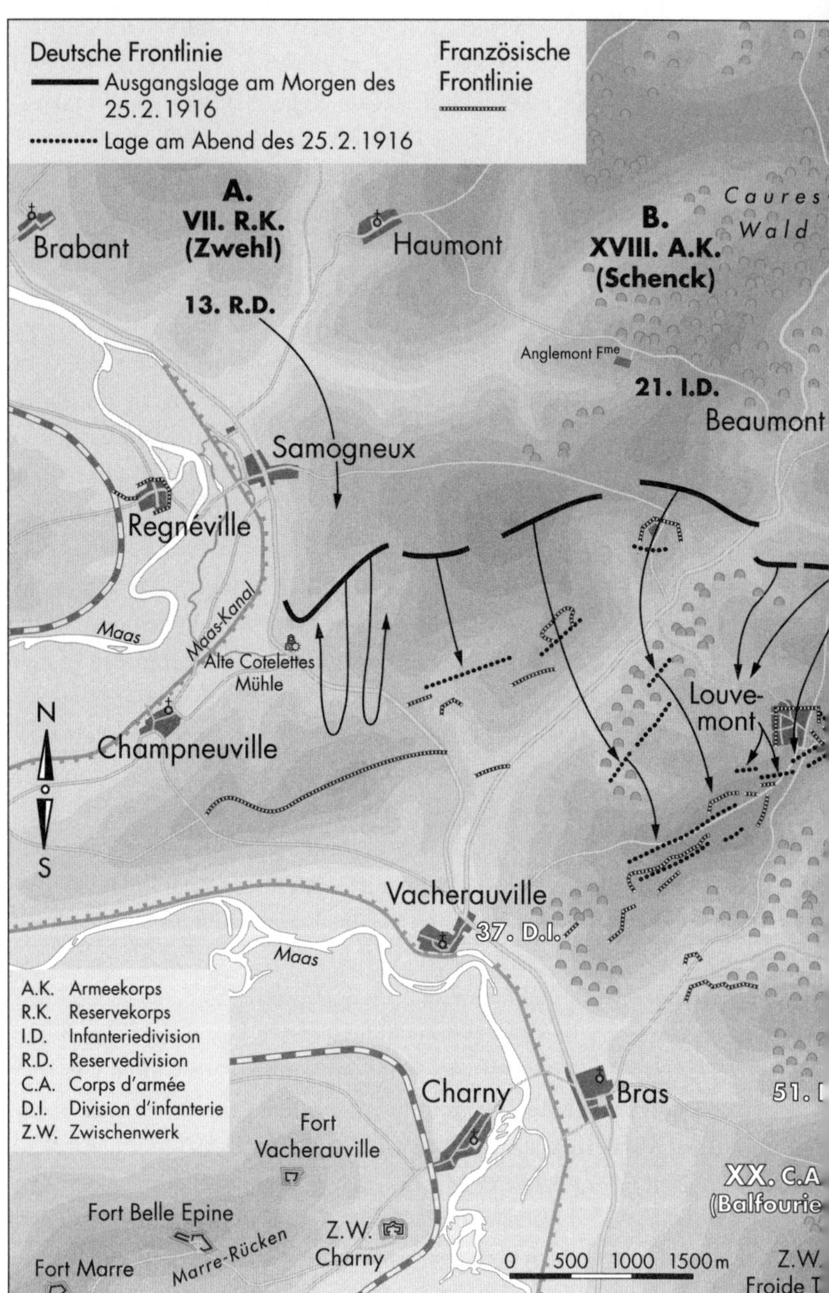

Deutsche Frontlinie
Ausgangslage am Morgen des 25.2.1916
Lage am Abend des 25.2.1916
Französische Frontlinie
A.
VII. R.K.
(Zwehl)
13. R.D.
B.
XVIII. A.K.
(Schenck)
21. I.D.
Caures-Wald
Brabant
Haumont
Anglemont Fme
Beaumont
Samogneux
Regnéville
Maas
Maas-Kanal
Alte Cotelettes Mühle
Champneuville
Louvemont
N
S
Vacherauville
37. D.I.
Maas
A.K. Armeekorps
R.K. Reservekorps
I.D. Infanteriedivision
R.D. Reservedivision
C.A. Corps d'armée
D.I. Division d'infanterie
Z.W. Zwischenwerk
Charny
Bras
Fort Vacherauville
Fort Belle Epine
Marre-Rücken
Z.W. Charny
Fort Marre
0 500 1000 1500 m

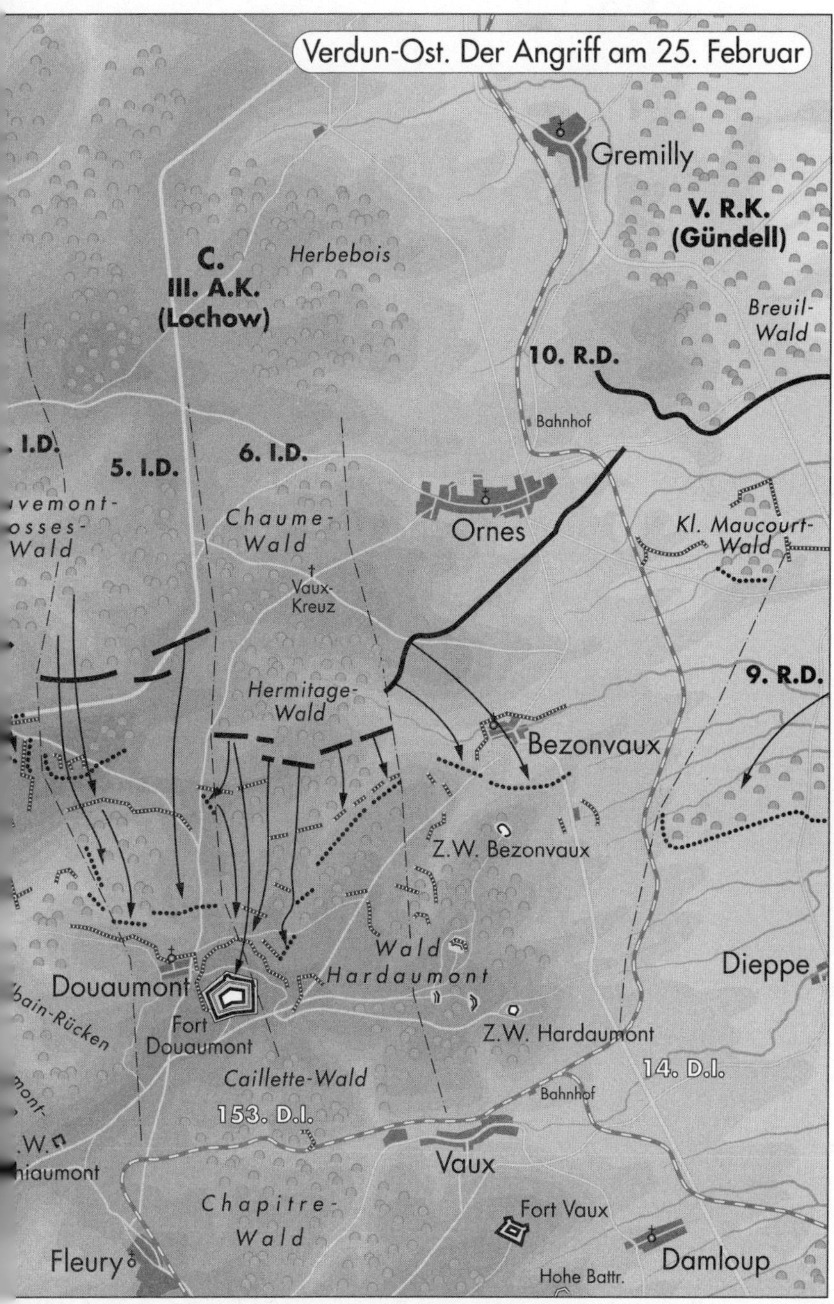
Verdun-Ost. Der Angriff am 25. Februar
Gremilly
V. R.K.
(Gündell)
C.
III. A.K.
(Lochow)
Herbebois
Breuil-
Wald
10. R.D.
Bahnhof
. I.D.
5. I.D.
6. I.D.
Chaume-
Wald
Ornes
Kl. Maucourt-
Wald
Vaux-
Kreuz
Hermitage-
Wald
9. R.D.
Bezonvaux
Z.W. Bezonvaux
Wald
Hardaumont
Dieppe
Douaumont
Fort
Douaumont
Z.W. Hardaumont
14. D.I.
Caillette-Wald
Bahnhof
153. D.I.
Vaux
Chapitre-
Wald
Fort Vaux
Fleury
Damloup
Hohe Battr.

25. Februar 1916, gegen 15.18 Uhr: Nach Norden in Gefangenschaft eilende französische Jäger begegnen Soldaten der 24er-Angriffsreserve unweit südlich der Hermitage-Mulde.

in einen «Teufel», der schließlich sogar erneut zu feuern begann, nachdem ihn die Soldaten Kunzes notdürftig verbunden hatten. Die Gräben der zweiten französischen Stellung umfassen eine Länge von etwa vierhundert Metern. In anderen, für Kunze nicht einsehbaren Teilen der Anlage bleiben die Verteidiger auf ihrem Posten.

Als Otto Kunze den Schützen am Maschinengewehr tötet, erreichen die Kompanien von Radtke, Haupt und Brandis, etwa siebenhundert Meter entfernt und schräg rechts im Rücken des Vizefeldwebels, beinahe gleichzeitig die französischen Gräben am Hinterhang der Kuppe. Über die Köpfe der Angreifer hinweg feuern drei Maschinengewehre. «In ausgezeichneter Ordnung», so Radtke, «wie auf dem Exerzierplatz, geht es wie im Sturmwind die fast kahle, nur mit kleinen niedrigen Kuscheln bewachsene Bodenwelle hinauf. Auf etwa 20 bis 30 Meter kommen wir heran, ohne dass der Gegner etwas merkt.»[18] Nur vereinzelt fallen Schüsse. Links neben Ewald Kreysig allerdings, Musketier im Radtke-Zug, erhält einer der Stürmer «einen Herzschuss und der andere einen Kopfschuss. Ein Franzose», so Kreysig, schießt «mir auf eine

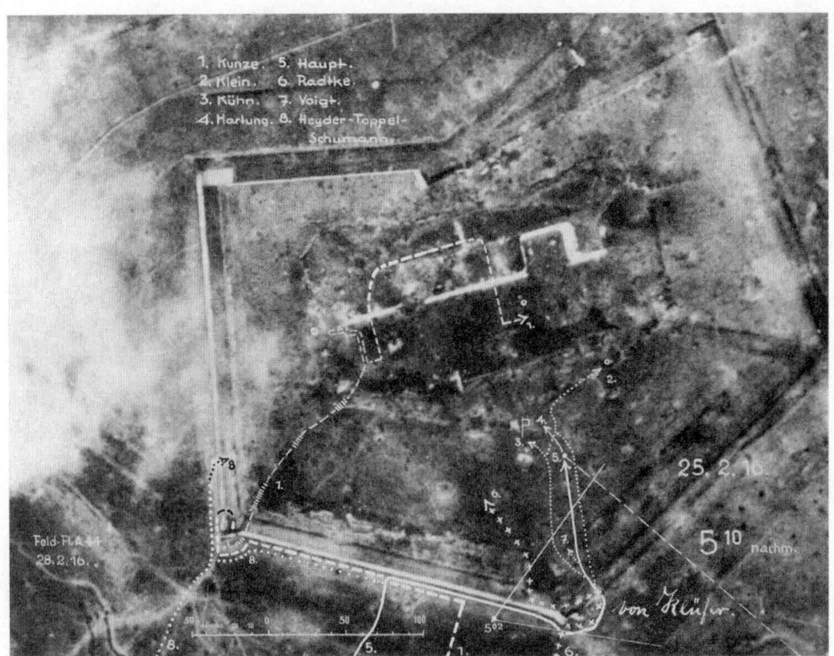

Luftaufnahme des Forts Douaumont. Übersicht der Wege und Standorte aller Stoßtrupps am 25. Februar 1916, gegen 16.10 Uhr

Entfernung von 2 Meter vor dem Graben durch den Stiefelschaft. Seinen Lohn» bekommt «er durch meinen Gewehrkolben».[19] Auch Radtke beobachtet das Erschlagen französischer Soldaten. Der Leutnant verfolgt, wie sein Gefechtsmelder «einen Franzmann mit dem Gewehrkolben den Schädel einschlägt, als dieser mich, seinen Leutnant, durch Nahschuss erledigen will. ‹Der ist besorgt und uffgehoben, Herr Leutnant!› ruft mein getreuer Will. Ich kann ihm nur dankbar zunicken.»[20]

In der sozialpsychologischen und historischen Gewaltforschung spielt der Begriff «Brutalisierung» eine wichtige Rolle. Alle einschlägigen Befunde sind in einem Satz zu bündeln: «Soldaten werden brutal, wenn sie über einen bestimmten Zeitraum immenser Brutalität ausgesetzt sind.»[21] Bemerkungen wie «besorgt und uffgehoben», aber auch die augenzwinkernde Selbstverständlichkeit, mit der Radtke solche Sätze überliefert, lassen die Verrohung nach achtzehn Monaten Gewalterfahrung immerhin erahnen. Auch bei Haupts Kompanie knirscht «der scharf geschliffene Spaten ... in die Knochen»,[22] und im Abschnitt von Brandis, wo die Verteidiger, so Brandis, «gedrängt wie die Heringe im Fass in den Gräben» liegen, geht es «hart auf hart – du oder ich! Fürchterlich» sei «die Wirkung der Nahschüsse auf den Gegner, der jeden Widerstand» aufgibt, «als auf zehn Schritt in seine Reihen gefunkt»[23] wird. Brandis staunt, «wie genau man alles dabei» sieht. So beobachtet er, offenbar seltsam verlangsamt, dass der Gefreite Fuchs und zwei hinter ihm kniende Schützen einen Soldaten am Maschinengewehr erschießen – «ein Treffer», so Brandis, «der Dutzenden Kameraden das Leben»[24] rettet. Es «funkt», «knirscht», wird «besorgt», man setzt «Treffer»; wer die Berichte der Augenzeugen durchblättert, wird auf viele ähnliche, verschleiernde Begriffe stoßen, aber selten oder nie vom «Töten» und «Sterben» lesen. In der Wahrnehmung der Kämpfer werden Grausamkeiten keineswegs ausgeblendet; doch Worte wie «Töten» und «Sterben» fallen rangübergreifend wie durch Selbstzensur fast durchweg unter den Tisch.

Am Graben auf der Kuppe hebt die Mehrheit der Verteidiger nunmehr die Hände. Wer den Wunsch nach Gefangennahme anzeigen möchte, ruft eine Schlüsselwendung: «Pardon, camerade! [sic]» Brandis berichtet: «‹Pardon camerade [sic], petits enfants!› tönt es immer wieder, und als Antwort zurück: ‹Parti, Franzmann, à Berlin!›»[25] Die Gefangenen bieten Uhren, Ringe, Geld, Zigaretten und Konserven an, offenbar um Schonung bemüht, oder ziehen Fotografien ihrer Kinder aus der Tasche. «Die meisten von ihnen» zeigen «auch ganz glückliche Gesichter».[26] Zugleich aber fliehen dutzende Verteidiger in Richtung des Forts Douaumont. Beim «Verfolgungsfeuer» – so der Fachbegriff – entlädt sich die Anspannung des Angreifers offenbar schlagartig in einer rauschhaften Tötungslust. Eben noch in höchster Lebensgefahr über eine freie Fläche ohne Deckung auf die Gräben des Gegners zustürmend, Maschinengewehr-Feuer dicht über den Köpfen, vertauschen die Vierundzwanziger innerhalb weniger Sekunden die Rolle des Hasen mit der Rolle des Jägers. Man habe «die Franzosen ins Rennen» gebracht, triumphiert Musketier Wichert vom Zug Radtke: «Es war ein Spaß für uns, die Herrschaften so viel als möglich unterzuschießen.»[27]

Offenbar ziehen die Flüchtenden ihre Verfolger wie durch unsichtbare Fäden hinter sich her. Man komme, beobachtet Leutnant Morgenroth aus der Radtke-Kompanie, «der französischen Linie immer näher auf die Fersen; unsere Leute» schießen «stehend freihändig auf sie». Dadurch gelangen die Verfolger «ohne Pause»[28] an die Zone des deutschen Artilleriefeuers heran. Gefreiter Bernhard Lehmann aus der Radtke-Kompanie beobachtet, wie sein Nebenmann, «der lachte», auf die Fliehenden schießt. Plötzlich hört Lehmann «ein ‹Klatsch!›, einen furchtbaren ‹Klatsch›, und da muss der eine Gewehrkugel gekriegt haben, durch den Körper». Lehmann sieht, «wie er sich um sich» dreht, «mit lachendem Gesicht»[29] zusammenbricht und bereits tot in den Schnee fällt.

«Eine Unmenge» Fliehender müsse «dran glauben», so Leutnant Jürgen Freiherr von Eynatten, der gestern einem Artilleristen den Unterkiefer weggeschossen hat. Ihm, Eynatten, mache «es immer Spaß zu sehen, wie unsere so genau» schießen, «ganz ruhig, wie auf dem Schießstand, stehend freihändig und kniend, vor uns das Fort Douaumont und die Ebene, und auf dieser die flüchtenden Franzosen, die besonders ein gutes Ziel» böten, «weil sie immer zu 5–6 auf einem Haufen» liefen, «so dass manchmal 2 auf einen Schuss»[30] fielen. Kein Zweifel: Solche Zeilen lassen Jagdfieber erkennen. «Schon nach kurzer Zeit», so Otto Paulitz, Musketier im Radtke-Zug, kommen «die Franzmänner ins Rennen», und es macht «uns riesig Spaß, die Biester stehend freihändig abzuknallen».[31] Viele Flüchtende bleiben nun stehen, werfen ihre Gewehre fort, bilden militärisch geordnete Gruppen, gehen zurück, passieren die Reihen ihrer Verfolger und laufen nach Norden in Gefangenschaft. Das Stehenbleiben markiert das Ende der Jagd. Denn zu jeder Jagd gehören Regeln. Bei einer Treibjagd zum Beispiel erschießt kein Jäger, der auf sich hält, den Hasen in seiner Sasse. Und auch jetzt gilt es als unwaidmännisch – dieser Begriff ist der treffendste –, stehengebliebene, unbewaffnete Gegner zu töten.[32]

Um 15.21 Uhr überrennen die Schützenschwärme von Radtke und Haupt auch die zweite französische Stellung am Hassoule-Wald. Auf Teile dieser Stellung ist Kunze vor sieben Minuten gestoßen. Damit ist das Tagesziel der Vierundzwanziger erreicht. Ausgehungerte Soldaten des Radtke-Zuges stehlen Gefangenen eiserne Rationen.[33] Doch die Angreifer haben sich in die Feuerzone der eigenen Artillerie ziehen lassen; darüber hinaus schießt von halbrechts, rund tausend Meter entfernt, ein französisches Maschinengewehr aus dem Kirchturm des Dorfes Douaumont. Rücke man weiter vor, von der Höhe herab, so Leutnant Werner Brand, Zugführer bei Haupt, könne «uns der Gegner nicht mehr fassen». Und so ist es «selbstverständlich, dass alles auf eigene Faust so weit» vordringt «wie irgend möglich».[34] Vizefeldwebel Georg Wiedenhus aus dem Radtke-Zug bestätigt: «MG-Feuer aus der rechten Flanke, deutsche Granaten von hinten …» zwingen «uns, dahin zu stürmen, wo es am leichtesten ist, das heißt nach vorn».[35] Angetrieben durch ehrgeizige Offiziere, die sich weder an Gefechtstreifen noch an Tagesziele halten, wählen die Soldaten nun den Weg des geringsten Feuerwiderstands.

Während die Schützenschwärme von Radtke und Haupt die verbotene Linie überschreiten, läuft der Kunze-Trupp etwa achthundert Meter voraus. Der Vizefeldwebel nähert sich «völlig ausgepumpt»[36] dem schmalen Weg, der die Dörfer Bezonvaux und Douaumont miteinander verbindet und hart nördlich am Vorglacis entlangführt. Kunze beobachtet «ein wahres Höllenfeuer»: Fort Douaumont liegt unter schwerem Artilleriebeschuss. «Vor uns», so Kunze, sei «das Gelände in Rauch und Dampf gehüllt. Das Kernfort» gleicht «einem in Tätigkeit befindlichen Vesuv. Dass in dem Hexenkessel Menschen hausen», hält «der Laie für unmöglich».[37] Aber noch immer feuert auf dem Oberbau des Forts das große Südostgeschütz, der hochmoderne Versenkpanzerturm «Galopin», mit seiner 15,5-cm-Kanone – allerdings nach Karte und auf große Entfernungen, weit über die Köpfe der Angreifer hinweg. Das Maschinengewehrfeuer im Kirchturm fasst nun auch den Kunze-Trupp und treibt ihn auseinander.[38] Der Vizefeldwebel, durch einen letzten Pionier begleitet, quert den Weg Douaumont–Bezonvaux, setzt in Feuerpausen – offenbar ohne längeren Aufenthalt – über unbeschädigte Hindernisse und springt in einen Graben, der für die infanteristische Nahverteidigung des Forts gedacht ist, jetzt aber unbesetzt erscheint. «Um sicherzugehen», verabredet Kunze mit seinem Pionier, «die Stellung nach beiden Seiten auf etwa 100–150 Meter abzulaufen

25. Februar 1916, 15.49 Uhr: Die vorderste Welle des II. Bataillons der Vierundzwanziger überwindet das Drahthindernis auf dem Vorglacis des Forts Douaumont. Der Drahtverhau ist für elektrische Ladung eingerichtet, steht aber nicht unter Strom.

und nach Erkundung an unserer Einbruchstelle wieder zusammenzutreffen».

Beim Ablaufen in westliche Richtung sieht Kunze unvermittelt «auf etwa 3 Meter Entfernung einen Franzmann stehen, unter einem Beobachtungsstande ... Unsere Schüsse» krachen «fast gleichzeitig».[39] Kunze plündert den Toten, stiehlt eine Uhr, trifft im Graben andere herangekommene Pioniere, läuft das Vorglacis hinauf, erhält abermals Maschinengewehrfeuer vom Kirchturm, gelangt an ein ungefähr zwanzig Meter breites Drahthindernis, das für elektrische Ladung eingerichtet ist, aber nicht unter Strom steht, übersteigt es in einer Feuerpause und stößt gegen 15.30 Uhr am Rande des Wallgrabens auf einen Eisengitterzaun, zweieinhalb Meter hoch und vollkommen unversehrt. Der Zaun umläuft das Fünfeck des riesigen, mehr als vierhundert Meter breiten

Forts, den Zugang zum Wallgraben schützend.[40] Unweit der nordöstlichen Grabenstreiche, schon in der Ostflanke, entdeckt Kunze eine kleine, durch Artilleriebeschuss geschlagene Bresche.[41] Dort findet sich ein knappes Dutzend seiner Leute zusammen, als in großer Nähe immer lebhafter schwere Granaten einschlagen. «Länger hier zu verweilen» sei «nicht zu verantworten», erkennt Kunze. Der Vizefeldwebel will ins Fort flüchten, hat allerdings beim Blick in den Wallgraben die Revolverkanonen unten in den Grabenstreichen bemerkt. Sie schweigen, könnten jedoch, befürchtet Kunze, «alle Augenblicke in Tätigkeit treten».[42] Obwohl ein Pionier mit dem Ruf «Mensch! Der führt uns heute ins Verderben! Ich haue ab!»[43] aus dem Blickfeld verschwindet, treiben Kunze ein offenbar rauschhafter Zwang und das deutsche Artilleriefeuer weiter voran. «Im Inneren des Forts», glaubt er, könne es «nicht toller werden». An der senkrechten, sechs Meter tiefen Wallgrabenmauer ist der Vizefeldwebel gerade in den Langhang gegangen, als «in unmittelbarer Nähe eine Granate unserer 21er» einschlägt. Kunze fühlt «sich schweben» und verliert die Besinnung. Als er wieder zu Bewusstsein gelangt, liegt er, «alle vier» von sich gestreckt, «auf der Sohle des ... Wallgrabens».[44] Aus den Revolverkanonen fällt kein einziger Schuss. Dann fängt der Vizefeldwebel die Waffen seiner Leute, die oben am Grabenrand stehen. Schließlich hängen sich die Soldaten «einzeln an die senkrechte Wallgrabenmauer in den Langhang», um in die Tiefe zu springen. Kunze fängt «jeden einzelnen auf», federt ihren Sturz ab und bricht «jedes Mal mit der Last zusammen».[45]

Etwa zur selben Zeit erreicht eine Dreier- oder Vierergruppe etwa dreißig Meter weiter südlich, ebenfalls an der Ostflanke, über eine neu geschlagene Bresche die Wallgrabensohle. Bald haben sich neun Mann um Kunze versammelt.[46] Der Vizefeldwebel beschließt, über die Schießscharte der Revolverkanonen an der nordöstlichen Grabenstreiche ins Fort einzusteigen. Die Scharte allerdings liegt in mehr als vier Meter Höhe. Jetzt kommt den Pionieren ihre Ausbildung zugute. Kunze lässt eine Menschenpyramide bilden, «unten 4 Leute, darüber 3 und obenauf 2 Leute».[47] Mehrfach bricht das Gebilde zusammen. Dann aber kann der Vizefeldwebel «über den Rücken der Leute» auf ihm «nach hinten gereichten Händen nach oben» steigen und sich zwischen Mauerwerk und Revolverkanone, die dabei «ins Innere, ins Dunkel» stürzt, durch die Schießscharte zwängen. Mit seinem Handbeil zerschlägt der Pionier, nunmehr im Inneren der Grabenstreiche, «drei starke, verrostete Eisenriegel» am Ausgang zum Wallgraben. Dann öffnet er die schwere Eisentür, um seine Leute einzulassen.

Fort Douaumont, im Inneren der nordöstlichen Grabenstreiche. 15.55 Uhr. Kunze trifft eine weitere Entscheidung: nicht in der Grabenstreiche bleiben, wie die meisten seiner Soldaten fordern, sondern durch den unterirdischen Gang ins Kernfort gelangen. Obwohl sieben Angehörige des Trupps ihm die Gefolgschaft verweigern, tastet sich Kunze, seine Taschenlampe «in der linken Hand am seitwärts ausgestreckten Arme» und nur noch in Begleitung von zwei Soldaten, durch den Stollen, der sich nach etwa hundertdreißig Metern in zwei Gänge aufteilt. Der Vizefeldwebel lässt einen Begleiter an der Gabelung zurück. Mit dem anderen wendet er sich nach links, dem Abschusslärm des Galopin-Panzerturms folgend. «Unten im Panzerturm angekommen», prasseln «die leeren Geschosshülsen herab». Eine eiserne Wendeltreppe führt zum Panzerturm hinauf. Der Boden des Panzerturms ist geschlossen und nicht ohne Weiteres zu öffnen. Kunze stemmt sich, die Pistole in der Hand, mit dem Rücken gegen die Klappe, bis sie tatsächlich aufschnellt. Die Kanoniere, «kräftige Festungsartilleristen», rufen die Schlüsselwendung: «‹Pardon, Monsieur! Pardon, Monsieur!›» Ihre eigenen, französischen Schützenlinien weit voraus im Vorfeld wähnend, beschirmt unter einer Panzerkuppel im stärksten Fort der Welt, werden die Kanoniere durch das Auftauchen Kunzes völlig überrumpelt, lassen sich von ihm die Treppe hinunter- und den Gang entlangstoßen, durch den er soeben gekommen ist. Verständlicherweise wird dieser abenteuerliche Bericht bei Historikern auf Misstrauen stoßen – allerdings mit Sicherheit zu Unrecht.[48]

Während Kunze im Fortinneren die Kanoniere vor sich hertreibt, erreicht der Radtke-Zug unter Artilleriebeschuss den Weg Bezonvaux–Douaumont. Immer wieder springen Radtkes Schützen «in die noch rauchenden und nach Schwefel riechenden, frischen Granattrichter. Der Schwefel beizt unangenehm die Augen.» Erfahrene Soldaten glauben: «In einen frischen Granattrichter schlägt selten ein neues Geschoss.

Hier ist man am sichersten.»[49] Weil nach dem Queren des Weges keine Drahtscheren zur Hand sind, «überklettern und durchschreiten»[50] die Angreifer das Hindernis. «Manch blutiger Riss ist zu verspüren», so Musketier Wilhelm Tögel, der Radtke unmittelbar folgt, «ich habe mich ziemlich derb am linken Knie verletzt.»[51] Radtkes Soldaten dringen in den «dahinterliegenden, sauber ausgearbeiteten und völlig erhaltenen Verteidigungsgraben ein», in dem Kunze den französischen Beobachter erschossen hat. Auch Radtkes Leute finden «einzelne, vollkommen verstörte»[52] Verteidiger. Am letzten, stromlosen Drahtverhau, schon auf dem Vorglacis, bleibt «manches Hosenbein» hängen. «Die Hände sind zerschunden und blutig.»[53]

Plötzlich wird der Artilleriebeschuss sogar noch stärker: «Ein dumpfes Gurgeln, ein Fauchen und Zischen und dann ein unheimliches Krachen», so Radtke, «im Nu werfen wir uns hin und pressen uns eng an den Erdboden. Schwarz und allmählich erhebt sich eine riesige Erdfontäne. Der Boden um uns scheint zu wackeln. Große Erdbrocken fallen nach einigen Sekunden auf uns herab. Mühsam wischen wir uns Dreck und Sand aus den Augen. Um den gewaltigen Trichter herum quillt schwefeliger graugelber Rauch, hüllt uns für einige Augenblicke vollständig ein und legt sich wie Brand und Pulver auf die Zunge.»[54] Radtke erkennt: Es handelt sich um 21-cm-Steilfeuergranaten der eigenen Artillerie. Nun lassen viele Soldaten ihren Unwillen erkennen. Einige laufen zurück, andere schimpfen in mecklenburgischem Platt: «Was ist denn mit dem Leutnant los, will hei etwa mit uns nach Paris laufen?»[55] Musketier Emil Szameitat erhält den Befehl, die Artillerieflagge zu schwenken. «Ich kann die Flagge fast nicht mehr halten», so Szameitat, «die Arme sind lahm vom ewigen Hochhalten, und trotzdem wird das eigene Artilleriefeuer immer stärker. Jeder nimmt für sich das Recht in Anspruch, mich für das eigene Artilleriefeuer verantwortlich zu machen.»[56] Kurz vor 16.00 Uhr erreicht Radtke die Nordspitze des Forts und das Eisengitter oberhalb der Wallgrabenmauer.[57] Erst vor wenigen Augenblicken hat die schwere Artillerie hart westlich der nördlichen Grabenstreiche eine breite Bresche geschlagen.

Gleichzeitig erreicht der Trupp Haupts unter heftigem Artilleriebeschuss die Trichter vor dem Weg Bezonvaux–Douaumont. Niemand wagt, so Leutnant Brand, «unser eigenes Trommelfeuer zu durchqueren. Brand hört «immer häufiger Worte wie, dass es Wahnsinn wäre weiter vorzugehen».[58] Einzelne Leute springen zurück.[59] Andere schimpfen auf Haupt als «ständigen Durchgänger».[60] Doch aufschließende Unteroffiziere aus der Haupt-Kompanie zwingen weichende Soldaten wieder nach vorn.[61] Haupt durchklettert mit einigen Begleitern in einer Feuerpause den Drahtverhau und erreicht den Infanteriegraben am Vorglacis.[62] Dort sammeln sich allmählich immer mehr Angehörige seiner Kompanie.

Leutnant Brand, ebenfalls im Graben, ist abermals ratlos. Weiter vorzugehen scheint unmöglich, «denn unsere leichte und schwere Artillerie» legt «ein derartiges Feuer auf das Fort, dass es völlig ausgeschlossen» scheint, «hindurchzukommen». Und gehe man «nur ein wenig» zurück, komme man wieder «in die Maschinengewehrgarben» vom Kirchturm.[63] Haupt hebt seinen Stock: «Und wenn keiner mitkommt, dann nehme ich das Fort allein!»[64] Doch der Feldgraue bleibt ohne Gefolgschaft. Erst auf Haupts abermalige Aufforderung «Leute, lasst mich nicht im Stich!»[65] folgt eine größere Gruppe. Noch auf dem Vorglacis, unweit der Nordbresche, gerät seine Gruppe ins Stocken, als in Haupts Nähe eine Granate explodiert, die ihn und einen Unteroffizier von den Beinen reißt. «Vom Luftdruck, dem Sturz, dem stechendem Qualm und Dreck bin ich ganz benommen», gesteht Haupt, «höre aber den Ruf ‹Der Hauptmann ist gefallen!› Gewaltsam reiße ich mich wieder hoch: ‹Halt's Maul, fällt mir nicht im Traum ein!›»[66] Auch der Unteroffizier ist lediglich verwundet. Doch abermals entsteht eine Fluchtbewegung. Die schiere Wucht der Detonation vermittelt offenbar mehreren Soldaten den irrigen Eindruck, man habe «viele Verluste»[67] erlitten. Nicht wenige stehen unter Schock: «Viele Kameraden weinten.»[68] Nun fordern auch einfache Soldaten die Flucht nach vorn. Man könne nicht hier bleiben, erklärt Musketier Arthur Kühn seinem Leutnant, «heraus können wir nicht mehr, also müssten wir hinein».[69] Kein Wunder: Im Laufe des Tages verschießen bis 16.15 Uhr allein die 42-cm-Gamma-Mörser zweiundvierzig Granaten auf das Fort, überwiegend mit dem Ziel, den nördlichen Versenkpanzerturm mit seinen 7,5-cm-Kanonen zu zerstören.[70]

Unten im Fort folgt Otto Kunze wortlos den französischen Kanonieren. Ohne Aufforderung treten sie über die Ostdurchfahrt ins Freie, rennen über den Südhof, biegen nach einigen Schritten rechts ab und verschwinden mit Kunze im südlichen Kellereingang der Kaserne.[71] Nach etwa dreißig Schritten wendet sich die Gruppe nach links. Als die Kanoniere schließlich durch eine Tür treten, bleibt Kunze im Rahmen zurück: In der fensterlosen Kasematte redet «ein Offizier, wahrscheinlich der Fortkommandant, beim Kerzenschein» auf etwa zwanzig französische Soldaten ein. Das «Gedröhn der explodierenden Granaten» hört sich für Kunze «im Inneren auch furchtbar an». Außerdem bröckelt es «bedenklich von den Betondecken». Unablässig rieselt «feiner Staub nieder, der sich merkbar auf die Atmungsorgane» legt. Der Vizefeldwebel macht sich – wahrscheinlich brüllend – mit der Aufforderung bemerkbar, «sich zu ergeben». Als durch die Druckwelle eines Einschlags ausgerechnet in diesem Augenblick das Kerzenlicht verlöscht, wirft Kunze sicherheitshalber die Kasemattentür zu und schließt die Gruppe kurzerhand ein. Danach läuft er vor der Tür Posten, dehnt seine Gänge immer weiter aus und stößt «mit einem ahnungslos um die Ecke kommenden Franzosen zusammen», der, «zu Tode erschrocken», den Feldwebel «in der Angst als Kapitän» bezeichnet und Kunze, der kein Französisch spricht, aber nach «Offizieren» fragt, zur «Offiziers-Kasematte» im ostwärtigen Teil des Kellerstocks führt. Doch der Raum ist verlassen. Kunze berichtet: «Hinten in der rechten Ecke stand ein mittleres Fass Wein – Rotwein –, daneben ein flacher Korb mit rohen Eiern. Außerdem lagen reichlich gute Fleischkonserven umher. Auf einer Art Tafel lagen mehrere Koffer, die Zivilwäsche enthielten. In einer anderen Ecke stand ein außergewöhnlich langer, vernickelter Offiziersdegen, den ich mir als Andenken aneignete.... An Ort und Stelle trank ich mehrere rohe Eier aus und schlürfte einige Gläser Rotwein. Dem Franzosen ließ ich im Essen und Trinken das Vorrecht, ich wollte mich hierbei überzeugen, ob die Waren etwa vergiftet waren.»[72]

Während Otto Kunze, der erste Deutsche im Fort Douaumont, im Kellergeschoss seinen Hunger stillt, abermals plündert und sich leicht betrinkt, ist Radtke um 16.00 Uhr an der Nordbresche in den Wallgraben gesprungen, dicht gefolgt von Vizefeldwebel Wiedenhus und dem Gefreiten Gustav Will, Radtkes Gefechtsmelder. Nacheinander, durch

25. Februar 1916, gegen 16.02 Uhr: Angehörige der Vierundzwanziger erreichen das Eisengitter an der Nordspitze des Forts Douaumont. Im Hintergrund, auf der Höhe des Steilhangs, ist Musketier Klein zu erkennen.

angelehnte Telegrafenstangen erleichtert, folgen achtzehn Soldaten. Sie gehören überwiegend zu den Kompanien von Radtke und Haupt.[73] Pionierleutnant Ernst Voigt, auf dem Außenwall nahe der Nordspitze stehend, hält während einer kurzen artilleristischen Feuerpause diese Augenblicke mit seiner Handkamera fest. Voigt gelingen Aufnahmen, die als Bilddokumente des Weltkriegs hohen Seltenheitswert besitzen – verblüffende Fotos, bei laufenden Kampfhandlungen entstanden, noch dazu in einem Augenblick, der sich für die Schlacht als Wendepunkt entpuppen wird. Auf Voigts Bildern sind viele Einzelheiten auszumachen: So haben alle Soldaten, um in den Waldgefechten unbehindert kämpfen zu können, vor vier Tagen die Spitzen ihrer Helme abschrauben müssen. Das hohe Eisengitter am Wallgraben scheint bis auf die Bresche völlig unversehrt. Hinter der Bresche bietet der nordwestliche Außenwall Deckung in Richtung des Dorfes Douaumont. Im Vordergrund blickt

25. Februar 1916, gegen 16.03 Uhr: Musketier Kühn erklettert den Steilhang. An der Nordbresche lässt sich ein Soldat auf die Sohle des Grabens hinab. Aufnahme aus den Unterlagen Kurt von Klüfers mit Sperrvermerk

ein Pionier, am langen Spaten erkennbar und auch durch seine Regimentsnummer auf dem Helmüberzug, aufmerksam der Gruppe von Haupt entgegen.[74] Auf der Höhe des Steilhangs wartet Musketier Klein. Gerade hat er dem Musketier Kühn seiner Kompanie zugerufen, mit der Artillerieflagge heraufzukommen.

Voigts nächstes Bild, etwa eine Minute später entstanden, hält fest, wie Kühn auf allen Vieren den Steilhang erklettert. Kühn und Klein haben die höchste Stelle des weiten, zehn Kilometer breiten Schlachtfelds schon beinahe erreicht. Unten an der Bresche lässt sich ein Soldat mit dem Rücken zum Graben auf die Sohle hinab. Ungefähr in diesem Augenblick fordert Radtke auf der Grabensohle die Umstehenden auf, Bretter und Balken an die Bresche zu schaffen.[75]

Auf dem dritten Bild ist diese Hilfsleiter deutlich erkennbar. Oberhalb der Bresche, am Außenwall in Deckung liegend, blickt eine Gruppe

25. Februar 1916, gegen 16.10 Uhr: Leutnant Radtke hat an der Nordbresche Bretter und Balken aufstellen lassen. Im Hintergrund blickt eine Gruppe am Außenwall Richtung Kirchturm des Dorfs Douaumont. Aufnahme mit Kommentaren Kurt von Klüfers

Vierundzwanziger in Richtung des Maschinengewehrs im Kirchturm. Vor etwa fünf Minuten hat auch Haupt an dieser Bresche den Weg in den Wallgraben gefunden. Gefreiter Paul Habedank aus Haupts Kompanie beobachtete den Vorgesetzten und verfolgte, wie sich Haupt «an der schrägen Telegrafenstange» festhielt, aber «die letzte Hälfte der Stange durch sein schweres Gewicht» herabfiel und er «sich auf den

Hosenboden» setzte. «Mein Kamerad Südschlag», so Habedank, musste «darüber plötzlich sehr lachen ..., weil es zu komisch»[76] aussah. Zweifellos hat sich auch Habedank wie ein Pennäler über das Missgeschick des Lehrers gefreut.

Nur Sekunden, nachdem Voigt diese Aufnahme gemacht hat, legt die Artillerie abermals schweres Feuer auf das Fort. Zudem gerät die Gruppe von Haupt wieder in die Reichweite des Maschinengewehrs im Kirchturm. «Auf allen Vieren», so Haupt, «geht es die steile Böschung hoch. Dumpf dröhnende und krachende Einschläge hüllen den Wall in Qualm, Splitter heulen durch den Stank, tiefplatzende Schrappnells vollenden den Hexenkessel, MG-Feuer klatscht...! Neben mir sinkt Leutnant Neumann getroffen zusammen, Hartung zerrt ihn einstweilen in einen Trichter in Deckung. Musketier Kühn steht aufrecht und schwenkt die Artillerieflagge. Nach Überwindung der Wallkrone steigen wir die Rampen hinunter und stehen vor einem offenen Einstieg.... Wir steigen ein! Die Gänge sind verqualmt und verstaubt.»[77] Während Haupt und seine Leute durch den Nordgang in die Kaserne eindringen, hat Radtke mit seinen Leuten eine Minute zuvor durch die Norddurchfahrt ebenfalls das Fortinnere erreicht. «Nach dem Getöse im Wallgraben und auf dem Fortwall, das nur gedämpft hereinschallt», wirkt die Stimmung auf Radtke «bedrohlich, seltsam, düster».[78] In den Gängen hängen «trübe brennende Petroleumlampen».[79] Doch auf Widerstand trifft niemand. Nach und nach werden Gefangene am Hauptgefechtsgang versammelt. Dabei fällt Radtke ein älterer französischer Soldat mit weißem Schnauzbart auf, «wahrscheinlich ‹Monsieur le commandant›, der völlig resigniert und gebrochen an der Wand des Hauptgefechtsganges» lehnt, «anscheinend untröstlich über den Verlust des Forts».[80] Doch an der Wand lehnt nicht der Kommandant, sondern der Fort-Älteste, Oberfeldwebel Chenot. Zu Beginn des Krieges gab es eine ständige Besatzung von etwa fünfhundert Infanteristen; heute aber befinden sich außer dem Offizierstellvertreter Chenot lediglich neunundsechzig Verteidiger im Fort, noch dazu überwiegend ältere Landwehr-Artilleristen[81] – nicht zuletzt als Folge von Joffres August-Befehl, die Besatzungsstärken der Forts zu vermindern. Oberfeldwebel Chenot hat weder die Beobachtungskuppeln noch die Grabenstreichen besetzen lassen. Auch das Anbringen von Sprengladungen ist unterblieben. Zudem haben Offiziere im Dorf Douaumont die vorgehenden Brandenburger mit ihren Helmen ohne Spitzen für fliehende Zuaven gehalten, für Kolonialtruppen also, die unweit des Forts eingesetzt waren. Auch die Übergabe des Ostufer-Kommandos von Chrétien an Balfourier hat für Verwirrung gesorgt.[82]

Sofort übernimmt Haupt das Kommando. In diesem Augenblick ist das größte Fort der Welt ohne einen einzigen Schuss gefallen. Pionierleutnant Voigt erhält den Befehl, nach Sprengdrähten und Minenkammern zu suchen. Um 16.44 Uhr, dreißig Minuten nach Radtke und fast eine Stunde nach Kunze, erreicht auch Brandis das Innere des Forts über die Kunze-Bresche. Vor knapp zwei Stunden, vor Beginn des Sturmangriffes, stand seine Kompanie im Hermitage-Wald an der äußersten Rechten. Französisches Infanteriefeuer an der westlichen, offenen Flanke hat die Soldaten von Brandis nach dem Sturm auf die erste französische Feldstellung etwa vierzig Minuten lang in Deckung gezwungen. Und so beklagt die Brandis-Kompanie dreizehn Tote. Im Bataillon hat sie die höchsten Verluste erlitten. Durch die Kämpfe am 25. Februar sterben im Zweiten Bataillon alles in allem dreißig Soldaten, achtzehn durch Gewehr- und nur zwölf durch Artilleriegeschosse.[83] Noch ist Verdun nicht ganz überwiegend eine Artillerieschlacht.

Vizefeldwebel Kunze trifft im Fort zunächst mit Voigt, später auch mit Haupt zusammen. Von Haupt lässt sich der Vizefeldwebel «persönlich in die Hand» versprechen, «uns Pioniere nicht zu vergessen und dem Regiment zu berichten».[84] Allmählich treffen immer mehr deutsche Soldaten gruppenweise oder als Versprengte ein. Um mögliche Gegenangriffe abzuwehren, lässt Haupt die Wallkrone besetzen. Kurz nach 18.00 Uhr, schon in der Dunkelheit, kann der Fernsprechtrupp Foth eine Leitung ins Fort verlegen. Die französischen Köche des Forts Douaumont müssen für die Sieger das vorbereitete Essen erwärmen: Bouillon mit Spargelgemüse.[85]

Zufall, Verwirrung und schwere Fehler der Verteidiger sind wichtige Ursachen für den Fall des Forts Douaumont. Ohne einen Schuss ist das angeblich weltweit stärkste Fort erobert worden. Das treibende Beispiel und der Ehrgeiz von Offizieren, die ohne Rücksicht auf Tagesziele und

Gefechtsstreifen eine Art Wettrennen betrieben haben,[86] spielen für das Verständnis der Abläufe eine bedeutsame Rolle. Wichtig erscheint auch die Rolle der Unteroffiziere: Sie konnten Fluchtbewegungen durch ihr Einwirken unterbinden. Das Versagen beim Zusammenwirken von Infanterie und Artillerie, durch fehlende Nachrichten in Echtzeit bedingt, hat das Gefecht entscheidend geprägt. Nicht minder wichtig erschien die Dynamik der Masse: eine rauschähnliche Erregung, die sich bis zum Jagdfieber steigerte und eine bemerkenswerte Verrohung offenbarte, zugleich aber nicht zum Brechen von «Jagdregeln» führte und die Angreifer in die Zone des eigenen Artilleriefeuers heranzog. An der zweiten Feldstellung zwang das Kirchturm-Maschinengewehr die Angreifer auf den Weg des geringsten Feuerwiderstandes. Dieser Weg führte die erste Welle über die verbotene Linie hinaus. Unter schwerstem Artilleriebeschuss machte sich zwischen dem Weg Douaumont–Bezonvaux und dem Vorglacis der Drang nach einer «Flucht ins Fort» bemerkbar. Eigene Granaten brachten die Angreifer an den Rand des Zusammenbruchs – «viele Kameraden weinten» – und ließen am Ende einen Sprung vor die Mündung der Revolverkanonen als das geringere Übel erscheinen: «Man könne nicht hierbleiben, heraus können wir nicht mehr, also müssen wir hinein.»

Samstag, 26. Februar. Stenay, Jungenschule. 9.30 Uhr. Wie ein Lauffeuer hat sich die Eroberung des Forts hinter den deutschen Linien herumgesprochen. Den Kaiser zum Beispiel erreichte die Nachricht durch einen Anruf des Kronprinzen gestern beim Abendessen.[87] Und schon heute lässt das Große Hauptquartier den Erfolg verkünden. Extrablätter verbreiten die Meldung im Deutschen Reich: «Die Panzerfeste Douaumont, der nordöstliche Eckpfeiler der permanenten Hauptbefestigungslinie der Festung Verdun, wurde gestern Nachmittag durch das brandenburgische Infanterieregiment 24 erstürmt und ist fest in deutscher Hand.»[88] Erst jetzt, nach dem Fall des Forts Douaumont, werden amtliche wie halbamtliche Berichte über die Schlacht recht ausführlich.[89] So feiert der Korrespondent der *Frankfurter Zeitung* die Wegnahme des Forts als das Ergebnis der «technischen und militärischen Wertarbeit» des Generalstabs. Dessen Arbeit schone das Leben deut-

Jungenschule in Stenay, Hauptquartier des Oberkommandos der Heeresgruppe Deutscher Kronprinz. Aufnahme um 1915

scher Soldaten. «Aus der Größe und Schnelligkeit dieses Erfolges, der die voraufgegangenen krönt, kann man wiederum die absolute Sicherheit der Sturmdisziplin ermessen, das unvergleichliche Zusammenarbeiten aller Teile, das peinlich genaue Vorausdenken der Heeresleitung für das Ganze.»[90] Mit dem tatsächlichen Gefecht der Vierundzwanziger haben solche Berichte nicht das Geringste zu tun. In vielen Städten und Dörfern des Reiches läuten die Kirchenglocken. Kinder bekommen einen Tag schulfrei.[91] In der Öffentlichkeit wirkt der Fall des Forts Douaumont wie der größte Sieg an der Westfront seit dem Vormarsch 1914 zur Marne. «Sehen Sie», triumphiert Falkenhayn gegenüber allen Kritikern, «mit dem Angriff habe ich mal wieder das Richtige getroffen.»[92]

Vizefeldwebel Kunze ist vor etwa sechzehn Stunden in den Wallgraben gesprungen; nun hält der Generalstabschef in Stenay, begleitet durch Tappen, Kriegsrat mit Schmidt von Knobelsdorf. Die Stimmung ist überschwänglich. Erst gestern Abend, durch das Einwirken Wilds, hat der Generalstabschef seine Bereitschaft bekundet, zusätzliche Kräfte für einen Westufer-Angriff freizugeben. Nun aber, nach dem Erfolg der Vierundzwanziger, ändern Falkenhayn und Knobelsdorf einvernehmlich ihre Pläne. Um 9.30 Uhr vermerkt Oberstleutnant Gerhard von Heymann, Erster Generalstabsoffizier der Kronprinzenarmee, im amtlichen Kriegstagebuch: «OHL persönlich durch Exzellenz von Falkenhayn an A. O. K. 5: Antrag auf weitere Kräfte zur Verwendung auf linkem Maasufer kann in Ansehung der Gesamtlage nicht genehmigt werden. Die jetzigen Kräfte der [Fünften] Armee werden nach bisherigem Kampfverlauf das Ostufer nehmen; damit werden auch Kräfte frei, um dann die Operationen auf dem Westufer zu beginnen. Es kommt darauf an, die Franzosen nicht nur zu schlagen, sondern zu vernichten. Das wird sicherer geschehen, wenn die Deutschen an anderer Stelle angreifen, nachdem die Franzosen starke Kräfte nach Verdun zusammengeführt haben.»[93]

Tappen notiert, dass Knobelsdorf «mit Rücksichtnahme auf das schnelle Vorwärtskommen auf dem östlichen Ufer» keine weiteren Kräfte beanspruche, «sondern sich mit den an Ort und Stelle befindlichen Truppen selbst helfen wolle».[94] Vor Beginn des Unternehmens *Gericht* hatte Falkenhayn dem Oberkommando vage zugesagt, ausreichend Kräfte freizugeben, um das ununterbrochene Abrollen des Angriffs auf dem Ostufer bis zur Eroberung der Schlüssellinie sicherzustellen, notfalls über erschöpfte Kräfte der ersten Angriffswelle hinweg.[95] Jetzt aber rechnet niemand mehr mit Schwierigkeiten auf dem Ostufer. Schmidt von Knobelsdorf ist siegesgewiss. Der Armeechef glaubt, das III. Korps Lochows werde heute das Dorf Douaumont erobern, den Kalte-Erde-Rücken stürmen, das Zwischenwerk Thiaumont erreichen und sogar bis zum Fort Souville gelangen.[96] Außerdem werde Gündells V. Reservekorps, so die Erwartung, noch heute das Fort Vaux erobern. Falkenhayns Nachrichtenabteilung hat schon vor drei Tagen gemeldet, auf dem Ostufer leiste lediglich die 72. Französische Division ernsthaften Widerstand,[97] also Teile von Chrétiens XXX. Armeekorps, das sich jetzt in Auflösung befindet.

Die Nachricht, dass die Vierundzwanziger Angehörige des XX. Armeekorps gefangen genommen haben, ist offenbar nicht durchgedrungen. Und so glaubt Falkenhayn, das Ostufer mit den jetzigen Kräften so schnell in die Hand zu bekommen, dass dort die eigenen Artilleriemassen halbwegs unbehelligt vorrücken können. Diese Geschütze sollen die französischen Batterien am Marre-Rücken dann mit nunmehr ungeteilter Kraft niederkämpfen und den deutschen Infanterieangriff auf dem Westufer entscheidend unterstützen. Zudem will der Generalstabschef die französischen Streitkräfte nicht mehr bloß «schlagen», sondern «vernichten»: «Das wird sicherer geschehen, wenn die Deutschen an anderer Stelle angreifen, nachdem die Franzosen starke Kräfte nach Verdun zusammengeführt haben.» Ein wahrer Siegesrausch: Die eigenen Truppen sollen demnach unmittelbar «an anderer Stelle angreifen», in der Champagne wahrscheinlich, also nicht einmal mehr den britisch-französischen Entlastungsangriff abwarten, um erst im Gegenstoß einen Durchbruch zu erzielen. Damit schwebt Falkenhayn nunmehr genau jener Ablauf vor, den Joffre gegenüber Haig vor vier Tagen entwickelt hat.[98] Kein Zweifel: Nach der überraschend zügigen Eroberung des Forts Douaumont schweift der Feldherrnblick in weite Ferne. Innerlich hat Falkenhayn den Ostuferangriff gleichsam abgehakt. Auch die Sorge um das Westufer, so der Eindruck, erscheint Knobelsdorf und Falkenhayn jetzt beinahe kleinlich. Denn gedanklich ist der Generalstabschef, geprägt durch die Tradition Moltkes und Schlieffens, bereits mit Schlagen und Vernichten beschäftigt. In Stenay wird das Fell des Bären verteilt, bevor er erlegt ist.

Samstag, 26. Februar. Chantilly, Hotel «Le Grand Condé». Vormittags. Gestern, kurz vor Mitternacht, nach Eintreffen der Hiobsbotschaft vom Verlust Douaumonts, hat Joffre in Chantilly eine drakonische Weisung erlassen: «Jeder Kommandeur, der unter den gegenwärtigen Umständen einen Rückzugsbefehl erteilt, wird vor ein Kriegsgericht gestellt.»[99] Noch in Unkenntnis dieses strengen Haltebefehls befahl Divisionsgeneral Léon de Bonneval, Kommandeur der 37. Division, die überwiegend aus afrikanischen Kolonialtruppen besteht, den Rückzug vom Talou- und Pfefferrücken auf die Höhen von Belleville. Nach dem Verlust des Forts fürchtete Bonneval um seine Verbindungen. Der Rückzug nach Belleville musste auf den *Côtes* für die Verteidiger das Ende bedeuten. Davon weiß Joffre in Chantilly heute Morgen bisher nichts; der Verlust des Forts aber beeinflusst auch seine Sicht auf die Lage. Joffre verfasst ein Schreiben für Haig. Der Generalissimus setzt den *Chief* über seine Vermutung in Kenntnis, dass der deutsche Generalstab bei Verdun möglicherweise doch auf einen operativen Durchbruch ziele.[100] Und an Robertson schreibt Joffre, bei der Verdun-Offensive handele es sich um eine Schlacht, die «den Ausgang des Krieges ernsthaft beeinflussen»[101] könnte. Er, Joffre, sei umso fester entschlossen, einen kriegsentscheidenden Gegenstoß zu führen. Abermals warnt der Generalissimus vor einem britischen Entlastungsangriff. Spätestens nach dem Fall des Forts Douaumont nimmt Joffre die Schlacht nicht nur politisch, sondern auch militärisch ganz und gar ernst.

Samstag, 26. Februar. Souilly, Rathaus. Vormittags. Der Stab Pétains, ergänzt durch die Offiziere des Generals Herr, muss im Rathaus heute Morgen auf die Gegenwart des Chefs verzichten. Pétain ist mit einer doppelseitigen Lungenentzündung erwacht. Gestern um 7.00 Uhr war der General im Hotel *Terminus* aufgebrochen, hatte sich in Chantilly von Joffre seine Instruktionen geben lassen und hatte sich gegen 10.00 Uhr mit dem Automobil auf den Weg nach Dugny gemacht. Bei Schnee, Eis und dem Chaos auf allen Straßen der Region Verdun dauerte die Fahrt mehr als neun Stunden. Als Pétain in Dugny von Castelnaus Befehl erfuhr, *sofort* das Kommando über den *gesamten* Sektor Verdun zu übernehmen, erhob er Einwände, verwies darauf, noch keinen Überblick zu besitzen. Zudem könne sein Stab erst in den nächsten Stunden vor Ort eintreffen. Er ziehe es daher vor, erklärte er Castelnau am Telefon, sein Kommando etwas später anzutreten. «Nein, sofort!»,[102] lautete die Antwort.

Die erste Meldung, die Pétain in Dugny erhielt, war die Nachricht vom Verlust Douaumonts.[103] Nachdem er im neuen Hauptquartier Souilly eingetroffen war, übermittelte er die schlechte Nachricht an Castelnau.[104] Der aber hatte schon in der Kaserne Bévaux durch Balfourier die Neuigkeit erfahren und die sofortige Rückeroberung des Forts befohlen. Castelnau enthob außerdem Bonneval seines Kommandos und sorgte für die Wiederbesetzung des Talou- und Pfefferrückens.

Pétain übernachtete in Souilly im Hause eines Anwalts. Seit heute

Morgen nun leidet der neue Oberbefehlshaber des Sektors Verdun unter Fieber und Husten. Und so wird der General die Schlacht zunächst von seinem Schlafzimmer aus lenken. Vor den französischen Truppen wird die Erkrankung geheim gehalten. Und der heutige Heeresbericht erwähnt den Verlust des Forts mit keinem Wort. Zudem treffen in den nächsten Stunden die Angehörigen des Pétain-Stabes ein – gleichsam eine reibungslos schnurrende Maschine.[105] Sofort lässt Pétain sicherstellen, dass alle Zwischenwerke und Forts wieder eine ständige Besatzung erhalten. Und noch heute folgt Pétains «Operationsbefehl Nr. 1», gerichtet an die nun «Zweite Armee» genannten Truppen des Festungsbereichs: «Die Aufgabe der Zweiten Armee ist es, um jeden Preis den Vorstoß des Feindes an der Verdun-Front aufzuhalten. Jedes Mal, wenn uns der Feind ein Stück Gelände entreißt, ist ein sofortiger Gegenangriff zu führen.»[106] Stündlich erwartet Pétain den deutschen Angriff auf dem Westufer. Von der zweiten Reservewelle sollen daher außer einer Division des I. Armeekorps vorläufig alle eintreffenden Truppen auf dem Westufer bleiben.[107] Anders als Falkenhayn hält Pétain einen deutschen Westufer-Angriff für selbstverständlich.

Samstag, 26. Februar. Fort Douaumont, 8.00 Uhr. Leutnant Eugen Radtke und Vizefeldwebel Otto Kunze schauen nach Süden. «Bei klarer Morgensonne»,[108] so Kunze, ist oben auf der Wallkrone die weite Umgebung gut zu überblicken. «Kein Schuss», bemerkt Radtke, «zerreißt den still und friedlich anmutenden Morgen.»[109] Bei «der großen Ruhe», bestätigt Kunze, erwecke das Schlachtfeld den Eindruck, «als wenn tiefster Frieden»[110] herrsche. Radtke überblickt «die Waldstücke von La Caillette und La Chapitre mit tiefen Schluchten, aus denen der Nebel langsam und verschwimmend hochsteigt. Weiter im Hintergrunde sieht man eine Kuppe sich gegen den Himmel abheben. Es muss Fort Vaux sein. Weiter rechts lugt der Kirchturm von Fleury über den Hügeln hervor.»[111] In etwa drei bis vier Kilometern Entfernung, auf den kahlen Höhenrücken der Kalten Erde und von Fleury, beobachten Kunze und Radtke französische Marschkolonnen, «die scheinbar friedlich»[112] dahinziehen. Nur kurz nehmen die Soldaten auf der Wallkrone das Feuer mit Gewehren und Maschinengewehren auf. Die französischen Kolonnen marschieren außerhalb der Waffenreichweite. «Die Marschkolonnen», bedauert Kunze, «wären ein Futter»[113] für die deutsche Artillerie. Doch deren Batterien haben ihren nächtlichen Stellungswechsel nach Süden bisher nicht abgeschlossen.[114] Zu schwierig ist das Gelände. Gegen 8.00 Uhr erscheint Oberstleutnant von Oven, Kommandeur der Vierundzwanziger, auf der Wallkrone. Oven blickt «sehnsüchtig nach Norden aus, wo die Unterstützungen ankommen mussten, aber nichts geschieht an dieser entscheidenden Stelle der Front».[115]

Voigts Pioniere, darunter auch Kunze, legen den verschütteten Nordpanzerturm frei. Weil Gegenangriffe zu erwarten sind, macht Voigt sich mit den 7,5-cm-Kanonen und deren Munition vertraut.[116] Dann feuern der Pionier-Leutnant, Kunze und zwei andere Soldaten Schrapnell-Granaten auf das Dorf Douaumont. Über den Dächern des Dorfes und dem roten Kirchturm sind weiße und gelbe Sprengwolken zu sehen.[117]

Gegen 11.00 Uhr legt die französische Artillerie schweres Feuer auf das Fort. Unten in den Kasematten werden alle wachfreien Vierundzwanziger durch ein Hornsignal alarmiert und «in großer Eile»[118] auf den Südwall gerufen, «trotz schweren Artilleriefeuers des Gegners»,[119] wie Musketier Eugen Lehming berichtet. «Schon sehe ich», so Radtke, «die Franzosen in hellblauen Uniformen in dichten Haufen den steilen Südabhang heraufkommen. Ich kann die einzelnen Gesichter der Franzmänner deutlich unterscheiden. Mein in vielen Stürmen, Schlachten und Gefechten bewährter Karabiner tut seine Schuldigkeit. Wie auf dem Scheibenstand, jeder Schuss ein Treffer. Ich sehe die Franzosen hintenüber fallen.»[120] Auch viele Soldaten der Kompanie des Musketiers Lehming schießen anfangs «ruhig und sicher auf den uns entgegenstürmenden Gegner». Nachdem Lehming drei Patronentaschen geleert hat, meldet er seinem Vorgesetzten, dass sich französische Soldaten «halbrechts in einem auf dem Felde stehenden Hause» sammeln. Ein leichter Minenwerfer nimmt das Gebäude unter Feuer. Dann schießen die Soldaten der 9. Kompanie, so Lehming, «alles, was nun flüchtet, ab». Doch von «Jagdfieber» kann heute, wenn überhaupt, nur sehr vereinzelt die Rede sein. Allzu verheerend wirkt das Artilleriefeuer des Gegners. Links und rechts neben Lehming sind einige Vierundzwanziger «durch zerrüttete Nerven nicht mehr kampffähig und kauern an der Erde».[121]

Granaten reißen die Schulterwehr fort und schlagen auch in die Soldaten ein. «Meine Leute», bedauert Radtke, «stehen dicht gedrängt an der Brustwehr und leider viel zu dicht zusammengeballt.» Die hohe Betonwand hinter dem Südwall lenkt Granatsplitter in die Rücken der Schützen. Für eine Verteidigung nach Süden ist das Fort nicht ausgerichtet. Radtke beobachtet auf dem Wall seine unmittelbaren Nachbarn, die Gefreiten Westphal, Tögel und Unteroffizier Krack, als eine schwere Granate «gerade zwischen uns» einschlägt: «Ich sehe Blut und Fetzen von herumliegendem Gebein ...».[122] Nicht nur Krack ist tödlich getroffen. Radtke umfängt tiefe Ohnmacht.

Die Truppe muss! Warten dürfen wir, halten dürfen wir nicht!
CONSTANTIN SCHMIDT VON KNOBELSDORF, 4. MÄRZ 1916

Siebtes Kapitel

PATT

Samstag, 26. Februar. Fort Douaumont. Eugen Radtke liegt in einer Kasematte. Der Boden ist fußhoch mit Wasser bedeckt.[1] Tief im Keller haben Hans Bollert und Dr. Kronfeld, die Ärzte des Bataillons, einen Verbandsplatz eingerichtet. Der Geruch von Chloroform, Äther, Blut, Schweiß und Eiter, so Radtke, drückt «atemberaubend auf die Brust».[2] Alle Verwundeten liegen auf niedrigen Pritschen. Neben Radtke dämmert Leutnant Hans-Georg Neumann «phantasierend und stöhnend»[3] auf seinem Lager. Der einundzwanzigjährige Berliner hat gestern Nachmittag am Vorglacis Maschinengewehr-Schüsse in beide Oberschenkel und einen Blasenschuss erhalten. Ebenfalls im Lazarett liegt Gefreiter Alois Hartung, fünfundzwanzig Jahre alt, Unterfranke und Haupts bester Melder.[4] Hartung hat den schwerverletzten Neumann in Deckung gezogen, dann aber selbst einen Schuss in die Brust bekommen. Inzwischen steht der Douaumont fast ständig unter Feuer, auch durch Geschütze benachbarter Forts und Zwischenwerke. «Es ist so, als ob man unter einer Trommel steckt, die der Tambour mit den Trommelstöcken ununterbrochen bearbeitet. Bei jedem Einschlag der feindlichen schweren Geschütze wird das Licht ausgeblasen.»[5] Die Gewölbe, so Brandis, geraten «in elastische Schwingungen, die Kerzenflammen» flackern «auf und ab». Sie vibrieren «wie die Trommelfelle der Menschen».[6] Den Kranken kommt im winterkalten Lazarett jedes Zeitgefühl abhanden. «Wir wissen nicht, ob es Morgen oder Abend ist. Die Stunden verrinnen vollkommen zeitlos.»[7]

Verletzte aus dem Fort hinaus- und ins Hinterland zu schaffen ist wegen des Beschusses ebenso unmöglich wie das Begraben der Toten. Alois Hartung stirbt noch vor Neumann «unter großen Schmerzen».[8] Sanitäter tragen den Toten wenige Augenblicke später in die Leichenkammer. Manche Verwundete, beobachtet Radtke, «liegen zusammengekauert auf der harten Holzpritsche und wimmern leise ununterbrochen. Ein anderer wälzt sich unruhig auf seinem harten Lager, springt plötzlich auf und will anscheinend einen Sturmangriff ausführen: ‹Sprung auf, marsch, marsch! Sie kommen, sie kommen!›, brüllt er. Sanitäter haben Mühe, ihn auf seinem Lager festzuhalten ...».[9] Krankenträger bringen immer mehr Verletzte in den Keller, «mit Schlamm und Dreck die Gesichter überspritzt und überkrustet, das Haar wirr und durchschwitzt, die Uniform zerrissen und verdreckt»[10] – nicht nur Männer des Zweiten Bataillons, auch Soldaten anderer Regimenter, die links und rechts des Forts im Einsatz sind. «Es ist ein Stöhnen und ein Jammern zum Erbarmen.»[11]

Im Douaumont lebt jedermann wie in einem Riesen-U-Boot. Die Sonne sehen auch kampffähige Soldaten «höchstens alle zwei Tage eine halbe Stunde lang», so Musketier Karl Meinhardt, «beim Ausguck als Beobachtungsposten in dem Beton-Beobachtungsstand».[12] Auch dieser Dienst birgt Gefahren. Als Generalmajor Wilhelm von Lotterer, Chef der Divisions-Feldartillerie, im westlichen Maschinengewehr-Panzerturm durch den Sehschlitz blickt, schlägt ein Splitter durch die Öffnung und zerreißt Lotterers linken Arm.[13] Doch die Panzertürme gewähren den besten Blick auf das Schlachtfeld. Viele Artillerie-Beobachter, so Brandis, schlagen «sich fast um die Türme».[14] Haupt teilt ihnen die Zeit in den Kuppeln stundenweise zu.

Wiederholt tritt französische Infanterie zu Sturmangriffen an. Dann eilt die Fort-Besatzung jedes Mal auf die Wallkrone, zuweilen mitten in das Artilleriefeuer des Gegners hinein. Brandis fällt bei einem Angriff die geringe Zahl seiner Soldaten auf. Verärgert mutmaßt er, dass sich Drückeberger im Fort verstecken. Der Oberleutnant verlässt die Wallkrone, durchsucht Kasematten und Gänge, bis er einen Raum betritt, den die Truppe eigentlich nicht nutzt. Nun aber sieht er «zwei Reihen Schläfer liegen, deutlich erkennbar im ersten Morgengrauen». Brandis

Deutscher Feldgottesdienst vor Verdun. April 1916

zieht seine Pistole und beugt sich über die Schlafenden: «Vor mir, unter mir, zum Greifen nahe» erkennt er «die starren Gesichter von Toten».[15] Der Oberleutnant findet keine Flüchtigen, sondern eine neue Leichenkammer.

Längst schon ist die Telefonleitung zerschossen. Um Meldungen durch Blinkzeichen absetzen zu können, hat Haupt im nördlichen Versenkpanzerturm eine Signalstation einrichten lassen. Im inneren Kasernenbau gibt es keine Latrinen. Mannschaften wie Offiziere behelfen sich mit Tonnen.[16] Sämtliche Lebensmittel des Forts sind bald verbraucht. Und das Heranschaffen von Nahrung erinnert an ein «Wettrennen mit dem Tode».[17] Tagsüber liegen alle Ausgänge unter Beschuss. Und auch nachts können Essen- und Munitionsträger nur unter Lebensgefahr den Douaumont verlassen. Dank ihres Einsatzes gelangen bald die ersten Zeitungen ins Fort. Nun erfahren die Vierundzwanziger, dass im Reich sogar «Liebesgaben … für die ‹Stürmer von Douaumont›»[18] gesammelt werden. Zudem können die Soldaten Feldpostbriefe schreiben. Bernhard Lehmann, Gefreiter im Radtke-Zug, notiert für seine Schwester: «Wir sind noch im Fort und müssen warten, bis unsere Flügel vorkommen. Dann geht es wieder frisch und fröhlich weiter. Verdun werden wir schon kriegen, und dann gibt's vielleicht Frieden.»[19] Doch weiter geht es keineswegs – schon gar nicht «frisch und fröhlich».

Samstag, 26. Februar. Dorf Douaumont. «Divus mons», «göttlicher Berg» – der Name des Dorfes mit rund fünfzig Häusern verweist darauf, dass seine Ursprünge wohl im Zeitalter des Römischen Imperiums wurzeln. Im und am Dorf Douaumont, etwa fünfhundert Meter nordwestlich des Forts gelegen, warten die französischen Soldaten in Kellern und Unterständen. Deutsche Feldartillerie belegt die Stellungen am Nachmittag mit Feuer. Sogar der Nordpanzerturm des Forts, gestern noch in französischen Händen, verschießt Schrapnell-Geschosse auf die Verteidiger, ganz überwiegend Angehörige des 95. Infanterieregiments aus Bourges.[20] Wie die Vierundzwanziger aus Neuruppin pflegen auch die Fünfundneunziger ihre Traditionen.[21] Das Regiment hat 1805 bei Austerlitz und 1806 bei Jena unter Napoleon gefochten. Im Dorf führt Oberstleutnant Jean-Marie Bélent das Kommando. Obwohl Fort Douaumont verloren ist, bleibt Bélent entschlossen, das Dorf zu halten. «Ich werde jeden Fußbreit verteidigen», behauptet er, «ich werde meine Pflicht erfüllen.»[22] Immerhin ist das Dorf stark besetzt, von Hindernissen umgeben, durch drei Blockhäuser gedeckt und vor allem: Den Verteidigern stehen betonierte Unterstände zur Verfügung.[23]

Bélents Truppen gehören zum XX. Korps und haben als Teil der ersten Reservewelle am Donnerstagabend nach einem Gewaltmarsch von sechsunddreißig Stunden das Schlachtfeld erreicht.[24] Ihren Einzug ins Dorf hat Leutnant Schünemann aus der Ferne bei seinem Ritt mit dem Beutepferd verfolgt. Die Männer sind erschöpft, hungrig, verfroren und völlig übermüdet. In vielen Gräben steht das Wasser, reicht mancherorts sogar bis an die Knie. Letzte Nacht ist die Temperatur erneut unter den Gefrierpunkt gesunken. «Jedes Mal, wenn wir einen Fuß heben wollten, mussten wir eine Eisschicht zerbrechen.»[25] Leutnant Jacques Péricard hat «die Bitterkeit des Krieges» nie so tief empfunden wie in diesen Stunden: «Hunger, Durst, Kälte, Schlaflosigkeit, Ungewissheit.»[26] Der

Feldgeistliche des Regiments besuchte in der Dunkelheit auch Péricard. «Timeo diem venientem», raunte er dem Leutnant zu, um die Soldaten nicht zu erschrecken: «Ich fürchte den nächsten Tag.»[27] Heute Nachmittag jedoch, unter Artilleriebeschuss, ist davon nichts zu spüren. «Der Feldgeistliche», erzählt Henri Bozonnet, ein Melder, «will uns Mut zusprechen, aber seine Worte gehen im Schlachtgetöse unter.»[28]

Dann nähern sich die Angreifer. In langen Linien, hintereinander gestaffelt, laufen die Schützen vom Südrand des Chauffour-Waldes den Steilhang zum Dorf hinauf. Bozonnet kann ihr Anrücken verfolgen: «Wir sehen sie mutig näherkommen, in Gruppen zu zehn oder fünfzehn Mann, hinter denen eine Kolonne nachrückt und dahinter eine weitere, noch stärkere Kolonne. Überall wimmelt es von ihnen. Wir schießen, ohne eine Sekunde zu verlieren. Die feindliche Artillerie legt ihr Feuer vor. Schon kommen die ersten Gruppen ganz nahe an uns heran, als zum Glück ein Maschinengewehr zu unserer Linken eingreift, das noch nicht geschossen hatte. Da spielt sich der Krieg in seinem ganzen Grauen ab. Ganze Gruppen fallen, die einen nach vorne, die anderen nach hinten, mit erhobenen Armen, andere sinken in die Knie.»[29] Zur Linken Bozonnets, am Rande des Albain-Waldes, haben alles in allem wohl ungefähr dreißig Maschinengewehre in die rechte Flanke der Angreifer geschossen.[30]

Während der nächsten beiden Tage werden die Gefechte vor dem Dorf ähnlich verlaufen. Jedes Mal, wenn die deutsche Artillerie ihr Feuer vorverlegt, stürzen die Verteidiger aus betonierten Unterständen in die Blockhäuser und Gräben. Leutnant Vogel vom 105. sächsischen Infanterieregiment hat einen solchen Sturmangriff verwundet überlebt: «Handbreit» habe die französische Geschossgarbe über den Boden hingestrichen; die Sachsen seien «nach vorn über wie Bleisoldaten» weggeklappt. Vogel verzweifelte im Feuer eines Maschinengewehrs, wollte sich am liebsten «in den Boden einbeißen».[31] Die Eroberung des Forts hat dreißig Mann gekostet. Doch in den drei Tagen vor dem Dorf verlieren die Angreifer zweitausend Soldaten. Erstmals läuft auf deutscher Seite eine neue Wendung um: «Hölle von Verdun».[32]

Hart östlich des Forts kämpft das Dritte Bataillon der Vierundzwanziger. In mehreren Wellen soll es den Hang zwischen östlichem Panzerturm und Hardaumont-Wald hinunterstürmen, die Straße Fleury–Bezonvaux überqueren und dann die Gräben des Gegners im nördlichen Caillette-Wald erobern. Bereits am Hang erhalten die Sturmwellen französisches Maschinengewehr-Feuer aus einem Infanteriewerk, das an der Nordspitze des Caillette-Walds steht. Das Feuer zwingt alle Vierundzwanziger rasch in die Trichter.[33] Nur wenige gelangen in die Nähe der Straße: «Wir lagen alle eng am Boden gedrückt, den Kopf durfte man nicht heben, nicht einmal umdrehen konnte man sich, wollte man nicht sogleich einen Schuss durch Schulter oder Rücken haben. Aber … einer nach dem anderen wurde von diesem entsetzlichen MG erfasst … [Wir] versuchten, mit den Fingernägeln den harten Boden unter uns fortzukratzen, um etwas tiefer in die Erde zu kommen.»[34] Am 26. und 27. Februar verlieren die Neuruppiner östlich des Forts fünf Offiziere und neunundneunzig Mann. Die Gesamtverluste des Dritten Bataillons belaufen sich mittlerweile auf mehr als fünfhundert Soldaten.[35]

Montag, 28. Februar. Souilly, Rathaus. Castelnaus Zuversicht ist noch gewachsen. Der General hat Oberstleutnant Léon Zeller, Pétains Stabschef, unauffällig aus dem Rathaus zu sich auf die Straße rufen lassen. Castelnau kennt Zeller aus seiner Dienstzeit in Avize. Während beide Offiziere am Rathaus langsam auf- und abgehen, erkundigt sich Castelnau, ob seiner Rückkehr nach Chantilly etwas entgegenstünde? Möglichst taktvoll möchte der General erfahren, ob Zeller glaubt, dass Pétain die Schlachtenführung im Griff behalten wird.[36] Zeller versichert, dass jedermann im Stab auf Pétain vertraue. Ohnehin hat Castelnau den Eindruck, dass «der große Stoß» bereits pariert sei. Zwar könnten weitere «Rammstöße»[37] folgen, inzwischen aber sei man vorbereitet. In den vergangenen fünf Tagen hat auch die zweite Reserve-Welle die Region erreicht. Damit stehen Pétain für die Verteidigung der Festung nun sieben weitere Divisionen und insgesamt dreihundertdreißig schwere Geschütze zur Verfügung. Obwohl die schwere Artillerie noch immer unterlegen ist, kann sie bereits dreimal mehr Geschütze als am ersten Tag der Schlacht zum Einsatz bringen.[38] Zudem hat Joffre nach dem Fall des Forts Douaumont vier zusätzliche Korps entsandt.[39] Ende dieser Woche, nach dem Eintreffen der dritten Reserve-Welle, wird Pétain also mehr als zwanzig Divisionen kommandieren – über zweihundertvierzigtausend Mann. Beim Verhältnis infanteristischer Kräfte könnte sich sogar ein Plus zugunsten der Verteidiger ergeben. Gestern hat Castelnau nach Chantilly berichtet: «Ich glaube, dass wenn wir zwei oder drei Tage gewinnen können, die dem Führer der Zweiten Armee gestatten, die Dinge wieder einzurenken und seinen Einfluss geltend zu machen, jede Gefahr, Verdun zu verlieren, endgültig beseitigt sein wird.»[40] Und so verabschiedet sich der General im Rathaus von Pétain und kehrt zurück nach Chantilly.

Auch die amtliche Berichterstattung spiegelt eine veränderte Lage. Während der deutsche Heeresbericht für den heutigen Tag nicht mehr die Kämpfe bei Verdun, sondern die Champagne-Front in den Mittelpunkt rückt, fällt der Heeresbericht aus Chantilly erheblich umfangreicher aus. Die Hänge beiderseits des Douaumont, heißt es dort, seien «mit deutschen Leichen» bedeckt: «In der Gegend nördlich von Verdun wird nach der Heftigkeit der an den vorhergehenden Tagen stattgefundenen Kämpfe ein gewisses Nachlassen der Anstrengungen des Feindes im Laufe des Tages gemeldet …».[41]

Der Krieg ist nicht zuletzt ein Feldversuch auf dem Gebiet der Beeinflussung von Massen. Propaganda betreiben alle Kriegsparteien. Viele Journalisten verstehen sich als Soldaten mit der Feder. Die Zensur obliegt in Deutschland wie in Frankreich militärischen Behörden. Über den Fall des Forts Douaumont zum Beispiel werden französische Journalisten mehr als eine Woche lang im Unklaren gelassen.[42] Bald herrscht völlige Verwirrung. Ist das Fort gefallen? Haben es französische Truppen zurückerobert? Gibt es Verwechslungen mit dem Dorf Douaumont? Die Zensoren werfen Nebelkerzen. Taucht in einem Artikel das Wort «Fort» auf, wird es zuweilen durch den Begriff «Stellung» ersetzt. Kein Wunder, dass einige Journalisten ihrer Phantasie freien Lauf lassen. Zigfach habe das Dorf den Besitzer gewechselt, können französische Leser nun erfahren.[43]

Montag, 28. Februar. Stenay, Château des Tilleuls. Der Ablauf wiederholt sich beinahe täglich. Nach dem Mittagessen mit dem Kronprinzen im Château des Tilleuls unternehmen Knobelsdorf und Heymann im

Park des Schlösschens einen gemeinsamen Spaziergang – Knobelsdorf mit der Zigarre in der Hand.[44] Heute ist der Angriff endgültig ins Stocken geraten. Drei Viertel des Weges bis zur Schlüssellinie Thiaumont–Tavannes haben die Truppen immerhin bewältigt. Doch frische Divisionen sind nicht zur Hand. Weil Falkenhayn und Knobelsdorf auf das Heranführen von Kräften aus der Heeresreserve verzichtet haben, kann auch der Westufer-Angriff nicht sofort erfolgen. Damit wird eine überfallartige Eroberung der *Côtes* vollends unmöglich. Vor zwei Tagen, im Siegesrausch nach dem Triumph am Douaumont, blickten Falkenhayn und Knobelsdorf gleichsam in weite Ferne. Gedanklich eilte der Generalstabschef bereits mit Siebenmeilenstiefeln der Vernichtung des französischen Heeres entgegen. Doch Falkenhayn, so könnte man sagen, hat während des Laufens gleich mehrere Hindernisse vor seinen Füßen übersehen. Nun ist er schon beim ersten Schritt gestolpert. Und so stellt Heymann im vertraulichen Gespräch mit Knobelsdorf die Frage, «ob der Wegfall aller Voraussetzungen für den Angriff dessen Fortsetzung erlauben» würde. Weder die deutsche Westfront, erwidert Knobelsdorf, noch die Kronprinzenarmee könnten sich das Eingeständnis einer Niederlage leisten, «wozu im Übrigen auch keinerlei Grund vorliege».[45]

Dabei scheint Heymanns Einwand völlig berechtigt. Alle drei Hauptbedingungen für den Angriff sind entfallen: Überraschung des Gegners, erdrückende artilleristische Überlegenheit und ein ununterbrochenes Abrollen der Attacke bis zur Wegnahme der Schlüssellinie. Nicht nur die Gefechte der Vierundzwanziger offenbaren: Der Angriff kam nicht deshalb zum Erliegen, weil die gleichzeitige Attacke auf dem Westufer ausgeblieben ist, obgleich eine Bindung der Verteidiger westlich der Maas die Attacke auf den *Côtes* zweifellos erleichtert hätte. Die Schwierigkeiten der Artillerie beim Stellungswechsel wirkten hemmend, aber gleichfalls nicht entscheidend. Den Ausschlag gaben vielmehr jene Kolonnen, deren Anmarsch Radtke und Kunze vor drei Tagen auf der Wallkrone des Forts verfolgen konnten: Erst das rechtzeitige Eintreffen starker französischer Reserven hat den Angriffskeil tatsächlich aufgehalten. Dadurch prallten frische, kampfstarke Verbände auf eine erschöpfte Sturmtruppe ohne eigene Reserven, noch dazu in einem Augenblick, als der Angreifer den äußeren Festungsring erreichte. Dort bieten die vielen Betonanlagen des Zwischenfeldes den Verteidigern höchst wirksam Rückhalt.[46] Deutsche Batterien können die getarnten, meist sehr kleinen Bauten schwer erfassen, erst recht nicht unter dem Zeitdruck des beschleunigten Angriffsverfahrens. Die Lage dieser Anlagen ist den Artillerie-Beobachtern zum Teil unbekannt. Vor allem aber haben die Verteidiger viele Maschinengewehrstände an Hinterhängen eingebaut und baulich so sehr verstärkt, dass sie selbst schwersten Granaten widerstehen.[47] Und schließlich ist die schwere deutsche Artillerie immer noch zu knapp bemessen. Jedenfalls zeigen sich die Batterien außerstande, die Geschütze des Gegners auf beiden Ufern niederzuhalten und gleichzeitig der Infanterie auf den *Côtes* «die Angriffsgasse zu fegen».

Kein Zweifel: Falkenhayn und Knobelsdorf haben die Wirkung der eigenen Artillerie erheblich überschätzt und den Widerstandswillen des Gegners zu gering erachtet. Jetzt aber kämpfen in den nunmehr voll besetzten Forts, Zwischenwerken und betonierten Stellungen nicht mehr die erschöpften, zahlenmäßig unterlegenen Verteidiger der ersten Stunde, sondern frische Truppen in ebenbürtiger Zahl unter einer neuen, entschlossenen Führung.

Im Park des Schlösschens nennt Knobelsdorf zwei Gründe für eine Fortführung der Offensive. Acht Tage nach Beginn des Unternehmens, mit ungeheurem Aufwand und großen Hoffnungen begonnen, hat sich die Schlacht auch für die deutsche Seite zu einem Prestigekampf entwickelt. Die Wegnahme des Forts und der Angriff auf Verdun finden nicht nur im Reich, sondern auch bei den Regierungen neutraler Staaten wie Rumänien viel Beachtung, wecken in Deutschland sogar Hoffnungen auf das siegreiche Ende des Krieges.[48] Außerdem erscheint Unternehmen *Gericht* spätestens nach dem Fall des Forts Douaumont nicht als völliger Fehlschlag, sondern wie ein halber Erfolg. So denkt auch Heymann keineswegs an einen Rückzug in die Ausgangsstellung. Dem Ersten Generalstabsoffizier geht es um den Übergang zu einem langsamen, möglichst kräfteschonenden Verfahren der geregelten Belagerung.[49] Freilich liegt die Schlüssellinie auf den *Côtes* lediglich rund dreitausend Meter von den deutschen Stellungen entfernt. Der Versuch, die Höhenzüge doch noch wie mit einem letzten Ruck zu erreichen, muss schon deshalb sehr verführerisch erscheinen. Ohnehin könnte eine schrittweise Belagerung höchstens zur Eroberung der Festung führen, bestenfalls also den «Trostpreis» erringen. Noch aber widerspricht ein so bescheidenes Ziel der Strategie des deutschen Generalstabschefs. Falkenhayn setzt auf die Kriegsentscheidung.

Dienstag, 29. Februar. Mézières, Präfektur. 8.45 Uhr. Der Kriegsminister, in den vergangenen Tagen auf Dienstreise im Rheinland, ist nach Mézières zurückgekehrt. Verblüfft hört Wild an diesem Schalttag, «dass noch nichts für den Stoß auf dem westlichen Maasufer geschehen ist». Weil der Angriff auf dem Ostufer stockt, also auch die eigene Artillerie nicht genügend vorrücken kann, um die französischen Geschütze auf dem Westufer hinter dem Marre-Rücken zu bekämpfen, machen sich die Batterien des Gegners, so Wild, von dort aus «schon recht unangenehm bemerkbar». Erstmals lässt der Generalstabschef große Unruhe erkennen. «Falkenhayn ist reichlich nervös wegen des eingetretenen Stopps und der großen Verluste.»[50] Kein Wunder: Ähnlich wie Heymann in Stenay erwägt nun auch Falkenhayn den Abbruch des Unternehmens und eine Offensive in einem ganz anderen Abschnitt.[51] Tappen hält das für kopflos. «Allein die Verlegung der erforderlichen Artillerie von Verdun an eine andere Stelle», gibt er zu bedenken, würde «unendliche Zeit»[52] erfordern. Doch Falkenhayn wähnt seine Gesamtstrategie mit Recht gefährdet. Das britische Heer steht im Begriff, den Abschnitt der Zehnten Französischen Armee zu übernehmen – immerhin fünfunddreißig zusätzliche Frontkilometer. Diese noch laufende Rochade ist in Mézières bekannt.[53] Tappen und Falkenhayn haben gehofft, dass der britische Entlastungsangriff im Artois schon wenige Tage nach Beginn der Verdun-Attacke erfolgen würde.[54] Doch die Übernahme französischer Abschnitte scheint diese Rechnung zu durchkreuzen. Joffre wiederum hat starke Reserven nach Verdun verschoben, ohne dass die Oberste Heeresleitung danach irgendwo einen übermäßig entblößten, für einen operativen Durchbruch geeigneten Abschnitt entdecken konnte.[55] Und weil die Schlüssellinie auf dem Ostufer bisher nicht in deutschen Händen ist, erscheint es fraglich, ob die eigene Artillerie den französischen Truppen einseitig hohe Verluste beibringen kann. In diesem Fall wäre auch ein Durchbruch im Nachstoßen unmöglich.

Daher ist es kein Zufall, dass Falkenhayn heute an Knobelsdorf eine Art Zählappell richtet. Der Generalstabschef lässt telegrafieren: «Exzellenz von Falkenhayn legt großen Wert auf möglichst genaue Feststellung der französischen Verluste bei Kämpfen der Fünften Armee und Armeeabteilung Strantz vor Verdun: Gefangene, verwundete Gefangene in deutschen Lazaretten, von deutschen Truppen beerdigte Tote. Meldung etwa alle zwei bis drei Tage.»[56] Solche Angaben können im Chaos der Schlacht nur grobe Schätzungen darstellen. Weil aber alle anderen Säulen des strategischen Gebäudes ins Wanken geraten, gewinnen die Zahlen für Falkenhayn an Bedeutung.

Will der Generalstabschef nicht jede Hoffnung auf ein Vorankommen am Ostufer endgültig begraben, kann er den Westufer-Angriff nicht länger verschieben. Nun aber muss er die Vorbereitungen unter erheblich schlechteren Bedingungen anlaufen lassen. Um 8.45 Uhr setzt Falkenhayn zwei frische Divisionen aus der Heeresreserve nach Verdun in Marsch, darunter die 11. Bayerische Infanteriedivision. Sie steht bei Antwerpen und Mechelen. Seit ihren Erfolgen in Serbien und dem Durchbruch bei Gorlice-Tarnów gelten die Bayern als Elitetruppe.[57] Nun sollen sie helfen, Höhe 304 und den Toten Mann zu erobern. «Es wird beabsichtigt», lässt der Generalstabschef nach Stenay telegrafieren, «auf diesem Wege eine wirksame Bekämpfung der französischen Artillerie hinter dem Marre-Rücken und damit eine Erleichterung für den Angriff auf dem rechten [östlichen] Maasufer zu erreichen.»[58] Der geplante Angriff auf dem Westufer ähnelt verdächtig einer letzten Chance.

Dienstag, 29. Februar. Souilly, Rathaus. Die Lage auf dem Ostufer hat sich wesentlich gebessert. Mit der 29. und 67. Infanteriedivision kann Pétain heute auf den *Côtes* etwa 25 000 weitere Soldaten in die Linie schieben.[59] Doch der General steht weiterhin vor großen Schwierigkeiten. Wohl nicht zufällig entwickelt er während der ersten Tage in Souilly ein Zucken im Gesicht.[60] Zwar haben die Verteidiger den Angreifer zum Halten gezwungen; nun aber treibt Pétain die bange Frage um, ob seine Truppen auch mittelfristig standhalten werden. Es gibt zwei hauptsächliche Sorgen: die Unterlegenheit der eigenen schweren Artillerie und die Organisation des Nachschubs.[61] Denn in der halb eingeschlossenen Festung kämpfen riesige Truppenmassen ohne rückwärtige Verbindungen zur Vollbahn.

Die neue, überragende Bedeutung der Artillerie hat Pétain längst verstanden. Bereits vor dem Krieg gehörte er zu jener Minderheit, die der Lehre von der *offensive à outrance* misstraute. Pétain, «Fetischist der Feuerkraft»,[62] hielt die Wirkung moderner Waffen für verheerend. Vor zwei Tagen hat er befohlen, schwere Geschütze auf dem Westufer in zehn Batterien zu bündeln. Unter seiner Führung teilt die Artillerie nicht mehr Einzelschläge aus, sondern verwandelt sich in eine «geschlossene» Waffe.[63] Erscheinen die Befehlshaber seiner Korps oder deren Verbindungsoffiziere in Souilly, um über die Lage in ihrem Abschnitt zu berichten, überfällt sie der General oft mit der Frage: «Was haben Ihre Batterien ausgerichtet? Alles andere werden wir später besprechen.»[64]

Überaus schwierig bleibt die logistische Lage. Beide Strecken der Vollbahn nach Verdun sind unterbrochen. Die Nord-Süd-Verbindung zwischen Sedan, Verdun und Toul wird durch die Front zweimal durchschnitten, nämlich nördlich der Festung unweit des Dorfes Consenvoye und südlich der Festung bei St.-Mihiel. Ähnliches gilt, wenn auch abgeschwächt, für die Ost-West-Verbindung nach Paris. Bei Aubréville liegen die Gleise in Reichweite der deutschen Artillerie.[65] Die nächsten Bahnhöfe der Vollbahn befinden sich weit im Süden, in Revigny und Bar-le-Duc, etwa sechzig Kilometer vom Schlachtfeld entfernt. Beide Bahnhöfe verfügen über einen Anschluss an die Hauptlinie Paris – Commercy–Nancy. Darüber hinaus sind sie Umladestationen für den *Meusien*, eine Kleinbahn aus den 1880er Jahren, erbaut unter der Leitung von Charles Varinot. Der *Meusien*, auch *Le Varinot* genannt, besitzt eine Spurweite von gerade einmal hundert Zentimetern, führt aber von Revigny und Bar-le-Duc bis nach Verdun. Dank einer Seitenlinie besitzt der *Meusien* bei Clermont-en-Argonne sogar einen dritten Übergang zur Vollbahn.[66] Allerdings ist die Kleinbahn nur bis Nixéville ohne größere Störungen durch das deutsche Fernfeuer zu betreiben.[67] Nixéville liegt immerhin noch elf Kilometer südwestlich der Zitadelle. Der Trans-

Lebensmittel- und Materialtransport mit dem *Meusien*, einer 1-Meter-Schmalspurbahn, die Revigny und Bar-le-Duc mit der Stadt Verdun verbindet

port über die letzte Wegstrecke bis zu den Depots der vier Großkampfgruppen ist überwiegend nur mit Kraftwagen und Fuhrwerken möglich.

Pétain ordnet an, dass die Magazine jeder Gruppe stets für drei Tage Munition und für vier Tage Lebensmittel horten müssen. Weil der Versorgungsstrom den Saum des Schlachtfeldes aus westlicher und südöstlicher Richtung erreicht, die Kämpfe aber auf dem Ostufer toben, spielen die Maasbrücken eine wichtige Rolle. Alles in allem gibt es in der Befestigten Region sechzehn Brücken, darunter einige Notbrücken. Nördlich der Stadt, am Rande der infanteristischen Kampfzone, sind gegenwärtig sechs Brücken nutzbar: Galavaude, Belleville, Thierville, Bras und zwei Übergänge bei Charny.[68] Von Bar-le-Duc nach Verdun führt darüber hinaus eine Département-Straße. Sie ist im vergangenen Jahr gleichsam als Hauptschlagader für die Festung auserkoren und von 3,50 Meter auf 6,50 Meter verbreitert worden. Kurzum: Auf den letzten sechzig Kilometern zwischen Vollbahn und Schlachtfeld stehen im Kern lediglich der *Meusien* und eine ausgebaute, aber ungepflasterte Landstraße zur Verfügung – für den Antransport frischer Truppen, den Abtransport von Verwundeten und abgekämpften Verbänden, für die Evakuierung von Zivilisten und deren notwendigster Habe, für die tägliche Versorgung von mehr als zweihunderttausend Soldaten mit Lebensmitteln, Waffen, Munition, Gerät, Material und Feldpost! Das mag Pétains Zucken im Gesicht erklären. Zwar muss sein Stab keineswegs aus dem Stegreif neue Möglichkeiten der Versorgung finden, doch es gilt, den Nachschub schnell auf ungeahnte Leistungshöhen hochzuschrauben. Kein Wunder, dass man in Chantilly vor wenigen Tagen den Bau einer neuen Vollbahn zwischen Revigny und Dugny beschlossen hat. Ihren Betrieb wird sie aber frühestens in drei Monaten aufnehmen können. Der *Meusien* und die Hauptnachschubstraße sind jetzt also unter Hochdruck auszubauen. Tatsächlich gelingt den Stabsoffizieren in Souilly organisatorisch ein ähnliches Kunststück wie dem Oberkommando in Stenay während der Vorbereitungen des deutschen Angriffs. So erhält der *Meusien* in Tag- und Nachtschichten eine Telefonverbindung, zusätzliche Bahnhöfe, Abstellgleise, Ausweichpunkte, festere Schwellen, einen verstärkten Unterbau, streckenweise einen zweiten Schienenstrang und neue Wasserungsstellen für die Lokomotiven.[69]

Zugleich wird das Netz der Départements-Straßen zwischen der Nationalstraße im Maastal östlich des Hauptnachschubweges einerseits und den Bahnhöfen der Kleinbahn andererseits fieberhaft verbreitert. Vier Straßenzüge gewinnen an Bedeutung: die Strecken von Villers nach Fleury-sur-Aire, von Givry-en-Argonne nach Souilly, von Sommeilles nach Issoncourt und von Revigny nach Chaumont-sur-Aire.[70] Schon seit den ersten Tagen der Schlacht treibt Pétains Stab den Ausbau dieser Straßenzüge entschlossen voran. Trümmer zerschossener Dörfer dienen als Schotter, später Material aus den Steinbrüchen des Plateau de Barrois. Keineswegs also läuft der Transport mit Kraftwagen einzig und allein über die vierundfünfzig Kilometer lange Nachschubstraße von Bar-le-Duc nach Verdun. Doch während auf den anderen Wegen auch bespannte Artillerie und marschierende Infanteriekolonnen zum Schlachtfeld gelangen, bleibt diese eine Straße dem Transport von Truppen und Munition ausschließlich mit Kraftwagen vorbehalten.

Schon jetzt sind zwischen Bar-le-Duc und Verdun über 3000 Fahrzeuge im Einsatz, betrieben von rund 8800 Soldaten. Der Verkehr läuft ohne Unterlass vierundzwanzig Stunden täglich. Alle 3-Tonnen-Lastwagen bilden sogenannte Munitionsstaffeln, sämtliche 2-Tonnen-Fahrzeuge und Autobusse dienen als Transporter für die Soldaten. Die Lastwagen werden zu Gruppen zusammengefasst. Ihre Zugehörigkeit markiert an der Seite jedes Wagens ein taktisches Zeichen: Schwan, Kleeblatt, Hahn, Kamel, Komet, Marienkäfer, Elsässerin und Ähnliches.[71] Auf der Hauptnachschubstraße sind stets sechshundert bis achthundert Fahrzeuge gleichzeitig im Einsatz. Zählungen ergeben, dass an einigen Kontrollpunkten alle zwölf Sekunden ein Kraftwagen vorüberfährt. Die übrigen Fahrzeuge stehen für die Ablösung bereit, werden neu beladen oder repariert.[72] Fliegende Reparaturtrupps setzen liegengebliebene Wagen möglichst noch am Straßenrand instand. Allein mit dem Ausbau und Erhalt des Straßennetzes sind rund elftausend Menschen beschäftigt.[73] Immerhin wird der Belag auf der Hauptnachschubstraße durch den steten Fahrzeugstrom jeden Tag um etwa zwanzig Zentimeter abgefahren.

Für die Instandhaltung hat sich ein verblüffendes Verfahren ausgebildet. Baumaschinen und Straßenwalzen können nicht zum Einsatz gelangen, ohne die mehr als hundert Kilometer lange Kette hin- und herpendelnder Kraftwagen zu unterbrechen. Solche Eingriffe haben in den ersten Schlachttagen ein Chaos verursacht. Seitdem arbeiten auf jedem Kilometer durchschnittlich achtunddreißig Landwehrsoldaten links und rechts des Weges. Bei laufendem Verkehr schaufeln sie Schotter und andere Materialien in die Schlaglöcher oder in ausgefahrene Wagengleise. Die Lastfahrzeuge selbst verdichten den Belag. Bald wird der Tagesverbrauch an Schotter durchschnittlich 750 Tonnen betragen.[74]

Um Bar-le-Duc zu entlasten, läuft der Munitionstransport mit Lastwagen über den weiter südlich gelegenen Bahnhof Baudonvilliers. Die 300-Tonnen-Ladung jedes Zuges wird meist in weniger als drei Stunden auf etwa dreißig Wagen verteilt. Durch die Festlegung auf Baudonvilliers verlängert sich für alle Munitionsstaffeln die einfache Fahrt von vierundfünfzig auf rund siebzig Kilometer. Erst vor ein paar Tagen hat General Herr die *Commission régulatrice automobile* gegründet. Sie

Kolonne von Lastkraftwagen auf der Hauptverbindungsstraße zwischen Bar-le-Duc und Verdun. Maurice Barrès überhöhte diese Straße noch während der Schlacht als *Voie sacrée.*

regelt in Bar-le-Duc die Versammlung und den Einsatz sämtlicher Kraftwagen der Befestigten Region wie auch die Überwachung der Hauptnachschubstraße. So ist die Strecke Baudonvilliers–Verdun in sechs *cantons* unterteilt – eine Übertragung des Blocksystems der Schiene auf die Straße. Alle sechs Abschnitte unterstehen jeweils einem Offizier, der seinerseits das Personal für Aufsicht und Instandhaltung befehligt. Die Leiter der *cantons* verantworten den Unterhalt der Straße, das termingerechte Be- und Entladen, das Abschleppen beschädigter Fahrzeuge und das Freihalten des Weges von Pferdefuhrwerken oder Marschkolonnen. Die *cantons* stehen telefonisch mit der *Commission régulatrice* in Verbindung.[75]

Während der ersten vier Wochen der Schlacht erfolgen beinahe sämtliche Truppentransporte ausschließlich über die Straße von Bar-le-Duc nach Verdun. Zum ersten Mal spielen Kraftfahrzeuge bei militärischen Kampfhandlungen eine derart herausragende Rolle.[76] Allerdings: Über die Hauptnachschubstraße laufen jeden Tag höchstens dreizehn Prozent der Lebensmittel-, Munitions- und Materialtransporte.[77] Und auf die Vollbahn kann auch Pétains Armee in keinem Fall verzichten. Über den Verteilerbahnhof Saint-Dizier, vierundzwanzig Kilometer südwestlich von Bar-le-Duc gelegen, laufen so gut wie alle Lieferungen von Munition und Lebensmitteln. Jeden Tag verlassen dort neununddreißig Güterzüge mit zusammen 1600 Waggons den Bahnhof. Bis zum 1. Juni werden die Eisenbahner von Saint-Dizier 13 Millionen Feldgeschütz-Granaten, 4,3 Millionen schwere Artilleriegranaten, 200 000 Gasgranaten und 15 000 Minenwerfer-Geschosse in Richtung Verdun geleitet haben.[78] Als schließlich im Juni die Strecke Revigny–Dugny in Betrieb geht, spielt diese neue Vollbahn während der nächsten sieben Monate für das Nähren der Schlacht eine viel wichtigere Rolle als der *Meusien* und die Hauptnachschubstraße.[79] Dennoch wird Maurice Barrès, der schon die Gefechte im Caures-Wald so irreführend überhöhte, auch den Weg von Bar-le-Duc nach Verdun mit halbreligiösen Weihen pflastern: Seine Wendung von der *Voie sacrée*, der «Heiligen Straße», hat sich als Name für die Versorgungsader bis in unsere Gegenwart erhalten.

Mittwoch, 1. März. Sektor Verdun, Hospice-Wald. Seine Umgebung überragt der Fünfundzwanzigjährige mindestens um Haupteslänge. Hauptmann Charles de Gaulle, Führer der 10. Kompanie, biwakiert mit dem 33. Infanterieregiment im Hospice-Wald zwischen den Forts Souville und Tavannes. Heute Vormittag erhält sein Kommandeur, Oberstleutnant Franz Boud'hors, neue Befehle: In der kommenden Nacht soll die Truppe ein Regiment ablösen, das den Abschnitt am Dorf Douaumont verteidigt – eine etwa achthundert Meter lange Linie.[80] Auf de Gaulle hält Boud'hors große Stücke. In den letzten Monaten hat der Hauptmann Verwundungen an der Hand und am Ohr erlitten.[81] Hohes Ansehen genießt de Gaulle im Regiment, seit er mit seiner Kompanie im August 1914 die Brücke von Dinant verteidigt hat. Dort brach eine Gewehrkugel sein Wadenbein unterhalb des Knies.[82] Das 33. Regiment

Hauptmann Charles de Gaulle, Chef der 10. Kompanie des 33. Infanterieregiments aus Arras

stammt aus Arras. Pétain, damals Oberst, hat es vor dem Krieg befehligt. Seitdem gilt de Gaulle als dessen Zögling.[83]

«Die Deutschen haben Halt gemacht», erfährt Boud'hors durch den Kommandeur der Vierten Brigade über den Abschnitt am Dorf Douaumont, «seit zwei Tagen haben sie sich nicht gerührt. Der Sektor ist nun ruhig.»[84] Boud'hors befiehlt de Gaulle, die Gräben vor dem Einrücken des Regiments zu erkunden. Gegen Mittag macht sich der Hauptmann auf den Weg. In Fleury trifft er den Kommandeur der Brigade, der ihm berichtet, dass die Verbindung des Regiments am Dorf nach links und rechts gesichert sei.[85] Dann bricht der Hauptmann auf, um sich persönlich einen Eindruck zu verschaffen. Am Dorf Douaumont spricht er mit dem zuständigen Kommandeur und erhält die Versicherung, dass vor Ort der Kampf vorüber sei. Allerdings würden die eigenen Truppen vom Fort aus beschossen.[86] Als de Gaulle selbst die Stellungen abläuft, gewinnt er einen völlig anderen Eindruck. Offenbar trifft der Gegner Vorbereitungen für einen neuen Angriff. De Gaulle bleibt im Gefechtsstand am Dorf Douaumont, telefoniert mit der Brigade in Fleury und berichtet über die veränderte Lage. In ein paar Stunden wird das 33. Regiment in seinen neuen Abschnitt rücken.

Donnerstag, 2. März. Fort Douaumont. 11.50 Uhr. Der Douaumont ähnelt einem Umschlagbahnhof. In den Gefechtsabschnitten «B» und «C» laufen jede Nacht fast alle Pendelbewegungen der deutschen Infanterie zwischen Ablösung und Grabendienst über das Fort. Ablösende Truppen drängen vom Eingang an der Nordostspitze hinein, die abgelösten Leute kommen entgegen. Freilich gibt es im Douaumont, so Bernhard Lehmann, Musketier im Radtke-Zug, immer noch mehr Läuse als Soldaten.[87] In den Gängen kochen Männer ihren Kaffee mit dem Pulver von Handgranaten. Zugleich lagern überall Stapel französischer Granaten. Andere Soldaten sitzen in einer Ecke und öffnen ihre Hosen, um sich die Schamhaare, den Lieblingsplatz der Läuse, mit einer Kerze wegzubrennen.[88] Überall stinkt es nach Kot. Die Gänge sind voll Dreck und Abfall. Im Fort gibt es nur eine Wasserstelle, die Pumpe im Mittelgang. Dort herrscht besonders nachts ein ständiges Gedränge. Auch die Einheiten links und rechts des Forts lassen hier Trinkwasser holen.

Punkt 12.00 Uhr soll ein neuer Infanterieangriff von drei Seiten die Verteidiger des Dorfes überwältigen. Seit 8.15 Uhr liegen die französischen Gräben unter dem Feuer der deutschen Artillerie. Zwei Mal verlegen die Geschütze ihren Beschuss zum Schein nach vorn, um die Verteidiger im Dorf aus ihren Unterständen zu locken. Dann werden Gräben, in denen besonders viele Leute erscheinen, mit Granaten überschüttet.

Leutnant Bernhard von Brandis, jüngerer Bruder des Oberleutnants, steht um 11.50 Uhr im Nordwestpanzerturm unter der Kuppel. Bernhard, Zugführer der MG-Kompanie bei den Vierundzwanzigern, hat ein französisches Maschinengewehr schussfertig gemacht. Aus den verklappbaren Schießscharten des Panzerturms kann es das Gelände am Dorf erreichen. Nun soll Brandis, unterstützt durch den Gefreiten Menz und den Schützen Winter, der eigenen Infanterie vor dem Dorf beim Sturmangriff helfen. «Fünf Minuten vor dem Angriff», so der Leutnant, «kurbeln wir langsam, Zentimeter für Zentimeter den Turm hoch. Wenn uns jetzt nur

Angehörige des 4. Feldartillerie-Regiments Nr. 63 aus Frankfurt am Main verlassen ihre Stellungen im Gefechtsabschnitt B des XVIII. Armeekorps (Schenck). Aufnahme des Hauptmanns von Reckow. Februar/März 1916

nichts passiert! Endlich geht es nicht weiter, er ist oben. Ich klettere die kleine, schmale Leiter hoch. Durch die geöffneten Schießscharten zeigt sich mir das Bild der Schlacht. Das ganze westliche Gelände liegt unter rasendem Artilleriefeuer, wohin man blickt das grelle Aufblitzen der Granaten, gelber, weißer Qualm, haushohe Drecksfontänen. Ohrenbetäubendes Krachen erfüllt die Luft, mit dumpfem Knall platzen die Aufschlagzünder, mit hellem, ekelhaftem Gebell die Schrapnells. Lage auf Lage braust heran und wühlt sich vor und hinter dem feindlichen Graben in die Erde; um das Fort heult und splittert die gegnerische Antwort.»[89]

Dann erkennt Brandis jene Stellungen, in denen de Gaulles Regiment die deutsche Attacke erwartet: «Der Graben ist gepfropft voll. Es wimmelt von Menschen. Die Seitengewehre aufgepflanzt, harren sie des Angriffs. Ihr zweiter Graben ist scheinbar geräumt.... Ich richte den Turm auf den linken Flügel des Feindes, bis zur Brust bieten sie sich ahnungslos als Ziel. Dann geht es los. Mit dem Ellbogen drehe ich den Turm von rechts nach links, immer hin und her, mit eiserner Ruhe haut Menz die Streifen, die ihm der untenstehende Winter reicht, in die Gewehre, mal oben, mal unten. Dann kann ich nicht mehr, zu ekelhaft beißt der Qualm des durch die wahnsinnige Hitze der Läufe verdampfenden Öles in die Augen. Wir tauschen die Plätze.»[90]

Die Kompanie de Gaulles ist dem Maschinengewehr nicht ausgesetzt, doch auch sie liegt an ungünstiger Stelle. Die Soldaten halten Gräben unmittelbar vor der Kirche, genau in der Ansturm-Schneise vor der Chauffour-Schlucht. Charles de Gaulle berichtet: «Als ich sah, dass der Feind die Ecke, in der ich mich mit einigen Männern befand, mit Granaten überschüttete und dass wir dort von einem Moment zum andern vernichtet werden würden, ohne etwas tun zu können, entschied ich mich, zum Abschnitt [des Hauptmanns] Averlant zu gehen. Mir schien, dass unser Feuer einen alten eingestürzten Verbindungsgraben, der südlich der Kirche vorbeiführte, von den Boches gesäubert hatte. Als ich niemanden dort sah, kroch ich in diesem Graben mit meinem Spieß und zwei oder drei Soldaten voran. Doch ich hatte kaum zehn Meter zurückgelegt, als ich im hinteren Teil eines rechtswinklig auflaufenden Grabens Deutsche kauern sah, die vor den Kugeln Deckung suchten. Sie sahen mich sofort. Einer von ihnen stieß mich mit dem Bajonett, durchbohrte meine Kartentasche und verwundete mich am Oberschenkel. Ein anderer erschoss aus nächster Nähe meinen Spieß. Eine Granate, die wenige Sekunden später buchstäblich unter meiner Nase krepierte, betäubte mich vollends. Einen Augenblick lang blieb ich auf der Strecke. Dann ließen mich die Deutschen, als sie sahen, dass ich verwundet war, dorthin zurückgehen, woher ich gekommen war. Auch dort fand ich schon Deutsche vor.»[91]

De Gaulle gerät in die Hände des Gegners. Einzelheiten bleiben unklar und sind später umstritten, denn in Gefangenschaft zu gehen, widerspricht im Grundsatz dem Ehrgefühl der Offiziere. Oberstleutnant Franz Boud'hors und Pétain halten den Hauptmann für tot. Ohne die Umstände des Kampfes zu kennen, sorgen beide für eine Erwähnung im Tagesbefehl der französischen Streitkräfte und für die – angeblich posthume – Verleihung des *Croix de guerre*.[92] Das Dorf aber ist in deutschen Händen.

Freitag, 3. März. Fort Douaumont. 24.00 Uhr. Das Artilleriefeuer ist abgeflaut. Heute Nacht soll eine Gruppe Schwerverletzter, darunter Radtke, ins Hinterland gebracht werden. Doch ihr Aufbruch, geplant für 21.00 Uhr, wird ein ums andere Mal verschoben. Erst gegen Mitternacht holen Sanitäter die Verletzten mit Bahren aus dem Keller ins Freie und tragen sie bis zur Wand im nördlichen Wallgraben – ungefähr dort ist Radtke vor acht Tagen hinabgesprungen. «Mit großem Behagen», so der Leutnant, «atmen wir die kühle Nachtluft. Endlich sind wir erlöst aus dieser scheußlichen Totenkammer.»[93] An der sechs Meter hohen Grabenmauer hängt inzwischen eine Strickleiter aus Hanf. «Von einem Sanitäter», so Radtke, «werde ich huckepack genommen, und nun klettern wir die Strickleiter mühsam hinauf. Mit vielem Ach und Weh, mit zusammengebissenen Zähnen und schmerzenden Wunden werde ich behutsam oben wieder niedergelegt. Noch etwa 200 Meter durch Granattrichter, dann sollen an der Straße nach Bezonvaux, so erzählt mir der Sanitäter beruhigend, die Sanitätswagen stehen, mit denen wir weiterkommen sollen.»[94]

Träger und Verwundete haben sich gerade wenige Schritte in Richtung der Straße bewegt, als französische Artillerie überfallartig das Fort beschießt. «Ein Heulen und Gurgeln, ein Krachen und Bersten von einschlagenden Granaten und platzenden Schrappnells geht um uns los. Wie ein Hagelschauer prasseln die Schrapnellkugeln gegen die Grabenwände. Es blitzt und kracht und zischt wie auf einem irrsinnig gewordenen Tanzfußboden, auf den Knallerbsen gestreut werden. Es spritzt feurig empor in riesigen Flammenbündeln nach allen Seiten, als würde ein großes Feuerwerk abgebrannt.»[95] Die Krankenträger – tot, verwundet, geflohen oder in Deckung gegangen – verschwinden aus dem Blickfeld Radtkes. Und so lässt sich der Schwerverletzte über den Rand eines riesigen Trichters rollen, den ein deutscher 42-cm-Mörser geschlagen hat. «Ich gleite und rolle abwärts, bis ich mit dem halben Körper in Schlamm und Wasser stecke.»[96] Der Beschuss dauert stundenlang. Schwerverwundete wie Radtke müssen, «ohne sich rühren zu können, diese Hölle über sich ergehen lassen».[97] Jeden Augenblick kann eine Granate den Hilflosen zerfetzen. Zwar spürt Radtke offenbar kaum Schmerzen; doch nervlich sind die Grenzen der Belastbarkeit nun über-

Trümmer des Dorfes Louvemont im März 1916. Aufnahme des Hauptmanns von Reckow. Originalunterschrift: «Louvemont! Die Galoppecke. Da musste man Galopp laufen, unausgesetztes Feuer lag darauf!»

schritten. «Das Dröhnen im Kopf, das Dröhnen um mich herum, wenn das nur bald ein Ende hätte, so oder so! Ich unterscheide mich in nichts mehr von den gefallenen Kameraden, die in den Granattrichtern liegen. Eigentlich bin ich kein lebender Mensch mehr. Es ist nur merkwürdig, dass diese Überlegungen mir überhaupt durch den Kopf gehen; es ist mir jetzt alles ganz gleichgültig. Wie ein eiserner Ring hat sich dieses Toben über mir um meine hämmernden Schläfen gelegt. Ich sinke und sinke in weite Unendlichkeit und falle immer tiefer. Eine Unbeschwertheit geht durch meinen Körper. Eine wohlige Ruhe ist um mich.»[98]

Als Radtke aus seiner Ohnmacht erwacht, hört er das Klappern von Kochgeschirren. «Es sind unsere Essenholer, die im grauenden Morgen zu den Feldküchen eilen. Mit letzter Kraftanstrengung gelingt es mir endlich, mich bemerkbar zu machen. Hilfsbereite Hände heben meinen vollkommen mit Schlamm beschmierten und durchnässten Körper hoch, und bald bin ich auf einer Feldküche verstaut und angebunden, damit ich bei dem nun folgenden Trabe nicht verloren gehen kann.»[99] Auf dem Weg über Bezonvaux zum Dorf Ornes schwankt die Feldküche von einem Trichter in den anderen. In den Kirchenruinen von Ornes werden die Wunden des Leutnants frisch verbunden. Dort in den Trümmern muss Radtke auch die Winternacht verbringen. Am nächsten Vormittag fährt ihn ein Sanitätskraftwagen zum Lazarettzug. «Es geht nach der Heimat, es geht nach Deutschland.»[100] Leutnant Werner Müller, Radtkes Kompaniechef, liegt mit hohem Fieber ebenfalls im Zug. Die Fahrt führt über Frankfurt am Main bis in die Reichshauptstadt. Am Bahnhof in Berlin staunt man «mächtig über die Lehmklumpen, die aus dem Zug herausgehoben werden. Man will uns einfach nicht glauben, dass wir Offiziere seien. Als wir jedoch erzählen, dass wir von Verdun und vom Douaumont kommen, da sehen wir die Gesichter der Schwestern vom Roten Kreuz sich verständnisvoll aufhellen. Vom Douaumont hat jede bereits gehört.»[101]

Samstag, 4. März. Stenay, Jungenschule. 7.30 Uhr. Schmidt von Knobelsdorf eröffnet eine Krisensitzung. Gestern hat der General von den Stäben seiner Ostufer-Korps Auskunft «über den Zustand der Truppe einschließlich der Fortführung des Angriffs»[102] verlangt. Während Zwehl, Schenck und Gündell ihre Divisionen weiterhin für voll angriffsfähig hielten, meldete Lochow um 22.30 Uhr: «Trotz sehr starker Verluste und erforderlicher physischer Anstrengung 6. Infanteriedivision bedingt, 5. Infanteriedivision nicht voll angriffsfähig.»[103] Lochows Märker bilden die Spitze des deutschen Angriffskeils. Daher sind heute Morgen auf Knobelsdorfs Befehl alle vier Stabschefs in Stenay erschienen: Oberst Bronsart von Schellendorf für Zwehls VII. Reservekorps, Major Hasse für Gündells V. Reservekorps, Oberstleutnant von Auer für Schencks XVIII. Armeekorps und Major Wetzell für Lochows III.

Armeekorps. Heymann und Major Robert Matthiaß, Zweiter Generalstabsoffizier der Heeresgruppe, führen Protokoll.[104]

Man habe, beginnt Knobelsdorf die Besprechung, ungeheure Leistungen vollbracht. Doch der Angriff auf den *Côtes* müsse weitergehen, gegenwärtig vor allem deshalb, um den «Kameraden in der Ebene zu helfen».[105] Deimlings Armeekorps sitzt in der Woëvre tatsächlich fest und kann nicht, wie geplant, zu den *Côtes* aufsteigen. Beinahe wehrlos liegen Deimlings Verbände im Feuer der Forts, Zwischenwerke und Batterien, die den Ostrand der *Côtes* decken. Und die Armee-Abteilung Strantz, für das Zuschlagen der zweiten Flügeltür bestimmt, kann wegen der Lage auf dem Ostufer kaum Fortschritte erzielen. Strantz aber müsse unbedingt, fordert Knobelsdorf, die Linie St.-Mihiel-Moulainville erreichen, also die zweite Flügeltür doch noch schließen, damit die Woëvre «uns sicher bleibt».[106] Die Ebene ist für das Erreichen der Schlüssellinie auf den *Côtes* und für den Gewinn der Festung im Grunde belanglos. Doch Knobelsdorf will den Ostufer-Angriff so schnell wie möglich abermals in Schwung bringen. Keinesfalls möchte er erneut den Vorschlag hören, die förmliche Belagerung einzuleiten, wie Heymann es nahegelegt hat. Denn über Falkenhayns Gesamtstrategie ist Knobelsdorf im Bilde. Wäre die Kronprinzenarmee außerstande, weitere Fortschritte zu erzielen, die den Verteidiger zum Einsatz starker Reserven zwingen, drohte genau das, was der Generalstabschef bereits in Erwägung zieht, um den Schaden zu begrenzen: Abbruch der Offensive und Eingeständnis ihres Scheiterns[107] – freilich eine Niederlage nicht so sehr der gesamtdeutschen Streitkräfte, sondern vor allem der Kronprinzenarmee. Denn bisher hat Falkenhayn erst zwei Divisionen aus der Heeresreserve nach Verdun entsandt. Noch ist der Kräfteeinsatz überschaubar. Major Matthiaß notiert im Protokoll:[108]

KNOBELSDORF: Wann glaubt III. Armeekorps, wieder angreifen zu können?
WETZELL: Wenn Truppen 3–4 Tage völlig herauskönnen.
KNOBELSDORF: Gleichbedeutend mit völliger Aufgabe des Angriffs.
WETZELL: Nein, nur ein paar Tage Ruhe!
KNOBELSDORF: Energie der Führung. Die Truppe muss! Ein Ganz-Herausziehen des III. Korps geht nicht.

Offenbar glaubt Knobelsdorf, die Schwierigkeiten seien durch nachdrücklichere Führung und größere Willenskraft zu lösen. Außerdem gibt er bekannt, dass der Westufer-Angriff am 6. März erfolgen werde. Vierundzwanzig Stunden darauf, also in drei Tagen, müsse auch die Attacke auf den *Côtes* wieder in Bewegung kommen: «Warten dürfen wir, Halt machen dürfen wir nicht!»[109] Lochows Märker bleiben, wo sie sind. Der «Aderlass beim Feinde», behauptet Knobelsdorf, betrage 63 000 Mann – eine wissentliche Übertreibung. In Wahrheit meldet Knobelsdorf nach Mézières, die französischen Verluste bis zum 2. März beliefen sich auf 45 000 bis 48 000 Tote und Verwundete.[110] Die wirklichen Verluste sind sogar weitaus geringer. Bis zum 26. Februar haben die französischen Truppen bei Verdun etwa 24 000 Soldaten verloren. Die deutsche Zahl bis zum 29. Februar beträgt 25 363 Mann.[111] In den ersten acht Schlachttagen mussten Angreifer und Verteidiger ungefähr im selben Maße leiden. Das Oberkommando in Stenay überschätzt die Verluste des Gegners demnach um das Doppelte. Und gegenüber seinen Stabschefs übertreibt Knobelsdorf wissentlich um 15 000 Mann. Offenbar hofft er, diese hohe Zahl könnte Kritik im Sinne Heymanns von vornherein entkräften.

Drei Nachrichtenoffiziere ermitteln in Stenay die beiderseitigen Verlustzahlen: Oberstleutnant Friedrich von Fischer, Rittmeister Friedrich Ahles und Hauptmann Heinz Guderian.[112] Ihre fehlerhaften Angaben wurzeln weder in persönlichem Unvermögen noch in undurchsichtigen Maßnahmen des Gegners. Der siebenundzwanzigjährige Guderian zum Beispiel wird Jahrzehnte später an die Spitze des deutschen Heeres gelangen; seine fachliche Befähigung steht außer Frage. Und Pétain hat mit dem raschen Ablösen seiner Großverbände noch keineswegs begonnen. Sein verwirrendes «Divisionen-Karussell» dreht sich bisher nicht.[113] Zudem ist die Fehlrechnung des Oberkommandos keine Ausnahme, sondern wirkt eher wie der Regelfall. Auch britische und französische Stäbe überschätzen deutsche Verluste häufig.[114] Im Kern sind solche Übertreibungen wohl nur als das Ergebnis unbewusster Abwehrhaltungen erklärbar. Offenkundig können Stabsoffiziere angesichts horrender Verluste der eigenen Truppen leichter durchhalten und weitermachen, wenn sie glauben, dass der Gegner noch größere Opfer erbringt.

Zugleich offenbart Knobelsdorf durch seine wissentliche Übertreibung: Frisierte Zahlen sollen Krisen oder Niederlagen auch bemänteln. Und schließlich verleitet die bloße Wucht der Artillerie sogar die Frontsoldaten zu groben Fehlannahmen.[115] Erdfontänen, Feuersäulen, Schiffsgeschütze, mannshohe Granaten und das Dauergrollen hunderter Geschütze; «dass in dem Hexenkessel Menschen hausen», hatte Kunze am Douaumont befunden, «halte der Laie für unmöglich».[116] Auch der Fachmann lässt sich täuschen – zuweilen sogar gerne.

Samstag, 4. März. Charleville, Villa Renaudin. 18.00 Uhr. Der Kaiser hat eine neue Unterkunft bezogen. Weil die Villa Corneau, sein altes Quartier am Bahnhof, zu eng und viel zu laut erschien, bewohnt der Monarch seit ein paar Tagen die Villa Renaudin in Bélair oberhalb von Charleville.[117] «Der reine Schmuckkasten», wundert sich Admiral von Müller, Chef des Marinekabinetts. «Bezahlen soll es die ohnehin so ausgesogene Stadt Charleville.»[118] Mit dem Automobil ist das Quartier vom Bahnhof aus in fünfzehn Minuten gut erreichbar. Inzwischen verfügt die «schlossartige Besitzung»[119] auch über einen Luftschutzbunker mitsamt unterirdischem Fluchtweg zum Park.[120]

Heute Abend hat sich in der Villa die Führung des Reiches versammelt. Der Kaiser soll den Streit um die Wiederaufnahme des warnungslosen U-Boot-Kriegs entscheiden. Bethmann, Holtzendorff und Falkenhayn werden ihre Standpunkte darlegen. Müller, Plessen und Lyncker stehen dem Monarchen als graue Eminenzen und stille Beobachter zur Seite. Alle Beteiligten wissen: Der Reichskanzler und das Auswärtige Amt wehren sich nach Kräften gegen eine Wiederaufnahme des rücksichtslosen U-Boot-Krieges. Holtzendorff und Falkenhayn halten dagegen. Die Chancen der Militärs stehen schlecht. Gestern hat Tirpitz durch einen Helfershelfer handfeste Lügen im Bundesrat verbreiten lassen. Binnen dreier Monate, so war aus dem Munde des Kapitäns Löhlein zu hören, würde die Marine über zweihundertdrei U-Boote verfügen.[121] In Wahrheit kommen gegenwärtig für die Verwendung vor der britischen Küste neunundzwanzig Boote in Betracht; davon könnte wegen der An- und Abmarschzeiten lediglich ein Drittel dauerhaft die Inseln blockieren – bestenfalls neun, vielleicht sogar nur drei Boote.[122] Es scheint unfassbar: Mit drei bis neun Booten als Blockadehalter garantiert Deutschlands Marineführung, binnen weniger Monate die mächtigste Flotte der Welt «in die Knie zu zwingen».[123] Hätte Tirpitz, staunt Wild, «wirklich unlautere Angaben gemacht, ... es wäre ein Verbrechen am Vaterland! ... Ich sehe nicht völlig klar».[124] Klarer sieht Bethmann, der schon vor der Konferenz dem Monarchen eine lange Denkschrift übergeben hat.[125] Sie vollendet die Blamage der militärischen Führung. Mit wirtschaftlichen, strategischen und militärtechnischen Gründen widerlegt der Kanzler eindrucksvoll den Generalstabschef und den Chef des Admiralstabs.[126] Die politische Leitung schlägt die militärische Führung auf deren ureigenem Feld! Obwohl Falkenhayn den «Wassermenschen»[127] keineswegs vertraut, sind nur Bethmann und seine Beamten ernsthaft bemüht, die Angaben der Marine zu prüfen. Und eine solche Überprüfung – wie immer sie im Einzelnen erfolgen mag – erscheint in jedem Fall unerlässlich. Immerhin soll der U-Boot-Krieg, so behaupten alle, über Sieg oder Niederlage im Weltkrieg entscheiden.

Dass Tirpitz für die Konferenz keine Einladung erhalten hat, kann demnach nicht verwundern. Der Kaiser befiehlt, dem Großadmiral die Regie über das Nachrichtenbüro des Reichsmarineamts zu entziehen. Damit will der Monarch weitere Pressekampagnen gegen die Regierung verhindern. Denn je länger die – völkerrechtswidrige – Fernblockade durch die *Royal Navy* dauert, desto schwieriger wird die Ernährung der Bevölkerung. 772 736 tote deutsche Zivilisten wird die amtliche Kriegsgeschichtsschreibung Großbritanniens mit den Auswirkungen der Blockade in Zusammenhang bringen – das entspricht den Gesamtverlusten der britischen Streitkräfte im Krieg.[128] Und waren in den USA gegen die Behinderung des freien Handels anfangs noch Proteste zu hören, sind solche Stimmen inzwischen verstummt. US-amerikanische Unternehmen erwirtschaften mit Aufträgen der *Entente* hohe Profite.[129] Der Mangelernährung fallen mehr deutsche Zivilisten zum Opfer als den alliierten Bomben im Zweiten Weltkrieg.[130] Umso leichter fällt es dem Reichsmarineamt, den Volkszorn wider alle Vernunft zu schüren. Mit gleicher Münze heimzahlen, irgendwie – das ist die wohl überwiegende Stimmung der Öffentlichkeit.[131]

Als der Kaiser dem Admiralstabschef das Wort erteilt, gewinnen in

Reichskanzler Theobald von Bethmann Hollweg

der Villa einige Hörer den Eindruck, Holtzendorff sei «nur mit halber Seele dabei».[132] Bethmann hingegen fasst mit glänzender Beredsamkeit alle Gründe zusammen, die gegen den rücksichtslosen U-Boot-Krieg sprechen. Der Kanzler, notiert Müller, «glaube nicht an die Unmöglichkeit für Deutschland, noch einen Winterfeldzug auszuhalten, andererseits sei er aber absolut davon überzeugt, dass zur Zeit eine Ankündigung des verschärften U-Boot-Krieges den sofortigen Bruch mit Amerika bedeute und dass dann die durch Amerika verstärkte Entente uns durch Erschöpfungskrieg niederzwingen würde, trotz der Vernichtung von 4 Millionen Tonnage im Jahr durch unseren U-Boot-Krieg. Hier handele es sich um die Vernichtung zum mindesten der Großmachtstellung Deutschlands und um die Dynastie. Das sei für ihn sonnenklar. Umgekehrt habe er solchen Glauben an weiteres militärisches und wirtschaftliches Durchhalten Deutschlands und an die Zerfall-Chancen bei der gegnerischen Koalition, dass er an den endgültigen Sieg für uns glaube.»[133] Weitermachen, den amerikanischen Kriegseintritt verhindern, auf den Zerfall des gegnerischen Bündnisses hoffen, ähnlich wie

Friedrich der Große im Siebenjährigen Krieg – so lautet das Rezept des Kanzlers. Von Zuversicht kann also auch bei Bethmann kaum die Rede sein. Und so offenbart die U-Boot-Debatte auch die Ratlosigkeit der deutschen Führung. Dennoch will Bethmann, anders als Falkenhayn, auf Annexionen nicht verzichten, ebenso wie die Mehrheit der veröffentlichten Meinung im Deutschen Reich. Deren Eroberungsgelüste, Kehrseite des Einkreisungs-Komplexes, hat der Kanzler im ersten Kriegsjahr erheblich gefördert.[134]

Falkenhayn erhält als letzter das Wort. Der Generalstabschef lässt Unsicherheit erkennen. Er vertrete seine Haltung, so Wild, «nicht mit der nötigen Festigkeit».[135] Falkenhayn meidet die Wendung vom «In-die-Knie-zwingen», spricht nur noch vom «Schädigen» Großbritanniens; er gesteht, dass die deutschen Streitkräfte einen weiteren Winterfeldzug führen könnten, anders als von ihm vorhergesagt. Trotzdem nennt Falkenhayn jetzt neue, «merkwürdige»,[136] fast wirre Gründe für den verschärften U-Boot-Krieg. Sogar Holtzendorff muss ihm heute in der Villa widersprechen.

Kurzum: Von der Wirksamkeit des U-Boot-Krieges scheint Falkenhayn wenig überzeugt. Ohnehin war dieses Mittel für den Generalstabschef stets eine Ergänzungs-, nicht eine Kernmaßnahme. Darüber hinaus ist er keineswegs in Bestverfassung. Falkenhayn wirkt niedergeschlagen «wegen des Ausbleibens jeden Erfolges bei Verdun».[137] Zu allem Überfluss hat seine Nachrichtenabteilung heute endgültig bestätigt, dass die Streitkräfte Haigs den gesamten Abschnitt der Zehnten Französischen Armee übernehmen.[138] In Falkenhayns Ausgangsrechnung spielte die U-Boot-Waffe eine ähnliche Rolle wie die Offensive bei Verdun. Sie sollte die britische Armee zum vorschnellen Angriff reizen, um ihr umso sicherer den Todesstoß zu versetzen.[139] Doch diese Hoffnung hat sich nun zerschlagen. Der schwache Vortrag ist auch das Ergebnis von Ratlosigkeit.

Nach dieser Anhörung gibt es für Wilhelm nur *eine* Entscheidung: Der Kaiser lehnt den warnungslosen U-Boot-Krieg ab. Stattdessen folgt er dem Vorschlag Bethmanns, weiterhin nur den «verschärften» U-Boot-Krieg gegen bewaffnete Handelsschiffe zu führen. Dieses Verfahren lässt sich mit dem Völkerrecht halbwegs in Einklang bringen. In den USA stößt es auf ein gewisses Verständnis, weil auch dort die Bewaffnung britischer Handelsschiffe für Stirnrunzeln sorgt.[140] Kein Zweifel: Bethmann hat das Duell gegen Falkenhayn gewonnen. Am späten Abend, im Gespräch mit Wild, «markiert» der Generalstabschef nur «den Enttäuschten».[141] Allzu sehr misstraut nun wohl auch Falkenhayn dem Plan des rücksichtslosen U-Boot-Kriegs. Der Kaiser, sichtlich erleichtert, lobt Bethmann aus vollem Herzen: Er habe seinen Standpunkt «glänzend vertreten».[142] Ein Kriegseintritt der USA scheint endgültig vermieden.

Nur Mut, wir werden sie schon packen!

TAGESBEFEHL PHILIPPE PÉTAINS, 10. APRIL 1916

Achtes Kapitel

ZERMÜRBUNG

Sonntag, 5. März. Sektor Verdun, Südrand des Chauffour-Waldes. Auf den *Côtes* verläuft die Schlacht wie in einer Endlosschleife. Alfred Bauer, Leutnant in einem Infanterieregiment aus Frankfurt am Main, liegt seit vier Tagen westlich der Trümmer des Dorfes Douaumont in einer «ekligen Stellung».[1] Beim nächtlichen Anmarsch haben die Kompanien wie üblich schwere Verluste erlitten: «Behrens, der schon ziemlich mitgenommen war, bricht total mit den Nerven zusammen, nachdem eine Granate dicht neben ihm auf einen Schlag zehn Mann zerrissen hatte.»[2] Nun kauert Bauer an einem Abhang südlich der Chauffour-Schlucht – fast genau dort, wo ein paar Tage vorher alle deutschen Attacken gescheitert waren, weil die Angreifer im Maschinengewehr-Feuer «wie Bleisoldaten» wegklappten.[3] «Wir verbringen», so Bauer, «den Tag in unserem Erdloch, liegen im Artilleriefeuer, frieren ganz fürchterlich und haben immer Hunger.»[4] Der französische Graben, nahe der Straße Douaumont–Bras, ist nur ungefähr dreißig Meter entfernt. «Der Franzmann», staunt Bauer, «scheint sehr viel Alkohol gestiftet zu bekommen, denn er winkt dauernd an allen Ecken und Enden mit Schnapsflaschen. Komischerweise kann man ziemlich frei herumlaufen, nur muss man im Helm gehen. Auf Leute mit Mützen – anscheinend vermuten sie darin Offiziere – wurde lebhaft geschossen.»[5] Alkohol spielt wie seit Jahrhunderten schon auch auf dem Schlachtfeld von Verdun eine wichtige Rolle.

Vor den Löchern des Bataillons aus Hessen, in einer Mulde, verwesen massenhaft Leichen, «die teils aus Zeitmangel, teils wegen des starken

Artilleriefeuers noch nicht begraben werden konnten».[6] Meist ist das Sperrfeuer derartig heftig, dass keine Verbindung nach hinten besteht: «Die Telefone sind zerschossen, die Melder des Regiments kommen überhaupt nicht mehr durch.»[7] Als die deutsche Artillerie den Angriff der Frankfurter vorbereitet, trifft sie abermals auch eigene Truppen; und als der Sturm schließlich beginnt, wird zwar der französische Graben genommen, doch danach laufen hunderte Angreifer südlich des Grabens einmal mehr in das flankierende Feuer von Maschinengewehren, diesmal aus dem Wald von Haudraumont. Erneut kann «sich kein Mensch mehr aus der Deckung, die wir in den Granatlöchern» finden, «blicken lassen».[8] Und wie üblich legen die Geschütze des Gegners alle eroberten Gräben sofort unter Dauerfeuer.

Auch die soeben eroberte französische Stellung an der Straße, «höchstens ½ Meter tief»,[9] ist bald kaum noch zu erkennen. In Bauers Nähe werden ein Hauptmann und zwei Soldaten verschüttet; beide Soldaten ersticken, während der Offizier «gerade noch ausgegraben»[10] werden kann. Hauptmann von Prittwitz, mit Bauer befreundet, erhält einen Granatsplitter «an den linken Augenknochen».[11] In der Nacht kommt die Ablösung, «und der Rest des Bataillons, der allerdings ein kläglicher ist, marschiert in langsamem Zuge – die Leute sind total fertig, seelisch und moralisch – nach unserer alten Stellung» bei Flabas. Bis die Überlebenden das Lager von Dombras erreichen, sind sie fünfzehn Stunden marschiert. «Am Eingang des Waldlagers», erinnert sich Bauer, «empfing uns die Musik, aber es war wirklich traurig; die Leute und wir selbst alle weinten wie die kleinen Kinder, einmal infolge der kolossalen Nerven-Zerrüttung und dann in dem Gedanken an alle die lieben Kameraden, die wir dort haben zurücklassen müssen und die teilweise noch nicht einmal zurückgeholt werden konnten.»[12] Allein das Zweite Bataillon von Alfred Bauer hat über fünfhundert Mann verloren. Sämtliche Fingerspitzen und Zehen des Leutnants sind erfroren. «Die Musik spielte», so Bauer, «uns allen liefen die hellen Tränen nur so herunter. Gerade unsere Offiziersverluste sind so grauenhaft. Die Ärzte wollten schließlich gar nicht mehr nach dem Namen fragen. Ein Kamerad hat die Nase und die vordere Gesichtshälfte abgerissen. Ist das nicht grässlich? Einer ein Auge, vermutlich zwei ausgeschossen, einer Bauchschuss,

2 Lungenschuss, 2 total zerrissen. Das alles zu sehen erfordert Nerven, und das sind nur die Verluste von Offizieren. Zwei Tage im Trommelfeuer zwischen toten Franzosen und Deutschen, ne, das verträgt kein Stier.»[13]

Das Bataillon ist dreißig Meter vorangekommen – wenn überhaupt. «In fünf Tagen werden wir Verdun dann haben»,[14] hatte Bauer am 8. Februar notiert. Nun aber wird sich der Leutnant um Aufnahme bei der Fliegertruppe bewerben. Sein Vater verfügt über erheblichen Einfluss: Generaldirektor Dr. Carl Wilhelm Bauer leitet in Plauen die «Vomag», eines der wichtigen Rüstungsunternehmen des Deutschen Reiches. Neben Lastkraftwagen stellt es auch Granaten her.[15]

Montag, 6. März. Sektor Verdun, Höhen bei Consenvoye. Es schneit, die Sicht ist dürftig. Robert Kosch, Kommandierender General des X. Reservekorps, steht auf den Höhen bei Consenvoye. Durch ein Scherenfernrohr blickt er über die Maas auf das Westufer hinüber. Dort steht der deutsche Angriff kurz bevor. Seit fast vier Stunden feuert die Artillerie der Kronprinzenarmee mit ähnlicher Wucht wie am ersten Tag der Schlacht. Die Artillerie mache, so Kosch, «das Tal von Forges und Regnéville zur Hölle».[16] Die 22. Reservedivision seines Korps hat den Auftrag erhalten, gemeinsam mit Goßlers VI. Reservekorps die französischen Linien am Dorf Forges zu durchstoßen. Der Westufer-Angriff soll die Grundlage schaffen, die französischen Batterien hinter dem Marre-Rücken niederzukämpfen. Für das Zum-Stehen-Bringen des Keils auf den *Côtes* war deren Feuer nicht entscheidend; nun aber, nach dem Stocken der Vorwärtsbewegung und dem Bündeln der französischen Artillerie durch Pétain, scheint am Ostufer jedes Weiterkommen unmöglich, bevor die Geschütze am Marre-Rücken nicht schweigen. Voraussetzung dafür: Die Masse der deutschen schweren Artillerie muss ihre Stellung bis an den Nordhang des Toten Mannes wie auch an den Nordrand des Raben- und Kleinen Cumières-Waldes vorziehen können.[17] Um das zu erreichen, hat die Infanterie ihre Linien nach Süden vorzuschieben, ungefähr auf die Linie Avocourt–Cumières.[18] Für einen Westufer-Angriff auf ganzer Front gibt es vor Ort zu wenige Geschütze. Oberstleutnant Otto Freiherr von Ledebur, Goßlers Stabschef, hat sich deshalb für eine Attacke entlang der Maas entschieden. Heute ist in einem ersten Schritt die Linie etwa von der Mühle Raffécourt über den Rabenwald bis zum Kleinen Cumières-Wald zu nehmen; dann soll der Tote Mann und danach Höhe 304 fallen. Kurzum: Ledebur will die Hauptstellung des Gegners von Osten her aufrollen lassen.

Als das deutsche Artilleriefeuer abbricht, fluten die Sturmwellen von den Hängen des Forges-Waldes herab. Die Angreifer queren auf Behelfsbrücken, von Pionieren nach vorne getragen, das morastige, weiche Gelände am Forges-Bach. Die französischen Batterien hinter dem Marre-Rücken feuern vergeblich: Viele Granaten zünden nicht, sondern werden vom schlammigen Untergrund fast lautlos verschluckt.[19] Während darüber hinaus drei deutsche Bataillone auf Pontons und kleinen Kähnen bei Brabant und Champneuville über die Maas setzen und so in die Flanke und in den Rücken des Gegners gelangen, schiebt sich ein Panzerzug auf den Gleisen der Strecke Consenvoye–Regnéville bis auf fünfzig Meter an die Linien des Gegners heran. Seine Geschütze bahnen der deutschen Infanterie zwischen dem Dorf Forges und der Maas eine Gasse. Kosch beobachtet, dass der Zug «wie ein Sprühteufel»[20] schießt. Doch durch den Dampf der Lokomotive bietet er den französischen Artilleriebeobachtern ein weithin sichtbares Ziel. Bald muss der Panzerzug weichen. Indessen kommt die Infanterie nur unter hohen Verlusten voran. Zwar haben Granaten viele Verteidiger in ihren Unterständen lebendig begraben;[21] doch aufgrund des Sperrriegels der französischen Geschütze, die vom Toten Mann und am Marre-Rücken feuern, gewinnen die Angreifer wenig Raum. Spätestens jetzt hat sich der Kampf vor Verdun in eine Artillerieschlacht verwandelt. General Bazelaire, Pétains Oberbefehlshaber am westlichen Ufer, droht zudem, jeden französischen Verband, der zurückweicht, durch Artillerie und Maschinengewehre unter Feuer zu nehmen.[22] Die Angreifer verfehlen ihr Tagesziel. Als sich Kosch am Abend ins Schloss Charmois bei Stenay zurückfahren lässt, scheint er dennoch beeindruckt. «Noch niemals kämpften», schreibt der General seiner Frau, «auf ziemlich eng begrenztem Raum solche Truppenmengen und vor allem solche Artilleriemassen wie hier vor Verdun.»[23] Er, Kosch, sei Zeuge «wohl der gewaltigsten Schlacht …, die die Weltgeschichte kennt».[24]

Mittwoch, 8. März. Douai, Hauptquartier der Sechsten Armee. Generalleutnant Dr. Hermann von Kuhl, aus dem Rheinland gebürtig, hat klassische und germanistische Philologie, Philosophie und vergleichende Sprachwissenschaften studiert. Seine Dissertation, an der Universität Tübingen entstanden, trägt den Titel *De Saliorum Carminibus*: «Über die Lieder der Salier». Als Alter Herr der «Leipziger Universitätssängerschaft» ist er Mitglied einer studentischen Verbindung, der auch Spohr, Schumann und Brahms angehört haben. Horaz-Oden, griechische Chöre oder Verse Homers trägt er aus dem Gedächtnis vor. Das Geigenspiel freilich hat der Neunundfünfzigjährige unter dem Druck beruflicher Pflichten aufgegeben. Kuhl, 1913 geadelt, dient als Chef des Stabes der Sechsten Armee.[25] Sie steht unter dem Oberbefehl des Kronprinzen Rupprecht von Bayern. Heute Mittag ist Falkenhayn nach Douai gekommen. In seiner Begleitung erscheinen zwei Offiziere der Obersten Heeresleitung: Major Gustav von Bartenwerffer und Hauptmann Erich von dem Bussche-Ippenburg. Kronprinz Rupprecht gilt als der talentierteste Heerführer aus fürstlichem Hause. Und auch Falkenhayn weiß: Der Wittelsbacher gehört zu seinen schärfsten Kritikern. Niemals aber hat Rupprecht sich durchringen können, seine Einwände von Angesicht zu Angesicht zu äußern. Landsmannschaftliche Spannungen sind im Kontingentsheer des Kaisers nicht ungewöhnlich. Bayerische Truppen wähnen sich üblicherweise den Österreichern oder der Zarenarmee überlegen; an der Westfront hingegen überwiegt der Eindruck, als Juniorpartner der Preußen zu kämpfen.[26] Rupprecht zum Beispiel empfindet gegenüber den Hohenzollern ein Gefühl dynastischer Minderwertigkeit.[27]

Nun aber sprechen Falkenhayn, Kuhl und Rupprecht über den Vorschlag, mit der Armee des bayerischen Thronfolgers vielleicht doch noch den Krieg zu entscheiden. Vor vier Tagen nämlich hat Kuhl nach Mézières gedrahtet, dass Haigs Streitkräfte große Teile der französischen Linie übernehmen, ihre eigene Front demnach strecken müssen. Das könnte die Gelegenheit bieten, meint Kuhl, einen «großen operativen Durchbruch der englischen Front» zu erreichen. Voraussetzung sei, dass die Sechste Armee «sehr starke Kräfte»[28] als Verstärkung erhalte. Falkenhayn erläutert die Lage. Der Generalstabschef ist verwundert,

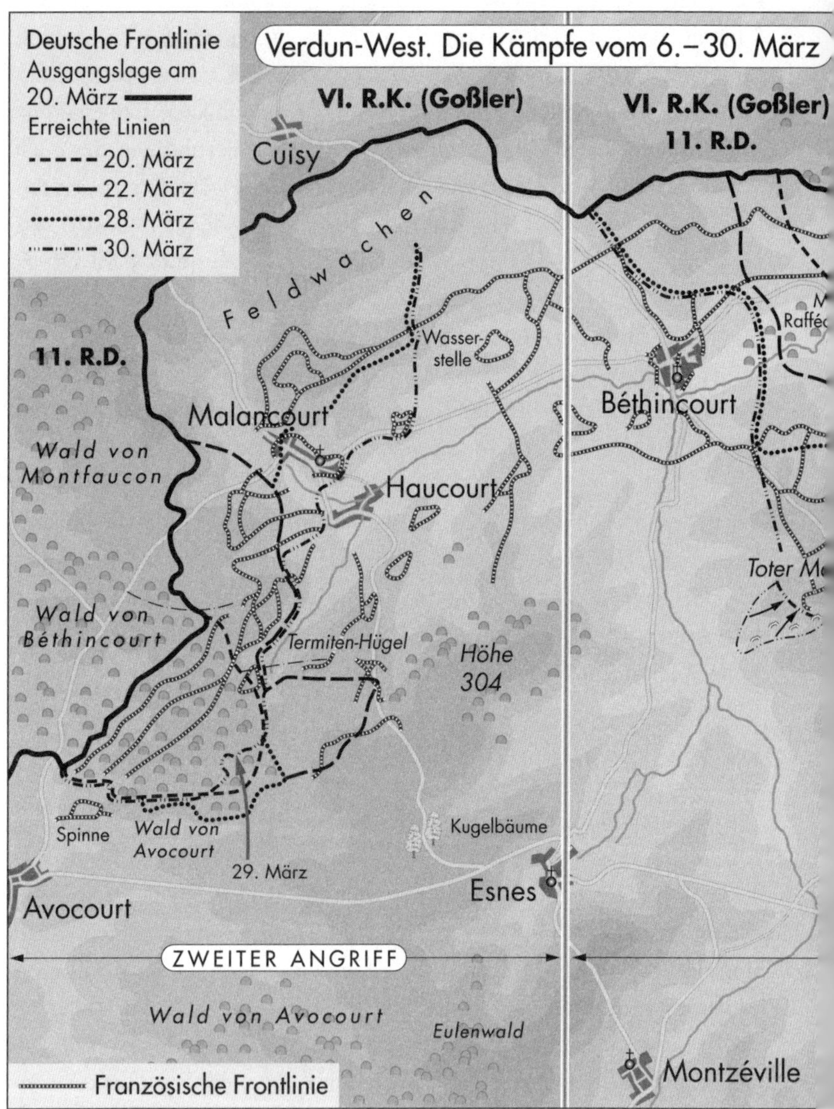
Verdun-West. Die Kämpfe vom 6.–30. März
Deutsche Frontlinie
Ausgangslage am 20. März
Erreichte Linien
20. März
22. März
28. März
30. März
VI. R.K. (Goßler)
VI. R.K. (Goßler)
11. R.D.
11. R.D.
Cuisy
Feldwachen
Wasser-stelle
Malancourt
Haucourt
Béthincourt
Wald von Montfaucon
Wald von Béthincourt
Termiten-Hügel
Höhe 304
Toter M
Spinne
Wald von Avocourt
29. März
Kugelbäume
Esnes
Avocourt
ZWEITER ANGRIFF
Wald von Avocourt
Eulenwald
Montzéville
Französische Frontlinie

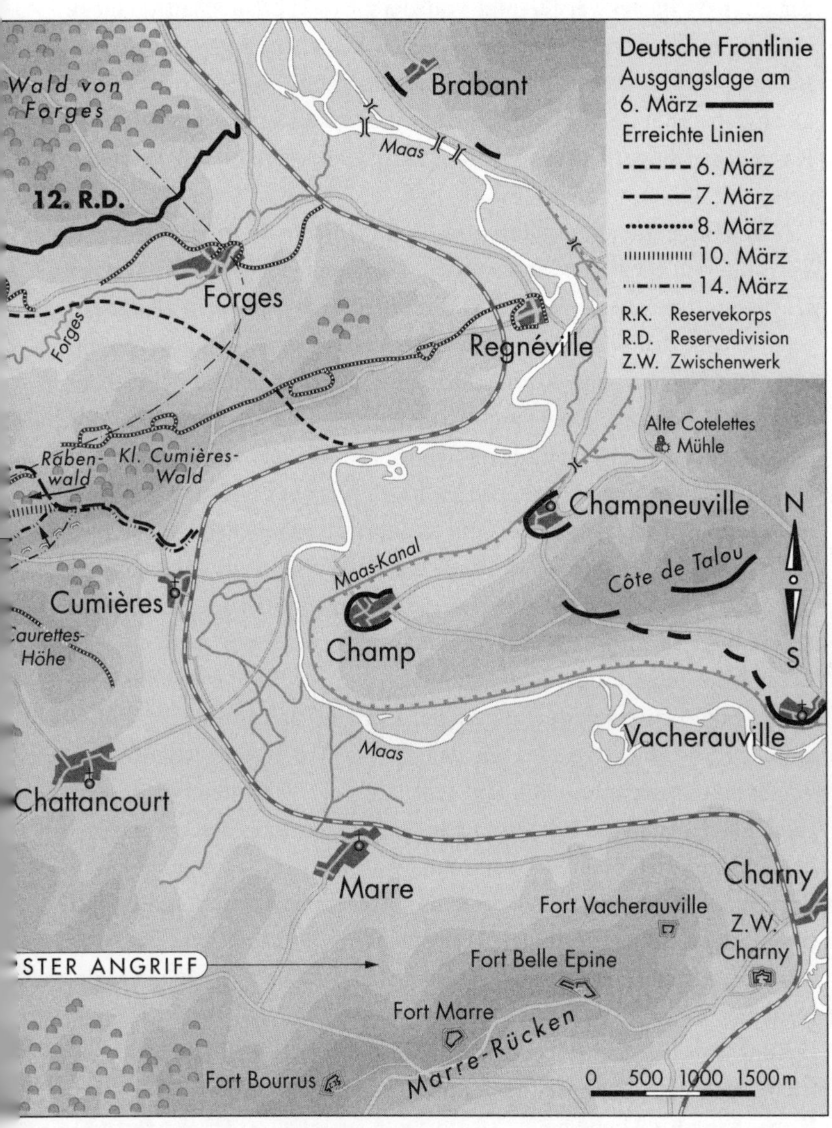
Deutsche Frontlinie
Ausgangslage am 6. März
Erreichte Linien
6. März
7. März
8. März
10. März
14. März
R.K. Reservekorps
R.D. Reservedivision
Z.W. Zwischenwerk
Wald von Forges
12. R.D.
Brabant
Maas
Forges
Regnéville
Raben-wald
Kl. Cumières-Wald
Alte Cotelettes Mühle
Champneuville
N
S
Maas-Kanal
Côte de Talou
Cumières
Champ
Vacherauville
Maas
Chattancourt
Marre
Charny
Fort Vacherauville
Z.W. Charny
STER ANGRIFF
Fort Belle Epine
Fort Marre
Marre-Rücken
Fort Bourrus
0 500 1000 1500 m

«dass die Franzosen das östliche Maasufer bei Verdun mit einer solchen Hartnäckigkeit verteidigen». Falkenhayn gesteht: «Das hätte ich nie geglaubt.»[29] Bartenwerffer und von dem Bussche sprechen dennoch von einer «Eroberung Verduns».[30] Auch Falkenhayn gibt sich zuversichtlich. Auf dem Westufer habe man «weitere Fortschritte» erzielt. Doch behauptet der Generalstabschef jetzt zum ersten Mal gegenüber Rupprecht, seinem Kritiker, Verdun führe zum «Verbluten»[31] des Gegners.

Nur wenige Stunden später wird Wild von Hohenborn, Falkenhayns Vertrauter, in Mézières den Eindruck gewinnen, der Generalstabschef sei wegen der Misserfolge bei Verdun niedergeschlagen: «Falkenhayn trägt schwer daran, und ich finde nicht recht die Worte, ihn aufzurichten.»[32] In Wahrheit also wird der Kriegsminister am Abend bei Falkenhayns Rückkehr aus Douai keine Zufriedenheit, sondern «Deprimiertheit wegen des Ausbleibens jeden Erfolges bei Verdun»[33] beobachten. In Douai *spielt* der Generalstabschef seine Zuversicht offenbar nur. Demnach verhält er sich gegenüber dem Kronprinzen ähnlich wie gegenüber Lochow in Pillon, als der «Markgraf» den Angriffsentwurf so hartnäckig in Frage stellte.[34] Hier wie dort ist Falkenhayn unter Druck geraten – in Pillon durch Lochows Zweifel, in Douai wegen der Lage auf den *Côtes*. Beide Male rechtfertigte er sich mit dem Hinweis auf das «Verbluten». Heute in Douai scheint er insgeheim bedrückt; und Lochow in Pillon hatte ihn «in dem Glauben an den Erfolg des Verdun-Angriffs arg beschränkt».[35] Kein Zweifel: Hinweise auf das «Verbluten» sind nicht zuletzt eine Ausflucht. Immerhin scheinen sie nicht aus der Luft gegriffen. Falkenhayns Nachrichtenabteilung hat heute die – viel zu hohen – Zahlen aus Stenay bestätigt: Bis zum 2. März, heißt es in dem Bericht, beliefen sich die französischen Verluste auf bis zu 48 000 Tote und Verwundete. Als Folge der Schlacht schwinde die Siegeszuversicht in Frankreich.[36]

Kann also ein unmittelbarer Durchbruch an der britischen Front vielleicht doch noch gelingen, auch ohne den Entlastungsstoß Haigs? Im Januar hatte Kuhl berechnet, dass dort *mindestens* zwölf Divisionen und die entsprechende Artillerie für einen Durchbruch erforderlich wären.[37] Inzwischen ist die Heeresreserve spürbar geschmolzen. Vor der Attacke auf dem Westufer hatte Falkenhayn bereits zwei Divisionen nach Verdun befohlen, darunter die 11. Bayerische Infanteriedivision. Weil der Angriff auf dem Ostufer stockt, muss er heute die Verlegung des Bayerischen Alpenkorps, einer Elitetruppe, vom Balkan nach Verdun in die Wege leiten.[38] Außerdem steht fest, dass Lochows «Märker» in wenigen Tagen abgelöst und mindestens zwei weitere frische Divisionen vor Verdun zum Einsatz kommen müssen.[39] Ähnliches gilt für Schencks XVIII. Armeekorps. Kurzum: Für eine Artois-Offensive stünden äußerstenfalls noch zwölf Divisionen zur Verfügung.[40] Das wären zwar genau jene 144 000 Mann, die Kuhl als Mindesteinsatz berechnet hatte, *bevor* Haig die britische Linie streckte; aber Unternehmen *Gericht* verläuft erheblich schwieriger als erwartet. Und in jedem Fall würde das deutsche Heer, kämen im Artois sämtliche Reserven zum Einsatz, an allen anderen Fronten ohne Sicherheitsnetz kämpfen. Jede Militärakademie lehrt: kein militärischer Führer ohne Reserven.[41] Falkenhayn fehlen für einen unmittelbaren Durchbruch weiterhin die Mittel – wenn auch nur knapp.

Freitag, 10. März. Paris, Élysée-Palast. Madame Pompadour, Marschall Murat, Napoleon III. – in der Rue du Faubourg-Saint-Honoré kann Poincaré auf berühmte Vorbewohner verweisen. Der Palast dient allen Staatspräsidenten seit 1874 als Dienstsitz. Heute tagt im Élysée der «Oberste Rat der nationalen Verteidigung». Poincaré führt wie immer den Vorsitz. Neben dem Ministerratspräsidenten, dem Kriegsminister und anderen Spitzen-Ministern hat auch der Generalissimus einen Sitz im Rat. Das Gremium bietet der Armeespitze die Möglichkeit, sich bei der Regierung Gehör zu verschaffen. Laut Verfassung kann der Verteidigungsrat keine Beschlüsse fassen. Aber für die Feinabstimmung zwischen Militär und Politik spielt er eine bedeutsame Rolle.[42] An der Seite Joffres erscheint wie üblich sein Stabschef. «Abgesehen davon», witzelt Castelnau, «dass wir nicht miteinander schlafen, könnte unsere Beziehung nicht inniger sein.»[43] Einem Vertrauten gegenüber ätzt der General, Joffre sei außerstande, sich klar auszudrücken, und wirke bei den Sitzungen schlecht vorbereitet. Ähnliches gelte für Poincaré. Der Staatspräsident habe keine Ahnung, wie man eine Sitzung leitet. Man gewinne den Eindruck, die Politiker hielten Generäle für geistig minderbemit-

Staatspräsident Raymond Poincaré (links), General Joseph Joffre (Mitte) und General Philippe Pétain (auf den Stufen) vor dem Rathaus in Souilly, Hauptquartier von Pétains Zweiter Armee

telt.[44] Doch was immer Castelnau im Stillen erwägen mag – sein Verhalten gegenüber Joffre bleibt durchweg loyal.

Der Generalissimus steht unter Druck. Im inneren Führungskreis haben ihm die Rückschläge bei Verdun zusätzlich geschadet. Vor drei Tagen trug Kriegsminister Gallieni, der unheilbar an Prostatakrebs leidet, sein politisches Testament im Ministerrat vor. Gallieni legte die Ablösung des Generalissimus nahe.[45] Der Kriegsminister schien zutiefst verärgert. Immerhin hatte ihm Joffre trotz der Warnungen von Ferry und Driant erklärt, Verdun sei sicher.[46] Nun aber gibt es Gerüchte, der Generalissimus habe die Festung aufgeben wollen. Auch dem Staatspräsidenten kommen Bedenken. Schon kurz nach Beginn der Schlacht wollte Poincaré den Sektor Verdun besuchen. Doch wegen der unsicheren Lage musste er die Fahrt zweimal verschieben. Erst vor neun Tagen konnte der Präsident die Region schließlich besichtigen, darunter Bar-le-Duc, seinen Geburtsort.

Überall Flüchtlinge, überall Truppen: Die Schlacht bei Verdun ist für den Präsidenten eine ganz und gar persönliche Sache. Seine Familie, der Politiker und Wissenschaftler entstammen, kommt aus Nubécourt. Das Dörfchen liegt einen Steinwurf von Souilly entfernt. «Der Sockel der Büste meines Großvaters», empörte sich Poincaré auf seiner Reise, «ist durch Granaten angeschlagen, die vor dem Haus meiner Großeltern explodiert sind. Es besteht nur noch aus ein paar schwankenden Mauerresten ... Barbaren, Barbaren, was habt Ihr aus unserem armen Maas-Département gemacht?»[47] In Souilly besuchte der Präsident auch Pétain. Der General erklärte, man dürfe sich auf den *Côtes* keinesfalls einkesseln lassen. Er, Pétain, werde notfalls nicht zögern, die Stadt preiszugeben. «Daran dürfen Sie gar nicht erst denken», entgegnete Poincaré, «dies würde im Parlament zu einer Katastrophe führen.»[48] Diese Antwort dürfte die Verachtung des Generals für die politische Klasse kaum gemildert haben.[49] Briand spielt mit dem Gedanken, Joffre durch Castelnau zu ersetzen. Doch «Papa Joffre» weiß sich zu wehren. Er habe, versichert er nunmehr im Rat, General Bapst seines Amtes enthoben. Auch Bonneval werde sich vor einem Kriegsgericht verantworten müssen. Im Übrigen, bestätigt Castelnau, sei die Lage bei Verdun nunmehr «gut».[50] Bisher hätten die französischen Streitkräfte, erläutert der Generalissimus, 49 000 Mann verloren. Poincaré misstraut solchen Zahlen: «Ich bezweifle ein wenig», notiert der Präsident, «die mathematische Genauigkeit dieser Ziffern.»[51] Doch Joffre und Castelnau können die Politiker beruhigen. Beide versichern, «dass die deutschen Verluste viel erheblicher sind».[52]

Samstag, 11. März. Chantilly, Hotel «Le Grand Condé». An seiner Entschlossenheit will Joffre lieber keinerlei Zweifel mehr aufkommen lassen. Einen Tag nach der Sitzung im Élysée erlässt er den Armeebefehl Nr. 57: «Soldaten der Armee von Verdun! Seit drei Wochen haltet Ihr dem gewaltigsten Ansturm des Feindes stand, den er bisher auf unsere Linien gemacht hat.... Tag und Nacht, trotz eines noch nie dagewesenen Beschusses, habt Ihr allen Angriffen standgehalten und Eure Stellungen behauptet. Der Kampf ist noch nicht beendet. Denn Deutschland braucht einen Sieg. Ihr werdet ihm diesen entreißen. Wir haben Munition in Hülle und Fülle und zahlreiche Reserven. Vor allem aber habt Ihr Euren unbezähmbaren Mut und Euren Glauben in das Geschick des Augenblicks. Das ganze Land blickt gespannt auf Euch. Ihr werdet zu denen gehören, von denen man dereinst sagen wird: ‹Sie haben den Deutschen die Straße nach Verdun verlegt.› Joffre.»[53] Mit diesem Befehl verwandelt der Generalissimus den Kampf um eine lothringische Kleinstadt in die Schlacht einer ganzen Nation. Im Führungskreis freilich gibt er zu erkennen, dass der deutsche Angriff bei Verdun offenbar doch nicht auf die Kriegsentscheidung ziele. Wahrscheinlich sei Verdun nur das «Vorspiel für eine Offensivaktion gegen Frankreich».[54] Damit kehrt Joffre an den Ausgangspunkt seiner Überlegungen zurück.

Der Armeebefehl aber bringt den Verdun-Mythos gleichsam ins Rollen. Für die französische Öffentlichkeit wächst die Bedeutung der Schlacht rasch ins Unermessliche. Nur vier Wochen später, am 14. April, wird der leitende Nachrichtenoffizier in Stenay für Knobelsdorf einen Bericht des Agenten «R. 43» zusammenfassen. «R. 43» spioniert in Lausanne: Dass der Wehrpflichtigen-Jahrgang 1916 «in großen Mengen bei Verdun an der Front eingesetzt worden ist, erfüllt viele Kreise in Frankreich mit Beunruhigung. Wenn auch die Begeisterung dieser jungen Leute über jedes Lob erhaben sei, so fürchtet man doch, dass ihre jungen Nerven der modernen Schlacht nicht gewachsen sein dürften. R. 43 wird von seinen Vertrauensleuten immer wieder versichert, dass nach Ansicht der maßgebenden Kreise Frankreichs der Ausgang der Schlacht bei Verdun über die Zukunft Frankreichs, vielleicht über die Zukunft der Welt, entscheiden wird.»[55]

Pétain fürchtet tatsächlich, dass die Nerven seiner Soldaten der modernen Schlacht nicht gewachsen sein könnten. Der General belässt jede Division höchstens acht bis zehn Tage in den Stellungen, um ihre Kampfkraft nicht völlig zu erschöpfen. Dann werden sie abgelöst, vor Verdun möglichst nicht noch einmal in denselben Frontabschnitt kommandiert und durch frische Divisionen ersetzt, ein wirbelndes Karussell, das Frankreichs Streitkräfte gewissermaßen über das Schlachtfeld rotiert. Dieses Karussell nennt Pétain *noria* – ein spanisches Lehnwort mit arabischen Wurzeln. Es bezeichnet ein Schöpfrad, dessen Kübel sich immer wieder mit Wasser füllen und sich ebenso unablässig wieder leeren.[56] Schon bald hält die *noria* das Heer entlang der ganzen Westfront in Atem.

Für den Verdun-Mythos hat das nachhaltige Folgen. Pétains Karussell macht aus der Schlacht eine Angelegenheit des gesamten Heeres. Am Ende werden weit mehr als drei Viertel aller *poilus* bei Verdun zum Einsatz gekommen sein.[57] Fast jeder Soldat in französischer Uniform ist ein Verdun-Kämpfer. Kein Wunder, dass die Schlacht verblüffend schnell zum Inbegriff des Weltkriegs wird. Anders als auf deutscher Seite, wo Verdun allmählich aus den Schlagzeilen verschwindet, eignet sich eine erfolgreiche Abwehrschlacht auf heimischem Boden vorzüglich für die Propaganda. In der Etappe – nicht in den Schützengräben – beginnt die Überhöhung der Schlacht zu einer Art nationalem Altar, auf dem Frankreichs Söhne ihr Blut für die Freiheit opfern. Die Wochenschrift *L'Illustration* zum Beispiel räumt Berichten über Verdun ungewöhnlich viel Raum ein. Die Journalisten vermitteln das Bild einer Nation, die sich fest um den Verdun-Kämpfer schart. Selbst Verwundete lächeln auf jedem Foto heldenhaft tapfer. Keine Abbildung von Leichen oder zerrissenen Körpern belästigt den Leser.[58] Armeebefehle im Stile Napoleons, Propaganda, die *noria*, der Charakter des Ringens als erfolgreicher Abwehrkampf – diese Versatzstücke prägen den Blick auf eine Schlacht, der dem nationalen Selbstbild schmeichelt.

Sonntag, 12. März. Schloss Charmois bei Stenay. Graf Herbémont würde seinen Park möglicherweise nicht wiedererkennen. Deutsche Pioniere haben die besten Bäume gefällt. Doch der neue Schlossbewohner, Robert Kosch, Kommandierender General des X. Reservekorps, scheint mit seiner Unterkunft zufrieden. Obwohl einige Möbel fehlen, ist das Gebäude noch immer gut bewohnbar: schöne, mächtige Steinkamine, und im Salon steht ein altes Klavier, auf dem Hauptmann Crone, Leiter der Fernsprech-Abteilung, «ganz wundervoll» Beethoven spielt, «und zwar ohne Noten».[59] Nun sitzt Kosch in seinem großen Zimmer im ersten Stock «mit schöner Aussicht auf die Berge bei Dun».[60] Der General schreibt seiner Frau. Er schildert den Kreislauf der Materialschlacht: «Das Leben hier hinter der Front aber solltest Du sehen, dieses Hin und Her von Artillerie-, Munitions- und Verpflegungskolonnen, Ersatz, der von hinten nachströmt, Verwundeten- und Gefangenentransporte, die von vorn kommen, und dabei immer das rasende Artilleriefeuer, bei dem man manchmal kaum verständlich reden kann.... Die Dörfer sind hier alle scheußlich.... Winklige, dreckige Straßen, unfreundliche Häuser mit dem vertretenen Misthaufen vor der Tür, manchmal nur Ruinen, die dürftig zu Pferdeställen und Mannschaftswohnungen umgebaut sind; überall gefällte Bäume, Schützengräben, Drahthindernisse, kurz: ein Bild kriegerischer Verwüstung, wie es schlimmer nicht gedacht werden kann. Den Franzosen werden noch die Augen aufgehen über das Unheil, das sie sich durch diesen Krieg zugezogen haben. Unser Charmois ist so ziemlich die einzige Idylle in all dieser Verwüstung.... Überall arbeiten gefangene Franzosen und Russen, die sich ihr Zusammentreffen auch anders gedacht haben.»[61] Wohl durch die Briefe seiner Frau hat Kosch den Eindruck erhalten, die deutsche Öffentlichkeit rechne mit einer schnellen Eroberung der Festung. Der General wirbt um Verständnis: «Ja, lebhaft geht es hier zu. Die ganze Luft und das Haus erzittert von dem fast ununterbrochen rollenden Geschützfeuer. Die Welt hat so etwas noch nicht gesehen, und ein Kampf von dieser Schwere ist noch nie dagewesen. Daher kann man auch nicht mit schnellen Erfolgen rechnen, sondern muss sich gedulden und froh sein, wenn man in wochenlangem zähen Ringen schrittweise vorwärts kommt.»[62] Aber am Erfolg scheint Kosch nicht zu zweifeln: «Und doch haben wir das Zutrauen, dass es uns gelingen wird, wenn es auch schwere Opfer kosten wird. Die Verluste des Feindes sind ja noch viel größer, und die können es weniger aushalten als wir.»[63]

Dienstag, 14. März. Sektor Verdun, Maas-Westufer. Der erste sonnige Frühlingstag: Nach tagelangen, überaus chaotischen Kämpfen besonders im Rabenwald und mehrfachem Trommelfeuer auf den Toten Mann erreichen Goßlers Truppen heute den Gipfel. Der Tote Mann freilich besitzt eine Doppelspitze. Goßlers Schlesier, darunter viele polnisch sprechende Soldaten, halten die nördliche, etwas höhere Kuppe; doch von der südlichen Kuppe lassen sich die Verteidiger nicht vertreiben. Inzwischen ist das Gelände vollkommen umgewälzt: Trichter neben Trichter, die Bewachsung vernichtet, Tote in allen Gräben, Verwundete in jedem Stollen und in vielen Granatlöchern.[64] Weiter aber kommen die Angreifer nicht voran. Damit haben sie zu wenig Raum gewonnen, um der eigenen Artillerie neue Möglichkeiten des Aufmarsches zu schaffen.[65]

Auch der Westufer-Angriff ist – jedenfalls vorerst – gescheitert. Auf dem Toten Mann liegen sich Angreifer und Verteidiger nun dicht an dicht gegenüber, zudem fast ständig im Feuer beider Artillerien. Der Unteroffizier Robert Perreau erlebt unwirkliche Augenblicke, als er vom Gefechtsstand seines Bataillons, nach dem Überbringen einer Meldung, auf den Toten Mann zurückkehren will. Dabei gerät er ins Visier eines deutschen Scharfschützen. «Ich bin zum Wild geworden», so Perreau, «das der Jäger beobachtet.... Ich bin außer Atem und drücke mich dicht auf den Boden. Ein schrecklicher Geruch dringt alsbald zu mir. Ich kauere auf einem Stück Mensch, der halb im Schlamm steckt. Der Stoff der Feldbluse hat die Farbe der Erde, und nur ein paar Einzelheiten der Ausrüstung weisen darauf hin, dass es ein toter deutscher Soldat ist. Ich krieche weiter, um die ekelhafte Berührung zu vermeiden, aber der Boden ist überall mit schrecklichen Resten übersät. Ich komme an einem toten Franzosen vorbei, dessen verkrampfte, schwarze, abgezehrte Hände zum Himmel ragen, als ob der Tote noch um Gottes Erbarmen flehte. So weit mein Blick reicht, ist der Boden mit Leichen aus den eigenen Reihen und denen des Feindes bedeckt, die in den unwahrscheinlichsten Stellungen daliegen. Der Gipfel des Toten Mannes gleicht zuweilen einem Abfallhaufen, auf dem sich Uniformfetzen, unbrauchbar gewordene Waffen, zerrissene Stahlhelme, faulende Lebensmittel, bleiche Knochen, verfaultes Fleisch anhäuft.... Durch Regen und Schlamm gehen die Leichen in Verwesung über, so dass ihnen ein übler Geruch entströmt. Wir essen nicht mehr. Ich sehe, wie vierzigjährige Männer wie Kinder weinen. Manche möchten lieber sterben.»[66] Der Tote Mann, wird später behauptet, verliert durch den Beschuss sechzig Meter an Höhe.[67] Als die neue französische Geländekarte erscheint, haben ihre Herausgeber die Bezeichnung *Le Mort Homme* kurzerhand ein paar Millimeter nach unten, an den südlichen Gipfel, versetzt. Und so ist der Tote Mann sowohl in deutscher als auch in französischer Hand.[68]

Donnerstag, 16. März. Mézières, Präfektur. Für ihren halben Erfolg entrichten die Truppen den doppelten Preis. Auf deutscher Seite haben Goßlers Verbände bisher die weitaus größten Opfer gebracht. Die geringsten Verluste verzeichnet mit Abstand Zwehls VII. Reservekorps, eingesetzt hart östlich der Maas[69] – auch dies ein Fingerzeig, dass nicht der verspätete Westufer-Angriff für das Festlaufen der Offensive ausschlaggebend war. In allen Stäben der Kronprinzenarmee sinkt die Hoffnung auf eine Eroberung der Stadt dramatisch. Wilhelm Groener, Generalmajor und Chef des Feldeisenbahnwesens, fasst die Eindrücke seiner Mitarbeiter zusammen: «Von Herren meines Stabes wird berichtet», so Groener, «dass alle Offiziere, die sie vor Verdun gesprochen haben, nicht mehr an die Wegnahme der Festung glauben.»[70] Der Generalmajor fürchtet, dass Tappen die Operationen mittlerweile auf «Wünschen» gründe: «Wir kommen noch dazu, bei Verdun alle unsere Reserven einzusetzen – tropfenweise – und ohne die Festung ganz zu nehmen.»[71] Sogar Schmidt von Knobelsdorf wirkt angeschlagen. «Nachmittags war General von Knobelsdorf in Vaudoncourt», berichtet Gündell, Kommandierender General des V. Reservekorps. «Seit Weihnachten habe ich ihn nicht mehr gesehen; ein wenig bescheidener scheint er geworden zu sein; wird nicht lange dauern.»[72] Die Berechnungen der Nachrichtenabteilung zum französischen Kräftehaushalt sind geradezu niederschmetternd. Das Herauslösen der Zehnten Armee hat fünfzehn Divisionen freigemacht. Falkenhayn muss zur Kenntnis nehmen, dass Joffre weiterhin reichliche Kräfte besitzt, um jeden Versuch abzuriegeln, an anderer Stelle den Durchbruch zu erreichen.[73]

Nun aber geschieht Verblüffendes: Die Stimmung in den Stäben der Divisionen und Korps am Rande des Schlachtfelds dringt nicht durch bis zur politischen Leitung. In Charleville, fünfzig Kilometer hinter der Front, malt man die Lage in den hellsten Farben. Noch immer wird die Eroberung der Festung «allseitig zuversichtlich erhofft».[74] Sogar aus der Schweiz kommen günstige Berichte. So meldet der deutsche Gesandte in Bern, seine Gesprächspartner hielten die Verdun-Taktik im Allgemeinen für «meisterhaft». Die französischen Verluste seien schreckenerregend. Joffre habe offenbar die Sorge, «ob mit Menschenmaterial nachgesetzt werden könne, wenn Deutschland diese Taktik fortsetze».[75]

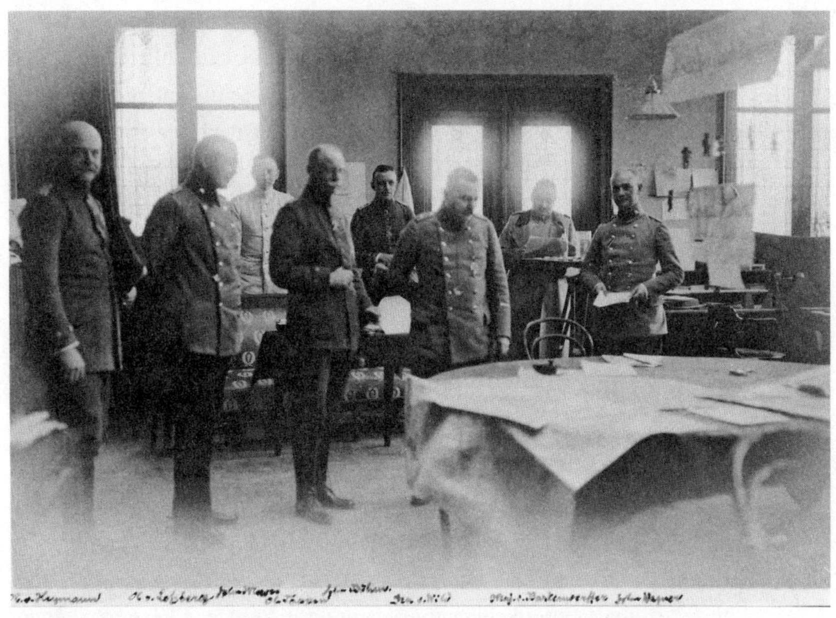

In den Räumen der Operationsabteilung des Großen Hauptquartiers in der Präfektur von Mézières. Von links nach rechts: Oberstleutnant Gerhard von Heymann, Oberst Fritz von Loßberg, Unbekannt, Oberst Gerhard Tappen, Hauptmann Erich von dem Bussche-Ippenburg, Kriegsminister General Adolf Wild von Hohenborn, Major Gustav von Bartenwerffer, Hauptmann Wagner. Aufnahme von 1914

Der Grund für solche Fehlurteile, geknüpft an Hinweise zum «Menschenmaterial», sind auf den ersten Blick irrige Zahlen. Karl Georg Treutler zum Beispiel, Gesandter des Kanzlers in Charleville, hat gestern an Bethmann berichtet: «General von Falkenhayn sagte mir … ganz vertraulich», so Treutler, «er sei sehr zufrieden mit der Lage bei Verdun. Die französischen Verluste seien geradezu erschreckend; wenn der Feind nicht zurückgehe und Verdun preisgäbe, würde er durch die Überlegenheit unserer Artillerie weitere 100 000 Mann verlieren …».[76]

Eine Beobachtung fällt ins Auge: Je länger das Stocken des Angriffs dauert, desto einseitiger stützen viele «Schloss-Strategen» ihre Zuversicht bloß noch auf Zahlen. Dabei könnte eigentlich nicht nur der Fachmann erkennen, dass solche Angaben lediglich auf Schätzungen fußen.

Sogar die Berechnung *deutscher* Verluste stößt immerhin auf Schwierigkeiten.[77] Das «bisher Erreichte» sei «beträchtlich», schreibt Treutler trotzdem dem Kanzler, «die [deutschen] Verluste durchaus entsprechend. Sie betragen nach hiesiger Auffassung etwa ein Drittel der französischen Einbuße, die darum so erheblich höher ist, weil wir die stärkere Artillerie haben und mit konzentrischem Feuer auf die Franzosen schießen».[78] Wenige Zeilen später notiert der Gesandte: «Erwähnenswert ist, dass im Allgemeinen die Wirkung selbst der schwersten Kaliber auf Unterstände gering ist.»[79] Mit anderen Worten: Treutler glaubt an dreifach höhere französische Verluste aufgrund der deutschen Artillerie, obwohl er – mit Recht – angibt, dass die Unterstände des Gegners kaum zu durchschlagen sind.

Ähnlich unausgegoren erscheint das Urteil des Generals Otto von Schjerning, Chef des Feldsanitätswesens. Schjerning ist überzeugt, die wichtigste Ursache für das «Verbluten» des Gegners zu kennen: die betonierten Unterstände! «Unsere artilleristische Wirkung ist viel durchgreifender», behauptet Schjerning, «da die französischen Verschanzungen und Unterstände betoniert sind.»[80] Die Splitterwirkung nämlich führe zu einer höheren Verletzungs- und Todesrate als bei den deutschen Truppen, die lediglich in Feldstellungen kämpfen. Solche Mutmaßungen lassen erahnen, warum nach dem Halt der Vorwärtsbewegung sogar taktische Vorteile des Gegners als eigene Pluspunkte erscheinen, «selbst wenn wir Verdun nicht nehmen sollten».[81] Die Antwort zwingt auch den widerstrebendsten Historiker auf das Feld der Psychologen. Im Großen Hauptquartier ist offenbar nur der Wunsch der Vater des Gedankens. Auch eine zweite Redewendung ist länger nicht zu unterdrücken: In Charleville kann nicht sein, was nicht sein darf. Als zum Beispiel der Kaiser beim Spazierritt einen Angehörigen der Operationsabteilung trifft und erklärt «Na, bei Verdun haben wir die Franzosen wieder zu Tausenden zusammengeschossen», der Hauptmann jedoch erwidert «Eure Majestät, auch unsere Verluste sind schwer», verabschiedet Deutschlands Oberster Kriegsherr «den Herrn höchst ungnädig» und lässt «ihn fortan völlig unbeachtet».[82] Verleugnung und Verneinung als Mittel innerer Abwehr[83] – die Reichsleitung hat Schwierigkeiten mit dem Wahrnehmen der Wirklichkeit.

Samstag, 18. März. Stenay, Jungenschule. 20.12 Uhr. Am Dorf Vaux, im Caillette-Wald und südlich von Fort Douaumont ist ein neuer Großangriff im Gange. Vor allem Fort Vaux soll endlich fallen. Für den Angreifer ist der Besitz des Forts die Bedingung für das Erreichen der Schlüssellinie. Es kämpfen die Divisionen des X. Reservekorps von Robert Kosch und des V. Reservekorps des Generals Erich von Gündell. Die Leitung des Angriffs obliegt dem Gündell-Stab.

In seinem Chefzimmer nimmt Schmidt von Knobelsdorf den Hörer ab. Am Apparat ist Major Hasse aus Vaudoncourt, der Stabschef Gündells. Auch Gündell selbst hört mit.[84]

HASSE: Angriff leider nicht geglückt.
KNOBELSDORF: So geht es nicht. Bataillon unnötig herein gesetzt! Muss vorsichtiger gemacht werden!
GÜNDELL: Wir sind doch aber von Eurer Exzellenz gedrängt!
KNOBELSDORF: Befehl lesen! Plateau von Vaux ist Hauptsache, es ordentlich Schritt für Schritt nehmen. Wie kann denn der Herr Kommandeur von Höhe 310 das leiten? Detail-Anordnungen hier vorlegen! Wundere mich, dass V. Reservekorps das nie tut. Bisherige Ergebnisse lassen darauf schließen, dass Rat und Hilfe von hier für V. Reservekorps dienlich sind.

Knobelsdorf wirft den Hörer auf die Gabel. Dann beschwert er sich bei Oberst Unverzagt, seinem Befehlshaber der Pioniere. Doch Unverzagt macht seinem Namen alle Ehre. Das V. Reservekorps, widerspricht der Oberst, habe alles ordentlich vorbereitet. Knobelsdorf allerdings hätte mit dem Angriff zehn Tage warten müssen. Das französische Streichfeuer aus der Vaux-Schlucht, die Schwierigkeiten bei der Heranführung des Materials – Gündell und Hasse arbeiteten sachgemäß, so Unverzagt, benötigten aber mehr Zeit.[85] Nun aber fährt der General auch Unverzagt an: Der Fehlschlag gründe im Versagen der Pioniere.[86] Wie Schuljungen rüffelt Knobelsdorf selbst hohe Offiziere. «Es ist schlimm», seufzt Gündell, «mit solchen Leuten arbeiten zu müssen. Aber durchhalten! Vielleicht geht es doch! Es gilt der Sache!» Freilich sei die Beziehung zwischen Knobelsdorf und Hasse «unerträglich».[87] Gündell beschwert sich bei Falkenhayn «über die Art des Generalleutnants von Knobelsdorf in seinen täglichen Ferngesprächen … Ich habe es lange hinausgeschoben, länger ging es nicht.»[88]

Gündells Beschwerde hat keinerlei Folgen. Schmidt von Knobelsdorf genießt den Rückhalt des Generalstabschefs und das Vertrauen des Kaisers. Doch Knobelsdorfs Nerven liegen blank. «Knobelsdorf ist fertig und die Truppen brennen aus.»[89] Immer mehr wachsen in Stenay die Spannungen. Alle Generalstabsoffiziere arbeiten «in einem Zimmer zusammengepfercht». Mit den unteren Stellen dürfen sie nicht telefonieren. «Der Chef» macht «alles selbst, und zwar meistens telefonisch oder mündlich, die zuständigen Generalstabsoffiziere» werden «nicht immer zu den Abmachungen ... hinzugezogen oder nicht nachträglich davon unterrichtet». Hinzu kommt «ein schroffer Verkehrston, der dem Chef eigen» ist, «und die schnelle, oft willkürlich erscheinende Beseitigung von Generalstabsoffizieren der unterstellten Befehlsstellen». Es entstehen «Missverständnisse, Spannungen und Missstimmungen». Die Macht zum Durchgreifen besitzt in Stenay einzig und allein der Kronprinz. Doch «gegen seinen tyrannischen Chef»[90] wagt er kein Widerwort. Täglich hält ihm Heymann in Gegenwart von Knobelsdorf und den Mitgliedern der Operationsabteilung Vortrag zur Lage. Die Ansicht, Pétains Streitkräfte würden «verbluten», bezeichnet Heymann als «fantastisch» – als völlig abwegig also. Schließlich verfügten «die Franzosen über schusssichere Festungswerke aller Art im Vorgelände ihrer Festung, während unsere Truppen allen Einwirkungen feindlicher Waffen und schlechten Wetters» ausgesetzt seien. Immer häufiger schließt Heymann seinen Vortrag mit dem Hinweis, «dass der Angriff auf Verdun als gescheitert anzusehen und deshalb so bald als möglich einzustellen sei!»[91] Der «immer weiter gehende, kleckerweise Einsatz von Mensch und Material» stehe nicht im Einklang «mit den vor der immer stärker ausgebauten Festungsfront irgendwie zu erhoffenden Erfolgen».[92]

Knobelsdorf warnt bei den täglichen Vier-Augen-Gesprächen im Park, «es sei für die Stimmung des Oberbefehlshabers und unserer Operationsabteilung ungünstig, von einer Aufgabe des Angriffs zu sprechen».[93] Mit anderen Worten: Heymann soll dem Kronprinzen die Lage schönreden – eine mehr als ungewöhnliche, allen Traditionen des Generalstabs widersprechende Weisung. Jede Mahlzeit im *Château des Tilleuls* empfindet nicht nur der Kronprinz als Tortur. Knobelsdorf sucht «Wahl und Behandlung» der Gespräche vorzuschreiben. «Die Folge davon ist», klagt Wilhelm, «dass jede Mahlzeit mehr Zwang wie Erholung, Frohsinn ein selten gesehener Gast ist».[94] Das Bedürfnis nach Frohsinn spürt Knobelsdorf vor Verdun offenbar selten. «Immer tritt das Bestreben hervor», klagt Wilhelm, «mich möglichst auszuschalten. Wichtige Entscheidungen werden getroffen, ohne dass ich sie rechtzeitig beeinflussen kann. Vereinbarungen zwischen den leitenden und untergeordneten Befehlsstellen, die mich plötzlich vor ein *fait accompli* stellen, mir also Abänderungen nicht mehr gestatten, sind an der Tagesordnung.»[95] Der Oberbefehlshaber ist ratlos: «Ich kann tun und lassen, was ich will. Nie werde ich mich der Zustimmung des Chefs versichert halten dürfen. Fahre ich zur Truppe – und sie ist es doch, die in erster Linie die Lasten des Kampfes trägt und die zu sehen und ihr zu danken meine größte Freude ist –, so bin ich dauernd fort, für Vorträge und den Dienst auf dem Armeeoberkommando nicht zu haben. Will ich mich bei meinen Generalkommandos, Divisionen und Truppenkommandeuren über Stand und Lage an der Front persönlich unterrichten, so erregt dies Missfallen, weil diese Eindrücke häufig mit der Auffassung des Chefs nicht übereinstimmen. Bin ich an spannenden Gefechtstagen auf dem Armeeoberkommando und verfolge den gesamten Melde- oder Befehlsmechanismus, so störe ich den Betrieb. Jeder Einwand, jede Vorstellung, jede Beeinflussung meinerseits, in welchem Sinne sie sei, wird schroff abgelehnt.»[96] Der Klageführer ist dreiunddreißig Jahre alt, Oberbefehlshaber einer Heeresgruppe, Kronprinz von Preußen und Thronfolger des Deutschen Reiches, aber erkennbar noch keine reife Persönlichkeit. Nicht Knobelsdorf muss um das Vertrauen seines Oberbefehlshabers werben, sondern der Kronprinz buhlt um die «Zustimmung des Chefs». Und «spannende Gefechtstage» verfolgt er wie ein Zuschauer auf der Tribüne.

Das preußisch-deutsche Generalstabsystem setzt auf wechselseitige Aufsicht und Beratung. Korpsgeist und eine sachlich begründete, rückhaltlose Offenheit sollen dafür die Grundlage bieten – sowohl im Verhältnis zwischen Oberbefehlshaber und Stabschef als auch in den Beziehungen aller Generalstabsoffiziere untereinander. Im Generalstabsdienst ist jedermann handverlesen, jedermann hat die gleiche Schulung durchlaufen. Unter «Halbgöttern» erscheint der Vorgesetzte nur als Erster unter Gleichen. Diese Überlieferung ist in Stenay zerbrochen. Alle Beziehungen wechselseitiger Aufsicht und Beratung haben versagt oder werden in naher Zukunft versagen: zwischen Kaiser und Generalstabschef, zwischen Generalstabschef und seinem Oberbefehlshaber in Stenay, zwischen dem Oberbefehlshaber in Stenay und dessen Chef des Stabes, zwischen dem Chef des Stabes und seinem Ersten Generalstabsoffizier.

Das liegt an persönlichen Eigenarten, vor allem aber an der Heeresverfassung, die ihrerseits auf dem halbabsolutistischen Bau des Reiches fußt. Einerseits sind weder Knobelsdorf noch der Kronprinz geeignet, ihre Rollen auszufüllen. Ähnliches gilt für den Kaiser. Andererseits widerspricht die vormoderne Gepflogenheit, aus dynastischen Gründen im Zweifel auch ungeeigneten Personen den Oberbefehl ganzer Heeresgruppen zu übertragen, dem Grundsatz einer Auswahl durch Leistung. Nicht nur Preußens Generalstab gründet sein Selbstverständnis auf dem modernen Leistungsprinzip. Militärische Lehrlinge wie Wilhelm von Preußen an der Spitze einer französischen Armee – völlig undenkbar; und so leiden in Stenay alle Beteiligten im Grunde an der Heeres- und Sozialverfassung des Reiches. Die Folgen schlagen durch bis in den Schützengraben. Denn Schmidt von Knobelsdorf kann sich *auch* deshalb so wütend in die Schlacht verbeißen, weil in Stenay alle Beziehungen wechselseitiger Aufsicht und Beratung versagen.

Noch heute Abend, am 18. März, beschließt Knobelsdorf die Bildung einer neuen Kommandobehörde: Die «Angriffsgruppe Mudra» soll künftig alle Offensiven auf den *Côtes* vorbereiten und leiten. General Bruno von Mudra, ein Fachmann für den Festungskampf, wird die Angriffsgruppe führen. «Endlich einmal eine vernünftige Maßregel», lobt Gündell, «die hoffentlich zu gutem Ende führt.»[97] Schon am Mittag des übernächsten Tages beziehen Mudra und sein Stab ihr Hauptquartier in dem Dörfchen Nouillonpont, zehn Kilometer südlich von Longuyon gelegen. Nach seinen ersten Frontbesuchen beklagt der General, den Soldaten auf den *Côtes* gehe es nicht mehr um den Sieg, sondern nur noch um ihr Überleben. «Kampftätigkeit der Infanterie nicht überall rege genug», lautet einer seiner ersten Befehle, den ein Gehilfe in Stichworten notiert: «Franzose darf es nicht mehr wagen, auch nur einen Kopf zu zeigen. Französische Artillerie schießt auf jeden Fall, auch wenn unsere Infanterie ruhig. Jeder Infanterist muss durchdrungen sein, dass er persönlich dem Vaterlande hilft, wenn er einen Gegner umlegt.»[98] Mudra plant, bis zur Monatswende durch kleine, begrenzte Angriffe das Sprungbrett für einen neuen Großangriff zu schaffen, der am 6. April die Linie Thiaumont–Fleury–Laufée erreichen soll.[99] Bis zum Stadtrand von Verdun sind es von dort aus keine dreitausend Meter.

Mittwoch, 22. März. Mézières, Präfektur. Falkenhayn schwankt. Seit zehn Tagen lässt er immer öfter Anzeichen von Unsicherheit erkennen. Am 12. März erklärte er zum ersten Mal im erweiterten Führungsstab, dass man «möglicherweise die Verdun-Operation nicht zu Ende führen» werde, «das heißt bis zu Einnahme der Stadt Verdun!»[100] Zweifellos hat er das drohende Scheitern seines Planes viel früher erkannt.[101] Der Generalstabschef rätselt, warum die Entlastungsattacke im Artois ausbleibt.[102] Die schlichte Antwort lautet: Der Stoß auf den *Côtes* ist nicht weit genug vorangekommen. Joffre, Castelnau, Haig, Robertson und Kitchener hatten daher bisher nie den Eindruck, Frankreichs Armee drohe bei Verdun eine «Katastrophe».[103] Nur in diesem Fall aber hätte die britische Führung sofort einen Entlastungsschlag in die Wege geleitet.[104]

Vor drei Tagen, am vergangenen Sonntag, bei einer Besprechung mit Kuhl in Mézières, erklärte Falkenhayn abschließend, dass die Kräfte für einen unmittelbaren Durchbruch im Artois nicht ausreichend wären. Wie lange man die Angriffe an der Maas fortsetzen werde, ließe sich unmöglich sagen.[105] «Über die Absichten der Obersten Heeresleitung», bemerkt Kuhl, äußere «sich Falkenhayn nicht klar».[106] Gestern schließlich hat der Generalstabschef seinen Gesamtplan vollends aufgegeben. Rupprecht notierte: «Nachmittags [21.3.] kam eine Depesche der Obersten Heeresleitung, welche die Richtigkeit der Anschauung der Sechsten Armee, dass die Engländer zur Zeit die Offensive nicht ergreifen könnten, anerkannte und im Hinblick dieses Umstandes der [Sechsten] Armee behufs anderweitiger Verwendung drei kampfkräftige Divisionen abforderte.»[107] Kein operativer Durchbruch im Artois, kein Durchbruch über die Bande bei Verdun, kein Nachlassen des Widerstandswillens in Frankreich, und die deutschen Verluste steigen dramatisch. 65 000 Soldaten hat die Kronprinzenarmee bereits verloren.[108] Mit anderen Worten: Falkenhayns Strategie ist auf ganzer Linie gescheitert. «Es ist der Augenblick da», so Groener, «wo Falkenhayn sich entscheiden muss, entweder Fortsetzung des Angriffs mit allen Kräften, die dazu verfügbar gemacht werden können, oder Verzicht und Defensive in den gewonnenen Stellungen. Mir will es besser scheinen, die versiebte Sache aufzugeben. Keinesfalls aber ein halber Entschluss.»[109]

Ein hektisches Tasten beginnt. Gegenüber Wild behauptet Falkenhayn, er wolle «noch einen kleinen Stoß an anderer Stelle machen und einen größeren Durchbruch vorbereiten, wenn's geht»;[110] also einen operativen Durchbruch weder bei Verdun noch im Artois, sondern an einer anderen, nicht näher bezeichneten Stelle. Mehrfach hört Groener aus dem Munde des Generalstabschefs, «er mache jetzt Schluss mit Verdun».[111] Wild spielt mit dem Gedanken, den Schwerpunkt an die Ostfront zu verlegen, ist vorläufig aber für eine Fortsetzung der Verdun-Offensive. «Die von Falkenhayn ernsthaft erwogene Frage, ob man abstoppen soll, verneine ich.»[112] Auch der Chef der Operationsabteilung drängt zum Weitermachen. Am Nachmittag führen Falkenhayn und Tappen eine «lange Besprechung … über die Fortführung der Operationen im Westen».[113] Schon seit vierzehn Tagen spricht Tappen sich entschieden dafür aus, «weitere schwere Artillerie und Reserven auf dem westlichen Maasufer einzusetzen».[114] Erst nach dem Niederkämpfen des französischen Flankenfeuers erscheint auf den *Côtes* ein Fortkommen denkbar. In halbwegs vergleichbarer Lage, nach dem Festlaufen der Offensive in der Champagne, hatte Joffre die Angriffe schließlich einstellen lassen. Danach war die Front in den neuen Linien erstarrt. Ähnliches ist vor Verdun unmöglich. Das bloße Stehenbleiben in der neuen Linie auf den *Côtes* wäre für den Angreifer wegen des Flankenfeuers der gegnerischen Batterien am Westufer viel zu verlustreich. Topografische Besonderheiten sind ein Hauptgrund für die Länge der Schlacht bei Verdun.

Falkenhayn – geistig wohl wacher als Tappen und weniger sprunghaft als Wild[115] – sträubt sich gegen das Heranführen neuer Reserven. Würde aber die Offensive auf dem Westufer nicht mehr vorangetrieben, entfiele vollends jede Hoffnung, die Verbände auf den *Côtes* aus ihrer «ungünstigen Lage»[116] zu befreien. Falkenhayn hat sich verrannt. Inzwischen geht es nicht mehr um die Kriegsentscheidung. Sogar der «Trostpreis»,

«DER ANFANG VOM ENDE – Noch ein bisschen mehr, und das Blut wird sie früher oder später ertränken.» Zeichnung von Carlin (Numéro, 1916)

die Wegnahme der Festung, rückt in weite Ferne. Das Zeitfenster für eine Eroberung Verduns hat sich bereits geschlossen. Denn sobald die *Entente* ihre Sommeroffensiven eröffnen kann – wohl spätestens in etwa acht Wochen –, wird die Kronprinzenarmee Truppen abtreten und sich auf die Verteidigung beschränken müssen. Auch Knobelsdorf geht es vorerst nur noch darum, durch das Erreichen der Schlüssellinie eine offene Niederlage zu verhüten.[117] Einzig die Linie Thiaumont–Tavannes könnte das Anlegen von Dauerstellungen erlauben.

Und so gibt es im Augenblick die Wahl zwischen drei Übeln. Möglichkeit eins: Aufgabe des Forts Douaumont und Rückzug in die Ausgangsstellung, verbunden mit dem Eingeständnis einer schweren Niederlage. Nur ein solcher Rückzug könnte die Verluste schlagartig mildern. Vor hundertfünfzig Jahren, im Zeitalter der Vernunft, als militärische Auseinandersetzungen noch Kabinettskriege waren und Heerführer ohne das Füllhorn der Wehrpflicht auskommen mussten, hätten Friedrich der Große oder Feldmarschall Daun diesen Ausweg sicher gewählt. Bezeichnenderweise redet kein einziger Offizier der Obersten Heeresleitung oder des Oberkommandos in Stenay dieser Möglichkeit auch nur das Wort. Der Gedanke an ein Scheitern – im Massenheer des Nationalstaats und an der «Heimatfront» undenkbar. Dergleichen, meint Heymann, sei der Kronprinzenarmee «weder zuzumuten» noch entspräche es «soldatischer Auffassung».[118] Tatsächlich hätten Falkenhayn und Knobelsdorf 65 000 Soldaten geopfert und im Gegenzug nicht einmal Scheinvorteile errungen. «Nun ist die ganze Sache zu einer Machtprobe geworden», erkennt Kuhl, «zu einer Prestigefrage.»[119] Möglichkeit zwei: Übergang zur förmlichen Belagerung in ungünstiger, höchst verlustreicher Stellung. Die Beschränkung auf reine Defensive, wie von Groener gefordert, ist aufgrund der Flankierung durch Batterien am Westufer ausgeschlossen. Möglichkeit drei: Eroberung der Schlüssellinie, um die Verteidiger vom Ostufer abzudrängen, Unterstände anzulegen und die eigenen Verluste endlich zu senken. Die Möglichkeiten zwei und drei würden fortlaufende, schwere Opfer bedeuten. Möglichkeit zwei könnte – vielleicht! – etwas geringere Verluste kosten, würde die Kämpfe jedoch unabsehbar in die Länge ziehen. Möglichkeit drei böte – vielleicht! – Aussicht auf den umgekehrten Ablauf der Dinge: höhere Verluste, aber eine kürzere Hauptkampfhandlung. Und so steht Heymann nicht zwingend für die «Lösung», Knobelsdorf nicht unbedingt für das «Verhängnis». In Stenay ringt nicht Klugheit gegen Unvernunft. Nach der Rückkehr vom Rathaus, das bekanntlich stets klüger macht, wirkt es eher so, als stritten zwei Blinde über die bessere Aussicht. Weitermachen, das «Gesicht» wahren, oder zurückgehen und es verlieren; drei Kilometer vorankämpfen, um nicht acht Kilometer zurückzuweichen; das ist aus deutscher Sicht inzwischen der Hauptgrund für die Schlacht bei Verdun. Im strategischen Sinne kämpft die Heeresgruppe nicht länger für den Sieg des Reiches; sie ringt um dreitausend Meter im Trichtergelände. In allen Stäben hüben wie drüben dienen meist ungewöhnlich intelligente, nicht selten humanistisch gebildete Menschen. Die nationale Idee aber überlagert das nüchtern-operative Denken – auf französischer Seite bei der Annahme des Kampfes auf den *Côtes*, auf deutscher Seite beim endgültigen Übergang zur Materialschlacht.

Der Generalstabschef lässt nun auch auf dem Westufer eine Angriffsgruppe bilden. Als Führer wird General Max von Gallwitz aus Mazedonien nach Verdun befohlen. Überaus widerstrebend befiehlt Falkenhayn auch das Heranziehen frischer Kräfte. Noch heute, am 22. März, ordnet er an, das XXII. Reservekorps nach Verdun in Marsch zu setzen.[120] Dieser Verband steht unter dem Kommando des Generals Eugen von Falkenhayn, seines älteren Bruders. Als Falkenhayn auch das XXII. Reservekorps nach Verdun beruft, zapft er jenes Drittel seiner Reserve an, das ursprünglich dem Entscheidungsstoß im Artois vorbehalten war. Die Schlacht hat ihren strategischen Sinn verloren. Zugleich verbraucht sie immer weitere Kräfte. Eine «ganze Lösung» im Sinne Groeners sind zwei Divisionen zweifellos nicht. Doch ein Alles-oder-Nichts ist Falkenhayn zuwider – zumal bei diesem Vabanque-Spiel nur noch der «Trostpreis» in der Lostrommel wäre. Ersatzpläne gibt es keine. Das scheint verständlich. Denn spätestens jetzt ist für die deutsche Seite eine ausschließlich militärische Lösung unmöglich. Früher oder später muss noch in diesem Jahr die strategische Initiative wieder auf die *Entente* übergehen. Wie Falkenhayn sie jemals wiedergewinnen könnte, bleibt völlig im Dunkeln. Vier Wochen nach Beginn der Schlacht bei Verdun hat sich der Generalstabschef vom Jäger in den Gejagten verwandelt.

Sonntag, 26. März. Xivry-Circourt, Bahnhof. Robert Kosch hat die 24er erlöst. Nach der Wegnahme des Douaumont ist das Regiment aus Neuruppin zur «Ehrenbesatzung» des Forts befördert worden. Kosch, der nach Lochows Ablösung den Abschnitt befehligt, hatte ein Einsehen, «weil der Aufenthalt in dem Fort», so Kosch, «mit der Zeit für das Bataillon eine Gefängnisstrafe wurde anstatt einer Ehrensache. 22 Tage haben sie in den dunklen Kasemattenkorridoren unter fortgesetztem schwerem Feuer der französischen Artillerie zugebracht; das ging nicht mehr so weiter. Ich habe sie durch Brandenburger meines Korps (48er) ablösen lassen, die nun für das Fort haften.»[121] Auf dem Bahnhof von Xivry ehrt der General das Bataillon persönlich. Wegen der Entbehrungen und des Lichtmangels sehen die Überlebenden aus wie «wandelnde Leichen».[122] Um die Truppe auszuzeichnen, hat sich Kosch aus seinem Kontingent zehn Eiserne Kreuze «vom Herzen gerissen».[123] Doch längst schon sind die meisten Orden an die Angehörigen der

7. und 8. Kompanie gegangen, also an die Leute von Haupt oder Brandis. Die Radtke-Kompanie, inzwischen führerlos, geht beinahe leer aus. Den *Pour le mérite*, Preußens höchsten Orden, haben Brandis und Haupt schon im Fort erhalten. «Unsere Kompanie», empört sich Bernhard Lehmann, Gefreiter im Radtke-Zug, «die die ganze Scheiße geschoben hat, die kriegt ganze 10 Eiserne Kreuze II. Klasse. Wir haben ja auch keinen Kompanieführer mehr (Müller) und haben bloß 2 Leutnants (Radtke und Morgenroth) verloren. Es geht doch nichts über die herrlichste Ungerechtigkeit in diesen Dingen.»[124] Eine «grenzenlose Ungerechtigkeit»,[125] schimpft nicht nur Musketier Kreysig. Brandis tut allem Anschein nach wenig, um die Dinge gerade zu rücken. Und Haupt hat sein Versprechen gegenüber Kunze «vergessen».

Indessen liegt Werner Müller, Radtkes Kompaniechef, «infolge der seelischen Erregungen über die scheinbare Nichtbeachtung der Verdienste seiner Kompanie» nervenkrank in einem Lazarett in Berlin. «Sein Vater», so Kurt von Klüfer, Müllers Bataillonschef, «soll sich von ihm abgewandt haben, da er seinen Sohn der unwahren Prahlerei zeiht, nachdem dieser in der ersten Freude an seine Familie berichtet hatte, dass seine Kompanie als Erste in das Fort Douaumont eingedrungen sei. Er schickt seinem Sohn, offenbar zum Beweise für dessen Unglaubhaftigkeit, alle Zeitungsnachrichten, die Einnahme des Forts betreffend ...».[126] Kosch spricht auf dem Bahnhof auch mit Brandis und Haupt. «Die beiden mit dem *Pour le mérite* ausgezeichneten Führer der Sturmkompagnien», schreibt der General seiner Frau, machen «einen bescheidenen, netten Eindruck».[127] Zur Erholung und Auffüllung ihrer Kompanien werden die 24er ins Elsass befördert.

Donnerstag 30. März. Mézières, Präfektur. Jetzt bezweifelt auch Falkenhayn das Gelingen der Zermürbung. Und so fragt er Knobelsdorf schriftlich, ob Fortschritte auf dem Ostufer überhaupt noch zu erzielen seien. Immerhin habe der Einsatz von vier frischen Divisionen «zu keinerlei Erfolgen geführt». Offenkundig gebe es Schwierigkeiten, den Gegner «unter wirklich fühlbarem Druck»[128] zu halten. Abermals erwägt Falkenhayn einen Abbruch der Offensive. Doch welche Antwort erwartet der Führer des deutschen Heeres auf seine Frage? Soll Knobelsdorf selbst das Unternehmen für misslungen erklären, begonnen unter den Blicken aller deutschen Stäbe der Westfront, mit riesigem Aufwand, modernsten Waffen und mit allerhöchstem Nachdruck durch Knobelsdorf persönlich geführt? Nicht zu Unrecht glaubt der Chef des Stabes in Stenay, bei der Obersten Heeresleitung mache sich Ratlosigkeit breit. Falkenhayn, so Knobelsdorf, erleide «Schwächezustände, die sich in immer kürzeren Pausen» wiederholten. Es sei «nicht immer ganz leicht», diese «lähmenden Schwächeanwandlungen»[129] abzuwehren. Um den Generalstabschef im Boot zu halten, nutzt Knobelsdorf in seiner Antwort dessen Ausblutungs-Rhetorik, obwohl ihm dieser Gedanke ursprünglich fern lag.[130] Man werde, versichert er Falkenhayn, «mit allen Mitteln die Vernichtung der kampfkräftigen französischen Reserven sowohl durch Einsatz von Mannschaften als von Gerät und Munition» vollenden. «Die französische Offensivkraft wird bei Verdun gebrochen.»[131] Knobelsdorf stellt in Aussicht, die Schlüssellinie bald zu erreichen. Er ist auch weiterhin der Meinung, die Verteidiger würden das Ostufer räumen, wenn es gelänge, «den Souville und die Höhe Fleury pp. zu nehmen und im festen Besitz zu halten».[132]

Falkenhayns Entgegnung, datiert auf den 4.April, markiert einen Wendepunkt. Mit Fug und Recht kann man behaupten: Noch ein Jahrhundert später bestimmen diese Ausführungen den Blick auf die Schlacht. Seine Antwort gleicht einer Selbstentmachtung. Vor allem bricht sie die Bahn für eine Erhebung des «Ausblutens» zum Selbstzweck. Knobelsdorfs Gutachten, so Falkenhayn, sei «leider in einigen wesentlichen Punkten» irrig; er selbst, Falkenhayn, könne nur bedingt der Ansicht zustimmen, «bei Verdun werde das Schicksal der französischen Armee entschieden». Vielmehr sei absehbar, dass man nicht mehr lange «Menschen, Gerät und Munition noch annähernd in dem bisherigen Umfange» werde nachschieben können. Daher komme es nun darauf an, «Ergebnisse zu erzielen, die die Franzosen dauernd unter wirklich fühlbarem Druck halten und dadurch zwingen, entweder ihrerseits fortgesetzt frische Kräfte bis zu deren Erschöpfung einzusetzen oder den nordöstlichen Sektor der Festung Verdun aufzugeben. Zu diesem Ende sind aber Fortschritte nötig. Schleppende, hin- und her wogende Gefechte genügen dazu nicht.» Vor einem Festbeißen warnt Falkenhayn mit Nachdruck: «Gewinnen wir die Schlacht, so steigen unsere Aussichten, den Krieg bald zu beenden, sehr. Gewinnen wir sie nicht, so wird schon nach dem bisher Erreichten das siegreiche Ende zwar verzögert, aber nicht beeinträchtigt, wenn wir uns nur rechtzeitig entschließen, uns bei Verdun nicht nutzlos festzubeißen, sondern den Feinden an anderer Stelle das Gesetz vorzuschreiben.»[133]

Falkenhayn erkennt, dass der Gegner keineswegs «fortgesetzt frische Kräfte bis zu deren Erschöpfung» eingesetzt hat. Pétains *noria* führt ihn nicht in die Irre. Dennoch lässt er Knobelsdorf gewähren. Für die Einnahme der Schlüssellinie nennt der Generalstabschef keinerlei Fristen. Damit überlässt er die Entscheidung über Weiterführung oder Abbruch der Offensive dem Chef des Stabes in Stenay – und den Zugriff auf eine Schlacht, die ursprünglich den Angelpunkt des Weltkriegs bilden sollte. «Was bezweckt nun die Oberste Heeresleitung weiter?»,[134] rätselt Kuhl. Eine Antwort bleibt Falkenhayn schuldig. Das Festbeißen, vor dem er vernunftgemäß warnt, ist auf dem Schlachtfeld längst Wirklichkeit geworden. Spürbar verunsichert, entgleitet ihm die persönliche wie strategische Führung. Umso haltloser gerät Falkenhayn ins Kielwasser des Willensmenschen aus Stenay.

Zwei Tage später, am 6. April, erhebt der Generalstabschef gegenüber Rupprecht das «Ausbluten» erstmals zum alleinigen Sinn der Schlacht.[135] «Verbluten» als Ausflucht: Um den Blick auf den völligen Fehlschlag zu verstellen, wird aus dem Mittel zum Zweck ein Selbstzweck. Erst jetzt entartet der gescheiterte Durchbruch endgültig zum bloßen «Ausblutungs»-Kampf. Falkenhayns Gestimmtheit scheint fast mit Händen greifbar. Man wird kaum fehlgehen, wenn man sie schlagwortartig nur umreißt: Selbstüberredung, Fremdmotivation und Zwang zur Rechtfertigung in scheinbar auswegloser Lage. Nun ist Schmidt von Knobelsdorf der Hauptmotor der Offensive.[136]

Samstag, 15. April. Nouillonpont. Hauptquartier der «Angriffsgruppe Mudra». Knobelsdorf wird wieder übergriffig. Vor einigen Tagen hat sich der General nach Rücksprache mit Falkenhayn bei Mudra einquartiert. Ein Angriff im Caillette-Wald war abermals gescheitert. «Ich muss das bei Mudra selbst in die Hand nehmen», glaubte Knobelsdorf, «da ich keinen andern dazu habe.»[137] Sofort entbrannte heftiger Streit. Mudra fordert den Übergang zur Belagerung. «Unsere schwerste Artillerie», erkennt der General, habe «die Keller der Forts und die zahlreichen betonierten Infanterie- und Munitionsräume nicht zerstören können. Sie bieten der französischen Infanterie sichere Unterkunft und halten sie kampffähig.» Außerdem wären «Munitionsersatz und Material-Ergänzung … bei den offenen Verbindungen Verduns kaum behindert». Inzwischen sei ein «Gleichgewicht der beiderseitigen Artilleriekräfte» eingetreten. «Jedenfalls ist es bisher unserer Artillerie nicht gelungen, die feindliche in nennenswerter, unsere Infanterie entlastender Weise niederzukämpfen.» Die Truppe, klagt Mudra, erleide «in den vorderen Stellungen täglich schwere Verluste, nicht weniger auf ihren Verbindungen und in ihren Lagern». Sie habe ihr Vertrauen in die höhere Führung verloren. «Das dauernde schwere feindliche Feuer, ohne dass in ausreichenden Unterständen einigermaßen Schutz zu finden ist, geht der Truppe an den Nerv.» Und vor allem: «Der Erfolg, dem Gegner allmählich seine Reserven zu entreißen, würde damit allerdings erreichbar sein, wenn wir sicher wären, dem Gegner immer die dreifachen Verluste beizubringen. Das ist aber eben nicht sicher.»[138] Auch Mudra hält das «Verbluten» für eine bloße Wunschvorstellung.

Solche Erwägungen, tobt Knobelsdorf, schwächten «nachgewiesenermaßen den Angriffsgeist, den hochzuhalten unbedingtes Erfordernis» sei. Ein förmlicher Sappenangriff auf felsigem Boden, «bei tiefen Schluchten, deren Sohle verschlammt» sei, «bei Einsicht jeden Spatenstichs» durch den Gegner, würde zu lange dauern und wäre «dementsprechend verlustreich».[139] Offenbar sprengen die Streitigkeiten in Nouillonpont jede sachliche Grenze. «Nicht nur zwischen mir und Schmidt von Knobelsdorf», so Mudras Stabschef, Oberstleutnant Erich Kewisch, «sondern auch zwischen ihm und den anderen Chefs» komme es zu Auseinandersetzungen, «die kaum wiederzugeben sind». Die Kämpfe «zwischen dem General von Mudra, Falkenhayn und Schmidt von Knobelsdorf wären wohl wert, niedergeschrieben zu werden».[140] Viele Stabsoffiziere stürze das Leiden ihrer Truppe auf den *Côtes* in «tiefe geistige Not», so Kewisch. «Die unerhörte Art von Schmidt von Knobelsdorf und Falkenhayn, die Zusammenstöße, die mein kommandierender General und ich mit ihnen hatten, die Urteile der anderen Chefs, die sich mit den meinen durchaus» deckten – das alles sei «seelisch das Schwerste, was ich in meinem ganzen Leben durchgemacht habe».[141] General von Mudra, obwohl «wirklich ein Mann», sei durch die Lage auf den *Côtes* und das Verhalten Knobelsdorfs derartig belastet, dass er krank geworden sei, «weil ihm das alles in seinem aufrechten, anständigen Wesen als Menschen-unwürdig»[142] erscheine. Mudra erkrankt in Nouillonpont an Gürtelrose.[143] Der Kronprinz stellt sich «vollkommen auf die Seite von Mudra», kommt aber gegen Schmidt von Knobelsdorf «nicht zur Geltung».[144] Vielmehr gibt Wilhelm heute, am 15. April, dessen Drängen nach, Mudra zu entlassen.[145] Nachfolger wird General Ewald von Lochow. Der «Markgraf» und sein III. Armeekorps kehren nach nur vier Wochen auf das Schlachtfeld zurück. «Der soll es nun machen», sorgt sich Gündell. «Quod deus bene vertat! Der böse Geist ist geblieben!»[146] Doch auch der «Markgraf» möchte am Ostufer ähnlich wie Mudra vorgehen. «Wozu in solchem Falle der Wechsel?»[147]

Freitag, 21. April. Stenay, Château des Tilleuls. Oberstleutnant Gerhard von Heymann will die Lage nicht beschönigen – trotz Knobelsdorfs Warnung. Schließlich handele es sich, so Heymann, «um das Gewinnen des Krieges in seiner Gesamtheit». Dafür müssten «unsere wertvollen Kampfkräfte an geeigneten Fronten dienen» und dürften sich «nicht unnütz verbluten!»[148] Wilhelm und Heymann wohnen im *Château des Tilleuls* «Wand an Wand». Hört der Kronprinz ihn telefonieren, kommt Wilhelm, so Heymann, «gelegentlich zu mir herum», fragt «nach dem Inhalt der Gespräche» und nach dem Urteil Heymanns. Über solche Gespräche setzt er Knobelsdorf «pflichtgemäß»[149] in Kenntnis. Mehrfach fragt Heymann bei Knobelsdorf nach, «wie er sich denn die Tätigkeit eines vortragenden I a vorstelle, der mit seiner wahren Meinung hinter dem Berge halte. Dann dürfe ich ja auch ihm meine Überzeugungen nicht mehr mit der gewohnten Offenheit, sondern nur günstig gefärbt zum Ausdruck bringen.» Schmidt von Knobelsdorf pflegt «einer direkten Antwort auszuweichen und auf General von Falkenhayn zu verweisen, der die Belagerung Verduns als Knochenmühle für die Franzosen»[150] betrachte.

Wer das Versagen des preußisch-deutschen Generalstabssystems in seinem vollen Umfang ermessen möchte, sollte den letzten Satz wohl besser zweimal lesen. Man wird der Aussage trauen dürfen: Immerhin hat Knobelsdorf den Oberstleutnant fast zweieinhalb Jahre lang als «einzigen vollkommenen Vertrauensmann im Stabe»[151] behandelt. Wie nebenher legt der Oberstleutnant nahe, dass auch Knobelsdorf dem «Ausblutungs-Gedanken» nichts abgewinnen kann. Doch offenbar will Knobelsdorf nicht nur das «Kronprinzchen»[152] bei der Stange halten, sondern darüber hinaus den Generalstabschef in dessen Glauben an das «Verbluten» bestärken, um den Angriff fortsetzen und die Festung im kommenden Winter vielleicht doch noch erobern zu können. Der Kronprinz gewinnt einen ähnlichen Eindruck. «Der Chef», erkennt Wilhelm, «hat nur das eine Ziel ‹Verdun›, nicht immer das Große Ganze im Auge.»[153] Auch Falkenhayn wird sich später im engsten Kreis der Familie über Täuschungen durch Stabschefs beschweren, «sei es aus falschem Ehrgeiz oder sei es aus absichtlicher Böswilligkeit, was leider bei den höchsten Dienststellen nicht selten war».[154] Alle solchen Aussagen sind Hinweise, keine Belege; aber selbst wenn es zuträfe, dass Knobelsdorf den Generalstabschef wissentlich getäuscht hat – Falkenhayn hätte sich wohl auch nicht ungern täuschen lassen. Fest steht aber, dass ihm Schmidt von Knobelsdorf über die Auseinandersetzungen in Stenay zeitweilig die Unwahrheit berichtet.[155] Fest steht darüber hinaus, dass er den Kronprinzen vor Kritikern abschirmen möchte.

Heute Mittag, nach der Rückkehr von einer Besprechung in Mézières, nimmt Knobelsdorf mit Heymann und Offizieren des Stabes in der Jungenschule das zweite Frühstück ein. «Ich habe eine Neuigkeit für Sie», eröffnet er Heymann kauend, «Falkenhayn hat Sie aus Ihrer Stellung abgelöst!»[156] Der Oberstleutnant erkennt «sofort», dass Knobelsdorf diese Ablösung betrieben hat, verschwindet mit einem «Zu Befehl, Euer Excellenz!» aus dem Zimmer, vervollständigt seinen Dienstanzug und lässt sich im *Château des Tilleuls* melden: «‹Nun, mein lieber Heymann, was bringen Sie so feierlich mit Handschuhen und Helm?›», begrüsst ihn der Kronprinz. «‹Ich melde Euer Kaiserlichen Hoheit, dass ich vom Generalleutnant [sic] von Falkenhayn mit dem heutigen Tage aus meiner Dienststellung als I a abgelöst bin.› Darauf der Kronprinz:

‹Das ist ja unerhört!›, nach kurzem Besinnen: ‹Machen Sie mir sofort Verbindung mit Falkenhayn und bleiben Sie bei mir!› Dann zu Falkenhayn mit erregter Stimme: ‹Excellenz, ist es richtig, dass Sie mir meinen I a genommen haben?› Und auf dessen bejahende Antwort: ‹Sind Sie preußischer General?› Auf dessen wieder bejahende Antwort: ‹Dann sollten Sie auch wissen, dass es in der preußischen Armee nicht üblich ist, dass man einem hohen Befehlshaber, und noch weniger mir, eine seiner wichtigsten Stützen fortnimmt, ohne ihn vorher zu orientieren; ich danke für jede weitere Erläuterung!›»[157] Der Kronprinz hängt den Hörer auf. Heymann erhält das Kommando über ein Garderegiment. Zwei Tage später verlässt er Stenay. Im Beisein von Knobelsdorf hält der Kronprinz eine «ehrende und persönlich reizende Abschiedsrede mit dem Sektglas in der Hand». Als Abschiedsgeste überlässt ihm Knobelsdorf, «nachdem er mich los war», Dienstwagen und Fahrer. Nachfolger in Stenay wird Oberst Friedrich Graf von der Schulenburg-Tressow. Vor dem Krieg war Schulenburg unter Knobelsdorf Erster Generalstabsoffizier im Gardekorps. Kronprinz Wilhelm empfängt ihn «nicht gerade freundlich».[158]

Mittwoch, 17. Mai. Etwa 4000 Meter über dem Marre-Rücken. Heute ist Oberleutnant Oswald Boelcke in die Rolle des Schutzfliegers geschlüpft. Mit seinem Fokker-Kampfeindecker begleitet er einen deutschen Artillerieflieger, der über dem Marre-Rücken Luftaufnahmen von den Stellungen des Gegners macht.[159] Boelcke hat bereits vierzehn Flugzeuge zum Absturz gebracht.[160] Der Oberleutnant, vierundzwanzig Jahre alt, ist *das* Fliegerass des deutschen Heeres. Ein Fliegerass des Heeres wohlgemerkt – denn bei Verdun verfügt keine Seite über Luftstreitkräfte, die nicht den höheren Stäben der Artillerie- oder der Infanterie unterstellt sind. Eine «Luftwaffe» im modernen Sinne gibt es nicht.

Gewöhnlich sucht Boelcke den Himmel aufmerksam nach Fliegern ab; blickt er dennoch auf das Schlachtfeld hinunter, bietet sich das wohlbekannte Bild: trotz des Frühlings keine grüne Farbe. Noch vor wenigen Monaten konnten Flugzeugführer in dieser Höhe einen buntgefleckten Wechsel zwischen Feld und Wald bewundern. Nun aber ist fast alles Grün durch Granaten umgepflügt. Außer Braun, Grau und Schwarz

Deutsche Geschützattrappe aus Holz zur Täuschung französischer Artilleriebeobachter aus der Luft. Aufnahme von 1916

sind keine Farben auszumachen. Nur auf dem Westufer, zwischen Totem Mann und Höhe 304, wirkt das Erdreich weißlich durch den aufgewühlten Kreidegrund. Ein hässlicher Fleck, ein Nichts, ein Loch in der Natur – so beschreiben Flugzeugführer das Schlachtfeld bei Verdun.[161]

Der Artillerieflieger hat seine Aufgabe erledigt. Boelcke begleitet ihn auf dem Rückflug noch ein Stück des Weges. Naherkundung ist eine Hauptaufgabe der Flieger beider Seiten.[162] Im vergangenen Monat haben deutsche Fliegerkameras 2283 Aufnahmen angefertigt, dazu sechsundfünfzig Aufnahmen des Reihenbildners: Diese Fliegerkamera, fest im Flugzeug eingebaut, liefert vollautomatisch lückenlose, fast kartengleiche Bilder.[163] Vor allem aber lenken Flieger das Feuer der eigenen Artillerie.

Auf seinem Rückflug nach Sivry bemerkt Boelcke über dem Fort Douaumont mehrere «Sprengpunkte».[164] Offenbar explodieren Schrappnell-Granaten. Der Oberleutnant fliegt «zur näheren Inspizierung» heran, erkennt fünf deutsche Doppeldecker «und auch einige französische

Jagdflugzeuge».[165] Dieser Flugzeugtyp des Gegners ist wohl auch für Boelcke kein gewohnter Anblick.

Zu Beginn der Schlacht waren solche Jagdflugzeuge jedenfalls nicht am Himmel. Unternehmen *Gericht* umfasste die erste, von langer Hand geplante, große Luftoperation der Militärgeschichte.[166] Falkenhayn ließ etwa ein Fünftel seiner Luftstreitmacht an der Maas zusammenziehen: 168 Flugzeuge.[167] Inzwischen verfügt Schmidt von Knobelsdorf sogar über 244 Flieger.[168] Im Februar beherrschten die Flugzeuge des Kaisers den Luftraum unangefochten. Das lag nicht zuletzt am Fokker-Kampfeindecker. In diesem Einsitzer kann der Pilot mit dem Maschinengewehr durch den Propellerkreis schießen, den Gegner also im Auge behalten und sozusagen mit dem ganzen Flugzeug zielen. Doch inzwischen ist die Luftherrschaft verloren gegangen. Der Leiter des *Service aéronautique*, Oberst Édouard Barès, hat Ende letzten Jahres den Bau eines ersten französischen Jagdflugzeugs vorangetrieben.[169] Nun tauchen am Himmel über Verdun immer öfter «Nieuport 11»-Maschinen auf. Sie setzen der «Fokkerplage» ein Ende. Die Nieuport, ein Doppeldecker, ist dem deutschen Kampfeindecker an Wendigkeit und Schnelligkeit klar überlegen. Kein Zweifel: Das Wettrüsten stößt buchstäblich in neue Dimensionen vor.

Boelcke hält sich zunächst im Hintergrund. «Da sehe ich», so Boelcke, «wie eine Nieuport frech wird und einen unserer Doppeldecker angreift. Ich stürze mich sofort auf jenen ...».[170] Der Oberleutnant achtet stets darauf, dass ihm bei einem Angriff die Sonne möglichst im Rücken steht. Auch diesmal kommt Boelcke unbemerkt heran, fliegt dann aber, «mit zu großer Fahrt» über die Nieuport glatt hinweg, dreht eine Kurve und verfolgt den Gegner. Mehrmals gelangt er abermals in Schussposition. Freilich trifft der Oberleutnant auf «einen tüchtigen Gegner», der «brillant»[171] fliegen kann. Gut möglich, dass Boelcke auf ein anderes Ass gestoßen ist. Seit Anfang März fliegt bei Verdun die «Storchen-Staffel», stationiert auf dem Flugfeld von Souilly – eine Gruppe ausgewählter Flugzeugführer, deren Namen man an der Heimatfront gewöhnlich kennt: René Dorme oder Jean Navarre zum Beispiel und vor allem Georges Guynemer, nicht minder berühmt als Boelcke in Deutschland. Bis vor ein paar Tagen noch unterstand die *Groupe des Cigognes* dem

Angehörige der *Escadrille Lafayette*, einer Schwadron US-amerikanischer Kriegsfreiwilliger

Kommandeur Charles de Rose, einem ehemaligen Kavallerieoffizier.[172] Doch am letzten Donnerstag ist Rose bei einem Demonstrationsflug unweit von Soissons tödlich verunglückt. Unter seiner Führung endete die Zeit des Einzelfluges. Zuvor waren Kampfeindecker auf die einzelnen Fliegerverbände verteilt; nun aber treten sie, zu «Jagdgruppen» gebündelt, nur noch in Patrouillen oder Ketten auf. Boelcke wird ähnliche Regeln wie Rose aufstellen. Und so gelten Charles de Rose und Oswald Boelcke als die Schöpfer der Jagdfliegerei. Denn bei Verdun entsteht der Luftkampf nicht länger aus dem zufälligen Treffen einsamer «Ritter»; jetzt wird er planmäßig und in Gruppen ebenso gesucht wie durchgeführt. Das gilt auch für die zweite hochberühmte Staffel vor Verdun: die *Escadrille Lafayette*, eine Gruppe amerikanischer Kriegsfreiwilliger, geführt durch zwei französische Offiziere. Die *Escadrille* trägt dazu bei, die Schlacht auch jenseits des Atlantiks ins Bewusstsein der Öffentlichkeit zu rücken.[173]

Boelcke allerdings bleibt heute glücklos. Als «die Spießgesellen»[174] des französischen Fliegers ihrem Kameraden zu Hilfe eilen, bricht der Oberleutnant die Verfolgung ab. In der nächsten Stunde wird er in vier weitere Luftkämpfe verwickelt – ohne Ergebnis. Ein Abschuss ist auch für Boelcke eine Ausnahme, nicht die Regel. Zudem darf kein Kampfflieger dem Gegner in den französischen Luftraum folgen. Am 12. April hat Schmidt von Knobelsdorf eine dauerhafte «Luftsperre» befohlen, sehr zum Unwillen von Major Thomsen, dem Chef des Feldflugwesens. Während das Oberkommando in Stenay den Bodenkampf tagsüber durch unablässige defensive Patrouillenflüge entlang der Frontlinie unterstützen möchte, redet Thomsen dem gezielten, offensiven Bombenwurf im Hinterland das Wort, vor allem auf den *Meusien* und die Hauptnachschubstraße.[175] Tatsächlich ist die Luftsperre überaus löchrig. Ob freilich der Einsatz von Bombengeschwadern die Verteidiger in Schwierigkeiten hätte bringen können, muss im Rückblick zweifelhaft erscheinen.[176] Hundert Flugabwehrgeschütze, aufgestellt in zwei weiten Halbkreisen auf der Linie Avocourt–Haudiomont, schützen Munitionslager, Fesselballone und Stabsquartiere. Fest steht allerdings: Bei Verdun zeichnet sich die Wandlung der Militärfliegerei von einem Hilfsmittel des Heeres zur selbständigen, schlachtentscheidenden Waffe ab.

Oswald Boelcke übrigens ist das Töten eher zuwider. Wann immer möglich, zielt der Pfarrerssohn auf den Motor seines Gegners, nicht auf den Flugzeugführer.[177] Für seinen gelehrigsten Schüler gilt Ähnliches nicht uneingeschränkt. Der ehrgeizige Offizier, ein Jahr jünger als Boelcke, ist am Himmel über Verdun noch ein militärischer Lehrling: Manfred Freiherr von Richthofen.[178] Der Heldenkult um «Ritter der Lüfte» wie Boelcke, Richthofen, Navarre oder Guynemer, gezielt befördert, entfernt sich von der Wirklichkeit des Luftkriegs beinahe täglich.[179] Dass er dennoch nachwirkt, hat wohl einen schlichten Grund: Am Boden tritt jeder Einzelne in der Wirklichkeit der Materialschlacht ungleich stärker noch zurück. «Der alte Gott der Schlachten», dichtet George, «ist nicht mehr.»[180]

Sie haben also jetzt die Wahl
zwischen Amerika und Verdun.

WILHELM II. ZU BETHMANN HOLLWEG, 30. APRIL 1916

Neuntes Kapitel

KRISE

Donnerstag, 27. April. Chantilly, Hotel «Le Grand Condé». Joffre muss schlechte Nachrichten verkünden. Die Streitkräfte der Republik, schreibt er General Foch, werden an der Somme nicht in geplanter Stärke antreten können. Foch, Führer der Heeresgruppe Nord, dürfe nur mit dreißig, nicht mit neununddreißig Divisionen rechnen.[1] Dass die Heeresgruppe außerdem nur südlich der Somme angreifen wird, zeichnet sich schon seit Wochen ab.[2] Pétains *noria* bindet starke Kräfte. Auf deutscher Seite muss Knobelsdorf mit erheblich weniger Verbänden auskommen. Falkenhayn ist zur Sparsamkeit gezwungen. Daher bleiben die Truppen der Kronprinzenarmee viel länger auf dem Schlachtfeld.[3] Beinahe neidisch blickt man in Mézières auf die *noria*.[4] Dass sie keineswegs als Ausdruck höherer Verluste gelten darf, sondern eine «systematischere Ablösung»[5] ermöglicht, ist Falkenhayn bewusst. Seine Nachrichtenabteilung meldet: Joffres Heeresreserve umfasse noch immer siebzehn bis achtzehn Divisionen.[6] Diese Erkenntnis mindere «das Vertrauen in die Berechnungen der Nachrichten-Abteilung erheblich»,[7] kommentiert in Charleville der Legationssekretär Erich von Luckwald. Schließlich habe Abteilung «III b» stets erklärt, berichtet Luckwald dem Kanzler, eine französische Offensive sei wegen der hohen Verluste bei Verdun unmöglich.

Doch zwischen Joffre und Pétain wachsen die Spannungen. Haig und der Generalissimus planen nach wie vor einen kriegsentscheidenden

Durchbruch. Dafür benötigt Joffre möglichst viele Geschütze und Soldaten. Aber allein in diesem Monat hat die *noria* im Schnitt alle vier Tage zwei frische Divisionen gebunden.[8] Ungeduldig befragte Joffre das Oberkommando in Souilly, warum Pétains Truppen nicht ebenso lange durchhielten wie ihr Gegner. Pétain wiederum fürchtet noch immer, dass seine Zweite Armee den Attacken auf Dauer erliegen wird. Die geplante Somme-Offensive nennt er eine «Riesendummheit».[9] Ähnlich wie Knobelsdorf hat Pétain einzig und allein die Schlacht bei Verdun im Blick. Joffre hingegen sträubt sich noch immer gegen ein Festbeißen an der Maas. Pétains Divisionen-Karussell will er wenigstens ein bisschen bremsen. Und so ringen Joffre und Pétain hartnäckig um jede Batterie und um jede Division. Nun aber beschließt der Generalissimus einen harten Schnitt. Bevor er Pétain zum Nachfolger Langles als Führer der Heeresgruppe Mitte ernennt, stellt er klar: Weitere Verstärkungen wird es nicht geben. Pétain soll mit den zweiundfünfzig Divisionen seiner Heeresgruppe nicht nur zurande kommen, sondern auch Fort Douaumont zurückerobern.[10] Fortan gibt es bei Verdun einen getrennten Kreislauf der Reserven. Neuer Kommandeur der Zweiten Armee wird Robert Nivelle, Artillerist und Zögling der *École Polytechnique*. Nivelle hat seit Beginn des Krieges einen kometengleichen Aufstieg erlebt. Manche glauben, er gehöre zu den besten Generälen des Heeres.[11] Im Rathaus von Souilly herrscht Nivelle dennoch nicht ungestört. Pétain erscheint weiterhin täglich. Der neue Kommandeur der Heeresgruppe Mitte hat sein Hauptquartier nicht in Avize, sondern in Bar-le-Duc bezogen. Den Zugriff auf die Schlacht will er sich nicht entwinden lassen.

Auch zwischen Haig und Joffre gibt es immer mehr Spannungen. Der Zeitplan für die Somme-Offensive gerät ins Rutschen. Am Valentinstag hatten beide Heerführer den 1. Juli für den Beginn des Angriffs vereinbart. Nun aber, nach neun Kampfwochen bei Verdun, neigt Joffre zum Vorziehen der Offensive, während Haig sie eher verschieben möchte. Somme und Verdun: Beide Brennpunkte sind wie durch eine kommunizierende Röhre miteinander verbunden. Entweder ziehen die Verbündeten an der Somme so lange wie möglich Geschütze, Truppen und Munition zusammen – dann erhöht sich dort die Wahrscheinlichkeit für einen operativen Durchbruch, aber eben auch für eine Niederlage an der Maas; oder man beginnt die Offensive früher als geplant – das wird Pétain sofort entlasten, doch dafür droht an der Somme ein Fehlschlag. Zu allem Überfluss würden die zeitlichen Absprachen mit der russischen und italienischen Heerführung für den Allfrontenangriff ins Wanken geraten.[12]

Freilich erkennt der Generalissimus, dass Falkenhayn in Schwierigkeiten steckt. «Schon jetzt sieht sich der deutsche Generalstab gezwungen», so Joffre, «seine Pläne zu ändern.» Nach dem Scheitern des ersten Ansturms sei «das Vertrauen auf den siegreichen Ausgang der Schlacht bereits erschüttert».[13] Falkenhayn habe zwei Möglichkeiten. Er könne – erstens – an seiner Offensive festhalten und fortfahren, «um jeden Preis … ein aufsehenerregendes Ziel zu erobern, um das schwindende Vertrauen» der deutschen Nation zu stärken. In diesem Fall werde Falkenhayn «die ihm verbleibenden Kräfte entweder bei Verdun oder an einem anderen Abschnitt der Westfront einsetzen, um den französischen Widerstand zu brechen». Allerdings: «Wenn er scheitert, wird er moralisch geschlagen sein.»[14] Falkenhayn, so Joffre weiter, dürfe bei Fortführung seiner Verdun-Offensive immerhin hoffen, die französischen Streitkräfte so stark zu binden, dass sie sich nur noch schwach am Allfrontenangriff beteiligen könnten.[15]

Die zweite Möglichkeit: Falkenhayn könnte den Angriff auf Verdun abbrechen und an der Westfront zur Defensive übergehen. «Diese Haltung würde vielleicht seinen wahren militärischen Interessen entsprechen, wäre aber sehr gefährlich für die Moral des deutschen Volkes, besonders wenn die wirtschaftliche Lage Deutschlands immer schwieriger werden sollte.»[16] Die Seeblockade allein werde dennoch kaum den Sieg erzwingen. «Wir müssen», fordert Joffre, «die Moral der Armee und der deutschen Nation brechen und zwar durch militärische Erfolge, die dem Feind jede Hoffnung auf einen Sieg rauben.»[17] Jetzt seien Russland, Italien und England aufgefordert, «ihren letzten Mann und ihre letzte Kanone»[18] einzusetzen. Wie Falkenhayn hält auch Joffre eine militärische Vernichtung des Gegners für ausgeschlossen. Aber er setzt auf einen operativen Durchbruch, der den Kampfeswillen an der gegnerischen Heimatfront zerbrechen könnte. Mit eben dieser Hoffnung hatte Falkenhayn die Schlacht bei Verdun eröffnet.

Haig fühlt sich gleichfalls ermutigt. Verdun, glaubt er, habe die deutschen Streitkräfte zermürbt. Umso eher werde an der Somme ein Durchbruch gelingen. Den Hauptstoß nördlich des Flusses soll seine Vierte Armee unter General Henry Rawlinson führen. Haig sei dafür, notiert Rawlinson, «die Front zu durchbrechen und in der ausbrechenden Panik bis zur dritten Linie vorzustoßen».[19] Der *Chief* bildet, um den Durchbruch ausnutzen zu können, hinter Rawlinsons Stellung eine Reservearmee unter Generalleutnant Hubert Gough, einem irischen Kavalleristen.

Haig und Rawlinson sind einig in ihrem Ziel, dem operativen Durchbruch, streiten aber über die Mittel. Rawlinson ist für das *bite-and-hold*, also für eine Abwandlung von Falkenhayns Verdun-Plan – freilich ohne dass Rawlinson sich über diese Ähnlichkeit im Klaren wäre. «Unser Ziel ist offenbar», meint der General, «so viele Deutsche wie möglich zu töten unter geringstmöglichen eigenen Verlusten. Und der beste Weg, das zu erreichen, scheint mir zu sein, Punkte von taktischer Bedeutung zu erobern, die uns gute Beobachtungsmöglichkeiten bieten und von denen wir mit ziemlicher Sicherheit annehmen dürfen, dass sie die Deutschen durch Gegenangriffe zurückerobern wollen.»[20] Haig lehnt ein solches Vorgehen ab. Rawlinson wolle lediglich, glaubt der *Chief*, die ersten beiden Stellungen des Gegners besetzen und dann «Deutsche töten». Haig zielt auf einen schnelleren Kampfverlauf. Rawlinson müsse alle drei deutschen Stellungen möglichst in einem Anlauf nehmen und dann den Gegner «im offenen Gelände»[21] bekämpfen. Verblüffenderweise werden Haig und Rawlinson in dieser Schlüsselfrage keine Klarheit schaffen.

Allzu offen darf Haig seine Absicht ohnehin nicht zu erkennen geben. Abgesehen von Sir «Wully» Robertson, dem Chef des Imperialen Generalstabs in London, scheuen seine Vorgesetzten jeden neuen Versuch, einen operativen Durchbruch zu erzielen. Premierminister Asquith, Munitionsminister Lloyd George und der Erste Lord der Admiralität, Arthur James Balfour, fürchten die Auswirkung hoher Verluste auf die britische Öffentlichkeit. Sogar Kriegsminister Lord Kitchener versichert, «dass er nicht beabsichtige, in Frankreich einen neuen Großangriff zu führen, sondern nur eine verstärkte Strategie der Zermürbung verfolge, um die deutschen Reserven nach und nach zu verbrauchen».[22] Der Kriegsminister meint das ehrlich. Kitchener glaubt tatsächlich nicht mehr an die Möglichkeit, einen Durchbruch zu erzielen – mit welchen Mitteln auch immer. Haig und Robertson hingegen täuschen die politische Führung. Besonders «Wully» Robertson nutzt eine Art «Verdun-Trick». Immer wieder betont er im *War Committee*, an der Somme gehe es nicht um den Durchbruch, sondern um eine Entlastung für Verdun. Ähnlich wie Falkenhayn verschleiert Robertson den Unterschied zwischen dem Zermürben als Selbstzweck und der Zermürbung als Mittel zum Zweck, also als Bedingung für einen Durchbruch und die Rückkehr zum Bewegungskrieg.[23] Zermürben als Selbstzweck setzt auf einen eher schonenden Einsatz der eigenen Truppen und auf einen langen Kriegsverlauf. Zermürbung als Mittel zum Zweck zielt auf das rücksichtslose, dafür aber eher kurze Zermürben des Gegners, um den Krieg nach einem operativen Durchbruch möglichst rasch zu beenden. Asquith und Balfour gehen Robertson und Haig auf den Leim. Misstrauisch bleibt einzig Lloyd George. Und ähnlich wie Bethmann hofft auch Asquith, den Militärs könnte irgendwie ein Kunststück gelingen: angreifen und dennoch geringere Verluste als der Verteidiger erleiden.[24] Im Kern unterscheidet sich das strategisch-taktische Denken hüben wie drüben um keinen Deut.

Samstag, 29. April. Charleville, Villa Renaudin. An der Maas hat der Frühling Einzug gehalten. Der Kaiser und sein Generalstabschef führen in der Villa Renaudin ein langes Gespräch.[25] Wilhelm ist aufgebracht und äußert seine «schweren Sorgen … betreffend der frechen Note der Amerikaner».[26] Vor fünf Wochen hat ein deutsches U-Boot im Ärmelkanal den französischen Passagierdampfer *Sussex* torpediert. Viele Menschen verloren ihr Leben, darunter der spanische Komponist Enrique Granados und seine Frau Amparo. Wie schon beim Untergang der *Lusitania* und der *Arabic* kamen abermals US-Bürger zu Schaden.[27] Weiteren Schaden nahm darüber hinaus die Glaubwürdigkeit Henning von Holtzendorffs. Der Admiralstabschef erklärte, ein britisches U-Boot habe die *Sussex* mit einem deutschen Torpedo attackiert. «Sehr abenteuerlich»,[28] bemerkte Admiral Müller, Chef des Marinekabinetts. In

Wahrheit hat nicht das «perfide Albion» die *Sussex* angegriffen, sondern Oberleutnant zur See Herbert Pustkuchen, Kommandant von *UB 29*. Pustkuchen verwechselte die Fähre mit einem Minenleger. Nun schlagen die Wellen der Empörung hoch.

Bisher wirkte in den USA nicht zuletzt die Berichterstattung über die Schlacht bei Verdun einem Kriegseintritt eher entgegen.[29] Jetzt aber glaubt Präsident Wilson, die Kaiserliche Marine habe jählings den warnungslosen U-Boot-Krieg wiederaufgenommen. Nur mit Mühe kann er die «Falken» in Washington zügeln. Statt alle diplomatischen Brücken sofort abzubrechen, hat der Präsident durch Botschafter James Gerard, seinen Vertreter im Großen Hauptquartier, eine Protestnote übergeben lassen: Die US-Regierung verlangt von der Reichsleitung die «Preisgabe ihrer gegenwärtigen Methode des Unterseebootkrieges gegen Passagier- und Frachtschiffe».[30] Damit legt Wilson sich weitgehend fest. Sollte die Marine des Kaisers fortfahren, zivile Schiffe ohne Warnung zu versenken, werden die USA in den Krieg eintreten.[31] Darüber hinaus hat der Präsident am Rednerpult des Kongresses erklärt, seine Regierung vertrete die «Rechte der Menschlichkeit».[32] Dieses Gebaren moralischer Überlegenheit empört den Kaiser. «Die britische Drohung des Hungerkrieges», zürnt Wilhelm, «gegen alle Nicht-Kombattanten in Mitteleuropa – Frauen und Kinder – ist in Wilsons Augen überhaupt nicht ‹unmenschlich› und ganz in Ordnung.» Auch das Liefern amerikanischen Kriegsmaterials an Großbritannien und Frankreich sei «nicht ‹unmenschlich›, sondern ganz angemessen, weil sehr lukrativ!»[33] Und tatsächlich: Zwar entfaltet der U-Boot-Krieg auch für Unbeteiligte viel zu oft tödliche Folgen; Wilson allerdings nimmt die völkerrechtswidrige Fernblockade der *Royal Navy* ohne Weiteres hin – wohl auch deshalb, weil die Verschuldung der *Entente* in den USA astronomische Höhen erreicht.[34] Freilich sind im Deutschen Reich die Engpässe bei der Versorgung mit Lebensmitteln nicht ausschließlich eine Folge der Blockade. Anders als die Regierungen in London oder Paris räumt die Reichsleitung der Rüstungsindustrie völlig einseitig den Vorrang ein. Auch das Verteilen von Mangelwaren durch die Behörden klappt offenbar vergleichsweise schlecht.[35]

Wie aber soll die Antwort auf die amerikanische Note lauten? So parteiisch die Haltung des amerikanischen Präsidenten auch erscheinen mag: auf dem britischen Auge ist die US-Regierung nun einmal blind. Es gilt, ihre Einäugigkeit nüchtern auf die Rechnung zu setzen. Seit der Entscheidung des Kaisers gegen den warnungslosen U-Boot-Krieg hat sich die Lage zur See nicht verändert. Nach wie vor gelten die Ausführungen Bethmanns, mit denen er Anfang März die Militärführung so schwer blamierte: Eine völlige Absperrung der britischen Küste ist wegen der geringen Zahl von U-Booten unmöglich. Nachts können Unterseeboote kaum operieren. Es genügen vier bis fünf Frachter mittlerer Größe alle achtundvierzig Stunden, um die Versorgung Englands mit Getreide zu sichern. Bevor Großbritannien seine Seeherrschaft abtreten müsste, wird «es den letzten Mann und den letzten Groschen»[36] opfern; viel wahrscheinlicher ist deshalb, dass die *Royal Navy* neue Abwehrmittel entwickeln könnte. Alle Berechnungen der Marineleitung, so Bethmann damals, beruhten letzten Endes auf Vermutungen – vorgebracht von Offizieren, könnte man ergänzen, deren Glaubwürdigkeit mehr als nur erschüttert scheint.

Vor acht Tagen hat der Kaiser auf Anraten Bethmanns stillschweigend eingelenkt. Die Marine erhielt die Weisung, den U-Boot-Krieg vorläufig nur noch «nach Prisenordnung» zu führen. Künftig muss jede Besatzung auftauchen, das Handelsschiff entern und die Ladung überprüfen. Nur falls der Kapitän eines Frachters sich wehrt oder flieht, ist sein Schiff zu versenken. Holtzendorff und Admiral Eduard von Capelle, der neue Staatssekretär im Reichsmarineamt, leisteten kaum Widerstand. Im Gegenteil: Capelle erklärte, der Kampf nach Prisenordnung werde die Schlagkraft der U-Boote kaum mindern. Die Boote, so Capelle, griffen ohnehin meistens über Wasser mit ihrer Bordartillerie an. Dank der technischen Weiterentwicklung der Geschütze und einer fortschreitenden Vergrößerung der U-Boot-Typen werde sich das Verhältnis von Unterwasser- und Überwasser-Versenkungen weiterhin zugunsten der Angriffe über Wasser verschieben.[37] Mit anderen Worten: Sogar die Marineleitung versteift sich nicht länger auf den warnungslosen U-Boot-Krieg. Hartnäckige Anhänger gibt es im inneren Führungskreis einzig und allein an der Spitze des Heeres: Kriegsminister Wild von Hohenborn und Generalstabschef Erich von Falkenhayn.

Vor drei Tagen, bei einem Treffen von Falkenhayn, Holtzendorff und Bethmann, trat der Bruch zwischen Kanzler und Generalstabschef offen zutage. In der U-Boot-Frage – so viel scheint sicher – werden Bethmann und Falkenhayn sich keinen Millimeter mehr annähern. Nur Holtzendorff war beweglich wie eh und je. Mit verblüffender Schnelligkeit passte der Admiral seine Meinung dem Gesprächsverlauf an.[38] Falkenhayn wiederum hat in nur fünf Monaten einen langen Weg zurückgelegt. Der General wandelte sich vom entschlossenen Gegner über einen vorsichtigen Befürworter zum bedingungslosen Anhänger des U-Boot-Krieges. Geändert hat sich keineswegs die Lage zur See, wohl aber die Lage an der Westfront. Die Strategie des Generalstabschefs ist bei Verdun gescheitert. Bald muss die Initiative wieder auf die *Entente* übergehen. Wie die deutsche Seite sie wiedergewinnen könnte, bleibt ungewiss. Heute Abend in der Villa Renaudin greift Falkenhayn, der England-Hasser, zu einem verzweifelten Mittel. Die Schlacht bei Verdun und der Weltkrieg seien verloren, eröffnet er Wilhelm, wenn man jetzt nicht den rücksichtslosen U-Boot-Krieg führe. Die Offensive an der Maas, behauptet Falkenhayn, habe er nur unter der Voraussetzung begonnen, dass die Marine ihre U-Boote warnungslos einsetzen dürfe.[39] Bisher hat der Kaiser jedem Drängen widerstanden. Immerhin machen sich auch Bruder, Kronprinz und Kaiserin für den U-Boot-Krieg stark. Nun aber erklärt der Generalstabschef, ohne U-Boote seien die Schlacht und der Weltkrieg verloren – die denkbar wuchtigste Drohung.

Am nächsten Morgen, im Park der Villa Renaudin, überrascht der Oberste Kriegsherr seinen Kanzler: «Sie haben also die Wahl zwischen Amerika und Verdun.»[40] Bethmann, überrumpelt und erschüttert, denkt offenbar sofort an Rücktritt.[41] Holtzendorff, Müller, Capelle und Bethmann – sie alle hören zum ersten Mal von einem Zusammenhang zwischen Verdun und der U-Boot-Waffe.[42] Bei den erregten Debatten im vergangenen März hatte Falkenhayn diese angebliche Verbindung mit keiner Silbe auch nur erwähnt. Tatsächlich war für den Generalstabschef der U-Boot-Krieg ursprünglich nur ein ergänzendes Mittel. Die Ratgeber des Kanzlers, aber auch die Admiräle sind empört.[43] «Ist er nicht in der Lage», so Müller über Falkenhayn, «bei Verdun einen durchschlagenden Erfolg zu erzielen, so schiebt er das dem energielosen U-Boot-Krieg zu. Es wird ihm freilich schwer werden, einen Zusammenhang zwischen den beiden Dingen nachzuweisen.»[44] Auch Kurt Riezler, Ratgeber des Kanzlers, durchschaut den Verdun-Trick: «Was will Falkenhayn? Entweder die Verantwortung für Verdun bei der Gelegenheit loswerden oder aber den Kanzler stürzen und als Spieler den rücksichtslosen U-Boot-Krieg machen; geht das, so ist er der große Mann, der durch Wagemut Deutschland zur Weltherrschaft geführt hat, geht es nicht, so geht die Schuld auf die Marine, die sich für den Erfolg des U-Boot-Krieges verbürgt hat und auf die er sich schon jetzt als die zuständige Stelle unter Ablehnung jeder Nachprüfung beruft.»[45]

Nach der Kanzlerschaft strebt Falkenhayn wohl nicht; seine Verantwortung für den Fehlschlag bei Verdun will er hingegen tatsächlich auf Kanzler und Marine abwälzen.[46] Schon seit Wochen plagt Diplomaten die Sorge, dass «Herr von Falkenhayn» beim U-Boot-Krieg «allzu viel riskieren» könnte. Statt des Moltke-Mottos «erst wäge, dann wage» gelte für ihn «wer wagt, gewinnt».[47] Von Ferne erinnert der Generalstabschef tatsächlich an einen verzweifelten Spieler, der – im Grunde wider besseres Wissen – den höchsten Einsatz wagt, im Falle eines Totalverlustes aber seine Schulden nicht bezahlen möchte. Indessen hetzt die Tirpitz-Presse gegen Bethmann, aber auch gegen den Kaiser. Schwerindustrielle lassen ihre Verbindungen spielen. Konservative und Nationalliberale sind in der U-Boot-Debatte für Sachliches nicht mehr empfänglich.[48] Papiergeld und Briefmarken ziert die Zeile «Gott strafe England», manchmal ergänzt durch den Zusatz «und Amerika».[49] Neben der Überlegung, welche Annexionen als Siegespreis angemessen wären, beherrscht die U-Boot-Frage die ganze Innenpolitik. «Kurz, die vorherrschende Stimmung ist: Rücksichtsloser U-Bootkrieg»,[50] fasst der Polizeipräsident von Berlin die Haltung der Bevölkerung zusammen. Und jetzt soll Bethmann auch noch die Verantwortung für den Misserfolg bei Verdun übernehmen. Nicht nur politisch ist der Kanzler angeschlagen.

Den Umschwung bringt Holtzendorff. Der Chef des Admiralstabs lässt den Kaiser durch Müller warnen, «dass der U-Boot-Krieg gegen England nur dann erfolgreich bleiben kann, wenn Amerika draußen bleibt».[51] Als am 1. Mai US-Botschafter Gerard in der Villa Renaudin vorspricht, zeigt der Kaiser Entgegenkommen. Und am Abend genehmigt Wilhelm den Entwurf des Kanzlers für die deutsche Antwort-Note. Auf eine gemeinsame Erörterung mit Holtzendorff und Falkenhayn, so Wilhelm, habe er entgegen dem Wunsche Bethmanns verzichtet, «da er doch die Ansicht der Armee und Marine kenne».[52]

Noch am Abend erfährt Falkenhayn durch ein Schreiben des Kanzlers von dieser Antwort. Vor achtundvierzig Stunden hat er die Villa in dem Glauben verlassen, der Kaiser habe «Verdun» gewählt; nun aber erhält er ausgerechnet durch Bethmann die Nachricht, Wilhelm habe «für Amerika» entschieden. Kein Wunder, dass der Generalstabschef «schwer beleidigt»[53] scheint. Sofort reicht Falkenhayn seinen Abschied ein – mitten im Krieg ein höchst ungewöhnlicher Schritt. Als Tirpitz vor wenigen Wochen dasselbe tat, warf Falkenhayn ihm Fahnenflucht vor.[54] Nun aber koppelt der Generalstabchef das Abwenden einer Niederlage bei Verdun, im Weltkrieg sogar, an den rücksichtlosen Einsatz der U-Boot-Waffe. Der Kriegsherr hat gegen ihn entschieden. Offenbar schenkt Wilhelm dem Urteil seines Generalstabschefs keinen Glauben, in einer Frage, die angeblich über Sieg oder Niederlage des Reiches entscheidet. Damit kann es für Falkenhayn wohl wirklich nur *einen* Schritt geben: den Abschied.

Doch der Kaiser will ihn unbedingt halten. Mühsam bewegt er den Generalstabschef zum Bleiben. Wahrscheinlich möchte Falkenhayn das Nachrücken von Ludendorff und Hindenburg lieber doch verhindern. Vielleicht gewinnt auch sein Ehrgeiz die Oberhand. Soll er wirklich, muss er sich fragen, das Hauptquartier als geschlagener Feldherr durch die Hintertür verlassen?[55] Außerdem achtet Falkenhayn, anders als Ludendorff, die Kommandogewalt des Monarchen. Und der Kaiser lässt ihm die «ausdrückliche Bitte»[56] übermitteln, nicht zurückzutreten. So bleibt am Ende ein Generalstabschef im Amt, der die Niederlage nach eigenem Bekunden für unvermeidlich hält. Falkenhayn kann seiner Schlacht nicht entkommen.

Der *Sussex*-Zwischenfall entfaltet vier wichtige Folgen. Erstens: Die US-Regierung legt sich endgültig fest. Sollte die Kaiserliche Marine den warnungslosen U-Boot-Krieg eröffnen, werden die Vereinigten Staaten in den Krieg eintreten. Zweitens: Weil Falkenhayn eine Scheinverbindung zwischen Verdun und den U-Booten knüpft, gerät die Haltung des Kaisers ins Wanken. Der U-Boot-Krieg gewinnt auch für Wilhelm immer mehr das Ansehen des – scheinbar – letzten Trumpfes. Drittens: Die deutsche Marine entwaffnet sich selbst. Ungeachtet der Auffassung Capelles und entgegen dem Willen von Holtzendorff erteilen Vizeadmiral Scheer, Chef der Hochseeflotte, und Fregattenkapitän Bauer, Führer der U-Boote, eigenmächtig die Weisung, den U-Boot-Krieg gegen Handelsschiffe einzustellen. Beide behaupten, ein Kampf nach der Prisenordnung sei für Unterseeboote zu gefährlich. Dabei konnte bisher kein einziges bewaffnetes Handelsschiff ein deutsches U-Boot versenken.[57] Doch Scheer hat sich, ähnlich wie Falkenhayn, in ein Alles-oder-Nichts-Denken verrannt. Im Ergebnis wirkt es erpresserisch: entweder warnungsloser U-Boot-Krieg oder gar kein U-Boot-Krieg.[58] Capelle, Müller und Holtzendorff befürworten den Krieg nach Prisenordnung. Der Admiralstabschef könnte ihn einfach befehlen; warum Holtzendorff das unterlässt und stattdessen auf Gespräche mit Scheer in Wilhelmshaven setzt, bleibt unklar. Fest steht: Ohne Not verzichtet er auf ein Mittel, das äußerst erfolgreich war und das mehrere Flottillenchefs und U-Boot-Kommandanten nachdrücklich fordern.[59] Das Chaos in der Marineführung spottet jeder Beschreibung. Viertens: Beim Kanzler hat der Verdun-Trick nicht verfangen, aber doch Spuren hinterlassen. Bethmann wird mürbe. Einerseits ist er der einzige Entscheider, der sich ohne Wenn und Aber gegen den rücksichtslosen U-Boot-Krieg wendet. Andererseits übersieht er weiterhin eine schlichte Wahrheit, die Falkenhayn wenigstens zeitweise erkennt: Das Kaiserreich hat sich mit dem Krieg von Anfang an übernommen. Selbst ein Patt wird jeden Tag weniger wahrscheinlich.

Übrigens weist der Kaiser den Kommandanten von *UB 29* höchstpersönlich zurecht.[60] Pustkuchen hat die Mittelmächte an den Rand des Untergangs torpediert. Denn ähnlich wie Robertson nutzt auch Falkenhayn einen Verdun-Trick; beide Generäle wollen ihre Politiker bis zum Äußersten treiben. Mit der Verbindung von Schlacht und U-Boot-Krieg, geknüpft trotz der haarsträubenden Marineführung, wiederholt sich Widersinniges, das 1914 schon Moltke den Jüngeren während der Juli-

Krise umgetrieben hat; im übertragenen Sinne könnte man sagen: Falkenhayn drängt aus Angst vor dem Tod zum Selbstmord.[61]

Montag, 1. Mai. Berlin, Potsdamer Platz. 20.00 Uhr. Karl Liebknecht will heute den Kaiser stürzen. Hunderte Exemplare seines Flugblatts «Auf zur Maifeier!» hat er in die Hauptstadt schmuggeln lassen, und auch in viele andere Städte des Reiches.[62] Nach Losungen wie «Genug des Brudermords!» und «Fort mit dem ruchlosen Verbrechen des Völkermordes!» folgen flammende Worte: «Wie lange», fragt Liebknecht, «wollt ihr dem Spuk der Hölle ruhig und gelassen zusehen? Wie lange wollt ihr stumm die Verbrechen der Menschenmetzelei, die Not und den Hunger ertragen? Bedenkt! Solange sich das Volk nicht rührt, um seinen Willen kundzutun, wird der Völkermord nicht aufhören. Oder aber er hört erst dann auf, wenn alle Länder an den Bettelstab gebracht, wenn alle Völker zugrunde gerichtet sind, wenn von der sogenannten Kultur nicht ein Stein auf dem anderen geblieben ist.» Und dann der Aufruf: «Wer gegen den Krieg ist, erscheint am 1. Mai Abends acht Uhr Potsdamer Platz (Berlin) – Brot! Freiheit! Frieden!»[63] Auf dem Platz ist die Stimmung zum Zerreißen gespannt. Das Polizeiaufgebot scheint gewaltig. Etwa zehntausend Berliner haben sich eingefunden. Weil Liebknecht Annexionen verurteilt und als einziger Abgeordneter Ende 1914 im Reichstag gegen die Kriegskredite gestimmt hat, ist er der Held vieler Städter, die unter Mangel oder gar Hunger leiden. Freilich sieht Liebknecht in der Masse einen eher «hilflosen Haufen», der «ohne Leithammel»[64] nicht auskomme. Überaus mutig kämpft er gegen den Krieg – allerdings nicht, weil er ein friedfertiger Mann ist. Den Reichstag, immerhin nach freien, gleichen und geheimen Wahlen zusammengetreten, verlacht er als «Schutztruppe des Imperialismus» und als «Schwatztheater».[65] Parlamenten kann Liebknecht nichts abgewinnen; er setzt auf «Klassenkampf» und die Gewalt der sozialen Revolution. Mit den neunzehn Abgeordneten der Sozialdemokraten, die im Dezember wie er selbst gegen die Kriegskredite stimmten, hat er längst gebrochen. Parteigenossen, die seine Urteile nicht teilen, hält er für «Tempelschänder». Ihnen schwört Liebknecht einen «Kampf bis aufs Messer!».[66] Schänder des Tempels – nicht zufällig schwingt in solchen

Wendungen Religiöses mit. Liebknecht hat den Glauben an die Idee der Nation durch einen anderen Glauben ersetzt; ihm weisen die Lehren von Marx und die Idee des Historischen Materialismus den Weg.

Gegenwärtig, so hofft er, genüge ein Funke, um das Pulverfass explodieren zu lassen. Karl Liebknecht beginnt seine Rede. Doch «Nieder mit dem Krieg!»[67] kann er bloß rufen, bevor die Polizei ihn verhaftet. Liebknecht verliert seine parlamentarische Immunität und muss sich einem Gerichtsprozess stellen. «Über den Fall Liebknecht», heißt es, sprachlich verquer, in einem Polizeibericht aus Berlin, «wird bei der Mehrzahl der Bevölkerung eine gerechte Strafe erwartet.»[68] Nicht nur in Berlin wollen die Menschen Brot und ein Ende des Krieges, aber durchaus keine militärische Niederlage, geschweige denn die gewaltsame Revolution.[69] Doch während die Versorgung mit Lebensmitteln im freien Frankreich im Großen und Ganzen gewährleistet bleibt, leiden immer mehr Menschen in Deutschland an Hunger. Wohl deswegen kommt es nicht in Paris, sondern in Berlin zu den ersten großen Kundgebungen öffentlichen Unmuts.[70] In leitenden Kreisen muss das als Warnsignal wirken. Kann Falkenhayn bei Verdun keine Entscheidung erzwingen, droht seine Uhr bald abzulaufen.

Sonntag, 7. Mai. Sektor Verdun, Billy-sous-Mangiennes. 7.00 Uhr. In Billy, dem «Drecksnest»[71] Radtkes, besteigt am Ostausgang des Dorfes Leutnant Zimmermann sein Pferd. Hinter ihm sammeln sich die Züge seiner 12. Kompanie. Zimmermanns Truppe gehört zum Grenadierregiment Nr. 3 aus Königsberg. Die «Dritten Grenadiere», wie man sie nicht nur in Königsberg nennt, zählen zu den ältesten Verbänden des preußischen Heeres. Regimentschef ist kein Geringerer als Kaiser Wilhelm persönlich.[72] Leutnant Zimmermann, der Kompanieführer, scheint bester Dinge. Seine beiden Reitpferde sind «gut gepflegte, feurige Tiere».[73] Mit Leutnant Knoch und Leutnant Grunwald, den beiden Offizierskameraden aus der 12. Kompanie, versteht er sich blendend. «Knoch, Grunwald und ich», findet Zimmermann, «geben ein gutes Kleeblatt»[74] ab. Nun geht es für ein paar Ruhetage nach Mercy-le-Haut. Gegen 7.10 Uhr gibt der Leutnant ein Zeichen: Die Regimentsmusik spielt auf, die 12. Kompanie marschiert nach Osten. Am Nachmittag, nach etwa fünfundzwanzig Kilometern, wird der Ortsrand von Mercy-le-Haut erreicht. Das Dorf ist unzerstört. Feldwebel Federau, der Quartiermacher, kommt den Soldaten «mit allen Zeichen größter Zufriedenheit entgegen».[75] Die Unterkünfte und sein eigenes Quartier findet Leutnant Zimmermann ausgezeichnet. «In der Tat meine ich», freut sich der Leutnant, «den Vogel abgeschossen zu haben. Ich finde ein Haus vor, das sauber ist und in dem mich in der Diele eine junge Frau mit guten Manieren begrüßt. Madame Madeleine Pierga führt mich in zwei große, sehr wohnlich eingerichtete Zimmer, die für mich hergerichtet sind. Überall, in Vasen und Schalen, prangen Blumen, eine Glastür führt von dem zu ebener Erde liegenden Wohnzimmer nach dem Garten.»[76] Die Wirtin, fünfundzwanzig Jahre alt, ist verheiratet mit Félicien Pierga, der bei Verdun gegen die Deutschen kämpft. In Mercy, auf besetztem Boden, hat sie von ihrem Ehemann seit zwei Jahren kaum Nachrichten erhalten. Die Wirtin stellt Zimmermann ihren Sohn Robert vor, «Ro-Ro» genannt. «Auf die Frage nach dessen Alter stellt sich heraus, dass er heute 2 Jahre alt wird. Das ist ein Grund zu einem Geburtstagskaffee, zu dem ich die Mutter und Leutnant Knoch einlade ...». Freilich liefert Madame Pierga für diese Einladung den Kaffee selbst. Leutnant Knoch wohnt bestens «bei einer Frau Oenstreicher mit Tochter». Knoch «bringt von da eine Torte mit, gebacken von amerikanischem Mehl».

Sechs Tage verleben die Dritten Grenadiere «in diesem herrlichen Neste». Offiziere und Mannschaften erholen sich sichtlich. Leutnant Grunwald, «ein ganzer Mann von unvergleichlichem Humor», kann zweimal für Damenbesuche nach Diedenhofen reisen. Madeleine Pierga, Zimmermanns junge Wirtin, «wird bei der Aussicht auf den baldigen Abschied immer trauriger und weint schließlich».[77]

Montag, 8. Mai. Fort Douaumont. 3.00 Uhr. Die Nacht scheint undurchdringlich. Es fällt Nieselregen.[78] Das Fort ist völlig überlaufen. Vor ein paar Stunden sind die Überlebenden der 5. Division aus Frankfurt an der Oder, Cottbus und Küstrin nach gescheitertem Angriff ins Fort geflutet. Die Division gehört zum III. Armeekorps des «Markgrafen» Lochow. Ihr Kommandeur, General Georg Wichura, hat eine

Wiederholung des Angriffs für den frühen Morgen befohlen. Hunderte Brandenburger aus vier Regimentern vermischen sich mit ablösenden Verbänden und mit Verwundeten, darunter Angehörige der Vierundzwanziger aus Neuruppin. Für die Verletzten hat Stabsarzt Dr. Hanauer im Untergeschoss Kasematten freiräumen lassen.[79] Dank Hanauer gibt es dort seit gestern auch einen Operationsraum. Bei aller Bedrängnis: Auf dem Schlachtfeld wirkt das Fort wie eine Insel der Sicherheit.[80]

In einer Kasematte des Obergeschosses döst Pionier-Unteroffizier Laffont «hundemüde»[81] auf dem Feldbett. Seine Kompanie stellt nachts in Schichtarbeit die zerschossenen Forteingänge wieder her. Seit mehreren Wochen wird im Inneren des Forts auch an einem neuen Ausgang gearbeitet. Laffonts Kasematte, ein fensterloser Raum, misst fünf Meter in der Breite und ist rund fünfzehn Meter lang. In den Doppelstockbetten und auf der Erde ruhen etwa einhundert Männer. Karbidlampen an der Decke spenden etwas Wärme und Licht.

Kurz nach 3.00 Uhr stürmen zwei Unteroffiziere in die Kasematte: «‹Die Franzosen›, schreien sie, ‹haben einen Gasangriff auf das Fort gemacht. Alle Räume sind mit Gas gefüllt! Rettet Euch!›»[82] Offenbar geht alles blitzschnell. Im Halbdunkel greift jeder Soldat nach der erstbesten Maske. Doch weil die Schutzmasken auf ihre Träger angepasst sind, entsteht Verwirrung. Viele Männer bleiben ohne Schutz. Alle aber stürzen zum Ausgang. Laffont und ein paar Unteroffiziere wollen Ordnung schaffen, doch die Tür der Kasematte wird trotzdem geöffnet. Laffont bemerkt, dass vom Hauptgefechtsgang her «oben durch die Türöffnung eine weißliche Gaswolke in den Raum» einströmt. Zugleich drängen aus dem Gefechtsgang Leute in die Kasematte, «die wie irrsinnig» sind und die Aufregung noch vermehren. Von innen her stemmen sich Männer nun mit aller Gewalt gegen die Tür, also auch gegen die von außen drängenden Menschen, um nicht noch mehr Gas einströmen zu lassen. Als die Tür schließlich geschlossen ist, verstopfen Laffont und andere Soldaten «alle Ritzen und Falten … mit Wolldecken und Zeltbahnen». Vergeblich: Immer noch strömt Gas hinein. Von Minute zu Minute wird die Lage schlimmer. Endlich öffnen einige Soldaten abermals die Tür: Sie wollen irgendwie ins Freie flüchten. Sofort schlägt ihnen eine «glühendheiße Welle» entgegen. Die Männer prallen zurück. Laffont muss seine Maske aufsetzen. Ein Atemholen ohne Schutz ist inzwischen unmöglich. Manche Eingeschlossene werden «irrsinnig vor Angst», reißen sich die Masken vom Gesicht, schreien, toben, schlagen aufeinander ein. Über den Köpfen der Männer, unter der Decke, drei Meter hoch, entsteht «eine starke Explosion».[83] Alle Lampen fallen herab. In der Kasematte, gefüllt mit heißer, gasiger Luft, wird es mit einem Schlag stockdunkel. Überlebende treten auf Bewusstlose am Boden, alles drängt abermals zur offenen Tür, wo «sich die Massen am schlimmsten» stauen. Durch Fühlen und Tasten stellt Laffont fest, «dass im Gang in einer Höhe von mindestens 1 ½ Meter die Kameraden tot und besinnungslos übereinander» liegen. Der Unteroffizier kriecht über den Menschenwall. In diesem Berg aus Leibern stoßen Lebende «bei dem Bemühen, Luft zu holen, grässliche Töne und Angstschreie» aus. Als Laffont über den Menschenwall klettert, bemerkt er, dass seine Maske nicht mehr arbeitet. Der Unteroffizier rafft sich zu einer letzten, äußersten Kraftanstrengung auf, «um dieser Hölle zu entrinnen».[84] Doch seine Füße versagen. Als ihm die Sinne schwinden, denkt er an seine Familie.

Ein Stockwerk tiefer hat Hanauer «kurz hintereinander 3 furchtbare Detonationen»[85] gehört. Ein gewaltiger Luftdruck, der das Lazarett «furchtbar erbeben» lässt – «weit stärker, als es bisher bei dem Aufschlagen von Volltreffern» geschah. Der Luftdruck schleudert Hanauer gegen die Wand. Benommen rafft sich der Arzt wieder auf und tritt auf den Gang hinaus. «Eine dichte Wolke von Rauch und Schwefeldampf» schlägt ihm entgegen. Hanauer hört «schreckliches Wimmern und Stöhnen», eilt in den Lazarettraum zurück, öffnet sämtliche Sauerstoffflaschen und lässt den Ventilator in Gang setzen. Hanauer und die Sanitäter legen Gasmasken an. Dennoch fällt der Arzt bald in Ohnmacht.

Unteroffizier Laffont kommt nach etwa fünf Stunden wieder zu Bewusstsein. Er findet sich in einem Außenraum des Forts wieder, frische Luft dringt herein. Neben ihm liegen ungefähr fünfzig Soldaten. Vielleicht fünf bis zehn sind noch am Leben. Laffont fehlen zwei Zähne, offenbar ausgetreten von Kameraden, die in Panik über sein Gesicht gelaufen sind. Erst gegen Mittag kommt er halbwegs wieder auf die Beine. In den Gängen liegen Hunderte Tote.

Auch Hanauer wird an die frische Luft getragen. Als er erwacht und sich etwas erholt hat, kehrt er sofort ins Innere des Forts zurück. Hanauer trifft «Verwundete, Betäubte und einige Geistesgestörte». Nun ist er der einzige Arzt. Wohl Dutzenden Rauchvergifteten rettet Hanauer durch Herzbelebung und Sauerstoffzufuhr das Leben. Arme, Beine und Rümpfe liegen umher, dazwischen zertrümmertes Kriegsmaterial. An manchen Stellen sind die Toten «in 3 und 4 Lagen übereinander geschichtet». Im Kellergeschoss liegen Leichen «mit völlig zerschmetterten Gliedern gegeneinander gepresst und hoch aufgetürmt». Der Explosionsdruck hat sie gegen die Wand geschleudert – «wie durch einen Gewehrlauf». Andere Tote sitzen in hockender Stellung zusammengekauert, «einige mit zur Abwehr erhobenem Arm».[86] Ein Offizier hat sich durch einen Kopfschuss selbst getötet. Hanauer schätzt die Zahl der Leichen auf bis zu achthundert.

In den nächsten Tagen müssen Pioniere Ordnung schaffen. «Was die 1./Pi 23 und meine Leute in diesen Tagen des Aufräumens im Fort durchgemacht haben», berichtet Major Lichnock, «spottet jeder Beschreibung! Zerrissene Menschenleiber hingen an der Decke.»[87] Hanauer beobachtet «in großer Zahl» seelische Störungen: «Chok, Verwirrungs- und Erregungszustände, Sprachlähmung, hysterische Krämpfe, Tobsuchtsanfälle und verschiedene Psychosen, unter denen mir besonders ausgesprochene Amentia auffiel.»[88] Wegen des Artilleriebeschusses kann die große Menge an Leichen unmöglich vergraben werden. Am Ende schafft man 679 Tote in zwei Frontwallbunker und vermauert die Eingänge.[89] Eine Untersuchung ergibt: Im Tunnel zum Kehlausgang hat sich das Öl von Flammenwerfern entzündet, möglicherweise durch das Erwärmen von Kaffee über offenem Feuer, entfacht mit dem Pulver aus Handgranaten. Nach Ausbruch des Brandes taumelten verbrannte, rußbedeckte Soldaten aus dem Untergeschoss nach oben. Unter Rufen wie «Die Schwarzen kommen!» bewarfen ihre Kameraden die vermeintlichen Kolonialtruppen mit Handgranaten. Das wiederum war wahrscheinlich der Auslöser für die Detonation eines großen Lagers mit rund hundert französischen 15-cm-Granaten. Auch deutsche Gasminen sind explodiert.[90] Schon längst läuft für den Douaumont ein Spitzname um: «Sargdeckel».[91]

Samstag, 13. Mai. Stenay, Jungenschule. «Wir tun unser Möglichstes», notiert Robert Kosch, Kommandierender General des X. Reservekorps, «aber man steht wie vor einer Mauer.»[92] Vergeblich haben seine Truppen versucht, südlich von Fort Douaumont Raum zu gewinnen. Nun tagt in Stenay eine Art Krisenstab. Neben dem Kronprinzen, Knobelsdorf und Schulenburg haben sich Major Wetzell, Stabschef von Lochows Angriffsgruppe Ost, und Oberstleutnant Hoffmann von Waldau, Stabschef des X. Reservekorps, in der Jungenschule eingefunden. Wetzell spricht «wenig vertrauensvoll»[93] über die Weiterführung der Offensive. Waldau, «allmählich etwas nervös»,[94] erklärt sogar, die 5. Infanteriedivision sei nicht mehr angriffsfähig. Die Explosion im Fort Douaumont habe sie moralisch stark in Mitleidenschaft gezogen.[95] Schulenburg rät zum Abbruch der Verdun-Offensive. Doch Knobelsdorf klammert sich an eine letzte Hoffnung: Grünkreuz-Granaten. Der Chef des Stabes will große Mengen der brandneuen Grünkreuz-Munition heranschaffen lassen – Artilleriegeschosse, die am Boden der Kartusche durch ein grünes Kreuz markiert sind. Sie enthalten Diphosgen, auch Perstoff genannt, einen hochgiftigen flüssigen Lungenkampfstoff. Frankreichs Armee hat Phosgen-Granaten zum ersten Mal bei Verdun schon am Anfang der Schlacht eingesetzt; Diphosgen-Granaten aber, als flüssiger Kampfstoff leichter in die Geschosse einzubringen, sind im Weltkrieg bisher nicht zum Einsatz gelangt.[96]

Alle Anwesenden sind der Meinung, dass die jetzige Linie auf den *Côtes* unhaltbar sei. Gleichgültig, ob man die Offensive fortsetze oder sich am Ende zur Verteidigung entschließe, vorwärts müsse man in jedem Fall. Wetzell erklärt, so oder so seien zwei frische Divisionen notwendig. Wolle Knobelsdorf den Antransport der Grünkreuz-Munition abwarten, könne man vorerst durchhalten – aber nur für eine begrenzte Zeit.[97] Damit endet die Besprechung.

Offenbar ahnt Schulenburg das Schwanken seines Vorgesetzten. Jedenfalls bedrängt er Knobelsdorf einmal mehr, die Offensive einstellen zu lassen. Und Knobelsdorf scheint einzulenken. Kurz nach dem Ende der Besprechung schlägt er dem Kronprinzen «die vorläufige Einstellung des Angriffs überhaupt vor». Er, Knobelsdorf, könne «den Verbrauch an Menschen, Munition und Material nicht mehr verantworten».[98] Dies einzugestehen werde ihm allerdings «blutsauer».[99] Erleichtert stimmt der Kronprinz zu. Noch am Nachmittag fahren Knobelsdorf und Schulenburg nach Mézières. Mit Falkenhayn spricht Knobelsdorf allerdings unter vier Augen. Gegenüber dem Generalstabschef betont Schmidt von Knobelsdorf, «dass es mit einem einfachen Aufgeben der Angriffe unsererseits nicht abgetan sein würde».[100] Das aber haben Heymann, Mudra oder Schulenburg auch niemals behauptet. Vielmehr empfehlen sie den Übergang zur förmlichen Belagerung, also ein langsames, systematisches, allerdings wohl nur auf kurze Sicht weniger verlustreiches Vordrücken der Linie. Doch in Mézières übergeht Knobelsdorf solche Ratschläge. Anscheinend wird ihm das Eingeständnis, Verdun nicht erobern zu können, allzu «blutsauer». Wahrscheinlich hofft der Generalleutnant auf frische Reserven. Jedenfalls schildert er gegenüber Falkenhayn ein Entweder-oder, von dem in Stenay überhaupt keine Rede war. Es gebe nur zwei Möglichkeiten, behauptet Knobelsdorf: «1.) weiter Angriff bis zur Fortnahme der beherrschenden Höhenstellung Fleury-Souville-Tavannes oder 2.) Zurücknehmen der ganzen Front, wahrscheinlich bis fast in die Ausgangsstellungen vor dem 21. Februar.»[101]

Damit fällt heute zum ersten Mal das Schreckenswort: Rückzug. Wie erwartet, befiehlt Falkenhayn die Fortsetzung der Offensive. Diesmal aber stellt er frische Divisionen nur unter einer Bedingung in Aussicht. Die Kronprinzenarmee, fordert Falkenhayn, müsse aus eigener Kraft wenigstens so weit vorankommen, dass eine halbwegs günstige Ausgangslage für weitere Großangriffe gesichert scheint. Die Zwischenwerke Thiaumont und Kalte Erde, aber auch das Fort Vaux habe die Kronprinzenarmee ohne neue Divisionen zu nehmen.[102] Diese Bedingung ist für Knobelsdorf zweifellos eine Enttäuschung. Wetzell hatte in jedem Fall zwei frische Divisionen gefordert. Am späten Abend, während der Rückfahrt nach Stenay, hüllt Knobelsdorf sich in Schweigen. Über das Gespräch mit Falkenhayn verliert er gegenüber Schulenburg kein einziges Wort.[103]

Erst beim Morgenvortrag in der Jungenschule lässt Schmidt von Knobelsdorf die Bombe platzen. Falkenhayn, erzählt er dem Kronprinzen, habe die unverzügliche Fortsetzung der Offensive befohlen. Allerdings sei dieser Angriff als «letzter Versuch anzusehen» und müsse «dementsprechend gründlich vorbereitet werden».[104] Knobelsdorf beruft sich «auf die neue Tatsache, dass eine frische Division des I. bayerischen Armeekorps von der Obersten Heeresleitung zur Verfügung gestellt sei».[105] Das ist glattweg die Unwahrheit. Offenkundig verlässt der Chef des Stabes sich darauf, dass sein Schüler keinen Überblick besitzt. In Wahrheit rollt das I. bayerische Armeekorps unter General Oskar Ritter von Xylander schon seit über einer Woche zur Ablösung von Verbänden des X. Reservekorps in Richtung Verdun.[106] Das Armeekorps steht der Heeresgruppe also bereits längst zur Verfügung. Knobelsdorf täuscht seinen Oberbefehlshaber, um die Fortsetzung der Offensive durchzusetzen. Doch zum ersten Mal seit Schlachtbeginn leistet Wilhelm Widerstand. «In größter Erregung» fährt er Knobelsdorf an: «Euer Exzellenz tragen mir heute das Gegenteil von dem vor, was Sie gestern für richtig gehalten haben.»[107] Der Kronprinz weigert sich rundweg, neue Angriffsbefehle zu unterzeichnen. Sein Vertrauen in Schmidt von Knobelsdorf ist endgültig zerbrochen.[108] Knobelsdorf wendet sich an den Generalstabschef. Falkenhayn befiehlt die Fortführung der Offensive. Wilhelm muss sich beugen. Ein Rücktritt mitten im Kriege kommt für einen Thronfolger noch weniger in Frage als für andere Oberbefehlshaber von Armeen oder Heeresgruppen. Frische Kräfte stellt Falkenhayn aber weiterhin nur für den Fall in Aussicht, dass Zwischenwerk Thiaumont, Fort Vaux und Dorf Damloup vorher in deutsche Hände fallen.[109] An einen Erfolg glaubt Falkenhayn im Grunde wohl nicht. Sogar Wild erwägt den Übergang zu einem «mehr festungskriegerischen Angriff», freilich nur, wenn dafür an anderen Frontabschnitten angegriffen werde. «Wir müssen», fordert Wild, «die Initiative behalten!»[110] Zwar hat Falkenhayn der Kronprinzenarmee frische Divisionen in Aussicht gestellt; dem Kaiser aber erzählt er, man wolle «zur Verbesserung der Linien» nur noch «lokale Angriffe machen.»[111] Tappen notiert: «Offensive auf Maas-Ostufer soll im Wesentlichen aufgegeben werden.»[112] Auf dem Schlachtfeld freilich bleibt alles beim Alten. Der Angriff geht weiter.

«Gott strafe Verdun! Dieu punisse Verdun! Der Kronprinz: Wüsste ich nur, was am gefährlichsten ist – nach vorne oder zurück?» Karikatur von Louis Raemaeker, *De Telegraaf*, März 1916

Mitte Mai. Sektor Verdun, Azannes. Gefechtsstand der 6. Infanterie-Division. Hauptmann Theune will mit seiner Truppe eine Attacke wagen. Manchen Offizieren erscheint er daher fast blauäugig. Theune führt die neu aufgestellte 10. Flammenwerfer-Kompanie. Während einer Erkundung des Geländes am Caillette-Wald ist er bei Frontoffizieren durchweg auf Unverständnis gestoßen. Selbst die «lebhafte Schilderung von der … furchtbaren Wirkung der neuen Flammenwerferwaffe», so Theune, konnte niemanden überzeugen. Der Hauptmann hat dafür durchaus Verständnis. Schließlich liege die 6. Division «seit einigen Monaten in diesem Hexensabbat».[113] Bei Verdun werde «ein besonderer Krieg» geführt, hier stehe jeder «mit dem Tode auf ‹du und du›».[114] Den Weg in die vorderste Linie – zur Kasemattenschlucht und an den Nordrand des Caillette-Walds – fand auch Theune «schaudervoll, höchst schaudervoll». Der Verbindungsgraben ist «nur noch angedeutet» und «mit Lehmschlamm und breitgetretenen Leichen angefüllt, die nun schon seit Wochen und Monaten» vermodern. «Körperteile von Armen, Beinen, Schädelteile, blutige Uniformstücke! Der Lehmboden mit faulenden Fleischfetzen durchmengt» – Theunes Stiefel werden noch im Herbst «nach diesem Höllenbrei» stinken. Der Hauptmann fand einen abgeschossenen französischen Piloten «neben seinem zertrümmerten Flugzeug …, mumifiziert! Die Trikolore am Flugzeug leuchtete weit.»[115]

Nun spricht Theune in Azannes mit Major Otto Edwin von Stülpnagel, dem Ersten Generalstabsoffizier der 6. Division. Stülpnagel wirkt verblüfft: «Ich bin schon froh», bekennt der Major, «wenn überhaupt einer kommt und ‹vorwärts› sagt. Ich werde Sie in jeder Weise unterstützen. Wie denken Sie sich den Angriff und was wünschen Sie dazu?»[116] Theune erläutert, dass er für einen Einbruch in die Linien des Gegners garantiere; doch um nachzustoßen, benötige man eine «schneidige Infanterietruppe». Stülpnagel entgegnet: «Das Bataillon Douaumont, das Bataillon des Hauptmanns Haupt, das Pour-le-mérite-Bataillon soll es machen. Setzen Sie sich mit ihm in Verbindung.»[117]

Theune und Haupt lassen in Romagne-sous-les-Côtes eine Modell-Stellung errichten. Dort üben die Vierundzwanziger das Zusammenspiel von Flammenwerfern und Infanterie. Der Angriff ist für den 26. Mai geplant.

Vous ne les laisserez pas passer, mes camarades!

TAGESBEFEHL NIVELLES, 23. JUNI 1916

Zehntes Kapitel

ENTSCHEIDUNG

Montag, 22. Mai. Sektor Verdun, Maas-Ostufer. Frühmorgens. Über den *Côtes* lastet Verwesungsgestank. Weht der Wind aus ungünstiger Richtung, schlägt den Soldaten beim Anmarsch schon kilometerweit vor der Kampfzone ein süßlich-beißender Geruch entgegen. Die Erinnerung werde man nie wieder los, so der Schriftsteller und Verdun-Soldat Paul Ettighofer. «Es riecht unverkennbar nach – Verdun.»[1] Tierkadaver, Leichen und Leichenteile, auf fast jedem Quadratmeter des Schlachtfelds verstreut, werden durch die Einschläge von Granaten immer wieder umgewühlt, zerteilt und verkleinert. Tote überall: Man findet sie «in die Grabenwände eingebettet, Köpfe, Beine und größere Stücke, wie sie die Arbeitskommandos gerade mit Pickel und Spaten aus dem Weg»[2] geschaufelt haben.

Seit nunmehr zwei Tagen liegen der Douaumont und die Gräben rund um das Fort unter einem Dauerfeuer, wie es die deutschen Truppen bei Verdun bisher nicht kannten. General Nivelle und sein wichtigster Helfer, General Charles Magin, haben fast dreihundert Geschütze aller Kaliber zusammengezogen. Das ist an der Maas die bisher größte Ballung auf französischer Seite. Alles in allem hagelt es ungefähr zweitausend Tonnen Granaten auf die knapp sechzig Hektar des Angriffsgeländes: Dorf und Fort Douaumont, die Gräben südlich, nördlich und beiderseits des Forts wie auch der Westhang der Kasemattenschlucht.[3] Fort Douaumont, so Nivelle und Mangin, müsse unbedingt fallen. Eigentlich sollte das vorbereitende Feuer drei Tage länger andauern. Doch

General Charles Mangin vor seinem Hauptquartier in Regret bei Verdun

Joffre spart Munition für die Somme. Ähnliches gilt für die Infanterie. Mangin hatte von der Heeresleitung vier Divisionen verlangt; erhalten hat er lediglich zwei.[4] Mangins Truppen – seine Leute nennen ihn heimlich «Schlächter» oder auch «Menschenfresser» – konnten vier Wochen lang für den heutigen Tag üben. Die Aufgabe, den Douaumont zu erobern, ist dem 129. Infanterie-Regiment zugefallen. Seine Offiziere haben die Forts Landrecourt und Moulainville eingehend besichtigt. Der Chef des II. Bataillons, Maguin, soll den Douaumont nach der Rückeroberung kommandieren.[5] Nun kauern die Soldaten des 36., 129. und 74. Regiments in ihren Sturmausgangs-Gräben. Die Linien verlaufen etwa dreihundert Meter südlich des Forts, angefangen beim Gehöft Thiaumont im Westen über den Chapitre-Wald bis hin zum Caillette-Wald im Osten. «Wälder» freilich sind diese Geländestreifen bloß noch auf den Karten der Stabsoffiziere.

Um 6.00 Uhr steigert sich das Artilleriefeuer ein weiteres Mal. Auch in den französischen Gräben kann man sich jetzt nur verständigen, wenn man seinem Nachbarn ins Ohr brüllt.[6] Oberst Estienne, der das Geschützfeuer leitet, ist mit der Wirkung hochzufrieden. Estienne lässt Mangin durch einen Leutnant mitteilen: «Gehen Sie und sagen Sie Ihrem General, dass das Fort Douaumont nur noch ein Sieb ist.»[7] Mangin triumphiert. Die Vorbereitung durch die Artillerie, erläutert er seinen Infanterie-Kommandeuren, werde es erlauben, «das Fort mit umgehängtem Gewehr zu erreichen, weil es völlig eingeebnet ist».[8]

Gegen 7.30 Uhr, in großer Höhe und weit über dem Morgendunst, durchbricht ein Geschwader französischer Doppeldecker die Luftsperre über den deutschen Linien. Zwischen den Tragflächen einiger Nieuports sind Lancier-Rohre mit Brandraketen angebracht – die wohl ersten Luft-Luft-Raketen weltweit. Während einige Doppeldecker ohne Brandraketen die deutschen Schutzflieger ablenken und in Kämpfe verwickeln, stoßen die anderen Nieuports im Sturzflug aus nördlicher Richtung – sozusagen von hinten – auf fünf Fesselballone herab. Als die Flieger nur noch knapp zweihundert Meter von ihren Zielen entfernt sind, drücken die Flugzeugführer auf einen Knopf. Er bringt die Brandraketen elektrisch zum Abschuss und zur Entzündung. Fünf Ballone stürzen brennend zu Boden. Während drei Artilleriebeobachter keine Fallschirme angelegt haben, können sich zwei Beobachter trotz ihrer Schirme nicht vom Flammenball lösen und stürzen gleichfalls zu Tode.[9] Damit ist die deutsche Artilleriebeobachtung aus der Luft beinahe blind.

Auf dem Douaumont ist der Blick auf den Frühlingshimmel längst schon verdüstert. Links und rechts des Forts liegen die brandenburgischen Regimenter von Lochows III. Armeekorps, darunter die Vierundzwanziger aus Neuruppin. Seine Märker verteidigen Stellungen, in denen sie «auf Schritt und Tritt»[10] auf Überreste unbeerdigter Kameraden aus den Februar- und März-Kämpfen stoßen. Weil manche Regimenter abermals im selben Abschnitt eingesetzt sind, erkennen einige Soldaten die Toten zweifellos wieder. Auch nördlich des Forts sind die Laufgräben voller Leichen. Leutnant Mauler berichtet: «Die Leichen stinken. Wir steigen über sie. Einer kauert mit hochgezogenen Knien quer im

Graben. Ich bleibe an seinem Knie hängen, sein Unterschenkel fällt von den Knochen, das feldgraue Tuch reißt wie Zunder und ein Schwarm grünschillernder Fliegen umschwirrt uns. Wir halten die Nase zu und bemeistern das Würgen.»[11] Auch Ettighofer sieht bei den nächtlichen Ablösungen unentwegt Leichen. «Du kannst nicht wegschauen», so Ettighofer, «sie liegen überall ringsum. In den Laufgräben liegen sie, und ganze Ablösungen eilen über die Toten hinweg, weil niemand mehr Zeit hat, sie wegzuziehen. Du merkst es erst, wenn du auf etwas Weiches, etwas Schwammiges trittst, dann weißt du, hier liegt ein Mensch … wie du. Du nimmst den Fuß rasch weg – aus einem Gefühl von scheuer Ehrfurcht vor dem Tod. Aber du hörst hinter dir den hohlen Tritt, den nachfolgenden Mann, der genau wie du auf den Toten treten muss. Und ein paar Schritte weiter liegt wieder einer, und der liegt nur zugedeckt unter dem Schlamm, den die Stiefel seiner über ihn hinwegschreitenden Kameraden auf ihm zurückließen. Ja, dieser Tote liegt so, dass du ihm – ob du es willst oder nicht – auf deinem nachtdunklen Pfad auf die Brust oder auf den Bauch trittst. Und unter der dünnen Schlammschicht meldet sich der Tote und gibt einen gurgelnden Laut von sich: ‹ä-ä-äh.› Nein, er lebt nicht, er ist wirklich tot. Seit Tagen schon. Er ist schon aufgedunsen und niemand kann dafür, dass die Luft aus seinem wie zum Schreien geöffneten Mund entweicht, wenn wieder einer auf ihn tritt – ‹ä-ä-äh!›»[12] Auch im Fort stinkt es nach Verwesung. Die französischen Granaten haben Massengräber im Kehlgraben aufgerissen. Die Luft ist so verpestet, dass im Fort einigen Soldaten die Sinne schwinden oder ganze Räume nicht länger besetzt werden können.

Unter den Panzerkuppeln starren Beobachter angestrengt nach Süden. Im Granatenhagel gewinnen sie den Eindruck, als ob der Boden brodelt und schwärt und «ununterbrochen Wolken aus Eisen, Steinen, Flammen und pechschwarzem Qualm»[13] hervorstößt. Es besteht keine Verbindung mehr zu den umliegenden Gräben. Meldegänger verschwinden in Wogen aus Erde und Stein. Niemand sieht sie je wieder. Verwundete, die aus der vordersten Linie die etwa zweihundert Meter zum Fort zurückwanken wollen, versinken für immer im Trichterfeld. Erreicht ein Soldat ausnahmsweise das Fort, erklärt er mit lallender Stimme, alles sei verschüttet und vernichtet. Hauptmann Heydemann, im Douaumont der ranghöchste Artillerieoffizier, trifft im Hauptgang einen Kompaniechef, den drei Leute halten und führen. Der Offizier hat seinen Revolver gezückt, redet irre und will seinen Bataillonskommandeur erschießen.[14] Fort Douaumont erzittert bis in die Kellerräume. Eine Kalkschicht legt sich auf alles und jeden. Aber im Großen und Ganzen halten die Gewölbe auch weiterhin stand.

Die Artillerien beider Seiten scheitern an den neuartigen Sandpolstern im Deckenbau und an der Homogenität des französischen Spezialbetons. Durch das Mischungsverhältnis von Zement und Zuschlagstoffen, aber auch aufgrund der Verarbeitung ist die Festigkeit der Betondecken in Douaumont oder Vaux sogar ohne Armierung viel höher als zum Beispiel in den Festungen Belgiens. Denn um die Widerstandskraft des Spezialbetons zu steigern, hat man ihn beim Einfüllen zügig und vor allem ohne Unterbrechung aufgetragen[15] – eine technische Leistung, die nun den Kampfverlauf hüben wie drüben nachhaltig prägt. Auch schwere und schwerste Geschütze können nicht halten, was die Heerführer sich von ihnen versprechen. Mangin und Nivelle überschätzen die Wirkung ihrer Artillerie ähnlich dramatisch wie Knobelsdorf und Falkenhayn.

Um 11.50 Uhr verlegen die französischen Geschütze ihr Feuer nach Norden. Vier Sturmbataillone stürzen auf einer Breite von nur einem Kilometer aus den Gräben. Die deutsche Artillerie hält dagegen: Die Batterien haben ihrerseits den Beschuss der französischen Ausgangsstellung schon kurz nach 10.00 Uhr erheblich verstärkt.[16] Die Luft-Luft-Raketen der Nieuport haben nicht alle deutschen Ballone vom Himmel geschossen. Zudem feuern die Batterieführer auch nach Karte. Und so sind die Kompanien des 129. Regiments schon wenige Minuten nach Angriffsbeginn auf durchschnittlich fünfundvierzig Mann zusammengeschmolzen.[17] Den ersten deutschen Graben, beinahe völlig zerstört, überrennen sie trotzdem. Nach acht Minuten ist die Südseite des Forts erreicht. Durch Breschen im Westteil des Kehlgrabens dringen zunächst drei Gruppen ein, darunter der Zug des Pionier-Unteroffiziers Piau. Die Soldaten erklettern die innere Böschung. Piau lässt die Zwischenraumstreiche, die *Casemate de Bourges*, auf dem südwestlichen Teil des Oberbaus besetzen. Von dort aus sind mit Maschinengewehren weite Teile des etwa 60 000 Quadratmeter großen «Daches» beherrschbar.

Andere Gruppen besetzen die nordwestliche Grabenstreiche und die Doppelstreiche an der Nordspitze des Forts. Dann aber hindert Feuer aus der nordöstlichen Grabenstreiche jedes weitere Vordringen im Festungsgraben.[18] Indessen dringt Piau mit einer Handvoll Soldaten durch den unterirdischen Gang der *Casemate de Bourges* bis in den Innenhof vor. Doch als Piau deutsche Stimmen hört, zieht er sich eilig in den Gang zurück. Gewarnt durch Rufe wie «Vive la France!»,[19] fängt die Besatzung an, sich entschlossen zu wehren. Drei französische Soldaten bezahlen das «Vive la France!» mit einem Kopfschuss. In das Innere der Kaserne können die Angreifer nicht vordringen. Auch auf dem Oberbau gelangen nur die westlichen Teile in französische Hände. Aber im Hinterland gewinnen sowohl die deutschen als auch die französischen Stäbe zeitweise den Eindruck, das Fort habe den Besitzer gewechselt.

Im Panzerturm Nord blinkt Leutnant Schmidt-Stölting mit seinem Lichtsignaltrupp immer wieder zur Station auf der Wavrille. Im Auftrag des Fort-Kommandanten Hauptmann Kalau vom Hofe bittet der Leutnant um Hilfe: «um südrand wird gekämpft, feind stellenweise im fort, einzelne trupps auf glacis.»[20] Und dann, wenig später: «feind räumt das fort. feind geht zurück. handgranatenkampf an der kehle. legt sperrfeuer auf caillette und chapitre. setzt brennzünder über das fort. wann angriff?»[21] Die Wavrille blinkt «verstanden». Dann folgt, so Schmidt-Stölting, ein wahrer Engelsgesang: «fünf uhr gegenstoß aus der tiefe. angreifen aus hassoule und chauffour. haltet fort.»[22] Doch durch das französische Sperrfeuer gelangen kaum frische Truppen zum Douaumont. Umgekehrt dringen nur wenige französische Soldaten durch das deutsche Sperrfeuer, um den Angreifern auf dem Douaumont zu helfen. Aber während der Nacht und auch am folgenden Tag gelingt es deutschen Truppen, über die Grabenstreiche im Nordosten, durch die seinerzeit Kunze ins Fort gelangte, Munition, Waffen, Verpflegung und Verstärkungen heranzuschaffen.[23]

Nach gut achtundvierzig Stunden ist alles vorbei. In der *Casemate de Bourges* ergeben sich die letzten französischen Kämpfer. Durch deutsche Gegenstöße verlieren Mangins Truppen sogar jenseits ihrer Ausgangsstellung ein gutes Stück Gelände.

General Mangin holt seine überlebenden Stürmer vom Schlachtfeld. Über ihre Rückkehr berichtet Oberleutnant Georges Gaudy: «Zuerst kamen die Überreste von Kompanien, gelegentlich von einem verwundeten Offizier geführt, der sich auf einen Stock stützte. Alle marschierten mit kleinen Schritten und torkelten wie betrunken.... Sie sagten nichts, sie hatten nicht einmal die Kraft, sich zu beklagen.... Es schien, als schrien diese stummen Gesichter etwas Fürchterliches hinaus, das unbeschreibliche Entsetzen ihres Martyriums. Ein paar Landwehrmänner, die in der Nähe standen, wurden sehr ernst. Ihre Minen überzog jene Traurigkeit, die einen überkommt, wenn man einem Leichenzug begegnet; einen davon hörte ich sagen: ‹Das ist doch keine Armee mehr! Das sind ja Tote!› Zwei der Landwehrmänner weinten still vor sich hin, wie Frauen.»[24] Ein schwerer Rückschlag; es scheint nicht mehr ausgeschlossen, dass Verdun doch noch verloren gehen könnte. Aber auch Lochows Märker, ursprünglich herangeführt für neue Großoffensiven, sind nicht länger angriffsfähig. Knobelsdorf muss sie ein zweites Mal vom Schlachtfeld abziehen.

Indessen ist General Robert Kosch, Befehlshaber im Abschnitt Douaumont, in ein neues Schloss gezogen. «Gottlob, das war nochmal geglückt», schreibt er seiner Frau aus Sorbey über die Kämpfe, «aber auch unsere Verluste sind schwer, und man sollte den Douaumont den ‹Totenhügel› taufen, so ist er mit Leichen übersät.»[25] Dann lobt Kosch den «entzückenden» Blick aus seinem von Glyzinien umrahmten Fenster «auf den noch sauber gehaltenen Park.... Trotz des ununterbrochenen Kanonendonners», so Kosch, «flöten die Nachtigallen ihr Lied wie im tiefsten Frieden.»[26] Der Kronprinz dankt dem General in Sorbey persönlich. «Er war riesig nett», so Kosch geschmeichelt. «Er sagte, wenn das Fort Douaumont den Franzosen in die Hände gefallen wäre, so würde er sich an die Spitze eines Bataillons gestellt haben, um es wieder zu nehmen.»[27]

Montag, 22. Mai. Charleville, Großes Hauptquartier. Abends. Douaumont bringt das Fass zum Überlaufen. Die Stimmung schlägt um. Im Großen Hauptquartier hat Falkenhayn jetzt einen schweren Stand. Legationssekretär Erich von Luckwald berichtet dem Kanzler: «Die heute telegraphisch gemeldeten Ereignisse bei Douaumont, welche beinahe zum Verluste der Festung führten», gäben allen Kritikern des Generalstabschefs Recht. «Die französische schwere Artillerie», warnt Luckwald, «ist so erheblich verstärkt worden, dass an eine Überlegenheit unsererseits nicht mehr zu denken ist.... Der an sich nicht bedeutende Misserfolg bei Douaumont, wo das III. Korps von Neuem eingesetzt ist, genügte, um Stimmen laut werden zu lassen, die für ein Aufgeben des Angriffs auf Verdun plädieren.»[28] Nach dem Scheitern seiner Strategie findet Falkenhayn einfach keinen Ausweg. «Bei Verdun», notiert Wild, gebe es «viele Verluste beiderseits und Unsicherheit bei uns, was weiter geschehen soll». Nicht nur Wild plagt die Frage: «Wie soll der Krieg im Großen weitergeführt werden? Falkenhayn steht vor einem schweren Entschluss.»[29] Inzwischen scheint klar, dass die britische Führung ihrerseits einen Großangriff plant.[30] Hermann von Kuhl, Stabschef des Kronprinzen Rupprecht, gewinnt nach einer Besprechung in Mézières den Eindruck, der Generalstabschef wisse nicht, «was nun geschehen soll».[31] Immer öfter, ergänzt Luckwald, höre man in Charleville die Meinung, «dass unsere geringen Erfolge vor Verdun im Ganzen einer Niederlage gleichen». Die eigene Lage, fasst Luckwald die Stimmung zusammen, sei nicht «beneidenswert, da wir vor Verdun engagiert wären – militärisch und moralisch – [so] dass uns keine Wahl bleibe, als weiterzukämpfen».[32] Der späte Westufer-Angriff sei ein Kardinalfehler gewesen – «ein Faktum, das jeder kennt».[33] Auch Schmidt von Knobelsdorf gerät in die Kritik. Sein Vorgehen in der Woëvre, klagt Luckwald, habe die eigenen Truppen in ein «willkommenes Ziel der französischen Batterien auf den Côtes Lorraines»[34] verwandelt. Tappen wiederum gelte als «der Verfechter des Systems», das mit dem Schlagwort «Die Truppe muss es leisten»[35] den Bogen völlig überspannt. Der österreichische Militärattaché berichtet ins Hauptquartier nach Teschen: «Die Deutschen nennen keine Zahlen über ihre Verluste vor Verdun; sie müssen sehr beträchtlich sein.... Manche vertraulichen Urteile lauten hier dahin, dass jeder, der den Pulsschlag der Truppe nicht fühlt, die Grenzen äußerster Leistungsfähigkeit nicht erfasst, im Kriege recht unheilvoll wirken kann.»[36] An das «Verbluten» des Gegners glaubt kaum noch jemand. «Unsere Infanterieverluste haben in letzter Zeit bedeutend zugenommen»,[37] warnt Luckwald. Falkenhayn trägt Unbekümmertheit zur Schau, «womit er seiner Umgebung zu imponieren sucht».[38] Doch die Umgebung nimmt ihm das mehr und mehr übel. «Große Verstimmung über den Kaiser», notiert Admiral Müller, «der den Ernst der Lage nicht versteht, und über Falkenhayn, der bei Verdun ‹alles normal› findet.»[39] Zu allem Überfluss beginnt Conrad von Hötzendorf, Chef des Generalstabs der k.u.k.-Streitkräfte, wie aus heiterem Himmel eine Offensive in Südtirol – ohne Absprache mit der Obersten Heeresleitung. Während die Militärführer der *Entente* Konferenz um Konferenz abhalten, ist das Verhältnis zwischen Falkenhayn und Conrad so zerrüttet, dass man in Mézières «nur gerüchteweise von dem Unternehmen der Österreicher»[40] erfahren konnte. Übrigens hatte Falkenhayn seinerseits Conrad über die Verdun-Pläne im Dunkeln gelassen.

Doch in den nächsten drei Tagen treffen aus Tirol günstige Nachrichten ein. Der österreichische Angriff macht Fortschritte. Falkenhayn greift nach solchen Meldungen wie der Ertrinkende nach einem Strohhalm. Schon jetzt hofft der Generalstabschef auf eine «Katastrophe» des Gegners. In jedem Fall sei die Schlagkraft der italienischen Streitkräfte «für diesen Krieg gelähmt». Dass der «österreichische Stoß also große Vorteile»[41] entfalte, hält er für ausgemacht. Dann berichtet der deutsche Gesandte in Bern, Romberg, «ein hervorragendes Mitglied der französischen radikalsozialistischen Partei» habe ihm, Romberg, Verhandlungen über einen Separatfrieden in Aussicht gestellt «für den Fall, dass seine Partei ans Ruder komme».[42] Ungefähr zur gleichen Zeit sickert die Nachricht durch, das französische Parlament plane eine geheime Sitzung.

Nun schlägt Falkenhayns Ratlosigkeit in eine Hochstimmung um, die erkennbar ans Rauschhafte grenzt. Zwar empfiehlt Romberg, man müsse der Pariser Regierung weit entgegenkommen;[43] davon aber will der Generalstabschef nichts hören. Wo der Diplomat nur eine schwache Hoffnung erkennt, sieht der General sichere Anzeichen von Schwäche. «Auch ohne U-Boot-Krieg», triumphiert Falkenhayn, «werden wir bis zum Ausgang des Winters 1916/17 einen siegreichen Frieden erkämpfen. Frankreich wird dann zum Weißbluten gebracht sein.»[44] Vor vier Wochen erschien der rücksichtslose U-Boot-Krieg für einen Erfolg bei

Verdun und für den Gewinn des Weltkriegs unverzichtbar; nun aber steht die Ausblutungs-Theorie plötzlich wieder höher im Kurs als je zuvor. Laut Tappen belaufen sich die französischen Verdun-Verluste «auf mindestens 525 000 Mann».[45] Und ein Vertreter des Auswärtigen Amtes meldet dem Kanzler: «Die französischen Verluste vor Verdun werden auf 800 000 Mann geschätzt.»[46] 525 000, 800 000 Soldaten – Phantasie-Zahlen, abwegig wie nie zuvor, ersonnen in einem Wettbewerb wechselseitiger Überbietung. Im Großen Hauptquartier geht die Bodenhaftung völlig verloren. Nach allgemeiner Ansicht «werde bei einem Fall Verduns die Revolution ausbrechen. Die Tage des Ministeriums Briand seien … gezählt.»[47]

Falkenhayn will das Erzbecken von Briey annektieren lassen. Auch über dem Fort Douaumont müsse dauerhaft die Reichsflagge wehen. Die Schlacht bei Verdun, atmet Falkenhayn auf, habe «die operative Hoffnung erfüllt».[48] Damit der Kanzler wegen der deutschen Verluste im letzten Augenblick nicht kopfscheu wird, nennt ihm der Generalstabschef wissentlich falsche Zahlen. Dabei lässt Falkenhayn rund sechzigtausend Mann Verluste unter den Tisch fallen – das entspricht der Einwohnerzahl von Tübingen, Cuxhaven oder Weimar.[49] Bethmann allerdings kommt solchen Täuschungsversuchen einmal mehr auf die Schliche.

Doch für Falkenhayn scheint sogar ein operativer Durchbruch wieder möglich. Gegenwärtig umfasst die deutsche Heeresreserve noch fünfzehn Divisionen. Jeden Tag stehen Falkenhayn und Tappen nun in der Präfektur vor einer Kreidetafel, blicken «mit Freude auf diese 15 Divisionen», berechnen «immer von Neuem ihre Versammlung, die mit der Eisenbahn geschehen» soll und erwägen die «Einsatzrichtung».[50] Für die Kriegsentscheidung will der Generalstabschef alle anderen Fronten rücksichtslos schwächen und sogar aus Russland Divisionen heranschaffen lassen. Wo aber soll der Gnadenstoß erfolgen? Falkenhayn und Tappen erwägen, die Reserven «bei Verdun einzusetzen, um dort durchzubrechen und die französische Front alsdann westwärts aufzurollen».[51] Doch am Ende fällt die Wahl auf die Somme, hauptsächlich wohl deshalb, weil die Oberste Heeresleitung den Kampfwert der britischen Truppen am geringsten einschätzt. Die Aussicht, Verdun vielleicht doch noch zu nehmen, kann Falkenhayn nicht locken. Allerdings meldet seine Nachrichtenabteilung, dass Haig nunmehr über sage und schreibe fünfzig Divisionen verfüge.[52] Gegen diese Übermacht wollen Falkenhayn und Tappen allen Ernstes einen «Präventivschlag» führen. Vielleicht lasse sich, träumt Tappen, auch nach einem unmittelbaren deutschen Stoß «eine neue Offensive gegen die noch mangelhaft ausgebildeten englischen Truppen aufbauen».[53] Das aber bedeutet eine völlige Abkehr vom Grundgedanken: Durchbruch im Gegenstoß. Vor der Kreidetafel in Mézières spannen Falkenhayn und Tappen ihre Flügel aus. In diesen Tagen erfindet Wild ein neues Wort: «Gelegenheitsbrillantfeuerwerk!»[54] Doch Befehle, Weisungen oder Anordnungen kommen gar nicht erst zustande. Handfeste Vorbereitungen gibt es nicht. Tappen und Wild drängen Falkenhayn zur Tat – vergeblich.[55] Bis auf Weiteres findet der Präventivschlag nur vor einer Kreidetafel statt.

Mittwoch, 31. Mai. Bahnhof von Saleux, im Salonwagen des Präsidenten der Republik. Poincaré ist besorgt. Bei einem Besuch in Verdun hat General Pétain den Präsidenten unter Umgehung der Befehlskette gebeten, die Entsendung weiterer Truppen und Geschütze an die Maas-Front zu erwirken. Anscheinend fürchtet Pétain, die Festung könne doch noch fallen. Auch im Parlament geht das Vertrauen zu Joffre mehr und mehr verloren. Aufgrund von Gerüchten über die Höhe der Verluste bei Verdun haben die Abgeordneten mehrheitlich beschlossen, in ein paar Tagen die erste Geheimsitzung der Kammer seit Gründung der Republik einzuberufen. Auch die Warnungen Driants sind keineswegs vergessen.[56] Und so hat Poincaré zu einem Gipfeltreffen geladen. Briand, Joffre, Castelnau, Foch, Haig und General Pierre Roques, Nachfolger Gallienis im Amt des Kriegsministers – sie alle sind im Salonwagen des Präsidentenzuges versammelt, abgestellt auf einem Rangiergleis im Bahnhof von Saleux bei Amiens.[57] Castelnau verliest im Namen des *Grand Quartier Général* eine Denkschrift. Sie betont die Notwendigkeit einer Offensive an der Somme, «um Verdun zu entlasten».[58] Das klingt bescheiden. Vor allem ist es im Sinne des französischen Parlaments und der Regierungen in Paris und London. Haig versichert sogar, er werde am 1. Juli notfalls auch ohne die französische Armee angreifen lassen. Das ist Balsam in den Ohren von Briand und Poincaré. Immerhin ist der französische Beitrag für die Somme inzwischen auf zweiundzwanzig Divisionen gesunken.[59]

Doch was Briand oder Poincaré wohl nicht einmal ahnen: Joffre und Haig haben sich abgesprochen, ihre Regierungen wie auch die französische Kammer hinters Licht zu führen. Der Generalissimus sichert dem *Chief* vertraulich zu, dass «er sein Wort nicht zurücknehmen ..., sondern jeder verfügbare Mann den britischen Angriff unterstützen werde».[60] Hinter den Kulissen haben darüber hinaus Haigs französischer Adjutant wie auch Pierre des Vallières, Leiter der Militärmission im *General Headquarters*, ausdrücklich versichert, das Memorandum sei «Augenwischerei für die Parlamentarier».[61] Noch immer geht es Joffre nicht vorrangig um das Halten der Festung. Vielmehr will der Generalissimus dem Allfrontenangriff der *Entente* zum Erfolg verhelfen, den Krieg entscheiden und an der Somme mindestens große Geländegewinne, vielleicht sogar einen operativen Durchbruch erzielen.[62] Haig ist noch zuversichtlicher. Im Salonwagen erläutert der *Chief*, man müsse bis an den Rhein vorstoßen. Erst vorgestern hat er an Robertson geschrieben, die britische Kavallerie bereite sich «auf einen Erfolg wie den von 1806»[63] vor. In Schreiben hingegen, die für das *War Committee* bestimmt sind, verweist Haig stets nur auf die Entlastung Verduns – «dégager Verdun»; im Übrigen auch eine bequeme Formel, falls der operative Durchbruch scheitern sollte. Haig rechnet an der Somme mit langen Kämpfen; als Endziel aber steht ihm ein napoleonischer Triumph vor Augen, ähnlich wie der vernichtende Sieg Bonapartes 1806 in der Schlacht bei Jena und Auerstedt. Auch Douglas Haig spannt seine Flügel aus. Eine spiegelbildliche, höchst absonderliche Lage: Falkenhayn und Tappen glauben, die Verdun-Schlacht habe den Gegner so stark geschwächt, dass an der Somme ein Präventivschlag und die Kriegsentscheidung in Reichweite rücken; Joffre und Haig wiederum nehmen an, das deutsche Heer habe sich an der Maas derartig zermürbt, dass an der Somme große Gebietsgewinne zu erringen sind und britische Kavalleristen ihre Pferde an den Ufern des Rheins tränken werden.

Mittwoch, 31. Mai. Sektor Verdun, Bezonvaux-Schlucht. 18.00 Uhr «Markgraf» Ewald von Lochow will morgen, am Himmelfahrtstag, doch noch vorankommen. Ein Großangriff soll zunächst den Caillette-Wald, in den nächsten Tagen den Fumin-Rücken und am Ende auch Fort Vaux in deutsche Hände bringen.[64] Im Caillette-Wald bildet Theunes Flammenwerfer-Trupp die Speerspitze des Angriffs. Mit Haupts Vierundzwanzigern kann Theune freilich nicht mehr zusammenwirken. Inzwischen hat die 7. Reserve-Division aus Magdeburg unter Generalleutnant Bogislav Graf von Schwerin den Abschnitt der brandenburgischen Verbände übernommen. Es bleibt keine Zeit, den Flammenangriff mit neuen Truppen zu üben. Darüber hinaus hätte Theune auf eine lange Vorbereitung durch die Artillerie lieber verzichtet. Der Hauptmann setzt auf Überraschung. Nun aber feuern fünfundvierzig schwere und neunzehn leichte Steilfeuer-Batterien schon den ganzen Tag über auf die Stellungen des Gegners: Sprengminen, Gasminen und über 26 000 Granaten.[65] Gegen 18.00 Uhr erreichen Theunes Männer über Azannes und Ornes die Bezonvaux-Schlucht, ihren Bereitstellungsraum. Auf Karren ziehen seine Soldaten zehn große Flammenwerfer-Apparate.[66] In Löchern am Hang der kleinen, recht engen Schlucht hausen auch Stabsoffiziere des Infanterie-Regiments 66, das Theunes Truppen morgen unterstützen soll. Bei Einbruch der Dunkelheit dringt Theune, von einem Gefreiten begleitet, bis zu den Sturmausgangs-Stellungen in der Kasemattenschlucht und am Caillette-Wald vor. Dort will er letzte Absprachen mit Infanterieoffizieren treffen. Am frühen Morgen, so der Plan, wird Theune die schweren Flammenwerfer im vordersten Graben aufstellen lassen.

Dann aber schlägt die französische Artillerie zu – gewarnt nicht zuletzt durch das schwere deutsche Geschützfeuer. «Pausenlos», so Theune, sausen «die Hammerschläge schwerster Kaliber um uns nieder. Die Hölle von Verdun in höchster Steigerung! Wie bei einem Naturereignis» bebt und brennt «die Erde um uns».[67] Sekunden dehnen sich zu Stunden. Der Beschuss hält die Nacht über an.

Am nächsten Morgen erscheint die Flammenwerfer-Kompanie nicht wie geplant im vorderen Graben. Daher springt Theune trotz der französischen Granaten in die Bezonvaux-Schlucht zurück. Der Hauptmann trifft Soldaten «voller seelischer Depression»: fünf große Flammenwerfer-Apparate zerschossen, das Öl fließt über Leichen und Verwundete. Theune führt die Überlebenden mitsamt den noch übrigen Flammenwerfern in den vordersten Graben. Dort stellen seine Soldaten die schweren Geräte auf, in einem Abstand von jeweils etwa fünfzig Metern. An den Flügeln und in den Zwischenräumen halten sich die Träger leichter Flammenwerfer bereit. So kommt eine «geschlossene Flammenfront von etwa 450 Metern»[68] zustande. Die Linien des Gegners sind nur etwa vierzig Meter entfernt. Infanteristen der 66er und anderer Regimenter warten am Südhang der Kasemattenschlucht dicht gedrängt auf das Zeichen zum Sturm – alles in allem fünf Bataillone, also ungefähr fünftausend Mann.

Doch nun geschieht «etwas Unfassbares»![69] Die schweren deutschen Geschütze schießen zu kurz. Ihre Granaten schlagen in die dicht geballte Menschenmasse. In der Kasemattenschlucht schreien «die Leute bei jedem Einschlag unserer schweren Kaliber wie wahnsinnig auf». Sie sind «keine Soldaten mehr», sondern «Menschen in wilder Verzweiflung.» Es ist «gelinde gesagt, wie im Irrenhaus!»[70] Durch die monatelange Dauerbelastung sind viele Kanonenrohre abgenutzt. Theunes Leute entgehen der Katastrophe nur deshalb, weil sie schon im vordersten Graben warten. Bei einem engen Gegenüberliegen der verfeindeten Truppen ist es dort ohnehin meist am sichersten: Artilleristen beider Seiten befürchten, die eigenen Leute zu treffen. Daher haben nun auch die französischen Truppen regelrecht Zuflucht in ihrem vordersten Graben gesucht. Dort stehen sie dicht an dicht, als Theune, nur etwa vierzig Meter entfernt, um Punkt 8.30 Uhr den Bedienungen seiner schweren Flammenwerfer ein Zeichen gibt. Sofort schlägt über den französischen Soldaten ein «brausendes Feuermeer» zusammen; lodernde, «zuckende Stichflammen aus ungeheuren schwarzen Rauchwolken»[71] wälzen sich den französischen Gräben «wie ein Naturereignis von unerhörter Größe» entgegen. Wer dort noch kann, hebt die Hände. In den deutschen Reihen tritt «mit einem Schlage der Stimmungs-Umschwung ein». Hinter der Feuerwalze leichter, tragbarer Flammenwerfer stürmen die Überlebenden der 66er und anderer Regimenter nach vorn. Nach einem «kurzen Flammenstrahl» ist jeder Widerstand auch in betonierten Infanterie-Räumen gebrochen. Fast zweitausend französische Soldaten geraten in Gefangenschaft.[72] Die 7. Reserve-Division stößt durch die Vaux-Schlucht bis in den Chapitre-Wald vor.[73]

Drei Monate nach dem ersten Ansturm ist der Caillette-Wald doch noch gefallen. Gelänge weiter östlich nun auch der Stoß auf das Dorf und den Höhenrücken Damloup, droht Fort Vaux die Umfassung. «Gottlob, ... wieder mal ein Siegestag», jubelt Kosch im Schloss Sorbey. «Der liebe Gott», glaubt der General, «hat es ... gut mit uns gemeint, obwohl wir seinen ... Feiertag ordentlich mit Blut verschandelt haben.»[74] In seinem Tagesbefehl lobt Lochow vor allem die schwere Artillerie, «die auch heute wieder ihre hohe Leistungsfähigkeit erwiesen und das in sie gestellte Vertrauen in vollstem Maße gerechtfertigt hat».[75] Die Truppe freilich sieht das anders. In Abwandlung einer Wendung des Kaisers aus den Mobilmachungstagen – «Ich kenne keine Parteien mehr» – bespötteln Infanteristen die Kanoniere nun gelegentlich als «Regiment Kaiser»: Auch die Artillerie unterscheide nicht mehr zwischen den Parteien.[76]

Freitag, 2. Juni. Sektor Verdun, Weinberg-Stellung. 7.25 Uhr. Die Gräben auf dem Weinberg-Rücken liegen etwa fünfhundert Meter nördlich des Dorfes Damloup. Sie gelten als eher ruhige Stellung. Leutnant Zimmermann von den Dritten Grenadieren hat dort, so darf man vermuten, ausreichend Gelegenheit, in Erinnerungen an die schönen Stunden in Mercy-le-Haut zu schwelgen. Tagsüber allerdings kann sich niemand auf dem Weinberg blicken lassen. Die Stellungen sind vom Fort Vaux her einzusehen.[77] Gestern, am Himmelfahrtstag, freute sich Zimmermanns Kompanie schon auf die Ablösung; dann aber erhielten die Dritten Grenadiere den Befehl, das Dorf Damloup, wenn möglich sogar den Damloup-Rücken südlich des Forts zu erobern. Der Angriff ist für heute 7.30 Uhr angesetzt. Die übliche Vorbereitung durch die Artillerie entfällt. Generalleutnant Richard von Conta, Führer der 1. Infanterie-Division, setzt auf Überraschung. In der Weinberg-Stellung bildet die 4. Kompanie die erste Sturmwelle. Zimmermanns 12. Kompanie bleibt vorerst in Reserve.[78]

Punkt 7.30 Uhr feuern mehrere Maschinengewehre über die Köpfe der 4. Kompanie hinweg, während die Soldaten vom Weinberg ins Dorf hinabstürmen. «Alles geht glatt», beobachtet Zimmermann. Allerdings schießen viele Verteidiger noch immer aus den Kellern der Häusertrümmer. Zimmermann erhält Befehl, gleichfalls ins Dorf hinabzusteigen. «Meine Leute», so der Leutnant, «verteilen sich sofort und gehen mit großem Vergnügen an die Ausräucherung der Keller mit Handgranaten.» Mehr als fünfhundert französische Soldaten geraten in Gefangenschaft. Gegen Mittag haben die Dritten Grenadiere das Dorf unter Kontrolle. Der Damloup-Rücken freilich kann heute nur halb genommen werden, «weil unsere Artillerie», klagt Zimmermann, «trotz dauernder Signale mit Leuchtkugeln hartnäckig zu kurz» schießt. Sofort wird Damloup für die Verteidigung vorbereitet. Der Leutnant und seine Soldaten gehen vor dem Westrand des Dorfes in Stellung. Dort gräbt sich Zimmermanns Kompanie sorgfältig ein. Weil die französischen Artilleriebeobachter lange nicht bemerken, dass Damloup den Besitzer gewechselt hat, kann Zimmermann in aller Ruhe die Trümmer einiger Häuser durchsuchen. In einem Keller entdeckt er «eine Menge Pioniergerät und Sandsäcke, die uns trefflich zustatten kommen. Aber noch andere Schätze birgt dieser Keller. Fleischkonserven und Schokolade in Mengen, Brote, Zwieback, Wäsche, Wein und Cognac. Ich packe fünf Säcke voll und bringe diese … in den Schützengraben. Dort helle Freude.»

Doch am nächsten Vormittag setzt der französische Artilleriebeschuss ein. Unmittelbar vor dem Keller des Leutnants stürzt Mauerwerk über einem Soldaten zusammen, der dort Wache hält. Der Mann, «ein kleines, niedriges Kerlchen», ist «ganz bleich und zittert. In seiner linken Wange sitzt, ohne dass er es weiß oder fühlt, ein riesiger Holzsplitter. Ich versuche», so Zimmermann, «diesen herauszuziehen, er bricht mir aber ab.» Der Leutnant fühlt sich «hundemüde». Seit vier Tagen und Nächten hat er kaum ein Auge zugetan. Und so schläft Zimmermann am frühen Morgen des 4. Juni trotz des Granaten-Regens mehrere Stunden lang. Am Vormittag stürzt ein Leutnant von der 1. Kompanie in Zimmermanns Stellung. «Er sei völlig fertig», gesteht der Leutnant, «und könne nicht mehr». Der junge Mann «weint wie ein Kind» – solche Nervenzusammenbrüche, so Zimmermann, seien «keine Seltenheit». Kurz nachdem der verstörte Offizier wieder aus dem Blickfeld verschwunden ist, wird Zimmermann im Graben «durch eine einschlagende Granate völlig verschüttet, nur mein Gesicht bleibt frei, was bei dem Trommelfeuer keine Annehmlichkeit ist. Ich rufe, unfähig, ein Glied zu rühren, um Hilfe, ein Wust von Sandsäcken, Erde, Steinen, Bohlen und Balkensplittern liegt auf mir und erschwert mir das Atmen. Auf meine Rufe kommen Unteroffizier Christinecke und ein Mann herbei, versuchen mich von oben zu befreien, und da dies nicht gelingt, fangen sie von unten an.» Nach etwa zehn Minuten ist Zimmermann frei.

Stunde um Stunde hält das Artilleriefeuer an. Immer mehr Leute werden verwundet. Auf die Dauer verursachen die Explosionen schwere Kopf- und Ohrenschmerzen. Zimmermann bemüht sich, «die Sache so leicht zu tragen als möglich». Er raucht Zigarre, singt hin und wieder und lässt seine Schnupftabakdose kreisen. Gegen 21.30 Uhr, nach mehr als zwölf Stunden Trommelfeuer, sind nur noch Zimmermann, Christinecke und ein weiterer Ostpreuße im Graben. Dann platzt über ihren Köpfen eine Granate. Zimmermann spürt «einen saftigen Schlag gegen den linken Unterschenkel und siedende Hitze darin. Ich werfe mich lang über und neben Christinecke.» Eine weitere Detonation: «Sprengstücke schlagen mir gegen Helm und Hosenboden, der ganze Graben stürzt ein, Christinecke wird verwundet, und der letzte Mann verschüttet und brüllt. Ich bin durch Qualm und den Lärm wie von Sinnen und springe etwa zwanzig Schritt rechts. Dort wird mir in der besseren Luft klarer um den Kopf. Von meinem Hosenboden steigt eine leuchtende Schwefelwolke auf. Nach einigen Augenblicken höre ich Rufe: ‹Herr Leutnant, Herr Leutnant!› Es ist Gefreiter Meier, der mit einem Befehl unterwegs gewesen war. Er reißt mich hoch und jagt mich gegen meinen Willen» ins Dorf Damloup. «Dort irre ich in dem bis zur Unkenntlichkeit zerschossenen Trümmermeer umher und suche vergeblich den Eingang zum Keller des Bataillonsstabs ...». Offenbar ist auch der Stab verschüttet. Zimmermann irrt weiter durch die Trümmer, stößt schließlich auf «Christinecke, der an der rechten Hand verwundet ist. Wir suchen gemeinsam nach dem Verbandskeller. Dabei müssen wir die Gasmasken aufsetzen, weil wieder ein Segen von Gasgranaten ins Dorf fällt. Während ich, an den Rest einer Mauer gelehnt, einen Augenblick verschnaufe, findet sich auch ein Mann meiner Kompanie namens

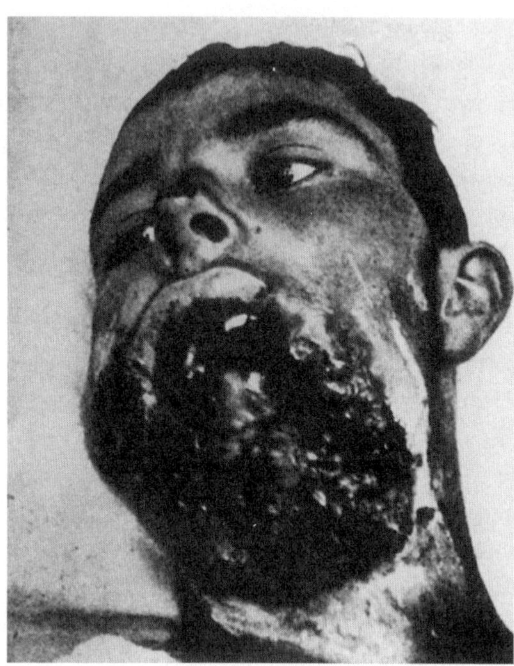

Folgen der Artillerieschlacht: Schwerverwundeter, der durch Granatsplitter sein Kinn, sämtliche Zähne und die halbe Zunge verlor

Pallasch ein, der jammernd ausruft: ‹Oh mein Gott, wäre ich doch lieber gestorben!›» Schließlich entdecken Zimmermann und Christinecke den Verbandskeller. Sie erhalten ärztliche Versorgung, sehen aber «üble Bilder». Vizefeldwebel Pauke zum Beispiel wird hineingetragen, blutüberströmt, er hat eine «riesige Schädelwunde, beide Augen sind ihm weggeschossen. Mit seinen Händen muss er immer nach dem Kopf gefasst haben, denn sie sind gleichfalls blutüberströmt wie Fleischerfäuste. Er fragt den Arzt, ob er, wenn auch nur mit einem Auge, seine Kinder sehen würde. Dr. Fränkel macht eine Lichtprobe, er sieht nichts mehr. Bald darauf verfällt er in Krämpfe und erhält zwei Spritzen Morphium. Auch ein Franzose ist da, sein linker Oberarm ist zerschmettert.… Er erzählt in hastigen Worten, dass er zwei Kinder habe, einen Knaben und ein Mädchen, und fragt Dr. Fränkel, ob es ihm vergönnt sein würde, sie wiederzusehen. Immer diese Frage nach den Kindern.»

Am 5. Juni, gegen 4.30 Uhr, fliehen Zimmermann und Christinecke aus dem «Jammerkeller». Auf eigene Faust brechen sie auf zum Dorf

Morgemoulin, etwa zehn Kilometer weiter östlich in der Woëvre gelegen. Noch immer wütet die französische Artillerie, jetzt schon seit etwa zwanzig Stunden. «Wir springen von Trichter zu Trichter, kommen durch die alte Weinberg-Stellung hindurch und legen etwa noch einen Kilometer im Marschmarsch zurück. Das linke Bein, das inzwischen ziemlich stark angeschwollen ist, schmerzt zwar sehr, doch tut es noch seine Dienste.» Mit Mühe erreichen die Männer Morgemoulin. Dort wird Zimmermann frisch verbunden. «Man setzt mir einen guten Kaffee vor ...».[79] Vor etwa drei Wochen hat der Leutnant in dem «herrlichen Neste» Mercy-le-Haut mit Madeleine Pierga, der Mutter des kleinen Ro-Ro, in einem Raum voller Blumen Kuchen gegessen.

Sonntag, 4. Juni. Fort Vaux. Die Lage scheint verzweifelt. Major Sylvain Eugène Raynal, Kommandant des Fort Vaux, bleibt vollkommen auf sich gestellt. Zwar hat das Fort alle Beschießungen halbwegs überstanden; doch seit fünf Tagen ist die Besatzung aufgrund der deutschen Offensive abgeschnitten. Raynal, neunundvierzig Jahre alt, kriegsversehrt und aus Bordeaux gebürtig, muss sich nicht nur um seine eigene Truppe sorgen, sondern auch um viele Soldaten anderer Verbände, die sich ins Fort geflüchtet haben. Sämtliche Gänge und Kasematten sind völlig überfüllt. Es sei «äußerst schwierig», so Raynal, «sich fortzubewegen».[80] Statt für zweihundertfünfzig Mann trägt er nunmehr die Verantwortung für über sechshundert Soldaten, darunter viele Verwundete. Schon mehrfach hat der Kommandant Brieftauben mit Botschaften an seine Vorgesetzten abgesandt. Tatsächlich erreichten alle Vögel den Militär-Taubenschlag unweit der Zitadelle von Verdun. Raynals Bitten um Entsatz sind bei Nivelle angekommen.[81]

Die ersten Kämpfe vor zwei Tagen, am 2. Juni also, entbrannten um die Grabenstreichen an der Nordwest- und an der Nordostecke des Forts. Anders als Feldwebel Chenot im Fort Douaumont hatte Raynal beide Streichen durch Maschinengewehr-Schützen besetzen lassen. Doch die Nordoststreiche fiel nach zwei Stunden in die Hände der Angreifer. Der MG-Schütze, der eine Bresche in der Streiche bewachte, wollte gerade eine Ladehemmung beheben, als es den Angreifern gelang, Handgranaten durch die Bresche zu werfen. Die Besatzung der

Sylvain Eugène Raynal, im Juni 1916 Kommandant des Fort Vaux. Seine Gefangenschaft verbrachte Raynal unter anderem in der Zitadelle Mainz. Nach dem Ende des Krieges kehrte er als Stadtkommandant nach Mainz zurück.

nordwestlichen Doppelstreiche konnte sich nur wenige Stunden länger halten. Dann entdeckten deutsche Pioniere auf dem Oberbau der Streiche ein paar getarnte Sandsäcke: Mit ihnen hatte Raynal eine Bresche abdecken lassen. Die Angreifer entfernten die Abdeckung und schleuderten Handgranaten in den Bunker. Gegen 14.00 Uhr war auch die Doppelstreiche in deutschen Händen.[82]

Ein weiteres Vordringen durch die zwei unterirdischen Gänge, die beide Streichen mit dem Inneren des Forts verbinden, konnten Raynals Leute aber verhindern. Die Verteidiger errichteten Sandsack-Barrikaden, gedeckt durch je ein Maschinengewehr. In drangvoller Enge, im Stockfinstern und inmitten von Zementstaub, Sprengstoffdämpfen und dem Gestank verwesender Leichen, entbrannten Kämpfe mit Handgranaten und Maschinengewehren. So eng und niedrig sind die Gänge, dass jedermann sich bücken muss. Und das unterirdische Ringen dauert weiterhin an. Durch eine Taubenmeldung hat Raynal Artilleriefeuer

Eingang des Forts Vaux. Aufnahme vom 14. März 1916

angefordert, um die Angreifer wenigstens vom Oberbau des Forts zu vertreiben. Tatsächlich wird die Lage der deutschen Truppen auf dem Vaux-Plateau überaus schwierig.

Nun aber, noch am Vormittag des 4. Juni, ist im Fort plötzlich der Schreckensruf «Gas! Masken auf!» zu hören.[83] Aus dem Nordwestgang stürzen Verteidiger mit verbrannten Gesichtern, «Haare und Augenbrauen versengt», so ein Krankenträger, «sie haben nichts Menschliches mehr an sich, sind schwarze Wesen mit verstörten Augen».[84] Fünfzehn französische Soldaten werden mit schweren Verbrennungen ins Lazarett des Forts gebracht. Flammen züngeln bis in den Hauptgefechtsgang. Einen Augenblick lang kommt Panik auf. Die Angreifer wollen das Fort durch Flammenwerfer buchstäblich ausräuchern. Doch durch einen starken Luftzug aus dem Inneren schlägt den deutschen Pionieren ihr eigener Qualm entgegen. Mehrere Angreifer erleiden Rauchvergiftungen. Flammenwerfer werden am Fort Vaux nicht mehr zum Einsatz gelangen.

Leiche im Abschnitt Fort Vaux

Um 11.30 Uhr schickt Raynal seine letzte Taube los. «Wir halten noch», lautet seine Botschaft, «aber wir werden mit sehr gefährlichen Gasen und mit Rauch angegriffen. Entsatz ist dringend erforderlich. Ich bitte um Mitteilung durch Blinkzeichen von Souville, das unsere Signale nicht beantwortet. Dies ist meine letzte Taube.»[85] Dann eine Hiobsbotschaft: In den Zisternen ist völlig überraschend fast kein Wasser mehr vorhanden. Dabei hat Raynal die Zuteilung streng rationiert. Entweder hat die vorherige Besatzung des Forts geschlampt oder aber die Zisternen haben durch Granaten-Beschuss Risse bekommen; jedenfalls stimmen die Angaben im Vorrats-Verzeichnis mit der tatsächlichen Füllung nicht überein. Raynal befiehlt, täglich nur noch ein Achtel Liter Wasser für jeden Soldaten auszugeben. Und so beginnen in den nächsten zwei Tagen einige Männer, an den Wänden zu lecken oder ihren Urin zu trinken. Verzweifelt flehen Verwundete den Kommandanten um Wasser an: «Ein Schluck Wasser! Ein Schluck Wasser, oder ich bringe mich um!»[86] Raynal selbst, ein langjähriger Kolonialsoldat, leidet nicht nur unter Durst und Hitze, sondern auch an einem Malariarückfall. Als am frühen Morgen des 6. Juni ein letzter französischer Entsatz-Angriff kurz vor dem Fort liegen bleibt, gibt es keinerlei Hoffnung mehr: Raynal muss den Kampf beenden.

Am frühen Morgen des 7. Juni bemerkt der deutsche Posten am westlichen Hohlgang zwei französische Soldaten mit einer weißen Fahne, angefertigt aus den Fallschirmen von Signalraketen: «Deutsche Soldaten! Schießen Sie nicht!», ruft Leutnant Bénazet, vor dem Krieg als Deutschlehrer tätig.[87] Bénazets Hornist bläst Warnsignale. Leutnant Werner Müller von den 53ern wird herbeigerufen. Ihm überreicht Bénazet einen Brief des Kommandanten: «Au commandant des troupes allemandes attaquant le Fort de Vaux» – «An den Befehlshaber der deutschen Truppen, die Fort Vaux angreifen».[88] Major Raynal will die Waffen strecken. Nach Rücksprache mit seinem Hauptmann lässt sich Müller, begleitet durch zwei Unteroffiziere, von Bénazet in das Innere führen. Dort tritt ihnen Leutnant Roy entgegen: «Offizier allemand? – Oui, monsieur! – Veuillez suivre!»[89] Müller folgt Roy durch den vierzig Meter langen Hauptgang; zu beiden Seiten bilden hunderte französische Soldaten mit Waffen und Helm eine Art Spalier. Auf den Befehl des Offiziers «Garde à vous!» – «Achtung!» stehen die Soldaten stramm. Französische und deutsche Unteroffiziere salutieren, während die Gruppe den Gang hinab läuft. Dann steht Müller vor Major Raynal. Die Bedingungen für die Übergabe sind rasch vereinbart: «Völkerrecht, Privateigentum, rücksichtsvolle Behandlung».[90] Gegen 7.30 Uhr gehen rund fünfhundertfünfzig französische Soldaten in Gefangenschaft. Major Raynal verlässt das Fort als Letzter. In den deutschen Laufgräben auf dem Fumin-Rücken, durch die man den Major und seine Leute im Gänsemarsch führt, salutieren ostpreußische Grenadiere.[91] Die Funkstation des X. Reservekorps in Sorbey hat um 2.00 Uhr einen Meldung aus Paris abgefangen: Joffre verleiht Raynal das Kreuz der Ehrenlegion. Dessen Ehefrau wird den Orden noch im Juni während einer feierlichen Zeremonie in Paris entgegennehmen.[92] Die letzte Taube des Majors, nach ihrem Flug verendet und dann ausgestopft, erhält einen Fußring in den Farben der Ehrenlegion.[93] «Gottlob, Fort Vaux ist gefallen», jubelt General Kosch in Schloss Sorbey, «für uns ist der endgültige Besitz des

Forts eine große Hilfe für das weitere Vorgehen.»[94] Am nächsten Tag führt man Raynal zum Kronprinzen nach Stenay. «Er ist gar nicht der Affe», staunt Raynal, «den unsere Karikaturisten aus ihm gemacht haben …».[95] In fließendem Französisch überhäuft Wilhelm den Kommandanten mit lobenden Bemerkungen. Als Zeichen seiner Wertschätzung gibt ihm der Kronprinz einen Degen – eine ritterliche Geste, wie aus der Zeit gefallen.[96] Indessen lässt Nivelle nun auch in der Stadt neue Gräben ausheben. Der General trifft Vorbereitungen für die Räumung der *Côtes*. Schmidt von Knobelsdorf kommt seinem Ziel immer näher.

Donnerstag, 8. Juni. Berlin, Kriegsministerium. Das ist ein Canossagang. Der österreichische Generalstabschef muss ihn dennoch unternehmen. «Na, was machen denn unsere heimlichen Feinde, die Deutschen», pflegte Conrad seinen k. u. k.-Bevollmächtigten aus Charleville zu begrüßen, «und was macht der Deutsche Kaiser, der Komödiant?»[97] Fast seit Beginn des Krieges haben Rückschläge bei den k. u. k.-Streitkräften dazu geführt, dass Conrad die Oberste Heeresleitung «fast täglich in irgendeiner Hinsicht um Unterstützung und Aushilfe»[98] angehen muss. Nun betrachtet er Falkenhayn als lästigen Vormund, der sich immer mehr Rechte anmaßt. Die k. u. k.-Offensive in Südtirol und im Trentino, mit der Falkenhayn die Hoffnung auf eine italienische «Katastrophe» verband, hat sich seit zwei Wochen festgelaufen. Doch nicht die Lage in Südtirol ist der Anlass für die Berliner Besprechung. Vor drei Tagen erreichte die Oberste Heeresleitung ein «Notschrei»[99] der österreichischen Heeresleitung. Plessen notierte: «Die Russen haben die österreichische 4. Armee aus ihren Stellungen geworfen! Viele Gefangene! Verlorene Geschütze! Sehr übel.»[100] In Galizien hat sich aus einem Angriff der Truppen des Generals Alexei Brussilow, geführt zur Entlastung der italienischen Armee, ein riesiger, auch Brussilow überraschender Durchbruch entwickelt. Schon jetzt scheint der Vierten k. u. k.-Armee auf einer Breite von etwa fünfzig Kilometern das Rückgrat gebrochen. Innerhalb einer Woche verliert Conrad 200 000 Gefangene und nur deshalb so wenige Geschütze, weil er die Masse seiner schweren Artillerie bereits nach Italien verlegt hat. Dabei sind Brussilows Truppen zahlenmäßig kaum überlegen. «Falkenhayn wollte sofort die größten

Grobheiten an Conrad telegraphieren und Herausziehen von Divisionen aus der italienischen Front fordern»,[101] berichtet Wild. Doch der Kriegsminister riet zu einer persönlichen Aussprache in Berlin. Obwohl Falkenhayn eigene Truppen von der Hindenburg-Front nach Galizien befiehlt, muss der Generalstabschef darüber hinaus zwei Divisionen aus seiner Heeresreserve an die Ostfront verlegen. Und das Gespräch heute im Kriegsministerium verdeutlicht, dass weitere Transporte von West nach Ost wohl unvermeidlich sind. Im Übrigen sind beide Heerführer nicht nur wegen der Brussilow-Offensive besorgt, sondern auch mit Blick auf die Neutralität Rumäniens.

Ursprünglich wollte Conrad zur Aufgabe des Verdun-Angriffs raten; nun aber sagt er zu, seine eigene Attacke in Italien abzubrechen.[102] Beide Generalstabschefs hoffen, Brussilows Erfolg durch einen Gegenstoß in eine russische Niederlage verwandeln zu können. Damit ist ein Präventivschlag an der Somme endgültig vom Tisch. Ohnehin fürchten Wild und Tappen, dass Falkenhayns Entschlussfähigkeit stark gelitten hat. «Innerlich ist er froh», glaubt Wild, «dass ihm die Notwendigkeit, sich im Westen zu einem entscheidenden Stoß zu entschließen, durch die ganzen Verhältnisse vorläufig abgenommen ist. Das ist auch Tappens Ansicht.»[103]

Freitag, 16. Juni. Paris, Palais Bourbon. Paul Deschanel, Präsident der Abgeordnetenkammer, bittet um Ruhe. Eine Premiere: Zum ersten Mal seit Gründung der Republik tagt die Versammlung in geheimer Sitzung. Das Schicksal der Regierung Briand steht auf dem Spiel. Seit Beginn des Krieges hat die Abgeordnetenkammer drei andere Anträge auf Einberufung einer geheimen Sitzung niedergestimmt. Vor allem konservative Politiker wollten selbst halböffentliche Kritik an der militärischen Führung nicht dulden. Das bloße Anberaumen einer solchen Sitzung schien geeignet, die Öffentlichkeit zu beunruhigen und den Gegner zu ermutigen. Nun aber gibt es Gerüchte, das Heer habe an der Maas inzwischen über 250 000 Mann verloren.[104] Außerdem sind Anfang Mai in auflagenstarken Zeitschriften des Landes, in *Le Petit Parisien* und *Le Matin*, anonym zwei Artikel erschienen; der Verfasser lobte Castelnaus Eingreifen bei Verdun in den höchsten Tönen, ging allerdings mit Joffre hart ins Gericht. Beide Artikel sorgten in Paris für erhebliches

Aufsehen. Dass sie trotz der Zensur erscheinen konnten, ließ Joffre regelrecht toben.[105] Der Generalissimus vermutete die Drahtzieher im Kriegsministerium. Wahrscheinlich aber hat der Journalist Robert de Beauplan beide Artikel geschrieben, ein Freund Abel Ferrys und Mitglied im Stabe Pétains.[106]

Die Nachricht vom Fall des Forts Vaux hat die Stimmung weiter verschlechtert. «Jeder ist verpflichtet», mahnt Deschanel die Abgeordneten, «nichts von dem weiterzugeben, was im Verlauf der geheimen Sitzung gesagt werden wird. Die Texte unserer Beschlüsse werden im Archiv bleiben, nachdem sie sofort versiegelt worden sind ...».[107] Erster Redner ist André Maginot aus Bar-le-Duc, Vertreter der demokratischen Linken. Im November 1914 ist er bei Verdun verwundet worden. «Der Krieg kann noch ein weiteres Jahr dauern», warnt Maginot. «Wenn unsere Streitkräfte mit derselben Geschwindigkeit zusammenschmelzen wie in den letzten Monaten, könnte Frankreich zwar aus dem Kampf siegreich hervorgehen; aber es wäre erschöpft und dazu verurteilt, eine zweitrangige Nation zu werden.»[108] Deutschland, behauptet Maginot, habe an zwei Fronten kaum mehr Tote hinnehmen müssen als Frankreich an einer einzigen; und das, obwohl die Republik eine weniger zahlreiche Bevölkerung und eine niedrigere Geburtenrate aufweise. Könnte der deutsche Generalstabschef solche Ausführungen verfolgen, würde er wohl zufrieden nicken. Maginot schließt seine Rede mit einem Rundumschlag: «Die Lage bei Verdun spricht über das Oberkommando und dessen Operationsführung klipp und klar ein Verdammungsurteil aus. Sie hat offenbart, wie unvorbereitet und träge unser Oberkommando inzwischen ist!»[109] Und dann der Gipfel: «Verdun beweist», ruft Maginot, «dass der Oberbefehlshaber von Tag zu Tag denkt. Er überlässt seinen Gegnern die Initiative, anstatt ihnen seinen Willen aufzuzwingen. Er verfügt weder über einen Plan noch über Energie. Er hofft auf ein Wunder. Er hat uns gezeigt, was er zu leisten vermag. Er muss ersetzt werden.»[110] Selbst konservative Abgeordnete erklären nun, es sei hohe Zeit, dass die Armeekommission ihr verbürgtes Aufsichtsrecht tatsächlich ausüben könne. Eilig versichert Briand, die Regierung habe längst begonnen, dem Oberkommando alle Rechte zu entziehen, die über den operativen Bereich hinausgingen.[111]

Am nächsten Tag, während der zweiten Geheimsitzung, führt Abel Ferry den Hauptangriff. «Der Wucht der Tatsachen», so Ferry, «können wir nicht entkommen. Bei Verdun gab es keine zweite Verteidigungslinie, und das hätten wir fast mit dem Fall der Stadt bezahlt. In den vergangenen drei Monaten hat uns das zehntausende hervorragende Soldaten gekostet; Weitsicht hätte sie retten können. Sogar nach einem Sieg – wenn es denn einen Sieg geben sollte! – kann das Heldentum des Soldaten ein so schweres Versäumnis nicht entschuldigen. … Seit zwanzig Monaten hat das Oberkommando den besten Teil unseres Heeres durch vereinzelte und nutzlose Angriffe geopfert. Denken Sie … an Verdun, … blutig und tragisch. Was für einen weiteren schlagenden Beweis könnte es geben, dass es seit zwanzig Monaten gar kein Oberkommando gegeben hat!»[112]

Dann aber setzt der Kriegsminister zur Verteidigung an. Roques schlägt sich kraftvoll für Joffre in die Bresche. Aus seiner Mappe zieht er einen ganzen Stapel von Befehlen, die den Kampf bei Verdun betreffen. Ausführlich liest der Kriegsminister daraus vor. Sogar deutsche Zeitungen zitiert er mit dem Satz, die Verteidigung bei Verdun bestehe aus einem «wahren Labyrinth von Gräben».[113] Viele Abgeordnete gewinnen allmählich den Eindruck: Klare Versäumnisse sind Joffre nicht nachzuweisen. Der Kriegsminister warnt vor einer «Pauschalverurteilung».[114] Auch der Ministerratspräsident verteidigt Joffre, preist die *noria* und schmeichelt der Linken: Bapst, Bonneval, Langle, Dubail – alle diese Generäle habe Joffre ihres Amtes enthoben, weil sie einen Rückzug einleiten wollten.

Auch in den Sitzungen am 18. und 19. Juni gelingt es Joffres Kritikern nicht, eine grundsätzlich andere Strategie vorzuschlagen. Am Ende spricht die Kammer mit klarer Mehrheit der Regierung das Vertrauen aus. Drei Dinge haben die parlamentarischen Kämpfe verdeutlicht: Die Schlacht bei Verdun beschleunigt die Rückverschiebung der Macht von der Regierung und dem Oberkommando zur Kammer. So eingebunden ist das Parlament in viele Entscheidungsprozesse, dass die Abgeordneten ein halbwegs wirklichkeitsnahes, sogar eher überkritisches Bild der Lage gewinnen – ganz im Gegensatz zu den Abgeordneten des Deutschen Reichstags. In Frankreich stärkt die Krisenstimmung die Legislative, nicht die Militärführung. Außerdem hat Verdun den Ruf Joffres ernsthaft beschädigt. Und schließlich gibt es – anders als im Reichstag – nicht einmal bei der äußersten Linken auch nur im Ansatz den offenen Willen, einen Verständigungsfrieden zu schließen. Die bessere Versorgungslage und der Umstand, dass deutsche Truppen auf französischem Boden stehen, lassen Falkenhayns – scheinbare – Siegesgewissheit in ein Nichts zusammenfallen. Verdun macht weder die französische Öffentlichkeit noch die politische Klasse friedensbereit. Das Gegenteil ist richtig.

Dienstag, 20. Juni. Mézières, Präfektur. Tappen brütet über einer Denkschrift. Ludendorff hat seine Chance gewittert. Durch die Brussilow-Offensive und das Verschieben von Truppen des Feldmarschalls Hindenburg nach Galizien gewinnt Ober-Ost an Einfluss. Ludendorff hat erreicht, dass Tappen ein schriftliches Lageurteil vorlegen muss.[115] In seiner Denkschrift, verfasst am 20. Juni, schlägt der Leiter der Operationsabteilung gleich mehrere Pflöcke ein. Erstens: Die Entscheidung im Weltkrieg müsse nach wie vor an der West-, nicht an der Ostfront fallen. Zweitens: Diese Entscheidung werde nach Abwehr der britischen Offensive durch einen Gegenstoß gesucht. Drittens: Die Verdun-Offensive werde fortgesetzt. Joffre dürfe keine Kräfte von der Maas an die Somme verschieben. Viertens: Für Abwehr und Gegenstoß an der Somme stünden immer noch genügend Truppen zur Verfügung. Vor allem die letzte Behauptung verblüfft. Falkenhayns Heeresreserve umfasst nunmehr elf, die französische Heeresreserve neunzehn Divisionen. Die Zahl angriffsbereiter Verbände der britischen Expeditionsarmee schätzt Falkenhayns Nachrichtenabteilung auf bis zu zweiundzwanzig Divisionen.[116] Damit droht an der Somme eine fast vierfache Übermacht. Der ewig zuversichtliche Tappen, ärgert sich Groener, sei «selbst durch starke Enttäuschungen nicht belehrbar».[117] Immer wieder verweist Tappen auf den angeblich höheren Kampfwert deutscher Truppen und die «geringere Schlagfertigkeit der Engländer».[118] Dass eine gut ausgebildete und bestens geführte Infanterie selbst gegen einen an Zahl überlegenen Gegner die Oberhand behalten könne, ist seit dem Triumph Friedrichs des Großen 1757 bei Leuthen ein Glaubenssatz preußischdeutscher Führungskunst.[119] Mit vollem Ernst denkt allerdings nur Tappen noch an einen Gegenstoß. Ihm jedenfalls scheint der Sieg gegen eine vierfache Übermacht «durchaus möglich».[120] Falkenhayn äußert immerhin «Vertrauen zum Grenadier, dass er die Stellung hält».[121] Freilich wird Haig seine Offensive nicht mehr als überhasteten, schwachen Entlastungsangriff führen, sondern als Durchbruchsstoß mit überlegenen Kräften. Den britisch-französischen Angriffstruppen beiderseits der Somme liegen die Sechste, vor allem aber die Zweite Deutsche Armee gegenüber. Einhellig warnen ihre Stabschefs, eine «gewaltige Unternehmung» stehe bevor. Vor allem die Zweite Armee sei «völlig unzureichend ausgestattet».[122] Doch Falkenhayn wirkt wie gelähmt. Der Generalstabschef sei «sichtlich durch die Lage gedrückt»,[123] erkennt Plessen. Das Unglück vor Verdun habe ihn zum alten Mann werden lassen, findet Groener.[124] Schlafmangel, Überarbeitung, Zahnschmerzen und Schwellungen im Gesicht – Falkenhayn kann sich zu nichts entschließen. Dabei besteht dringend Handlungsbedarf. Der britisch-französische Hauptschlag wird nicht die Sechste Armee im Artois, sondern weiter südlich die Zweite Armee unter General Fritz von Below treffen; darüber kann aufgrund der Meldungen schon jetzt keinerlei Zweifel bestehen.[125]

Die Oberste Heeresleitung hat zwei Möglichkeiten. Entweder setzt sie auf reine Abwehr oder auf Abwehr und Gegenstoß. Wählt Falkenhayn die reine Abwehr, dann muss die Zweite Armee sofort erhebliche Kräfte entweder aus seiner Heeresreserve oder von Rupprechts Sechster Armee erhalten. Weder das eine noch das andere geschieht. Trotz gegenteiliger, wiederholter und sehr bestimmter Meldungen erwartet Falkenhayn den britischen Hauptschlag nach wie vor im Artois.[126] Der Grund bleibt ein Rätsel. Möglicherweise überdeckt sein Festhalten an der ursprünglichen Auffassung nur jene Entschlusslosigkeit, die Wild und Tappen beklagen.

Entscheidet sich der Generalstabschef für den Gegenstoß, müsste er die Offensive bei Verdun sofort abbrechen. Allein dadurch wäre eine ausreichende Zahl von Geschützen für die Somme freizubekommen.[127] Dagegen wehrt sich Schmidt von Knobelsdorf verbissen. Energisch wie üblich äußert er gegenüber Falkenhayn allen Ernstes die Ansicht, «dass an der Somme alles Bluff sei, nur bei Verdun eine Entscheidung liege».[128]

Laut Tappen hat sich die Oberste Heeresleitung ohnehin angeblich für den Gegenstoß entschieden. Aus dem Stegreif aber kann eine solche Operation nie und nimmer erfolgen. Absprachen und Vorbereitungen mit den Stabschefs der Sechsten oder der Zweiten Armee wären schon jetzt unbedingt erforderlich. Doch weder Hermann von Kuhl noch Generalmajor Paul Grünert erhalten aus Mézières irgendeine Nachricht über Planungen für einen deutschen Gegenstoß.[129] Kurzum: Die Heeresleitung bereitet weder die reine Abwehr noch den Gegenstoß vor. Falkenhayn wirkt wie ein Schatten seiner selbst.

Donnerstag, 22. Juni 1916. Sektor Verdun, Azannes. 21.00 Uhr. Die deutsche Artillerie hat während der letzten zwei Tage mehr als 50 000 Sprenggranaten verschossen. Das Entscheidende aber soll erst jetzt geschehen: In den deutschen Batterien liegen mehr als 127 000 Gasgranaten bereit – eine trockene Nacht, kein Lüftchen regt sich, die Bedingungen für den Einsatz von Grünkreuz könnten nicht besser sein. Während der vergangenen Wochen haben Arbeiter die Granaten vor allem in einer Zeche bei Briey abgefüllt. Jetzt warten rund vierzigtausend Infanteristen auf das Zeichen zum Sturm. Am frühen Morgen soll er beginnen, drei Stunden nach der Vergasung des Gegners. Auf den *Côtes* setzt Schmidt von Knobelsdorf zu einem «letzten Versuch» an. Entsprechend weit gesteckt sind seine Ziele. Am äußersten linken Flügel, im Abschnitt Vaux, hat das X. Reservekorps von General Kosch den Auftrag erhalten, in Richtung des Forts Tavannes vorzustoßen. Rechts anschließend, sollen im Kern vier Verbände die Schlacht während der nächsten drei Tage doch noch entscheiden: Die 103. Division aus Thüringen unter Generalmajor Ludwig von Estorff wird auf das Fort Souville vorstoßen; in der Mitte, im Abschnitt Douaumont, soll das bayerische Alpenkorps unter General Konrad Krafft von Dellmensingen das Dorf Fleury erobern; und auf dem äußersten rechten Flügel stehen die 1. Bayerische Infanterie-Division aus München wie auch die 19. Reserve-Division bereit, um das Zwischenwerk Thiaumont einzunehmen.[130] Danach muss der Angriff in einer zweiten Welle rasch weitergehen. Endziele sind das Zwischenwerk Kalte Erde und die älteren Forts auf dem Rücken von Belleville. Mit anderen Worten: Schmidt von Knobelsdorf will Nivelle zur Räumung

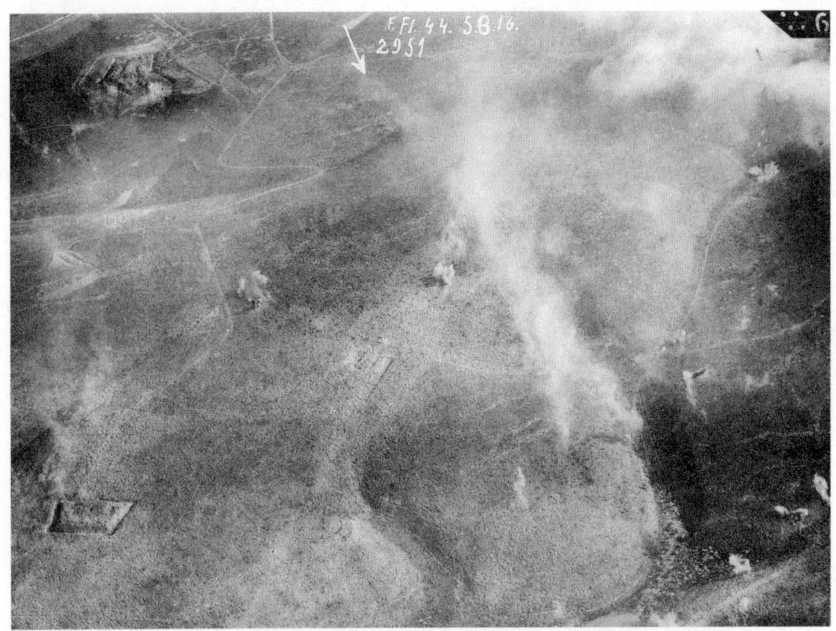

Souville-Schlucht mit Fort Tavannes (oben links) und Fort Vaux (unten links). Auch in der Schlucht liegt Artilleriefeuer. 5. August 1916

der *Côtes* zwingen. Eine Schlüsselrolle ist dem Lungenkampfstoff zugedacht. Die französischen Masken, hofft Knobelsdorf, werden gegen das Grünkreuz kaum schützen. Vor dem Angriff der deutschen Infanterie sollen Haubitzen und Feldkanonen die Artillerie- und Bereitschaftsstellungen des Gegners massenhaft vergasen. Auf den Karten der Batterieführer sind alle Zielfelder genau umrissen. Sie liegen südwestlich der Linie Zwischenwerk Thiaumont – Fort Souville – Fort Tavannes und reichen im Süden bis zur Linie Fort Belleville – Fort St.-Michel – Gehöft Bellevue. Knobelsdorf hat diese Felder den höheren Geländeteilen zugeordnet. Kampfgase neigen zum Abfluss in die Täler. Weil sich Grünkreuz bei starker Sonneneinstrahlung zerstreut, muss der Beschuss in den Nachtstunden erfolgen.[131] Nun also richten sämtliche Batterieführer die Blicke auf den Nachthimmel bei Azannes. Um Punkt 21.00 Uhr springen dort von einem Fesselballon fünf weiße Leuchtkugeln herab. Das ist das Zeichen: Zweihundertdreißig Geschütze eröffnen das Feuer.[132]

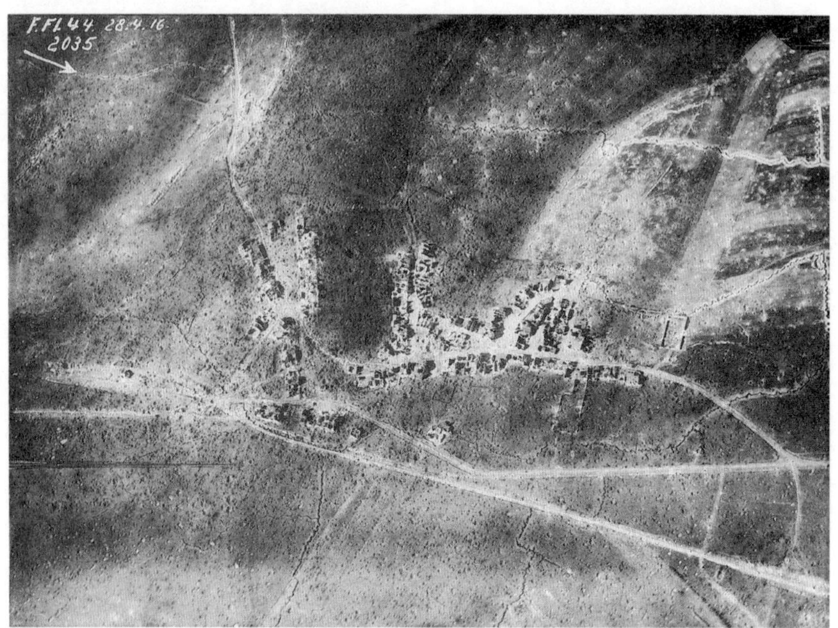

28. April 1916: Luftaufnahme des Dorfes Fleury nach der ersten Beschießung

Im Unterstand *Quatre Cheminées*, den «vier Schornsteinen», ist Oberleutnant Lapouge über die plötzliche Stille verwundert. Offenbar hat der Granatenbeschuss aufgehört. Lapouges Unterstand, etwa tausend Meter südwestlich des Zwischenwerks Kalte Erde gelegen, verdankt seinen Namen den vier großen Belüftungsschächten. Die Anlage ist betoniert, sechzig Meter lang, liegt bis zu zwölf Meter unter der Erde und schützt Infanteristen, die in die vordersten Gräben ziehen oder von dort kommen. Lapouge steigt die zehn Meter lange Treppe von der Galerie zur Kasematte hinauf. Als er die Eingangstür öffnet, bietet sich ihm ein seltsames Schauspiel. Der Beschuss hat ganz und gar nicht aufgehört. «Tausende von Granaten», staunt Lapouge, fegen «über unsere Köpfe hinweg». Doch sie zerplatzen fast lautlos und «dumpf».[133] Die Posten geben Gasalarm. Lapouge rollt «ein Jäger vor die Füße, der um sich» schlägt «und zwischen Reizhustenanfällen erbärmlich»[134] schreit. Grünkreuz setzt nach dem Einatmen Salzsäure frei, verätzt das Lungen-

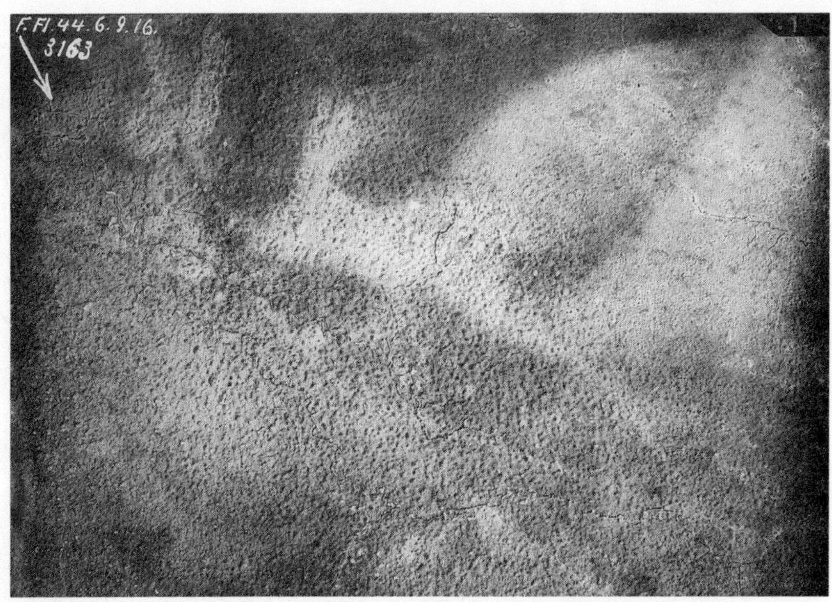

6. September 1916: Luftaufnahme des Dorfes Fleury nach dem Trommelfeuer

gewebe, führt zu Husten, Atemnot und schaumigem Auswurf. Der Tod tritt schließlich bei vollem Bewusstsein durch Ersticken ein.[135] Sämtliche Schwerverwundete im *Quatre Cheminées* fallen dem Grünkreuz zum Opfer. Die Besatzung schützt sich vorläufig mit ihren Masken. Am Fuße der beiden Einstiege werden Feuer entfacht, um das Gas zu vertreiben. Alle Soldaten, «die aus Leichtsinn oder Kopflosigkeit ihre Masken schlecht aufgesetzt» haben, so Lapouge, sterben «unter unsagbaren Qualen. Nichts ist erschütternder», findet der Oberleutnant, «als diese Todeskämpfe». Lapouge sieht Gesichter «voller Flecken, mit rötlichem Schaum vor dem durch Krämpfe verzerrten Mund und Finger, die sich in der Brust» einkrallen. Sechs Stunden warten die Soldaten im *Quatre Cheminées* unter ihren «seltsamen Tauchermasken», ständig besorgt, ob die Filter sie «noch lange genug»[136] schützen. Aber die Masken halten.

Das Morgengrauen kündigt einen strahlenden Sommertag an. Um 4.00 Uhr stellen die deutschen Geschütze den Gas-Beschuss ein. Inzwischen sind die französischen Batterien auf den *Côtes* so gut wie ver-

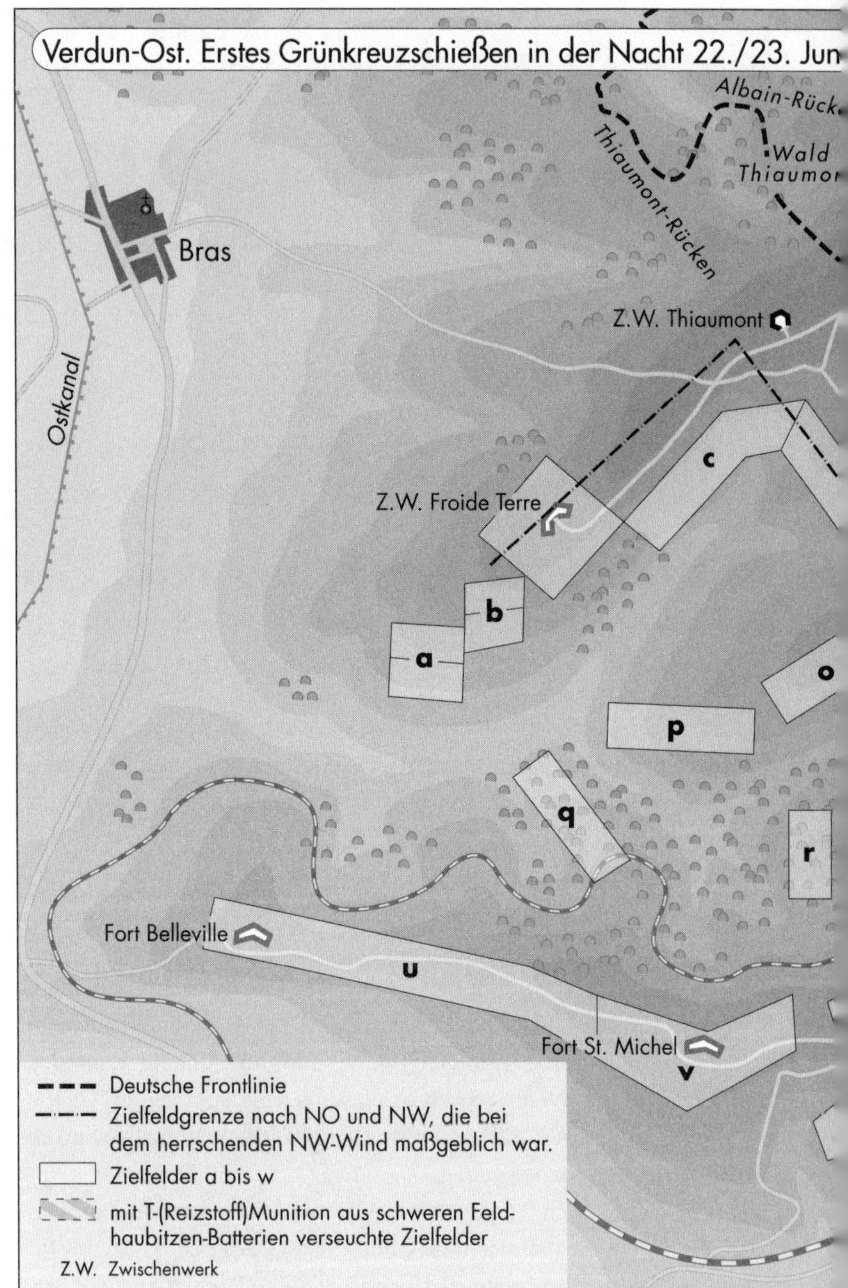
Verdun-Ost. Erstes Grünkreuzschießen in der Nacht 22./23. Jun
Albain-Rück
Wald
Thiaumo
Thiaumont-Rücken
Bras
Ostkanal
Z.W. Thiaumont
Z.W. Froide Terre
c
b
a
o
p
q
r
Fort Belleville
u
Fort St. Michel
v
Deutsche Frontlinie
Zielfeldgrenze nach NO und NW, die bei dem herrschenden NW-Wind maßgeblich war.
Zielfelder a bis w
mit T-(Reizstoff)Munition aus schweren Feldhaubitzen-Batterien verseuchte Zielfelder
Z.W. Zwischenwerk

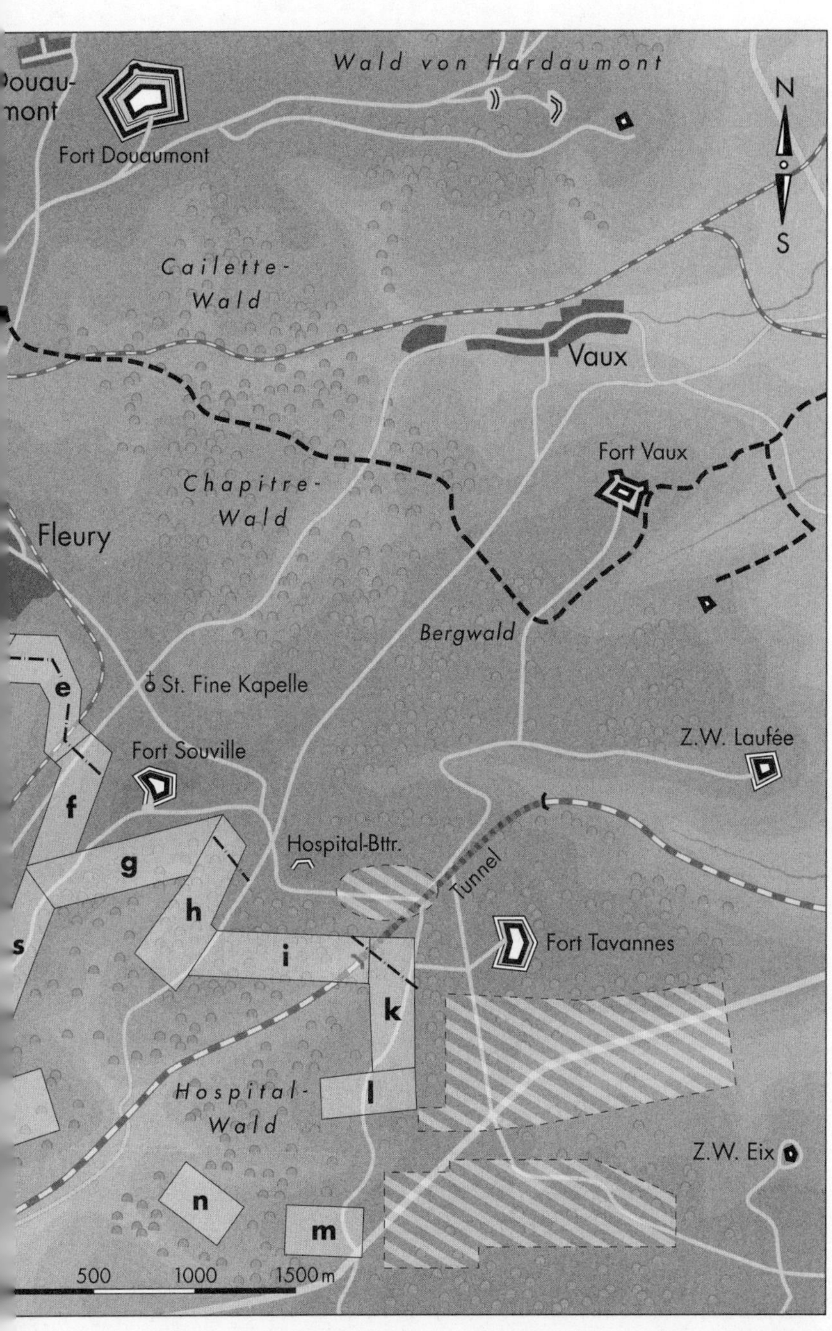
Wald von Hardaumont
Douau-
mont
Fort Douaumont
N
S
Cailette-
Wald
Vaux
Fort Vaux
Chapitre-
Wald
Fleury
Bergwald
St. Fine Kapelle
e
Fort Souville
Z.W. Laufée
f
Hospital-Bttr.
g
Tunnel
h
Fort Tavannes
i
k
Hospital-
Wald
l
Z.W. Eix
n
m
500
1000
1500 m

stummt. Das Grünkreuz tut seine Wirkung. Noch aber soll der Infanterieangriff nicht erfolgen. Knobelsdorf befürchtet, die Truppe könnte in ihr eigenes Gas hineinlaufen. Und so setzt abermals, für weitere drei Stunden, das Trommelfeuer mit den üblichen Sprenggranaten ein. Als die Infanterie, Offiziere voran, um 7.00 Uhr schließlich vorwärtsstürzt, haben sich die Verteidiger in den Gräben und vor allem an den Geschützen von der Wirkung des Gases halbwegs erholt.[137] Auf dem äußersten linken Flügel, im Abschnitt Vaux, bricht der Angriff des X. Reservekorps fast schlagartig zusammen. Ähnlich ergeht es rechts daneben den Thüringern des Generals von Estorff. Schon beim Vorgehen in die Ausgangstellung hat die 103. Division durch Sperrfeuer schwere Verluste erlitten.[138] Auf dem äußersten rechten Flügel erobern Verbände der 1. Bayerischen Infanterie-Division das Zwischenwerk Thiaumont. Für einige Augenblicke stehen bayerische Soldaten sogar auf dem Oberbau des Zwischenwerks Kalte Erde – der Stadtrand ist von hier aus nur noch gut zwei Kilometer entfernt. Schon fliehen Teile der Besatzung in Panik; aber auch die Bayern ziehen sich vom Oberbau zurück, weil sie – irrigerweise – die Sprengung des Werkes befürchten. Am weitesten kommt das Alpenkorps. Truppen Krafft von Dellmensingens besetzen die Trümmer des Dorfes Fleury. Eine Handvoll Soldaten gelangt kurzfristig etwa tausend Meter weiter südwestlich bis zur «Filzlaus», einem französischen Grabensystem zwischen Kalte Erde und Souville. Auf der Karte ähnelt es den Umrissen jenes Ungeziefers, das den Soldaten beider Seiten allzu bekannt ist.[139] Deutsche Soldaten werden der Stadt niemals mehr näher kommen.[140] Alles in allem bleibt die Offensive auf einer Linie liegen, die ungefähr vom Zwischenwerk Thiaumont über das Dorf Fleury bis zum Chapitre-Wald verläuft. Wie üblich, hat das Trommelfeuer nicht alle Widerstandsnester beseitigt. Auch die Vergasung der französischen Artillerie ist nur teilweise gelungen. Und die Masken der Verteidiger versagten nicht völlig – zumal nach dem Ende des Grünkreuz-Beschusses ein dreistündiges Trommelfeuer einsetzte, das den französischen Truppen buchstäblich eine Atempause verschaffte.[141]

Am 23. Juni, gegen 15.00 Uhr, meldet sich Pétain telefonisch in Chantilly. Er fasse, warnt der General, die Räumung der *Côtes* ins Auge und schlage vor, sofort mit dem Abtransport der schweren Artillerie zu beginnen. «Gott wird am Ende schon etwas für uns tun», will Castelnau den Generalissimus beruhigen. «In Anbetracht dessen, was wir leiden – vielleicht»,[142] entgegnet Joffre, der Republikaner, und überweist Pétain sicherheitshalber vier Divisionen. Damit ist das Scheitern des Angriffs besiegelt. Noch am Nachmittag erzielen erste französische Gegenattacken kleine Erfolge. Um seine Soldaten aufzumuntern, verfasst Nivelle den wohl bekanntesten Tagesbefehl des Krieges: «Vous ne les laisserez pas passer, mes camarades!»[143] – «Ihr werdet sie nicht durchlassen, meine Kameraden!», später verkürzt zu «Ils ne passeront pas!» – «Sie werden nicht durchkommen!» Am Abend scheint die Lage halbwegs sicher.

Samstag, 1. Juli. Mézières, Präfektur. Vormittags. Es ist so weit. In Mézières treffen erste Meldungen über den Beginn der Infanterieattacke an der Somme ein. Nach tagelangem Trommelfeuer attackieren vierzehn britische und sechs französische Divisionen auf breiter Front die Zweite Armee des Generals Fritz von Below. «Die französisch-englische Offensive hat eingesetzt», notiert Wild. «Überall Zuspitzung der Lage! Jetzt gilt's! Gott sei mit uns!»[144]

Die französischen Truppen südlich des Flusses erzielen mit weniger Kräften größere Erfolge als die Verbände Haigs – und zwar unter erheblich geringeren Verlusten. Foch, Führer der Heeresgruppe Nord, hat aus den Kämpfen bei Verdun taktische Lehren gezogen. «Angriffswellen», befiehlt Foch, «die sich aus Schulter-an-Schulter-Wellen zusammensetzen, sind streng untersagt.»[145] Die eigene Infanterie sei nur sparsam einzusetzen. «Die Rolle der Infanterie», erkennt Foch, «ist darauf beschränkt, jenes Gelände zu besetzen und zu halten, das die Artillerie wirksam und vollständig zerstört hat. Um überraschendes Abwehrfeuer zu vermeiden, darf die Inbesitznahme des Geländes lediglich nach sorgfältiger Aufklärung und unter beständiger Deckung durch die eigenen Geschütze erfolgen, falls die Zerstörung durch die Artillerie nicht wirksam gewesen sein sollte.»[146] Haig allerdings hat darauf verzichtet, von seinen Verbündeten zu lernen. Das Ergebnis ist der mit Abstand blutigste Tag nicht nur der britischen Militärgeschichte. Allein am 1. Juli verliert die Expeditionsarmee sage und schreibe 57 470 Soldaten.[147]

Haig erhält zunächst die Meldung, die britischen Gesamtverluste beliefen sich auf «über 40 000». «Das kann man», findet er, «nicht als schwer bezeichnen im Hinblick auf die Zahl kämpfender Truppen und der Länge des angegriffenen Frontabschnitts.»[148] Niemals zuvor hat in Europa eine Kriegspartei an nur einem einzigen Tag so viele Soldaten verloren. Der *Chief* lässt die Offensive fortführen. Allein die schiere Wucht der artilleristischen Überlegenheit, die riesigen Truppenmassen und die schlechte Vorbereitung der Zweiten Deutschen Armee, verschuldet durch die Oberste Heeresleitung, verbürgen fürs Erste das zähe Fortschreiten des Angriffs. In Mézières kann nach nur wenigen Stunden nicht einmal mehr Tappen an einen Gegenstoß denken. Fast schlagartig werden die deutschen Reserven für das Abriegeln von Einbrüchen verbraucht. Sehenden Auges hat die Oberste Heeresleitung Wucht und Schwerpunkt der Offensive falsch beurteilt.

Samstag, 8. Juli 1916. Charleville, Villa Renaudin. Der Generalstabschef will vor dem Obersten Kriegsherrn seinen Lagevortrag halten. An allen Fronten steht es Spitz auf Knopf. In Tirol ist die italienische Armee wieder zum Angriff übergegangen, die Brussilow-Offensive rollt weiter, und an der Somme droht nach wie vor ein Durchbruch.[149] Schon am zweiten Tag der Offensive hat Falkenhayn den Stabschef Belows, Generalmajor Paul Grünert, des Amtes enthoben. An die Stelle Grünerts trat Oberst Fritz von Loßberg, eine Art Abwehrfachmann des deutschen Heeres. In der Nacht zum 3. Juli, kurz vor seiner Abreise nach St.-Quentin, ließ sich Loßberg von Falkenhayn in die Hand versprechen, den Verdun-Angriff einzustellen.[150] Tatsächlich aber will der Generalstabschef noch eine «allerletzte» Offensive Knobelsdorfs abwarten. Der Angriff, erneut mit Grünkreuz-Granaten in die Wege geleitet, soll in zwei Tagen erfolgen.

Gestern hat Hindenburg auch wegen der Brussilow-Offensive erheblich mehr Macht eingefordert. Künftig soll Ober-Ost, so Hindenburg, «die ganze Front von Kurland bis zur Bukowina»[151] selbständig befehligen – also sogar Conrads k. u. k.-Verbände. Kein Zweifel: Ludendorff und der Generalfeldmarschall wollen Falkenhayn zum Anführer von «Ober-West» degradieren. Der Reichskanzler unterstützt das Vorhaben. Weil sich Falkenhayns Mai-Euphorie und seine Siegesgewissheit nun ins Gegenteil verkehren, hat der Kanzler endgültig jedes Vertrauen in die Oberste Heeresleitung verloren. «Hindenburg muss den Oberbefehl über die gesamten deutschen Oststreitkräfte erhalten»,[152] fordert Bethmann. Letzten Endes geht es aber nicht nur um den Oberbefehl im Osten. «Wäre unsere Truppe nicht so wundervoll», glaubt Bethmann, «dann wären wir längst besiegt.»[153] Hinter den Kulissen streut Kronprinz Rupprecht die Meinung, «dass wir den Krieg verlieren, wenn Falkenhayn bleibt».[154] Immerhin hat die Oberste Heeresleitung dem Kaiser noch am 20. Juni in der schriftlichen Lagebeurteilung Tappens einen Gegenstoß an der Somme und die Kriegsentscheidung in Aussicht gestellt. Seitdem musste Falkenhayn keine einzige Division in den Osten verlegen.[155] Dennoch kann von einem Gegenstoß längst schon keine Rede mehr sein. Der Generalstabschef ringt nur noch darum, einen Durchbruch zu verhindern. Jetzt aber erzählt Falkenhayn dem Kaiser in der Villa Renaudin nicht die Wahrheit. Um den Fehlschlag an der Somme zu begründen, muss das Versagen der Österreicher herhalten. Durch seine strategische Rechnung für 1916, behauptet Falkenhayn, sei leider «ein arger Strich durch den Zusammenbruch der österreichisch-ungarischen Armee gemacht worden».[156] Der Oberste Kriegsherr hat das Verschieben der Divisionen scheinbar nur ungenau verfolgt. Wilhelm jedenfalls lässt sich täuschen.

Dienstag, 11. Juli. Stenay, Jungenschule. Nachmittags. Heute Mittag ist auf den *Côtes* der letzte deutsche Großangriff trotz der Verwendung von Grünkreuz gescheitert. Inzwischen haben sich die Verteidiger mit Masken versehen, die besser gegen das Gas schützen.[157] Nicht nur Schmidt von Knobelsdorf erlebt den Fehlschlag als «harte Enttäuschung».[158] Falkenhayn erscheint persönlich in Stenay. Im Chefzimmer bespricht er sich mit Knobelsdorf, dem Kronprinzen und mit Schulenburg. Mündlich ordnet der Generalstabschef an: «Da die für heute festgesetzten Angriffsziele trotz Aufwand an Grünkreuzmunition und Kampfmitteln aller Art nicht erreicht sind, wird der Heeresgruppe Kronprinz strikte Defensive befohlen.»[159] Schulenburg fordert einen schriftlichen Befehl, den Falkenhayn auch zusagt. Der Generalstabschef wird ihn

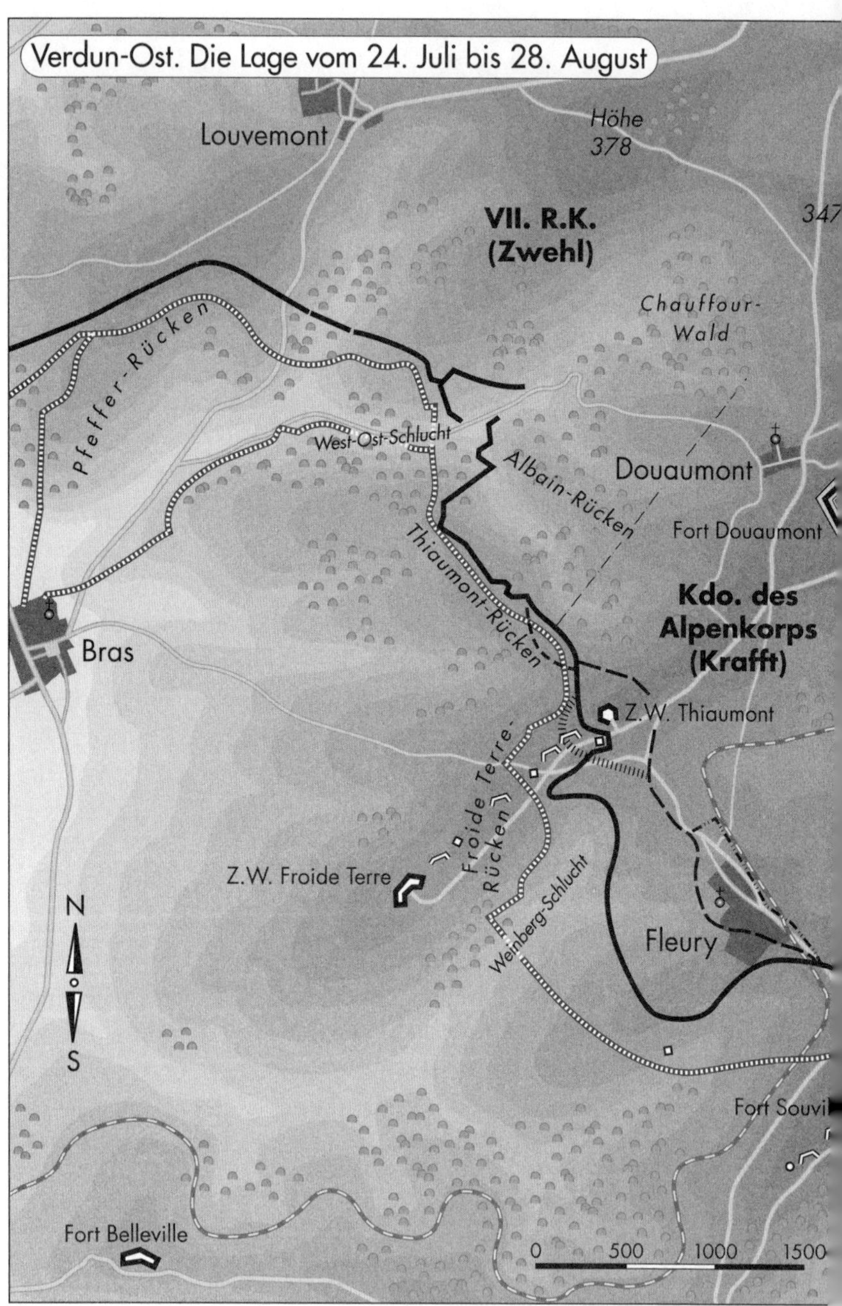
Verdun-Ost. Die Lage vom 24. Juli bis 28. August
Louvemont
Höhe
378
347
VII. R.K.
(Zwehl)
Chauffour-
Wald
Pfeffer-Rücken
West-Ost-Schlucht
Albain-Rücken
Douaumont
Fort Douaumont
Thiaumont-Rücken
Kdo. des
Alpenkorps
(Krafft)
Bras
Z.W. Thiaumont
Froide Terre-
Rücken
Z.W. Froide Terre
Weinberg-Schlucht
Fleury
N
S
Fort Belleville
0
500
1000
1500

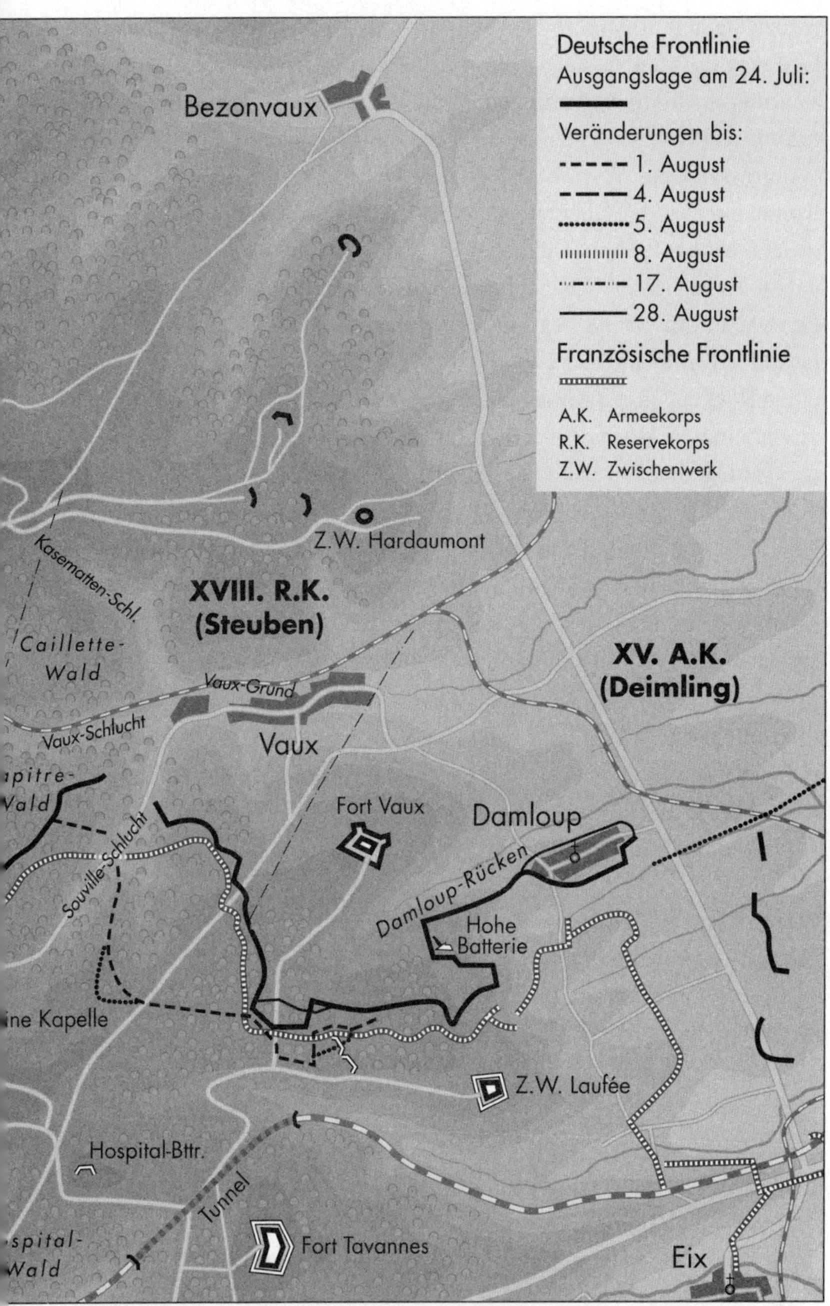
Deutsche Frontlinie
Ausgangslage am 24. Juli:
Veränderungen bis:
1. August
4. August
5. August
8. August
17. August
28. August
Französische Frontlinie
A.K. Armeekorps
R.K. Reservekorps
Z.W. Zwischenwerk
Bezonvaux
Z.W. Hardaumont
Kasematten-Schl.
XVIII. R.K.
(Steuben)
Caillette-
Wald
Vaux-Grund
Vaux-Schlucht
Vaux
XV. A.K.
(Deimling)
Fort Vaux
Damloup
Damloup-Rücken
Souville-Schlucht
Hohe
Batterie
Z.W. Laufée
Hospital-Bttr.
Tunnel
Fort Tavannes
Eix

jedoch niemals erteilen.[160] Den Schwarz-auf-Weiß-Nachweis der Niederlage mag er offenbar nicht liefern. Gleichzeitig erhält Knobelsdorf die Weisung, Artillerie und Truppen für die Somme abzutreten. Auch General von Gallwitz und sein Stab werden an die Somme befohlen. Die «Angriffsgruppe West» befehligt nun Hermann von François, bisher Kommandierender General des VII. Armeekorps aus Westfalen.

Schulenburg nimmt Falkenhayn als Getriebenen wahr, unfähig zu jedem Entschluss.[161] Tatsächlich bleiben klare Befehle weiterhin aus. Der wichtigste Grund liegt auf der Hand: Nach wie vor kann Falkenhayn den Kampf auf den *Côtes* nicht schlichtweg einstellen lassen. Ohne einen Rückzug in die Ausgangsstellung ist dort mit reiner Abwehr nicht auszukommen. Doch den Befehl zum Rückzug will Falkenhayn anscheinend auf keinen Fall erteilen. Bereits am Abend empfiehlt er dem Oberkommando in Stenay «die Fortsetzung kleinerer Angriffsunternehmungen und besonders Besetzthalten möglichst vieler Feuerstellungen durch Teilung oder häufigen Stellungswechsel der Batterien».[162] Fortsetzung kleinerer Angriffsunternehmungen – das eröffnet Knobelsdorf sofort neuen Spielraum. Und so befiehlt das Oberkommando der Kronprinzenarmee am 12. Juli lediglich die *vorläufige* Einstellung der Verdun-Offensive. Indessen ist Falkenhayn mit «den Nerven recht herunter», wirft am 14. Juli sogar «die Flinte völlig ins Korn».[163] Die Lage sei «schlecht, kritisch, pflaumenweich»,[164] gesteht er dem Kanzler. Der Generalstabschef weiß nun erst recht nicht mehr weiter.

Donnerstag, 27. Juli. Schloss Pleß. 12.00 Uhr. Auch der Kaiser wird mürbe. Die Lage in Galizien verschlechtert sich zusehends. Brussilows Offensive ähnelt einer Katastrophe in Zeitlupe. Weil den Obersten Kriegsherrn darüber hinaus Signale aus Wien erreichen, dass sogar im k. u. k.-Heer die Übernahme der Ostfront durch Hindenburg als Erlösung empfunden würde, hat Wilhelm ein Gipfeltreffen in Pleß anberaumt. Hier will er die Hindenburgfrage ein für alle Mal klären. Bethmann ist angereist, Conrad wird ebenfalls kommen. Im Eichensalon mit dem großen Kartentisch warten neben dem Kaiser, Plessen und Lyncker auch Hindenburg und Ludendorff, als der Generalstabschef in Begleitung Tappens zum täglichen Lagevortrag erscheint. Die Begrüßung, so darf man vermuten, verläuft überaus frostig. Als Wilhelm bittet, mit dem Vortrag zu beginnen, Hindenburg und Ludendorff aber keine Anstalten machen, den Raum zu verlassen, fragt Falkenhayn: «Auch für den Westen?» Mit einem Seitenblick auf Ober-Ost erwidert der Kaiser: «Das wird die Herren doch sehr interessieren!»[165] Und so fasst der Generalstabschef die Meldungen der letzten vierundzwanzig Stunden zusammen. Danach kommt – natürlich – die Kommandoregelung im Osten zur Sprache. Falkenhayn wiederholt einen Vorschlag, den Ludendorff bereits vor einigen Tagen rundweg abgelehnt hat: die militärische «Ausbürgerung» Hindenburgs. Der Feldmarschall, so Falkenhayn, könnte im Osten die Front der Österreicher übernehmen, sich selbst aber der k. u. k.-Heeresleitung unterstellen und sein Kommando über den deutschen Teil der Ostfront abgeben. Er, Falkenhayn, werde schon dafür sorgen, dass Hindenburgs Einfluss auf die *gesamte* Ostfront dennoch gesichert wäre.[166] «Ausgeschlossen!»[167], ruft Plessen dazwischen, der bei solchen Vorträgen eigentlich nur nach Aufforderung sprechen darf. Nun schlagen die Wogen hoch. Ein erregtes Hin und Her zwischen Falkenhayn und Ludendorff beginnt.[168] Ober-Ost lehnt alles ab. Wie nebenbei fordert Hindenburg außerdem drei frische Divisionen. Vor dem Treffen schien Falkenhayn zuversichtlich, beim Kaiser die «Ausbürgerung» durchsetzen zu können.[169] Wilhelm jedoch war längst zum Gegenteil entschlossen. Gestern hat Bethmann ihm eindringlich erklärt, an der Hindenburgfrage entscheide sich das Schicksal der Hohenzollern. «Mit Hindenburg», so der Kanzler zu Wilhelm, könne der Kaiser «einen enttäuschenden Frieden machen, ohne ihn nicht.»[170] Sogar Wild ist Falkenhayn von der Fahne gegangen. Bereits auf der Fahrt im Kaiserlichen Hofzug nach Pleß trat der Kriegsminister für Hindenburg ein, allerdings mit dem Zusatz: «Aber bitte verraten Sie mich nicht!»[171] Und so kommt es jetzt zu einer Auseinandersetzung zwischen Falkenhayn und dem Kaiser. «Das sage ich Ihnen», droht Wilhelm, «ich gehe hier nicht fort, ohne die Sache in Ordnung gebracht zu haben, das bin ich meinem Volke schuldig.»[172] Am Ende entscheidet Wilhelm tatsächlich gegen Falkenhayn. Nach dem Mittagessen bittet der Generalstabschef abermals um ein Gespräch, diesmal ohne Ludendorff und Hindenburg. Es sei ihm unmöglich, klagt Falkenhayn, «die Geschäfte zu führen, wenn andere mitsprächen».[173] Wilhelm überhört die Rücktrittsdrohung. An der kaiserlichen Abendtafel nimmt Falkenhayn nicht mehr teil. Er habe «heftige Zahnschmerzen»,[174] ist zu hören. Alle Besprechungen mit der österreichischen Führung über die endgültige Regelung des Oberbefehls werden ohne Falkenhayn geführt.

Am 2. August übernimmt Hindenburg die Front von der Ostsee bis einschließlich zur Zweiten k. u. k.-Armee bei Lemberg. Das bedeutet im Kern den Machtdurchbruch von Hindenburg und Ludendorff, obwohl der Generalstabschef im Amt bleibt – nun freilich als Leiter einer Art «Ober-West». Falkenhayns Unvermögen, bei Verdun eine Kriegsentscheidung zu erzwingen, hat die Kräfteverhältnisse innerhalb der Reichsleitung nachhaltig verschoben. In Frankreich beschleunigt die Krisenstimmung, ausgelöst durch das Ringen um Verdun, eine Rückverschiebung der Macht vom Oberkommando zur Abgeordnetenkammer. In Deutschland erstarken Ober-Ost und der Mythos des Retters.

Montag, 14. August. Stenay, Château des Tilleuls. Abends. An der Abendtafel in Stenay beenden Kaiser und Kronprinz einen langen Tag. Auch Wild, Lochow und General von François sind ins Schlösschen geladen. Tagsüber hat die Gesellschaft unweit von Longuyon das neue Sturmbataillon der Heeresgruppe besichtigt. Kronprinz Wilhelm ist «sehr stolz auf seine neue Schöpfung». Auch der Kriegsherr scheint «sehr zufrieden».[175] Heute Abend wagt der Kronprinz – offenbar zum ersten Mal –, seinem Vater die Schwierigkeiten anzudeuten, «die mir», so Wilhelm, «schon seit Jahresfrist ein gedeihliches Zusammenarbeiten mit meinem Chef unmöglich machen».[176] Damit übergeht der Kronprinz den Generalstabschef; allerdings hat er schon mehrfach bei Falkenhayn um die Ablösung Knobelsdorfs gebeten – immer vergeblich. Ein Anruf aus Mézières brachte heute Morgen das Fass zum Überlaufen. Am Rande einer Chefbesprechung in der Präfektur konnte Schmidt von Knobelsdorf den Generalstabschef überzeugen, einen neuen Großangriff auf Fort Souville zu unterstützen. Was in den letzten Monaten mit frischen Divisionen und dem Grünkreuz nicht gelang, soll nun während des Allfrontenangriffs der *Entente* mit viel weniger Geschützen und ohne zusätzliche Reserven schließlich doch noch gelingen: die Erobe-

Ludwig III., König von Bayern, besucht Kronprinz Wilhelm von Preußen (im Hintergrund rechts) im Château des Tilleuls in Stenay. In Wilhelms Heeresgruppe kämpften mehrere bayerische Großverbände.

rung der Schlüssellinie. Lochow aber weigert sich; und weil der Kronprinz seine Meinung teilt, ist Lochows Haltung keine Meuterei. Der Führer der «Angriffsgruppe Ost» erklärt, es fehle an Artillerie, Munition und Truppen. Zwar müsse man noch «kleine» Angriffe vortragen, vor allem gegen den «Souville-Sack» im Chapitre-Wald und am Zwischenwerk Thiaumont; doch eine Großoffensive gegen das Fort Souville und die ostwärts anschließende Höhenlinie sei weder möglich noch geboten.[177]

An der Abendtafel in Stenay stellt sich nun heraus: Anders als der Generalstabschef ist auch der Kaiser gegen einen neuen Großangriff. Zugleich kündigt der Kriegsherr die Verlegung seines Großen Hauptquartiers nach Pleß an. An der Somme droht inzwischen keine Katastrophe mehr. Haig und Joffre ist es nicht gelungen, einen operativen Durchbruch zu erzielen. Schon Anfang August ließ der *Chief* im *General Headquarters* die Behauptung streuen, es gehe gar nicht um den Durchbruch, sondern um eine «Zermürbungsschlacht».[178] Immer noch unklar scheint hingegen die Lage im Osten. Nur «sehr zaghaft, fast widerwillig»[179] hat Falkenhayn den Befehl zur Verlegung des Hauptquartiers gegeben. Tatsächlich wirkt der Umzug wie eine Niederlage. Entgegen allen Vorhersagen des Generalstabschefs ist 1916 im Westen keine Kriegsentscheidung für Kaiser und Reich gefallen. Als der Monarch mit Wild ins Auto steigt, um nach Charleville zurückzufahren, wendet er sich ein letztes Mal an Lochow, François und an seinen Sohn: «Ich gehe jetzt nach dem Osten. Für die Fünfte Armee gilt's nur zu halten. Keine Angriffe; aber Stellung unbedingt mit möglichst geringen Opfern halten! Das ist das Programm!»[180]

Bevor Falkenhayn am nächsten Tag mit dem Kaiser den Zug nach Pleß besteigt, fordert er von Lochow und François, den Führern beider Angriffsgruppen, schriftliche Stellungnahmen zur Beantwortung der Frage: Weiterführung der Offensive oder Abbruch des Angriffs?[181] Es ist ein altes Hin und Her, die Wiederholung des Immer-Gleichen, ein ständiges Gefangen-Sein. Die Beteiligten ringen um eine Wahl, die sie in Wahrheit nicht mehr haben. Nur *ein* Ausweg stünde offen: Rückzug in die Ausgangsstellung. François ist für die Weiterführung der Offensive, Lochow für den Abbruch. Der Kronprinz schließt sich schriftlich der Stellungnahme Lochows an.[182] Unaufgefordert verfasst auch Knobelsdorf ein Gutachten.[183] Er will weiterhin die Flucht nach vorn.

Als Schmidt von Knobelsdorf am nächsten Tag, dem 18. August, während der Morgenbesprechung im Chefzimmer erklärt, der Kronprinz sei «anscheinend durchaus nicht im Bilde», und einmal mehr den militärischen Mentor hervorkehren möchte, verliert Wilhelm die Beherrschung. Seine aufgestaute Wut bricht sich schlagartig Bahn. «Seit ¾ Jahren kann ich es mit Ihnen nicht mehr aushalten», ruft er, «Sie sind der gehassteste Mensch in der Armee. Jeden, der einen Graben verliert, bringen Sie um.»[184] Und weiter: «Sie untergraben jede Dienstfreudigkeit, ruinieren den Generalstab und spielen sich als Oberbefehlshaber auf.»[185] Das ist nichts als die Wahrheit. Doch seine «hemmungslose Sprache mit Vorwürfen persönlichster Art»,[186] sonst eher die Sprache des Beschimpften, lässt die Nerven Knobelsdorfs endgültig reißen. Noch am selben Tag kündigt er gegenüber Falkenhayn schriftlich seinen Abschied an. Knobelsdorf fühlt sich als Opfer: «Während der Feind uns draußen ernstlich zu schaffen macht, zermürbt, schmäht und beleidigt man mich.» Er, Knobelsdorf, sei völlig überrascht, «weshalb so plötzlich eine mir unerklärliche Sinnesänderung in der volle zwei Jahre aufrechterhaltenen Einheitlichkeit der Meinung und des Willens» komme. Die monatelangen Spannungen in Stenay hat Knobelsdorf gegenüber dem Generalstabschef demnach erheblich verharmlost. «Also, lieber Falkenhayn, meines Bleibens ist hier nicht mehr, als meinen Nachfolger schlage ich Schulenburg vor, den ich mir seinerzeit mit einem heimlichen Gedanken auch für diesen Fall von Ihnen erbeten hatte. Ich bin selbstredend mit jeder beliebigen Verwendung zufrieden, bitte nur, nicht meinetwegen aber der Meinigen wegen, dass ein Weg gefunden wird, der etwas dem Klatsch vorbeugt und mich nicht mit Unehren verändert. Was die beiden Jahre mir gewesen sind und mich gekostet haben, weiß nur ich allein. Ich fürchte, auch Mudra ist bereits orientiert und das Telefon hat wie gewöhnlich die Kunde von dem Unerquicklichen weitergetragen.... Leben Sie wohl und Gott befohlen. Ihr getreuer Schmidt von Knobelsdorf.»[187] Der Kronprinz wiederum schreibt seinem Vater, fordert die Ablösung Knobelsdorfs und bittet Falkenhayn, «den ins Rollen gekommenen Stein nicht aufzuhalten».[188]

In den nächsten vierundzwanzig Stunden herrscht im Château eine Art Gewitterschwüle. Der Chef des Stabes spricht mit seinem Oberbefehlshaber nicht mehr ein einziges Wort. Über Major Otto von Müller lässt Knobelsdorf ausrichten, er fühle sich «persönlich verletzt». Sofort lässt wiederum der Kronprinz bestellen, es tue ihm leid; jede «Beleidigung» habe ihm «ferngelegen». Nun erst kann der Mittelsmann dem Kronprinzen berichten, «dass die Angelegenheit» zu Knobelsdorfs «Befriedigung erledigt sei».[189] Fast könnte man glauben, Knobelsdorf habe den Kronprinzen zum Duell fordern wollen.

Am 21. August trifft aus Pleß die Antwort Falkenhayns auf die drei Gutachten der Heeresgruppe ein. «Die Gesamtkriegslage», so Falkenhayn, «macht es unbedingt erforderlich, bei dem Gegner im Maasgebiet den Eindruck lebendig zu erhalten, dass die Offensive dort deutscherseits nicht aufgegeben ist, sondern systematisch fortgeführt wird. Wie dies angesichts der notwendigen Einschränkung der Mittel im Einzelnen erreicht werden soll, kann nur das Oberkommando der Heeres-

«Er schaufelt sich sein Grab». Zeichnung von L. Bering, *Le Matin*, 20. März 1916

gruppe selbst entscheiden.»[190] Sogar jetzt noch will Falkenhayn die Verantwortung für Verdun an Knobelsdorf abtreten. Das sei keine Entscheidung, erkennt Schulenburg, «sondern eine pflaumenweiche Direktion, aus der sich jeder herauslesen»[191] könne, was er wolle. Selbst Knobelsdorf wirkt verärgert. «Eine klare Entscheidung» sei «unbedingt erforderlich». Was solle man «mit der Antwort anfangen? Wasch mir den Pelz, aber mach mich nicht nass.»[192] Mit Falkenhayns Antwort trifft zugleich der Befehl des Monarchen ein, der Knobelsdorf aus seiner Stellung entlässt, ihm das Kommando über das X. Armeekorps im Osten überträgt und den Orden *Pour le Mérite* mit Eichenlaub verleiht – zweifellos, um dem «Klatsch vorzubeugen». Nachfolger wird General Freiherr von Lüttwitz, bisher Kommandeur des X. Armeekorps. Weil Lüttwitz frühestens in einer Woche eintreffen kann, befiehlt der Kaiser ausdrücklich, Knobelsdorf müsse in Stenay die Geschäfte bis zur Ankunft seines Nachfolgers weiterführen. Doch Schmidt von Knobelsdorf übergeht den Befehl. Auf eigene Faust bricht er «einige Tage» früher auf, angeblich weil im Osten «eine sehr schwere Zuspitzung der Lage»[193] eintritt, die auch das X. Armeekorps betrifft. Und so kämpft die Kronprinzenarmee vorerst ohne einen Chef des Stabes. Der Antreiber der Schlacht bei Verdun hat das Schlachtfeld beinahe fluchtartig verlassen.

Sonntag, 27. August. Schloss Pleß. 22.30 Uhr. Eine willkommene Ablenkung: Die Chefs von Militär-, Marine- und Zivilkabinett spielen mit dem Kaiser Skat. In den letzten Tagen haben die Spannungen zwischen Falkenhayn und Hindenburg stetig zugenommen. Ober-Ost fordert immer mehr Kräfte, die aber der Generalstabschef in diesem Umfang nicht an die Ostfront verschieben möchte. Schnell wird es Hindenburg zur Gewohnheit, sich unmittelbar an den Kaiser zu wenden. In diesem Monat hat Falkenhayn bereits sechs weitere Divisionen seiner Heeresreserve für den Bedarf Hindenburgs geopfert.[194] Immerhin ist die Brussilow-Offensive nach über zehn Wochen mittlerweile ins Stocken geraten.

Jetzt aber erreicht die Skatspieler eine Hiobsbotschaft: Die rumänische Regierung hat Österreich-Ungarn den Krieg erklärt. Ein neuer Gegner mit rund 600 000 Soldaten tritt auf den Plan. Die Ostfront verlängert sich um weitere fünfhundert Kilometer. Der Kaiser bricht «völlig zusammen» und ist «völlig gebrochen».[195] Lyncker ruft aus, nun sei der Krieg im November zu Ende. Der Oberste Kriegsherr möchte den Kampf am liebsten auf der Stelle beenden. Valentini warnt, dass man Belgien und Frankreich nicht räumen, Elsass-Lothringen nicht abtreten und im Osten sämtliche eroberten Gebiete nicht wieder herausgeben könne. Wilhelm winkt ab. Admiral Müller gewinnt den Eindruck: «Nur Frieden – alles andere ist ihm gleichgültig.»[196] Für Falkenhayn bedeutet die Nachricht das Ende. Ihm geht jetzt auch Lyncker, der Chef des Militärkabinetts, gleichsam verloren. Neben dem Kaiser war Lyncker seine letzte und wichtigste Stütze. Am nächsten Morgen lässt der Monarch den Generalfeldmarschall von Hindenburg nach Pleß herbeirufen. Mit ihm, nicht mit Falkenhayn, möchte Wilhelm über die Abwehr der rumänischen Gefahr beraten. Sofort bittet der Generalstabschef um seinen

Abschied. «Falkenhayn tut mir leid», notiert Lyncker, «ein vernichtetes Leben.»[197] Ein ganz bestimmter einzelner Grund liege nicht vor, so Lyncker weiter, «es ist vielmehr das Ergebnis einer langen Entwicklung».[198] Und diese Entwicklung begann im Ende Februar 1916 mit dem Stocken des Angriffs auf den *Côtes*. Oberst Freiherr Marschall, Lynckers Stellvertreter, wagt einen Blick in die Zukunft. «Ludendorff werde», ahnt Marschall, «bei seiner Charakteranlage den Krieg bis zum Alleräußersten führen und nicht ruhen, bis das deutsche Volk völlig ausgesogen sei. Was dann komme, wisse man nicht.»[199]

Fünf Tage später, am 2. September, erteilt die Dritte Oberste Heeresleitung einen ihrer ersten Befehle. Generalfeldmarschall Paul von Hindenburg ordnet schriftlich an: «Der Angriff auf Verdun ist einzustellen und die gewonnene Linie als Dauerstellung auszubauen.»[200] Dadurch bessert sich die Lage auf den *Côtes* um kein Jota. Im Gegenteil: Der Zermürbungskampf geht weiter – nun allerdings mit vertauschten Rollen. Verdun nimmt einfach kein Ende.

Dienstag, 24. Oktober. Sektor Verdun, Ostufer. 10.00 Uhr. Eine letzte Steigerung: Seit Mitte September haben Pétain, Nivelle und Mangin bei Verdun die gewaltigste Masse an Artillerie versammelt, die Frankreichs Heere je aufbieten konnten. Der Allfrontenangriff und der Kriegseintritt Rumäniens zwingen die Mittelmächte bisher nicht in die Knie. Um die Initiative zu behalten, wollen Joffre und Castelnau den Druck an der Westfront auch den Winter über aufrechterhalten. Keinesfalls möchte der Generalissimus abermals eine Überraschung erleben, wie sie ihm Falkenhayn im Februar bei Verdun bereitet hat.[201] Das Wetter allerdings begünstigt den Verteidiger, nunmehr also die Kronprinzenarmee. Kurze Tage, Nebel, Regen, Schlamm, der die Geschosswirkung dämpft – die Bedingungen für die Artillerie sind überaus schlecht. Aber Nivelle hält zwei Trümpfe in der Hinterhand: Feuerwalze und Eisenbahngeschütze.

Seit vier Tagen trommeln siebenhundert Kanonen auf einer Breite von fünf Kilometern ohne Unterlass auf die Stellungen des Gegners ein, vor allem auf das Fort Douaumont. Mehr als 300 000 Granaten sind bereits verfeuert.[202] Auf jedes deutsche Geschütz kommen sieben französische. Nivelles erster Trumpf steht auf eigens verlegten Gleisen nahe Baleycourt an der Strecke von Verdun nach Sainte-Menehould: zwei nagelneue 40-cm-Eisenbahngeschütze aus der Waffenschmiede von Schneider-Creusot. Die Artilleristen haben ihre Monsterkanonen «Elsass» und «Lothringen» getauft. Beide Geschütze zielen ausschließlich auf die Forts Douaumont und Vaux. Dabei wirkt ihre Reichweite von sechzehn Kilometern eher bescheiden. Ihre Durchschlagskraft aber übertrifft sogar die Wucht der «Dicken Berthas». Alle zehn Minuten feuern «Elsass» und «Lothringen» je ein 900-Kilo-Geschoss auf Höhen von bis zu sechseinhalb Kilometer, bevor sich die Geschossbahn am Scheitelpunkt bricht und die Riesengranaten fast senkrecht auf ihr Ziel herabstürzen. Die Genauigkeit ist hoch. So trafen gestern von fünfundvierzig Geschossen neununddreißig das Fort Douaumont.[203]

Für die deutsche Besatzung bedeuten «Elsass» und «Lothringen» das Ende. Gestern hat der Südwestpanzerturm einen Volltreffer erhalten. Die Westgrabenstreiche ist eingeschossen, die West-Ost-Durchfahrt schwer beschädigt, ebenso der Gang zur östlichen Grabenstreiche.[204] Die Soldaten können nur noch unter Gasmasken atmen. Gestern explodierte eine Granate sogar tief unten im Lazarett. Fünfzig Ärzte und Verwundete waren auf der Stelle tot. Ein weiteres Geschoss durchschlug das Deckengewölbe der Kasematte Nummer 8. Unter den Trümmern liegen noch immer dreißig Soldaten. Bergungsversuche blieben ohne Erfolg. Ein weiterer Treffer zerstörte den westlichen Beobachtungsturm. Seitdem ist der Douaumont gleichsam blind. Die Decke des Hauptgefechtsgangs vor Raum 10 ist zerstört. Auch dort haben Trümmer mehrere Leute verschüttet. Elektrisches Licht gibt es nicht mehr. Seit gestern brennt es im Pioniermagazin. Alle Löschversuche waren vergebens. Auch in Kasematte Nummer 19 schwelt ein Brand. Im Nebenraum lagern siebentausend Handgranaten.[205] Eine Explosion riesigen Ausmaßes droht. Kurzum: Der Douaumont verfällt und zerbröselt.

Vor beinahe acht Monaten sind Kunze, Radke und Haupt in das Fort eingedrungen. Taktisch wie propagandistisch hat ihr Handstreich auf beiden Seiten das Verbeißen in eine Materialschlacht erheblich befördert. Nun ist der «Sargdeckel» nicht mehr zu halten. Und so erscheint es nur folgerichtig, dass die Schlacht mit der Rückeroberung des Douaumont Schritt für Schritt ausklingt. Gestern, am 23. Oktober, hat der Fortkommandant, Major Rosendahl, die Räumung beschlossen. Vor wenigen Stunden, um 6.30 Uhr, verließen die letzten zweihundert deutschen Soldaten bei dichtem Nebel das Fort. Ihre Verwundeten trugen sie mit sich. Nur Hauptmann Prollius aus Schwerin, zweiunddreißig Jahre alt, ist mit einer Handvoll Leuten in der Hoffnung geblieben, den «Sargdeckel» vielleicht – irgendwie – zu halten.

Nivelles zweiter Trumpf ist die «rollende Feuerwalze». Um sie zu proben, haben Pétain und Nivelle den einschlägigen Gefechtsstreifen unter hohem Aufwand bei Stainville unweit von Bar-le-Duc halbwegs nachbilden lassen – einschließlich eines Eins-zu-eins-Außenmodells des Forts Douaumont.[206] Während der Vorbereitung des Angriffs, bei Manövern im Hinterland, haben Versuche ergeben, dass Infanteristen dem Feuervorhang der Artillerie in einer Entfernung von fünfzig Metern zu folgen vermögen. Auch der Rhythmus steht fest. Die Feuerwalze, gelegt von 75-mm-Feldgeschützen, soll alle zwei Minuten um fünfzig Meter nach vorne springen. Die Infanterie wird der Walze in einer Entfernung von fünfundsiebzig Metern folgen. Damit nicht genug: Vor die 75-mm-Walze wird die schwere französische Artillerie eine zweite Feuerwalze legen. Sie soll alle zwei Minuten um fünfhundert bis tausend Meter nach vorne springen.[207] Ein noch engeres Zusammenwirken von Infanterie und Artillerie scheint unmöglich. Die Verteidiger in den Gräben werden günstigstenfalls gar nicht erst die Gelegenheit erhalten, aus ihren Unterständen zu treten.

An der Offensive sind dreieinhalb Divisionen beteiligt. Den Hauptstoß im Abschnitt Douaumont führen nordafrikanische Kolonialtruppen der 38. Division unter General Guyot de Salins. Das Fort selbst soll ein marokkanisches Eliteregiment unter Oberst Régnier erobern. Es hat sich in den schweren Sommerkämpfen bei Fleury bewährt. Régnier muntert die Soldaten seines 321. Regiments kurz und knapp, ohne Pathos, auf: «Die Deutschen», so sein Tagesbefehl, «haben sechs Monate gebraucht, um von Douaumont nach Fleury zu kommen. Marineinfanteristen aus Marokko! Ich gebe Euch sechs Stunden, um sie von Fleury nach Douaumont zurückzubegleiten!»[208]

Um 11.40 Uhr steigt die Infanterie im Schutz der Feuerwalze aus

Staatspräsident Raymond Poincaré zeichnet Oberstleutnant Nicolaï aus, Chef des 8. Bataillons im 321. Infanterieregiment. Das Regiment nahm am 24. Oktober 1916 Fort Douaumont in Besitz.

ihren Gräben. Immer noch liegt Nebel auf dem Schlachtfeld. Der Angriff schreitet planmäßig voran. Nach etwa fünfundvierzig Minuten fällt Thiaumont in französische Hände. Nur vereinzelt können die Verteidiger in den Gräben Widerstand leisten.[209] Schon nach etwa drei, nicht erst nach sechs Stunden erreicht das 8. Bataillon unter Oberstleutnant Nicolaï den Douaumont. Nur wenige Maschinengewehre feuern auf die Angreifer. Nicolaï lässt die MGs unter Einsatz von Flammenwerfern und Handgranaten niederkämpfen. Dann ergeben sich Hauptmann Prollius und seine siebenundzwanzig Mann.[210] Am 24. Oktober verliert das Bataillon Nicolaï gerade einmal vierzehn Soldaten, darunter zwei Tote. Angelegt als Eckpfeiler der Vereidigung von Verdun, ist das Fort zum zweiten Mal ohne größeren Widerstand gefallen. Gegen 16.30 Uhr winkt eine Handvoll Männer des Oberst Régnier auf dem «Sargdeckel» begeistert in Richtung Verdun.[211] Fort Douaumont ist wieder fest in französischen Händen. Binnen weniger Stunden haben die Truppen Mangins ein Gelände besetzt, das deutsche Verbände unter schweren

Verlusten erst nach Monaten erobern konnten. Fort Vaux, ebenfalls stark mitgenommen, wird auf Drängen Schulenburgs in der Nacht zum 2. November geräumt.[212]

Nach einer Atempause beginnt am 15. Dezember eine zweite französische Offensive. Wieder erzielen die Angreifer binnen weniger Stunden große Geländegewinne: Stellungen auf einer Breite von rund zehn Kilometern und einer Tiefe von bis zu dreieinhalb Kilometern. Die bisher nie erreichte Zahl von Gefangenen – etwa elftausend – spiegelt den Niedergang deutscher Kampfmoral.[213] Auf den *Côtes* reichen die französischen Linien nun von Vacherauville über Louvemont bis nach Bezonvaux. Damit lässt es Nivelle bewenden. Der General stellt seine Offensive ein. Nach dem Ausklingen der Schlacht, nach dreihundert Tagen, dreihundert Nächten und rund 150 000 toten Soldaten des Kaisers, hat sich die deutsche Front alles in allem höchstens vier Kilometer nach Süden bewegt – ein Tagesgewinn von durchschnittlich dreizehn Metern. Die Hölle von Verdun endet beinahe dort, wo sie begann.

Ich habe das Gefühl, lieber Schäfer, dass spätere Generationen, die die Geschichte dieses Krieges lesen und daraus lernen sollen, doch zu der Überzeugung kommen müssen, dass wir alle zusammen Trottels gewesen sind ...

ERICH KEWISCH, STABSCHEF «ANGRIFFSGRUPPE MUDRA», 1935

NACHSPIEL

Der Kanzler zog aus Verdun eine Folgerung, die weltweit für Aufsehen sorgte. Am 12. Dezember verkündete er im Reichstag ein Friedensangebot der Mittelmächte. Bethmann erklärte, es wüte «der furchtbarste Krieg, den die Geschichte je gesehen hat»;[1] zugleich betonte er, das Reich werde notfalls bis zum Endsieg kämpfen. Bedingungen oder Zugeständnisse nannte er nicht. Freilich konnte der Kanzler dergleichen kaum zur Sprache bringen, solange die Öffentlichkeit abwegige Vorstellungen über die eigene militärische Stärke besaß und die Mitte-Rechts-Parteien weitreichende Eroberungen forderten. Anfang April, als Falkenhayns Gesamtstrategie bereits gescheitert und der Generalstabschef dabei war, seinen fehlgeschlagenen Durchbruch als Zermürbungsschlacht zu tarnen, hatte Bethmann die Lage bei Verdun noch für glänzend gehalten. Am 5. April, bei einer Rede vor dem Reichstag, klang der Kanzler schneidig: «Den *status quo ante* kennt nach so ungeheuren Geschehnissen die Geschichte nicht.»[2] Nun aber, nach Verdun und der Somme, trat er bescheidener auf. Die Mittelmächte, behauptete Bethmann im Parlament, hätten sich international durchaus an den Grundsatz des gleichberechtigten Miteinanders gehalten: «Stets haben sie an der Überzeugung festgehalten, dass ihre eigenen Rechte und begründeten Ansprüche in keinem Widerspruch zu den Rechten der anderen Nationen stehen.»[3] In Brüssel, Lüttich oder Antwerpen klangen solche Worte allerdings wie Hohn. Bethmanns Vorstoß besaß keine Aussicht auf Erfolg. Die wichtigste, völlig unerlässliche Bedingung für die Aufnahme von Verhandlungen blieb ungenannt: die vorbehaltlose Wiederherstellung Belgiens.[4] Bei den Regierungsführern der *Entente*, zu einer Verständigung ohnehin nicht bereit, weckte das Angebot den Eindruck der Unehrlichkeit. Zwar gab es in der Downing Street seit der Katastrophe an der Somme durchaus nachdenkliche Stimmen; Lloyd George jedoch, Nachfolger von Asquith als Premierminister, hatte sich am 29. September öffentlich gegen jede Vermittlung durch den US-Präsidenten ausgesprochen. «Großbritannien bat um keine Intervention, als es zum Kämpfen nicht vorbereitet war», so Lloyd George, «es wird nun, da es vorbereitet ist, keine Intervention tolerieren, bevor der preußische Militarismus nicht unwiderruflich gebrochen ist», und deshalb «bis zu einem k. o.-Schlag»[5] kämpfen. Damit sprach Lloyd George die herrschende Meinung der eigenen Öffentlichkeit aus. In Paris gab es nach Verdun erst recht keine Bereitschaft zur Verständigung. Noch immer standen deutsche Truppen auf französischem Boden. Neben dem «Wunder an der Marne» erschien Verdun als wichtigster Sieg des Großen Krieges; ein Abwehrsieg zwar, erkauft mit unvorstellbar blutigen Opfern, aber taktisch-strategisch eben doch ein Sieg – noch dazu ein rein französischer: Falkenhayn hatte weder einen operativen Durchbruch erzielt noch mit der Festung Verduns den «Trostpreis» gewonnen. Und die Entschlossenheit in Armee, Öffentlichkeit und Regierung, niemals über Friedensfragen zu sprechen, solange deutsche Soldaten auf französischem Boden standen, war durch den Sieg bei Verdun sogar befördert worden.[6] Auch neutrale Beobachter glaubten, die *Entente* sei nach Verdun auf dem Weg zum Endsieg oder jedenfalls nicht mehr auf der Verlierer-Straße.[7] Tatsächlich hatte vor der Schlacht für das Reich wohl noch die Möglichkeit bestanden, den Krieg nicht zu verlieren – am ehesten wahrscheinlich durch eine rein defensive Strategie; nach Verdun schwand diese Aussicht zusehends dahin.

Die Rede des Kanzlers in Berlin, obwohl inhaltlich dürftig, erregte dennoch erhebliches Aufsehen, auch bei den Truppen der Fünften Armee vor Verdun. Schon am Tag der Rede hatten Lochow und Ledebur die Auffassung vertreten, man müsse den Soldaten das Friedensangebot bis auf Weiteres verschweigen; immerhin bereitete sich eine Offensive des Gegners vor. Die Bekanntgabe, so Ledebur, war aber «ausdrücklich befohlen!»[8] Kronprinz Wilhelm befürwortete «nach der Erfahrung von

Verdun» hinter den Kulissen «einen annexionslosen Frieden mit der Bereitschaft zur Herausgabe Belgiens und zur Wiedergutmachung».[9] Um in diesem Sinne vorzufühlen, bat Wilhelm einen Kameraden aus seiner Kadettenzeit, Major Gustav Steinbömer, einen Sonderauftrag zu übernehmen. Der Major sollte hochrangige Persönlichkeiten aus Regierung, Politik und Wirtschaft nach ihrer Ansicht über eine so weitgehende Friedenspolitik befragen. Steinbömer führte Unterhaltungen mit Bethmann, Karl Helfferich, Arthur Zimmermann, Hugo Stinnes, Walther Rathenau und wohl auch mit Vertretern der Mitte-Rechts-Parteien. Lediglich ein Gesprächspartner ließ erkennen, dass er äußerstenfalls nicht nur ein Remis, sondern sogar eine deutsche Niederlage für möglich hielt: der Großindustrielle Hugo Stinnes, einer der wichtigsten Kriegslieferanten des Heeres. Die Eliten in Wirtschaft und Politik glaubten bis zum November 1918 an die Unbesiegbarkeit des Reiches.[10] Und so konnte Steinbömer in Stenay keine Friedenshoffnungen wecken. Dass der Kronprinz nicht zuletzt aufgrund der französischen Propaganda bei vielen Zeitgenossen als «Schlächter von Verdun» in Erinnerung blieb, ist angesichts seiner Stellung als Oberbefehlshaber verständlich; wer aber einen Blick hinter die Kulissen der deutschen und französischen Führung wirft, wird diesen Beinamen eher unzutreffend finden. Fest steht: Nach dem Sturz der Monarchie raubte der Ruf eines «Schlächters von Verdun» dem Kronprinzen die letzte, freilich nur geringe Aussicht, vielleicht doch noch den Thron zu besteigen.[11]

Auf dem Schlachtfeld musste der Gedanke an ein Ende des Krieges am verlockendsten erscheinen. Als sich die Nachricht der Bethmann-Rede bis in die Gräben auf den *Côtes* verbreitet hatte, sank die Kampfmoral der deutschen Truppen erheblich. Drei Tage später begann Nivelle seine Feuerwalzen-Offensive. «Wie durch spätere Aussagen von Mannschaften festgestellt worden ist», so Ledebur, «hatte diese im Schlamm und im schweren Artillerie-Feuer willkommene Kunde die Auffassung bei vielen gezeitigt: ‹Wozu sollen wir uns noch totschlagen lassen, es gibt ja doch bald Frieden!›»[12] Er, Ledebur, halte die «Friedenstaube, die drei Tage vor dem Angriff über das Trichtergelände flatterte»[13], für eine Hauptursache des Einbruchs. Und so wetterleuchtete über dem Schlachtfeld von Verdun aus nicht mehr allzu großer Ferne bereits die Novemberrevolution. «Unser Heer», erkannte Schulenburg, «hat bei Verdun einen Knacks bekommen, von dem es sich nie wieder erholt hat. Verdun ist im wahrsten Sinne des Wortes für unsere Truppen ein Schreckgespenst geworden, gewesen und geblieben. Und jeder bekreuzigte sich, der nach Verdun kam.»[14] «Liebknecht», bemerkte ein anderer Beobachter bereits im August, «ist heute der populärste Mann in den Schützengräben, das wird von allen übereinstimmend versichert, die von dort kommen.»[15] Zufällig hörte Legationssekretär Erich von Luckwald Mitte August auf einer nächtlichen Bahnfahrt nach Pleß die Gespräche von Soldaten. Kurz danach zog er gegenüber dem Reichskanzler ähnliche Schlüsse. Verdun, warnte Luckwald, verbrauche «350 000 Mann und 14 Millionen Schuss, ohne uns zum Ziele zu führen. ... Verdun kostet nicht nur Menschen, nicht nur Munition. Das sinnlose Schlachten kostet Moral. Nicht die Länge des Krieges so sehr wie die Kritik selbst des gemeinen Mannes an der Leitung, die sein Leben in der Hand hat, haben zuwege gebracht, dass die Stimmung im Heer nachlässt. Noch nicht ernstlich fühlbar, aber doch so, dass man nicht fehlgeht, wenn man von Kriegsmüdigkeit und lebhafter Sehnsucht nach Frieden spricht».[16]

Der «Markgraf» musste den Sündenbock spielen. Lochow führte das Oberkommando der Fünften Armee, der Verdun-Armee also, seit Ludendorff Ende November den deutschen Kronprinzen «entlastet» hatte: Wilhelm, durch Schulenburg als Chef des Stabes unterstützt, blieb künftig auf das Kommando der Heeresgruppe verwiesen. Die operativen Geschäfte an der Verdun-Front führte Lochow mit Hilfe des Freiherrn Otto von Ledebur, seinem neuen Stabschef. Ledebur hatte seinerzeit mit Falkenhayn und Knobelsdorf den Kirchturm in Montfaucon bestiegen. Der französische Triumph vom 15. Dezember setzte der Laufbahn des «Markgrafen» ein Ende. Ohne Anhörung enthob ihn Ludendorff sofort seiner Stellung. Das Oberkommando der Fünften Armee übernahm nun General von Gallwitz, ehemals Führer der «Angriffsgruppe West». Anders als Knobelsdorf oder Falkenhayn erhielt der «Markgraf» nie wieder ein Kommando. Man habe ihm, klagte Lochow, «in schroffer Weise» sein «militärisches Grab»[17] geschaufelt. Als Ludendorff am 19. Dezember persönlich in Stenay erschien, um die Katastrophe zu ergründen, stellte sich heraus, dass alle Anordnungen fehlerlos gewesen waren. Ludendorff und das Oberkommando der Heeresgruppe machten zwei ganz andere Gründe aus: die deutsche Kampfmoral und die Feuerwalze. Dass man darüber hinaus die Truppen schon längst in die Ausgangsstellungen hätte zurückziehen müssen, gestand später nur Schulenburg ein.

Sämtliche Verbände der Fünften Armee, die im Dezember 1916 auf den *Côtes* eingesetzt waren, «hatten sich schon», so Schulenburg, «vor Verdun und an der Somme verblutet, waren seelisch mitgenommen und hatten weder Zeit noch Ruhe gehabt, um sich wieder aufzufrischen».[18] Die 39. Division hatte kaum, die 39. Bayerische Reserve-Division so gut wie gar keinen Widerstand geleistet. Doch frische Truppen hatte Hindenburg der Verdun-Armee nicht überweisen können. Seit Ende August gab es keine Heeresreserve mehr.[19]

Was die Feuerwalze betraf, zogen bei der Besprechung mit Ludendorff in Stenay am 19. Dezember alle Anwesenden den Schluss, «dass es eigentlich ein sicheres Mittel zur Abwehr gut vorbereiteter und überraschender Angriffe nach dem Nivelle-Verfahren zurzeit nicht»[20] gebe. Auf begrenztem, engem Angriffsraum hatte Nivelle eine so gewaltige Artilleriemasse eingesetzt und mit solcher Genauigkeit zur Wirkung gebracht, dass seine Offensive nach menschlichem Ermessen gelingen musste – zumal gegen einen Verteidiger, der sich zugunsten anderer Fronten geschwächt hatte und erst allmählich lernte, dass eine Tiefenverteidigung in solchen Fällen bessere Erfolgsaussichten bot. Nivelle selbst war überzeugt, nunmehr den Schlüssel zum Sieg in den Händen zu halten.[21]

Während der Kriegseintritt Rumäniens den Anlass für die Absetzung Falkenhayns geboten hatte, war die deutsche Eroberung von Bukarest am 6. Dezember der Tropfen, der nicht nur für Briand das Fass zum Überlaufen brachte: Die Niederlage in Rumänien führte zur Ablösung Joffres. Ausgerechnet Erich von Falkenhayn hatte den Oberbefehl über die Neunte Armee in Rumänien erhalten. Die rasche Zerschlagung der rumänischen Streitkräfte in Siebenbürgen und in der Dobrudscha hielten sogar viele Kritiker des Generals für eine militärische Glanzleistung.[22] Joffre wiederum hatte sich nach dem Kriegseintritt der rumänischen Regierung siegesgewiss gegeben und den «unausweichlichen Zusammenbruch» Österreich-Ungarns wie auch den «hoffnungslosen Ruin»[23] der Mittelmächte vorausgesagt. Die Feldzugspläne der rumänischen Führung hatte der Generalissimus abgesegnet. Als sie versagten, nahmen Parlament, Regierung und Öffentlichkeit Joffre in Haftung.[24] Doch schon zuvor, nach dem Scheitern der Somme-Offensive, hatte der Generalissimus strategisch vor einem Scherbenhaufen gestanden – ähnlich wie Falkenhayn nach den ersten Wochen der Schlacht bei Verdun. Ende November tagte die französische Abgeordnetenkammer abermals in geheimer Sitzung. Gegenstand der Debatten waren die eigenen Verluste an der Somme und die Niederlage in Rumänien. Um seine Regierung zu retten, ließ Briand den Generalissimus fallen. Neuer «Befehlshaber der Armeen des Nordens und Nordostens» wurde General Robert Nivelle. Seine raschen, umfangreichen und vergleichsweise unblutigen Erfolge bei Verdun standen in scheinbar krassem Gegensatz zu Joffres Ergebnissen an der Somme. Und weil Pétain als zu vorsichtig galt, gelangte Nivelle an die Spitze des Heeres. Doch auch er machte sich umgehend auf die Suche nach dem «Heiligen Gral»: Am *Chemin des Dames*, einem Höhenzug zwischen Soissons und Laon, sollte im April 1917 mit dem Verdun-Rezept ein operativer Durchbruch, die Rückkehr zum Bewegungskrieg und die Entscheidung im Weltkrieg gelingen.[25] Die Nivelle-Offensive, mit riesigen Hoffnungen begonnen, scheiterte bereits am ersten Tag unter hohen Verlusten.[26] Umso tiefer saß die Enttäuschung der Truppe. Es kam zu Meutereien, die immer mehr um sich griffen, aber nicht auf die Beendigung des Krieges zielten, sondern eine Antwort auf die rücksichtslose Art der Kampfführung waren und mit der Schlacht bei Verdun in keinem nachweisbaren Zusammenhang standen.[27]

Verdun bedeutete aus zweierlei Gründen eine Wende des Weltkriegs. Die Schlacht ebnete – erstens – dem Gespann Hindenburg-Ludendorff die Bahn. Das mündete in eine Art Militärdiktatur, abgesichert durch den Mythos des Retters. Falkenhayns Unvermögen, an der Maas eine Kriegsentscheidung zu erzwingen, verschob die Kräfteverhältnisse innerhalb der deutschen Führung. Fast während des ganzen Krieges handelte

Verdun: zerstörte Häuserzeile am Maasufer. Im Hintergrund die Doppeltürme der Kathedrale

und dachte die engste Führungsgruppe beinahe unabhängig vom Reichstag. Eine deutsche Armeekommission gab es nicht. Und so spitzte sich die Verdun-Krise immer mehr zu, ohne dass die Abgeordneten von dieser Entwicklung überhaupt erfuhren. Das überkommene Ansehen des Generalstabs ließ Misstrauen ohnehin gar nicht erst aufkommen. In Frankreich beschleunigte die durch Verdun ausgelöste Krisenstimmung eine Rückverschiebung der Macht vom Oberkommando zur Abgeordnetenkammer. In Deutschland erstarkte Ober-Ost. Diese gegenläufigen Linien sind freilich durch Verweise auf historische oder institutionelle Unterschiede bestenfalls zur Hälfte erklärt. Denn hätte 1916 eine französische Armee achtzig Kilometer vor Berlin gestanden, ähnlich wie Belows Zweite Armee vor Paris, dann wäre es wohl auch Abgeordneten des Reichstags schwerer gefallen, Heerführer mit Halbgöttern zu verwechseln. So aber konnten Hindenburg und Ludendorff durch einen politisch wie militärisch vorläufig beispiellosen Amoklauf den Krieg gleichsam vollends gegen die Wand fahren.

Verdun bereitete darüber hinaus – zweitens – den Boden für den warnungslosen U-Boot-Krieg. Nach der Niederlage an der Maas, sozusagen gekrönt durch das Scheitern des Friedensangebotes vom 12. Dezember, erledigte sich die Frage «Verdun oder Amerika?» scheinbar von selbst. Am 10. Januar 1917, bei einer Besprechung in Pleß, gaben Kaiser und Reichskanzler ihren Widerstand endgültig auf. Am 1. Februar erklärte das Deutsche Reich den warnungslosen U-Boot-Krieg. Am 6. April folgte die Kriegserklärung der USA. Erst jetzt war die deutsche Niederlage wohl tatsächlich unvermeidlich.[28] Nach dem Jahrhundertfehler, den Krieg 1914 überhaupt riskiert zu haben, beging die Reichsleitung mit der Erklärung des warnungslosen U-Boot-Krieges ihren zweitschwersten Missgriff.

Planung und Verlauf der Schlacht bei Verdun waren mit dem Weg in den U-Boot-Krieg eng verknüpft. Bereits der Übergang Falkenhayns auf die Seite der U-Boot-Krieger, vollzogen auf der Fahrt des Hofzugs nach Wilna, erfolgte nur wenige Stunden, nachdem der Kaiser grünes Licht für die Verdun-Planungen gegeben hatte. Bei diesem Seitenwechsel hatte nicht so sehr die Frage gezählt, ob die Garantien der Marineleitung glaubwürdig erschienen; auch blickte der Generalstabschef kaum mehr auf die USA; Falkenhayn hatte anderes im Sinn – den Kriegswillen in England nämlich und vor allem die mögliche Antwort des britischen Expeditionskorps auf dem Kontinent. Denn in seiner Ausgangsrechnung spielte die U-Boot-Waffe eine ähnliche Rolle wie die Offensive bei Verdun: Sie sollte Haig zum vorschnellen Angriff herausfordern, um dessen Linien umso sicherer im Gegenstoß durchbrechen zu können. Erst im April, nach dem Scheitern des Angriffs auf den *Côtes*, als Falkenhayn das «Verbluten» plötzlich zum Hauptziel der Kämpfe erklärte, knüpfte der Generalstabschef eine Scheinverbindung zwischen Verdun, Weltkrieg und U-Boot-Waffe. Von Ferne erinnerte Falkenhayn nun an einen verzweifelten Spieler, der den höchsten Einsatz wagt, im Falle eines Totalverlustes aber seine Schulden nicht bezahlen will. Bei nüchterner Betrachtung musste der warnungslose U-Boot-Krieg nicht nur Fachleuten als verantwortungsloser Unsinn erscheinen. Das Chaos in der Marineführung spottete jeder Beschreibung. Aber Kanzler und Kaiser ließen in ihrem Widerstand zusehends nach. Ähnlich wie «Wully» Robertson in London, nutzte auch Falkenhayn eine Art Verdun-Trick: Beide Generäle wollten ihre Politiker bis zum Äußersten treiben. Mit der Verbindung von Schlacht und U-Boot-Krieg wiederholte sich Widersinniges, das 1914 schon Moltke den Jüngeren während der Juli-Krise umgetrieben hatte: Falkenhayn drängte, im übertragenen Sinne gesprochen, aus Angst vor dem Tod zum Selbstmord.

Zwei Weltkriege haben das zwanzigste Jahrhundert in ein amerikanisches verwandelt; am Anfang dieser Kette standen nicht zuletzt die Auswirkungen der Schlacht bei Verdun auf die Führungs-Mechanik des Deutschen Reiches.

Für das operative Denken in Frankreich und Deutschland entfaltete Verdun ganz unterschiedliche Folgen. Hüben wie drüben nahmen die militärischen Eliten den Stellungskrieg als Alptraum wahr. Doch vor allem in Deutschland blieben auch nach dem Ende des Krieges Bewegungsstrategen wie Clausewitz, Moltke und Schlieffen die unangefochtenen Hausgötter an den Militärschulen. Den Unterschied machte die Schlacht bei Verdun. Denn während Frankreichs Armee an der Maas ihren Abwehrsieg mithilfe der Forts und Zwischenwerke errungen hatte, war deutschen Heerführern die «Hölle von Verdun» als furchtbarste Niederlage des Weltkriegs im Gedächtnis geblieben. Militärkulturen neigen dazu, aus ihren Niederlagen mehr zu lernen als aus Siegen.[29] Und so suchten die militärischen Vordenker östlich des Rheins eine Spur angestrengter nach Mitteln, den Weg zum Bewegungskrieg zurückzufinden. Schließlich glaubten sie, ihn durch neue Militärtechniken gefunden zu haben: Lastwagen, Schlachtflieger, Panzer.[30] Die Mehrheit der Wehrmachtsgeneräle hatte wie Guderian während des Krieges in höheren Stäben und Adjutanturen an der Westfront gedient. Den Stellungskrieg empfanden sie durchweg als operativen Offenbarungseid. Die Briefe Guderians aus Verdun zum Beispiel sind voller Klagen über den immer gleichen Arbeitsalltag.[31] Doch das «Lernen aus Verdun» entpuppte sich als zweischneidiges Schwert. Denn es spiegelte sich im «Blitzsieg» 1940 gegen Frankreich ebenso wider wie im Vernichtungskrieg 1941 gegen die Sowjetunion.

Die Schnittmenge zwischen Wehrmachts-Führung und Châteaux-Generalität war riesig. Hitlers Generäle waren eben jene Stabsoffiziere, die 1916 an der Somme und vor Verdun gedient hatten.[32] Die Herkunft der Wehrmachts-Generalität aus der Châteaux-Generalität entfaltete zweierlei Folgen: Bekräftigung des Angriffsdogmas und Entwicklung einer Doktrin der Totalisierung. Gerhard von Heymann zum Beispiel, 1916 Erster Generalstabsoffizier der Kronprinzenarmee und während der Weimarer Republik im Zivilleben beschäftigt, erkannte 1940 nach dem «Blitzkrieg» gegen Frankreich einen Zusammenhang zwischen den Erfahrungen vor Verdun und dem militärischem Triumph Adolf Hitlers. «Der im starren Festungs- und Grabenkrieg gebannte Weltkrieg», schrieb Heymann 1940 dem Kronprinzen, «ist danach der große Lehrmeister des Heeres geworden!» Nachdem man damals «an den festen Verteidigungspanzern des Feindes gescheitert» sei, habe überlegene technische Forschung in Deutschland «die ausschlaggebende Neuerscheinung dieses Krieges geschaffen in dem schweren, aber dennoch rasch beweglichen Angriffspanzer.... Wir alten Weltkriegskämpfer ... dürfen unserem Schicksal dankbar dafür sein, dass wir den Weltkrieg von damals sich heute siegreich vollenden sehen!»[33] Der Zweite Weltkrieg als «Vollendung» des Ersten – diese Sicht war nicht nur bei Heymann, sondern auch in der Militärelite des Dritten Reiches selbstverständlich. Ohne das Dogma von Angriff und Bewegung, verhärtet durch die Verdun-Schlacht, bliebe es aber gleichfalls unverständlich, warum die Wehrmachts-Generalität – und nicht so sehr Hitler – das Ostheer 1941 immer weiter vorwärts trieb, bis es sich buchstäblich zu Tode gelaufen hatte.[34]

Verdun bedeutete darüber hinaus eine Enthegung des Krieges: der Einsatz von Grünkreuz, die Scheinverbindung zwischen Schlacht und U-Boot-Waffe, Flammenwerfer, das Wettrüsten am Himmel über der Maas, die sich steigernde Menge und Größe beider Artillerien – das alles waren Anzeichen einer Totalisierung und Grenzüberschreitung, die durch eine Schlachtenführung fernab der Front, in Schlössern und Luxushotels, nur begünstigt werden konnte. Noch in der Wehrmachts-Generalität überwogen militärische Büroarbeiter, nicht Frontoffiziere. Ihnen fehlte das persönliche Erlebnis entgrenzter Gewalt. Umso eher neigten sie dazu, aus Verdun nicht die Frage abzuleiten, wie die Totalisierung des Krieges möglicherweise zu stoppen war; vielmehr richteten sich ihre Anstrengungen überwiegend auf das Ziel, die Enthegung militärischer Gewalt einseitig so weit voranzutreiben, dass am Ende die Kriegsentscheidung zugunsten des Reiches fallen musste. Und weil der späteren Wehrmachts-Generalität die Erfahrung entgrenzter Gewalt nun einmal überwiegend fehlte, war sie 1918 über den Zusammenbruch der alten Armee und des Kaiserreiches so tief verblüfft, dass nur der Verweis auf «innere Reichsfeinde» eine Erklärung anzubieten schien.[35] Dabei hatte die Kriegführung der Generalität die Kräfte des Reiches schlicht überfordert – dafür ist Verdun das schlagendste Beispiel.

Unter dem Eindruck der Schlacht redeten Militärtheoretiker in Frankreich nach dem Ende des Großen Krieges der Defensive das Wort. Pétains landesweiter Ruhm gründete vor allem auf der Schlacht bei Verdun. Und so übte der vorsichtige General einen größeren Einfluss auf die Entwicklung der Streitkräfte aus als der angriffslustige Foch, der den Krieg 1918 siegreich zu Ende geführt hatte.[36] Bis 1940 drehte sich das operative Denken um die *bataille conduite*, die Methodische Schlacht: ein streng systematischer Schritt-für-Schritt Kampf mit vergleichsweise beschränkten Zielen, der an die Kämpfe von 1916 und 1917 erinnerte, aber mit dem Kriegsbild von 1940 wenig gemein haben würde. Die Führung des Kampfes sollte streng zentralisiert von oben nach unten erfolgen.[37] Die Maginot-Linie, unter riesigen Kosten zehn Jahre lang errichtet, war eine erweiterte Neuauflage der «Eisenbarriere» Séré de Rivières, die sich bei Verdun scheinbar glänzend bewährt hatte. Und so legte auch die Schlacht von Verdun den Keim für Frankreichs Niederlage im «Blitzkrieg» der Wehrmacht.

Édouard de Castelnau schrieb niemals Erinnerungen. «Warum sollte ich?», fragte Castelnau, «ich habe mir nichts vorzuwerfen.»[38] Falkenhayn hingegen fasste 1920 in seinen Memoiren «Ausführungen» zusammen, die er «um Weihnachten 1915 als Unterlage für den Vortrag bei Seiner Majestät dem Kaiser»[39] niedergelegt haben will. Unternehmen *Gericht*, heisst es dort, sei als reine «Ausblutungs»-Schlacht geplant, ein Durchbruch niemals beabsichtigt, die Wegnahme der Festung nebensächlich und das «Weißbluten» des Gegners erfolgreich gewesen.[40] Diese «Weihnachtsdenkschrift» freilich hat es niemals gegeben.[41] Falkenhayns «Ausführungen» stammen ohne Zweifel aus der Nachkriegszeit. Mit ihnen wollte der Generalstabschef seine Rolle bei Verdun in ein milderes Licht rücken. «Im Felde unbesiegt» – diese Botschaft der Dolchstoßlegende war auch die Botschaft Falkenhayns. Knobelsdorf gestand ebenfalls keinerlei Fehler ein. 1935 legte ihm der Autor und Verlagsbuchhändler Hanns Möller das Manuskript einer Kurzbiografie vor. Sie sollte in dem Werk «Geschichte der Ritter des Ordens ‹pour le mérite› im Weltkrieg»[42] erscheinen. Mit Blick auf die Ziele der Schlacht bei Verdun fügte Knobelsdorf eigene längere Abschnitte hinzu: «Der Besitz des östlichen Maasufers bis zur Verbindung mit der Stellung der Armee-Abteilung Strantz bei St. Mihiel», notierte er, «wäre für das deutsche Heer von überragender Bedeutung gewesen. Die leistungsfähige, zweigleisige Bahn im Maastal wäre dann fast deutscherseits gesperrt, die Bahn im Besitz der Franzosen bedeutete für die Fünfte Armee früher oder später eine große Gefahr. Auf die Stadt und Citadelle Verdun kam es weniger an, der Besitz der beherrschenden Höhen rings um die Stadt war das Entscheidende.... Eine erhebliche Truppenersparnis in der Frontlinie hätte sehr starke Kräfte für anderweitige Aufgaben frei gemacht. Dies war die Bedeutung der Kämpfe um Verdun.»[43] Mit anderen Worten: Unternehmen *Gericht* hatte angeblich nur auf die Verkürzung der eigenen Front und auf den halben Besitz einer Bahnlinie gezielt. Kein Wunder, dass viele Veteranen Behauptungen wie die von Falkenhayn und Knobelsdorf als abgrundtief zynisch empfanden.[44] Offiziere und Mannschaften der Fünften Armee hatten 1916 die Festung in dem Glauben bestürmt, es ginge um den Besitz von Verdun und um ein siegreiches Ende des Krieges. Aber nur vier Jahre später verblüffte Falkenhayn mit der Behauptung, die Eroberung von Verdun sei unwichtig gewesen.

In Wahrheit hatte der Generalstabschef auf den kriegsentscheidenden Durchbruch gezielt: entweder im Gegenstoß nördlich der Somme oder im Nachstoßen bei Verdun. Ein «Durchbruch über die Bande» sollte den frontalen Massendurchbruch ersetzen. Endziel war die Rückkehr zum Bewegungskrieg, nicht das «Weißbluten» des Gegners. Über diese

Ziele war auch Schmidt von Knobelsdorf völlig im Bilde. Stadt und Festung sollten in jedem Fall erobert werden; ein Nebenziel aber war Verdun tatsächlich. Ob die Trikolore oder die Reichsflagge über der Zitadelle wehte, konnte unmöglich über Sieg oder Niederlage im Weltkrieg entscheiden. Falkenhayn wusste das, ebenso wie Haig oder Joffre. Und so ergibt sich ein verstörendes Bild: 1916 kämpften hundertausende Soldaten beider Seiten monatelang unter hohen Verlusten um eine Stadt, deren Besitz alle Heerführer hüben wie drüben bestenfalls für zweitrangig hielten. Das «Verbluten» betrachtete Falkenhayn lediglich als Mittel zum Zweck: kein Durchbruch ohne vorgeschaltete Zermürbung gegnerischer Reserven – ein Mittel, dass auch Joffre und Haig 1916 anzuwenden versuchten. Falkenhayns Ziel war demnach keineswegs der «unmenschlichste Plan des ganzen Krieges»; seine Planung war nicht mehr oder weniger unmenschlich als Joffres *batailles d'usure*, Haigs *wearing-out-offensives* oder Robertsons *bite-and-hold*. Das strategische Denken unterschied sich im Kern um kein Jota. Der Unterschied ist vor allem sprachlicher Natur: «Verbluten» klingt hässlicher als «zermürben». Auch Joffre und Haig hatten die Öffentlichkeit nach den Offensiven in der Champagne und an der Somme über ihre ursprünglichen Ziele getäuscht. Weil aber Frankreich und Großbritannien den Krieg nicht verloren, setzten ihre Lügen weniger Giftstoffe frei als in der deutschen Nachkriegsgesellschaft. Sie nämlich wähnte sich auch deshalb unbesiegt, weil kein Heerführer für sein Scheitern die Verantwortung übernahm.

Die Wegnahme des Forts Douaumont am 25. Februar entpuppte sich in dreierlei Hinsicht als Wende. Erstens rückte die «Erstürmung» des Douaumont die Schlacht propagandistisch in den Mittelpunkt, so dass einmal errungene Vorteile nur schwer wieder aufzugeben waren. Zweitens bot das Fort den Angreifern taktisch erst die Voraussetzung für ein monatelanges Festsetzen auf den *Côtes*; im Trommelfeuer erschien der Douaumont geradezu wie eine Insel der Sicherheit. Drittens gerieten Falkenhayn und Knobelsdorf am 26. Februar unter dem Eindruck des Handstreichs in einen wahren Siegesrausch. Sie verzichteten auf einen rasch anschließenden Westufer-Angriff. Den Stoß am Ostufer hatten beide Generäle innerlich ohnehin längst abgehakt. Weil daher frische

Reserven wenig später fehlten, kam das ununterbrochene Abrollen des Angriffs bis zur Schlüssellinie ins Stocken.

Wer den Ablauf der Ereignisse im Einzelnen verfolgt, wird zu dem Schluss gelangen, dass Falkenhayns Plan zwar hohe Risiken barg, aber durchaus Erfolgsaussichten hatte.[45] Ohne das Eingreifen des Generalissimus wäre Haig tatsächlich in Falkenhayns Falle getappt. Und nach Briands nächtlichem Auftritt in der Villa Poiret stand ebenfalls fest, dass Frankreichs Streitkräfte die Schlacht in überaus ungünstiger Lage annehmen würden. Hätte der deutsche Angriffskeil die Schlüssellinie tatsächlich erreicht, wäre fast mit Sicherheit ein überhasteter britischer Entlastungsangriff im Artois erfolgt. Allerdings: Wenig bis nichts spricht dafür, dass ein «Bewegungskrieg mit Feldbefestigungen» den Kampfeswillen in Frankreich oder Großbritannien hätte brechen können. Zwar verlor sich Falkenhayn, anders als Ober-Ost, nicht in Träumen nach einem Marsch auf Moskau; doch ein «Siegesrezept» bot auch Unternehmen *Gericht* wohl in keinem Fall. Das *Grand Quartier Général* hatte richtig gesehen: Die deutsche Weltpolitik gab der Heerführung Ziele vor, die nicht zu erreichen waren. Das Gelingen des Plans hing entscheidend vom Erreichen der Schlüssellinie auf dem Ostufer ab. Das Festlaufen des Angriffskeils wurzelte in Fehlern, die Falkenhayn und Knobelsdorf zu verantworten hatten: die falsche Verteilung der eigenen Angriffskräfte, der überflüssige Stoß in der Woëvre, die Unterschätzung des französischen Widerstands, die Überschätzung der eigenen Artillerie und ihrer Wirkung auf die Forts, Zwischenwerke und auf die Kleinanlagen des Zwischenfelds. Der verspätete Westufer-Angriff besaß in dieser Hinsicht eine eher zweitrangige Bedeutung. Für das Verbeißen in eine monatelange Materialschlacht hingegen – ganz und gar nicht geplant – trugen auf deutscher Seite nicht nur die Oberste Heeresleitung und das Armee-Oberkommando Verantwortung, sondern alle höheren Stäbe der Fünften Armee.

Streitkräfte sind stets der Spiegel ihrer Gesellschaft. Und so war Verdun nicht allein die Folge persönlichen Versagens, sondern vor allem Ausdruck des Denkens einer Epoche. Das Handeln in den Bahnen der nationalen Idee, verdichtet durch die militärische, geistige und wirtschaftliche Mobilmachung Europas, machte jede Operationsführung offenbar unmöglich, die Kosten und Nutzen kühl abzuwägen versuchte. In allen Stäben auf beiden Seiten dienten meist ungewöhnlich intelligente, nicht selten humanistisch gebildete Offiziere. Doch die nationale Idee überlagerte ihr nüchtern-operatives Denken oder setzte es Zwängen aus, denen schwer zu entkommen war – auf französischer Seite bei der Annahme des Kampfes auf den *Côtes*, auf deutscher Seite Ende März beim endgültigen Übergang zur Materialschlacht. In diesen Tagen verschleierte Falkenhayn den Blick auf seinen Fehlschlag. Der Generalstabschef machte aus dem Mittel zum Zweck einen Selbstzweck: Erst danach entgleiste der gescheiterte Durchbruch vollends zum reinen «Ausblutungs»-Kampf. Falkenhayn berief sich auf den angeblich höheren Blutzoll der französischen Armee. Die Überschätzung gegnerischer Verluste war im Stellungskrieg eher der Regelfall. Auch britische und französische Stäbe überschätzten die deutschen Verluste häufig. Im Kern sind solche Übertreibungen wohl nur als das Ergebnis unbewusster Abwehrhaltungen zu erklären. Stabsoffiziere konnten angesichts horrender Verluste der eigenen Truppen leichter durchhalten und weitermachen, wenn sie glaubten, dass der Gegner noch größere Opfer erbrachte. Darüber hinaus verführte die bloße Wucht der Artillerie sogar viele Frontsoldaten zu groben Fehlannahmen.

Verdun war das Ergebnis einer politischen und kulturellen, erst in zweiter Linie die Folge einer militärischen Katastrophe. Auf deutscher Seite blitzte dieser Zusammenhang besonders deutlich im Streit zwischen Mudra und Knobelsdorf auf. «Ich habe das Gefühl, lieber Schäfer, dass spätere Generationen, die die Geschichte dieses Krieges lesen und daraus lernen sollen, doch zu der Überzeugung kommen müssen, dass wir alle zusammen Trottels gewesen sind, weil niemand eine richtige Beurteilung der Lage und die daraus folgenden Maßnahmen hat finden können. Das ist doch nicht wahr», behauptete 1935 Erich Kewisch, Stabschef der «Angriffsgruppe Mudra». Kewisch schrieb Theobald von Schäfer, Mitglied der Potsdamer Forschungsanstalt. Als er die amtliche Darstellung der Schlacht nach nunmehr neunzehn Jahren gelesen habe, so Kewisch, «standen mir die Tage von Verdun mit ihrem unsäglichen Elend und mit der tiefen geistigen Not, in der wir Stäbe uns damals befunden haben, wieder so [klar] vor Augen ... Wir haben doch die

Lage erkannt, wir haben richtige Maßnahmen vorgeschlagen, wir hätten unendliche Opfer an Blut sparen können, es gab klarsichtige Menschen und Führer. Warum kann in einem solchen Werk nicht offen ausgesprochen werden, wer die Schuld an dem Unglück hatte, und warum kann nicht beleuchtet werden, aus welchen Gründen der Schuldige vielleicht als Mensch nicht anders handeln konnte oder wollte, wie er gehandelt hat? Ich habe volles Verständnis auch für den persönlichen Gegner, wie es Schmidt von Knobelsdorf drei Jahre lang für mich gewesen ist.... Sehen Sie, lieber Schäfer, Ihnen gegenüber darf ich es doch aussprechen, weil ich weiß, mit welcher Sorgsamkeit und welchem Fleiß Sie Geschichte schreiben, dass ich mit dieser kühlen, sachlichen Darstellung nicht mitkomme.... Ich weiß ganz genau, dass ich mit diesen Gedanken wahrscheinlich lästig falle.... Nehmen Sie es mir nicht übel, dass ich meinem Herzen etwas Luft gemacht habe. Ich sehe zu meinem eigenen Kummer, dass ich jene Zeiten innerlich nicht überwunden habe, sondern jedes Mal beinahe krank werde, wenn ich mich mit ihnen beschäftigen muss. Ich vermeide es auch nach Möglichkeit und lese weder wissenschaftliche Werke noch Memoiren noch Romane, die den Krieg behandeln. Ich habe mir aber vorgenommen, an meinem 90. Geburtstag anzufangen, die großen Werke der Forschungsanstalt und die gesamte Kriegsliteratur zu lesen, da ich annehme, dass ich dann jenseits von Gut und Böse sein werde.»[46] Der Verweis auf einzelne Offiziere wie Schmidt von Knobelsdorf, menschlich verständlich, trägt in der Sache nicht. Denn im Rückblick erscheint das Ringen zwischen Mudra und Knobelsdorf wie der Streit zweier Blinder um die bessere Aussicht. Nur ein Rückzug in die Ausgangsstellung hätte die Verluste schlagartig gemindert. Vor hundertfünfzig Jahren, im Zeitalter der Vernunft, als militärische Auseinandersetzungen noch Kabinettskriege waren und Heerführer ohne das Füllhorn der Wehrpflicht auskommen mussten, hätten Generäle diesen Ausweg zweifellos beschritten. Heerführer der Aufklärung erkannten ihre vornehmste Aufgabe in der Einhegung militärischer Gewalt. «Der Krieg, meine Herren, ist ein Übel», so der preußische General Ernst von Rüchel im Jahr 1803, «aber die Kunst zu kriegen ist Wohltat für das Menschengeschlecht.»[47]

Briefmarke «Colonel Driant 1855–1916», herausgegeben am 21. Februar 1956 aus Anlass des vierzigsten Jahrestags der Schlacht bei Verdun. Der sechzigjährige Driant ist erkennbar «verjüngt» vor seinem Gefechtsstand im Caures-Wald abgebildet.

Siebzehn Regierungen haben die Stadt Verdun mit Auszeichnungen geehrt. Sogar der Kaiser von Japan ließ ein Samurai-Schwert überreichen. Poincaré verlieh Verdun die *Légion d'honneur*, Frankreichs höchsten Verdienstorden – eine bisher einmalige Geste.[48] Am 10. November 1920 leitete André Maginot, inzwischen Minister, eine feierliche Zeremonie. Im Mittelpunkt standen acht Särge. Der junge Obergefreite Auguste Thin wählte den unbekannten Soldaten aus, der auf Beschluss des Parlaments stellvertretend für alle anderen vermissten *poilus* unter dem Pariser Triumphbogen seine letzte Ruhestätte finden sollte. Aus allen Abschnitten der Westfront hatte man acht Särge mit den Überresten unbekannter Kämpfer in französischer Uniform an den symbolisch bedeutsamsten Ort des Krieges gebracht: Verdun. Thin legte in einer Kasematte der Zitadelle auf Sarg Nummer 6 einen Blumenstrauß. Später begründete er seine Wahl: Er habe, so Thin, sein 132. Regiment ehren

Kronprinz Wilhelm von Preußen empfängt Ritter des Ordens Pour le Mérite. ***Von links nach rechts:*** **Hauptmann Oswald Boelcke, Leutnant Kurt Rackow, Leutnant Cordt von Brandis. Aufnahme vom 14. Juni 1916 im Château des Tilleuls in Stenay. «Boelcke war ein wortkarger Mann, der seine abenteuerlichen Heldentaten mit scheuem Lächeln als nichts Besonderes bezeichnete. Rackow stotterte vor Aufregung, und mir blieb es überlassen, Anekdoten aus der Front zu erzählen ...» (Brandis)**

wollen, indem er die einzelnen Ziffern zusammenzählte.[49] In sehr vielen französischen Städten gibt es eine Straße, die an Verdun erinnert.[50] Schon während der Kämpfe begann in der Etappe die Heroisierung der Schlacht. Der erfolgreichste Verdun-Propagandist war der Schriftsteller Maurice Barrès, Driants Freund und politischer Gesinnungsgenosse. Kein Wunder also, dass Barrès sofort nach dem Tod des Obersten eine Legende in die Welt setzte, die das Ende Driants und seiner Jäger im Caures-Wald nationalistisch verklärte. Schon im Juni 1916 gab es einen großen Gedenkgottesdienst in der Kathedrale Notre Dame, organisiert von der «Liga der Patrioten». Teilnehmer waren unter anderem der Bischof von Verdun, Überlebende aus dem Caures-Wald und eine Delegation aus Nancy, dem Wahlkreis Driants.[51] Bald trugen Schützengräben auf dem Schlachtfeld den Namen Driants. Briefmarken mit seinem Konterfei erschienen. An der Militärschule Saint-Cyr wählte ein Absol-

Friedhof und Beinhaus Douaumont

venten-Jahrgang den Oberst zum Namenspatron.[52] Truppenführer, Priester, Parlamentarier, Journalisten und die «Liga der Patrioten» überhöhten das Geschehen als «Opfergang». Sie deuteten die Kämpfe im Caures-Wald als Vorbild für eine «Pflicht zum Sterben». In Wahrheit hatten die Jäger Driants weder auffallend zahlreich ihr Leben «geopfert» noch den Vorstoß der Angreifer planwidrig verzögert. Auch die Hauptnachschubstraße zwischen Bar-le-Duc und Verdun pflasterte Barrès mit halbreligiösen Weihen. Seine Wendung von der *Voie sacrée*, der «Heiligen Straße», hat sich als Name für die Versorgungsader wie selbstverständlich bis in unsere Gegenwart erhalten. Dabei spielte die Vollbahn Revigny-Dugny sieben Monate lang für das Nähren der Materialschlacht eine erheblich wichtigere Rolle als der *Meusien* und die Hauptnachschubstraße.

Auf deutscher Seite bildete die Erinnerung an den «Sturm» auf das Fort Douaumont bis zum Zweiten Weltkrieg einen Mittelpunkt des Verdun-Gedenkens. Irrtümer, Missverständnisse und Zufälle hatten am 25. Februar zu der Falschmeldung geführt, neben Haupt habe Brandis

Staatspräsident Charles de Gaulle vor dem Beinhaus Douaumont am 29. Mai 1966 anlässlich der Feierlichkeiten zum fünfzigsten Jahrestag der Schlacht bei Verdun

das Fort «gestürmt». Radtke fiel irrtümlich unter den Tisch. Und Haupt hatte sein Versprechen «vergessen», auch Vizefeldwebel Kunze zu erwähnen. Während Brandis sich im Glanz des *Pour le mérite* sonnte, gemeinsam mit Boelcke vom Kronprinzen in Stenay empfangen wurde, nach dem Ende des Krieges Vortragsreisen unternahm, ein Dorf in Brandenburg nach sich benennen ließ, irreführende Bücher über den Angriff der 24er verfasste und sogar in Frankreich wie ein Star behandelt wurde, kämpfte Radtke mit wachsender Verbissenheit um eine Klarstellung der Abläufe. Der Leutnant und sein Schwiegervater wandten sich schließlich an die höchsten Stellen: an den Kaiser, an Hinden-

Staatspräsident François Mitterrand und Bundeskanzler Helmut Kohl am 22. September 1984 vor dem Beinhaus Douaumont

burg und Hitler und auch an Bundesverteidigungsminister Kai-Uwe von Hassel.[53] 1931 drehte Heinz Paul den Film «Douaumont – Die Hölle von Verdun». Haupt spielte sich mit gewohnter Schneidigkeit selbst. Radtke, nach seiner Verwundung behindert, durfte in einer Szene als liegender Schütze mitwirken. Woraus speiste sich die Douaumont-Besessenheit der 24er und ihres Publikums? Die kürzeste Antwort hieße vielleicht: aus der Weigerung, Deutschlands Niederlage anzuerkennen. Mit der Erinnerung an die 24er und ihrem Triumph am Douaumont konnten viele Deutsche die Schlacht und den Weltkrieg gewissermaßen doch noch gewinnen – oder wenigstens nicht verlieren.

Das Schlachtfeld war nach dem Ende des Krieges so sehr durch Überreste der Kämpfe verseucht, dass man eine Sperrzone, die *zone rouge*, einrichten musste.[54] Neun Dörfer wurden nie wieder aufgebaut. Sie erhielten das Prädikat «Gefallen für Frankreich».[55] Auf Anregung des

Bischofs von Verdun entstand, fast ohne staatliche Gelder, in den 20er Jahren des letzten Jahrhunderts auf dem Thiaumont-Rücken das Beinhaus von Douaumont. Es birgt die Überreste von mehr als 130 000 unbekannten Soldaten, geordnet nach ihrem Fundort auf dem Schlachtfeld. Entstanden ist es unter der Federführung des Architekten Léon Azéma, eines Bewunderers romanischer Baukunst. Die *lanterne des morts*, der Totenleuchtturm, erreicht eine Höhe von sechsundvierzig Metern. Der Bau solcher Totenleuchttürme wurzelt in frühmittelalterlichen Traditionen Aquitaniens.[56] Von der Spitze des Turmes beleuchten Scheinwerfer zuweilen das Schlachtfeld. Es ähnelt noch immer einem riesigen Friedhof. Jedes Jahr stoßen Wanderer oder Bauarbeiter auf die Überreste von Toten. Die vorerst letzten Bestattungen fanden im Dezember 2013 statt.

Fast ein Jahrhundert zuvor, im November 1915, war Verdun durch die Klagen von Ferry und Driant zum Gegenstand des alten Streites der «zwei Frankreich» geworden. Im Ringen zwischen Parlament und Oberkommando verknüpfte Briand das Schicksal seiner Regierung im Zuge der Verdun-Debatte mit dem Schicksal Joffres. Durch seinen nächtlichen Auftritt in der Villa Poiret trug Briand auf französischer Seite wohl entscheidend dazu bei, dass der Kampf zur Materialschlacht entartete. Nach dem Krieg setzte sich Briand für Abrüstung, Frieden und die Einigung Europas ein. Zusammen mit dem deutschen Außenminister Gustav Stresemann erhielt er 1926 den Friedensnobelpreis. Aber erst die Unterzeichnung des Élysée-Vertrags 1963 durch Charles de Gaulle und Konrad Adenauer brachte die deutsch-französische Annäherung nachhaltig in Gang – eine Aussöhnung «von oben». Freilich reichte sie am fünfzigsten Jahrestag der Schlacht bei Verdun noch nicht so weit, dass De Gaulle den Vorschlag Adenauers nach einer gemeinsamen Feier aufgenommen hätte. Erst François Mitterrand ergriff 1984 vor dem Beinhaus von Douaumont die Hand eines Bundeskanzlers. Der Vater von Helmut Kohl übrigens hatte bei Verdun gekämpft. Und so wehen über dem Douaumont nunmehr drei Flaggen: Trikolore und Schwarz-Rot-Gold umrahmen die Europafahne.

Anhang

DANK

Ein großer Dank für Rat und Tat geht an Dr. Gerhard Bauer (Militärhistorisches Museum der Bundeswehr Dresden), Anita Binderberger (Bundesarchiv-Militärarchiv Freiburg), Michaela Blankart (Generalverwaltung des vormals regierenden preußischen Königshauses, Berlin), Henry Böhm (Bundesarchiv-Militärarchiv Freiburg), Olivier Chosalland (Archives nationales, Pierrefitte-sur-Seine), Manuel S. Dold (Universität Kiel), Dr. Albert Eßer (Stadtarchiv Bergisch Gladbach), Generalmajor a. D. Jürgen von Falkenhayn, Kai Festerling (Archiv-Verlag, Braunschweig), Kristina Freier (Universitätsbibliothek Kiel), Jürgen Freudenberg, Frank Gratz (Thüringer Universitäts- und Landesbibliothek Jena), Oberst Dr. Gerhard P. Groß (Zentrum für Militärgeschichte und Sozialwissenschaften der Bundeswehr Potsdam), Heinz-Ekkehard Grunwald (Stadtarchiv Glücksburg), Benjamin Haas, Général Daniel Henry (Association Nationale du Souvenir de la Bataille de Verdun et de la Sauvegarde de ses Hauts lieux, Verdun), Prof. Dr. Dietrich von Heymann, Horst von Heymann, Jutta Jäger-Schenk (Deutsches Tagebucharchiv Emmendingen), Roland Jehannin (Mairie de Damvillers), Daniel Kannengiesser (Association du Musée de la Voie Sacrée de Souilly), Dr. Manfred Kehrig, Linda von Keyserlingk (Militärhistorisches Museum der Bundeswehr Dresden), Stephan Klink (Deutsch-Französische Forschungsgesellschaft Verdun e. V.), Dr. Axel Koppetsch (Landesarchiv Nordrhein-Westfalen Münster), Prof. Dr. Bernhard Kroener, Prof. Dr. Gerd Krumeich, Dr. Kornelia Küchmeister (Schleswig-Holsteinische Landesbibliothek Kiel), Dr. Andreas Kunz (Bundesarchiv-Militärarchiv Freiburg), Dr. Karl Freiherr von Ledebur, Wigbert Freiherr von Ledebur, Dr. Tammo Luther, Susanne Luther-Feddersen (Stadtbibliothek Husum), Andrea Meier (Bundesarchiv-Militärarchiv Freiburg), Dr. Georg Meyer, Jérôme Nicolas (Association du Musée de la Voie Sacrée, Souilly), Roger Pigeard (Mairie de Damvillers), Marek Plodzien (Universitätsbibliothek Kiel), Dr. Hans-Christian Pust (Bibliothek für Zeitgeschichte Stuttgart), Irina Renz (Bibliothek für Zeitgeschichte Stuttgart), Volker Reißmann (Staatsarchiv Hamburg), Prof. Dr. John C. G. Röhl, Gerhard Seitz (Deutsches Tagebucharchiv Emmendingen), Werner Schmachtenberg, Johanna de Schmidt (Universität Heidelberg), Ursel Schmidt von Knobelsdorf, Beate Schleicher (Bundesarchiv Koblenz), Sylwia Smolarek-Grzegorczyk (Muzeum Zamkowe w Pszczynie/Schlossmuseum Pleß), Andrea Sondermann (Stadtbibliothek Husum), Prof. Dr. Thomas Steensen, Nicole Thiele (Militärhistorisches Museum der Bundeswehr Dresden), Jan Warßischek (Bundesarchiv-Militärarchiv Freiburg), Dr. Peter von Wartenberg, Rixa von Wartenberg, Inge und Dieter Wernet, Prof. Dr. Dr. Uwe Wolfradt (Universität Halle) und an Sybille Prinzessin zu Waldeck und Pyrmont.

Mein besonderer Dank gilt Dr. Ulrich Nolte vom Verlag C. H. Beck, allen Freunden und der Familie. Ein Extra-Dank gebührt wie immer meiner Frau. Von Anfang an hat sie die Schlacht mit Tapferkeit ertragen.

Das sollte zum gängigen Argument werden,
um gescheiterte Durchbrüche zu rechtfertigen.
HEW STRACHAN ÜBER DAS «AUSBLUTEN», 2003

Warum Verdun?

DIE SCHLACHT UND DIE HISTORIKER

Warum Verdun? «Tatsächlich hat die Forschung noch heute Schwierigkeiten, diese zentrale Frage eindeutig zu beantworten»,[1] bemerkte 2012 Gerd Krumeich, Historiker und Weltkriegs-Experte. Um den strategischen Zweck der Schlacht zu erklären, haben Forscher seit fast einhundert Jahren auf die Weihnachtsdenkschrift Erich von Falkenhayns verwiesen. Niemals aber ist es gelungen, das Original oder eine Kopie dieser «Denkschrift» ausfindig zu machen. Bereits vor der Zerstörung des Potsdamer Heeresarchivs im April 1945 waren alle Nachforschungen im Sande verlaufen – auch bei Falkenhayns Witwe in Lindstedt oder im Hausarchiv der Hohenzollern in Berlin.[2] So ist die Weihnachtsdenkschrift einzig und allein durch Falkenhayns Memoiren (1920) überliefert. Nichtsdestotrotz spielt sie in fast allen Darstellungen eine Schlüsselrolle. Die Weihnachtsdenkschrift sei «das meistzitierte Schriftstück aus Falkenhayns Amtszeit überhaupt»,[3] urteilte Holger Afflerbach, Falkenhayns wichtigster Biograf. «Es scheint keine Geschichte der Schlacht bei Verdun zu geben», bestätigte Gerd Krumeich, «in der die Weihnachtsdenkschrift nicht die Grundlage aller strategischen Erklärungen darstellt.»[4]

In seinen Memoiren hat Falkenhayn «Ausführungen» zusammengefasst, die er «um Weihnachten 1915 als Unterlage für den Vortrag bei Seiner Majestät dem Kaiser»[5] niedergelegt haben will. Diese «Ausführungen» enthalten Erklärungen, die schon 1919 in einem Artikel Falkenhayns für das *Militär-Wochenblatt* aufgetaucht waren.[6] Hier wie dort behauptete der Generalstabschef: Unternehmen *Gericht* sei als «Ausblutungs»-Schlacht geplant, ein Durchbruch also nicht beabsichtigt, die Wegnahme der Festung nebensächlich und das «Weißbluten» des Gegners erfolgreich gewesen.[7]

Solchen Erklärungen haben Joffre, Foch und Pétain niemals geglaubt. Joffre hielt die Schlacht für einen völligen Fehlschlag der deutschen Heeresleitung, verursacht durch Sturheit und Eitelkeit. Er selbst, versicherte der Generalissimus 1932, sei noch immer überzeugt, dass nur das Scheitern des «überfallartigen Angriffs» auf dem Ostufer «und der Verlauf, den die Schlacht genommen hat, weitere [deutsche] Offensiven [an anderen Abschnitten der Westfront] verhindert haben. Durch eine einzigartige Sogwirkung, die klar die Schwäche der obersten deutschen Heeresleitung beweist, ihre Sturheit und sinnlose Eitelkeit, hat Verdun sämtliche deutschen Ressourcen verbraucht. Aus strategischer Sicht – es sei wiederholt – hat Verdun von deutscher Seite her keine Berechtigung.»[8] Auch Pétain glaubte, Falkenhayn habe seinen Misserfolg verschleiert. Anders als Joffre nahm Pétain allerdings an, dass die Oberste Heeresleitung bei Verdun auf einen direkten Massendurchbruch gezielt hatte – ähnlich wie 1915 das *Grand Quartier Général* in der Champagne.[9] Foch teilte diese Meinung. Die Deutschen hätten sich bei Verdun auf den Durchbruch versteift, «auf den geraden, direkten, brutalen Stoß».[10]

Französische Historiker schenkten Falkenhayn zunächst ebenfalls keinen Glauben. Viele teilten Pétains Auffassung, die Schlacht habe eine Gasse nach Paris schlagen sollen.[11] Jacques-Henri Lefebvre etwa behauptete in seiner klassischen Sammlung von Augenzeugenberichten (1960), bei der Weihnachtsdenkschrift handele es sich um eine «Entschuldigung»; [12] in Wahrheit sei es den französischen Streitkräften bei Verdun gelungen, eine Durchbruchs- und Vernichtungsschlacht schon im Keim zu ersticken. Quellenbelege legte Lefebvre allerdings nicht vor; freilich konnte das Erforschen deutscher Akten zunächst nicht Hauptaufgabe französischer Historiker sein. Das französische amtliche Weltkriegswerk (1926), herausgegeben durch das Militärarchiv des Heeres, den *Service historique*, ließ sich auf eine Erörterung der Gründe für das Unternehmen *Gericht* gar nicht erst ein.[13] Ähnlich hielt es Jean-Pierre Turbergue noch 2006 im großen Verdun-Bildkatalog des Verteidigungsministeriums.[14] Viele französische Studien stellten den Alltag und das Leiden der *Poilus* in den Mittelpunkt.[15] Die Ziele der deutschen Offensive lagen scheinbar auf der Hand: Verdun war angegriffen worden, sollte also auch erobert werden.

Das Misstrauen gegenüber Falkenhayn verflog erst während der 1970er Jahre – wohl nicht zufällig in einer Blütezeit deutsch-französischer Verständigung. Gerieten die Beweggründe der Obersten Heeresleitung in den Blick, verwiesen nun auch französische Historiker auf Falkenhayns Memoiren. Pierre Rocolle etwa begann seinen Aufsatz über das «Vorspiel der Schlacht bei Verdun» mit der Weihnachtsdenkschrift.[16] 1996 erklärte Alain Denizot, ein ausgewiesener Kenner der Schlacht, Falkenhayn habe Frankreichs Armee weißbluten und so den Festlandsdegen der Briten zerbrechen wollen.[17] Und André Cousine bestätigte auf einem Kolloquium internationaler Weltkriegs-Historiker: «Wir alle haben an den französischen Universitäten gelernt, dass die Schlacht bei Verdun deutscherseits auf der berühmten Denkschrift des Marschalls [sic] von Falkenhayn fußte.»[18]

Und in Deutschland? Viele Veteranen empfanden die Weihnachtsdenkschrift als zynisch. Offiziere und Mannschaften der Fünften Armee hatten 1916 die Festung in dem Glauben bestürmt, es ginge um den Besitz von Verdun und um ein siegreiches Ende des Krieges. Tatsächlich zielten alle Befehle des Kronprinzen klipp und klar auf eine Wegnahme der Festung. Aber nur vier Jahre später verblüffte Falkenhayn mit der Behauptung, die Eroberung von Verdun sei nicht wichtig gewesen. Kein Wunder, dass sich Verdun-Veteranen darüber als Dolchstoß in den Rücken empörten.[19]

Erich von Falkenhayn hat sich mit seinen Memoiren keinen Gefallen getan.[20] «Der Mann, der dieses Höllenwerk der Vernichtung erdacht und inszeniert hat», so Karl-Heinz Janßen über die Schlacht bei Verdun, «war der preußische Generalstabschef Erich von Falkenhayn. Er hat den Tod von drei- oder vierhunderttausend Menschen zu verantworten, die vor Verdun geopfert wurden: von Kugeln durchsiebt, von Schrapnells zerfetzt, von Handgranaten zerrissen, von Flammenwerfern verbrannt, von Giftgas erstickt, von Trümmern begraben. Stolz und männlich hat er sich zu dieser Verantwortung bekannt: ‹Wir waren entschlossen, Frankreich durch Blutabzapfung zur Besinnung zu bringen.›»[21] Das Wort «Ausbluten» weckt Abscheu noch in unserer Gegenwart. So erklärte die Gesellschaft für Deutsche Sprache den Begriff «Menschenmaterial» zum «Unwort des zwanzigsten Jahrhunderts».[22] Gerd Krumeich hielt «dieses ‹Dokument›» – gemeint ist die Weihnachtsdenkschrift – für einen «der ungeheuerlichsten Texte des Ersten Weltkriegs»; in Frankreich sei er «berühmt-berüchtigt».[23] Hinter der Weihnachtsdenkschrift, ergänzte Michael Salewski, verberge sich «der unmenschlichste strategische Plan des ganzen Krieges ...».[24] Und Sir Alistair Horne, Autor des internationalen Standardwerkes über die Schlacht bei Verdun, bemerkte 1962: «Nur selten in der Kriegsgeschichte wurde der Befehlshaber einer großen Armee so zynisch irregeführt wie der deutsche Kronprinz durch Falkenhayn.»[25] Horne nahm die Weihnachtsdenkschrift für bare Münze, merkte allerdings misstrauisch an, es sei Falkenhayns Geheimnis geblieben, «welche Absichten ihn bei dem Angriff auf Verdun wirklich geleitet haben».[26]

Ohne jede moralische Wertung, im Tonfall klassischer Operationsgeschichte, verfasste Hermann Wendt Anfang der 1930er Jahre das wohl einflussreichste deutschsprachige Verdun-Buch.[27] Als erster ziviler Historiker hatte Wendt die Akten der Obersten Heeresleitung und des Oberkommandos der Fünften Armee einsehen dürfen. Seine Studie drehte sich um die Ausdeutung der Weihnachtsdenkschrift.[28] Über deren Quellenwert machte sich Wendt allerdings verblüffend wenig Gedanken. Umso gründlicher widerlegte er Falkenhayns Behauptung, das «Ausbluten» sei erfolgreich gewesen. Wendts Zahlen gründeten auf den Akten «Verluste West», also auf Meldungen, «die das A.O.K. 5 alle 10 Tage an die O.H.L.»[29] geschickt hatte. Sämtliche Verlustzahlen für die französische Armee stammten gleichfalls von amtlicher Seite, aus Mitteilungen des *Service historique*. Wendts Studie, ebenso geistreich wie knapp, wurde zur Grundlage der Verdun-Forschung in Deutschland.[30] Sogar die monumentale amtliche Darstellung der «Forschungsanstalt für Kriegs- und Heeresgeschichte» sollte nie aus Wendts Schatten treten können.[31] Dabei studierten die Historiker der Forschungsanstalt, angesiedelt beim Reichsarchiv Potsdam, jahrelang alle Aktenberge mit größtmöglicher Sorgfalt; ausführlich befragten sie jede erreichbare Schlüsselfigur. Mehr noch: Die Forscher sandten ihre Druckfahnen zur Korrektur an alle noch lebenden Generäle und Stabsoffiziere, die 1916 in der Obersten Heeresleitung wie auch im Oberkommando, in den Generalkommandos und in den Divisionsstäben der Fünften Armee mit operativen Fragen befasst gewesen waren. Die Angeschriebenen antworteten dutzendfach, oft recht ausführlich und gelegentlich noch im Rückblick traumatisch erregt. Und tatsächlich: Im amtlichen Weltkriegswerk war grundsätzlich Neues über Falkenhayns Absichten zu erfahren. Was in der Weihnachtsdenkschrift nur mit einem Nebensatz gestreift und daher ursprünglich auch von den Historikern der Forschungsanstalt als weit entfernter, unwichtiger Hintergedanke abgetan worden war,[32] entpuppte sich für die Potsdamer Gruppe schließlich als das Hauptziel der Verdun-Offensive: ein operativer Durchbruch im Nach- oder Gegenstoß nach vorgeschalteter Zermürbung feindlicher Reserven.

Von solchen Plänen erfuhr die Forschungsanstalt im September 1932 durch Tappen. General der Artillerie Gerhard Tappen, 1916 Chef der Operationsabteilung, gehörte wie Falkenhayn und Schmidt von Knobelsdorf zu den Vordenkern der militärischen Führung des Heeres. Falkenhayn und Tappen hatten fast täglich über Strategie oder Operationen gesprochen. 1916 hatten nur Hugo von Freytag-Loringhoven, der Generalquartiermeister, und Wild von Hohenborn, Preußens Kriegsminister, einen ähnlich engen Umgang mit dem Generalstabschef gepflegt. Für die Verdun-Forschung ist Tappen eine Art Kronzeuge. Ihn hatte schon Wendt schriftlich befragt. Tappen hatte sich bei seiner Antwort auf *Kriegserinnerungen* gestützt, «aufgestellt» 1920 und 1921 «für die Familie» – also kurz nach Erscheinen der Falkenhayn-Memoiren. Falkenhayns Buch hatte Tappen auf Bitten seines ehemaligen Chefs Korrektur gelesen.[33] Doch nur auf den ersten Blick folgen Tappens *Kriegserinnerungen* der Weihnachtsdenkschrift.[34] Nichtsdestotrotz hatte Wendt sich in seiner Annahme bestätigt gesehen, die «Denkschrift» sei authentisch.[35] Erst im Rückblick wird deutlich: Wendt hatte Tappens *Kriegserinnerungen* zu einseitig im Lichte der Falkenhayn-Memoiren gelesen. So erwähnt Tappen den Begriff «Ausbluten» kein einziges Mal. Stattdessen nutzt er Begriffe wie «zerschlagen» oder «brechen». Und wenn Tappen erklärt, man habe Frankreichs Streitkräfte «wie im Jahre 1915 die der Russen» zerschlagen wollen, erinnert er an die Schlacht bei Gorlice-Tarnów vom Mai 1915 – an den erfolgreichsten operativen Durchbruch des Ersten Weltkriegs also. Tappen gelang eine Gratwanderung: Öffentlich hatte er loyal zu seinem früheren Vorgesetzten gehalten, ohne ihm aber rückhaltlos zu folgen.

Mehr als ein Jahrzehnt nach dem Tod Falkenhayns führten Wolfgang Foerster, Direktor der «Historischen Abteilung», Vorläuferin der Forschungsanstalt, und seine Mitarbeiter Martin Reymann, Wilhelm Solger und Hans Tieschowitz am 6. September 1932 mit Tappen ein ausführliches Gespräch. Die Historikergruppe befragte Tappen im Reichsarchiv nach den Zielen des Unternehmens *Gericht*. Hinter vorgehaltener Hand hatten Augenzeugen wie Groener, Zwehl, Heymann oder Schmidt von Knobelsdorf erhebliche Zweifel an der Echtheit der Weihnachtsdenkschrift geäußert. Auch Solger hielt die Ausblutungstheorie aus sachlichen Gründen für unhaltbar. Die Aufgabe, so Solger, «mit 2,4 Millionen die 3,5 Millionen des in fester Stellung stehenden Feindes zu schlagen, hätte sich nie und nimmer durch bloße Abnutzung lösen lassen».[36] Gegenüber den Historikern aus Potsdam, allesamt ehemalige Offiziere, erweiterte Tappen nun seine frühere Darstellung – den eigenen Standpunkt verändern musste er nicht. Jetzt aber machte er deutlich: die Weihnachtsdenkschrift war keineswegs authentisch.

Auch wegen der ungleichen, sich stetig einseitiger gestaltenden Kräfteverhältnisse im Westen, so Tappen, sei die Entscheidung – erstens – «doch nur durch einen Stoß und nicht defensiv zu erreichen» gewesen. Zweitens: Für einen direkten Massendurchbruch habe die deutsche Armee nirgendwo die Mittel besessen. Drittens hatte nach den Erfahrungen des Stellungskrieges ebenso festgestanden: kein Durchbruch ohne vorgeschaltete Zermürbung feindlicher Reserven. Deswegen habe, so Tappen, Falkenhayn die Streitkräfte der Briten und Franzosen zu verlustreichen Gegenangriffen zwingen wollen. Diese Gegenangriffe seien von der Obersten Heeresleitung entweder bei Verdun oder aber im Artois erwartet worden. Denn wäre bei Verdun – so Falkenhayns Rechnung – das gesamte Ostufer überfallartig in deutsche Hände geraten, hätte die Festung kurz vor dem Fall gestanden. Um Verdun zu retten, hätten die Verteidiger an den Hängen des Ostufers verlustreiche Gegenangriffe führen müssen. Tatsächlich hätte nur dadurch überhaupt Aussicht bestanden, die Höhen zurückzugewinnen: bergan, auf sehr engem Raum, im Feuer der überlegenen schweren und schwersten Artillerie, ohne den Schutz betonierter Forts, Werke und Unterstände. Dadurch würde sich, erläuterte Tappen, ein rasches «Ausbluten» des Gegners und am Ende im Nachstoßen mit Divisionen der deutschen Heeresreserve die Möglichkeit zum Durchbruch eröffnen. Und wirklich: Dass Joffres Gegenoffensive bergauf gegen die östlichen Maashöhen im Feuer der schweren deutschen Artillerie erfolgen würde, hatte man hoffen dürfen, konnte aber alles andere als sicher erscheinen. Die Oberste Heeresleitung, so Tappen, habe es ebenso für denkbar gehalten, dass die britischen Streitkräfte im Artois gemeinsam mit französischen Truppen eine schnelle, unvorbereitete, nicht minder verlustreiche Entlastungsoffensive vom Zaun brechen würden. Diese Offensive einer unerfahrenen, im Aufbau begriffenen Mischarmee aus Wehrpflichtigen, Freiwilligen und Berufssoldaten wäre mit Sicherheit zum Scheitern verurteilt gewesen. Nach einem deutschen Gegenstoß mit Divisionen der Heeresreserve hätte sich dann im Artois die Möglichkeit für einen Durchbruch ergeben. Unternehmen *Gericht* habe als Eröffnungsoffensive einen Durchbruch bei Verdun oder aber im Artois vorbereiten sollen – durch den Zwang zum verlustreichen Gegen- oder Entlastungsangriff und das rasche «Verbluten» feindlicher Reserven, die für ein Abriegeln des Einbruchs am Ende fehlen würden; «Weißbluten» nicht als Zweck, sondern als Mittel zum Zweck. Die Festung selbst, gestand Tappen, habe erobert werden sollen. Dergleichen habe die Heeresleitung aber aus propagandistischen Gründen niemals öffentlich behauptet – für den Fall, dass die Offensive fehlschlug. Zudem sei das Hauptziel nicht die Wegnahme der Festung, sondern ein Durchbruch und die Rückkehr zum Bewegungskrieg gewesen. Tappens Fazit: «Auf bloßes Verbluten aber war der Plan, wie nun wohl klar sein dürfte, nicht eingestellt.»

«Das ist für die Forschung etwas ganz Neues», staunte Foerster. Der Direktor nahm diese Erläuterungen ungläubig, aber auch erleichtert auf. «Wir sind», gestand er, «für die Aufklärungen, dass Falkenhayns operatives Denken so zu erklären ist, besonders dankbar. Er wollte sich also nicht auf das Ausbluten der Franzosen beschränken.» Falkenhayn habe, bestätigte Tappen, doch andere operative Mittel als die «Saugpumpe» gekannt. Im Übrigen, fuhr Tappen fort, sei «in der Weihnachtsdenkschrift der Stoß gegen die Engländer erwähnt». – «Gewiss!», bestätigte Solger, seit 1930 mit der Erforschung von Falkenhayns Kriegführung im Westen betraut.[37] «Aber doch nur», wandte Solger ein, «als eine entfernte Möglichkeit …». Im Übrigen habe Falkenhayn die von Tappen mitgeteilten Gedankengänge mit keiner Silbe erwähnt. «Das ist kein Gegenbeweis gegen ihre Richtigkeit, aber immerhin auffallend. Gerade, wenn man in solchen Büchern nicht nur Berichte, sondern auch Verteidigungsschriften sieht, sollte man erwarten, dass der Autor eine derartige Rechtfertigung seines Handelns nicht auslassen würde.»[38] Ehemalige Stabsoffiziere wie Foerster, Reymann oder Solger empörten sich über die Weihnachtsdenkschrift nicht so sehr aus moralischen Gründen; geprägt durch die Schule Napoleons, Schlieffens und des älteren Moltke, galt ihnen das «Ausbluten» vor allem als operativer Offenbarungseid. «Wir waren gezwungen», klagte Foerster, «gegen unseren Willen die Dinge so darzustellen, als wenn sich das operative Denken Falkenhayns in der ‹Saugpumpe› erschöpft habe.»

Im Reichsarchiv hatten Offiziere der Kriegsgeschichtlichen Abteilung des nunmehr aufgelösten Großen Generalstabs eine Weiterbeschäftigung in der Weimarer Republik gefunden. Obwohl amtliche Historiker eines Staates, der wesentlich durch die Sozialdemokratie getragen wurde, bekämpften sie pazifistische oder militärkritische Strömungen.[39] Mit der volkstümlichen Reihe *Schlachten des Weltkrieges* hatte George Soldan, ihr Herausgeber, ein «zusammengebrochenes Volk» wieder aufrichten wollen, um «aus gemeinschaftlich ertragenem Glück und Unglück deutschnationales Empfinden erwachsen zu lassen».[40] Dennoch hatte Reymann in den *Schlachten des Weltkrieges* die Ursprünge der Verdun-Kämpfe mit Falkenhayns Weihnachtsdenkschrift erklären müssen – mit dem verhassten «Ausbluten» also.[41] So war Tappens Behauptung, das «Ausbluten» sei lediglich Mittel zum Zweck gewesen, für die Historiker ebenso neu wie erfreulich. «Sicherlich muss der Gedanke der ‹Saugpumpe›», erklärte Foerster, «eine für Falkenhayn sehr schlechte Kritik ergeben. Bisher aber kannten wir überhaupt keinen anderen. Und daran ist Falkenhayns eigenes Buch schuld.»

Aber ein Durchbruch war Falkenhayn an der Westfront eben niemals gelungen; zur Rechtfertigung hatte der Generalstabschef unmöglich auf fehlgeschlagene Operationspläne verweisen können. Weil Falkenhayn vor sich selbst, vor der Öffentlichkeit und vor seinen Gegnern im Offizierskorps das eigene Scheitern nicht hatte eingestehen wollen, war nur ein einziger Ausweg geblieben: Er hatte glauben müssen, dass wenigstens das «Ausbluten» erfolgreich gewesen war.[42] Kritik an der Verdun-Operation galt nicht nur in der Öffentlichkeit als Allgemeinplatz; auch im Offizierskorps erschien sie als selbstverständlich.[43] Es hatte Falkenhayn geärgert, «in der weiten Öffentlichkeit offenbar halb verfemt»[44] zu sein. Besonders die Anhänger von Hindenburg und Ludendorff warfen dem Generalstabschef noch immer vor, die Entscheidung im Westen gesucht zu haben, bevor ein großer Russlandfeldzug die Voraussetzungen für den Endsieg geschaffen hatte.

Zu den Anhängern von Ober-Ost gehörten auch Foerster, Solger und Reymann. Hinter vorgehaltener Hand hielten sie Falkenhayn für einen Kabinettsgeneral; ihre Abneigung erstreckte sich sogar auf Mitarbeiter wie Tappen.[45] Dessen Aussage von 1932 freilich sah die Gruppe im Laufe ihrer weiteren Forschungen bestätigt. Doch Foerster zögerte, im amtlichen Weltkriegswerk die Glaubwürdigkeit eines deutschen Generalstabschefs offen zu untergraben. «Der im Kriegswerk des Reichsarchivs zu veröffentlichende Text», gestand Solger, «unterliegt mannigfachen Rücksichten.»[46] Die «Prestigen» deutscher Feldherrn zu schonen, war seit dem älteren Moltke fester Grundsatz der Kriegsgeschichtlichen Abteilung. Denn der Ruf des Offizierskorps war mit dem Ansehen der Generalität aufs Engste verknüpft. Und so begann die amtliche Darstellung mit der üblichen Zusammenfassung der Weihnachtsdenkschrift.[47] Am Ende aber ließ das Ergebnis der 700-Seiten-Studie keinerlei Zweifel; die Forschungsanstalt hielt die Denkschrift für nicht authentisch: «Wir sehen den Gedanken, der diesem Angriff zugrunde gelegen hat, heute anders, als ihn General von Falkenhayn selbst in seinem Werke auslegt.... Der Angriff war nicht Selbstzweck, er sollte nur die Fronten des Stellungskrieges unter Einsatz stärkster technischer Kampfmittel auflockern, den großen Entscheidungskampf einleiten, der die Westfront in Bewegung zu bringen versprach.»[48] Das Stocken des Verdun-Angriffs sei für Falkenhayn «unerwartet» eingetreten, habe «alle seine Wünsche und Berechnungen über den Haufen» geworfen, ihn aus dem «seelischen Gleichgewicht»[49] gebracht. An anderer, halbamtlicher Stelle wurde Foerster mit Blick auf die Weihnachtsdenkschrift deutlicher: «Diese Auslegung hält geschichtlicher Nachprüfung nicht stand, das deutsche Kriegswerk lehnt sie ab.»[50] Vielmehr habe Falkenhayn «aus dem Stellungskriege zum Bewegungskriege» gelangen wollen.[51] Rückhaltlos offene Worte aber fanden Mitglieder der Forschungsanstalt nur hinter verschlossenen Türen: «Dieser Versuch eines Wiederaufbaues des Falkenhayn'schen Gedankengebäudes führt also letzten Endes auf den Durchbruch ...».[52]

Nach dem Ende des Zweiten Weltkrieges legten die Historiker dennoch die Weihnachtsdenkschrift keineswegs zu den Akten. Zwei neue deutschsprachige Verdun-Monografien erschienen; in beiden hinterließ die amtliche Darstellung keinerlei Spuren. 1979 veröffentlichte German Werth sein Buch *Verdun. Die Schlacht und der Mythos*.[53] Mit der Befragung von Zeitzeugen erschloss Werth methodisch neue Wege; der Krieg des kleinen Mannes an der Maas – Werth hat ihn deutscherseits zum ersten Mal geschildert. Allerdings verzichtete Werth auf archivalische Studien; die Frage: «Warum Verdun?» beantwortete er mit der Weihnachtsdenkschrift.[54] In Matti Münchs *Verdun. Mythos und Alltag einer Schlacht*[55] (2006) standen der Frontalltag und die Rolle Verduns als Erinnerungsort im Mittelpunkt. Nur Lothar Hilbert und Christian Millotat spürten in Aufsätzen den Ursachen einer «Schlüsselschlacht des 20. Jahrhunderts» (Millotat) abermals nach. Beide verwiesen auf Falkenhayns Memoiren.[56] Verblüffend: Fast schien es so, als habe es die Studie der Forschungsanstalt nie gegeben.[57] Erst Holger Afflerbach zog 1994 die Echtheit der Weihnachtsdenkschrift abermals nachdrücklich in Zweifel. In seiner Falkenhayn-Biografie, einer bahnbrechenden Studie, betonte er, «dass es sich um eine um Authentizität bemühte Selbstinterpretation handelt, die erst nach dem Krieg entstanden ist».[58] Afflerbach nannte die Denkschrift eine «extrem zynische» und auch «sachlich vollkommen widerlegte Rechtfertigungsstrategie».[59] Sie könnte «in der Zusammenstellung und Gewichtung ihrer strategischen Argumente verfälscht sein. Das betrifft besonders die Abschnitte, in denen Falkenhayn die Schlacht von Verdun behandelt ...».[60]

Mit solchen Befunden im Rücken, legte 2003 Hew Strachan, Professor für Kriegsgeschichte an der Universität Oxford, eine – scheinbar – neue Deutung vor.

In seinem Standardwerk über den Ersten Weltkrieg knüpfte er an frühe Erklärungen französischer Generäle und Geschichtsforscher an. Strachan bestätigte im Kern die Sicht der Historikergruppe aus Potsdam und erörterte die Schlachten bei Verdun und an der Somme im Kapitel «Durchbruch». Der Hinweis auf ein «Verbluten» des Gegners, erklärte Strachan, «sollte zum gängigen Argument werden, um gescheiterte Durchbrüche zu rechtfertigen».[61] Wie Joffre nach der Herbstoffensive in der Champagne und wie Haig nach der Somme, so habe auch Falkenhayn seinen Fehlschlag mit dem Hinweis auf das «Verbluten» bemäntelt. Mehr als siebzig Jahre nach Wilhelm Solger erinnerte Strachan an grundlegende strategische Widersprüche: an die Unwahrscheinlichkeit nämlich, dass der Generalstabschef gegen zwei weltumspannende Kolonialreiche, die im Bündnis mit dem russischen Koloss standen, allein durch eine Strategie der Zermürbung hatte siegen wollen. In Wahrheit habe sich bei Verdun erst während der Kämpfe ein Umschwung von der Durchbruchs- zur Ausblutungsschlacht vollzogen.[62] Verdun als gescheiterte Durchbruchsschlacht – mit dieser Auffassung war Strachan 2003 noch ein einsamer Rufer. 2004 folgte ihm Bruno Thoß, Leitender Historiker am Militärgeschichtlichen Forschungsamt in Potsdam. Auch die Schlacht bei Verdun, glaubte Thoß, habe auf einen «Durchbruch durch die gegnerische Front» und auf den «Übergang zum Raumgewinn in der Tiefe»[63] gezielt.

Warum aber fanden in der Verdun-Forschung die Ergebnisse der Potsdamer Gruppe keinerlei Anklang? Die Hauptantwort lautet: Weil es nach dem Zweiten Weltkrieg in Deutschland keine Verdun-Forschung gab. Erstens geriet die Urkatastrophe in den Schatten des Zweiten Weltkriegs und Verdun in den Schatten von Stalingrad. Zweitens hatte der Brand des Heeresarchivs fast alle Originalakten der Obersten Heeresleitung und des Oberkommandos der Kronprinzenarmee vernichtet. Drittens hatte das Reichsarchiv im Gegensatz zum französischen Weltkriegswerk seine Darstellung nicht mit dem Abdruck tausender Quellen unterlegt. Daher erscheint es verständlich, dass Nachkriegshistoriker die Studie von 1936 – wenn überhaupt – nur mit spitzen Fingern angefasst haben. Viertens lagerten die Akten der Anstalt spätestens seit 1949 als Beutegut im Zentralarchiv des sowjetischen Verteidigungsministeriums nahe Moskau.[64] Bis 1988 standen sie jedenfalls der westlichen Forschung nicht zur Verfügung. Fünftens galt die Beschäftigung mit Militärgeschichte in beiden deutschen Staaten als ebenso überflüssig wie anstößig. Sechstens hatte die Anstalt «Prestigen» geschont. Sie hatte die Weihnachtsdenkschrift für nicht authentisch, für irreführend, unhaltbar und sogar für «frisiert»[65] gehalten, aber ihre amtliche Darstellung mit Falkenhayns Memoiren eröffnet; sie hatte erklärt, Verdun habe «die Westfront in Bewegung» bringen sollen, aber den Signalbegriff «Durchbruch» vermieden. Lediglich in Arbeiten für den Dienstgebrauch hatte Solger geäußert, dass der «Gedanke eines großen Durchbruchs» wohl die «eigentlich treibende Kraft» für Falkenhayn gewesen sei.[66] Alles in allem überwiegt also der Eindruck: Die Studie der Potsdamer Gruppe weckte weder Neugier noch Vertrauen. Tatsächlich hatten die Historiker um Foerster den Blick auf ihre Ergebnisse selbst vernebelt.

Es war ein britischer Doktorand, der 2005 die Ursprünge des Unternehmens *Gericht* abermals zu ergründen versuchte. Robert T. Foley spürte der Geschichte des strategischen Denkens im Kaiserreich nach, beginnend in der Vorkriegszeit bis hin zur Schlacht bei Verdun.[67] Im Mittelpunkt stand das Wirken Falkenhayns. Die Weihnachtsdenkschrift ließ Foley aus methodischen Gründen beiseite; seine Studie stützte er hauptsächlich auf die Akten der Forschungsanstalt.[68] Das Ergebnis war: eine halbe Übernahme, eine halbe Ablehnung der Darstellung von 1936. Falkenhayn, so Foley, habe in der Tat geglaubt, durch den Angriff bei Verdun den britischen Entlastungsangriff erzwingen, einen Gegenstoß führen, «den Bewegungskrieg an die Westfront zurückbringen und das Patt des Stellungskrieges brechen»[69] zu können – damit bestätigte Foley Ergebnisse der Forschungsanstalt. Bei Verdun jedoch, schränkte Foley ein, habe Falkenhayn von Anfang an lediglich ein «Zu-Tode-Bluten» des Gegners als das «Endziel»[70] betrachtet – das wiederum war die Botschaft der Weihnachtsdenkschrift. Alles in allem, so Foley, sei die Verdun-Schlacht der «vollendete Ausdruck» von Falkenhayns «Version einer Strategie der Zermürbung».[71] Anderslautende Inhalte der Tappen-Befragung (1932) überging Foley vollkommen – wohl aus Misstrauen gegenüber Tappen und der amtlichen Historikergruppe. Mit Recht warnte Foley vor den Prägungen der Anstalt durch Ober-Ost und Schlieffen-Schule.[72] Andererseits gilt auch: Die Potsdamer Gruppe hatte im Sinne Rankes erkunden wollen, «wie es eigentlich gewesen» sei; das jedenfalls hat ihrem Selbstbild entsprochen. Sie hat geglaubt, aus der Vorgeschichte der Schlacht bei Verdun für künftige Kriege lernen zu können.[73] Eine bewusste Fehldeutung war für die Anstalt daher keinesfalls in Frage gekommen.

Dem Bemühen der Gruppe, «Prestigen» zu schonen, ist Foley möglicherweise trotz aller Vorsicht zum Opfer gefallen. Auf dem Brauhausberg war man sich der Sprengkraft des «Ausblutens» nur allzu bewusst gewesen; Foerster und seine Mitarbeiter hatten das Reizwort durch Begriffe wie Kräfteausgleich, Zermürbung, Schwächung oder Aufzehrung ersetzt. Vielleicht konnte Foley deswegen annehmen, die Potsdamer Gruppe habe die Auffassung vertreten, der «Ausblutungs»-Gedanke sei erst *nach* dem Stocken des Verdun-Angriffs entstanden.[74] Doch aus Sicht der Forschungsanstalt hatte Falkenhayn durchaus von Anfang an die Meinung vertreten, «dass vor Beginn des entscheidungssuchenden Angriffs die feindlichen Reserven so viel als irgend möglich ausgeschaltet und aufgezehrt werden sollten».[75] Das aber hatte laut Tappen, immerhin Leiter der Operationsabteilung und engster Mitarbeiter Falkenhayns, möglichst rasch zu geschehen und war keineswegs Selbstzweck, sondern Mittel zum Zweck. So aber verdeutlichte Foley: Die Studie der Potsdamer Gruppe weckte nunmehr Interesse – aber noch immer wenig Vertrauen.

Es kommt darauf an, die Franzosen nicht nur zu schlagen, sondern zu vernichten.

ERICH VON FALKENHAYN, 26. FEBRUAR 1916

«Weihnachtsdenkschrift»

EIN BLICK AUF DIE QUELLEN

Glücklicherweise sind Tappens Aussagen und die Ergebnisse der Potsdamer Gruppe anhand dutzender Akten aus den Beständen der Forschungsanstalt für Kriegs- und Heeresgeschichte überprüfbar. Ein kritischer Vergleich vieler Hauptquellen, gedruckter wie ungedruckter, scheint möglich; er könnte helfen, auf die Frage «Warum Verdun?» eine belastbare Antwort zu finden.

«Tappen-Befragung» (1932)[1]

Wolfgang Foerster, Direktor der Forschungsanstalt, bezeichnete Tappen mit Recht als «die kompetenteste Auskunftsperson», um sich trotz spärlicher Schriftquellen von Falkenhayns «Auffassungen, Absichten und Entschließungen» ein «zutreffendes Bild zu machen». Tappen war der engste Mitarbeiter Falkenhayns.[2] Foerster eröffnete das Gespräch mit dem Hinweis, aus dem Groener-Tagebuch gehe hervor, der Generalstabschef habe bereits «im Juli 1915 zehn Armeekorps nach dem Westen» ziehen wollen, «um dort den Durchbruch zu machen». Antwort Tappen: «Das ist möglich. Die Notiz in Groeners Tagebuch beweist jedenfalls, dass eine große Unternehmung im Westen von General von Falkenhayn erwogen worden ist.» Tappen bat, mit Ausführungen zum «Unternehmen Schwarzwald» beginnen zu dürfen, dem geplanten Angriff im Raum Belfort, weil «sich hieraus alles andere logisch entwickelt».

Anfang Dezember 1915, erläuterte Tappen, hätten sich in der Obersten Heeresleitung die Überlegungen für eine entscheidungssuchende Offensive an der Westfront verdichtet. «General von Falkenhayn sprach direkt aus: In diesem Jahre – 1916 – müssen wir dem Gegner unseren Willen aufzwingen.» Doch für einen direkten Massendurchbruch hätten die Kräfte nirgendwo ausgereicht: «General von Falkenhayn war sich darüber klar, dass die etwa 25 Divisionen, über die er als Reserven verfügte, nicht genügen würden, um damit gleich anfangs einen Durchbruch durch die feindliche Stellungsfront auszuführen.» Deshalb wollte der Generalstabschef zunächst, so Tappen, «die Franzosen zum Einsatz ihrer Reserven und zu deren Schwächung durch verlustreiche Gegenangriffe zwingen. Wohl zu diesem Zweck hatte er am 3. Dezember die Offensive im Elsass vorgeschlagen.» Am 3. Dezember 1915 nämlich sei dem Kaiser in Pleß «die Absicht vorgetragen worden, die Franzosen aus den von ihnen besetzten Teilen des Oberelsass herauszuwerfen». Falkenhayns Grundgedanke, so Tappen: «Greifen wir die Franzosen an, dann werden auch die Engländer gezwungen, anzugreifen, obwohl sie noch nicht dazu fertig sind. Daraus wird sich die Lage für den entscheidenden Stoß entwickeln.» Das geplante Unternehmen im Raum Belfort habe von diesem Hauptstoß nur ablenken sollen: «Es ist anzunehmen», mutmaßte Tappen, «dass die um diese Zeit [3.12.1915] in Aussicht genommene Feldzugsidee darin bestand, entweder bei Verdun oder an der Somme die feindlichen Stellungen zu durchbrechen.» Im Falle eines operativen Durchbruchs bei Verdun sollte die französische Front nach Westen aufgerollt, im Falle eines Durchbruchs an der Somme die britisch-französischen Kräfte nördlich des Flusses von den Hauptmassen der Franzosen getrennt, in Richtung Kanal gedrückt und vom Festland vertrieben werden. Ausgehend von dieser Grundidee, erläuterte Tappen, habe sich schließlich der Gedanke an eine Offensive bei Verdun entwickelt. Der «mit Sicherheit erwartete» britische Entlastungsangriff sei bekanntlich nur «im Gelände nördlich der Somme denkbar» gewesen, höchstwahrscheinlich im Artois. Weil Falkenhayn die eigene Heeresreserve entweder dort oder im Abschnitt seiner Eröffnungs-Offensive habe einsetzen wollen, «ist dann an die Stelle von Belfort: Verdun gesetzt worden, damit beide Kampfstellen nicht zu weit auseinander lagen.» Außerdem habe Verdun, anders als Belfort, «unmittelbar vor der deutschen Stellung»[3] gelegen.

Foerster befragte den ehemaligen Leiter der Operationsabteilung auch zum «Ausblutungs»-Gedanken. Laut Tappen war das «Verbluten» von Anfang an Teil der Strategie des Generalstabschefs. Einschlägige Überlegungen habe der Große Generalstab schon unter dem jüngeren Moltke entwickelt: «Wir hatten uns im Frieden immer gesagt, dass die Franzosen keine Reserven hätten, um ihre Lücken auszufüllen. Woher sollten sie immer wieder neue Kräfte nehmen? Das verhältnismäßig kleine Volk hatte es dazu nicht. Es musste sich verbluten.» Doch Foerster äußerte Zweifel. Die Oberste Heeresleitung, wandte er ein, hätte bedenken müssen, dass ihre Strategie der Ausblutung «am Mark der eigenen Truppen zehren musste und dass dabei Kräfte verloren gingen, die später fehlten. Man konnte doch nicht glauben, dass die Verluste des Gegners um ein Bedeutendes höher sein würden.» Falkenhayns «Saugpumpen»-Gedanke, widersprach Tappen, habe voll und ganz auf die eigene Artillerie und auf die Eigenarten des Schlachtfelds bei Verdun gesetzt. Ein erdrückendes artilleristisches Übergewicht und die rasche Eroberung sämtlicher Ostuferhöhen sollten ein Ausbluten ermöglichen. «Wir waren der Meinung, dass der Feind bei seinen Gegenangriffen im Feuer unserer gewaltigen schweren Artillerie, die ihn schon bei unserem Angriff hart mitgenommen haben musste, außerordentliche Verluste haben würde. Die Lage war für ihn sehr ungünstig.... Der Zwang zur Wiedernahme jedes verloren gegangenen Stückes der Befestigungen von Verdun war der Hebel, der auf die Franzosen drücken sollte. Sie mussten aus Angst, Verdun zu verlieren, alles einsetzen und gerieten dann in unser überlegenes Artilleriefeuer.»

Das «Verbluten» im Feuer der weit überlegenen Artillerie, so Tappen, habe einen raschen «Kräfteausgleich» herbeiführen und so den Durchbruch vorbereiten sollen. Dabei sei klar gewesen, dass der Zeitfaktor eine Schlüsselrolle spielen würde. Tatsächlich mussten Falkenhayn und Tappen wissen, dass die französische Führung nach dem Beginn der Verdun-Offensive alles daran setzen würde, das artilleristische Gleichgewicht schnell wiederherzustellen. Tappen: «Wichtig war, dass das Verbluten der Franzosen schnell erreicht wurde, um eventuell schon bei Verdun die große Offensive ansetzen zu können.» Foerster: «Jedenfalls musste doch Verdun mal erst genommen sein, ehe das Ausbluten der Franzosen einsetzte?» Tappen: «Bis zu einem gewissen Grade: ja!» Im Kalkül der Obersten Heeresleitung sollten die Franzosen «in 2–3 Tagen das Ostufer verlieren und nun alle Kräfte zum Gegenangriff opfern» – so fasste Foerster die Ausführungen Tappens zusammen. Nur gegen die Wendung «2–3 Tage» äußerte Tappen Bedenken. Binnen weniger Tage aber musste das Ostufer fallen.[4] Vor allem danach sollten sich die französischen Reserven in Gegenangriffen am Ostufer rasch zermürben.

Dieser Grundgedanke wird durch Seitenblicke auf eine andere Hauptquelle bestätigt. Gerhard von Heymann, Erster Generalstabsoffizier der Kronprinzenarmee und Verfasser des Angriffsentwurfs, hatte in enger Abstimmung mit Falkenhayn und Knobelsdorf ein «beschleunigtes Verfahren» für die Wegnahme des Ostufers entwickelt; es setzte auf Überraschung, «sehr große pionier- und waffentechnische Anforderungen»,[5] so Heymann in seinen Memoiren, und auf ein stetiges, ununterbrochenes Abrollen der Angriffsbewegung. «In dem feindlichen Zeitgewinn», betonte Heymann, «lag die größte Gefahr für unser Gelingen! Sie sollte ausgeschaltet werden durch den Angriffsschwung der über die abgekämpften Armeekorps hinweg vorwärts kämpfenden frischen Armeekorps, denen alle beweglichen Batterien jeden Kalibers durch nächtliche Stellungswechsel zu folgen und den Kämpfern die Angriffsgasse zu fegen hatten.»[6] Spätestens wohl nach etwa sieben bis zehn Tagen sollten die Angreifer alle Höhenlinien auf dem Ostufer bis unmittelbar vor und oberhalb der Stadt besetzen.[7]

Bei Falkenhayns Erwartung, man werde das Ostufer zügig erobern, spielte die Unterschätzung des Gegners eine wichtige Rolle. Verblüffenderweise behauptete Tappen noch 1932 im Reichsarchiv: «Sie [die französischen Truppen] waren tatsächlich moralisch ziemlich minderwertig.» Foerster ergänzte aus seiner Akten-

- 2 -

Das Ergebnis der Besprechung mit Exzellenz Tappen
im Reichsarchiv am 6.9.1932.

1.) Welche operative Idee hat den General von Falkenhayn im Sommer 1915 bewegt?

Im Juli 1915, nach der glücklichen Einleitung des als entscheidend gedachten Stosses der Armeegruppe Gallwitz, sah General von Falkenhayn das Ende des Feldzuges gegen Rußland in absehbarer Entfernung vor sich. Er nahm jetzt die Absicht wieder auf, die Entscheidung auf dem westlichen Kriegsschauplatz herbeizuführen; denn der Zweck der Sicherung der Ostfront, um dessen Willen er im April notgedrungen seine Angriffspläne für den Westen hatte zurückstellen müssen, schien erreicht.

Ueber die zahlenmässige Ueberlegenheit der Westgegner auch bei stärkster Schwächung der deutschen Ostfront war er nicht im Zweifel, vertraute aber auf den höheren Kampfwert des deutschen Heeres. Aus der Ostfront meinte er etwa 20 Divisionen herausnehmen zu können und mit diesem Zuschuß in der Lage zu sein, noch im Jahre 1915 die feindliche Front in Frankreich zu durchbrechen.

11. Bemerkung Tappens:
⌈Es ist anzunehmen, daß ihm als zu wählende Durchbruchsstelle die Gegend östlich Amiens vorschwebte.

geheissen hatte und von denen abzuweichen kein Grund vorlag.

Wortprotokoll des Gesprächs von Wolfgang Foerster, Martin Reymann, Wilhelm Solger und Generalmajor a. D. Hans von Tieschowitz von Tieschowa mit General a. D. Gerhard Tappen am 6. September 1932 im Reichsarchiv Potsdam. Potsdam, 19. September 1932 (Auszug)

kenntnis, dass die Abteilung Fremde Heere – gemeint war die Abteilung III b der Obersten Heeresleitung – im Mai 1915 beim Reichskanzler eine Denkschrift eingereicht habe, nach der «die Franzosen eigentlich schon kaputt» seien. Allerdings habe Falkenhayn, beteuerte Tappen, das «Ausbluten» lediglich als Mittel zum Zweck betrachtet, genauer: als vorbereitende Maßnahme für ein Durchbrechen der Front mittels eigener Reserve-Divisionen – und zwar entweder bei Verdun oder weiter nordwestlich im britisch-französischen Abschnitt: «General von Falkenhayn kannte doch andere operative Mittel als die ‹Saugpumpe›. Die Entscheidung war doch nur durch einen Stoß und nicht defensiv zu erreichen. Und das ist ganz sicher, dass Falkenhayn die Entscheidung durch den Angriff [bei Verdun] gesucht hat.»

Wo genau dieser Versuch, einen Durchbruch zu erzielen, schließlich erfolgen würde, sollte von den Maßnahmen der Gegner wie auch von den Fortschritten des Verdun-Angriffs abhängen: «Zunächst wurde der Hauptwert auf Verdun gelegt. Bot sich bei den Engländern eine Möglichkeit, dann sollte dort durchgestoßen werden» – also ein Durchbruch möglichst schon bei Verdun, vielleicht aber auch im britischen Abschnitt. Vor Beginn des Unternehmens *Gericht* glaubte Falkenhayn laut Tappen an eine schnelle Wegnahme des Ostteils der Festung, also an die rasche Besetzung sämtlicher Höhenzüge auf dem östlichen Maasufer bis fast unmittelbar vor und oberhalb der Stadt: «Dass Verdun erobert werden sollte, zum Mindesten die Ostseite, muss heute zugegeben werden. Damals geschah es nicht aus Prestigegründen, für den Fall, dass der Angriff nicht glückte.»[8]

Nach dem Zermürben feindlicher Reserven hätte der weitere Ablauf festgestanden: «War Verdun erledigt, so sollte die nach Westen anschließende Front aufgerollt werden. Das wäre dann der entscheidende Stoß gewesen.» Allerdings: «Der Angriff auf Verdun stellte den Anfang der Operation dar. Die Wegnahme Verduns war dabei nicht die Hauptsache, sondern der Zwang zum Gegenangriff, der auf die Franzosen ausgeübt wurde. Nur auf diese Weise konnten wir die Initiative an uns bringen. Ein uns zuvorkommender Angriff der Westgegner wäre uns sehr unangenehm gewesen, weil er sicher nicht an einer Stelle stattgefunden hätte, die für den Gedanken unserer Operation – Verdun/Artois – so günstig lag. Auf bloßes Verbluten aber war der Plan, wie nun wohl klar sein dürfte, nicht eingestellt.» Damit widersprach Tappen klipp und klar den Kernpunkten der Weihnachtsdenkschrift.

Das lange Festhalten an der Verdun-Offensive nach dem Stocken des Angriffs gründete – so jedenfalls legte Tappen nahe – in dem ungebrochenen Glauben an eine Entlastungsoffensive im Artois, aber auch auf einer Überschätzung französischer Opferzahlen. «Wir sind in unserer Erwartung», erläuterte Tappen, «bestärkt worden durch die Verlustzahlen, die sich aus Gefangenenaussagen usw. ergaben. Danach hatten die Franzosen im Mai 1916–525 000 Mann, wir nur 250 000 Mann verloren, also die Franzosen fast 300 000 Mann mehr!» Tatsächlich lagen die Verluste auf französischer Seite nur unwesentlich höher.[9] «Wir haben damals», gestand Tappen, «andere, wesentlich günstigere Zahlen geglaubt. Aber selbst wenn wir damals zu günstig gerechnet haben, so ist der wichtigste Zweck doch erreicht worden: Wir haben uns in der Hoffnung nicht getäuscht, dass ein zweiter Einsatz der Franzosen an anderer Stelle – an der Somme – bedeutend geschwächt stattfinden würde. Darauf aber kam es an. Denn die besten Aussichten bot uns eine Offensive gegen die Engländer, vorausgesetzt, dass die Franzosen ihnen nicht in ungebrochener Kraft beistehen konnten.»

Demnach sah die Oberste Heeresleitung im britischen Heer den leichter zu schlagenden Gegner. Ohnehin betrachtete Falkenhayn Großbritannien als wahren Erzfeind des Reiches. Für den kriegsentscheidenden Gegenstoß an der Somme, so Tappen, habe die Oberste Heeresleitung «von Mai/Juni [1916] ab» fünfzehn Divisionen aufgespart. Falkenhayn und er selbst, Tappen, hätten «täglich mit Freude auf diese 15 Divisionen, die sich übrigens bei der Durchforschung der Akten werden nachweisen lassen, gesehen und immer von Neuem ihre Versammlung, die mit der Eisenbahn geschehen sollte, und ihre Einsatzrichtung erwogen. Um diese sorgfältig gesparte Reserve nicht aus der Hand zu geben, sind wir auch sehr zurückhaltend bei der Herausgabe von Verstärkungen in den Anfangsstadien der Somme-Schlacht gewesen. Sehr zum Leidwesen der betreffenden Armeen.» Daneben habe man noch im Mai und Juni die Möglichkeit erwogen, diese fünfzehn Divisionen «bei Verdun einzusetzen, um dort durchzubrechen und die französische Front alsdann westwärts aufzurollen … Sie trat aber zugunsten eines Stoßes gegen die Engländer zurück …». Jedenfalls habe Falkenhayn im Sommer 1916 weiterhin auf einen kriegsentscheidenden Durchbruch gezielt. Weder das Versagen der Ausblutungs-Theorie noch die alliierte Somme-Offensive hätten die eigene Strategie durchkreuzt; fünfzehn Reserve-Divisionen, wiederholte Tappen, hätten «zum entscheidungssuchenden Gegenstoß» an der Somme bereitgestanden. Die Brussilow-Offensive allerdings habe schließlich zum Scheitern der eigenen Strategie geführt, weil sie das Verschieben deutscher Reserven zur Ostfront erzwungen habe. Folgt man dem Leiter der Operationsabteilung, ist die Schlacht bei Verdun durch das Versagen der k. u. k.-Streitkräfte in Galizien verloren gegangen – ein Versuch der Irreführung, den die Forschungsanstalt auch als abwegig erkannt hat.[10]

Die Historikergruppe legte Tappen ihr Kurzprotokoll zur Unterschrift vor. Tappen unterzeichnete eine Schlüsselwendung: «Auf jeden Fall sollte nicht durch bloßes Verbluten der Franzosen, sondern durch einen letzten starken deutschen Angriffsstoß die Entscheidung – und zwar die Kriegsentscheidung – erzwungen werden.» Noch zwei Jahre später hat er gegenüber der Forschungsanstalt diesen Endzweck der Operationen nachdrücklich hervorgehoben: Falkenhayn «wollte den Durchbruch im Gegenstoß» und die «Kriegsentscheidung im Gegenstoß».[11] Man hätte, beteuerte Tappen, «nicht anders handeln [können], als wie gehandelt worden ist. Man darf Falkenhayn nicht unterschätzen. Er war ein sehr kluger Mann.» Außerdem: «Was hätte er aber sonst tun sollen?»

Schmidt von Knobelsdorf an Foerster (1934) und an Ziese-Behringer (1934)[12]

Constantin Schmidt von Knobelsdorf wurde 1919 als General der Infanterie in den Ruhestand versetzt. Seinen Lebensabend verbrachte er mit Ehefrau Helene in Glücksburg (Ostsee). Jahrelang führte Knobelsdorf mit Angehörigen der Forschungsanstalt eine Korrespondenz. Die Historikergruppe betrachtete ihn zu Recht als eine ihrer wichtigsten Quellen.

Als Knobelsdorf 1934 seine Antworten auf den nunmehr zweiten Fragenkatalog zur Verdun-Schlacht nach Potsdam sandte,[13] verfasste er für Wolfgang Foerster einen Begleitbrief. Seine Bemerkungen betrafen die geheimen Besprechungen mit Falkenhayn und Tappen am 14. und 15. Dezember 1915 im Berliner Kriegsministerium. Dort sei, wiederholte Knobelsdorf, endgültig die Entscheidung für den Verdun-Angriff gefallen. Eine mögliche Offensive auf die Festung Belfort habe Falkenhayn verworfen. Außerdem habe der Generalstabschef entgegen seinem – Schmidt von Knobelsdorfs – Ratschlag entschieden, keinen gleichzeitigen, großräumigen Angriff auf beiden Maasufern zu führen. Begründung: «Keine Artillerie, keine Truppen.»

Hermann Ziese-Behringer arbeitete an einer Falkenhayn-Biografie (1934) und befragte Knobelsdorf ungefähr zur selben Zeit wie Foerster. Auch Ziese-Behringer wollte Genaueres über die Ziele des Unternehmens *Gericht* erfahren. Schmidt von Knobelsdorf antwortete: «Der Angriffsbefehl des A. O. K. 5 enthielt die genaue Wiedergabe des für den Angriff gegebenen Wortlauts des vom General von Falkenhayn gegebenen Befehls: ‹Fortnahme der Festung im beschleunigten Verfahren›. Der Auftrag wurde mündlich im Kriegsministerium in Berlin gegeben, wohin ich bestellt war. Ich erwiderte darauf: ‹Dann werden wir bei Verdun mit mindestens der halben französischen Armee zu kämpfen haben.› Hierbei wurde der Plan des Ausblutens mit keiner Silbe gestreift. Von einem Irrtum in der Auffassung kann doch damals gar keine Rede gewesen sein. Unklarheiten hätte ich jedenfalls sofort zur Sprache gebracht.»[14] Demnach zielte Falkenhayn auf eine schnelle Wegnahme der Festung. Vom «Ausbluten» war in Berlin «mit keiner Silbe» die Rede. Das Kernstück des Angriffsentwurfs der Fünften Armee, die «Fortnahme der Festung Verdun im beschleunigten Verfahren», gründete wörtlich auf einem mündlichen Befehl des Generalstabschefs.

Auch am 23. Dezember 1915 in Mézières, während seines Lageberichts für den Kronprinzen, sprach Falkenhayn offenbar kein einziges Mal vom «Verbluten». Man dürfe hoffen, so der Generalstabschef, «dass ein starker, entscheidender Schlag im Westen den Zusammenbruch des nicht mehr ganz festen Gefüges beschleunigt und der Gegner das Nutzlose weiteren Widerstands einsieht.»[15]

Knobelsdorfs Bemerkungen passen zwanglos zur Tappen-Befragung (1932): Der Generalstabschef, hatte Tappen erläutert, habe die Ostuferhöhen rasch erobern lassen wollen; nach einem schnellen «Verbluten» des Gegners wäre vielleicht schon bei Verdun und nicht im Artois der Durchbruch zu erzielen gewesen. Schmidt von Knobelsdorf bestätigte, dass der Generalstabschef Anfang Dezember 1915 persönlich die «Fortnahme der Festung im beschleunigten Verfahren» befohlen hatte, genauer: eine rasche Besetzung aller Ostuferhöhen bis unmittelbar vor und oberhalb der Stadt. Und der «Lochow-Kommentar» (1935)[16] verdeutlicht: Falkenhayn bezog das Zermürben des Gegners von Anfang an in seine Rechnung ein, sprach aber gegenüber den Führern der Fünften Armee darüber nur ungern.

Die Entscheidung für einen Angriff nur auf dem Ostufer haben sowohl Falkenhayn als auch Schmidt von Knobelsdorf getragen. Um diesen Umstand zu verschleiern, ließ Knobelsdorf das Kriegstagebuch der Fünften Armee nachträglich ergänzen. Nunmehr besagte eine Notiz, «General von Knobelsdorf habe ‹einen Angriff auf beiden Maasufern … für erforderlich› gehalten, doch habe General von Falkenhayn einen ‹Angriff auf westlichem Maasufer infolge Kräfte- und Artilleriemangels für nicht ausführbar› erklärt. Er, Falkenhayn, habe ‹fünf Korps bewilligt›. Diese Notiz», so Hellmuth von Wienskowski, Historiker der Forschungsanstalt, in einer für den Dienstgebrauch verfassten Studie, «ist im K.T.B. des A.O.K.5 nachträglich eingeklebt, wann ist nicht festzustellen.»[17] Eine weitere Aktennotiz des Oberkommandos vom 17. Dezember 1915, durch Knobelsdorf unterzeichnet und demnach gebilligt, spricht hingegen eine andere Sprache. Dort heißt es, Knobelsdorf habe am 15. Dezember «entschieden», den Angriff nur auf dem Ostufer zu führen. Nach der ersten Besprechung am 14. Dezember hatte Falkenhayn erklärt, er könne «‹nicht genügend Kräfte zur Verfügung stellen …, um den Angriff auf Verdun von Norden, Nordwesten und Nordosten gleichzeitig› durchzuführen …».[18] Die eingeklebte Notiz, folgerte Wienskowski, «soll offenbar das A.O.K.5 entlasten und die Schuld, dass auf dem rechten [sic] Maasufer nicht gleichzeitig mit angegriffen worden ist, einseitig dem General von Falkenhayn zuschieben.»[19]

«Lochow-Kommentar» (1935)[20]

General der Infanterie a.D. Ewald von Lochow führte 1916 als Kommandierender General das III. Armeekorps. In einer handschriftlichen Stellungnahme (1935) auf den Druckfahnen des amtlichen Weltkriegswerks berichtete Lochow über ein Streitgespräch mit Falkenhayn in Pillon, dem Hauptquartier des III. Armeekorps, kurz vor Beginn des Unternehmens *Gericht*. Lochow will hartnäckig schwere Bedenken geäußert haben: Das III. Armeekorps werde günstigstenfalls den Douaumont erobern; danach aber wäre die eigene Stoßkraft im Bereich der dauerhaften Festungsanlagen erschöpft. Falkenhayn habe ihn, Lochow, mit dem Hinweis zu beruhigen versucht, dass man dann eben das gewonnene Gelände zu verteidigen habe: «Die Franzosen würden dann durch flankierendes Artilleriefeuer so in die Zange genommen werden, dass sie sich schließlich verbluten müssten.» Tappen war nach dem Gespräch offenkundig tief verärgert. Lochows Stabschef, Major Georg Wetzell, erhielt von Tappen eine scharfe Rüge, weil er, Wetzell, seinen Kommandierenden General «in dieser Weise beeinflusst» habe. Lochows Vortrag habe bei Falkenhayn den «Glauben an den Erfolg des Verdun-Angriffes arg beschränkt».[21] Lochow hatte seine Bedenken auch gegenüber Schmidt von Knobelsdorf geäußert, war jedoch nicht durchgedrungen: «Bei dem gewaltigen Einsatz von Artillerie für den Angriff», hatte Knobelsdorf entgegnet, «werden die drei Armeekorps auch ohne Einsatz von weiteren Kräften sich in den Besitz von Verdun setzen können.»[22]

Der «Lochow-Kommentar» bestätigt den Hinweis aus der Tappen-Befragung (1932), dass Falkenhayn von Anfang an eine Strategie des «Ausblutens» in seine Rechnung einbezog.[23] Das Stichwort «Ausbluten» nannte der Generalstabschef freilich erst dann, als Lochow hartnäckig Zweifel am Angriffsplan geäußert hatte. So schwang bei Falkenhayn im Begriff «Ausbluten» von Anfang an ein Ton der Selbstrechtfertigung mit. Denn als die Offensive am 26. Februar auf Höhe des Fort Douaumont tatsächlich ins Stocken geriet und Falkenhayn am Vorankommen des Angriffs bis zur Schlüssellinie zweifelte, erwog er tagelang den Abbruch der Schlacht.[24]

Tagebuch des Kronprinzen Rupprecht – erster Teil (1915/16)[25]

Kronprinz Rupprecht von Bayern, Oberkommandierender der Sechsten Armee, führte im Krieg ausführlich Tagebuch. Der Historiker Eugen von Frauenholz gab diese Papiere 1929 unter Mitwirkung des Kronprinzen auszugsweise heraus. Die Originale, verwahrt im Bayerischen Hauptstaatsarchiv, umfassen rund viertausend Seiten.[26] Am 10. Januar 1916 notierte Rupprecht den Inhalt einer Besprechung zwischen Falkenhayn und Generalleutnant Dr. Hermann von Kuhl, Chef des Stabes der Sechsten Armee. Falkenhayn, so Rupprecht, habe Kuhl am 7. Januar in Berlin erläutert, «dass in der letzten Januarwoche eine Offensive bei Verdun geplant sei, und ihn befragt, ob später eine größere Offensivunternehmung bei der [Sechsten] Armee stattfinden könne.» Kuhl habe einen Angriff «zwischen der Gegend südlich von Arras und der Somme» vorgeschlagen, dafür aber zwölf weitere Armeekorps gefordert. Falkenhayn habe entgegnet, dass er unmöglich so viele Divisionen freimachen könne, jedoch zu bedenken gegeben, dass für einen Gegenstoß nach Abwehr einer feindlichen Entlastungsoffensive keine zwölf Armeekorps erforderlich wären: «Er selbst [Falkenhayn] sei davon überzeugt, dass während der Unternehmung gegen Verdun als Antwort eine Offensive unseres Gegners in der Gegend nördlich von Arras erfolgen werde. Nach Zurückweisung dieser Offensive könnte die 6. Armee nachstoßen, zu welchem Zweck er ihr um die Mitte des Februar [sic] acht Divisionen und etwa 20 schwere Batterien zuweisen könne. Auf diese Weise ließe sich vielleicht ein großes Ergebnis erreichen.» Kuhl bestätigte diese Darstellung 1932 gegenüber der Forschungsanstalt: «Er [Falkenhayn] hoffte, wie er mir nach meiner genauen Erinnerung sagte, dass dadurch Leben in die erstarrte Front gebracht würde und wir im Artois zum Bewegungskrieg kämen. Durch diese Kombination von Verdun und Artois hoffte er, somit eine Entscheidung ohne die große Durchbruchsschlacht zu erreichen.»[27]

Falkenhayn forderte Kuhl am 7. Januar auf, Entwürfe für einen Durchbruch im Gegenstoß mit zunächst acht Divisionen und zwanzig schweren Batterien zu entwerfen. Kuhl bezweifelte in seiner Antwort, datiert auf den 24. Januar, dass sich die Briten zu einem überstürzten Entlastungsangriff würden hinreißen lassen. Randbemerkung Falkenhayns: «Der Entschluss wird ihnen nicht leicht werden. Sie müssen ihn aber, wie ich glaube, fassen.»[28] Ein unmittelbarer Durchbruch, so Kuhl, sei jedenfalls mit nur acht Divisionen unmöglich. «Es kommt also nur ein Gegenangriff in Frage, nachdem der Gegner angegriffen hat.» Randbemerkung Falkenhayn: «Oder sich durch Fortziehen von Kräften entsprechend schwächen sollte.»[29] Sogar nach einem gescheiterten britischen Entlastungsangriff sei aber, behauptete Kuhl, ein operativer Durchbruch mit nur acht Divisionen nicht zu erzielen. «Nur wenn uns das Glück ganz besonders zu Hilfe käme, könnte man dazu schreiten.» Randbemerkung Falkenhayn: «Fortes fortuna adiuvat!» – «Den Mutigen hilft das Glück!»[30] Zudem wollte Falkenhayn der Sechsten Armee mit großer Sicherheit mehr als acht Divisionen zur Verfügung stellen, sollte sich nach Beginn des Gegenstoßes tatsächlich eine Möglichkeit zum Durchbruch abzeichnen.[31]

Kuhls Gutachten beantwortete der Generalstabschef am 3. Februar: «Abweichend von dortiger Ansicht halte ich Angriffsversuch des Feindes oder aber sehr starke Schwächung desselben an der Front nördlich der Somme für nahezu sicher, wenn der am 12. [Februar] beginnende Vorstoß der 5. Armee auf Verdun glückt. Die Engländer können in diesem Falle Frankreich nicht im Stich lassen, so unwillkommen ihnen eine vorzeitige Offensive oder Abgabe von Kräften sein mögen.» Falkenhayn hielt also an seiner Auffassung fest. Die acht frischen Divisionen, erläuterte der Generalstabschef gegenüber Kuhl, würden allerdings nicht jetzt schon zur Sechsten Armee stoßen können, sondern müssten vorerst in der Heeresreserve verbleiben. Schließlich könnte es gegebenenfalls «empfehlenswert» erscheinen, «bei Verdun errungene Vorteile sofort zu verfolgen»,[32] dort also einen Durchbruch im Nachstoßen zu erzwingen.

Am 11. Februar 1916, einen Tag vor dem ursprünglichen Termin für den Beginn des Unternehmens *Gericht*, reiste Kuhl zur Chefbesprechung nach Mézières. Dort erklärte Falkenhayn nunmehr zum vierten Mal, dass im Verlauf des Unternehmens *Gericht* eine feindliche Entlastungsoffensive bei der Sechsten Armee erfolgen werde – und zwar noch im Frühjahr 1916. Dann müsse an der Westfront die Entscheidung über Sieg oder Niederlage im Kriege fallen: «Die Entscheidung, so sagte er [Falkenhayn], müsse im Frühjahre in Frankreich fallen; er glaube, dass um diese Zeit ein großer Angriff gegen die 6. Armee bevorstehe. Zu einem Durchbruch besäßen wir [die gesamtdeutschen Streitkräfte] nicht die Mittel. Die 20 bis 30 Divisionen, die von den verschiedenen Armee-Oberkommandos als hierfür erforderlich bezeichnet würden, ließen sich nicht aufbringen; auch hätte ein Durchbruch mit solchen Massen den Nachteil, dass sehr bald die Lenkung versagen müsse, was sich bei den Durchbruchsversuchen der Franzosen und Engländer klar ergeben hätte, die eben an der Unlenkbarkeit der Massen gescheitert seien. Er hoffe, dass durch die Unternehmung bei Verdun wieder Bewegung in den Krieg käme. Anfänglich habe man erwogen, Belfort anzugreifen; es habe sich aber gezeigt, dass ein Angriff auf Belfort schwieriger sei wie auf Verdun. Der Artillerieaufmarsch vor Verdun sei bis jetzt von seltenem Glück begünstigt gewesen, und wir hätten jedenfalls bereits einen solchen Vorsprung erlangt, dass die Franzosen ihn nicht mehr einholen könnten.» Dieser Eintrag des bayerischen Kronprinzen wird durch Groeners Privattagebuch bestätigt: «General von Falkenhayn ist der Ansicht, dass die Entscheidung im Westen fallen müsste, *als erster Schritt hierzu* der Angriff auf Verdun.»[33]

Alles in allem untermauert das Rupprecht-Tagebuch Kerninhalte der Tappen-Befragung (1932): Vom 10. Januar bis zum 11. Februar 1916 erklärte Falkenhayn dem Oberkommando der Sechsten Armee nicht weniger als viermal, es sei das Ziel des Unternehmens *Gericht*, Briten und Franzosen im Abschnitt der Sechsten Armee zu einer vorschnellen, verlustreichen Entlastungsoffensive herauszufordern. Und wie später im Gespräch mit Treutler (1916) äußerte der Generalstabschef bereits gegenüber Kuhl, er hoffe, «dass durch die Unternehmung bei Verdun wieder Bewegung in den Krieg käme». Denn: «Durch diese Kombination von Verdun und Artois hoffte er, somit eine Entscheidung ohne die große Durchbruchsschlacht zu erreichen.» Die Kriegsentscheidung, so Falkenhayn, müsse «im Frühjahre» 1916 fallen, also bis spätestens Mai 1916. Damit nahm Falkenhayn alles in allem höchstens zehn Wochen Kampfzeit in Aussicht. Mindestens die Hälfte dieser Spanne war für den Bewegungskrieg zu veranschlagen. Damit räumte Falkenhayn der Kronprinzenarmee für das Zermürben französischer Reserven äußerstenfalls fünf Wochen ein.[34] Ein Durchbruch sollte demnach im März je nach Lage entweder bei Verdun oder im Artois gelingen; bei Verdun im Nachstoßen, im Artois durch einen Gegenstoß nach Abwehr eines britisch-französischen Entlastungsangriffs.

«Heymann-Notiz» (1916)[35]

Wolfgang Foerster schickte Schmidt von Knobelsdorf im Spätherbst 1933 einen ersten, neunseitigen Fragenkatalog zur Vorgeschichte der Schlacht bei Verdun. Bei der Erläuterung seiner Fragen nannte Foerster alle einschlägigen Telegramme, Notizen, Befehle und Karten aus den Akten der Obersten Heeresleitung und des Oberkommandos der Fünften Armee, belegt durch amtliche Signaturen. Darunter befindet sich die Heymann-Notiz, entstanden sechs Tage nach Beginn der Schlacht bei Verdun. Bezeichnenderweise fehlen im amtlichen Weltkriegswerk die letzten beiden, entscheidenden Sätze dieser Notiz – offenbar deshalb, weil sie Falkenhayns Ziel eines operativen Durchbruchs allzu deutlich enthüllen.[36] Oberstleutnant Gerhard von Heymann, Erster Generalstabsoffizier Schmidt von Knobelsdorfs, hatte am 26. Februar 1916, 10.30 Uhr, im Kriegstagebuch des Armeeoberkommandos vermerkt: «OHL persönlich durch Exzellenz von Falkenhayn an A. O. K. 5: Antrag auf weitere Kräfte zur Verwendung auf linkem Maasufer kann in Ansehung der Gesamtlage nicht genehmigt werden. Die jetzigen Kräfte der [Fünften] Armee werden nach bisherigem Kampfverlauf das Ostufer nehmen; damit werden auch Kräfte frei, um dann die Operationen auf dem Westufer zu beginnen. Es kommt darauf an, die Franzosen nicht nur zu schlagen, sondern zu vernichten. Das wird sicherer geschehen, wenn die Deutschen an anderer Stelle angreifen, nachdem die Franzosen starke Kräfte nach Verdun zusammengeführt haben.» Demnach lehnte es Falkenhayn in Stenay am Vormittag des 26. Februar ab, Knobelsdorf frische Divisionen aus der Heeresreserve für eine Offensive auf dem Westufer zu überstellen. Das allerdings geschah einvernehmlich:[37] Schmidt von Knobelsdorf gab sich siegesgewiss und glaubte, das III. Armeekorps werde am 26. Februar das Dorf Douaumont erobern, den Kalte-Erde-Rücken stürmen, das Zwischenwerk Thiaumont erreichen und bis zum Fort Souville gelangen.[38] Am 26. Februar, so die Erwartung, würde Gündells V. Reservekorps außerdem Fort Vaux erobern. Falkenhayn und Schmidt von Knobelsdorf waren sicher, schon in den nächsten Stunden die Schlüssellinie zu erreichen. Am Nachmittag des 26. Februar mutmaßte Knobelsdorf sogar, die Franzosen würden die Gesamtfestung aufgeben. Zweifellos beflügelt durch den überraschenden Fall des Forts Douaumont, glaubte die deutsche Führung, das Ostufer mit den «jetzigen Kräften» so schnell in die Hand zu bekommen, dass dort die eigenen Artilleriemassen halbwegs unbehelligt würden vorrücken können; diese Artillerie würde dann die französischen Batterien auf dem Westufer mit nunmehr ungeteilter Kraft niederkämpfen und den deutschen Infanterieangriff auf dem Westufer entscheidend unterstützen. Vor allem hatte Falkenhayn nach wie vor einen kriegsentscheidenden, nun sogar «vernichtenden» Durchbruch «an anderer Stelle» im Sinn, «nachdem die Franzosen starke Kräfte nach Verdun zusammengeführt haben» – so der Wortlaut der Heymann-Notiz. Solche Wendungen lassen auf einen regelrechten Siegesrausch schließen.

Das Rupprecht-Tagebuch wiederum belegt: Am 27. Februar, einen Tag nach Falkenhayns Besuch in Stenay, setzte der Generalstabschef weiterhin auf einen Durchbruch der Sechsten Armee im Artois. «General v. Falkenhayn», schrieb

Rupprecht, «sprach sich am Telephon über die bei Verdun errungenen Erfolge sehr befriedigt aus und verlangte den von General v. Kuhl gefertigten Entwurf für eine Durchbruchsschlacht.» Kuhls Denkschrift, «Der Durchbruch» betitelt, traf in Mézières zwei Tage später ein.[39] Für diesen Stoß, der den Gegner, so Falkenhayn, nicht nur «schlagen», sondern «vernichten» würde, galt es, möglichst starke Reserven aufzusparen. Mittlerweile ebenfalls denkbar erschien ein vernichtender Angriff auf die französische Front an der Aisne oder in der Champagne, die Joffre vielleicht schwächen würde, um Kräfte nach Verdun zu verschieben.

So bestätigt die Heymann-Notiz einschlägige Angaben aus der Tappen-Befragung (1932): Falkenhayn führte die Schlacht zunächst als Eröffnungsoffensive, mit der er das Ostufer schnell erobern, einen anschließenden Durchbruch ermöglichen, den Gegner «vernichten» und die Kriegsentscheidung erzwingen wollte. Denn Unternehmen *Gericht*, so die Hoffnung am 26. Februar, würde «starke Kräfte» der Franzosen nach Verdun ziehen und dort binden. Dadurch musste Joffre seine Front andernorts schwächen; das eben war jene Drohung, die der Generalissimus mit dem deutschen Angriff auf Verdun von Anfang an verbunden hatte. Im Befehl Falkenhayns vom 26. Februar 1916, 10.30 Uhr, ist nicht vom «Ausbluten», sondern vom «Vernichten» die Rede. Zugleich belegt die Heymann-Notiz: Knobelsdorf war über die gesamtstrategischen Erwägungen des Generalstabschefs durchaus im Bilde.

«Mertz-Schreiben» (1933)[40]

Der bayerische Generalmajor a. D. Hermann Ritter Mertz von Quirnheim diente Anfang 1916 im AOK6 als Erster Generalstabsoffizier unter dem Oberkommando des Kronprinzen Rupprecht von Bayern. Damit war Mertz die rechte Hand von Rupprechts Stabschef, Generalmajor Dr. Hermann von Kuhl. Von 1919 bis 1931 übernahm Mertz das Amt des Präsidenten am Reichsarchiv Potsdam. In dieser Stellung sprach er häufig mit Militärführern des Weltkrieges, darunter Hindenburg, Ludendorff und Groener; besonders oft führte er mit Falkenhayn Gespräche – entweder im Berliner Generalstabsgebäude oder im Schloss Lindstedt. Über diese Gespräche, die auch noch im Todesjahr Falkenhayns (1922) stattfanden, hat Mertz in seinem Tagebuch berichtet.[41] Die Strategie der Zweiten Obersten Heeresleitung beurteilte Mertz kritisch; er selbst hielt einen großen Russlandfeldzug für erforderlich, bevor das deutsche Heer im Westen die Entscheidung suchen durfte. Wilhelm Solger befragte Mertz 1933 zu den Plänen Falkenhayns.

Am 10. Januar 1916, erläuterte Mertz, habe Kuhl in Lille das Ergebnis seiner Berliner Besprechung mit Falkenhayn (8.1.) vorgetragen. «Im großen operativen Rahmen», so fasste Mertz den Eindruck des AOK6 zusammen, «betrachteten wir den Angriff auf Verdun als eine ‹Demonstrativschlacht›. Ob eine solche und an diesem Punkte zur Auslösung all der Wirkungen führen würde, die Falkenhayn erhoffte, musste natürlich abgewartet werden. Wir sollten zunächst ‹verschleiern›, dann einen Ansturm des Feindes abwehren und schließlich einen entscheidenden Schlag führen.» Mertz allerdings hielt es für ausgeschlossen, dass mit den acht zusätzlichen Divisionen, die Falkenhayn der Sechsten Armee in Aussicht gestellt hatte, ein Durchbruch hätte erzielt werden können, selbst «wenn der gegnerische Angriff auf uns völlig zusammenbrach. Wir änderten diese Ansicht auch dann nicht, als die kampftüchtigen Franzosen immer mehr von unserer Front verschwanden und dem weniger kampfgewandten Engländer Platz machten.»

Am 8. März, siebzehn Tage nach Beginn des Unternehmens *Gericht*, sei Falkenhayn beim Oberkommando der Sechsten Armee in Douai erschienen. Der Generalstabschef habe sich «ganz erstaunt» geäußert, «‹dass die Franzosen das östliche Maasufer bei Verdun mit einer solchen Hartnäckigkeit verteidigen und andauernd ganze Divisionen in unsere Feuerumfassung der Vernichtung preisgeben›. Er schloss seine Ausführungen mit den Worten: ‹Das hätte ich nie geglaubt.›» Major Gustav von Bartenwerffer und Hauptmann Erich von dem Bussche-Ippenburg, Offiziere in Falkenhayns Begleitung, «sagten mir (nach meinem Tagebuch) unter anderem wörtlich: ‹Die Befürchtung, dass die Franzosen das Maasufer vielleicht räumen würden, war grundlos. Nun schieben sie Division auf Division hin, und das kann uns nur recht sein.›» Allerdings: «Von einem von Anfang an beabsichtigten Zermürbungskampf gegen die französische Armee», so Mertz, «hörten wir damals noch nichts, sondern immer nur von einer ‹Eroberung Verduns›».

Am 8. März 1916, bei seinem Besuch in Douai, hoffte der Generalstabschef demnach noch immer, über eine Offensive der Sechsten Armee zum Bewegungskrieg zurückfinden zu können. Allerdings: Während Bartenwerffer und Bussche-Ippenburg weiterhin von einer «Eroberung Verduns»[42] sprachen, zeigte der Generalstabschef sich gegenüber Mertz «überrascht» vom Widerstand auf dem Ostufer und äußerte gegenüber Rupprecht, einem bekannten Kritiker Falkenhayns, jetzt zum ersten Mal, dass die Schlacht zum «Verbluten» des Gegners führe: «Mittags kam General v. Falkenhayn [nach Douai]. Er sprach sich zuversichtlich aus über die Vorgänge bei Verdun, wo auf dem westlichen Maasufer weitere Fortschritte erzielt waren, und meinte, die Franzosen würden sich bei Verdun allmählich verbluten. Der Hauptzweck der Besprechung war die vom A. O. K. [6] angeregte Frage einer großen Offensive gegen die Engländer.»[43]

So bestätigt das Mertz-Schreiben den Inhalt von Tappen-Befragung (1932) und Heymann-Notiz (1916): Vor Beginn der Schlacht hielt Falkenhayn eine britisch-französische Entlastungsoffensive für sicher. Dieser Entlastungsangriff würde sich, so nahm er an, gegen die Sechste Armee im Artois richten. Zunächst aber sollte Rupprechts Armee vom Verdun-Angriff ablenken, dann den britisch-französischen Entlastungsangriff abwehren, danach gegenstoßen und schließlich die Front durchbrechen. Folgerichtig bezeichnete das Armeeoberkommando in Douai den

Verdun-Angriff als «Demonstrativschlacht»: als Schein- oder Eröffnungsoffensive. Darüber hinaus untermauert das Mertz-Schreiben entsprechende Hinweise aus Tappen-Befragung (1932) und Heymann-Notiz (1916): Dass die französischen Streitkräfte das Ostufer hartnäckig verteidigen würden, hätte Falkenhayn «nie geglaubt». Vielmehr rechnete er mit einer raschen Eroberung. Zugleich ließ der Generalstabschef erkennen, dass ihn im Gegenteil die Sorge umgetrieben hatte, die Franzosen würden das «Maasufer vielleicht räumen», Verdun also aufgeben und entlang des Westufers eine neue, verkürzte Abwehrfront errichten. Tatsächlich wäre der deutsche Stoß dann ins Leere gelaufen, ohne dass man «an diesem Punkte» alle die «Wirkungen» hätte auslösen können, «die Falkenhayn erhoffte». Noch in der ersten März-Woche hörte man im Oberkommando der Sechsten Armee «immer nur von einer ‹Eroberung Verduns›.» Einen «von Anfang an beabsichtigten Zermürbungskampf gegen die französische Armee» erwähnten Falkenhayn, Bartenwerffer und von dem Bussche nicht.

Am 8. März 1916 jedoch, nachdem der Ostufer-Angriff überraschend ins Stocken geraten war, nannte Falkenhayn gegenüber Rupprecht, einem seiner schärfsten Kritiker, zum ersten Mal das Wort «Verbluten».

«Treutler-Bericht» (1916)[44]

Am 9. März 1916, einen Tag nach Falkenhayns Besuch in Douai, führte der Vertreter des Auswärtigen Amtes im Großen Hauptquartier, Karl Georg Treutler, mit dem Generalstabschef ein längeres Gespräch. Treutler berichtete seine Eindrücke dem Staatssekretär für auswärtige Beziehungen in Berlin, Gottlieb von Jagow. Unternehmen *Gericht*, so hatte der Generalstabschef erläutert, sei zweifach begründet: Erstens werde Frankreichs Armee daran gehindert, mit voller Stärke an der alliierten Sommeroffensive teilzunehmen. Zweitens könne man den Feind einzig und allein durch einen Angriff auf Verdun «zur Entwickelung» zwingen und «den reinen Stellungskrieg wenigstens zu einer Art von Bewegungskrieg mit Feldbefestigungen» umgestalten. «Dass Verdun dabei der festeste Punkt der Linie sei und dadurch im Falle des Gelingens besonderen moralischen Erfolg verspreche, sei nur ein günstiger Zufall, der mit der Wahl an sich nichts zu tun habe; die besondere Schwierigkeit und Festigkeit habe aber von dem Unternehmen auch nicht abschrecken können.» Die größte Sorge, gestand Falkenhayn, wäre gewesen, «dass der Gegner Verdun aufgegeben und sich hinter der Maas von Neuem aufgestellt hätte.» Und tatsächlich: Nur wenn die französische Führung die Festung verteidigte, erschien ein Durchbruch im Nachstoßen überhaupt denkbar. Die Ostuferhöhen boten für den «Zermürbungs-und-Durchbruch-Gedanken» das bestmögliche Gelände; zum anderen hatte Verdun auch wegen der größeren Entfernung Belforts zum Artois den Vorzug erhalten – schließlich hoffte Falkenhayn vor allem, die Briten zur «Entwickelung» zu zwingen. Noch sechzehn Tage nach Beginn der Offensive deutete er gegenüber Treutler an, dass der Angriff auf Verdun als Auftakt einer Reihe operativer Züge zu verstehen sei, die eine Rückkehr zum Bewegungskrieg wenigstens im Ansatz ermöglichen sollten: Falkenhayn hoffte auf einen «Bewegungskrieg mit Feldbefestigungen». Der Begriff «Ausbluten» tauchte im Gespräch mit Treutler kein einziges Mal auf.

Zwei Tage später ergänzte Treutler in einem Schreiben an den Reichskanzler, dass Falkenhayn die Festung Verdun erobern wolle: «Mein Hauptgewährsmann hebt hervor», so Treutler, «dass Herr von Falkenhayn persönlich von vornherein die Ansicht vertreten habe, dass Verdun fallen müsse, dass es aber lang dauern würde…».[45] Damit bestätigt der Treutler-Bericht den Inhalt von Tappen-Befragung (1932), Rupprecht-Tagebuch (1915/16, erster Teil), Heymann-Notiz (1916) und Mertz-Schreiben (1933). Auch im Treutler-Bericht erscheint die Verdun-Offensive als der Versuch, Bewegung in eine buchstäblich festgefahrene Lage zu bringen: durch das Erzwingen einer «Entwickelung» beim Gegner. Verdun sollte erobert werden; vor allem aber hoffte Falkenhayn Ende der ersten März-Woche noch immer, mit dem Unternehmen *Gericht* zum Bewegungskrieg zurückzufinden – allerdings nicht im Sinne Napoleons, Moltkes oder Schlieffens. Wenn überhaupt, schien nur ein «Bewegungskrieg mit Feldbefestigungen» denkbar.

Tagebuch des Kronprinzen Rupprecht – zweiter Teil (1916) – und Schriftwechsel Falkenhayns mit Schmidt von Knobelsdorf (1916)[46]

Am 29. Februar 1916, einen Tag nach dem endgültigen Stocken des Angriffes auf dem Ostufer, hatte Wild erhebliche Unruhe beim deutschen Feldherrn bemerkt: «Falkenhayn ist reichlich nervös wegen des eingetretenen Stopps und der großen Verluste.»[47] Wenige Stunden später musste der Generalstabschef die Vorbereitungen für den Angriff auf dem Westufer befehlen.

Am 21. März notierte Rupprecht den Inhalt eines Gesprächs zwischen Kuhl und Falkenhayn, das am Vortag stattgefunden hatte. Inzwischen war nicht mehr zweifelhaft, dass auch der Westuferangriff auf erbitterten Widerstand stieß. Rupprechts Notizen offenbaren: Der Generalstabschef hatte nunmehr die Hoffnung aufgegeben, im Artois vielleicht sogar einen frontalen Durchbruch zu erzielen: «Gestern sagte General v. Falkenhayn zu dem nach Mézières bestellten Generalleutnant v. Kuhl, zu einem Durchbruch würden die Kräfte nicht reichen. Wie lange die Angriffe bei Verdun fortgesetzt werden sollten, ließe sich nicht sagen; nach ihrer Einstellung wolle er der 6. Armee zur Durchführung des Angriffes bei Arras acht Divisionen schicken … Bezüglich der Vorgänge bei Verdun habe ich nun den Eindruck, dass nach einem schönen Anfangserfolge dort alles ins Stocken gekommen und die Unternehmung so gut wie missglückt ist … Hätte man statt bei Verdun nördlich der Somme angegriffen, hätte sich nach meiner Überzeugung ein Durchbruch ermöglichen lassen.»[48]

Und nur einen Tag später, am 21. März, gab Falkenhayn seine Gesamtstrategie endgültig auf. Rupprecht notierte: «Nachmittags [21.3.] kam eine Depesche der O.H.L., welche die Richtigkeit der Anschauung der 6. Armee, dass die Engländer zur Zeit die Offensive nicht ergreifen könnten, anerkannte und im Hinblick dieses Umstandes der [Sechsten] Armee behufs anderweitiger Verwendung drei kampfkräftige Divisionen abforderte.» Inzwischen konnte von einem schnellen britischen Entlastungsangriff im Artois keine Rede mehr sein. Falkenhayn rätselte, warum die britisch-französische Offensive ausblieb.[49] Der Generalstabschef musste erkennen: Die Briten vollzogen ihren Aufmarsch zum Angriff planmäßig und mit dem stärksten Einsatz ihrer Kräfte – nicht, wie erwartet, übereilt und halbfertig. Zugleich kam der Angriff bei Verdun nicht mehr voran. Nun begann eine Zeit beinahe hektischen Tastens. Gegenüber Wild äußerte Falkenhayn, er wolle «noch einen kleinen Stoß an anderer Stelle machen und einen größeren Durchbruch vorbereiten, wenn's geht»;[50] also einen operativen Durchbruch weder bei Verdun noch im Artois, sondern an einem dritten, nicht näher bezeichneten Abschnitt der Front.

Falkenhayn befragte Knobelsdorf am 30. März schriftlich, ob Fortschritte auf dem Ostufer überhaupt noch zu erzielen seien. Ebenso zuversichtlich wie energisch befürwortete Knobelsdorf die Fortsetzung der Schlacht, sprach allerdings nicht länger von einer Wegnahme der Festung, sondern nutzte nun selbst die Ausblutungs-Rhetorik: «Die französische Offensivkraft wird bei Verdun gebrochen.» Zugleich stellte Knobelsdorf in Aussicht, die Schlüssellinie Thiaumont–Souville–Tavannes bald zu erreichen.

Falkenhayn antwortete am 4. April, dass Knobelsdorfs Einschätzungen «leider in einigen wesentlichen Punkten» nicht zuträfen. Vielmehr sei absehbar, dass man nicht mehr lange «Menschen, Gerät und Munition noch annähernd in dem bisherigen Umfange» werde nachschieben können. Daher komme es darauf an, so Falkenhayn verärgert, nun «Ergebnisse zu erzielen, die die Franzosen dauernd unter wirklich fühlbarem Druck halten und dadurch zwingen, entweder ihrerseits fortgesetzt frische Kräfte bis zu deren Erschöpfung einzusetzen oder den nordöstlichen Sektor der Festung Verdun aufzugeben. Zu diesem Ende sind aber Fortschritte nötig. Schleppende, hin- und her wogende Gefechte genügen dazu nicht.» Vor einem «Festbeißen» warnte der Generalstabschef mit großem Nachdruck.

Falkenhayn erkannte, dass die französische Militärführung bei Verdun bisher keineswegs «fortgesetzt frische Kräfte bis zu deren Erschöpfung» eingesetzt hatte: Von Pétains *Noria* ließ er sich nicht – oder doch nicht vollständig – täuschen. Vielmehr zweifelte auch der Generalstabschef am Gelingen der «Ausblutung». Trotzdem ließ er das Armeeoberkommando gewähren. Für die Einnahme der Schlüssellinie nannte Falkenhayn keine Fristen. Mit seinem Schreiben vom 4. April überließ er im Grunde Knobelsdorf die Entscheidung über Weiterführung oder Abbruch der Kämpfe – und damit den Zugriff auf eine Schlacht, die ursprünglich den strategischen Angelpunkt des Krieges bilden sollte. Keine Entlastungsoffensive des Gegners im Artois, ein liegengebliebener Angriff vor Verdun und Zweifel am Zermürben des Gegners: Strategisch stand Falkenhayn nunmehr vor einem Scherbenhaufen. Zugleich bemerkte nicht nur Kuhl, dass «die ganze Sache zu einer Machtprobe bei Verdun…, zu einer Prestigefrage»[51] geworden sei. So offenbaren Rupprecht-Tagebuch wie auch der Schriftwechsel mit Knobelsdorf das Bild eines tief verunsicherten Generalstabschefs, dem die persönliche wie strategische Führung erkennbar entgleitet.

Auf dem Höhepunkt der Führungskrise, am 6. April, zwei Tage nach der Selbstentmachtung des Generalstabschefs und dem Aufstieg Knobelsdorfs zum Hauptantreiber der Schlacht bei Verdun, begründete Falkenhayn gegenüber Rupprecht die Weiterführung der Maas-Offensive nunmehr voll und ganz mit dem «Ausblutungs»-Gedanken. Achtundvierzig Stunden zuvor hatte Falkenhayn gegenüber Knobelsdorf noch gemahnt, man werde nicht mehr lange «Menschen, Gerät und Munition … annähernd in dem bisherigen Umfange» nachschieben können. Jetzt aber (6.4.) notierte Rupprecht, Falkenhayn schätze die feindlichen Verluste bei Verdun auf etwa 200 000 Mann und «setze darauf seine Hoffnung, dass der Gegner immer wieder neue Kräfte in den Sack von Verdun einschiebe und sich hierbei schließlich verblute.» Darüber hinaus «seien zur Entlastung unserer Offensive bei Verdun an drei verschiedenen Stellen Unternehmungen geplant zur Erzielung von Teilerfolgen». Mögliche deutsche Offensiven an anderer Stelle – zum Beispiel bei der Sechsten Armee – waren für Falkenhayn jetzt nicht länger ein Hauptziel, sondern nur noch Mittel zum Zweck, genauer: Solche Angriffe sollten nicht mehr die Rückkehr zum Bewegungskrieg erzwingen, sondern lediglich zur «Entlastung unserer Offensive bei Verdun» dienen, «zur Erzielung von Teilerfolgen».

Kein Zweifel: Während der Spanne von Ende März bis Anfang April 1916, als Falkenhayn – verunsichert und ratlos – vor den Trümmern seiner Gesamtstrategie stand, verschleierte er das Scheitern seiner ursprünglichen Durchbruchspläne: Erst jetzt deutete und entwertete Falkenhayn die Kämpfe bei Verdun zur reinen Ausblutungsschlacht.[52]

Lagebericht Falkenhayns (1916)[53]

In seinem Lagebericht für den Kaiser erläuterte Falkenhayn am 8. Juli 1916 – also nach Beginn von Somme- und Brussilow-Offensive – rückblickend seine Beweggründe für das nunmehr gescheiterte Unternehmen *Gericht*. Im Juni hatte Falkenhayn aufgrund der russischen Offensive vier Divisionen von der West- an die Ostfront verschieben müssen. Trotzdem hatte Tappen – und mit ihm Falkenhayn – am 21. Juni in einer «Beurteilung der Lage», auf Verlangen von Ober-Ost verfasst, am Gedanken eines Durchbruchs im Gegenstoß an der Somme festgehalten.[54] Doch nach den ersten achtundvierzig Stunden der Somme-Offensive, deren

Wucht und Schwerpunkt Falkenhayn falsch eingeschätzt hatte, konnte von einem Gegenstoß überhaupt keine Rede mehr sein: Beinahe schlagartig wurden die deutschen Heeresreserven beim Abriegeln und Stopfen von Einbrüchen verbraucht – obwohl sich die Stärkeverhältnisse im Westen zwischen Tappens Lagebeurteilung (21.6.) und dem Beginn der britisch-französischen Infanterieangriffe an der Somme (1.7.) um keinen Deut verändert hatten.

Der Generalstabschef rechtfertigte sich am 8. Juli bei seinem Lagebericht zwar nicht für die Öffentlichkeit, sehr wohl aber gegenüber seinem Obersten Kriegsherrn. Falkenhayn erklärte, man habe sich 1916 an der Ostfront «bei den inneren Zuständen Russlands» darauf beschränken dürfen, eigene Gebietsgewinne zu behaupten. «Im Westen waren wir entschlossen, Frankreich durch Blutabzapfung zur Besinnung zu bringen. England sollte dadurch zum offensiven Vorgehen gezwungen werden, das, wie wir hofften, ihm schwere Verluste, aber keinen entscheidenden Erfolg, und uns später die Gelegenheit zur Gegenoffensive bringen würde. Auf diese Weise hofften wir, den drei Hauptgegnern bis zum Winter die Lust zur Fortführung des Krieges so gründlich verleidet zu haben, dass aus solcher Stimmung sich der siegreiche Frieden in irgendeiner Form entwickeln musste.... Leider ist durch sie [Falkenhayns strategische Rechnung] ein arger Strich durch den Zusammenbruch der österreichisch-ungarischen Armee gemacht worden.» Damit wischte Falkenhayn alle bisherigen Entwürfe für die Operationen im Westen kurzerhand vom Tisch und schob wider besseres Wissen die Verantwortung für sein strategisches Scheitern den k.u.k.-Streitkräften zu. «Es ist schwer», kommentierte Solger hinter verschlossenen Türen, «hier noch am guten Glauben Falkenhayns festzuhalten. Ich bin der Meinung, dass er in seiner Bedrängnis und seinem schlechten Gewissen den Obersten Kriegsherrn direkt – auf Deutsch gesagt: angelogen hat.»[55]

Wie Tappen 1932 im Reichsarchiv, wie Heymann 1916 in Stenay, wie Mertz 1933 in Potsdam, wie Kronprinz Rupprecht 1916 in Douai und wie Falkenhayn im März 1916 gegenüber Treutler, so bestätigte der Generalstabschef auch im Juli 1916, ein Hauptziel der Verdun-Offensive habe darin bestanden, dem britischen Heer einen Entlastungsangriff aufzuzwingen, ohne dass die französischen Streitkräfte, bei Verdun gebunden, einen solchen Angriff hätten wirksam unterstützen können. Dieser Zwang sollte den Boden für eine «Gegenoffensive» bereiten. Freilich ist am 8. Juli gegenüber dem Kaiser von einem «Bewegungskrieg mit Feldbefestigungen» nicht mehr die Rede. Und anders als in der Tappen-Befragung (1932), im Mertz-Schreiben (1933) oder im Treutler-Bericht (1916) und im Gegensatz zu sämtlichen Tagebuch-Einträgen des Kronprinzen Rupprecht vor dem 8. März 1916 tauchte im Juli-Bericht Falkenhayns nun als weiteres Hauptziel der Verdun-Offensive auch die «Blutabzapfung» auf. Ähnlich wie gegenüber Rupprecht und Mertz hat Falkenhayn in seinen Unterredungen mit dem Kaiser das «Ausbluten» offenbar erst *nach* dem Stocken des Angriffs als Hauptbegründung der Verdun-Kämpfe entwickelt.

«Kaiser-Befragung» (1934)[56]

Oberstleutnant a. D. Alfred Niemann legte dem Kaiser im Auftrag der Forschungsanstalt am 25. Februar 1934 in Doorn, Wilhelms Exil-Ort, einen Fragenkatalog zur Schlacht bei Verdun vor. Wilhelm bestätigte die Darstellung Tappens (1932), dass Falkenhayn beträchtliche Reserven vor und während der Schlacht nur deshalb zurückgehalten habe, weil er einen britischen Entlastungsangriff abwehren und dort – im Abschnitt dieser Entlastungsoffensive – mit einem Gegenstoß den «durchschlagenden Erfolg» hatte erzwingen wollen. Der Generalstabschef «habe bestimmt mit einem Entlastungsangriff der Engländer gerechnet. Dieser Angriff sei dann ja auch – freilich sehr spät – an der Somme erfolgt.» Wäre ein «Entlastungsangriff … verlustreich abgeschlagen [worden], dann versprach ein deutscher Gegenstoß gegen die Engländer durchschlagenden Erfolg.» Reserven habe man keineswegs deshalb zurückgehalten, um diesem Entlastungsangriff bloß gewachsen zu sein, sondern um «genügend Kraft für den Gegenstoß zu behalten.» Denn es habe die Hoffnung bestanden, «die englische Front ins Wanken zu bringen». Der Generalstabschef, so Wilhelm, habe mit dem Unternehmen *Gericht* zunächst die strategische Initiative wiedergewinnen wollen. Am Ostufer habe man eine Linie erreichen wollen, «aus der wir Verdun tötlich [sic] bedrohten, eine Linie, die günstig war, um die bestimmt zu erwartenden französischen Gegenangriffe für die Franzosen möglichst verlustreich zu gestalten.» Wilhelm bestätigte, «dass der Erschöpfung der Franzosen deutsche Gegenangriffe folgen sollten».

Niemann trug auch die Frage vor, welche Ansichten Falkenhayn über die «Möglichkeiten und Methoden eines Durchbruchs durch die feindliche Front» vertreten habe. Antwort: «Kein Durchbruch mit Massen, sondern Ausnutzung einer durch erfolgreiche Abwehr geschaffenen günstigen taktischen Lage in operativ wirkungsvoller Richtung. Hatte der Gegner sich in erfolglosen und verlustreichen Angriffen erschöpft und seine Reserven verbraucht, dann ergab sich die Möglichkeit, ihn ohne Masseneinsatz zum Wanken zu bringen und zum Bewegungskrieg zu kommen. Reserven, um wirkungsvoll abzuriegeln, hatte der Gegner in solcher Lage kaum noch.» Das war eben jenes mittelbare, kräfteschonende Verfahren über die Bande, das Tappen 1932 im Reichsarchiv erläutert hatte: ein «Durchbruch mit beschränkten Kräften».[57]

Offenbar hat Falkenhayn mit dem Kaiser über eine Wegnahme Verduns – wenn überhaupt – stets nur am Rande gesprochen. Zudem hat er allem Anschein nach den Signalbegriff Durchbruch vermieden, sondern meistens erwähnt, einen «durchschlagenden Erfolg» erringen zu wollen, um die Front des Gegners «ins Wanken zu bringen». Zweifellos wollte Falkenhayn sicherstellen, im Falle militärischer Rückschläge nicht die Unterstützung seines Kriegsherrn zu verlieren. Dass er aber auch gegenüber dem Kaiser die Hoffnung auf eine Rückkehr zum Bewegungskrieg ausgesprochen hat, belegt eine Tagebuchnotiz des Generalobersten von Plessen. Der Kommandant des Kaiserlichen Hauptquartiers war bei den Lagevorträgen Falkenhayns häufig zugegen. Plessen notierte am 16. Februar 1916: «Seine Majestät sehen die Kriegslage pessimistisch an ... Ich bemühe mich, das Gegenteil zu erweisen, darzulegen, dass mit unserer im Westen geplanten großen Unternehmung ein Umschwung der ganzen Kriegführung entstehen, der Krieg aus dem Schützengraben zum Bewegungskrieg werden kann! Seine Majestät meint, das seien Illusionen.»[58] Offenbar ließ Wilhelm sich durch Falkenhayns Zuversicht keineswegs überzeugen.

Eine Falkenhayn-«Denkschrift» aus der Zeit um Weihnachten 1915 erwähnte der Kaiser gegenüber Niemann mit keiner Silbe.

«Heymann-Erinnerungen» (1943)[59]

Generalmajor a.D. Gerhard von Heymann, 1916 Erster Generalstabsoffizier im Armeeoberkommando 5, verfasste 1943 *Erinnerungen*, die er nur für seine Kinder bestimmte. Nach dem Stocken des Ostufer-Angriffs hatte Heymann in Stenay während seiner täglichen Lagevorträge im Beisein des Kronprinzen immer häufiger auf einen Abbruch des Angriffs gedrängt. Mitte April 1916 war er schließlich auf Drängen Knobelsdorfs unter demütigenden Umständen entlassen worden. Die «unglückliche Ausblutungsparole», so Heymann in seinen *Erinnerungen*, habe Falkenhayn erst nach dem Stocken des Angriffs «erfunden». Heymann hielt sie für «fantastisch», für völlig abwegig also, weil «die Franzosen über schusssichere Festungswerke aller Art im Vorgelände ihrer Festung verfügten, während unsere Truppen allen Einwirkungen feindlicher Waffen und schlechten Wetters» ausgesetzt gewesen seien.

1941, wenige Monate nach Hitlers «Blitzkrieg» gegen Frankreich, hatte Heymann in einem Brief an Kronprinz Wilhelm Falkenhayns «mangelnden Mut» beklagt, einen «willensstarken Entschluss» zu fassen: «Den ermüdeten Beinen unserer Sturminfanterie folgten keine den Sturm in gleicher Schnelligkeit fortsetzenden Reserven! Das ununterbrochene Abrollen des Angriffs kam in Höhe des Douaumont zum Stillstand.»

Heymann verband mit dem Kronprinzen seit mehr als zwei Jahrzehnten ein offenes, im Grunde freundschaftliches Lehrer-Schüler-Verhältnis. Wilhelm hatte für Heymanns Sohn die Patenschaft übernommen. Heymann behauptete in seinem Brief darüber hinaus, Knobelsdorf habe der Obersten Heeresleitung aus falschem Ehrgeiz kritische Lagebeurteilungen verschwiegen, ja sogar Gegenteiliges berichtet: «Eurer Kaiserlichen Hoheit eigene und meine sachlichen Beurteilungen der Lage vor Verdun wurden ehrgeizig unterdrückt und dem Chef des Generalstabes des Heeres [Falkenhayn] im gegenteiligen Sinne vorgetragen!»[60] Diese Behauptung deckt sich mit Klagen Falkenhayns nach dessen Entlassung.[61] Die Hinweise Heymanns passen gleichfalls zu dem schließlich gegenüber Heymann durch Knobelsdorf erlassenen Verbot, bei Lagebesprechungen in Anwesenheit des Kronprinzen Kritisches zu äußern – eine mehr als ungewöhnliche, allen Traditionen des preußisch-deutschen Generalstabs widersprechende Weisung. Auch der Schriftwechsel zwischen Falkenhayn und Knobelsdorf nach Aufgabe der ursprünglichen Gesamtstrategie Ende März 1916 lässt den Chef des Armeeoberkommandos 5 als treibende Kraft der Schlacht erscheinen.[62] Und so wird deutlich: Seit dem Stocken des Angriffs versuchte Knobelsdorf, sowohl den Kronprinzen als auch Falkenhayn vor allzu ungünstigen Lagebeurteilungen abzuschirmen. Zwar war er über die Gesamtstrategie des Generalstabschefs im Bilde; doch Knobelsdorf selbst sah mehr denn je in der Eroberung Verduns das Hauptziel der Kämpfe.

Gegenüber dem Kaiser, den Generalkommandos und bei Gesprächen mit Zweiflern im Armeeoberkommando haben Falkenhayn und Schmidt von Knobelsdorf die Fortführung der Offensive offenbar nicht zuletzt mit dem Hinweis begründet, der deutsche Thronfolger dürfe keine Niederlage erleiden: «Sie kleideten», so Heymann in seinen *Erinnerungen*, «ihren eigenen Ehrgeiz in die Behauptung, es sei für das Ansehen des Hohenzollernhauses und seiner Monarchie unmöglich, den deutschen Kronprinzen einen Rückschlag erleiden zu lassen!» Darüber hinaus legte Heymann nahe, dass Knobelsdorf dem «Ausblutungs-Gedanken» im Grunde nichts abgewinnen konnte, Falkenhayn aber in dessen Glauben an das «Verbluten» bestärkte, um den Angriff fortsetzen und die Festung schließlich doch noch einnehmen zu können: «Da er [Schmidt von Knobelsdorf] mich als seinen wohl einzigen vollkommenen Vertrauensmann im Stabe behandelte, durfte ich mit ihm ganz rückhaltlos sprechen und ihn auch fragen, wie er sich denn die Tätigkeit eines vortragenden Ia vorstelle, der mit seiner wahren Meinung hinter dem Berge halte. Dann dürfe ich ja auch ihm meine Überzeugungen nicht mehr mit der gewohnten Offenheit, sondern nur günstig gefärbt zum Ausdruck bringen. Er pflegte einer direkten Antwort auszuweichen und auf General v. Falkenhayn zu verweisen, der die Belagerung Verduns als Knochenmühle für die Franzosen betrachtete!»[63]

Zwar blieb Heymann einerseits nach seiner demütigenden Entlassung ein Gegner Knobelsdorfs, doch andererseits waren weder die *Erinnerungen* noch sein Brief an den Kronprinzen für die Öffentlichkeit bestimmt. Ob es tatsächlich ein «Versprechen» gegeben hat, so Heymann, «bis zum dritten Angriffstage abends vier frische Armeekorps … bereitzustellen», scheint freilich mehr als zweifelhaft. Weil der Generalstabschef die Schlacht als Eröffnungsoffensive begann und sich alle Möglichkeiten offenhalten wollte, ist ein solches Versprechen wenig wahrscheinlich.[64] Eine vage Zusage, dass die Oberste Heeresleitung genügend Divisionen freigeben werde, um das Ostufer im «beschleunigten Verfahren» zu überrollen, wird es allerdings gegeben haben. Der Verzicht auf Verstärkungen war jedoch nicht die Folge eines gebrochenen Versprechens, sondern das Ergebnis einvernehmlicher Beschlüsse von Falkenhayn, Tappen und Knobelsorf am 26. Februar

1916 in Stenay. Bei dieser Besprechung war Heymann nicht zugegen.[65] Mit großem Nachdruck bestritt Heymann, dass ein «Verbluten» der ursprüngliche Hauptzweck des Angriffs gewesen sei. Die «unglückliche Ausblutungsparole» habe Falkenhayn erst nach dem Stocken der Offensive «erfunden».

Heymann-Erinnerungen (1943), Mertz-Schreiben (1933), Rupprecht-Tagebuch (1916, zweiter Teil) wie auch der Schriftwechsel zwischen Falkenhayn und Knobelsdorf (1916) bestätigen die Ergebnisse der Forschungsanstalt und die Vermutungen Hew Strachans: Das Stocken der Verdun-Offensive trat für Falkenhayn «unerwartet» ein; der überraschend hartnäckige Widerstand auf dem Ostufer und das Ausbleiben der Entlastungsoffensive im Artois warfen tatsächlich «alle seine Wünsche und Berechnungen über den Haufen».[66] Offenbar gibt es keine Quelle, die zwischen dem 3. Dezember 1915 und dem 7. März 1916 entstanden ist und das Schlagwort «Ausbluten» mit dem Unternehmen *Gericht* verbindet. Hingegen sind aus dieser Zeit sieben Quellen bekannt, die den Verdun-Angriff in Verbindung bringen mit Wendungen wie «Bewegungskrieg», «großes Ergebnis», «Durchbruch», «Bewegung», «erster Schritt», «starker, entscheidender Schlag» und «vernichten».[67] Die Heymann-Notiz (1916) zum Beispiel belegt, das Falkenhayn am 26. Februar die französischen Streitkräfte «vernichten» und nicht «ausbluten» lassen wollte; das war die Sprache der «Schlieffen-Schule», keineswegs der Wortgebrauch eines «Ermattungsstrategen». Viele weitere Einzelheiten der Tappen-Befragung (1932) finden durch andere Quellen ihre Bestätigung. Dem Kerninhalt dieser Befragung widerspricht ausdrücklich nur ein einziges «Dokument»: Falkenhayns Weihnachtsdenkschrift.

Falkenhayns Memoiren: «Weihnachtsdenkschrift» (1920)[68]

Das Wort «Weihnachtsdenkschrift» stammt nicht von Falkenhayn; die Forschungsanstalt hat es 1936 erfunden. Eine Art Selbstüberlistung: Denn «Weihnachtsdenkschrift» nannten sie «der Kürze halber» jene angebliche «Niederschrift»,[69] die sie Falkenhayns Memoiren (1920) entnahmen. Dort aber ist von einer «Denkschrift» gar nicht die Rede.[70] Das Wort «Denkschrift» legt nahe, Falkenhayn habe beim Kaiser ein Schriftstück eingereicht; das aber hatte der Generalstabschef zwar nahegelegt, jedoch niemals behauptet. So führte die Wortschöpfung der Potsdamer Gruppe von Anfang an in die Irre. «Dezember-Vortrag» wäre eine treffendere Bezeichnung gewesen.[71]

In seinen Memoiren pflegte Falkenhayn einen betont nüchternen Stil. An keiner Stelle wiederholte er irgendeinen Hinweis oder eine Begründung; doch seine Auffassung, die französische Armee sei 1916 im Begriff gewesen, sich bei Verdun zu «verbluten», betonte der Generalstabschef nicht weniger als fünf Mal.[72] Nach Kriegsende gab es für Falkenhayn nur *eine* Möglichkeit, sich das eigene Scheitern nicht einzugestehen: Der Generalstabschef musste glauben, die Schlacht sei ein Erfolg der «Ausblutungs-Strategie» gewesen. Zuverlässige Verlustzahlen standen erst nach seinem Tod zur Verfügung. Danach aber war klar, dass der Generalstabschef den französischen Blutzoll erheblich überschätzt hatte.

Und so schrieb Falkenhayn seine Memoiren vor allem als Rechtfertigungsschrift.[73] Wie Schmidt von Knobelsdorf wollte er seine Rolle bei Verdun in ein milderes Licht rücken.[74] Darüber war sich die Potsdamer Gruppe im Klaren.[75] Dass Falkenhayn während der Planungen für das Unternehmen *Gericht* irgendwelche Aufzeichnungen gemacht haben sollte, hielt Tappen für ausgeschlossen. Es sei «Grundsatz bei der OHL» gewesen, so Tappen, «dass von den grundlegenden Erwägungen nichts zu Papier gebracht» wurde. Den Einsatz der Heeresreserve zum Beispiel habe man in Mézières stets mit Kreide auf einer Tafel berechnet, «und dann wieder mit dem Schwamm abgewischt, um keinerlei Spuren zu hinterlassen».[76] Im Übrigen hatten Falkenhayn und Schmidt von Knobelsdorf ihren Mitarbeitern aus Gründen der Geheimhaltung streng untersagt, private Tagebücher zu führen.[77] Zwar wäre denkbar, dass Falkenhayn seine Strategie im Dezember 1915 trotz solcher Verbote «als Unterlage für den Vortrag bei Seiner Majestät» mit wenigen Stichworten notiert hat; doch nach dem Vortrag hätte er diese Notizen mit Sicherheit vernichtet. Zudem galt der Kaiser als überaus mitteilsam. Unter gar keinen Umständen hätte Falkenhayn ihm ein Schriftstück überlassen, aus dem hervorging, wie die Heeresleitung eine Kriegsentscheidung herbeiführen wollte. Kein Wunder also, dass die Potsdamer Historiker hinter vorgehaltener Hand das Vorhandensein einer Weihnachtsdenkschrift bezweifelten[78]; dabei hatte Falkenhayn – es sei wiederholt – nie behauptet, dass es eine Denkschrift überhaupt gebe. Trotzdem verfasste der Heerespsychologe Dr. Erich Wohlfahrt im Auftrag des Reichsarchivs ein Gutachten. Wohlfahrt erklärte, die Weihnachtsdenkschrift sei erst nach dem Krieg entstanden.[79]

Falkenhayns Memoiren und die Wortschöpfung der Forschungsanstalt, ebenso griffig wie abwegig, haben Generationen von Historikern auf falsche Fährten gelockt. Hans von Zwehl immerhin, Kommandierender General des VII. Reservekorps, überging 1926 in seiner Falkenhayn-Biografie die Weihnachtsdenkschrift vollkommen, weil er ihr jede fachliche Glaubwürdigkeit absprach.[80] Freytag-Loringhoven wusste nichts von einer Denkschrift, und Knobelsdorf betonte, dass er die Denkschrift niemals gesehen und auch nicht gehört habe, dass jemand über sie gesprochen hätte.[81] Ähnlich antwortete Wilhelm Groener, 1916 Chef der Eisenbahnabteilung: «Die Weihnachtsdenkschrift des Generals von Falkenhayn ist mir damals nicht bekannt geworden. Wer hat sie überhaupt damals gelesen und gesehen?» Zwar enthalte sie «eine Reihe von Gedanken, die Falkenhayn in der zwanglosen Unterhaltung öfter mehr oder weniger bestimmt ausgesprochen» habe; doch den Schlüsselabschnitt des Dezember-Vortrags, der das «Ausbluten» zum Hauptziel der Schlacht erhob, hielt auch Groener für nicht authentisch: «Den Gedanken, dass ‹es Deutschland frei stehe, seine Offensive schnell und langsam zu führen, sie zeitweise abzubrechen oder sie zu verstärken, wie es seinen Zwecken entspreche›, habe ich nie aus seinem [Falkenhayns] Munde gehört. Ich halte den Gedanken für so bizarr, dass man versucht ist zu vermuten, er sei nachträglich in die Denkschrift hineingekommen.»[82] Schmidt von Knobelsdorf nannte diesen Gedanken «abenteuerlich.»[83] Am schärfsten urteilte Gerhard von Heymann: Falkenhayn habe die «Unglücksparole des Ausblutens» nach dem Stocken des Angriffs «erfunden».[84]

Das freilich geht mit Sicherheit fehl – wenn auch nur um Haaresbreite. Vielmehr hat Holger Afflerbach den Nagel auf den Kopf getroffen: Die Weihnachtsdenkschrift ist tatsächlich eine um «Authentizität bemühte Selbstinterpretation ..., die erst nach dem Krieg entstanden» ist und «in der Zusammenstellung und Gewichtung ihrer strategischen Argumente»[85] die ursprünglichen Ziele Falkenhayns völlig verschleiert.

Denn aus den Quellen der Potsdamer Gruppe ist vor allem *eine* Schlussfolgerung zu ziehen: Unternehmen *Gericht* zielte auf die Rückkehr zum Bewegungskrieg – über einen operativen Durchbruch im Nach- oder Gegenstoß nach raschem Zermürben der gegnerischen Reserven. «Dass später», klagte Tappen, «diesem Angriff eine so einseitige Bedeutung beigelegt werden würde, war damals nicht vorauszusehen.»[86] Diese einseitige Bedeutung aber hat Falkenhayn höchstpersönlich verbreitet.[87]

Sämtliche Ergebnisse vergleichender Quellenkritik, eine irreführende Wortschöpfung der Forschungsanstalt, der Charakter von Falkenhayns Memoiren als Rechtfertigungsschrift, das Gutachten des Heerespsychologen, das Kopfschütteln militärischer Fachleute, die Beteuerungen aller Mitarbeiter, keine Denkschrift gesehen zu haben, die vergebliche Suche in den Archiven, das Verbot der Obersten Heeresleitung, «grundsätzliche Erwägungen» überhaupt aufzuzeichnen, das beredte Schweigen des Kaisers – dies alles ermöglicht am Ende die Einsicht: Eine Weihnachtsdenkschrift hat es niemals gegeben.

Das ist für die Forschung etwas ganz Neues
WOLFGANG FOERSTER, 6.9.1932

DIE «TAPPEN-BEFRAGUNG»

[Handschriftlich: «Reymann»]

Reichsarchiv.
Historische Abteilung

Potsdam, den 19. September 1932.

Besprechung mit dem Generalleutnant a. D. TAPPEN im Reichsarchiv am 6. IX. 1932.

Anwesend waren außer Generalleutnant a. D. TAPPEN
Generalleutnant a. D. von TIESCHOWITZ
Abteilungsdirektor FOERSTER als Leiter der Besprechung
O. A. R. [Oberarchivrat] Dr. SOLGER
A. R. [Archivrat] REYMANN
A. R. LIESNER als Protokollführer.

Nach den von Letzterem gemachten Aufzeichnungen ist das nachstehende Protokoll aufgestellt. Da das Gespräch im ferneren Verlauf mehrfach auf bereits angeregte Fragen zurückkam, sind diese Stücke hier entsprechend der Materie eingeordnet.

Gen. v. Falkenhayns Operationsplan 1915/16 im Westen.

a) Das Fehlen von Aufzeichnungen.

Foerster: Es ist sehr schwierig, sich von den Auffassungen, Absichten und Entschließungen des Gen. v. Falkenhayn ein zutreffendes Bild zu machen, da mit Ausnahme der Dezember-Denkschrift 1915 so gut wie jede Aufzeichnung fehlt. Daher wendet sich das Reichsarchiv an Gen. Tappen als die kompetenteste Auskunftsperson, um im mündlichen Gedankenaustausch mit ihm Aufklärung zu erhalten. Die privaten Notizen, die sich Falkenhayn tagebuchartig gemacht hat, schweigen für die Zeit seiner Wirksamkeit als Gen.St. d. F. H. [Chef des Generalstabs des Feldheeres] Es ist zu erwägen, ob Genlt. a. D. Tappen den Versuch machen wolle, die Witwe F.'s [Falkenhayns] erneut nach solchen Aufzeichnungen zu fragen.

v. Tieschowitz (der selbst diesen Gedanken angeregt hatte): Wahrscheinlich ist ein Erfolg nicht, da sich bei einem früheren Besuch, den er bei Frau v. F. [Falkenhayn] gemacht hat, nichts weiter vorfand als Eintragungen vor und nach der Chefzeit.

[ins Protokoll eingeklebt] BEMERKUNG TAPPENS: Ein solcher Versuch ist so gut wie aussichtslos. Nach meiner Überzeugung sind damals auch vom General Falkenhayn keine Aufzeichnungen aus Gründen der Geheimhaltung gemacht.

Tappen: Es war Grundsatz bei der O. H. L., der infolge von Erfahrungen im Frühjahr 1915 noch schärfer innegehalten wurde, dass von den grundlegenden Erwägungen nichts zu Papier gebracht werde. Ein Beispiel: Im Frühjahr 1916 handelte es sich um die Verwendung von 15 für den Entscheidungskampf aufgesparten Divisionen. Deren Aufstellung und mögliche Verwendung, über die Wochen hindurch Erwägungen angestellt worden sind, wurde jedes Mal auf eine schwarze Tafel gezeichnet und dann wieder mit dem Schwamm abgewischt, um keinerlei Spuren zu hinterlassen. Von diesen Erwägungen hat außer Falkenhayn und Tappen nur General von Wild Kenntnis gehabt. Er – Tappen – besitzt außer dem bekannten Kriegstagebuch keine Aufzeichnungen. Falls – wie Foerster bemerkte – Wild solche gemacht hat, ist es ohne Wissen und gegen den Willen Falkenhayns geschehen.

Foerster: Das Ergebnis ist, dass es für zwecklos angesehen wird, sich erneut (durch Exzellenz Tappen) an Frau v. Falkenhayn zu wenden.

b) Entstehung und Inhalt des Operationsplans.

Foerster: Es kommt nun darauf an, die Fragen zu formulieren, die die Grundlage der heutigen Besprechung bilden sollen:
Es soll ein klares Bild darüber gewonnen werden, welche operative Idee Falkenhayn im Sommer 1915 bewegt hat. Hat sie Abwandlungen durch die Ereignisse im Herbst im Westen erfahren? Wie ist das Elsaß-Projekt in diese operative Idee einzugliedern? Hat der Entschluss zu Verdun einen Bruch mit der bisherigen Idee bedeutet, oder ist auch dieser Gedanke in dem großen operativen Gedanken einer Feldzugsentscheidung einzuordnen?

Tappen: bittet, mit dem Elsassprojekt anzufangen, da sich hieraus alles andere logisch entwickelt.

Solger: weist hin auf die eigenhändige Bemerkung TAPPENS vom 16.VIII.1915 zur Denkschrift des Generals von Knobelsdorf vom 13.VIII.1915 betreffend die Säuberung des Oberelsass oder den Angriff auf Belfort. Die T'sche [Tappensche]

Bemerkung lautet: «*Angriff auf Belfort hat Vorteile, lenkt Aufmerksamkeit von einem späteren Angriff an anderer Stelle ab.*»
Daraus scheint hervorzugehen, dass schon Mitte August Erwägungen über eine – vermutlich entscheidend gedachte – Angriffsoperation im Gange waren. Verlauf der Operation, Kräfte u. s. w. werden nicht festgestanden haben, dagegen war klar, dass sie nicht im Oberelsass stattfinden werde. Der dort geplante Stoß konnte indessen als eine Ablenkungsoperation gut in den sich bildenden Gedanken passen.

TAPPEN: Die Oberelsass-Operation ist insofern [durchgestrichen: «in der Tat»] der Ausgangspunkt der auf den Westen bezüglichen Offensivpläne gewesen, als General von Falkenhayn, der immer – [handschriftlicher Zusatz: «ebenso wie Tappen (Bem. Tappens)»] – der Ansicht war, dass die Entscheidung im Westen erkämpft werden müsse, mit einer Hast nach dem Westen drängte, dass er, Tappen, im Sommer 1915 oft nur schwer entgegenarbeiten konnte.
Nach Tappens Ansicht musste, nachdem einmal die Lage der Österreicher im April [1915] den Abbruch aller Angriffsgedanken im Westen nötig gemacht hatte, zunächst Russland bis zu länger dauernder Kampfunfähigkeit erledigt werden. Freilich war eine möglichst baldige Rückkehr nach dem Westen erwünscht.
Ursprünglich hatte Falkenhayn nichts im Auge als eine Säuberung des Oberelsass, die er allerdings – nach Tappens Meinung vorzeitig – bereits im Juni 1915 ins Werk setzen wollte.

FOERSTER: F. [Falkenhayn] hat im Juni nicht nur 4 Divisionen für die 6. Armee, sondern obendrein noch drei Armeekorps für die Oberelsass-Operation dem Osten nehmen wollen.

TAPPEN: Gewiss! Und das hätte geradezu das Ende der Offensiv in Russland bedeutet. Das durfte nicht sein. Ich habe es damals durchgesetzt, dass zunächst versucht wurde, in Russland reinen Tisch zu machen.
Schwieriger ist es zu sagen, ob Falkenhayn schon im Jahre 1915 wirklich die Entscheidung im Westen hat herbeiführen wollen. Er, Tappen, glaube es nicht. Der serbische Feldzug war eben doch nicht zu umgehen [handschriftlicher Zusatz: «, und die erforderlichen Kräfte standen dann nicht zur Verfügung. (Bem. Tappens)»].

SOLGER: Falkenhayn hat aber dem Gedanken, schon 1915 die Entscheidung im Westen herbeizuführen, nicht ganz fern gestanden!

TAPPEN: Das ist möglich. [handschriftlicher Zusatz: «Erwägungen wird er angestellt haben (Bem. Tappens)»]

FOERSTER: Aus Groeners Tagebuch geht hervor, dass noch im Juli 1915 zehn Armeekorps nach dem Westen gezogen werden sollten, um dort den Durchbruch zu machen.

[ins Protokoll eingeklebt] BEMERKUNG TAPPENS: Das ist möglich. Die Notiz in Groeners Tagebuch beweist jedenfalls, dass eine große Unternehmung im Westen von General von Falkenhayn erwogen worden ist. Dann würde Oberelsass-Belfort der Anfang der geplanten Westoffensive gewesen sein…

TAPPEN: Das ist möglich. [Durchgestrichen: «Dann würde Oberelsass-Belfort in der Tat der Anfang der geplanten Westoffensive gewesen sein.»] In diesem Sinne könnte ich dann auch die Bemerkung zum Knobelsdorf-Bericht von Mitte August 1915 gemacht haben. Doch kann ich das nicht mehr mit Sicherheit aus dem Gedächtnis sagen. Zwischen Falkenhayn und mir, Tappen, bestand im Sommer 1915 ein Meinungsunterschied nicht hinsichtlich der Erkenntnis, dass wir im Westen die Entscheidung zu suchen hatten, sondern nur hinsichtlich des Zeitpunktes.
Belfort anzugreifen oder doch mit dem Angriff zu drohen – ein Durchbruch dort ist niemals beabsichtigt gewesen – konnte zweckmäßig erscheinen, denn die Franzosen waren an dieser Stelle empfindlich. Als uns im März 1914 in Berlin italienische Offiziere besuchten, um die Anordnungen für die zugesagte italienische Armee im Oberelsass im Kriegsfalle festzulegen, machte der General Zuccari[2] auf mich einen unsicheren Eindruck. Im Verlauf der Verhandlungen kam die Frage auf die eventuelle Wegnahme Belforts durch die italienische Armee. Die Möglichkeit wurde von uns bejaht, und der General Zuccari erhielt dafür einen Angriffsentwurf, allerdings einen veralteten. Ich glaube bestimmt, dass dieser Entwurf dann s. Zt. in französische Hände übergegangen ist, und dass die Franzosen danach bestimmt mit einem Angriff auf Belfort rechneten.

SOLGER: Wo war denn nun der eigentliche kriegsentscheidende Angriff gedacht?

[ins Protokoll eingeklebt] BEMERKUNG TAPPENS: Die Frage ließ sich damals mit voller Schärfe noch nicht beantworten. Erst während der Somme-Kämpfe ist der Entschluss gefasst, die 15 Divisionen, die der O. H. L. zur Verfügung standen, an der Somme zum kriegsentscheidenden Gegenstoß einzusetzen. Alle Möglichkeiten sind natürlich vorher erwogen worden.

TAPPEN: Im Sommer und Herbst 1915 waren die Einzelheiten der kommenden Westoffensive noch völlig in der Schwebe. Erst im Dezember 1915 – [durchgestrichen: «am 3. Dezember ist dem Kaiser die Absicht vorgetragen worden, die Franzosen aus dem von ihnen besetzten Teile des Oberelsaß herauszuwerfen»] wurden die Entwürfe für das Frühjahr 1916 klarer. General von Falkenhayn sprach direkt aus: In diesem Jahre – 1916 – müssen wir dem Gegner unseren Willen aufzwingen. Greifen wir die Franzosen an, dann werden auch die Engländer gezwungen, anzugreifen, obwohl sie noch nicht dazu fertig sind. Daraus wird sich die Lage für den entscheidenden Stoß entwickeln.
General von Falkenhayn war sich darüber klar, dass die etwa 25 Divisionen, über

die er als Reserven verfügte, nicht genügen würden, um damit gleich anfangs einen Durchbruch durch die feindliche Stellungsfront auszuführen. Er wollte zunächst, wie er es in seiner Weihnachtsdenkschrift ausgeführt hat, die Franzosen zum Einsatz ihrer Reserven und zu deren Schwächung durch verlustreiche Gegenangriffe zwingen. Wohl zu [durchgestrichen: «Zu»] diesem Zweck hatte er am 3. Dezember die Offensive im Elsass vorgeschlagen.

Dann aber kamen [handschriftlicher Zusatz: «bei weiterer Durcharbeitung des Plans (Bem. Tappens)»] Zweifel. Mit Rücksicht auf das mit Sicherheit erwartete Eingreifen der Engländer zur Entlastung der Franzosen, das nur im Gelände nördlich der Somme denkbar war, und mit Rücksicht auf die Absicht, die aufgesparten Verfügungskräfte entweder dort oder bei Verdun einzusetzen, ist dann an die Stelle von Belfort: Verdun gesetzt worden [handschriftlicher Zusatz: «, damit beide Kampfstellen nicht zu weit auseinander lagen. (Bem. Tappens)»]

Aber mit solcher Sicherheit war der Verlauf der Dinge nicht vorauszusehen, dass man schon die Stelle des entscheidenden Einsatzes hätte festlegen können. Es konnte bei Verdun, aber ebenso gut auch im Artois sein.

FOERSTER: Verdun ist also aufzufassen als Teil einer Idee, bei der auch der Kampf im Artois eine wichtige Rolle spielte?

TAPPEN: Nachdem Belfort hinfällig geworden war, wurde Verdun der Beginn der großen Offensive. Sie konnte nach dem Artois hinübergreifen. Die Engländer waren noch unfertig. Wichtig war, dass das Verbluten der Franzosen schnell erreicht wurde, um eventuell schon bei Verdun die große Offensive ansetzen zu können. Wo anschließend an das Verbluten der Franzosen die große Offensive stattfinden sollte, war im Einzelnen natürlich noch nicht zu sagen.

FOERSTER: Also sollte Verdun nicht nur als «Saugpumpe» unternommen werden, sondern als Teilstück einer operativen Idee? Zuerst Verdun, hinterher die Kriegsentscheidung woanders?

TAPPEN: Ja! [handschriftlicher Zusatz: «, wo anders oder auch bei Verdun. (Bem. Tappens)»]

FOERSTER: Das ist für die Forschung etwas ganz Neues. Wir sind für die Aufklärungen, dass Falkenhayns operatives Denken so zu erklären ist, besonders dankbar. Er wollte sich also nicht auf das Ausbluten der Franzosen beschränken.

Für diese Darlegung sind aber keine Unterlagen enthalten. Auch die Militärliteratur kennt nur die «Saugpumpe» von Verdun als kriegsentscheidendes Mittel in den Erwägungen Falkenhayns.

TAPPEN: Belege existieren nicht; aber wie hätte denn der Kampf gegen die Engländer geführt werden sollen? Am 3.10.1916 habe ich als Chef beim Heeresgruppen-

Kommando Mackensen ein Schreiben der O. H. L. erhalten, in dem ausgeführt war, dass die Sommelage [sic] von Seiten der früheren O. H. L. «nicht die nötige Berücksichtigung gefunden habe».
In meiner Antwort vom 4.10.16 habe ich – wie ich mich zu erinnern glaube – auch darauf hingewiesen, dass für die Sommeschlacht [sic] 15 Divisionen zum entscheidungssuchenden Gegenstoß bereitgestellt waren. Der Schriftwechsel wird sich bei den Akten der O.H.L. befinden. Vergleiche auch meine K.T.B.-Notizen vom 3.,4.,5. Okt. 1916.

Foerster: Er wurde – so ist bisher allgemein angenommen worden – nicht in unmittelbarem Angriff beabsichtigt, sondern so, dass England sein bestes Schwert aus der Hand geschlagen werden wurde, d. h. das französische Heer zum Verbluten gebracht wurde.
Daneben hatte der U-Boot-Krieg, verbunden mit wirtschaftlichen Maßregeln, seine Wirkung zu tun. Die bisher in Fachkreisen herrschende Meinung ging also dahin, dass eine Entscheidung ohne eigentliche Operation gesucht wurde. Jedenfalls muss eine Revision dieser Meinung, wenn wir sie in der Öffentlichkeit vortragen, sehr vorsichtig formuliert und ausreichend gestützt sein.
Es erhebt sich ferner die Frage, ob Falkenhayn sich solche Ziele stecken durfte?

Tappen: Was hätte er aber sonst tun sollen?

Foerster: Besaß er denn die erforderlichen Kräfte? Freilich war Ende 1915/Anfang 1916 die Gesamtkriegslage günstig. Russland glaubte man entscheidend geschwächt. Die Dinge in Serbien standen gut. Aber ein endgültiger Sieg, der die Fesselung der Kräfte aufgehoben und deren rücksichtslosen Einsatz im Westen erlaubt hätte, war nicht erreicht.

Tappen: Eben das hat zu dem Gedanken geführt, zunächst die Saugpumpe anzuwenden. Erst sollten die Franzosen sich verbluten.

Foerster: Traf denn diese Maßregel nicht die eigenen Truppen mit der gleichen Schärfe?

Tappen: Unseres Erachtens nicht. Wir sind in unserer Erwartung bestärkt worden durch die Verlustzahlen, die sich aus Gefangenenaussagen u. s. w. ergaben. Danach hatten die Franzosen im Mai 1916 – 525 000 Mann, wir nur 250 000 Mann verloren, also die Franzosen fast 300 000 Mann mehr!

Foerster: Heute, wo uns die französischen Zahlen zugänglich sind, wissen wir, dass die von der O.H.L. angenommenen unrichtig waren. In der Zeit 21.II.1916 bis 31.VIII.1916 haben verloren die Deutschen 281 000, die Franzosen 315 000. Das Übergewicht der französischen Verluste ist also viel geringer.

Tappen. Wir haben damals andere, wesentlich günstigere Zahlen geglaubt. Aber selbst wenn wir damals zu günstig gerechnet haben, so ist der wichtigste Zweck doch erreicht worden: Wir haben uns in der Hoffnung nicht getäuscht, dass ein zweiter Einsatz der Franzosen an anderer Stelle – an der Somme – bedeutend geschwächt stattfinden würde. Darauf aber kam es an. Denn die besten Aussichten bot uns eine Offensive gegen die Engländer, vorausgesetzt, dass die Franzosen ihnen nicht in ungebrochener Kraft beistehen konnten.

Foerster: Es ist zuzugeben, dass die Franzosen ihre Somme-Offensive nicht mit dem Kräfteeinsatz haben durchführen können, den sie ursprünglich beabsichtigten.

Tappen: Für den Zweck eines entscheidenden Stoßes hatten wir uns 15 Divisionen aufgespart. Diese Zahl stand natürlich nicht von vornherein fest; aber etwa von Mai/Juni ab haben wir täglich mit Freude auf diese 15 Divisionen, die sich übrigens bei der Durchforschung der Akten werden nachweisen lassen, gesehen und immer von Neuem ihre Versammlung, die mit der Eisenbahn geschehen sollte und ihre Einsatzrichtung erwogen. Um diese sorgfältig gesparte Reserve nicht aus der Hand zu geben, sind wir auch sehr zurückhaltend bei der Herausgabe von Verstärkungen in den Anfangsstadien der Somme-Schlacht gewesen. Sehr zum Leidwesen der betreffenden Armeen.

Foerster: Auch das ist bisher unbekannt.

Solger: War die Angriffsrichtung der 15 Divisionen bestimmt?

Tappen: Nein! Dabei ist auch die Möglichkeit, sie bei Verdun einzusetzen, um dort durchzubrechen und die französische Front alsdann westwärts aufzurollen, erwogen worden. Sie trat aber zu Gunsten eines Stoßes gegen die Engländer zurück, die im Sinne der im März [19]15 angestellten Erwägungen [durchgestrichen: «Seeckt»] getroffen werden sollten. Zur Festsetzung der Einzelheiten der Stoßrichtung ist es indessen nicht mehr gekommen [handschriftlicher Zusatz: «, da ein großer Teil der Divisionen im Osten gegen die Brussilow-Offensive eingesetzt werden musste. (Bem. Tappens)»] Im Übrigen ist in der Weihnachtsdenkschrift der Stoß gegen die Engländer erwähnt.

Solger: Gewiss! Aber doch nur als eine entfernte Möglichkeit. (Verlesen der Stelle aus Falkenhayns Buch S. 180 «Das Ergebnis ---- ergeben sollte».) Im übrigen werden die von Tappen mitgeteilten Gedankengänge mit keiner Silbe erwähnt. Das ist kein Gegenbeweis gegen ihre Richtigkeit, aber immerhin auffallend. Gerade, wenn man in solchen Büchern nicht nur Berichte, sondern auch Verteidigungsschriften sieht, sollte man erwarten, dass der Autor eine derartige Rechtfertigung seines Handelns nicht auslassen würde.

REYMANN: Auch der nach dem Kriege erschienene Artikel im M.W. Bl. [Militär-Wochen-Blatt], der von Falkenhayn stammt, enthält nichts Derartiges.

[ins Protokoll eingeklebt] BEMERKUNG TAPPENS: Vielleicht ist das nicht weiter ausgeführt, weil doch erst alles andere aus dem Angriff auf Verdun sich entwickeln musste. Dass später diesem Angriff eine so einseitige Bedeutung beigelegt werden würde, war damals nicht vorauszusehen. General von Falkenhayn kannte doch andere operative Mittel als die «Saugpumpe». Die Entscheidung war doch nur durch einen Stoß und nicht defensiv zu erreichen. Und das ist ganz sicher, dass Falkenhayn die Entscheidung durch den Angriff gesucht hat. Es ist doch ein Widerspruch in sich, wenn man annimmt, dass General von Falkenhayn, der bis dahin zur entscheidungssuchenden Offensive nach dem Westen geradezu drängte, nun mit einem Male – gerade in dem Augenblicke, als sie Tatsache werden sollte – sich in gewisser Weise auf die Defensive beschränken wollte, ohne den Grundgedanken beizubehalten, jede sich bietende günstige Gelegenheit, die gerade durch die Defensive herbeigeführt werden sollte, durch Offensive auszunutzen.

FOERSTER: Sicherlich muss der Gedanke der «Saugpumpe» eine für Falkenhayn sehr schlechte Kritik ergeben. Bisher aber kannten wir überhaupt keinen anderen. Und daran ist Falkenhayns eigenes Buch schuld.

TAPPEN: Wenn er wirklich nur einen derartigen Angriff auf Verdun mit darauf folgenden verlustreichen Angriffen der Franzosen beabsichtigte, dann hatte es keinen Sinn, von Gegenstößen zu reden.

FOERSTER: Auch in dem von Gen. v. Kuhl hierher mitgeteilten Akten aus der Zeit vom Frühjahr 1916 ist zwar von Angriffen auf die Engländer, die Falkenhayn wünschte, die Rede, aber sie erscheinen immer als etwas Subordiniertes. Auch im Endziel scheint es dort immer auf die Entscheidung bei Verdun hinaus zu kommen.

TAPPEN: Wie die Sachen sich entwickeln würden, war damals noch nicht zu übersehen.

SOLGER: Welches war somit die Stelle, die Falkenhayn für den letzten Stoß ins Auge fasste?

TAPPEN: Zunächst wurde der Hauptwert auf Verdun gelegt. Bot sich bei den Engländern eine Möglichkeit, dann sollte dort durchgestoßen werden.

c) Einzelheiten betreffend Angriff auf Verdun.

REYMANN: Am 14. und 15.XII.1915 hat die Aussprache zwischen Falkenhayn und Knobelsdorf stattgefunden, die zum Entschluss führte, Verdun anzugreifen. Vom

A. O. K. 5 war dort außer Gen. v. Knobelsdorf nur dessen Sohn, keiner der Gen. St. Offiziere. Ist Gen. Tappen zugegen gewesen?

TAPPEN: Bei der ersten Rücksprache wohl nicht. Wahrscheinlich hat Kn. [Knobelsdorf] zuerst mit Falkenhayn allein gesprochen, dann erst mit ihm, Tappen. Jedenfalls aber befand er [Tappen] sich in Berlin.

REYMANN: Wann hat S. M. Meldung über die Absicht, Verdun anzugreifen, erhalten?

TAPPEN: Nicht mehr erinnerlich. Nimmt an: vor dem 22. Dezember.

REYMANN: So steht es im Buche von Wendt auf Grund von Angaben von Exz. [Exzellenz] Tappen. Aber weder im Tagebuch von Exz. Tappen noch in dem des Gen. Obersten v. Plessen findet sich ein Anhalt dafür. Dagegen will dieser [Plessen] Anfang Januar 1916 auf Grund eigener Überlegungen auf den Angriff auf Verdun gekommen und seine Überlegungen dem Kaiser vorgelegt haben. Am 8. Januar habe dann Falkenhayn den gleichen Vorschlag gemacht. Danach könnte erst an diesem Tage die Vorlage der Denkschrift erfolgt sein. Vielleicht noch später.

TAPPEN: Kann nicht angeben, wann der Kaiser orientiert worden ist.

FOERSTER: Nicht klar ist die Wirksamkeit des Obersten Bauer. Er ist von der O. H. L. zum A. O. K. 5 gesandt worden und hat von dort aus, obwohl ihm anscheinend vom Gen. v. Knobelsdorf allerlei Hindernisse in den Weg gelegt wurden, zweimal nach Mézières gemeldet. In den Akten befindet sich nur eine Meldung. Das R.A. [Reichsarchiv] hat sich den Entwurf für die zweite [Meldung] von Bauers Sohn verschafft, doch ist es fraglich, ob sie angekommen sind [sic]. Hat die O. H. L. auf Bauers Bemühungen, den Angriff auch auf dem Westufer zu erreichen, etwas veranlasst?

TAPPEN: Entsinnt sich dieser Meldungen. Indessen war bei Falkenhayn nichts zu machen. T. [Tappen] ist immer der Ansicht gewesen, dass der Angriff auf dem linken Maas-Ufer einige – wenige! – Tage nach dem auf dem rechten Ufer nötig war. Aber Falkenhayn war, obwohl zunächst auch A. O. K. 5 (Knobelsdorf) diese Ansicht vertrat, nicht zu bewegen, die entsprechenden Kräfte herzugeben, weil er in einem so starken Einsatz gleich anfangs ein schweres Risiko für die Lage auf dem Gesamt-Kriegsschauplatz sah. Dass die stille Hoffnung bestand, Verdun würde erobert werden, ist ohne weiteres zuzugeben. Ausgesprochen ist die Absicht damals aus Prestigegründen nicht, für den Fall dass der Angriff nicht glückte. Die Einnahme von Verdun war ja auch zunächst nicht der eigentliche Zweck des Angriffs. [Durchgestrichen: Dass Verdun erobert werden sollte, zum Mindesten die Ostseite, muss heute zugegeben werden. Damals geschah es nicht aus Prestigegründen, für den Fall, dass der Angriff nicht glückte.]

War Verdun erledigt, so sollte die nach Westen anschließende Front aufgerollt werden. Das wäre dann der entscheidende Stoß gewesen.

Reymann: In den Akten des A.O.K.5 bereits bei der ersten Besprechung mit Major Hasse am 16.XII.1915 spricht das Protokoll von der «Wegnahme Verduns». Ebenso beginnt der fertige Angriffsentwurf des AOK5 vom 4.I.1916 mit den Worten: «Der Entschluss, die Festung Verdun in beschleunigtem Verfahren fortzunehmen, beruht ...»

Foerster: Selbstverständlich sah das A.O.K. 5 nur darin seine Aufgabe. Die «Saugpumpe» war ja nur Problem Falkenhayns.

Tappen: Gewiss! [Handschriftlicher Zusatz: «Das A.O.K. 5 war der Meinung, dass Verdun genommen werden sollte. (Bem.Tappens)»]

Reymann: In allen Verhandlungen des A.O.K. 5 mit der O.H.L. hat diese niemals an den seitens des A.O.K. gebrauchten Ausdruck «Wegnehmen» Anstoß genommen.

Tappen: Selbstverständlich nicht, [Handschriftlicher Zusatz: «, wir hatten doch wahrlich keinen Grund, zu bremsen. (Bem. Tappens)»] Der Angriff auf Verdun stellte den Anfang der Operation dar. Die Wegnahme Verduns war dabei nicht die Hauptsache, sondern der Zwang zum Gegenangriff, der auf die Franzosen ausgeübt wurde. Nur auf diese Weise konnten wir die Initiative an uns bringen. Ein uns zuvorkommender Angriff der Westgegner wäre uns sehr unangenehm gewesen, weil er sicher nicht an einer Stelle stattgefunden hätte, die für den Gedanken unserer Operation – Verdun/Artois – so günstig lag. Auf bloßes Verbluten aber war der Plan, wie nun wohl klar sein dürfte, nicht eingestellt. [Durchgestrichen: «Allerdings war es ein eigenartiger Gedanke, der von starkem Optimismus zeugte.»]
[Ins Protokoll eingeklebt: «BEMERKUNG TAPPENS: Der Gedanke ergab sich aus dem erheblich höheren Kampfwerte unserer Truppen und ihrer Unterlegenheit an Zahl.»]

Foerster: Aber es war doch zu bedenken, dass dieses Verfahren am Mark der eigenen Truppen zehren musste und dass dabei Kräfte verloren gingen, die später fehlten. Man konnte doch nicht glauben, dass die Verluste des Gegners um ein Bedeutendes höher sein würden.

Tappen: Wir waren der Meinung, dass der Feind bei seinen Gegenangriffen im Feuer unserer gewaltigen schweren Artillerie, die ihn schon bei unsrem Angriff hart mitgenommen haben musste, außerordentliche Verluste haben würde. Die Lage war für ihn sehr ungünstig. Das französische Heer musste, wenn es sich auch nicht im eigentlichen Sinne voll verblutete, [handschriftlicher Zusatz: «mindestens (Bem. Tappens)»] eine schwere Schädigung erfahren.

FOERSTER: Damit wird schon etwas von der «Saugpumpe» abgerückt. Jedenfalls musste doch Verdun mal erst genommen sein, ehe das Ausbluten der Franzosen einsetzte?

TAPPEN: Bis zu einem gewissen Grade: ja! Der Zwang zur Wiedernahme jedes verlorengegangenen Stückes der Befestigungen von Verdun war der Hebel, der auf die Franzosen drücken sollte. Sie mussten aus Angst, Verdun zu verlieren, alles einsetzen und gerieten dann in unser überlegenes Artilleriefeuer.

FOERSTER: Also die Franzosen sollten in 2–3 Tagen das Ostufer verlieren und nun alle Kräfte zum Gegenangriff opfern.

[Durchgestrichen: «TAPPEN: Ja! Sie konnten es sich nicht leisten, Verdun zu verlieren.»]

[Ins Protokoll eingeklebt: «TAPPEN: Ob das in 2–3 Tagen stattfand, war nicht zu sagen. Aber auch wenn die Franzosen Verdun nicht verloren, mussten sie alle Kräfte einsetzen, um es zu halten.»]

FOERSTER: War das Ostufer genommen, dann hatten wir allerdings gute Aussichten, auch das Westufer zu bekommen.

TAPPEN: Man konnte nicht anders handeln, als wie gehandelt worden ist. Man darf Falkenhayn nicht unterschätzen. Er war ein sehr kluger Mann.

FOERSTER: Gerade aus diesem Grunde ist unser Schriftwechsel hervorgegangen. Wir hatten wohl Vermutungen, die sich in der Richtung der heute von General Tappen vorgetragenen Erwägungen bewegten; aber sie ließen sich nicht beweisen. Wir waren gezwungen, gegen unseren Willen die Dinge so darzustellen, als wenn sich das operative Denken Falkenhayns in der «Saugpumpe» erschöpft habe. Wer könnte wohl noch Auskunft erteilen?

TAPPEN: Von den Herren im Stabe der O.H.L. vielleicht Harbou?[3]

FOERSTER: Von ihm ist wenig zu erfahren.

TAPPEN: weist auf seinen Bruder hin, der im Stabe des Generals Schabel[4] viel erlebt habe.

REYMANN: Über die Fragen, die den Stab Schabel berührten, sind wir durch das sehr gut geführte Tagebuch ausreichend unterrichtet.

Es sei noch darauf hingewiesen, dass – wie wir aus dem bereits erschienen Bande Verdun, 1. Teil, des französischen Generalstabswerkes wissen – ein deutscher Angriff auf dem Westufer, der dem auf dem Ostufer mit zwei oder drei Tagen Abstand gefolgt wäre, schwerlich noch Erfolg gehabt hätte. Bis zum 24. [Februar] hat man den deutschen Hauptangriff auf dem Westufer erwartet. Der französische Widerstand dort wäre stark gewesen.

Foerster: Das ist zutreffend. General Herr und de Langle hatten am 24.II. die Hoffnung, das Ostufer halten zu können, bereits aufgegeben und die Reserven auf das Westufer geschoben, das sie unbedingt halten wollten.

Tappen: [Handschriftlicher Zusatz: «Sie wurden dann dort vom Ostufer aus flankiert. (Bem. Tappens)»] Es wurde seinerzeit erzählt, dass deutsche Teile bereits in Verdun sich befunden haben, aber durch Befehl zurückgeholt worden sind.

Foerster: Das ist ein Irrtum. Sie sind nur in die erste Stellung gelangt am ersten Angriffstage und haben sie nach der bekannten Anweisung des A.O.K. 5, das nur Erkundungen wünschte, wieder räumen müssen.

Tappen: Auch späterhin ist das Gerücht wieder aufgetaucht.

Reymann: Vielleicht handelt es sich um eine Verwechslung mit dem Fort Souville, in das wir Anfang Juli 1916 allerdings zeitweise eingedrungen waren.

Ist Falkenhayn am 25. September 1915 durch den französisch-englischen Angriff überrascht worden?

Solger: Kann General Tappen ein Urteil darüber abgeben, wie es möglich war, dass General von Falkenhayn am 25.9.1915 durch den französisch-englischen Angriff, über den er doch recht gute Nachrichten hatte, überrascht worden ist? Freilich ist bekannt, dass General Tappen sich an diesem Tage noch nicht in der Begleitung Falkenhayns befand.

Tappen: An einen feindlichen Angriff hat Falkenhayn gedacht, nicht aber an dessen Wucht und Umfang. Er hat nicht geglaubt, dass der Angriff überhaupt nicht kommen würde. Es fragt sich also mehr, warum der Angriff einen solchen tiefen Eindruck auf ihn gemacht hat. Gewöhnlich – wenn sich durch feindliche Angriffe oder sonst wie Schwierigkeiten ergaben – erhielt zuerst er, Tappen, Kenntnis und konnte den Eindruck abfangen. Diesmal nicht. Das wird der Grund sein. Mit dem Vortrage unangenehmer Meldungen hat Tappen sonst gewartet, bis sichere Nachrichten vorlagen.

Solger: Die Forschungsarbeit über den August/September bis zum 24.9. hat aber deutlich erwiesen, dass Falkenhayn tatsächlich nicht an einen Angriff geglaubt hat.

Tappen: Ist auch erstaunt gewesen über die dort gefundenen Feststellungen. Hat vor allem nicht die langsame Reise Falkenhayns mit dem Kaiser verstanden. Bei dem Wiedereintreffen Tappens in Mézières am 27.9. war dort große Aufregung. Sie legte sich aber bald. An ein Gelingen des französischen Durchbruchs glaubte schon am 27. keiner mehr. Das Zutrauen, das Falkenhayn in die Widerstandsfähigkeit der deutschen Front gesetzt hat, hat sich als berechtigt erwiesen. Er ist angegriffen worden wegen seiner ursprünglichen Absicht, auch die 5. Division nach Serbien abzubefördern. Die Division ist ja dann auch angehalten worden. Die Zähigkeit Falkenhayns war aber doch nicht unberechtigt. [Handschriftlicher Zusatz: «Ich habe ihn dabei unterstützt. (Bem. Tappens)»] Griffen wir Serbien nicht zum vereinbarten Zeitpunkte an, so bekamen wir Bulgarien auch nicht zur Offensive.

Anschauungen über Kriegsdauer.

v. Tieschowitz: Hat Falkenhayn geglaubt, dass der Krieg nicht über 1916 hinaus dauern dürfe, dass vielmehr 1916 unbedingt Schluss gemacht werden müsse? Er kann auf eine solche Ansicht durch Mitteilungen des Kanzlers wie auch besonders Helfferichs gekommen sein?

Tappen: Kann sich an Äußerungen hierüber nicht erinnern.

v. Tieschowitz: Ist erwogen worden, Österreicher für die Kämpfe an der Westfront heranzuziehen, anstatt sie gegen Italien fechten zu lassen?

Tappen: Daran gedacht wurde schon. Aber irgendwelche Schritte in diese Richtung sind nicht getan worden. Die Österreicher waren schon damals für die Kriegführung im Westen unbrauchbar. Eigene Erfahrungen von 1918 waren ganz trübe. Selbst an ruhigen Stellen sie einzusetzen, war höchst bedenklich. Man wäre die Angst um einen feindlichen Durchbruch dort nicht los geworden.

v. Tieschowitz: Man wird also sagen müssen, dass mit dem Balkanfeldzuge das eigentliche Zusammenarbeiten mit den Österreichern sein Ende gefunden habe.

Unterschätzung der Franzosen.

Solger: Hat nicht die O. H. L. im Jahre 1915 die Franzosen unterschätzt?

Tappen: Sie waren tatsächlich moralisch ziemlich minderwertig. Zweifellos hat sich die O. H. L. in vielen Punkten getäuscht. So beim Einmarsch, als man die Franzosen schon durch die ersten Schlachten schwer erschüttert glaubte. Wir hatten uns im Frieden immer gesagt, dass die Franzosen keine Reserven hätten, um ihre Lücken auszufüllen. Woher sollten sie immer wieder neue Kräfte nehmen? Das verhältnismäßig kleine Volk hatte es dazu nicht. Es musste sich verbluten. Die Engländer andererseits waren noch nicht so weit. Aber gewiss sind hinsichtlich der Franzosen Rechenfehler gemacht worden.

Foerster. Die Abteilung Fremde Heere [sic] ist noch in der Mai-Denkschrift von 1915 äußerst optimistisch gewesen. Nach dieser auch an den Reichskanzler gesandten Denkschrift waren die Franzosen eigentlich schon kaputt.

v. Tieschowitz: Weist hin auf ein Telegramm Falkenhayns an den Reichskanzler vom 30. August 1915, worin F. [Falkenhayn] die bestimmte Vermutung ausspricht, dass die Untätigkeit der Westgegner im Sommer 1915 trotz der Misserfolge in Russland nur dadurch zu erklären sei, dass sie sich in voller Absicht auf einen Abnutzungskrieg eingestellt hätten. Demgegenüber müssten natürlich militärische Maßnahmen ergriffen werden. Welche das seien, habe er, Falkenhayn, mündlich dem Reichskanzler ausgeführt. Er scheue sich aber, das schriftlich zu tun. Welche Maßregeln mögen das wohl gewesen sein? Ist es denkbar, dass damals bereits an einen Offensivplan, wie ihn General Tappen mitgeteilt hat, gedacht worden ist? Die Äußerung ist gleichzeitig mit Falkenhayns Vorschlag eines mitteleuropäischen Staatenbundes.

Foerster: Die Frage ist von Wichtigkeit, weil sie mit großer Bestimmtheit darauf schließen lässt, dass Falkenhayn an eine Offensive der Westgegner nicht mehr glaubte.

Tappen: hält die Vermutung, dass damals bereits Falkenhayn an einen eigenen großen Offensivplan gedacht hat, nicht für völlig von der Hand zu weisen [Handschriftlicher Zusatz: «, denn dass im Westen die Entscheidung gesucht werden müsse, war klar. (Bem. Tappens)»]

Solger: weist auf den Zusammenhang hin, der zwischen der Tappenschen Bemerkung zum Knobelsdorf-Bericht vom 17. August und der eben erwähnten Falkenhayns vom 30. August bestehen kann. Das passt durchaus zusammen. Es scheinen damals tatsächlich Erwägungen gepflogen worden zu sein über einen großen Angriffsplan von deutscher Seite. Das würde dann den Angriff schon im Jahre 1915 bedeutet haben.

Tappen: – ist nicht in der Lage, darüber etwas Sicheres zu sagen.

Das Ergebnis der Besprechung mit
Exzellenz Tappen im Reichsarchiv am 6.9.1932.

1.) Welche operative Idee hat den General von Falkenhayn im Sommer 1915 bewegt?

Im Juli 1915, nach der glücklichen Einleitung des als entscheidend gedachten Stoßes der Armeegruppe Gallwitz, sah General von Falkenhayn das Ende des Feldzuges gegen Russland in absehbarer Entfernung vor sich. Er nahm jetzt die Absicht wieder auf, die Entscheidung auf dem westlichen Kriegsschauplatz herbeizuführen; denn der Zweck der Sicherung der Ostfront, um dessen Willen er im April notgedrungen seine Angriffspläne für den Westen hatte zurückstellen müssen, schien erreicht.

Über die zahlenmäßige Überlegenheit der Westgegner auch bei stärkster Schwächung der deutschen Ostfront war er nicht im Zweifel, vertraute aber auf den höheren Kampfwert des deutschen Heeres. Aus der Ostfront meinte er etwa 20 Divisionen herausnehmen zu können und mit diesem Zuschuss in der Lage zu sein, noch im Jahre 1915 die feindliche Front in Frankreich zu durchbrechen.

[Ins Protokoll eingeklebt: «Bemerkung Tappens: Es ist anzunehmen, dass ihm als zu wählende Durchbruchstelle die Gegend östlich Amiens vorschwebte»]
– im Sinne der ihm im März gemachten Vorschläge, die er seinerzeit gut geheißen hatte und von denen abzuweichen kein Grund vorlag.
Um für diesen Angriff bessere Bedingungen zu schaffen, beabsichtigte er eine größere Offensiv-Unternehmung im Oberelsass in der Annahme, dadurch einen erheblichen Teil der französischen Reserven von der Entscheidungsstätte abzuziehen.

2.) Abwandlung dieser operativen Idee im Laufe des Hochsommers und Herbstes 1915.

Im August 1915 traten zwei Tatsachen in die Erscheinung, die den General von Falkenhayn zwangen, seine Absicht, im Westen die Entscheidung zu erzwingen, zurückzustellen:
Der offenbar nicht zureichende Erfolg des Stoßes der Armeegruppe Gallwitz und und die Notwendigkeit eines Feldzuges gegen Serbien.
Die operative Idee für den Westkrieg wurde deshalb nicht aufgegeben; doch rückte der Termin für die Durchführung weiter hinaus.

[Ins Protokoll eingeklebt: «Bemerkung Tappens: Bis gegen Ende August scheint General von Falkenhayn an eine Offensive der Westgegner überhaupt nicht geglaubt zu haben.»]

Die Untätigkeit sowohl der Franzosen wie der Engländer seit Mitte Juni [1915] erklärte er sich damit, dass beide den Krieg von jetzt ab als Erschöpfungskrieg führen wollten. Von Anfang September an wurde ein feindlicher Angriff wahrscheinlich, ohne dass Falkenhayn seine Wucht und Gefährlichkeit erkannt hätte.
Dazu trug wesentlich bei, dass er die Franzosen als sehr geschwächt ansah. Militärisch noch geringer wurden die Engländer eingeschätzt. Für die Abwehr der feindlichen Herbstoffensive waren bis zu deren Losbrechen drei Divisionen des Ostheeres als Reserven in Belgien eingetroffen; eine 4. begann mit der Ausladung. Demgegenüber waren 1 ½ Divisionen aus dem Westen nach dem serbischen Kriegsschauplatz abbefördert worden. Eine weitere dorthin bestimmte Division wurde am 24. September kurz vor Beginn der Einschiffung festgehalten. Die niedrige Einschätzung der feindlichen Angriffskraft ist dadurch gekennzeichnet.

Erst die Krise, die der feindliche Doppelangriff in der Champagne und im Artois herbeiführte,

[Ins Protokoll eingeklebt: «Bemerkung Tappen: und der sich länger hinziehende Feldzug gegen Serbien»]

zerstörte die Hoffnung, noch im Laufe des Jahres 1915 eine Entscheidung im Westen durchfechten zu können.
Der Wille, als nächste große Aufgabe die Niederwerfung der Westgegner mit allen verfügbar zu machenden Kräften auszuführen und die leitende Idee dieser Operation blieben auch jetzt bestehen.

3.) Wie ist das Elsass-Projekt in diese operative Idee einzugliedern?

Der Auftrag an General von Knobelsdorf zur Erkundung der Bedingungen für eine Offensive im Oberelsass sah nicht einen Angriff auf Belfort, sondern die Säuberung des Reichsgebietes vor.
Schon bei der Auftragserteilung beabsichtigte General von Falkenhayn, den in Aussicht genommenen Angriff als Ablenkung im Rahmen seiner Westoperation zu verwenden. Dass General von Knobelsdorf den Angriff auf Belfort durch den Sundgau für möglich erklärte, passte noch besser in diese Absichten.

(…)

4.) Hat der Entschluss zum Angriff in der Richtung auf Verdun einen Bruch mit der bisherigen Idee bedeutet, oder ist auch dieser Gedanke in den großen operativen Gedanken einer Feldzugsentscheidung einzuordnen?

Bis zum 3. Dezember 1915 hat der General von Falkenhayn daran festgehalten, den Oberelsass-Angriff zum Zwecke der Ablenkung von einer weiter nordwestlich anzusetzenden entscheidenden Operation durchzuführen, und hat ihn [den Oberelsass-Angriff] an diesem Tage dem Kaiser vorgeschlagen.

[Ins Protokoll eingeklebt: «Bemerkung Tappens: Es ist anzunehmen, dass die um diese Zeit in Aussicht genommene Feldzugsidee darin bestand, entweder bei Verdun oder an der Somme die feindlichen Stellungen zu durchbrechen.»]

Im ersteren Falle sollte nach gelungenem Durchbruch die französische Front westlich von Verdun aufgerollt, im zweiten die englisch-französischen Kräfte nördlich der Somme von der Masse der Franzosen getrennt und gegen das Meer gedrückt werden.
Bei der Weiterbearbeitung dieses Entwurfs entstanden jedoch Bedenken hinsichtlich der Kräfte, die für so ausgedehnte Angriffe als nicht genügend befunden wur-

den. Man konnte nicht drei Stellen [Oberelsass, Verdun, Somme] für Angriffe zu gleicher Zeit oder kurz nacheinander ins Auge fassen.

[Ins Protokoll eingeklebt: «Bemerkung Tappens: Tappen weist auf sein Kriegstagebuch hin.»]

Nunmehr entschloss sich General von Falkenhayn zwischen dem 8. Dezember (Telegramm an General von Knobelsdorf, in dem die Frage gestellt wird, ob das Oberelsaß-Unternehmen oder das bei Vauquois auszuführen sei) und den Berliner Besprechungen am 14. und 15. Dezember 1915 dazu, das Oberelsass-Unternehmen ganz fallen und die dortigen Vorbereitungen nur noch zur Täuschung von Freund und Feind weitergehen zu lassen.
An die Stelle von Belfort oder das Oberelsass trat jetzt der Angriff auf Verdun, aber mit einer etwas veränderten Bedeutung: Der Angriff auf Verdun sollte nicht nur französische Kräfte dorthin ziehen, sondern die bei Verdun zumindest anfangs erwarteten Erfolge sollten den Feind zu verlustreichen Gegenangriffen zwingen und ihn dadurch zum Ausbluten bringen.
Dieser Zweck wäre vielleicht auch bei Belfort zu erreichen gewesen; doch war Verdun, das unmittelbar vor der deutschen Stellung lag, ungleich besser dafür geeignet. Die Einnahme von ganz Verdun oder von großen Teilen, die der Feind nicht in deutscher Hand lassen durfte, war eher zu erreichen als das Gleiche bei Belfort.
Mit sehr großer Wahrscheinlichkeit erwartete General von Falkenhayn als Antwort auf einen deutschen Angriff auf Verdun eine englische Offensive mit Unterstützung durch diejenigen französischen Kräfte, die durch Verdun nicht gebunden oder zerrieben waren. War auch dieser Angriff – an der Somme oder im Artois – abgewehrt, so musste beim Feinde ein Zustand der Erschöpfung eintreten, der zum entscheidenden, die feindliche Front durchbrechenden Angriffsstoß ausgenutzt werden sollte. Wo dieser stattzufinden hatte, ließ sich ebenso wenig vorher festlegen, wie es vorauszusehen war, welche Kräfte die deutsche Oberste Heeresleitung sich für diese letzte Offensive würde reservieren können. Doch wurde darauf gerechnet, dass man in dieser Zeit der Erschöpfung der Gegner die nicht an der Entscheidung beteiligten Frontabschnitte rücksichtslos werde schwächen und selbst aus Russland weitere Divisionen heranholen können.
Auf jeden Fall sollte nicht durch bloßes Verbluten der Franzosen, sondern durch einen letzten starken deutschen Angriffsstoß die Entscheidung – und zwar die Kriegsentscheidung – erzwungen werden.
Die grundlegende Voraussetzung für das Gelingen war, dass die deutsche Oberste Heeresleitung durch alle Wechselfälle der nächsten Monate hindurch eine ausreichende Zahl kampfkräftiger Divisionen sich zurückzuhalten vermochte, während der Feind seine Kräfte in verlustreichen Angriffen und Gegenangriffen verbrauchte.

Die Festung Verdun zu nehmen, war sehr erwünscht, aber nicht Selbstzweck, sondern nur aus dem Gedanken heraus, dass die französische Führung zur Wiedergewinnung den letzten Mann werde einsetzen müssen.
Einen Bruch mit früheren Absichten hat die Einschaltung des Verdun-Gedankens anstelle des Oberelsass-Projekts nicht bedeutet, wohl aber eine Weiterentwicklung, zu der den Anstoß gegeben hat die Erkenntnis:

1.) dass Verdun sich zum Auspumpen des Gegners besser eigne als Belfort
2.) dass die Operation straff zwischen Verdun und dem Artois zusammengefasst werden müsse, um die Verwendung der Kräfte übersehen und die für den eigentlichen Durchbruch ausgesparten Divisionen rasch und sicher an die im entscheidenden Augenblick als zweckmäßig erkannte Stelle bringen zu können.

gez. Tappen

Anmerkungen

Einleitung

1 Zitiert nach: Brandis, Vor uns der Douaumont, S. 95.
2 Brandis, Vor uns der Douaumont, S. 93.
3 Ibid., S. 96.
4 Ibid., S. 97.
5 Zitiert nach: Ibid.
6 Zitiert nach: Ibid.
7 Zitiert nach: Ibid., S. 98.
8 Tagebuchnotiz v. 23.5.1916 des Leutnants Alfred Joubaire, zitiert nach: Horne, Des Ruhmes Lohn, S. 339.
9 Das Kern-Schlachtfeld umfasste auf den *Côtes* etwa sechzehn, am Westufer der Maas ungefähr vierzehn Quadratkilometer. Die Höhe der Verluste war lange ein Kernthema der Verdun-Geschichtsschreibung. Genaue Zahlen sind nicht zu ermitteln. Die Angabe «700 000 Mann» ist ein – freilich halbwegs zuverlässiger – Schätzwert. Der Begriff «Verluste» umfasst Tote, Gefangene, Verwundete und Vermisste. Vgl. vor allem Wendt, Verdun, S. 243 ff. («Gesamtverluste bei Verdun 1916»); Werth, Verdun, S. 386 f.; Münch, Verdun, S. 531. Stephan Klink schätzt die Gesamtzahl der Toten beider Seiten (Feb.–Dez. 16) auf 200 000, also auf 600 Tote pro Tag. Vgl. http://www.oocities.org/bunker1914/1916_Der_industrielle_Krieg.htm. Letzter Zugriff am 27.10.2013. Auch Gerd Krumeich nennt «mehr als 200 000» Tote. Vgl. Krumeich, Verdun: ein Ort gemeinsamer Erinnerung?, S. 162. Matti Münch hat die Beschreibung der Kämpfe als «längste Schlacht des Ersten Weltkrieges» bezweifelt – wohl zu Unrecht. Vgl. Münch, Verdun, S. 516. Zwar trifft es zu, dass sich im Ersten Weltkrieg die offizielle Schlachtdauer und das tatsächliche Anhalten der Kämpfe oft erheblich unterschieden; dafür ist gerade Verdun aus amtsdeutscher Sicht ein Beleg. Doch die beiderseitigen, taktisch aufeinander Bezug nehmenden Groß-Offensiven auf dem Verdun-Schlachtfeld mit seinen symbolisch aufgeladenen Zielen (Forts Douaumont und Vaux, Stadt und Zitadelle Verdun) sind durch einen klaren Anfang (21.2.1916) und ein klares Ende (20.12.1916) markiert.
10 Zu den politischen, sozialen und militärischen Folgen der Großen Krieges vgl. z. B. Keegan, Der Erste Weltkrieg, S. 11–39; Wehler, Vom Beginn des Ersten Weltkriegs, S. 198–225; Howard, Der Krieg in der europäischen Geschichte, S. 131–184.
11 Wehler, Der zweite Dreißigjährige Krieg, S. 35.
12 Der Begriff «Urkatastrophe», ohne den kaum eine Darstellung des Ersten Weltkrieges auskommt, stammt von dem US-amerikanischen Historiker und Diplomaten George F. Kennan. Vgl. Kennan, The Decline of Bismarck's European Order, S. 3.
13 Kruse, Der Erste Weltkrieg, S. 1.
14 Mommsen, Der Erste Weltkrieg, S. 23.
15 Vgl. z. B. Salewski, Verdun und die Folgen, S. 89.
16 Krumeich, Verdun [den Boer], S. 437.
17 Vgl. Anhang «Warum Verdun?», S. 354.
18 http://www.unwortdesjahres.net/index.php?id=4. Letzter Zugriff am 20. April 2013. Die Jury ist institutionell unabhängig und besteht aus vier Sprachwissenschaftlern sowie einem Jour-

nalisten. Nach eigenen Angaben «kreiert» sie keine «Unwörter», sondern wählt die Begriffe aus Einsendungen der Bevölkerung aus.

19 Krumeich, Verdun [den Boer], S. 438.

20 Salewski, Geschichte Europas, S. 983.

21 «Verdun 1916 ist eine Niederlage von erschreckend weittragender Bedeutung für Frankreich gewesen.» Vgl. Ziese-Beringer, Der einsame Feldherr, Bd. 2, S. 186.

22 Vgl. auch Münch, Verdun, S. 9. Weder Alistair Horne noch German Werth schöpften aus ungedruckten Quellen. Während Werth fast ausschließlich die deutsche Schlachtfeldebene behandelte, gelang Horne eine ausgewogene Darstellung beider Seiten und allen Ebenen. Alain Denizot nutzte französisches Archivmaterial, untersuchte die Schlacht allerdings fast durchweg aus französischer Sicht. Die mit Abstand zuverlässigsten Analysen der französisch-britischen Führungsebene sind Robert A. Doughty und Elisabeth Greenhalgh gelungen. Vgl. Horne, Des Ruhmes Lohn; Werth, Verdun; Denizot, Verdun; Doughty, Pyrrhic Victory; Greenhalgh, Victory through Coalition.

23 Daniel Hohrath, Rezension von Thomas Kühne/Benjamin Ziemann (Hg.), Was ist Militärgeschichte?, Paderborn u.a. 2000, in: H-Soz-u-Kult. H-net-Reviews, Februar 2001. http://www.h-net.org/reviews/showrev.php?id=16895. Letzter Zugriff am 6.5.2013. Hohrath skizziert auch die Schwierigkeiten der «Neuen Militärgeschichte» mit der ungeliebten Operationsgeschichte. Vgl. zudem den Anhang «Warum Verdun?», S. 361

24 Löbel, Neue Forschungsmöglichkeiten; Otto, Der Bestand Kriegsgeschichtliche Forschungsanstalt des Heeres.

25 Vgl. Anhang «Weihnachtsdenkschrift», S. 374 f.

26 [Graf Friedrich von der Schulenburg-Tressow], Erlebnisse des Grafen Friedrich v. d. Schulenburg-Tressow. Königl. Preuss. Generalmajor und Chef des Generalstabes der Heeresgruppe Deutscher Kronprinz, Tressow 1920, S. 108. BA-MA Freiburg, N 58/1; vgl. z. B. Leutnant Mundt, «Persönliche Erinnerungen über den Angriff auf Verdun». April 1921. Masch.-schriftl. 55 Seiten. BA-MA Freiburg, RH 61/1694. Otto Kunze, Mein Denken und Handeln zum Sturm auf die Panzerfeste Douaumont am 25. Februar 1916. Dem Reichsarchiv am 5.4.1934 von dem Verfasser übersandt als Entgegnung auf einen beigefügten Aufsatz ‹Sieg gegen Befehl, der unbekannte Stürmer von Douaumont› in den Leipziger Neuesten Nachrichten Nr. 68 vom 9.3.34. BA-MA Freiburg, RH 61/1722.

27 «Die deutsche Erstürmung des Forts de Douaumont während der Schlacht von Verdun im Februar 1916». BA-MA Freiburg, MSG 2/15146. «Erlebnisberichte von Teilnehmern des Sturms auf die Festung Douaumont am 25. Februar 1916. 1934–1941». BA-MA Freiburg, RH 61/1722. «Douaumont 1916 – Korrespondenz. 1924–1935». BA-MA Freiburg, RH 61/1719. Darüber hinaus gibt es in anderen Akten des Bestandes «RH 61» einschlägige Splitter.

28 Jakob, Kriegsbriefe, S. 632. Zur Organisation der Feldpost bei der Kronprinzenarmee: Jäck, Die deutsche Feldpost.

29 Die Kriegserfahrung der *poilus* bildet schon seit Jahrzehnten einen Schwerpunkt der französischsprachigen Forschung. Vgl. Cru, Témoins; Guéno/Laplume, Paroles de poilus; Tanty, Les violettes des tranchées; Bosshard/Bosshard, Si je reviens; Guéno, Mon papa.

30 Generalmajor a. D. Gerhard von Heymann, Erinnerungen für meine Kinder, Hamburg 1943. Masch.-schriftl. Abschrift eines unveröffentlichten Manuskripts. Nachlass Gerhard von Heymann. Privatarchiv Familie von Heymann.

31 Les armées françaises dans la Grande Guerre, hg. v. Ministère de la Guerre, État-Major de l'armée, Service historique, Bd. 4: Verdun et la Somme, Teil 1–3, Paris 1926–1935.

32 Vgl. Grand Quartier Général des Armées de l'Est. État-major. 3° Bureau, Examen des projets d'opérations possibles de nos adversaires, 3 août 1915. Archives nationales (Pierrefitte-sur-Seine), 470AP/14. Dem Gutachten des Grand Quartier Général ist zu entnehmen, dass die französische Heerführung Verdun im Fall eines deutschen Angriffs ursprünglich aufgeben wollte – und die Regierung Viviani darüber im Bilde war.

33 Sebastian Haffner, Verdun 1916. Wie eine Totenglocke. Die Entmythologisierung einer Schlacht, in: Die ZEIT 42 (1980). http://www.zeit.de/1980/42/wie-eine-totenglocke/seite-1. Letzter Zugriff am 25.10.2013.

Erstes Kapitel

PLÄNE

1 Moritz Freiherr von Lyncker an seine Frau. Charleville, 12.10.1915. Abgedruckt bei: Afflerbach, Kaiser Wilhelm II. als Oberster Kriegsherr, S. 324.

2 Fotografie «Préfecture des Ardennes, siège de l'état major allemand», abgedruckt in: Szymanski, Les Ardennes, terre de France oubliée en 1914–1918, S. 80.

3 Freytag-Loringhoven, Menschen und Dinge, S. 262.

4 Vgl. z. B. Moritz Freiherr von Lyncker an seine Frau. Pleß, 5.12.1915. Auszugsweise abgedruckt bei: Afflerbach, Kaiser Wilhelm II. als Oberster Kriegsherr, S. 340.

5 Keegan, Die Maske des Feldherrn, S. 25 ff. Keegan unterscheidet zwischen «vorheroischer», «heroischer» und «postheroischer» Führerschaft.

6 Keegan, Die Maske des Feldherrn, S. 480 ff.

7 Groener, Lebenserinnerungen, S. 161.

8 Guth, Gegensatz, S. 93; Wild von Hohenborn an seine Frau. Mézières, 3.1.1915. Abgedruckt in: Wild, Briefe, S. 48–49, hier: S. 48.

9 Hansjoachim von Wartenberg an Klaus-Dietrich von Wartenberg. Sindelfingen, 10.3.1996. Privatarchiv Familie von Wartenberg.

10 Robert Matthias an Forschungsanstalt. Neubabelsberg, 3.10.1932. BA-MA Freiburg, RH 61/1672.

11 Ibid.

12 Pentz, General von Falkenhayn, S. 1.

13 Afflerbach, Falkenhayn, S. 213.

14 Groener, Lebenserinnerungen, S. 139.

15 [Graf Friedrich von der Schulenburg-Tressow], Erlebnisse des Grafen Friedrich v. d. Schulenburg-Tressow. Königl. Preuss. Generalmajor und Chef des Generalstabes der Heeresgruppe Deutscher Kronprinz, Tressow 1920, S. 12. BA-MA Freiburg, N 58/1, S. 118.

16 Afflerbach, Falkenhayn, S. 120.

17 Mantey an Ernst Kabisch. Berlin, 10.10.1929. BA-MA Freiburg, RH 61/1672.

18 Förster, Im Reich des Absurden, S. 218 ff.

19 Wehler, Nationalismus, S. 79.

20 Moritz Freiherr von Lyncker an seine Frau. Charleville, 2.10.1915. Abgedruckt bei: Afflerbach, Kaiser Wilhelm II. als Oberster Kriegsherr, S. 318.

21 Forschungsanstalt, Die Operationen des Jahres 1916, S. 3.

22 OHL/Abteilung III b, Heeres- und Armeereserven auf der Westfront. O. O.., 21.2.1916. Ausführlich zitiert bei: Die O.H.L. in der Führung der Westoperationen Ende 1915 bis Ende August 1916. Vom 21.2.15–15.4.16. Vom Beginn des Angriffs auf Verdun bis zum Befehlswechsel General von Mudra – General von Lochow. Forschungsarbeit. Potsdam, Januar-April 1934, S. 199–202, hier: S. 202. BA-MA Freiburg, RH 61/1468.

23 Forschungsanstalt, Die Operationen des Jahres 1915, S. 81.

24 Wilhelm Solger, Ist der Gedanke der Weihnachtsdenkschrift 1915, das Angriffsziel so zu wählen, dass Frankreich nur die Wahl bleibt zwischen einem Sich-Verbluten in aussichtslosen Gegenangriffen oder der Hinnahme eines Verlustes von ungeheurer moralischer Wirkung wirklich der ganze Operationsplan gewesen? Potsdam, 2.8.1932. BA-MA Freiburg, RH 61/974, Bl. 47–51, hier: Bl. 48.

25 Afflerbach, Die militärische Planung des Deutschen Reiches, S. 287.
26 Jessen, Die Moltkes, S. 283 ff.
27 Zitiert nach: Blasius, 4. August 1914, S. 16.
28 Bethmann Hollweg, Betrachtungen zum Weltkriege, S. 166.
29 Wortprotokoll des Gesprächs von Wolfgang Foerster, Martin Reymann, Wilhelm Solger und Generalmajor a. D. Hans Tieschowitz von Tieschowa mit General d. Art. a. D. Gerhard Tappen am 6. September 1932 im Reichsarchiv Potsdam. Potsdam, 19.9.1932. BA-MA Freiburg, RH 61/1674. Künftig zitiert als: Tappen-Befragung. BA-MA Freiburg, RH 61/1674.
30 Tappen-Befragung. BA-MA Freiburg, RH 61/1674.
31 Zitiert nach: Forschungsanstalt, Die Operationen des Jahres 1916, S. 36.
32 Solger an General von dem Bussche. Potsdam, 7.3.1935. BA-MA Freiburg, RH 61/1219, Bl. 1–12, hier: Bl. 4.
33 Gerhard Tappen, Meine Kriegserinnerungen. O. O., 1920/21. BA-MA Freiburg, RH 61/986, Bl. 85.
34 Tappen-Befragung. BA-MA Freiburg, RH 61/1674.
35 Afflerbach, Falkenhayn, S. 359.
36 Zitiert nach: Tappen-Befragung. BA-MA Freiburg, RH 61/1674.
37 In solchen Wendungen hatte sich Falkenhayn offenbar gegenüber Schmidt von Knobelsdorf geäußert. Vgl. Schmidt von Knobelsdorf an Falkenhayn. Stenay, 3.12.1915. Abgedruckt bei: Wendt, Verdun, S. 226.
38 Erich von Falkenhayn, zitiert nach: Karl Georg Treutler an Gottlieb von Jagow. Charleville-Mézières, 11.3.1916. Abschrift. BA-MA Freiburg, RH 61/1689.
39 Broucek, August Freiherr Schluga von Rastenfeld, S. 221. Weiss, Wilhelm Stieber, August Schluga von Rastenfeld und Otto von Bismarck, S. 87–112.
40 Über die Mai-Denkschrift der Abteilung «III b» urteilte die Potsdamer Forschungsanstalt intern: «Allerdings scheint sie [die Denkschrift] nicht schuldlos am Zustandekommen der Idee, dass Frankreich nahe am Zusammenbrechen sei.» Vgl. Solger/Schäfer, Bemerkungen zum «Rückblick» nach Durchsicht der eingegangenen Beurteilungen. Potsdam, 4.10.1935. BA-MA Freiburg, RH 61/1672.
41 Zitiert nach: Solger, Vom Beginn des Angriffs auf Verdun, S. 242. BA-MA Freiburg, RH 61/1468.
42 Zitiert nach Kabisch, Verdun, S. 10.
43 Tappen-Befragung. BA-MA Freiburg, RH 61/1674.
44 Falkenhayn, Die Oberste Heeresleitung, S. 183.
45 Zitiert nach: Forschungsanstalt, Die Operationen des Jahres 1915, S. 129.
46 Ferry, Carnets secrets, S. 165–173.
47 Zitiert nach : Herbillon, Souvenirs d'un officier de liaison pendant la guerre mondiale, Bd. 1, S. 81.
48 Michel Baumont, Abel Ferry et les étapes du contrôle aux armées, 1914–1918, S. 182.
49 Doughty, Pyrrhic Victory, S. 202.
50 Zitiert nach: Miquel, Les Poilus. La France sacrifiée, S. 229.
51 Die deutschen Streitkräfte verloren 1915 in der Champagne-Herbstschlacht etwa 97 000 Mann. Vgl. Werth, Champagne, S. 411.
52 Strachan, Der Erste Weltkrieg, S. 225.
53 Becker, Frankreich, S. 33.
54 Zitiert nach: King, Generals and Politicians, S. 8.
55 Notiz Ferrys v. 17.12.1915. Abgedruckt bei: Ferry, Carnets secrets, S. 169–173, hier: S. 171. Vgl. auch: Pédoya, La commission de l'armée pendant la grande guerre, S. 328.
56 Aussagen französischer Kriegsgefangener v. 21.2.1916. Handschriftliche Notizen Martin Reymanns zur Feindlage. BA-MA Freiburg, RH 61/1696.
57 Engels, Kleine Geschichte, S. 11, 35 u. 57.

58 Grand Quartier Général des Armées de l'Est. État-major. 3° Bureau, Examen des projets d'opérations possibles de nos adversaires, 3 août 1915. Archives nationales (Pierrefitte-sur-Seine), 470AP/14.
59 Ibid. Seit Herbst 1914 wurde die k. u. k.-Hauptfestung Przemyśl in Galizien durch die Zarenarmee belagert bzw. blockiert. Weil die Festung nie länger als einige Monate ohne Entsatz aushalten konnte, musste der österreichische Generalstab mehrfach Entlastungsangriffe in Richtung Przemyśl führen. Die k. u. k.-Heerführung hatte den Fehler begangen, ihre Strategie an eine einzige Festung zu binden. Dennoch kapitulierte Przemyśl am 22.3.1915. Mehr als 110 000 Soldaten gingen in russische Gefangenschaft. Vgl. Stone, Przemyśl, S. 783–784.
60 Ibid. Hervorhebung durch den Verfasser.
61 Auguste Dubail, Étude sur le rôle actuel des places de l'Est. O. O., 28.7.1915. Zitiert nach: Denizot, Verdun 1914–1918, S. 53.
62 Denizot, Préparations, S. 52.
63 Doughty, Pyrrhic Victory, S. 266.
64 Ryan, Pétain, S. 87; Kabisch, Verdun, S. 40.
65 Poincaré, Au service de la France, Bd. 8, S. 69; Gallieni, Les Carnets de Gallieni, S. 234.
66 Engels, Kleine Geschichte, S. 31 ff.
67 King, Generals and Politicians, S. 92 f.
68 Simkins, Horatio Herbert Kitchener, S. 614.
69 Sheffield, The Chief, S. 53.
70 Winter, Großbritannien, S. 57 f.
71 Simkins, Kitchener, S. 615.
72 Todman, The Grand Lamasery Revisited, S. 48.
73 Sheffield, Biographical Sketches, S. 504.
74 Tagebuchnotiz Haigs v. 12.2.1916, abgedruckt bei: Haig (Sheffield), War Diaries and Letters, S. 179.
75 Simkins, Kitchener, S. 615.
76 Tagebuchnotiz Haigs v. 3.12.1915. Abgedruckt bei: Haig (Sheffield), War Diaries and Letters, S. 171.
77 Greenhalgh, Why the British were on the Somme in 1916, S. 154.
78 Tagebuchnotiz Haigs v. Juli 1916, abgedruckt bei: Haig (Sheffield), War Diaries and Letters, S. 212.
79 Philpott, Why the British were really on the Somme. A reply to Elisabeth Greenhalgh, S. 452.
80 Tagebuchnotiz Haigs v. 3.12.1915. Abgedruckt bei: Haig (Sheffield), War Diaries and Letters, S. 171.
81 Tagebuch Haig, Eintrag v. 24.4.1915, zitiert nach: Greenhalgh, Victory, S. 43.
82 Clayton, Paths of Glory, S. 211.
83 Zitiert nach: Greenhalgh, Victory, S. 44.
84 Clayton, Paths of Glory, S. 211.
85 Diese Zahl galt für den August 1914. Vgl. Jahr, British Prussianism, S. 247.
86 Instructions of the Secretary of State for War (Lord Kitchener) to the General Commanding-in-Chief, British Armies in France (General Sir Douglas Haig), 28 December 1915, abgedruckt in: Haig (Sheffield), War Diaries and Letters, S. 514–515, hier: S. 514.
87 Tagebuchnotiz Haigs v. 12.12.1915, abgedruckt bei: Haig (Sheffield), War Diaries and Letters, S. 172.
88 Zitiert nach: Woodward, Field Marshal Sir William Robertson, S. 33.
89 French, The Meaning of Attrition 1914–1916, S. 386.
90 Tagebuchnotiz Haigs v. 8.1.1916, abgedruckt bei: Haig (Sheffield), War Diaries and Letters, S. 178.
91 Woodward, Field Marshal Sir William Robertson, S. 12 ff.
92 Strachan, Der Erste Weltkrieg, S. 225 f.

93 Wolff-Leipzig, Der Kriegsschauplatz zwischen Mosel und Maas, S. 34.
94 Ville de Verdun (Hg.), La citadelle souterraine de Verdun, Verdun o. J. Vgl. auch www.citadelle-souterraine-verdun.fr. Letzter Zugriff am 30.5.2013.
95 Wernet/Wernet, Toul, S. 25; Porte, Verdun avant Verdun, S. 26 ff.
96 Wolff-Leipzig, Der Kriegsschauplatz zwischen Mosel und Maas, S. 31.
97 Die Benennung der Geländemerkmale des Schlachtfeldes von Verdun entspricht den Bezeichnungen auf folgendem Kartenmaterial: «Reliefkarte von Verdun», in: Die Tragödie von Verdun 1916. I. Teil: Die deutsche Offensivschlacht. Bearb. v. Ludwig Gold u. Martin Reymann (= Schlachten des Weltkrieges. In Einzeldarstellungen bearb. u. hg. im Auftrage des Reichsarchivs, Bd. 13), Oldenburg i. O./Berlin 1926; Institut Géographique National, Fôrets de Verdun et du Mort-Homme. Champ de Bataille de Verdun. 1:25 000 (= Carte de randonnée. Carte topographique Top 25, 3112 ET), Paris 2005.
98 General der Artillerie a. D. Victor Kühne, Die 25. Infanterie-Division bei dem ersten Angriff auf Verdun. O. O. [Berlin], o. J. [um 1935]. BA-MA Freiburg, RH 61/1690.
99 David, Le Colonel Driant, S. 209 ff.

Zweites Kapitel

VOR DEM STURM

1 Freytag-Loringhoven, Menschen und Dinge, S. 267.
2 Afflerbach, Einführung, in: Ders., Kaiser Wilhelm II. als Oberster Kriegsherr, S. 1–62, hier: S. 15.
3 Afflerbach, Falkenhayn, S. 257.
4 Skibicki, Industrie im oberschlesischen Fürstentum Pless im 18. und 19. Jahrhundert, S. 285; Koch, Daisy von Pleß, S. 44.
5 Kaiser Wilhelm II. an Fürstin Daisy von Pleß. Wilhelmshöhe, 17.8.1901. Abgedruckt in: Fürstin Daisy von Pleß, Tanz auf dem Vulkan, Bd. 1, S. 82–83, hier: S. 82.
6 Zitiert nach: Fürstin Daisy von Pleß, Tanz auf dem Vulkan, Bd. 1, S. 95.
7 Tagebucheintrag Daisy von Pleß v. 2.8.1915. Abgedruckt in: Fürstin Daisy von Pless, Tanz auf dem Vulkan, Bd. 2, S. 160.
8 Die Internetpräsenz des Schlossmuseums Pleß umfasst eine hervorragende virtuelle Führung durch die teils rekonstruierten, teils renovierten Räumlichkeiten. Vgl. http://www.zamek-pszczyna.pl/wz/index.html. Letzter Zugriff am 27.8.2013.
9 Röhl, Kaiser, Hof und Staat, S. 116 ff.
10 Tagebucheintrag Plessens v. 3.12.1915. Abgedruckt bei: Afflerbach, Kaiser Wilhelm II. als Oberster Kriegsherr, S. 844 f.
11 Tagebuchnotiz Wilds v. 11.12.1915. Abgedruckt in: Wild, Briefe, S. 119–121, hier: S. 119.
12 Wendt, Verdun, S. 23.
13 Ibid. Für das Jahr 1914 sind für die Großverbände der deutschen und französischen Armee folgende Durchschnittszahlen anzunehmen: 1 Bataillon = 1000 Mann, 1 Regiment = 3000 Mann, 1 Brigade = 6000 Mann, 1 Division = 12 000 Mann, 1 Armeekorps = 24 000 Mann. Jeder Division war üblicherweise ein Artillerie-Regiment zugeordnet. Vgl. Philpott, Bloody Victory, S. 630 ff.
14 Forschungsanstalt, Die Operationen des Jahres 1915, S. 130 f.
15 Tappen erklärte während seiner Befragung im Reichsarchiv, dass Falkenhayn möglicherweise schon zum Zeitpunkt der Ausweitung der Eröffnungsoffensiven nicht nur die Front nördlich der Somme, sondern auch bereits den Sektor Verdun als mögliche Durchbruch-Stelle im Auge gehabt habe: «Es ist anzunehmen, dass die um diese Zeit in Aussicht genommene Feldzugsidee darin bestand, entweder bei Verdun oder an der Somme die feindlichen Stellungen zu durchbrechen.» Vgl. Tappen-Befragung. BA-MA Freiburg, RH 61/1674.

16 Schmidt von Knobelsdorf an Falkenhayn. Stenay, 3.12.1915. Abgedruckt bei: Wendt, Verdun, S. 226.

17 «Dem Unternehmen bei Verdun *in dieser Form* stehe ich sehr skeptisch gegenüber. Ich will darüber erst entscheiden, wenn mir Vortrag über die Möglichkeiten, die geplanten Forderungen zu befriedigen, gehalten sein wird. v. F. 6.12.15.» [Hervorhebung durch den Verfasser] Zitiert nach: Wendt, Verdun, S. 226.

18 Tagbuchnotiz Plessens v. 3.12.1915. Abgedruckt bei: Afflerbach, Kaiser Wilhelm II. als Oberster Kriegsherr, S. 844–855, hier: S. 844.

19 Tagebucheintrag Plessens v. 3.12.1915, abgedruckt bei: Afflerbach, Kaiser Wilhelm II. als Oberster Kriegsherr, S. 844 f. [Hervorhebungen durch Plessen].

20 Zitiert nach: Tappen-Befragung. BA-MA Freiburg, RH 61/1674. Vor seinem Gespräch mit dem Kaiser am 3.12.1915 hatte Falkenhayn das Unternehmen «Kaiserstuhl» (Vertreibung französischer Streitkräfte aus den Südvogesen) in das Unternehmen «Schwarzwald» (Angriff auf Belfort) eingegliedert – wohl nicht zuletzt, um sich beide Möglichkeiten offenzuhalten und sich in keinem Fall eine Blöße zu geben.

21 Solche Erwägungen werden auch in den Immediatvorträgen Falkenhayns während der Planung und Durchführung des Unternehmens *Gericht* eine wichtige Rolle spielen. Vgl. Tappen-Befragung. BA-MA Freiburg, RH 61/1674.

22 Chiffre-Telegramm Falkenhayns an AOK5. Pleß, 4.12.1915. 13.17 Uhr. Abgedruckt bei: Wendt, Verdun, S. 226–227, hier: S. 226.

23 Befehl der OHL v. 5.12.1915. Zitiert nach: Forschungsanstalt, Die Operationen des Jahres 1915, S. 132.

24 Abad, Aux origines du suicide de Vatel, S. 631–641.

25 Zum Hotel *Le Grand Condé*: Philpott, Bloody Victory, S. 56 ff.

26 Zum Verlauf der Konferenz von Chantilly: Procès-verbal de la conférence tenue à Chantilly le 6 décembre 1915, abgedruckt in: Les armées françaises dans la Grande Guerre, 411–46, S. 75–80. Im Folgenden wird diese Zitierweise für das amtliche französische Weltkriegswerk beibehalten. «411–46» bedeutet: Vierter Abschnitt («Verdun et la Somme»), Band 1 («Les projets offensifs pour 1916 et la bataille de Verdun. 21 février 1916–1er mai 1916»), Anhangband 1, Annex Nr. 46. Während der Konferenz von Chantilly sind mindestens zwei fotografische Presseaufnahmen entstanden, aus der die atmosphärischen Beschreibungen des Haupttextes schöpfen.

27 King, Generals and Politicians, S. 12.

28 Doughty, Pyrrhic Victory, S. 59.

29 Ibid, S. 231.

30 Procès-verbal de la conférence tenue à Chantilly le 6 décembre 1915, abgedruckt in: Les armées françaises dans la Grande Guerre, 411–46, S. 75–80, hier: S. 76 f. u. S. 83–88 («Plan d'action proposé par la France à la coalition. Chantilly, 2.12.1915»).

31 Ibid., S. 78 f.

32 Cochet, Chantilly,S. 24.

33 Doughty, Pyrrhic Victory, S. 236.

34 Procès-verbal de la conférence tenue à Chantilly. 2e séance – 7 décembre 1915, abgedruckt in: Les Armées françaises dans la Grande Guerre, 411–46, S. 99–113.

35 Cochet, Chantilly, S. 23.

36 Strachan, Der Erste Weltkrieg, S. 227.

37 Afflerbach, Falkenhayn, S. 351.

38 Strachan, Der Erste Weltkrieg, S. 227.

39 [Joseph Joffre], Mémoires du Maréchal Joffre (1910–1917), Bd. 2, S. 163 f.

40 Procès-verbal de la conférence tenue à Chantilly le 6 décembre 1915, abgedruckt in: Les armées françaises dans la Grande Guerre, 411–46, S. 75–80, hier: S. 77.

41 Tappen-Befragung. BA-MA Freiburg, RH 61/1674.

42 Frdl. Auskunft von Frau Sylwia Smolarek-Grzegorczyk v. 9.5.2013. Frau Smolarek-Grzegorczyk, Kuratorin des Muzeums «Zamkowe w Pszczynie», hat dankenswerterweise eine zeitgenössische Fotografie des Kavaliershauses zur Verfügung gestellt.

43 Generalquartiermeister Hugo von Freytag-Loringhoven hielt sich zu diesem Zeitpunkt in Mézières auf und ist zu den frühen Verdun-Planungen nicht hinzugezogen worden. Vgl. Freytag-Loringhoven, Menschen und Dinge, S. 269. Mit Tappen führte Falkenhayn laut Tappens «Kriegserinnerungen» erstmals am 8. Dezember 1915 eine Besprechung darüber, «an welcher Stelle der Westfront die Entscheidung suchende Offensive erfolgen sollte.» Vgl. Gerhard Tappen, Meine Kriegserinnerungen. O. O., 1920/21, S. 158, BA-MA Freiburg, RH 61/986. Im Tagebuch Wilds ist erstmals am 11.12.1915 von Besprechungen mit Falkenhayn über einen Angriff auf Verdun die Rede. Vgl. Tagebuchnotiz Wilds v. 11.12.1915, abgedruckt in: Wild, Briefe, S. 119–121. Den Angaben ist zu entnehmen, dass Falkenhayn am 9. und 10.12.1915 mit Wild zum ersten Mal über Verdun gesprochen hat. Der Umschwung von Belfort auf Verdun vollzog sich demnach innerhalb von gut vier Tagen, zwischen dem 5.12. und dem Vormittag des 9.12.1915.

44 Freytag-Loringhoven, Menschen und Dinge, S. 269; zum Urteil «pomadig»: Solger an General von dem Bussche. Potsdam, 7.3.1935. BA-MA Freiburg, RH 61/1219, Bl. 1–12, hier: Bl. 7.

45 Gerhard Granier, Einleitung, in: Wild, Briefe, S. 1–13, hier: S. 1.

46 Tappen-Befragung. BA-MA Freiburg, RH 61/1674.

47 Ibid.

48 So lautet die Schlussfolgerung einer vergleichenden Quellenkritik. Vgl. Kapitel «Die Weihnachtsdenkschrift – ein Blick auf die Quellen».

49 Tagebuchnotiz Wilds v. 1.2.1916, abgedruckt in: Wild, Briefe, S. 131–133, hier: S. 133; Falkenhayn, Oberste Heeresleitung, S. 184; Kronprinz Wilhelm, Meine Erinnerungen, S. 159; Zwehl, Erich v. Falkenhayn, S. 182.

50 Tagebuchnotiz Wilds v. 11.12.1915, abgedruckt in: Wild, Briefe, S. 119–121, hier: S. 120.

51 Falkenhayn, Verdun, Sp. 105 f.

52 Tagebuchnotiz Wilds v. 11.12.1915, abgedruckt in: Wild, Briefe, S. 119–121, hier: S. 120.

53 Generalmajor a. D. Gerhard von Heymann, Erinnerungen für meine Kinder, Hamburg 1943. Masch.-schr. Abschrift eines unveröffentlichten Manuskripts. Nachlass Gerhard von Heymann. Privatarchiv Familie von Heymann.

54 Kronprinz Wilhelm, Meine Erinnerungen, S. 159.

55 OHL an AOK5. Pleß, 9.12.1915. Zitiert nach: Die Wiederaufnahme des Gedankens eines Angriffs auf Verdun im Dezember 1915. Forschungsarbeit der Kriegsgeschichtlichen Forschungsanstalt. BA-MA Freiburg, RH 61/1666, S. 11.

56 Schmidt von Knobelsdorf an Wolfgang Foerster. Glücksburg (Ostsee), 15.1.1934. Abschrift. BA-MA Freiburg, RH 61/1752.

57 Tagebuchnotiz Wilds v. 11.12.1915, abgedruckt in: Wild, Briefe, S. 119–121, hier: S. 120.

58 Ibid., S. 121.

59 Bettina Vaupel, Allerhöchste Eisenbahn. Von Kaiserbahnhöfen, Fürstenzimmern und Salonwagen, in: Monumente Online. Magazin der Deutschen Stiftung Denkmalschutz. http://www.monumente-online.de/13/03/sonderthema/Kulturgeschichte_Kaiserbahnhoefe.php. Letzter Zugriff am 25.7.2013.

60 Reiseroute bei: Gerhard Tappen, Meine Kriegserinnerungen. O. O., 1920/21, S. 158 f. BA-MA Freiburg, RH 61/986. Thorn wurde am frühen Vormittag des 11.12.1915 passiert: Vgl. Tagebuchnotiz Müllers v. 11.12.1915. Abgedruckt in: Müller, Regierte der Kaiser?, S. 144.

61 Tappen, Kriegserinnerungen, Bl. 84. BA-MA Freiburg, RH 61/986.

62 Oberstleutnant a. D. Alfred Niemann, Bericht über den Vortrag, den S. M. der Kaiser am 25. Februar 1934 von mir entgegengenommen hat. Doorn, 25.2.1934. BA-MA Freiburg RH 61/1674.

63 Friedrich Gempp an Wolfgang Foerster. Berlin, 3.2.1936. BA-MA Freiburg, RH 61/1672.

64 Nach dem Kriege war der Kaiser über das Gegenstoß-Durchbruch-Konzept im Bilde. Vgl. Oberstleutnant a. D. Alfred Niemann, Bericht über den Vortrag, den S. M. der Kaiser am 25. Februar 1934 von mir entgegengenommen hat. Doorn, 25.2.1934. BA-MA Freiburg, RH 61/1674. Auch Wilhelms engste Umgebung verband mit dem Angriff auf Verdun die Hoffnung auf eine Rückkehr zum Bewegungskrieg. So versuchte Generaladjutant Hans von Plessen wenige Tage vor Beginn der Schlacht, den eher pessimistisch gestimmten Monarchen aufzumuntern: «Ich bemühe mich, das Gegenteil zu erweisen, darzulegen, dass mit unserer im Westen geplanten großen Unternehmung ein Umschwung der ganzen Kriegführung entstehen, der Krieg aus dem Schützengraben zum Bewegungskrieg werden kann! S. M. meint, das seien Illusionen.» Tagebuchnotiz Plessens v. 16.2.1916. Zitiert nach: Wilhelm Solger, Schilderung der Vorgänge, die zur Enthebung des Generals von Falkenhayn von seiner Stellung als Chef des Generalstabes des deutschen Feldheeres geführt haben. Potsdam 1935. Masch.-schriftl. Manuskript. BA-MA Freiburg, RH 61/1219, Bl. 44–190, hier: Bl. 51. Demnach wusste der Kaiser von Falkenhayns Endziel, dem Durchbruch, stand solchen Absichten aber skeptisch gegenüber.

65 Tagebuchnotiz Plessen v. 14.10.1915. Abgedruckt in: Afflerbach, Kaiser Wilhelm II. als Oberster Kriegsherr, S. 838.

66 Tagebuchnotiz Müllers v. 11.12. [sic] 1915, abgedruckt in: Müller, Regierte der Kaiser?, S. 144.

67 Ibid.

68 Tappen, Kriegserinnerungen, Bl. 83. BA-MA Freiburg, RH 61/986.

69 Zitiert nach: Tagebuchnotiz Wilds v. 16.12.1915, abgedruckt in: Wild, Briefe, S. 121–124, hier: S. 123.

70 Tappen, Kriegserinnerungen, Bl. 83. BA-MA Freiburg, RH 61/986.

71 Ibid.

72 Österreichisch-ungarischer Militärbevollmächtigter im Großen Hauptquartier an Conrad. O. O., 4.9.1916. Abschrift. BA-MA Freiburg, RH 61/1219, Bl. 191–197, hier: Bl. 191; Delbrück, Falkenhayn und Ludendorff, S. 45.

73 Guth, Gegensatz, S. 75 ff.

74 Ibid, S. 78.

75 Afflerbach, Falkenhayn, S. 305 f.

76 Zitiert nach: Guth, Gegensatz, S. 76.

77 Zitiert nach: Mertz von Quirnheim an Forschungsanstalt. Potsdam, 4.1.1935., S. 1–18, hier: S. 9. Abschrift. BA-MA Freiburg, RH 61/1672.

78 Aufzeichnungen Bethmann Hollwegs v. 7.1.1915, zitiert nach: Janßen, Der Kanzler und der General, S.33, Anm. 25.

79 Groener, Lebenserinnerungen, S. 544.

80 Zitiert nach: Afflerbach, Falkenhayn, S. 378.

81 Wilhelm Groener, Zur Forschungsarbeit Dr. Solger. O. O., 5.3.1934. Abschrift. BA-MA Freiburg, RH 61/974, Bl. 94.

82 Zitiert nach: Tagebuchnotiz Wilds v. 20.1.1916, abgedruckt in: Wild, Briefe, S. 124–130, hier: S. 128.

83 Für Tirpitz: Tagebuchnotiz Kurt Riezlers v. 11.1.1916, abgedruckt in: Erdmann, Kurt Riezler. Tagebücher, Aufsätze, Dokumente, S. 321–323, hier: S. 322. Für Holtzendorff: Afflerbach, Falkenhayn, S. 381.

84 Schröder, Die U-Boote des Kaisers, S. 85 ff. u. S. 401.

85 Afflerbach, Falkenhayn, S. 382.

86 Tagebuchnotiz Wilds v. 20.1.1916, abgedruckt in: Wild, Briefe, S. 124–130, hier: S. 129.

87 Ibid, hier: S. 130.

88 Zitiert nach: Mertz von Quirnheim an Forschungsanstalt. Potsdam, 4.1.1935, S. 1–18, hier: S. 17. BA-MA Freiburg RH 61/1672.

89 Tagebuchnotiz Wilds v. 29.4.1916. Abgedruckt in: Wild, Briefe, S. 147. Wilds Bemerkung zielte auf Holtzendorff und Capelle.
90 Afflerbach, Falkenhayn, S. 378 u. 382.
91 Janßen, Der Kanzler und der General, S. 184.
92 Afflerbach, Falkenhayn, S. 55 ff.
93 Kabisch, Verdun, S. 19.
94 Um den U-Boot-Krieg beim Reichskanzler durchzusetzen, spielte Falkenhayn in einem frühen Stadium der Verdun-Planungen noch mit halbwegs offenen Karten. Ein Durchbruch [!] im Westen, so Falkenhayn am 30.12.1915 und am 7.1.1916 gegenüber Bethmann, sei denkbar, «aber zweifelhaft, auch unsicher, ob selbst sein Gelingen Frankreich [!] zu Boden wirft». Zitiert nach: Tagbuchnotiz Riezlers v. 11.1.1916, abgedruckt in: Riezler, Tagebücher, S. 321–323, hier: S. 321 f. Allerdings übertrieb Falkenhayn seinen Durchbruchs-Pessimismus wahrscheinlich, um der Forderung nach Wiederaufnahme des U-Boot-Krieges größeren Nachdruck zu verleihen.
95 Tagebuchnotiz Wilds v. 20.2.1916, abgedruckt in: Wild, Briefe, S. 135–136, hier: S. 135.
96 Ullmann, Kriegswirtschaft, S. 227.
97 Geiss, Das Deutsche Reich und der Erste Weltkrieg, S. 148 ff.; Schulz, Die Deutsche Arbeiterbewegung 1848–1919, S. 377.
98 Robert Matthias an Forschungsanstalt. Neubabelsberg, 3.10.1932. BA-MA Freiburg, RH 61/1672.
99 Fritz von Falkenhayn an Karl Ludwig von Oerzen. O. O., 20.1.1932. Abschrift. BA-MA Freiburg, RH 61/1672. Fritz von Falkenhayn erklärte, von Januar bis Mai 1916 täglich mit seinem Vater zusammen gewesen zu sein.
100 Schmidt von Knobelsdorf an Wolfgang Foerster. Glücksburg, 27.12.1933. Abschrift. BA-MA Freiburg, RH 61/1752.
101 Guth, Gegensatz, S. 92.
102 Wienskowski, Die Entwicklung der Ansichten über die Führung des Angriffs auf dem westlichen Ufer. Potsdam, 8.7.1933, S. 1. BA-MA Freiburg, RH 61/1665.
103 Aktennotiz AOK5. Stenay, 17.12.1916. Zitiert bei: Wienskowski, Die Entwicklung der Ansichten über die Führung des Angriffs auf dem westlichen Ufer. Potsdam, 8.7.1933, S. 1. BA-MA Freiburg, RH 61/1665.
104 Martin Reymann, Verdun 1916. Zeittabelle. O. O. [Potsdam], o. J. BA-MA Freiburg, RH 61/1706. Reymann schöpfte aus Tappens Kriegserinnerungen.
105 Martin Reymann, Die Angriffsvorbereitungen von Mitte Dezember 1915–20. Februar 1916, S. 4. BA-MA Freiburg, RH 61/1706. Falkenhayn, Tappen und Schmidt von Knobelsdorf kannten alle jüngeren Festungsspiele, Studien und Angriffsentwürfe des Großen Generalstabes zur Festung Verdun. Es handelte sich um: Großer Generalstab/4. Abteilung, «Festungsaufgabe Verdun (1912/März 1913); Großer Generalstab/4. Abteilung, «Angriffsentwurf Nordost auf Verdun» für das Mobilmachungsjahr 1914/15 (1914); Großer Generalstab/4. Abteilung, Geheime Denkschrift Verdun-Génicourt für das Mobilmachungsjahr 1914/1915 (1914).
106 Forschungsanstalt, Die Operationen des Jahres 1916, S. 54.
107 Vgl. «Angriffsentwurf Nordost auf Verdun» (1914), zusammengefasst bei: Martin Reymann, Die Angriffsvorbereitungen von Mitte Dezember 1915–20. Februar 1916, S. 4. BA-MA Freiburg, RH 61/1706.
108 Tappen, Kriegserinnerungen, Bl. 90. BA-MA Freiburg, RH 61/986.
109 Ibid.
110 Ibid, Bl. 90'.
111 Aktennotiz AOK5. Stenay, 17.12.1916. Zitiert bei: Wienskowski, Die Entwicklung der Ansichten, S. 2. BA-MA Freiburg, RH 61/1665.
112 Generalmajor a. D. Gerhard von Heymann, Erinnerungen für meine Kinder, Hamburg 1943. Masch.-schr. Abschrift eines unveröffentlichten Manuskripts. Nachlass Gerhard von Hey-

mann. Privatarchiv Familie von Heymann. Im preußisch-deutschen Generalstabssystem ist «Ia» die Abkürzung für den Ersten Generalstabsoffizier. In den Armeeoberkommandos war er der leitende Führungsgehilfe des Stabschefs. Ihm unterstand die Operationsabteilung. Vgl. Cron, Geschichte des deutschen Heeres im Weltkriege 1914–1918, S. 61 ff. u. 72 ff.

113 Randbemerkungen Schmidt von Knobelsdorfs zu Forschungsarbeiten Band X v. 21.2.15–15.4.16. Glücksburg, 25.10.1934. BA-MA Freiburg, RH 61/1219, Bl. 25–26, hier: Bl. 25.

114 Schmidt von Knobelsdorf an Ziese-Behringer. O. O., 6.3.1933. Abgedruckt in: Ziese-Behringer, Der einsame Feldherr, Bd. 2, S. 200–201, hier: S. 200.

115 Nachträglich eingefügte Aktennotiz AOK5. O.O., o. D.. Zitiert bei: Wienskowski, Die Entwicklung der Ansichten, S. 2. BA-MA Freiburg, RH 61/1665.

116 Constantin Schmidt von Knobelsdorf an Wolfgang Foerster. Glücksburg/Ostsee, 15.1.1934. Abschrift. BA-MA Freiburg, RH 61/1752.

117 Solger an General von dem Bussche. Potsdam, 7.3.1935. BA-MA Freiburg, RH 61/1219, Bl. 1–12, hier: Bl. 4.

118 In den deutschsprachigen Quellen gibt es m. W. keinerlei Anhaltspunkte, dass die OHL von dieser Maßnahme Joffres Kenntnis besaß.

119 Angriffsentwurf des AOK5 v. 4.1.1916, abgedruckt bei: Ziese-Behringer, Der einsame Feldherr, Bd. 2, S. 197–200, hier: S. 197.

120 «Meinerseits erachtete ich Stadt und Zitadelle Verdun für völlig wertlos. Die Maaslinie, die Höhen um Verdun rundum, weiter die Maaslinie bis St. Mihiel, das schon in unserem Besitz war – auf dem Westufer der Maas der Wald von Avocourt, Höhenlinie 304 – Toter Mann, das waren die Ziele, die mir erstrebenswert galten. Davon konnte man aber im Beginn unmöglich im Angriffsbefehl sprechen; tatsächlich wäre die Festung mit Erreichung dieser Ziele erledigt gewesen.» Schmidt von Knobelsdorf an Ziese-Behringer. O. O. [Glücksburg], 6.3.1933. Abgedruckt in: Ziese-Behringer, Der einsame Feldherr, Bd. 2, S. 200–201, hier: S. 201. Zur Haltung Falkenhayns: Tappen-Befragung. BA-MA Freiburg, RH 61/1674. Zur Haltung Wilds: «Gewiss, der Fall von Verdun wäre politisch vor der Welt bedeutsam; aber mit solchen vor der Welt bedeutsam erscheinenden Dingen zwingt man den Gegner noch nicht in die Knie!» Vgl. Denkschrift Wilds v. 28.12.1914. Auszugsweise zitiert bei: Die Wiederaufnahme des Gedankens eines Angriffs auf Verdun im Dezember 1915. Forschungsarbeit der Kriegsgeschichtlichen Forschungsanstalt. BA-MA Freiburg, RH 61/1666, S. 1. Zur Haltung Groeners: «Aber dass aus der Wegnahme von Verdun eine Änderung der operativen Lage sich ergeben sollte, ist zwar unser sehnlichster Wunsch, aber ganz unwahrscheinlich.» Notiz Groeners v. 17.2.1916. Vgl. Aufzeichnungen des Generals Groener 1916, S. 1–8, hier: S. 2. Abschrift. Zur Haltung Joffres: [Joseph Joffre], Mémoires du maréchal Joffre (1910–1917), Bd. 2, S. 205 f. Zur Haltung Haigs: Haig an Joffre. Saint-Omer, 20.2.1916. Abgedruckt in: Les armées françaises dans la Grande Guerre, hg. v. Ministère de la Guerre, État-major de l'armée, Service historique, 411–316, S. 539–540. Auch Pétain wollte noch am 3.3.1916 die Festung keineswegs um jeden Preis halten: Vgl. Ryan, Pétain, S. 87.

121 Tappen-Befragung. BA-MA Freiburg, RH 61/1674.

122 Tappen, Kriegserinnerungen, Bl. 90'. BA-MA Freiburg, RH 61/986.

123 Ibid.

124 http://www.douaumont.net/douaumont1.htm. Letzter Zugriff am 25.7.2013. Vgl. auch Denizot, Douaumont 1914–1918, S. 23.

125 Aktennotiz AOK5. Stenay, 17.12.1916. Zitiert bei: Wienskowski, Die Entwicklung der Ansichten, S. 2. BA-MA Freiburg, RH 61/1665.

126 Schmidt von Knobelsdorf, Wegnahme Verduns. Stenay, 16.12.1916. Zusammengefasst bei: Wienskowski, Die Entwicklung der Ansichten, S. 3. BA-MA Freiburg, RH 61/1665.

127 Schmidt von Knobelsdorf an Ziese-Behringer. O. O. [Glücksburg/Ostsee], 6.3.1933. Abgedruckt in: Ziese-Behringer, Der einsame Feldherr, Bd. 2, S. 200–201.

128 Tappen, Kriegserinnerungen, Bl. 86. BA-MA Freiburg, RH 61/986.

Drittes Kapitel

AUFMARSCH

1 Brandis, Die Stürmer vom Douaumont, S. 21 f.
2 Zitiert nach: Brandis, Die Stürmer vom Douaumont, S. 22.
3 Brandis, Die Stürmer von Douaumont, S. 22.
4 Offiziersstellenbesetzung II. Bataillon bei: Klüfer, Seelenkräfte, S. 31 f.
5 Fontane, Wanderungen durch die Mark Brandenburg. Erster Teil: Die Grafschaft Ruppin, S. 227 ff.
6 Brandis, Die Stürmer vom Douaumont, S. 90; vgl. z. B. auch Eugen Radtke, Douaumont, S. 20.
7 Zitiert nach: Brandis, Die Stürmer vom Douaumont, S. 115.
8 Ibid.
9 Major a. D. Hans-Joachim Haupt, Mit den 24ern bei Verdun im Februar 1916 bis zur Einnahme des Forts Douaumont, o. O. 1934, S. 1. BA-MA Freiburg, RH 61/1722.
10 Brandis, Die Stürmer vom Douaumont, S. 22.
11 Leutnant Mundt, Persönliche Erinnerungen über den Angriff auf Verdun, o. O. 1921, S. 5 f. BA-MA Freiburg, RH 61/1694. Mundt diente im Januar 1916 als Fähnrich in der 8. Kompanie des Infanterieregiments Nr. 20 «Graf Tauentzien». Auch sein Regiment gehörte zur 6. Division des III. Armeekorps (Lochow) und nahm an den Übungen in Hirson teil.
12 Mundt, Persönliche Erinnerungen, S. 14. BA-MA Freiburg, RH 61/1694. Diese Regelung des Infanterieregiments (künftig zitiert als: IR) Nr. 20 hat zweifellos auch bei den «Vierundzwanzigern» bestanden.
13 Ibid.
14 Ibid., S. 8.
15 Brandis, Die Stürmer vom Douaumont, S. 22.
16 Voluer, La guerre de 14, S. 24.
17 Oberstleutnant a. D. Müller-Loebnitz, Kriegstagebuch. Notiz v. 22.12.1916. Abschrift. BA-MA Freiburg, RH 61/1745.
18 Smith/Audoin-Rouzeau/Becker, France and the Great War 1914–1918, S. 45.
19 Voluer, La Guerre de 14, S. 61.
20 Ibid., S. 42 f.
21 http://www.ac-nancy-metz.fr/ia55/stenaytou/PAGES/Histoire/AlbTouss3.htm. Letzter Zugriff am 24.8.2013.
22 Voluer, La Guerre de 14, S. 50; dort auch eine Namensliste der Zwangsarbeiter (Stand: März 1915).
23 Ibid., S. 54 f.
24 Ibid., S. 76 f.
25 Französische Quellen bezeichnen das Gebäude nach seinem Erbauer zuweilen auch als «Villa Verdier».
26 Zu den Wohnverhältnissen: Generalmajor a. D. Gerhard von Heymann, Erinnerungen für meine Kinder, Hamburg 1943. Masch.-schr. Abschrift eines unveröffentlichten Manuskripts. Nachlass Gerhard von Heymann. Privatarchiv Familie von Heymann.
27 Auszug aus dem Kriegstagebuch der Adjutantur Seiner Kaiserlichen Hoheit des Kronprinzen (A. O. K. 5) 1914–19. Sept. 1916. Potsdam, November 1935, S. 5. BA-MA Freiburg, RH 61/1674.
28 Zu den täglichen Zeiten des Lagevortrags: Voluer, La Guerre de 14, S. 68; zum gewöhnlichen Ablauf: Generalmajor a. D. Gerhard von Heymann, Erinnerungen für meine Kinder, Hamburg 1943. Masch.-schr. Abschrift eines unveröffentlichten Manuskripts. Nachlass Gerhard von Heymann. Privatarchiv Familie von Heymann.

29 Kronprinz Wilhelm an Kaiser Wilhelm II. Stenay, 18.8.1916. Abschrift. BA-MA Freiburg, RH 61/1712.
30 Hillard, Herren und Narren der Welt, S. 87 f.
31 Zitiert nach: Kronprinz Wilhelm, Meine Erinnerungen, S. 4.
32 Ibid.
33 Wild von Hohenborn an seine Frau. Mézières, 5.12.1914. Abgedruckt in: Wild, Briefe, S. 45–46, hier: S. 46.
34 Zitiert nach: Randbemerkungen Schmidt von Knobelsdorfs auf den Druckfahnen des Weltkriegswerkes. Glücksburg (Ostsee), 16.8.1935. BA-MA Freiburg, RH 61/1690.
35 Millotat, Das preußisch-deutsche Generalstabssystem, S. 47 ff.
36 Hillard, Herren und Narren der Welt, S. 90 f.
37 Voluer, La guerre de 14, S. 83.
38 Herre, Kronprinz Wilhelm, S. 55 ff.
39 Die Eisenbahnfahrt von Stenay nach Berlin dauerte etwa eineinhalb Tage. Um Arbeitszeit zu sparen, reisten Generalstabsoffiziere gewöhnlich über Nacht. Schmidt von Knobelsdorf legte Falkenhayn den Angriffsentwurf in Berlin am 6.1.1916 vor. Armeeoberkommando 5 [künftig zitiert als: AOK5], Angriffsentwurf. Stenay, 4.1.1916. Abgedruckt in: Ziese-Behringer, Der einsame Feldherr, Bd.2, S. 197–200, hier: S. 197. Neben diesem allgemeinen Angriffsentwurf arbeitete das AOK5 genaue Pläne für die Ziele der Artillerie und der drei Angriffskorps aus. Vgl. AOK5, Artilleristischer Angriffsentwurf. Stenay, 5.1.1916; AOK5, Befehl für die drei Angriffskorps. Stenay, 27.1.1916. Zusammengefasst z. B. bei: Wienskowski, Die Entwicklung der Ansichten über die Führung des Angriffs auf dem westlichen Ufer. Potsdam, 8.7.1933, S. 18 ff. BA-MA Freiburg, RH 61/1665.
40 Martin Reymann, Verdun 1916. Forschungsarbeit. Zeittabelle. Vorbemerkung, o. O. [Potsdam], o. J. BA-MA Freiburg, RH 61/1706. Unmittelbar nach den Berliner Besprechungen am 14./15.12.1915 legte das AOK5 in Stenay ein besonderes, nur von Offizieren zu führendes Geheim-Briefbuch mit dem Titel «Gericht» an; verantwortlich für die Führung dieses Briefbuches war Oberstleutnant Gerhard von Heymann. Darüber hinaus wurden alle auf *Gericht* bezüglichen Schriftstücke in besonderen Akten gesammelt. Teile dieser Akten *Gericht* gingen bereits vor 1936 verloren.
41 Neitzel, Weltkrieg und Revolution, S. 81 ff.
42 AOK5, Angriffsentwurf. Stenay, 4.1.1916. Abgedruckt in: Ziese-Behringer, Der einsame Feldherr, Bd.2, S. 197–200, hier: S. 197.
43 Martin Reymann, Die Angriffsvorbereitungen von Mitte Dezember 1915–20. Februar 1916, S. 1 ff. BA-MA Freiburg, RH 61/1706.
44 Generalmajor a. D. Siegfried von Held, Die pioniertechnische Vorbereitung des Angriffs auf Verdun östlich der Maas 1916, Potsdam 1921, S. 4. BA-MA Freiburg RH 61/1698.
45 Tagebuchnotiz Plessens v. 7.1.1916. Zitiert nach: [Wilhelm Solger?], Die Wiederaufnahme des Gedankens eines Angriffs auf Verdun im Dezember 1915. Forschungsarbeit der Kriegsgeschichtlichen Forschungsanstalt, S. 19. BA-MA Freiburg, RH 61/1666.
46 Solger, Falkenhayn, S. 93; Forschungsanstalt, Die Operationen des Jahres 1916, S. 121. Auch im Kriegstagebuch der Adjutantur des Kronprinzen heißt es, man habe diese Linie «in Fortsetzung des ersten unaufhaltsamen Anlaufs, gepaart mit Überraschung, zu erobern» gehofft. Vgl. Auszug aus K.T.B. der Adjutantur S.K.H. des Kronprinzen (A.O.K.5) 1914–19. Sept. 1916. Potsdam, November 1935, S. 16. BA-MA Freiburg, RH 61/1674.
47 So lautet das Ergebnis vergleichender Quellenkritik. Vgl. Anhang «Die Weihnachtsdenkschrift – ein Blick auf die Quellen», S. 364 ff.
48 Afflerbach, Falkenhayn, S. 368. Mit dieser Bemerkung gegenüber Conrad, gefallen im Hochgefühl des gelungenen Artillerieaufmarsches vor Verdun, meinte Falkenhayn wohl einen möglichen deutschen Durchbruchs-Schlag gegen die französische Front in der Champagne, die nach Beginn der Verdun-Offensive möglicherweise geschwächt sein würde.

49 Generalmajor a. D. Hermann Ritter Mertz von Quirnheim an Oberarchivrat Dr. Wilhelm Solger. Potsdam, 15.11.1933, Bl. 28–34, hier: Bl. 34. BA-MA Freiburg, RH 61/974.

50 Robert Matthias an Forschungsanstalt. Neubabelsberg, 3.10.1932. BA-MA Freiburg, RH 61/1672.

51 Foley, Easy Target or Invincible Enemy?, S. 9.

52 Angriffsentwurf des AOK5 v. 4.1.1916, abgedruckt bei: Ziese-Behringer, Der einsame Feldherr, Bd. 2, S. 197–200, hier: S. 197.

53 Wilhelm Solger an General von dem Bussche. Potsdam, 7.3.1935. BA-MA Freiburg, RH 61/1219, Bl. 1–12, hier: Bl. 5.

54 AOK5, Angriffsentwurf. Stenay, 4.1.1916. Abgedruckt bei: Ziese-Behringer, Der einsame Feldherr, Bd. 2, S. 197–200, hier: S. 197 f.

55 AOK5, Befehl für die Angriffskorps. Stenay, 27.1.1916. Abgedruckt in: Gold/Reymann, Die Tragödie von Verdun 1916. I. Teil: Die deutsche Offensivschlacht, S. 258–259, hier: S. 258.

56 Held, Die pioniertechnische Vorbereitung, S. 1. BA-MA Freiburg, RH 61/1698.

57 Generalmajor a. D. Gerhard von Heymann, Erinnerungen für meine Kinder, Hamburg 1943. Masch.-schr. Abschrift eines unveröffentlichten Manuskripts. Nachlass Gerhard von Heymann. Privatarchiv Familie von Heymann.

58 AOK5, Befehl für die Angriffskorps. Stenay, 27.1.1916. Abgedruckt in: Ludwig Gold (Bearb.), Die Tragödie von Verdun. I. Teil: Die deutsche Offensivschlacht. Bearb. unter Mitarbeit v. Martin Reymann. Mit Zeichnungen v. A. Reich (= Schlachten des Weltkrieges. In Einzeldarstellungen bearb. u. hg. im Auftrage des Reichsarchivs, Bd. 13), Oldenburg i. O./Berlin 1926, S. 258–259, hier: S. 258.

59 AOK5, Angriffsentwurf, Stenay, 4.1.1916, abgedruckt in: Ziese-Behringer, Bd. 2, S. 197–200, hier: S. 199.

60 Ibid., hier: S. 200; vgl. Kronprinz Wilhelm, Meine Erinnerungen, S. 162.

61 Als Verstärkung für die Armee-Abteilung Strantz stellte Falkenhayn das XXII. Reservekorps (Eugen von Falkenhayn) aus der Heeresreserve in Aussicht. Vgl. Wendt, Verdun, S. 33.

62 Schmidt von Knobelsdorf an Falkenhayn. Stenay, 31.3.1916. Vollständig abgedruckt bei: Solger, Vom Beginn des Angriffs auf Verdun, S. 260–264, hier: S. 263. BA-MA Freiburg, RH 61/1468.

63 Zwehl, Falkenhayn, S. 187. Für Zwehl war der Angriff in der Woëvre ein «*Hauptgrund für das Scheitern*» der Schlacht bei Verdun. Auch die Forschungsanstalt hielt den Einsatz eines Armeekorps für den Angriff in der Woëvre, «*dem entscheidende Bedeutung nicht zukommen konnte*», für einen Kardinalfehler. Vgl. Forschungsanstalt, Die Operationen des Jahres 1916, S. 119.

64 Wortprotokoll des Gesprächs von Wolfgang Foerster, Martin Reymann, Wilhelm Solger und Generalmajor a. D. Hans Tieschowitz von Tieschowa mit General a. D. Gerhard Tappen am 6. September 1932 im Reichsarchiv Potsdam. Potsdam, 19.9.1932, in: BA-MA Freiburg, RH 61/1674. Der einschlägige Abschnitt lautet: «Foerster: Also die Franzosen sollten in 2–3 Tagen das Ostufer verlieren und nun alle Kräfte zum Gegenangriff opfern. Tappen: Ja! Sie konnten es sich nicht leisten, Verdun zu verlieren.» [Nach Durchsicht des Protokolls gestrichen und von Tappen ersetzt durch: «Ob das in 2–3 Tagen stattfand, war nicht zu sagen. Aber auch wenn die Franzosen Verdun nicht verloren, mussten sie alle Kräfte einsetzen, um es zu halten.»] Demnach hatten Tappen und Falkenhayn eine überfallartige Wegnahme der Ostuferhöhen im Auge. Mit «2–3 Tagen» hatte Foerster die Spanne allerdings zu knapp bemessen. Der tatsächliche Schlachtverlauf offenbart: Falkenhayn und Schmidt von Knobelsdorf waren am 25.2.1916 überrascht, dass Fort Douaumont einen Tag früher als geplant in deutsche Hände fiel. Am Vormittag des 26.2.1916, in der Euphorie des großen Erfolges, rechneten beide mit der Wegnahme der Schlüssellinie Thiaumont–Tavannes schon bis zum kommenden Tag – dem siebten Angriffstag. Wenn man also annimmt, dass OHL und AOK5 vor Be-

ginn des Unternehmens mit etwa neun Angriffstagen für die Wegnahme des Ostufers gerechnet hatten, dürfte das den Zeithorizont recht genau beschreiben.

65 Randbemerkungen des Generalmajors a. D. Gerhard von Heymann auf den Druckfahnen des Weltkriegswerkes. X, 3 A, 68. Hamburg, 23.8.1935. BA-MA Freiburg, RH 61/1690.

66 Tagebucheintrag des Kronprinzen Rupprecht von Bayern v. 12.2.1916. Abgedruckt in: Kronprinz Rupprecht von Bayern, Mein Kriegstagebuch, Bd. 1.

67 Erich von Falkenhayn, Vortrag bei Sr. Majestät am 8. Juli 1916. Abschrift. BA-MA Freiburg, RH 61/1674.

68 «Ziemliches Dreckswetter»: Major a. D. Hans-Joachim Haupt, Mit den 24ern bei Verdun im Februar 1916 bis zur Einnahme des Forts Douaumont, o. O. 1934, S. 2. BA-MA Freiburg, RH 61/1722. «Drecksnest»: Radtke, Douaumont, S. 18.

69 Mundt, Persönliche Erinnerungen, S. 18. BA-MA Freiburg, RH 61/1694.

70 Brandis, Vor uns der Douaumont, S. 141.

71 Haupt, Mit den 24ern bei Verdun, S. 1. BA-MA Freiburg, RH 61/1722.

72 Brandis, Die Stürmer vom Douaumont, S. 24 f.

73 Martin Reymann, Truppengliederung für den ersten Angriff auf den Côtes östlich der Maas am 21. Februar 1916. O. O. [Potsdam], o. J. BA-MA Freiburg, RH 61/1696.

74 Mundt, Persönliche Erinnerungen, S. 25. BA-MA Freiburg, RH 61/1694.

75 Augenzeugenbericht v. 7.2.1916, zitiert nach: Kabisch, Verdun, S. 58 f.

76 Generalmajor a. D. Siegfried von Held, Die pioniertechnische Vorbereitung des Angriffs auf Verdun östlich der Maas 1916, Potsdam 1921, S. 31. BA-MA Freiburg RH 61/1698.

77 Held, Pioniertechnische Vorbereitungen, S. 32. BA-MA Freiburg RH 61/1698.

78 Ibid.

79 Kabisch, Verdun, S. 55 f.

80 Held, Pioniertechnische Vorbereitungen, S. 48 f. BA-MA Freiburg RH 61/1698. Es handelt sich um Anforderungen für die Abschnitte A-D, also um Nahkampfmittel und Baustoffe für sämtliche Angriffskorps.

81 Kabisch, Verdun, S. 57 f.

82 Archivrat Dr. Kretzschmann an Forschungsanstalt des Heeres. O. O., 20.7.1935. BA-MA Freiburg, RH 61/1690.

83 Held, Pioniertechnische Vorbereitungen, S. 58. BA-MA Freiburg RH 61/1698. Die drei Standorte der Hauptpionierparks waren Romagne-sous-les-Côtes, Étraye und die Sorel-Ferme.

84 Kabisch, Verdun, S. 55 f.

85 Ibid., S. 57.

86 Ibid., S. 58 f.

87 Held, Pioniertechnische Vorbereitungen, S. 41. BA-MA Freiburg RH 61/1698.

88 Radtke, Douaumont, S. 18.

89 Auszug aus dem Kriegstagebuch der Adjutantur Seiner kaiserlichen Hoheit des Kronprinzen (A. O. K. 5) 1914–19. Sept. 1916. Potsdam, November 1935, S. 11. BA-MA Freiburg, RH 61/1674.

90 Tagebuchnotiz Wilds v. 1.2.1916. Abgedruckt in: Wild, Briefe, S. 131–133, hier: S. 132.

91 Augenzeugen berichten über Verdun 1916. Film von German Werth und Claus-Ferdinand Siegfried. Produktionsleitung: Rudi Obladen. WDR 1984.

92 Radtke, Douaumont, S. 18. Vgl. auch die zeitgenössische Fotografie auf http://www.verdunschlacht.net/. Letzter Zugriff am 25.7.2013.

93 Gras, Castelnau, S. 281.

94 Ministère de la Guerre, État-major de l'armée, Service historique (Hg.), Les Armées françaises dans la Grande Guerre, Bd. 4/1, S. 137 f. King, Generals and Politicians, S. 94.

95 Service historique, Les Armées françaises dans la Grande Guerre, Bd. 4/1, S. 143 ; Gras, Castelnau, S. 281.

96 King, Generals and Politicians, S. 94.
97 Gras, Castelnau, S. 265 ff.
98 Jean de Pierrefeu, zitiert nach: Gras, Castelnau, S. 276.
99 Zitiert nach: Gras, Castelnau, S. 268.
100 Gras, Castelnau, S. 281.
101 Service historique, Les Armées françaises dans la Grande Guerre, Bd. 4/1, S. 111.
102 Ibid., S. 101 ff. u. S. 111. Dort auch die Erläuterung französischer Vorschriften für die Anlage von Verteidigungsstellungen im Felde.
103 Haupt, Mit den 24ern bei Verdun, S. 5. BA-MA Freiburg, RH 61/1722.
104 Brandis, Die Stürmer vom Douaumont, S. 29.
105 Haupt, Mit den 24ern bei Verdun, S. 5. BA-MA Freiburg, RH 61/1722.
106 Oberstleutnant Koeltz, zitiert nach: Lefebvre, Die Hölle von Verdun, S. 29.
107 Jedes Infanteriebataillon sollte eine Pionierkompanie erhalten. Vgl. Heldt, Pioniertechnische Vorbereitungen, S. 28. BA-MA Freiburg RH 61/1698.
108 Radtke, Douaumont, S. 23.
109 Mundt, Persönliche Erinnerungen, S. 35. BA-MA Freiburg, RH 61/1694.
110 Haupt, Mit den 24ern bei Verdun, S. 6. BA-MA Freiburg, RH 61/1722.
111 Oberstleutnant Koeltz, zitiert nach: Lefebvre, Die Hölle von Verdun, S. 29.
112 Radtke, Douaumont, S. 23.
113 Mundt, Persönliche Erinnerungen, S. 15. BA-MA Freiburg, RH 61/1694.
114 Ibid., S. 32.
115 Armeebefehl des Oberbefehlshabers der Heeresgruppe Deutscher Kronprinz v. 12.2.1916. http://www.bundesarchiv.de/oeffentlichkeitsarbeit/bilder_dokumente/01039/index-7.html.de. Letzter Zugriff am 2.7.2013.
116 Radtke, Douaumont, S. 22.
117 Ibid., S. 23.
118 Ibid.
119 Ibid.
120 Doughty, Pyrrhic Victory, S. 258 ff.
121 Afflerbach, Falkenhayn, S. 363 f.
122 Todman, The Grand Lamasery Revisited, S. 48.
123 Tagebucheintrag Haigs v. 18.1.1916. Zitiert nach: French, The Meaning of Attrition, S. 402.
124 Doughty, Pyrrhic Victory, S. 258 ff.
125 General Headquarter, From the Commander in Chief British Army in France to the Commander in Chief French Army, 1 February 1916. Abgedruckt in: Les armées françaises dans la Grande Guerre, 411–147, S. 289–292. Joffres Antwort: Grand Quartier Général, Le général commandant en chef, à Monsieur le général Sir Douglas Haig, commandant en chef des forces britanniques à Saint-Omer, 6 février 1916. Abgedruckt in: Les armées françaises dans la Grande Guerre, 411–158, S. 331–332.
126 Haig an König George v. 15.2.1916. Abgedruckt in: Haig (Sheffield), War Diaries and Letters, S. 180.
127 Tagebucheintrag Haigs v. 29.3.1916. Abgedruckt in: Haig (Sheffield), War Diaries and Letters, S. 183.
128 Doughty, Pyrrhic Victory, S. 258.
129 Greenhalgh, Why the British were on the Somme, S. 155.
130 Einfügung des Datums durch den Verfasser. Die Protokollanten der Valentinstag-Konferenz haben das Datum ausgelassen, um Indiskretionen zu vermeiden; gemeint ist aber der 1. Juli 1916.
131 Les armées françaises dans la Grande Guerre, 411–116, S. 232–234, hier : S. 234.
132 Im Wortprotokoll ist das Datum auch an dieser Stelle aus Sicherheitsgründen ausgelassen worden.

133 Procès-verbal de la conférence tenue entre le général Joffre et le général Douglas Haig (2e conférence – 14 février – 10 h.). Abgedruckt in: Les armées françaises dans la Grande Guerre 411–221, S. 420- 422.

134 Zitiert nach: Blake, Private Papers of Douglas Haig, S. 129.

135 Die Truppenzahl bezieht sich auf die sechs deutschen Korps, die laut Angriffsentwurf der Fünften Armee an beiden Maasufern die Kampfhandlungen einleiten sollten: VI. Reservekorps (Goßler), VII. Reservekorps (Zwehl), XVIII. Armeekorps (Schenck), III. Armeekorps (Lochow), V. Reservekorps (Gündell) und XV. Armeekorps (Deimling). Jedes dieser Korps verfügte im Schnitt über zwanzig Bataillone zu je tausend Mann. Vgl. Martin Reymann, Truppengliederung für den ersten Angriff auf den Côtes östlich der Maas am 21. Februar 1916. O. O. [Potsdam], o. J. BA-MA Freiburg, RH 61/1696.

136 Auszug aus dem Kriegstagebuch der Adjutantur Seiner Kaiserlichen Hoheit des Kronprinzen (A. O. K. 5) 1914–19. Sept. 1916. Potsdam, November 1935, S. 6 f. BA-MA Freiburg, RH 61/1674. Diesen Eindruck gewann der deutsche Kronprinz, nachdem er am 9.1.1916 in Stenay mit Holtzendorff gesprochen hatte. Falkenhayn hatte dem Kronprinzen am 23.12.1915 in Mézières ausführlich die strategische Gesamtlage erläutert.

Viertes Kapitel

ANGRIFF

1 Das Datum der Besprechung Falkenhayn–Lochow in Pillon ist nicht völlig gesichert. In seiner Randbemerkung auf den Druckfahnen der Forschungsanstalt («Lochow-Kommentar») wusste Lochow den Tag nicht mehr anzugeben. Doch laut dem Falkenhayn-Itinerar, das Martin Reymann anhand der Tappen-Tagebücher, des Tagebuchs der kronprinzlichen Adjutantur und der Kriegstagebücher einschlägiger Armee- und Reservekorps erstellt hat, ist der 15.2.1916 der wahrscheinlichste Termin: An diesem Tag hatte Falkenhayn nachweislich eine Besprechung in Saint-Laurent beim Generalkommando des XVIII. Armeekorps. Saint-Laurent liegt von Pillon lediglich vier Kilometer entfernt. Vgl. Martin Reymann, Itinerar General v. Falkenhayn und General von Tappen vom 10. Februar ab. Besprechungen pp. O. O. [Potsdam], o. J. BA-MA Freiburg, RH 61/1696.

2 Leutnant Mundt, Persönliche Erinnerungen über den Angriff auf Verdun. O. O., April 1921. BA-MA Freiburg, RH 61/1694.

3 Fontane, Die Märker und die Berliner, S. 559.

4 Werth, Verdun, S. 77.

5 Generalleutnant a. D. Ziethen an Forschungsanstalt. Berlin, 30.8.1935. BA-MA Freiburg, RH 61/1690.

6 Randbemerkungen des Generals d. Inf. a. D. Ewald von Lochow auf den Druckfahnen des amtlichen Weltkriegswerks. Potsdam, 28.8.1935.BA-MA Freiburg, RH 61/1690. Dort auch der anschließende Dialog.

7 General d. Inf. a. D. Georg Wetzell, Konnte im Jahre 1916 deutscherseits eine Kriegsentscheidung angestrebt werden und war der Gedanke, sie bei Verdun zu suchen, berechtigt? Vortrag a. d. J. 1926. BA-MA Freiburg, RH 61/1752.

8 Für alle Zeitangaben wird künftig die Ortszeit, also die französische Zeit, angegeben.

9 Randbemerkungen des Generalmajors a. D. Otto Freiherr von Ledebur in den Druckfahnen des 10. Bandes des amtlichen Weltkriegswerkes. Wellingsbüttel bei Hamburg, 14.8.1935. BA-MA Freiburg, RH 61/1752.

10 Ibid.

11 Eintrag Goethes v. 6.9.1792. Abgedruckt in: Goethe, Campagne in Frankreich, S. 34.

12 Zum 24 Meter hohen Gündell-Turm auf der Côte d'Horgne bei Damvillers: http://www.ver-

dun-meuse.fr/index.php?qs=fr/agenda/douzieme-marche-commemorative-de-la-bataille. Letzter Zugriff am 25.8.2013.

13 Goßler, Erinnerungen, S. 57.

14 Ibid.

15 Randbemerkungen des Generalmajors a. D. Otto Freiherr von Ledebur in den Druckfahnen des Weltkriegswerks. Wellingsbüttel bei Hamburg, 14.8.1935. BA-MA Freiburg, RH 61/1752.

16 Randbemerkungen des Generalmajors a. D. Gerhard von Heymann auf den Druckfahnen des Weltkriegswerks. Hamburg, 23.8.1935. BA-MA Freiburg, RH 61/1690.

17 Schmidt von Knobelsdorf an Wolfgang Foerster. Glücksburg, 6.1.1934. Abschrift. BA-MA Freiburg, RH 61/1752.

18 Lediglich Tappen hatte sich bereits am 23.1.1916 einen persönlichen Eindruck vom künftigen Schlachtfeld verschafft. Vgl. Tagebuchnotiz Tappens v. 23.1.1916, in: Gerhard Tappen, Persönliches Kriegstagebuch, Bl. 41'. BA-MA Freiburg, N 56/1.

19 Wetzell an Foerster. Berlin, 28.10.1935. BA-MA Freiburg, RH 61/1672.

20 Randbemerkungen des Generalmajors a. D. Otto Freiherr von Ledebur in den Druckfahnen des Weltkriegswerks. Wellingsbüttel bei Hamburg, 14.8.1935. BA-MA Freiburg, RH 61/1752.

21 Ibid.

22 Ibid.

23 Falkenhayn an AOK5. Mézières, 18.2.1916. 20.00 Uhr. Zitiert nach: Wienskowski, Die Entwicklung der Ansichten, S. 24. BA-MA Freiburg, RH 61/1665.

24 Randbemerkungen des Generalmajors a. D. Gerhard von Heymann auf den Druckfahnen des Weltkriegswerks. Hamburg, 23.8.1935. BA-MA Freiburg, RH 61/1690.

25 Zitiert nach: Doughty, Pyrrhic Victory, S. 263.

26 Zitiert nach: Kabisch, Verdun, S. 44.

27 Zur Haltung Castelnaus: Gras, Castelnau, S. 284; zur Haltung Joffres: [Joseph Joffre], Mémoires du maréchal Joffre (1910–1917), Bd. 2, S. 205 f.

28 Joffre bat Haig um Ablösung des IX. Corps d'armée, das im nördlichsten Abschnitt der Zehnten Französischen Armee eingesetzt war. Vgl. Haig an Joffre. Saint-Omer, 20.2.1916. Abgedruckt in: Les armées françaises dans la Grande Guerre 411–316, S. 539–540, hier: S. 539.

29 Vgl. Anlage «Karte 2: Die Front gegen Frankreich. Stand am 21. Februar 1916», in: Forschungsanstalt, Die Operationen des Jahres 1916.

30 [Joseph Joffre], Mémoires du maréchal Joffre (1910–1917), Bd. 2, S. 205 f.

31 Greenhalgh, Victory, S. 93.

32 Philpott, Bloody Victory, S. 69 f.

33 Vallières an Joffre. Saint-Omer, 20.2.1916. Abgedruckt in: Les armées françaises dans la Grande Guerre 411–317, S. 541–544, hier: S. 542.

34 Ibid.

35 Ibid.

36 Greenhalgh, Victory, S. 91.

37 Zitiert nach: Greenhalgh, Victory, S. 93.

38 Vallières an Joffre. Saint-Omer, 20.2.1916. Abgedruckt in: Les armées françaises dans la Grande Guerre 411–317, S. 541–544, hier: S. 543.

39 Zitiert nach: Gras, Castelnau, S. 282.

40 Zitiert nach: Gras, Castelnau, S. 285. Gras standen unveröffentlichte Aufzeichnungen aus privaten Archiven zur Verfügung, unter anderem Notizen von Oberst Jacquand.

41 Forschungsanstalt, Die Operationen des Jahres 1916, S. 105 ff.

42 Ibid., S. 105 f.

43 Zur Verteilung und zum Gewicht französischer Kräfte: Vgl. Forschungsanstalt, Die Operationen des Jahres 1916, S. 105 f. u. S. 69; zur Verteilung und zum Gewicht deutscher Kräfte: Vgl. Forschungsanstalt, Die Operationen des Jahres 1916, S. 71.

44 Haig an Joffre. Saint-Omer, 20.2.1916. Abgedruckt in: Les armées françaises dans la Grande Guerre 4I1–316, S. 539–540, hier: S. 539.
45 Procès-verbal de la conférence tenue entre le général Joffre et le général Douglas Haig (2e conférence – 14 février – 10 h.). Abgedruckt in: Les armées françaises dans la Grande Guerre 4I1–221, S. 420–422, hier: S. 421.
46 Haig an Joffre. Saint-Omer, 20.2.1916. Abgedruckt in: Les armées françaises dans la Grande Guerre 4I1–316, S. 539–540, hier: S. 539.
47 Ibid.
48 Ibid.
49 Vgl. 1. Kapitel «Pläne», S. 33 ff.
50 Lefebvre, Verdun, S. 89.
51 Turbergue, Les 300 jours, S. 66.
52 Driant an Unbekannt. Caures-Wald, 20.2.1916. Zitiert nach: Lefebvre, Verdun, S. 84.
53 Driant an seine Frau. Caures-Wald, 20.2.1916. Zitiert nach: Lefebvre, Verdun, S. 84.
54 General der Artillerie Victor Kühne, Die 25. Infanterie-Division bei dem ersten Angriff auf Verdun. O. O. [Berlin], o. J. [um 1935]. BA-MA Freiburg, RH 61/1690.
55 Befehl der 25. Infanteriedivision. O. O., 20.2.1916. Zitiert nach: Die verschiedenen Auffassungen über die Durchführung des Erkundungsvorstoßes am 1. Kampftage, S. 1–27, hier: S. 16. BA-MA Freiburg, RH 61/1703.
56 Generalkommando XVIII. Armeekorps, Anweisung für den Angriff. Hauptquartier, 8.2.1916. Zitiert nach: Die verschiedenen Auffassungen über die Durchführung des Erkundungsvorstoßes am 1. Kampftage, S. 1–27, hier: S. 13. BA-MA Freiburg, RH 61/1703.
57 General der Artillerie Victor Kühne, Die 25. Infanterie-Division bei dem ersten Angriff auf Verdun. O. O. [Berlin], o. J. [um 1935]. BA-MA Freiburg, RH 61/1690.
58 Ibid.
59 Radtke, Douaumont, S. 25.
60 http://www.oocities.org/bunker1914/Luftkrieg_Verdun.htm. Letzter Zugriff am 25.6.2013.
61 Fischer/Klink, Spurensuche bei Verdun, S. 21. Alle drei Marinegeschütze standen im rückwärtigen Abschnitt des III. Armeekorps (Lochow).
62 François, Les canons de marine allemands de 38-cm SKL/45 «Max», S. 231–249; Rodier, Batteries allemandes de 38 cm devant Verdun, S. 45–52; ders., L'artillerie lourde allemande de l'armée de terre à très longue portée 1914–1918, S. 27–44.
63 Haupt, Mit den Vierundzwanzigern bei Verdun, S. 7. BA-MA Freiburg, RH 61/1722.
64 Tagebucheintrag Richard Müllers v. 21.2.1916. Auszugsweise veröffentlicht bei: http://www.oocities.org/bunker1914/Frontalltag_Verdun_Tagebuch_Mueller.htm. Letzter Zugriff am 25.7.2013. Unteroffizier Richard Müller gehörte zur 7. Kompanie des Niederrheinischen Füsilierregiments Nr. 39 aus Düsseldorf, war aber im Februar 1916 zur besonderen Verwendung der «Sturmabteilung Rohr» unterstellt.
65 Horne, The Price of Glory, S. 75; Passaga, Verdun dans la tourmente, S. 68.
66 Feldzeitung der Zweiten Deutschen Armee, zitiert nach: Münch, Verdun, S. 76.
67 Radtke, Douaumont, S. 26.
68 Zitiert nach: Brandis, Die Stürmer vom Douaumont, S. 33 f.
69 General der Artillerie Victor Kühne, Die 25. Infanterie-Division bei dem ersten Angriff auf Verdun. O. O. [Berlin], o. J. [um 1935]. BA-MA Freiburg, RH 61/1690.
70 Tappen, Kriegserinnerungen, Bl. 91'. BA-MA Freiburg, RH 61/986.
71 Ibid.
72 Stéphane, Ma dernière relève au Bois de Caures, S. 93 f.
73 Horne, Des Ruhmes Lohn, S. 111.
74 Blond, Verdun, S. 38.
75 Ibid., S. 38.
76 Krumeich, Der Mensch als «Material», S. 295 f. Dr. L. Mohr, vor Verdun Zugführer in der

schweren Minenwerfer-Abteilung Nr. 17 des Pionierregiments Nr. 1 (Fürst Radziwill), notierte auf einem Zettel, den er seinem Fotoalbum beilegte: «Am 2. Tag [22.2.1916] morgens knapp vor Beendigung unseres 24stündigen Schießens bzw. des Beginns unserer Offensive (voran die Flammenwerfer!) verlor mein Zug 9 prächtige Soldaten (siehe beiliegendes Verzeichnis). Von ihnen fanden wir zum Teil nur noch Fleischfetzen an den Bäumen.» BA-MA Freiburg, MSG 2/9021.

77 Zitiert nach: Horne, Des Ruhmes Lohn, S. 255 f.
78 Keegan, Somme, S. 314 f.
79 Hilfssanitäter Magnelot, zitiert nach: Denizot, Discours, S. 15 f.
80 Horne, Des Ruhmes Lohn, S. 117.
81 Kabisch, Verdun, S. 64 f.
82 Generalkommando VII. Reservekorps, Angriffsweisungen für die 14. RD als Teil des VII. RK für den Angriff auf Verdun. O. O., 9.2.1916. BA-MA Freiburg, RH 61/1682.
83 General der Artillerie Victor Kühne, Die 25. Infanterie-Division bei dem ersten Angriff auf Verdun. O. O. [Berlin], o. J. [um 1935]. BA-MA Freiburg, RH 61/1690.
84 Haupt, Mit den 24ern vor Verdun, S. 9. BA-MA Freiburg, RH 61/1722. Gemeint ist wahrscheinlich die Côte de Ramon.
85 Blond, Verdun, S. 42.
86 Haupt, Mit den 24ern vor Verdun, S. 9 f. BA-MA Freiburg, RH 61/1722.
87 Gold/Reymann, Die deutsche Offensivschlacht, S. 61; Brandis, Die Stürmer vom Douaumont, S. 41.
88 Kabisch, Verdun, S. 66.
89 Haupt, Mit den 24ern vor Verdun, S. 10. BA-MA Freiburg, RH 61/1722.
90 Radtke, Douaumont, S. 28.
91 Ibid.
92 Keegan, Somme, S. 279.
93 Ibid., S. 270.
94 Haupt, Mit den 24ern vor Verdun, S. 10 f. BA-MA Freiburg, RH 61/1722.
95 Brandis, Die Stürmer von Douaumont, S. 39.
96 Gold/Reymann, Die deutsche Offensivschlacht, S. 96.
97 Mundt, Persönliche Erinnerungen, S. 36. BA-MA Freiburg, RH 61/1694.
98 Brandis, Die Stürmer von Douaumont, S. 38.
99 Haupt, Mit den 24ern vor Verdun, S. 11. BA-MA Freiburg, RH 61/1722.
100 Ibid.
101 Ibid.
102 Brandis, Die Stürmer von Douaumont, S. 41.
103 Gemeau an des Vallières. Saint-Omer, 22.2.1916. Abgedruckt in: Les armées françaises dans la Grande Guerre 411–435, S. 632–633, hier: S. 633.
104 Ibid.
105 Gold/Reymann, Die deutsche Offensivschlacht, S. 61. «Neun schwächere Patrouillen»: General der Artillerie a. D. Victor Kühne, Die 25. Infanterie-Division bei dem ersten Angriff auf Verdun. O. O. [Berlin], o. J. [um 1935]. BA-MA Freiburg, RH 61/1690.
106 General der Artillerie a. D. Victor Kühne, Die 25. Infanterie-Division bei dem ersten Angriff auf Verdun. O. O. [Berlin], o. J. [um 1935]. BA-MA Freiburg, RH 61/1690.
107 Denizot, Verdun 1914–1918, S. 78 f.
108 General der Artillerie a. D. Victor Kühne, Die 25. Infanterie-Division bei dem ersten Angriff auf Verdun. O. O. [Berlin], o. J. [um 1935]. BA-MA Freiburg, RH 61/1690.
109 Horne, Des Ruhmes Lohn, S. 117.
110 Tagesbefehl Driants v. 15.1.1916, zitiert nach: http://www.verdun-meuse.fr/index.php?qs=fr/lieux-et-visites/lieu-du-mois---janvier-2011---en-positions-au. Letzter Zugriff am 15.6.2013.

111 Gold/Reymann, Die deutsche Offensivschlacht, S. 70.
112 Ibid., S. 88.
113 Horne, Des Ruhmes Lohn, S. 129.
114 Zitiert nach: Horne, Des Ruhmes Lohn, S. 129.
115 Stéphane, Ma dernière relève au Bois de Caures, S. 181 f. Über das Geschehen bei der Kompanie Robins gibt es zwei Darstellungen: Eine von Grasset, der als Leutnant bei einer anderen Kompanie im Caures-Wald kämpfte, und eine andere, weniger «heroische», von Korporal Marc Stéphane, der sich in Robins Nähe aufhielt. Stéphanes Darstellung wurde der Vorzug gegeben.
116 Ibid.
117 Bericht Grassets, zitiert nach: Denizot, Discours, S. 16.
118 General der Artillerie a. D. Victor Kühne, Die 25. Infanterie-Division bei dem ersten Angriff auf Verdun. O. O. [Berlin], o. J. [um 1935]. BA-MA Freiburg, RH 61/1690. Kühne hatte das Divisionshauptquartier vorverlegt nach Romagne-sous-les-Côtes.
119 Horne, Des Ruhmes Lohn, S. 130.
120 Bericht eines ungenannten Augenzeugen, zitiert nach: Lefebvre, Verdun, S. 102–103, hier: S. 103. Die Augenzeugenberichte hat Lefebvre dem Werk des Oberst A. Grasset entnommen, der seinerseits offenbar mit Überlebenden sprechen konnte: Colonel A. Grasset, La guerre en action. Verdun. Le premier choc à la 72e division. Brabant-Haumont-Le bois des Caures. 21–24 février 1916, Paris 1926.
121 Bericht des Hauptmanns Séguin, zitiert nach: Denizot, Discours, S. 17.
122 Bericht des *Sergent-fourrier* L. Murat vom 59. Jägerbataillon, zitiert nach: Lefebvre, Die Hölle von Verdun, S. 51–52, hier: S. 52.
123 General der Artillerie a. D. Victor Kühne, Die 25. Infanterie-Division bei dem ersten Angriff auf Verdun. O. O. [Berlin], o. J. [um 1935]. BA-MA Freiburg, RH 61/1690. Dort auch die Zeitangabe «gegen 3 Uhr».
124 Ibid.
125 Zitiert nach: Bericht des *Sergent-fourrier* L. Murat vom 59. Jägerbataillon, abgedruckt in: Lefebvre, Die Hölle von Verdun, S. 51–52, hier: S. 52. In der französischsprachigen Ausgabe des Buchs von Lefebvre (2008) fehlt dieser für Driant eher ungünstige Bericht.
126 Ibid.
127 General der Artillerie a. D. Victor Kühne, Die 25. Infanterie-Division bei dem ersten Angriff auf Verdun. O. O. [Berlin], o. J. [um 1935]. BA-MA Freiburg, RH 61/1690.
128 Gold/Reymann, Die deutsche Offensivschlacht, S. 87.
129 Ibid.
130 Zitiert nach: Bericht des *Sergent-fourrier* L. Murat vom 59. Jägerbataillon, abgedruckt in: Lefebvre, Die Hölle von Verdun, S. 51–52, hier: S. 52.
131 Zitiert nach: Ibid., S. 55.
132 Bericht Georg Wolfs vom Infanterie-Regiment 87, zitiert nach: Werth, Verdun, S. 75.
133 Bericht des Hilfssanitäters Magnelot, zitiert nach: Denizot, Discours, S. 19.
134 Bericht eines ungenannten Augenzeugen, zitiert nach: Gold/Reymann, Die deutsche Offensivschlacht, S. 87.
135 Bericht des Unteroffiziers Jules Hacquin, zitiert nach: Denizot, Discours, S. 19.
136 Denizot, Discours, S. 19.
137 General der Artillerie a. D. Victor Kühne, Die 25. Infanterie-Division bei dem ersten Angriff auf Verdun. O. O. [Berlin], o. J. [um 1935]. BA-MA Freiburg, RH 61/1690.
138 Werth, Verdun, S. 75 f.
139 General der Artillerie a. D. Victor Kühne, Die 25. Infanterie-Division bei dem ersten Angriff auf Verdun. O. O. [Berlin], o. J. [um 1935]. BA-MA Freiburg, RH 61/1690.
140 Horne, Des Ruhmes Lohn, S. 134. Grasset sprich von 118 Mann, die alleine oder in kleinen Gruppen Vacherauville erreicht hätten. Vgl. Lefebvre, Die Hölle von Verdun, S. 56 f. Aller-

dings sind zweifellos viele Jäger nicht über die Straße Ville-Vacherauville, sondern quer durchs Gelände in andere Orte und Abschnitte auf dem Schlachtfeld geflohen.

141 Vom «heroischen Opfer» (*sacrifice*, *holocauste*) Driants und seiner Jäger, das den Vorstoß des XVIII. Korps «verzögert» habe, ist nicht nur in zeitgenössischen Quellen, sondern auch in der französischsprachigen Forschung und auf regierungsamtlichen Internet-Seiten noch immer durchweg die Rede. Vgl. z. B.: David, Le Colonel Driant, S. 209 ff.; Miquel, Mourir à Verdun, S. 57; «Les Chasseurs résistent héroïquement pendant plus de 24 heures et subissent de lourdes pertes, permettant aux renforts d'arriver et de maintenir la ligne de front.»: http://www.cheminsdememoire.gouv.fr/de/emile-driant. Letzter Zugriff am 26.8.2013.

142 Tappen, Kriegserinnerungen, Bl. 91'. BA-MA Freiburg, RH 61/986.

143 David, Le Colonel Driant, S. 229 ff.

144 Miquel, Mourir à Verdun, S. 57; David, le Colonel Driant, S. 231.

145 General der Artillerie a. D. Victor Kühne, Die 25. Infanterie-Division bei dem ersten Angriff auf Verdun. O. O. [Berlin], o. J. [um 1935]. BA-MA Freiburg, RH 61/1690.

146 Zitiert nach: David, Le Colonel Driant, S. 230 f.

Fünftes Kapitel

DAMMBRUCH

1 Chiffriertes Telegramm Joffres an Haig. Chantilly, 22.2.1916. 20.00 Uhr. Abgedruckt in: Les armées françaises dans la Grande Guerre 411–432, S. 630–631, hier: S. 630.

2 Ibid.

3 Joffre an Haig. Chantilly, 22.2.1916. Abgedruckt in: Les armées françaises dans la Grande Guerre, 411–428, S. 624–627, hier: S. 625.

4 [Joseph Joffre], Mémoires du maréchal Joffre, Bd. 2, S. 205 f.

5 Joffre an Haig. Chantilly, 22.2.1916. Abgedruckt in: Les armées françaises dans la Grande Guerre, 411–428, S. 624–627, hier: S. 625. Hervorhebung durch den Verfasser.

6 Ibid.

7 Ibid.

8 Solger, Vom Beginn des Angriffs auf Verdun, S. 203 f. BA-MA Freiburg, RH 61/1468.

9 Joffre an Haig. Chantilly, 22.2.1916. Abgedruckt in: Les armées françaises dans la Grande Guerre, 411–428, S. 624–627, hier: S. 625.

10 Joffre an Robertson. Chantilly, 22.2.1916. Abgedruckt in: Les armées françaises dans la Grande Guerre, 411–429, S. 627–629, hier: S. 628. Joffre strebte für seine Heeresreserve nach einer Stärke von 26 Divisionen. Vgl. [Joseph Joffre], Mémoires du maréchal Joffre, Bd. 2, S. 205.

11 Anfang Februar 1916 hatte Falkenhayn freilich mit dem Gedanken an einen unmittelbaren Hauptschlag gegen die voraussichtlich geschwächte französische Front an der Aisne oder in der Champagne gespielt. Vgl. Forschungsanstalt, Die Operationen des Jahres 1916, S. 34 f. Tappen zufolge blieb es aber durchweg Falkenhayns operativer Hauptgedanke, entweder einen Durchbruch im Gegenstoß bei den Briten oder einen Durchbruch im Nachstoßen bei Verdun zu erzielen.

12 Zitiert nach: Greenhalgh, Victory, S. 91.

13 Radtke, Douaumont, S. 30.

14 Strachan, Der Erste Weltkrieg, S. 229 f.

15 Raths, Vom Massensturm zur Stoßtrupptaktik, S. 165 ff.

16 http://www.oocities.org/bunker1914/Frontalltag_Verdun_Tagebuch_Mueller.htm. Letzter Zugriff am 8.9.2013.

17 Ibid.

18 Ibid.

19 Ibid.
20 Horne, Des Ruhmes Lohn, S. 141.
21 Gold/Reymann, Die deutsche Offensivschlacht, S. 119.
22 Radtke, Douaumont, S. 31.
23 Kriegserlebnisse Werner Brand. Auszug. Zur Verfügung gestellt 7.2.1935 von dem Verfasser, Dr. med. Werner Brand, Kolberg, Wilhelmstraße 5. BA-MA Freiburg, RH 61/1722.
24 «Karte 1. Reliefkarte von Verdun. 1:35 000», in: Gold/Reymann, Die deutsche Offensivschlacht, Anlagen. Brandis, Die Stürmer von Douaumont, S. 68. Cordt von Brandis hielt sie für eine «alte Römerstraße». Vgl. Brandis, Vor uns der Douaumont, S, 146.
25 Keegan, Die Kultur des Krieges, S. 465 ff.
26 Haupt, Mit den Vierundzwanzigern bei Verdun, S. 13. BA-MA Freiburg, RH 61/1722.
27 Ibid.
28 Vgl. «Textskizze 4. Kampf um den Nordteil des Herbebois 21.–23.2.», in: Gold/Reymann, Die deutsche Offensivschlacht, Anlagen.
29 Ibid.
30 Radtke, Douaumont, S. 31 f.
31 Kriegserlebnisse Werner Brand. Auszug. Zur Verfügung gestellt 7.2.1935 von dem Verfasser, Dr. med. Werner Brand, Kolberg, Wilhelmstraße 5. BA-MA Freiburg, RH 61/1722.
32 Zitiert nach: Brandis, Vor uns der Douaumont, S. 142.
33 Zitiert nach: Haupt, Mit den Vierundzwanzigern bei Verdun, S. 13. BA-MA Freiburg, RH 61/1722.
34 Radtke, Douaumont, S. 31.
35 Haupt, Mit den Vierundzwanzigern bei Verdun, S. 13. BA-MA Freiburg, RH 61/1722.
36 Brandis, Vor uns der Douaumont, S. 142.
37 Radtke, Douaumont, S. 32.
38 Reimann, Stereotypen, S. 868.
39 Mundt, Persönliche Erinnerungen, S. 37. BA-MA Freiburg, RH 61/1694.
40 Radtke, Douaumont, S. 34.
41 Ibid.
42 Brandis, Die Stürmer vom Douaumont, S. 58.
43 Ibid., S. 59.
44 Ibid.
45 Ibid.
46 Radtke, Douaumont, S. 35.
47 Brandis, Die Stürmer vom Douaumont, S. 62.
48 Haupt, Mit den Vierundzwanzigern bei Verdun, S. 16. BA-MA Freiburg, RH 61/1722.
49 Radtke, Douaumont, S. 35.
50 Haupt, Mit den Vierundzwanzigern bei Verdun, S. 16. BA-MA Freiburg, RH 61/1722.
51 Radtke, Douaumont, S. 36.
52 Brandis, Die Stürmer vom Douaumont, S. 64.
53 Gold/Reymann, Die deutsche Offensivschlacht, S. 150.
54 Brandis, Die Stürmer vom Douaumont, S. 66.
55 Ibid., S. 67.
56 Klüfer, Seelenkräfte, S. 33.
57 Notiz Wilds v. 20.2.1916, abgedruckt in: Wild, Briefe, S. 135–136, hier: S. 135.
58 Notiz Wilds v. 23.2.1916, abgedruckt in: Wild, Briefe, S. 137.
59 Ibid.
60 Ibid.
61 Forschungsanstalt, Die Operationen des Jahres 1916, S. 83.
62 Nach dem 18.12.1915, ganz zu Beginn des Planungsprozesses, hatte das Oberkommando der Fünften Armee den Angriff auf dem Ostufer zunächst «nach einem neuen Grundsatz» vor-

tragen wollen: Als einen überaus schmalen «Keil über Ornes mit abhängenden Flanken». In diesem an der Basis nur etwa zwei Kilometer breiten Angriffskeil Richtung Douaumont sollte «zahlreiche Artillerie zur Flankierung nach beiden Seiten Platz finden.» Vgl. Held, Die pioniertechnische Vorbereitung, S. 1. BA-MA Freiburg, RH 61/1698. Erst im Laufe der weiteren Planung ist die Basis des Angriffskeils bis zur Maas verlängert worden.

63 Tagebuchnotiz Wilds v. 29.2.1916, abgedruckt in: Wild, Briefe, S. 137–138, hier: S. 137.

64 Telegramm Falkenhayns an Schmidt von Knobelsdorf. Mézières, 24.2.1916. 19.25 Uhr. Zitiert nach: Solger, Vom Beginn des Angriffs auf Verdun, S. 192. BA-MA Freiburg, RH 61/1468.

65 Telegramm Schmidt von Knobelsdorfs an Falkenhayn. Stenay, 25.2.1916. «Mittags». Zitiert nach: Solger, Vom Beginn des Angriffs auf Verdun, S. 193 f. BA-MA Freiburg, RH 61/1468.

66 Gras, Castelnau, S. 287. Gras nutzte für die Rekonstruktion der Vorgänge ungedruckte Quellen, unter anderem aus den Privatarchiven der Familien de Castelnau und Jacquand.

67 Doughty, Pyrrhic Victory, S. 272.

68 Zitiert nach: Gras, Castelnau, S. 288.

69 Gras, Castelnau, S. 291.

70 Forschungsanstalt, Die Operationen des Jahres 1916, S. 85.

71 http://www.dugnysurmeuse.fr/visite-guidee/historique-de-dugny-sur-meuse. Letzter Zugriff am 7.8.2013.

72 Madelin, Verdun, S. 66.

73 Gras, Castelnau, S. 291.

74 Denizot, Verdun 1914–1918, S. 84.

75 Ibid., S. 84 f.

76 Forschungsanstalt, Die Operationen des Jahres 1916, S. 120.

77 Gras, Castelnau, S. 277.

78 King, Generals and Politicians, S. 43 f.

79 Zitiert nach: Gras, Castelnau, S. 288.

80 Grand Quartier Général, Envoyé au général de Langle, 24 février 1916.Abgedruckt in: Les armées françaises dans la Grande Guerre, 411–585, S. 723.

81 Millotat, Das preußisch-deutsche Generalstabssystem, S. 38.

82 Atkin, Pétain, S. 17.

83 Grand Quartier Général, Instruction pour le général commandant la IIe armée, 25 février 1916. Abgedruckt in: Les armées françaises dans la Grande Guerre, 411–673, S. 775.

84 Gras, Castelnau, S. 289.

85 Noël de Castelnau, Mémoires pour l'établissement d'un plan de guerre, o. O., April 1914. Zusammengefasst bei: Gras, Castelnau, S. 289.

86 Zitiert nach: Gras, Castelnau, S. 289.

87 Zitiert nach: Ibid.

88 Bericht Castelnaus, zitiert nach: Gras, Castelnau, S. 289.

89 Rede Briands v. 3.11.1915, zitiert nach: Siebert, Briand, S. 158.

90 Pierrefeu, Grand Quartier Général, Bd. 2, S. 255.

91 Suarez, Briand, Bd. 3, S.250.

92 Bericht Jean de Pierrefeus, zitiert nach: King, Generals and Politicians, S. 98. Der Journalist Pierrefeu verfasste in Chantilly die offiziellen Tageskommuniqués des *Grand Quartier Général* und kannte die Auffassung der in der Villa Poiret beratenden Offiziere aus eigenem Erleben. Die Wendung «geographischer Punkt» fiel in einem Bericht Briands über die Ereignisse: Vgl. Siebert, Aristide Briand, S. 167.

93 Zitiert nach: Suarez, Briand, Bd. 3, S. 251.

94 Suarez, Briand, Bd. 3, S. 251; Horne, Des Ruhmes Lohn, S. 119.

95 Fuchs, Aristide Briand, S. 122.

96 Zitiert nach: Suarez, Briand, Bd. 3, S. 251

97 Zitiert nach: King, Generals and Politicians, S. 100.
98 Bernède, Verdun 1916, S. 46 ff.
99 Serrigny, Trente ans avec Pétain, S. 44.
100 Smith, France and the Great War, S. 82.
101 Zitiert nach: Gras, Castelnau, S. 290.
102 Zitiert nach: Ibid.
103 Forschungsanstalt, Die Operationen des Jahres 1916, S. 112.
104 Chef d'État Major Général, Résistance sur la rive droite, 25 février 1916. Abgedruckt in: Les armées françaises dans la Grande Guerre, 411–681, S. 781.
105 Castelnau, zitiert nach: Gras, Castelnau, S. 291.
106 De Bary, zitiert nach: Ibid.
107 Madelin, Verdun, S. 59.
108 Ibid., S. 60.
109 De Bary, zitiert nach: Gras, Castelnau, S. 292.
110 Doughty, Pyrrhic Victory, S. 273.
111 Gras, Castelnau, S. 292.
112 Zitiert nach: Vallières, Au soleil de la cavalerie, S. 143.
113 Tagebucheintrag Haigs v. 4.5.1916. Abgedruckt bei: Haig (Sheffield), War Diaries and Letters, S. 186.
114 Tagebucheintrag Haigs v. 25.2.1916. Abgedruckt bei: Haig (Sheffield), War Diaries and Letters, S. 182.
115 Wilhelm Tögel, Der Sturm auf Douaumont. Halberstadt, 21.8.1934. BA-MA Freiburg, RH 61/1722.
116 Klüfer, Seelenkräfte, S. 38.
117 Kurt von Klüfer an Ewald von Lochow. Neuruppin, 23.5.1916. BA-MA Freiburg, RH 61/1719.
118 Mundt, Persönliche Erinnerungen, S. 41. BA-MA Freiburg, RH 61/1694.

Sechstes Kapitel

DOUAUMONT

1 Das Bundesarchiv-Militärarchiv verwahrt zwei Versionen des Kunze-Berichts: Otto Kunze, Mein Denken und Handeln zum Sturm auf die Panzerfeste Douaumont am 25. Februar 1916. Dem Reichsarchiv am 5.4.1934 von dem Verfasser übersandt als Entgegnung auf einen beigefügten Aufsatz ‹Sieg gegen Befehl, der unbekannte Stürmer von Douaumont› in den Leipziger Neuesten Nachrichten Nr. 68 vom 9.3.34, hier: S. 7. BA-MA Freiburg, RH 64/ 1722; ders., Mein Denken und Handeln zum Sturm auf die Panzerfeste Douaumont am 25. Februar und die Verteidigung des Forts am 26. Februar 1916, unter Berücksichtigung der neuesten Forschungsergebnisse 1934–35. Schwarzenberg, 30.4.1935. BA-MA Freiburg, RH 64/ 1722. Bei dem zweiten Aufsatz handelt es sich um eine erweiterte, im Kern unveränderte Fassung des ersten Berichts.
2 Major a. D. Martin Reymann, Die Einnahme des Forts Douaumont am 25. Februar 1916, in: Reichsoffizierblatt. Traditionszeitschrift für die Offiziere im Nationalsozialistischen Reichskriegerbund 6 (1941), S. 121–122, hier: S. 121. BA-MA Freiburg, RH 61/1691.
3 Radtke, Douaumont, S. 43.
4 Brandis, Die Stürmer vom Douaumont, S. 81.
5 Klüfer, Seelenkräfte, S. 43. Um der Klarheit und Kürze willen werden für die 6. Kompanie unter der Führung des Leutnants d. R. Werner Müller im Folgenden Wendungen wie «Radtkes Kompanie» benutzt.
6 Brandis, Die Stürmer vom Douaumont, S. 81.

7 Klüfer, Seelenkräfte, S. 44.
8 Wilhelm Tögel, Der Sturm auf Douaumont. Halberstadt, 21.8.1934. BA-MA Freiburg, RH 61/1722.
9 Ibid.
10 Radtke, Douaumont, S. 45 f.
11 Klüfer, Seelenkräfte, S. 45.
12 Alle Zeitangaben, umgerechnet auf die französische Ortszeit, nach: Klüfer, Seelenkräfte, S. 281 ff.
13 Kunze, Mein Denken und Handeln (1934), S. 8. BA-MA Freiburg, RH 61/1722.
14 Kunze, Mein Denken und Handeln (1935), S. 5. BA-MA Freiburg, RH 61/1722.
15 Kunze, Mein Denken und Handeln (1934), S. 8. BA-MA Freiburg RH 61/1722.
16 Kunze, Mein Denken und Handeln (1935), S. 6. BA-MA Freiburg, RH 61/1722.
17 Ibid.
18 Radtke, Douaumont, S. 47.
19 Ewald Kreysig, 6./24, Bericht über meine Erlebnisse beim Sturm auf Douaumont. Harthau bei Chemnitz, 25.7.1934. BA-MA Freiburg, RH 61/1722.
20 Radtke, Douaumont, S. 47.
21 Neitzel/Welzer, Soldaten, S. 83.
22 Haupt, Mit den Vierundzwanzigern bei Verdun, S. 20. BA-MA Freiburg, RH 61/1722.
23 Brandis, Die Stürmer vom Douaumont, S. 84.
24 Ibid.
25 Ibid.
26 Sammlung von Abschriften, Auszügen, Kriegstagebüchern und Einzelberichten des Hauptmanns Märtens. Gefechtsbericht der Gruppe des 2. Zuges, 8a./24, Unteroffizier Goetz, Musketier Stelzer pp. Abschrift. BA-MA Freiburg, RH 62/1719.
27 Bericht des Musketiers Wichert, 6./24, über den Sturm auf Fort Douaumont am 25. Februar 1916. Abschrift. BA-MA Freiburg, RH 61/1719.
28 Bericht des Leutnants der Reserve Morgenroth, 6./24. Abschrift. BA-MA Freiburg, RH 61/1719.
29 Augenzeugen berichten über Verdun 1916. Film von German Werth und Claus-Ferdinand Siegfried. Produktionsleitung: Rudi Obladen. WDR 1984.
30 Gefechtsbericht des Leutnants Jürgen Freiherr von Eynatten, 7./24. Abschrift. BA-MA Freiburg, RH 61/1719.
31 Bericht des Musketiers Otto Paulitz, 6./24. Abschrift. BA-MA Freiburg, RH 61/1722.
32 Zum Aspekt der Jagd im Kriege: Neitzel/Welzer, Soldaten, S. 107 ff.
33 Gefechtsbericht des Gefreiten Bernhard Lehmann 6./24. Berlin, 31.7.1934. BA-MA Freiburg, RH 61/1722.
34 Auszug aus «Kriegserlebnisse Werner Brand». Zur Verfügung gestellt 7.2.1935 von dem Verfasser, Dr. med. Werner Brand, Kolberg, Wilhelmstraße 5. BA-MA Freiburg, RH 61/1722.
35 Bericht des Vizefeldwebels der Reserve Wiedenhus, 6./24, über den Angriff auf Fort Douaumont am 25. Februar 1916. Abschrift. BA-MA Freiburg, RH 61/1719.
36 Kunze, Mein Denken und Handeln (1935), S. 7. BA-MA Freiburg, RH 61/1722.
37 Kunze, Mein Denken und Handeln (1934), S. 6. BA-MA Freiburg, RH 61/1722.
38 Klüfer, Seelenkräfte, S. 197.
39 Kunze, Mein Denken und Handeln (1935), S. 8. BA-MA Freiburg, S. 5. RH 61/1722.
40 Kaluzko/Lewerenz/Meyer, Das Fort Douaumont, S. 2 f.
41 Klüfer, Seelenkräfte, S. 58.
42 Kunze, Mein Denken und Handeln (1935), S. 9. BA-MA Freiburg, RH 61/1722.
43 Kunze, Mein Denken und Handeln (1934), S. 10. BA-MA Freiburg RH 61/1722.
44 Kunze, Mein Denken und Handeln (1935), S. 9. BA-MA Freiburg, RH 61/1722.
45 Kunze, Mein Denken und Handeln (1934), S. 11. BA-MA Freiburg, RH 61/1722.

46 Klüfer, Seelenkräfte, S. 65.
47 Kunze, Mein Denken und Handeln (1934), S. 11 f. BA-MA Freiburg, RH 61/1722.
48 German Werth bezweifelte 1979 die Glaubwürdigkeit des Vizefeldwebels Otto Kunze mit dem Hinweis, dass dessen Bericht verdächtig spät, erst 1934, im Reichsarchiv «abgeliefert» worden sei (Vgl. Werth, Verdun, S. 121.). Martin Gräßler folgte Werths Deutung in seiner Diplomarbeit, verfasst an der Technischen Universität Dresden (Vgl. Gräßler, Fort Douaumont, S. 51). Doch Werth konnte 1979 den Originalbericht nicht einsehen. Seinerzeit befand sich das Dokument mit den Akten der Forschungsanstalt im Zentralarchiv des sowjetischen Verteidigungsministeriums. Kunzes lange, mit zahllosen Einzelheiten aufwartende Darstellung war schon 1934 durch Kurt von Klüfer sorgfältig geprüft, mit den Aussagen anderer Augenzeugen verglichen und im Kern für zutreffend befunden worden.

Kunze nannte als Auslöser für seine Niederschrift die Lektüre eines Artikels über Radtke in den «Leipziger Neuesten Nachrichten». Durch diesen Zeitungsbericht hatte der Vizefeldwebel von den Streitigkeiten der Offiziere offenbar überhaupt erst erfahren. Bei Verdun war Kunze am Tage seiner Ablösung (26.2.1916) durch ein Artilleriegeschoss am Arm verwundet und zur Genesung in ein Lazarett nach Rudolstadt gebracht worden. Ähnlich wie Radtke hatte er die Vorgänge also nicht sofort aufklären können. Nach seiner Genesung betrieb der Vizefeldwebel im Frühjahr 1916 eigene Nachforschungen: «Eine Nachfrage bei der Kompagnie [4. Feld-Kompanie des II. Pionierbataillons] ergab, dass man uns Pioniere bei den Kämpfen am 25. und 26.2.1916 um das Fort Douaumont außer Acht gelassen hatte. Schritte dagegen zu unternehmen, hielt ich für aussichtslos.» Hauptmann Hans-Joachim Haupt, zwischenzeitlich mit dem *Pour le Mérite* ausgezeichnet, hatte Kunze noch am 25.2.1916 im Fort per Handschlag versprochen, die sächsischen Pioniere bei den vorgesetzten Dienststellen für eine Auszeichnung vorzuschlagen. Nun aber war Haupt die Beteiligung Kunzes offenkundig «entfallen». Kein Wunder also, dass der sächsische Unteroffizier jede Beschwerde, die einen preußischen Offizier und Träger des *Pour le Mérite* in ein derart ungünstiges Licht rücken musste, für aussichtslos hielt. Im Zuge der ehrengerichtlichen Untersuchung, die Klüfer im Mai 1916 gegen sich selbst beantragte, wurde Kunze als Angehöriger eines sächsischen Pionierbataillons nicht befragt. Als der Douaumont-Streit während der 1930er Jahren neu entbrannte und neben Klüfer auch das Reichsarchiv eigene Nachforschungen anstellte, meldeten sich drei Augenzeugen, die Kunzes Bericht bestätigen konnten: neben Pionierunteroffizier Sachse und dem Pionier Schramm auch Gustav Böttcher, am 25.2.1916 Unteroffizier im III. Bataillon der Vierundzwanziger. Böttcher stand mit Kunze in keiner persönlichen Verbindung und war ihm eher feindlich gesonnen (Vgl. Bericht des ehemaligen Unteroffiziers Gustav Böttcher von der 9. Kompanie des III. Bataillons IR 24 über seine Erlebnisse am 25. Februar 1916 bei und im Fort Douaumont. Berlin, 16.3.1939. BA-MA Freiburg, RH 61/1722). Aus alledem wird deutlich: Kunzes Bericht entspricht – jedenfalls im Kern – den Tatsachen.

Dass die «Fraktion Brandis-Haupt» und besonders die «Fraktion Radtke» Kunzes Aussagen fast reflexhaft verwarfen, erschien nach rund siebzehn Jahren Dauerstreit fast selbstverständlich: «Das, was Kunze sagt, soll er seiner Großmutter erzählen, aber nicht uns Douaumontstürmern.» (Vgl. Richard Kucki und Kameraden der Douaumont-Vereinigung an Kriegsministerium. Berlin, 15.5.1937. BA-MA Freiburg, RH 61/1722.) Klüfer hat die Ursachen dieser Abwehrhaltung einleuchtend begründet: «Die Zeit, die große Sorgenbrecherin, hatte bereits – nach eigener Angabe der Beschwerdeführer [gemeint sind ehemalige Soldaten der Radtke-Kompanie] – begonnen, die Gemüter langsam zu beruhigen, da tritt Kunze auf den Plan! Von neuen Gefahren fühlt das gekränkte Selbstbewusstsein sich bedroht. An Radtke, den [sic] seelisch und geistig Gefährdetsten, entflammt sich die Massenseele und vergisst gänzlich das alte Mahnwort: ‹Was Du nicht willst, was [sic] man Dir tut, das füg auch keinem anderen zu!› Brandis scheint ihnen erledigt, nun geht es auf den ‹Märchenerzähler› Kunze los!!» (Vgl. Klüfer an Reymann. Münster i. W., 28.9.1937. BA-MA Freiburg, RH 61/1722).

49 Radtke, Douaumont, S. 50 f.
50 Ibid., S. 50.
51 Wilhelm Tögel, Der Sturm auf Douaumont. Halberstadt, 21.8.1934. BA-MA Freiburg, RH 61/1722.
52 Radtke, Douaumont, S. 51.
53 Ibid., S. 53.
54 Ibid., S. 55.
55 Musketier Sellhuse, zitiert nach: Emil Szameitat, 6./24, Bericht über meine Erlebnisse beim Sturm auf Douaumont am 25. Februar 1916. Berlin, 21.6.1934. BA-MA Freiburg, RH 61/1722.
56 Emil Szameitat, 6./24, Bericht über meine Erlebnisse beim Sturm auf Douaumont am 25. Februar 1916. Berlin, 21.6.1934. BA-MA Freiburg, RH 61/1722.
57 Klüfer, Seelenkräfte, S. 72.
58 Gefechtsbericht des Leutnants Brand, 7./24. Abschrift. BA-MA Freiburg, RH 61/1719.
59 Gefechtsbericht des Leutnants Sommer, 7./24. Abschrift. BA-MA Freiburg, RH 61/1719.
60 Brandis an Reichsarchiv. Wustrau-Luch, 16.12.1926. Abschrift. BA-MA Freiburg, RH 61/1719.
61 Gefechtsbericht des Vizefeldwebels Heiling, 7./24. Abschrift. BA-MA Freiburg, RH 61/1719.
62 Gefechtsbericht des Leutnants Sommer, 7./24. Abschrift. BA-MA Freiburg, RH 61/1719.
63 Ibid.
64 Haupt, zitiert nach: Gefechtsbericht des Leutnants Brand, 7./24. Abschrift. BA-MA Freiburg, RH 61/1719.
65 Gefechtsbericht des Vizefeldwebels Heiling, 7./24. Abschrift. BA-MA Freiburg, RH 61/1719.
66 Haupt, Mit den 24ern bei Verdun, S. 22. BA-MA Freiburg, RH 61/1722.
67 Arthur Kühn, 5./24, Bericht von der Erstürmung der Feste Douaumont. Berlin, 4.8.1937. BA-MA Freiburg, RH 61/1722.
68 Ibid.
69 Ibid.
70 Klüfer, Seelenkräfte, S. 113.
71 Ibid., S. 86.
72 Kunze, Mein Denken und Handeln (1935), S. 16. BA-MA Freiburg, RH 61/1722.
73 Klüfer, Seelenkräfte, S. 175 f.
74 Ibid., S. 88 f.
75 Ibid., S. 90.
76 Gefechtsbericht von Paul Habedank und Ferdinand Südschlag, 7./24. Berlin-Charlottenburg, 10.3.1941. BA-MA Freiburg, RH 61/1722.
77 Haupt, Mit den 24ern bei Verdun, S. 14. BA-MA Freiburg, RH 61/1722.
78 Radtke, Douaumont, S. 15.
79 Ewald Kreysig, 6./24, Bericht über meine Erlebnisse beim Sturm auf Douaumont. Harthau bei Chemnitz, 25.7.1934. BA-MA Freiburg, RH 61/1722.
80 Radtke, Douaumont, S. 64.
81 Klüfer, Seelenkräfte, S. 109.
82 Horne, Des Ruhmes Lohn, S. 167 u. 173 f.
83 Klüfer, Seelenkräfte, S. 30 f.
84 Kunze, Mein Denken und Handeln (1935), S. 20. BA-MA Freiburg, RH 61/1722.
85 Radtke, Douaumont, S. 68.
86 Brandis an Reichsarchiv. Wustrau-Luch, 16.12.1926. Abschrift. BA-MA Freiburg, RH 61/1719.
87 Tagebuchnotiz Müllers v. 25.2.1916. Abgedruckt bei: Müller, Regierte der Kaiser?, S. 159.
88 Extrablatt der Celleschen Zeitung und Anzeigen v. 26.2.1916. Veröffentlicht bei: http://www.deutsches-reich-1914–1918.de/februar-1916.html. Letzter Zugriff am 27.8.2013.
89 Cornelißen, La réception, S. 147 ff.

90 Zitiert nach: Cornelißen, La réception, S. 147.
91 Horne, Des Ruhmes Lohn, S. 174.
92 Zitiert nach: Zwehl, Falkenhayn, S. 189.
93 Wolfgang Foerster an General d. Inf. a. D. Constantin Schmidt von Knobelsdorf. O. O., o. D. [Potsdam, Herbst 1933]. Durchschrift. BA-MA Freiburg, RH 61/1752. Vollständige Abschrift auch bei: Solger, Vom Beginn des Angriffs auf Verdun, S. 193'. BA-MA Freiburg, RH 61/1468.
94 Tappen, Kriegserinnerungen, Bl. 92'. BA-MA Freiburg, RH 61/986.
95 Generalmajor a. D. Gerhard von Heymann, Erinnerungen für meine Kinder, Hamburg 1943. Masch.-schr. Abschrift eines unveröffentlichten Manuskripts. Nachlass Gerhard von Heymann. Privatarchiv Familie von Heymann.
96 Forschungsanstalt, Die Operationen des Jahres 1916, S. 94. Lochow merkte auf den Druckfahnen des Weltkriegswerks an, er habe Schmidt von Knobelsdorf am 26.2.1916 telefonisch gewarnt, dass die brandenburgischen Truppen «durch die bisherigen Verluste, Witterungsverhältnisse und Anstrengungen nahezu am Ende ihrer Kräfte» seien. Vgl. Randbemerkungen des Generals d. Inf. a. D. Ewald von Lochow auf den Druckfahnen des 10. Bandes des amtlichen Weltkriegswerkes. Potsdam, 28.8.1935. BA-MA Freiburg, RH 61/1690.
97 Vortragsnotizen Vertreter Abteilung III b v. 22.2.1916. Solger, Vom Beginn des Angriffs auf Verdun, S. 201. BA-MA Freiburg, RH 61/1468.
98 Vgl. Kapitel «Dammbruch», S. 125.
99 Joffre an Région Fortifiée de Verdun. Chantilly, 25.2.1916. 23.55 Uhr. Abgedruckt in: Les armées françaises dans la Grande Guerre, 411–680, S. 780.
100 Le général commandant en chef des armées françaises à Monsieur le général Sir Douglas Haig, commandant en chef des forces britanniques à Saint-Omer, 26 février 1916. Abgedruckt in: Les armées françaises dans la Grande Guerre, 411–749, S. 831.
101 Le général commandant en chef des armées françaises à général Sir W. Robertson, 26 février 1916. Abgedruckt in: Les armées françaises dans la Grande Guerre, 411–748, S. 830.
102 Zitiert nach: Gras, Castelnau, S. 294.
103 Doughty, Pyrrhic Victory, S. 273.
104 Ryan, Pétain, S. 84.
105 Gras, Castelnau, S. 294.
106 Zitiert nach: Doughty, Pyrrhic Victory, S. 273.
107 Wendt, Verdun, S. 87.
108 Kunze, Mein Denken und Handeln (1935), S. 21. BA-MA Freiburg, S. 5. RH 61/1722.
109 Radtke, Douaumont, S. 79.
110 Kunze, Mein Denken und Handeln (1935), S. 21. BA-MA Freiburg, S. 5. RH 61/1722.
111 Radtke, Douaumont, S. 79.
112 Kunze, Mein Denken und Handeln (1935), S. 21. BA-MA Freiburg, S. 5. RH 61/1722.
113 Ibid.
114 Mundt, Persönliche Erinnerungen, S. 43 f. BA-MA Freiburg, RH 61/1694.
115 Radtke, Douaumont, S. 80.
116 Kunze, Mein Denken und Handeln (1935), S. 21. BA-MA Freiburg, S. 5. RH 61/1722.
117 Mundt, Persönliche Erinnerungen, S. 40 f. BA-MA Freiburg, RH 61/1694.
118 Radtke, Douaumont, S. 72.
119 Bericht des Eugen Lehming, Tischlermeister in Zellin/Nm., s. Zt. Musk. I. R. 9./24. Abschrift. BA-MA Freiburg, RH 61/ 1722.
120 Radtke, Douaumont, S. 72.
121 Bericht des Eugen Lehming, Tischlermeister in Zellin/Nm., s. Zt. Musk. I. R. 9./24. Abschrift. BA-MA Freiburg, RH 61/ 1722.
122 Radtke, Douaumont, S. 73.

Siebtes Kapitel

PATT

1 Radtke, Douaumont, S. 73.
2 Ibid., S. 75.
3 Ibid., S. 74.
4 Haupt, Mit den 24ern bei Verdun, S. 23. BA-MA Freiburg, RH 61/1722.
5 Radtke, Douaumont, S. 75.
6 Brandis, Vor uns der Douaumont, S. 159.
7 Radtke, Douaumont, S. 75.
8 Ibid., S. 74.
9 Ibid., S. 73 f.
10 Ibid., S. 73.
11 Ibid., S. 74.
12 Gefechtsbericht des Gefreiten Karl Meinhardt, 8a/24. Berlin, 12.10.1934. BA-MA Freiburg, RH 61/1722.
13 Stephan Klink, Leben und Tod des Generalmajors Wilhelm von Lotterer (1857–1916). Der tödliche Zwischenfall ereignete sich am 3.3.1916. http://www.dffv.de/Verdun/Lotterer/Lotterer.htm. Letzter Zugriff am 9.9.2013.
14 Brandis, Die Stürmer vom Douaumont, S. 158 u. 162.
15 Ibid., S. 166.
16 Gefechtsbericht des Gefreiten Karl Meinhardt, 8a/24. Berlin, 12.10.1934. BA-MA Freiburg, RH 61/1722.
17 Brandis, Die Stürmer vom Douaumont, S. 160.
18 Ibid.
19 Bernhard Lehmann (6./24) an seine Schwester. Fort Douaumont, 2.3.1916. Abschrift. BA-MA Freiburg, MSG 2/15146.
20 Klüfer, Seelenkräfte, S. 163. Es handelte sich um das Erste und Dritte Bataillon sowie um MG-Formationen der 39. Infanteriedivision.
21 http://www.encyclopedie-bourges.com/r%E9giments1.htm. Letzter Zugriff am 2.7.2013.
22 Zitiert nach: Historique du 95e régiment, S. 12.
23 Gold/Reymann, Die deutsche Offensivschlacht, S. 225.
24 Historique du 95e régiment d'infanterie, S. 11 f.
25 Musketier Giraud, zitiert nach: Lefebvre, Die Hölle von Verdun, S. 86.
26 Leutnant Jacques Péricard, zitiert nach: Lefebvre, Die Hölle von Verdun, S. 86.
27 Ibid.
28 Henri Bozonnet, zitiert nach: Lefebvre, Die Hölle von Verdun, S. 90 f.
29 Ibid.
30 Gold/Reymann, Die deutsche Offensivschlacht, S. 285.
31 Leutnant Vogel, zitiert nach: Gold/Reymann, Die deutsche Offensivschlacht, S. 225.
32 Werth, Verdun, S. 139.
33 Gold/Reymann, Die deutsche Offensivschlacht, S. 218.
34 Zitiert nach: Werth, Verdun, S. 138.
35 Gold/Reymann, Die deutsche Offensivschlacht, S. 218.
36 Castelnau, zitiert nach: Gras, Castelnau, S. 296.
37 Castelnau, zitiert nach: Ibid., S. 297.
38 Forschungsanstalt, Die Operationen des Jahres 1916, S. 114 u. 116 f.
39 Doughty, Pyrrhic Victory, S. 274. Es handelte sich um das XIII., XXI., XIV. und XXXIII. Armeekorps.
40 Zitiert nach: Forschungsanstalt, Die Operationen des Jahres 1916, S. 114.

41 Ibid.
42 Navet, Verdun et la censure.
43 Ibid., S. 50.
44 Generalmajor a. D. Gerhard von Heymann, Erinnerungen für meine Kinder, Hamburg 1943. Masch.-schriftl. Abschrift eines unveröffentlichten Manuskripts. Nachlass Gerhard von Heymann. Privatarchiv Familie von Heymann.
45 Randbemerkungen des Generalmajors a. D. Gerhard von Heymann auf den Druckfahnen des Weltkriegswerkes. Hamburg, 23.8.1935. BA-MA Freiburg, RH 61/1690.
46 Forschungsanstalt, Die Operationen des Jahres 1916, S. 120.
47 Chef des Generalstabs des Feldheeres an Armeeoberkommandos 2–7. Mézières, 14.4.1916. BA-MA Freiburg, RH 61/1695.
48 Sterkendries, La bataille de Verdun, S. 186 f. Doughty, Verdun, S. 179. Doughty betont freilich die abschreckende Wirkung der «Hölle von Verdun» auf die öffentliche Meinung der USA mit Blick auf einen möglichen Kriegseintritt. Grandhomme, L'intervention de la Roumanie, S. 223. Weck, La bataille de Verdun, S. 247 f.
49 Vgl. Kapitel «Zermürbung»., S. 232.
50 Tagebucheintrag Wilds v. 29.2.1916. Abgedruckt in: Wild, Briefe, S. 138.
51 «Es ist zu dieser Zeit vom General von Falkenhayn auch die Frage aufgeworfen worden, ob ein Angriff an anderer Stelle unter Verzicht der Operation auf Verdun nunmehr vorteilhafter sei. Das konnte aber nach den ganzen Erwägungen, die zum Entschluss des Angriffs auf Verdun geführt hatten, gar nicht in Betracht kommen. Allein die Verlegung der erforderlichen Artillerie von Verdun an eine andere Stelle hätte eine unendliche Zeit erfordert und konnte nicht verborgen bleiben.» Tappen, Kriegserinnerungen, Bl. 92'. BA-MA Freiburg, RH 61/ 986.
52 Ibid.
53 Ibid. Tappen erwähnt in diesem Zusammenhang den «Arras-Abschnitt». Die endgültige Bestätigung, dass die gesamte Zehnte Armee herausgelöst wurde, erreichte Falkenhayn durch seine Nachrichtenabteilung am 3.3.1916. Vgl. Solger, Vom Beginn des Angriffs auf Verdun, S. 231 ff. BA-MA Freiburg, RH 61/1468.
54 Denkschrift AOK6 v. 27.1.1916. Abgedruckt in: Wilhelm Solger, Die O. H. L. in der Führung der Westoperationen Ende 1915 bis Ende August 1916. Potsdam, Juni-September 1933. Masch.-schriftl. Manuskript, S. 60–65, hier: S. 60. BA-MA Freiburg, RH 61/1675. Zu Falkenhayns frühen Zweifeln an einem britischen Entlastungsangriff vgl. Solger, Vom Beginn des Angriffs auf Verdun, S. 229. BA-MA Freiburg, RH 61/1468.
55 Solger, Vom Beginn des Angriffs auf Verdun, S. 204. BA-MA Freiburg, RH 61/1468.
56 OHL an Heeresgruppe Kronprinz. Mézières, 29.2.1916. Zitiert nach: Martin Reymann an Oberstleutnant Robert Matthiaß, Potsdam, im Mai 1934. Entwurf. BA-MA Freiburg, RH 61/1696.
57 Stachelbeck, Militärische Effektivität, S. 63 ff. u. 97 ff.
58 Telegramm Falkenhayns an Schmidt von Knobelsdorf. Mézières, 29.2.1916. 9.45 Uhr. Zitiert nach: Solger, Vom Beginn des Angriffs auf Verdun, S. 195 f. Neben der 11. Bayerischen Infanteriedivision setzte Falkenhayn auch die 22. Reservedivision in Marsch.
59 Solger, Vom Beginn des Angriffs auf Verdun, S. 204. BA-MA Freiburg, RH 61/1468.
60 Doughty, Pyrrhic Victory, S. 274.
61 Ryan, Pétain, S. 89.
62 King, Generals and Politicians, S. 101.
63 Horne, Des Ruhmes Lohn, S. 209.
64 Zitiert nach: King, Generals and Politicians, S. 101.
65 Doughty, Pyrrhic Victory, S. 275.
66 Kühn, Verdun 1916, S. 14 f. Zum *Meusien* vgl. Bernède, Verdun 1916.
67 Doughty, Pyrrhic Victory, S. 275.
68 Kühn, Verdun, S. 16.

69 Ibid., S. 22.
70 Ibid., S. 17.
71 Bericht von Georges Pineau, zitiert nach: Lefebvre, Die Hölle von Verdun, S. 97–100, hier: S. 99.
72 Kühn, Verdun, S. 21.
73 Ibid., S. 18.
74 Ibid., S. 20.
75 Ibid., S. 24 f.
76 Clayton, Paths of Glory, S. 115.
77 Kühn, Verdun, S. 33.
78 Ibid., S. 30.
79 Ibid., S. 29 f.
80 Boud'hors, Le capitaine de Gaulle, S. 7.
81 d'Escrienne, De l'Aisne à Verdun, S. 23.
82 Lebougre, Au pont de Dinant, S. 19.
83 Plessy, J'ai connu de Gaulle captif, S. 186.
84 Zitiert nach: Boud'hors, Le capitaine de Gaulle, S. 7.
85 Brief de Gaulles v. an Oberstleutnant Franz Boud'hors. O. O., 8.12.1918. Zitiert nach: Boud'hors, Le capitaine de Gaulle, S. 8.
86 Brief de Gaulles v. an Oberstleutnant Franz Boud'hors. O. O., 8.12.1918. Zitiert nach: Boud'hors, Le capitaine de Gaulle, S. 8 f.
87 Werth, Verdun, S. 144.
88 Ibid.
89 Leutnant Bernhard von Brandis, zitiert nach: Brandis, Vor uns der Douaumont, S. 161 f.
90 Ibid.
91 Brief de Gaulles an Oberstleutnant Franz Boud'hors. O. O., 8.12.1918. Zitiert nach: Boud'hors, Le capitaine de Gaulle, S. 11.
92 Boud'hors, Le capitaine de Gaulle, S. 15.
93 Radtke, Douaumont, S. 76.
94 Ibid.
95 Ibid.
96 Ibid., S. 77.
97 Ibid., S. 76 f.
98 Ibid., S. 77.
99 Ibid., S. 77 f.
100 Ibid., S. 78.
101 Ibid.
102 Schmidt von Knobelsdorf, zitiert nach: Martin Reymann, Handschriftlicher Aktenauszug aus 3.3. [1916] AOK5 Ia 639g «Erfahrungen aus bisherigem Verlauf des Angriffs und Folgerungen für seine Fortsetzung» (21.2.–31.3.1916, Bl. 61). O. O. [Potsdam], o. J. [1935]. BA-MA Freiburg, RH 61/1689.
103 Martin Reymann, Handschriftlicher Aktenauszug aus 3.3. AOK5 Ia 639g «Erfahrungen aus bisherigem Verlauf des Angriffs und Folgerungen für seine Fortsetzung» (21.2.–31.3.1916, Bl. 61). O. O. [Potsdam], o. J. [1935]. BA-MA Freiburg, RH 61/1689.
104 Notizen des I a Gerhard von Heymann über Chefbesprechung 4.3.1916, 8.30 Uhr vormittags. Abschrift aus: Oberkommando der 5. Armee, Abteilung «Angriff auf Verdun», Heft 2, 29.2.–8.3., Bl. 242. BA-MA Freiburg, RH 61/1689; Aufzeichnungen Major Matthias [sic], Ib-Offizier, Chefbespr. 4.3.1916, 8.30 Uhr vormittags. Abschrift aus: Oberkommando der 5. Armee, Abteilung «Angriff auf Verdun», Heft 2, 29.2.–8.3., Bl. 243. BA-MA Freiburg, RH 61/1689.
105 Aufzeichnungen Major Matthias v. 4.3.1916. BA-MA Freiburg, RH 61/1689.
106 Notizen des Ia Gerhard von Heymann v. 4.3.1916. BA-MA Freiburg, RH 61/1689.

107 Vgl. S. 191.
108 Aufzeichnungen Major Matthias v. 4.3.1916. BA-MA Freiburg, RH 61/1689.
109 Ibid.
110 Afflerbach, Falkenhayn, S. 372.
111 Wendt, Verdun, S. 243.
112 Martin Reymann, Stellenbesetzung Armeeoberkommando Ende 1915–August 1916. O. O., o. J. BA-MA Freiburg, RH 61/1696.
113 Doughty, Pyrrhic Victory, S. 275.
114 French, The Meaning of Attrition, S. 389 f.
115 Vgl. Kapitel «Douaumont», S. 167.
116 Kunze, Mein Denken und Handeln (1934), S. 6. BA-MA Freiburg, RH 61/1722.
117 Freytag-Loringhoven, Menschen und Dinge, S. 271 f.
118 Tagebuchnotiz Müllers v. 12.10.1915. Abgedruckt bei: Müller, Regierte der Kaiser?, S. 136.
119 Freytag-Loringhoven, Menschen und Dinge, S. 272.
120 Dardart, Charleville.
121 Wild, Briefe, S. 142, Anm. 1.
122 Forschungsanstalt, Die Operationen des Jahres 1916, S. 291; Afflerbach, Falkenhayn, S. 297.
123 Admiral von Holtzendorff am 30.12.1915, zitiert nach: Afflerbach, Falkenhayn, S. 381.
124 Tagebuchnotiz Wilds v. 10.3.1916. Abgedruckt in: Wild, Briefe, S. 142–144, hier: S. 142 f.
125 Denkschrift des Reichskanzlers über den Ubootkrieg vom 29. Februar 1916, abgedruckt in: Bethmann Hollweg, Betrachtungen, S. 281–290.
126 Wilhelm Solger, Amtshistoriker der Forschungsanstalt, war noch in den 1930er Jahren über diesen Vorgang ebenso empört wie fassungslos: «Die Tatsache, dass der Reichskanzler (!) im Frühjahr 1916 den Chef des Generalstabes und den Chef des Admiralstabes *ad absurdum* führen kann – und zwar mit technisch-militärischen Argumenten – muss scharf herausgestellt werden, damit so etwas für die Zukunft unmöglich gemacht oder doch aufs höchste erschwert wird.» Der Umstand, so Solger, dass auch der 3. OHL dann nicht der Vorwurf erspart werden könne, sich wie Falkenhayn blind auf Angaben der Marine verlassen zu haben, dürfe die Forschungsanstalt von ihrer Kritik nicht abhalten. Vgl. Wilhelm Solger, Zu Wetzell und zum Vortrage Wetzells. O. O. [Potsdam], o. J. [Oktober/November 1935] BA-MA Freiburg, RH 61/1672. Dennoch ist in der amtlichen Darstellung diese Kritik entfallen.
127 Tagebuchnotiz Wilds v. 29.4.1916. Abgedruckt in: Wild, Briefe, S. 147.
128 Strachan, Der Erste Weltkrieg, S. 263.
129 Ibid., S. 264.
130 Neitzel, Seeblockade, S. 1004.
131 Haffner, Die Sieben Todsünden, S. 55 ff. Haffners Analyse ist in ihrer Klarheit und Kürze wohl noch immer die aufschlussreichste deutschsprachige Darstellung des Themas.
132 Notiz Wilds v. 7.3.1916. Abgedruckt bei: Wild, Briefe, S. 138–140, hier: S. 139 f.
133 Tagebuchnotiz Müllers v. 4.3.1916. Abgedruckt in: Müller, Regierte der Kaiser?, S. 161–163, hier: S. 161 f.
134 Afflerbach, Militärische Planung, S. 285 f.
135 Notiz Wilds v. 7.3.1916. Abgedruckt bei: Wild, Briefe, S. 138–140, hier: S. 139 f.
136 Tagebuchnotiz Müllers v. 4.3.1916. Abgedruckt in: Müller, Regierte der Kaiser?, S. 161–163, hier: S. 162.
137 Notiz Wilds v. 9.3.1916. Abgedruckt in: Wild, Briefe, S. 141–142, hier: S. 141.
138 Solger, Vom Beginn des Angriffs auf Verdun, S. 232 ff. BA-MA Freiburg, RH 61/1468.
139 Janßen, Der Kanzler und der General, S. 184.
140 Afflerbach, Falkenhayn, S. 387.
141 Notiz Wilds v. 7.3.1916. Abgedruckt bei: Wild, Briefe, S. 138–140, hier: S. 140.
142 Tagebuchnotiz Müllers v. 4.3.1916. Abgedruckt in: Müller, Regierte der Kaiser?, S. 161–163, hier: S. 163.

Achtes Kapitel

ZERMÜRBUNG

1 Tagebuchnotiz Bauers v. 7./8.3.1916. Tagebuch Alfred Bauer. Abschrift, Bl. 133. Deutsches Tagebucharchiv Emmendingen [künftig zitiert als: DTA], Nr. 1544. Leutnant Alfred Bauer (22.4.1896–16.9.1917) diente im Stab des II. Bataillons des Infanterie-Regiments (1. Kurhessisches) Nr. 81 aus Frankfurt am Main. Das Regiment war der 21. Infanterie-Division unterstellt, die zum XVIII. Armeekorps (Schenck) gehörte.
2 Tagebuchnotiz Bauers v. 2.3.1916. Tagebuch Alfred Bauer. Abschrift, Bl. 129. DTA, Nr. 1544.
3 Vgl. Kapitel «Patt», S. 186.
4 Tagebuchnotiz Bauers v. 5.3.1916. Tagebuch Alfred Bauer. Abschrift, Bl. 132. DTA, Nr. 1544.
5 Tagebuchnotiz Bauers v. 4.3.1916. Tagebuch Alfred Bauer. Abschrift, Bl. 131 f. DTA, Nr. 1544.
6 Ibid.
7 Tagebuchnotiz Bauers v. 7./8.3.1916. Tagebuch Alfred Bauer. Abschrift, Bl. 133. DTA, Nr. 1544.
8 Tagebuchnotiz Bauers v. 9.3.1916. Tagebuch Alfred Bauer. Abschrift, Bl. 134. DTA, Nr. 1544.
9 Tagebuchnotiz Bauers v. 10.3.1916. Tagebuch Alfred Bauer. Abschrift, Bl. 134. DTA, Nr. 1544.
10 Tagebuchnotiz Bauers v. 10.3.1916. Tagebuch Alfred Bauer. Abschrift, Bl. 135. DTA, Nr. 1544.
11 Tagebuchnotiz Bauers v. 9.3.1916. Tagebuch Alfred Bauer. Abschrift, Bl. 134. DTA, Nr. 1544.
12 Tagebuchnotiz Bauers v. 10.3.1916. Tagebuch Alfred Bauer. Abschrift, Bl. 135. DTA, Nr. 1544.
13 Alfred Bauer an seine Eltern. Waldlager Dombras, 12.3.1916. Abschrift. Tagebuch Alfred Bauer, Bl. 136–138, hier: Bl. 137 f. DTA, Nr. 1544.
14 Tagebuchnotiz Bauers v. 8.2.1916. Tagebuch Alfred Bauer. Abschrift, Bl. 118. DTA, Nr. 1544.
15 Mathieu, Vomag.
16 Kosch an seine Frau. Schloss Charmois bei Dun/Maas, 6.3.1916. Abschrift, in: R. Kosch, Erlebnisse während des Weltkrieges, Bd. VI: Januar-August 1916, S. 28. BA-MA Freiburg, N 754/6.
17 Busse, Schlacht bei Verdun, Die Kampfhandlungen auf dem Westufer der Maas, S. 72. Forschungsarbeit der Kriegsgeschichtlichen Forschungsanstalt. BA-MA Freiburg, RH 61/1664.
18 Randbemerkungen des Generalmajors a. D. Freiherr von Ledebur in den Druckfahnen des 10. Bandes des amtlichen Weltkriegswerkes. Wellingsbüttel bei Hamburg, 14.8.1935. BA-MA Freiburg, RH 61/1752.
19 Werth, Verdun, S. 156 f.
20 Kosch an seine Frau. Schloss Charmois bei Dun/Maas, 6.3.1916. Abschrift, in: Robert Kosch, Erlebnisse während des Weltkrieges, Bd. VI: Januar-August 1916, S. 28. BA-MA Freiburg, N 754/6.
21 Reymann/Gold, Die Zermürbungsschlacht, S. 9.
22 Horne, Des Ruhmes Lohn, S. 229.
23 Kosch an seine Frau. Schloss Charmois bei Dun/Maas, 8.3.1916. Abschrift, in: Robert Kosch, Erlebnisse während des Weltkrieges, Bd. VI: Januar-August 1916, S. 29. BA-MA Freiburg, N 754/6.
24 Kosch an seine Kinder. Schloss Charmois bei Dun/Maas, 8.3.1916. Abschrift, in: Robert Kosch, Erlebnisse während des Weltkrieges, Bd. VI: Januar-August 1916, S. 29. BA-MA Freiburg, N 754/6.
25 Ritter, Gedenkworte, S. 88.
26 Stachelbeck, Militärische Effektivität, S. 292.
27 Machtan, Rezension zu: Dieter J. Weiß, Kronprinz Rupprecht.
28 Denkschrift des Armeeoberkommandos 6. Douai, 4.3.1916. Zitiert nach: Solger, Vom Beginn des Angriffs auf Verdun, S. 231. BA-MA Freiburg, RH 61/1468.
29 Zitiert nach Generalmajor a. D. Hermann Ritter Mertz von Quirnheim an Wilhelm Solger. Potsdam, 15.11.1933, Bl. 28–34. BA-MA Freiburg, RH 61/974.
30 Ibid.

31 Tagebuchnotiz des Kronprinzen Rupprecht von Bayern v. 8.3.1916. Abgedruckt in: Tagebuch des Kronprinzen Rupprecht, Bd. 1, S. 445.
32 Tagebuchnotizen Wilds v. 8. u. 9.3.1916. Abgedruckt in: Wild, Briefe, S. 140 f. Falkenhayns Niedergeschlagenheit vertiefte sich zusätzlich, als sich am Abend des 9.3.1916 die Nachricht vom Fall des Forts Vaux als Irrtum entpuppt hatte.
33 Tagebuchnotizen Wilds v. 9.3.1916. Abgedruckt in: Wild, Briefe, S. 141–142, hier: S. 141.
34 Vgl. Kapitel «Angriff», S. 99 f.
35 General d. Inf. a. D. Georg Wetzell, Konnte im Jahre 1916 deutscherseits eine Kriegsentscheidung angestrebt werden und war der Gedanke, sie bei Verdun zu suchen, berechtigt? Vortrag a. d. J. 1926. BA-MA Freiburg, RH 61/1752.
36 Afflerbach, Falkenhayn, S. 372. Die Abteilung «III b» unter Oberst Walter Nicolai (1873–1947) fasste in ihrem Bericht offenbar Stimmungen zusammen, die auf französischer Seite nach dem «Dammbruch» auf den *Côtes* am 24., 25. und 26.2.1916 überwogen, Anfang der zweiten März-Woche aber bereits stark im Abklingen begriffen waren.
37 Forschungsanstalt, Die Operationen des Jahres 1916, S. 30.
38 Tappen, Kriegserinnerungen, Bl. 92'. BA-MA Freiburg, RH 61/986.
39 Schmidt von Knobelsdorf beantragte am Vormittag des 11.3.1916 die Ablösung des III. 85.
40 Solger, Vom Beginn des Angriffs auf Verdun, S. 235. BA-MA Freiburg, RH 61/1468.
41 Krekeler-Jöris/ Rother, International – führen von vorne. Der Verfasser dankt Generalmajor a. D. Jürgen von Falkenhayn für seinen Hinweis.
42 Doughty, Pyrrhic Victory, S. 99 f.
43 Castelnau in einer Sitzung des Verteidigungsrates am 17.5.1916, zitiert nach: Poincaré, Au service de la France, Bd. 8, S. 225.
44 Castelnau, paraphrasiert nach: Gras, Castelnau, S. 279.
45 Gallieni, «Note sur les modifications du haut commandement» v. 7.3.1916. Zusammengefasst bei: Gras, Castelnau, S. 300.
46 Vgl. Kapitel «Pläne», S. 32 ff.
47 Poincaré, Au service de la France, Bd. 8, S. 94 f.
48 Zitiert nach Serrigny, Trente ans, S. 81 f. Vgl. auch Poincaré, Au service de la France, Bd. 8, S. 86–97.
49 Zur Haltung Pétains gegenüber der politischen Führung vgl. Ryan, Pétain, S. 96.
50 Poincaré, Au service de la France, Bd. 8, S. 116.
51 Ibid.
52 Ibid.
53 Übersetzung des französischen Armeebefehls Nr. 57 (14.3.16). Akten Angriffsgruppe Mudra, Operationsakten, Teil I, 17.3.–31.3.16. Auszüge von der Hand Martin Reymanns. BA-MA Freiburg, RH 61/1689.
54 Grand Quartier Général, Séance du Conseil Supérieur de la Défense Nationale du 10 mars 1916, in: Les armées françaises dans la Grande Guerre, 412–1071, S. 179.
55 Bericht des Nachrichtenoffiziers im AOK5 v. 14.4.1916. Auszüge aus Anlagen zum K.T.B. der Kronprinzlichen Adjutantur bis 21. April 1916. BA-MA Freiburg, RH 61/1696.
56 Le Nouveau Petit Robert, S. 1498.
57 Prost, Verdun, S. 259.
58 Ibid., S. 257.
59 Kosch an seine Frau. Schloss Charmois bei Dun/Maas, 4.3.1916. Abschrift, in: Robert Kosch, Erlebnisse während des Weltkrieges, Bd. VI: Januar-August 1916, S. 26–27, hier: S. 26 f. BA-MA Freiburg, N 754/6.
60 Ibid., S. 26.
61 Robert Kosch an seine Frau. Schloss Charmois bei Dun/Maas, 12.3.1916. Abschrift, in: R. Kosch, Erlebnisse während des Weltkrieges, Bd. VI: Januar-August 1916, S. 32. BA-MA Freiburg, N 754/6.

62 Ibid.

63 Ibid.

64 Reymann/Gold, Die Zermürbungsschlacht, S. 21.

65 Tappen, Kriegserinnerungen, Bl. 93. BA-MA Freiburg, RH 61/986.

66 Unteroffizier Robert Perreau vom französischen Infanterieregiment 203, zitiert nach: Lefebvre, Die Hölle von Verdun, S. 210 f. Perreaus Bericht beschreibt Erlebnisse aus der letzten Oktober-Woche 1916.

67 Krumeich, Der Mensch als ‹Material›, S. 302.

68 Werth, Verdun, S. 159.

69 Martin Reymann, Verluste Verdun 1916 nach Generalquartiermeister-Verlustlisten. BA-MA Freiburg, RH 61/1696. Reymann nannte u. a. folgende Zahlen der OHL («Verluste nach Meldung der Truppen 21.2.–31.3.16»), zusammengestellt nur für den Dienstgebrauch:

	vermisst	tot oder verwundet	zusammen
VI. RK	14638	5541	20179
VII.RK	5771	1710	7481
XVIII. AK	7970	3357	11327
X. RK	2909	783	3692
V. RK	8980	3292	12272
XV. AK	4125	1042	5167
III. AK	8960	3787	12747
Strantz	4379	2116	6495
Gesamt	57732	21628	79360

70 Notiz Groeners v. 16.3.1916, in: Aufzeichnungen des Generals Groener 1916, S. 1–8, hier: S. 5. Abschrift. BA-MA Freiburg, RH 61/1672.

71 Ibid.

72 Zitiert nach: Obkircher, Gündell, S. 203. Gündell traf Schmidt von Knobelsdorf am 14.3.1916.

73 Abteilung III b, Französische Kräftewirtschaft für den Zeitraum vom 21.2.–Mitte März 1916. Mézières, 17.3.1916. Zusammengefasst bei: Solger, Vom Beginn des Angriffs auf Verdun, S. 240 f. BA-MA Freiburg, RH 61/1468.

74 Treutler an Bethmann Hollweg. Charleville, 26.3.1916. Zitiert nach: Afflerbach, Falkenhayn, S. 373.

75 Romberg an Auswärtiges Amt. Bern, 15.3.1916. Zitiert nach Afflerbach, Falkenhayn, S. 373.

76 Treutler an Bethmann Hollweg. Charleville, 15.3.1916. Maschinenschriftliche Auszüge aus den Akten des Auswärtigen Amtes, «Der Weltkrieg, secr. Bd. 28a, Bd. 29, Bd. 30, Bd. 188» – betreffend die Schlacht um Verdun. BA-MA Freiburg, RH 61/1689. Zum Vergleich: *Ende* März 1916 betrugen die französischen Verluste bei Verdun 89 000 Mann, die deutschen Verluste 82 000 Mann. Vgl. Wendt, Verdun, S. 243.

77 So berechnete zum Beispiel der Chef des Feldsanitätswesens für den Zeitraum 21.2.–28.3.1916 bemerkenswerte 14 816 Verwundete mehr als der Generalquartiermeister der Obersten Heeresleitung. Es gab zahlreiche Fehlerquellen: In den Verbandsplätzen wurden zuweilen deutsche «Kranke», verwundete Franzosen oder auch «Vermisste» einberechnet, von deren Verwundung die Truppe erst später erfuhr. Vgl. Martin Reymann, Verluste Verdun 1916 nach Generalquartiermeister-Verlustlisten. BA-MA Freiburg, RH 61/1696.

78 Treutler an Bethmann Hollweg. Charleville, 15.3.1916, S. 1–5, hier: S. 2. Abschrift. BA-MA Freiburg, RH 61/586.

79 Ibid., S. 4.

80 Zitiert nach: Grünau an Bethmann Hollweg. Charleville, 29.3.1916. Auszüge aus den Kriegsakten der Reichskanzlei. Maschinenschriftliche Abschrift. BA-MA Freiburg, RH 61/1689.

81 Grünau an Bethmann Hollweg. Charleville, 29.3.1916. Auszüge aus den Kriegsakten der Reichskanzlei. Maschinenschriftliche Abschrift. BA-MA Freiburg, RH 61/1689.

82 Generalmajor a.D. Ritter Mertz von Quirnheim an Wolfgang Foerster. Potsdam, 4.1.1935. BA-MA Freiburg, RH 61/1672. Mertz überliefert diese Szene für den August 1916.

83 Wurmser, Flucht vor dem Gewissen, S. 79 ff.

84 Zitiert nach: Martin Reymann, Auszüge aus AOK5, Angriff auf Verdun, Heft III. (9.–20.3.1916). BA-MA Freiburg, RH 61/1689.

85 Martin Reymann, Auszüge aus AOK5, Angriff auf Verdun, Heft III. (9.–20.3.1916). BA-MA Freiburg, RH 61/1689.

86 Forschungsanstalt, Die Operationen des Jahres 1916, S. 132.

87 Zitiert nach: Obkircher, Gündell, S. 164 u. 204.

88 Zitiert nach: Ibid., S. 205.

89 Notiz Wilds v. 27.3.1916. Abgedruckt bei: Wild, Briefe, S. 145–146, hier: S. 145.

90 [Graf Friedrich von der Schulenburg-Tressow], Erlebnisse des Grafen Friedrich v.d. Schulenburg-Tressow. Königl. Preuss. Generalmajor und Chef des Generalstabes der Heeresgruppe Deutscher Kronprinz, Tressow 1920, S. 108. BA-MA Freiburg, N 58/1.

91 Generalmajor a.D. Gerhard von Heymann, Erinnerungen für meine Kinder, Hamburg 1943. Masch.-schriftl. Abschrift eines unveröffentlichten Manuskripts. Nachlass Gerhard von Heymann. Privatarchiv Familie von Heymann.

92 Gerhard von Heymann an Ernst Kabisch. Hamburg, 28.8.1935, S. 1–7, hier: S. 3. Abschrift. BA-MA Freiburg, RH 61/1672.

93 Generalmajor a.D. Gerhard von Heymann, Erinnerungen für meine Kinder, Hamburg 1943. Masch.-schriftl. Abschrift eines unveröffentlichten Manuskripts. Nachlass Gerhard von Heymann. Privatarchiv Familie von Heymann.

94 Kronprinz Wilhelm an Kaiser Wilhelm II. Stenay, 18.8.1916. Abschrift. BA-MA Freiburg, RH 61/1712.

95 Ibid.

96 Ibid.

97 Gündell, zitiert nach: Obkircher, Gündell, S. 204.

98 Befehl der Angriffsgruppe Mudra. Nouillonpont, 23.3.1916, 22.00 Uhr. Auszug Akten Angriffsgruppe Mudra, Operationsakten, Teil I, 17.3.–31.3.16. BA-MA Freiburg, RH 61/1689.

99 Forschungsanstalt, Die Operationen des Jahres 1916, S. 285.

100 Groener, Lebenserinnerungen, S. 301. Eintrag v. 12.3.1916.

101 Falkenhayn muss das Scheitern seines Gesamtplans spätestens am 3. März erkannt haben, als der Angriff auf den *Côtes* bereits seit Tagen stockte und die Nachrichtenabteilung das Strecken der britischen Front bestätigte. Vgl. Solger, Vom Beginn des Angriffs auf Verdun, S. 231 ff. BA-MA Freiburg, RH 61/1468. Wilhelm Solger kam mit Blick auf den Zusammenbruch der Gesamtstrategie zu ähnlichen Schlussfolgerungen: «Am 27. Februar wird ihm [Falkenhayn] klar geworden sei, dass ein Stillstand drohe. Bis Ende März muss er erkannt haben, dass nicht abzusehen sei, ob und wann dieser in eine erneute Vorwärtsbewegung umzulenken sein werde. Damit war der ganze Plan umgeworfen.» Vgl. Solger an General von dem Bussche. Potsdam, 7.3.1935, Bl. 1–12, hier: Bl. 7. BA-MA Freiburg, RH 61/1219.

102 «Für das gänzliche Ausbleiben von Entlastungsversuchen unserer Gegner auf dem westlichen Kriegsschauplatze während der ersten Wochen der Operationen an der Maas hatte man zunächst keine Erklärung gehabt.» Vgl. Falkenhayn, Oberste Heeresleitung, S. 201.

103 Tagebucheintrag Haigs v. 4.5.1916. Abgedruckt bei: Haig (Sheffield), War Diaries and Letters, S. 186.

104 Vgl. Kapitel «Dammbruch», S. 148 f.

105 Tagebuchnotiz Rupprechts v. 20.3.1916. Abgedruckt in: Kronprinz Rupprecht, Kriegstagebuch, Bd. 1, S. 468.
106 Tagebuchnotiz Kuhls v. 20.3.1916. Zitiert nach: Solger, Vom Beginn des Angriffs auf Verdun, S. 248. BA-MA Freiburg, RH 61/1468.
107 Tagebuchnotiz Rupprechts v. 20.3.1916. Abgedruckt in: Kronprinz Rupprecht von Bayern, Mein Kriegstagebuch, Bd. 1, S. 468.
108 Wendt, Verdun, S. 243. Die Zahlen gelten für den Zeitraum vom 21.2.–20.3.1916.
109 Notiz Groeners v. 23.3.1916, in: Aufzeichnungen des Generals Groener 1916, S. 1–8, hier: S. 7. Abschrift. BA-MA Freiburg, RH 61/1672.
110 Tagebuchnotiz Wild von Hohenborns v. 27.3.1916. Abgedruckt in: Wild, Briefe und Tagebuchaufzeichnungen, S. 145–146, hier: S. 145 f.
111 Aufzeichnungen des Generals Groener 1916, S. 1–8, hier: S. 8. Abschrift. BA-MA Freiburg, RH 61/1672.
112 Tagebuchnotiz Wilds v. 27.3.1916. Abgedruckt bei: Wild, Briefe, S. 145.
113 Tappen, Kriegserinnerungen, Bl. 93. BA-MA Freiburg, RH 61/986.
114 Notiz Groeners v. 23.3.1916, in: Aufzeichnungen des Generals Groener 1916, S. 1–8, hier: S. 6. Abschrift. BA-MA Freiburg, RH 61/1672.
115 Tappen genoss in Mézières offenbar kein sonderlich hohes Ansehen. Jedenfalls sprachen ihm «selbst junge Offiziere die Genialität» ab. Vgl. Luckwald an Bethmann Hollweg. Charleville, 13.6.1916. Zitiert nach: Wilhelm Solger, Schilderung der Vorgänge, die zur Enthebung des Generals von Falkenhayn von seiner Stellung als Chef des Generalstabes des deutschen Feldheeres geführt haben. Potsdam 1935. Masch.-schriftl. Manuskript, Bl. 44–190, hier: Bl. 145. BA-MA Freiburg, RH 61/1219.
116 Gerhard von Heymann an Ernst Kabisch. Hamburg, 28.8.1935, S. 1–7, hier: S. 5. Abschrift. BA-MA Freiburg, RH 61/1671.
117 «General Schmidt von Knobelsdorf dagegen drängte im Einvernehmen mit General von Falkenhayn auf raschen Geländegewinn wenigstens bis in die zu einer Dauerstellung erst geeignete Fortlinie Souville–Tavannes–Moulainville–Haudiomont, ehe der nahe Sommer anderweitige Überraschungen brächte.» Gerhard von Heymann an Ernst Kabisch. Hamburg, 28.8.1935, S. 1–7, hier: S. 6 f. Abschrift. BA-MA Freiburg, RH 61/1672.
118 Gerhard von Heymann an Ernst Kabisch. Hamburg, 28.8.1935, S. 1–7, hier: S. 5. Abschrift. BA-MA Freiburg, RH 61/1671.
119 Aufzeichnungen Kuhls v. 27.3.1916. Zitiert nach: Solger, Vom Beginn des Angriffs auf Verdun, S. 243. BA-MA Freiburg, RH 61/1468.
120 Forschungsanstalt, Die Operationen des Jahres 1916, S. 133.
121 Kosch an seine Frau. Rouvrois, 26.3.1916. Abschrift, in: Robert Kosch, Erlebnisse während des Weltkrieges, Bd. VI: Januar-August 1916, S. 41–42, hier: S. 42. BA-MA Freiburg, N 754/6.
122 Gefechtsbericht des Gefreiten Karl Meinhardt, 8a/24. Berlin, 12.10.1934. BA-MA Freiburg, RH 61/1722.
123 Kosch an seine Frau. Rouvrois, 26.3.1916. Abschrift, in: Robert Kosch, Erlebnisse während des Weltkrieges, Bd. VI: Januar-August 1916, S. 41–42, hier: S. 42. BA-MA Freiburg, N 754/6.
124 Bernhard Lehmann (6./24) an seine Schwester. O. O., 19.3.1916. Abschrift. BA-MA Freiburg, MSG 2-15146.
125 Ewald Kreysig, 6./24, an Reichsarchiv. Harthau bei Chemnitz, 25.7.1934. BA-MA Freiburg, RH 61/1722.
126 Klüfer an Hauptquartier 6. Infanteriedivision. Neuruppin, 30.5.1916. BA-MA Freiburg, RH 61/1722.
127 Kosch an seine Frau. Rouvrois, 28.3.1916. Abschrift, in: Robert Kosch, Erlebnisse während des Weltkrieges, Bd. VI: Januar-August 1916, S. 42–43, hier: S. 43. BA-MA Freiburg, N 754/6.
128 Falkenhayn an Schmidt von Knobelsdorf. Mézières, 30.3.1916. Abschrift. BA-MA Freiburg RH 61/974.

129 General d. Inf. a. D. Schmidt von Knobelsdorf an Wolfgang Foerster. Glücksburg, 27.12.1933. Abschrift. BA-MA Freiburg, RH 61/1752. Es handelt sich um die Antworten Schmidt von Knobelsdorfs auf den Fragenkatalog der Forschungsanstalt vom Spätherbst 1933.

130 Gerhard von Heymann an Ernst Kabisch. Hamburg, 28.8.1935, S. 1–7, hier: S. 4. Abschrift. BA-MA Freiburg, RH 61/1671.

131 Schmidt von Knobelsdorf an Falkenhayn. Mit Randnotizen Falkenhayns. Stenay, 31.3.1916. Abschrift. BA-MA Freiburg RH 61/974.

132 General d. Inf. a. D. Schmidt von Knobelsdorf an Direktor Wolfgang Foerster. Glücksburg, 27.12.1933. Abschrift. BA-MA Freiburg, RH 61/1752.

133 Falkenhayn an Schmidt von Knobelsdorf. O. O. [Mézières], 4.4.1916. Abschrift. BA-MA Freiburg RH 61/974.

134 Aufzeichnungen Kuhls v. 27.3.1916. Zitiert nach: Solger, Vom Beginn des Angriffs auf Verdun, S. 243. BA-MA Freiburg, RH 61/1468.

135 Vgl. Anhang «Weihnachtsdenkschrift», S. 379 ff.

136 «Selbst die O.H.L. war schwankend geworden, ob die Fortsetzung des Kampfes noch verantwortet werden konnte. General Schmidt von Knobelsdorf hielt mit zäher Energie daran fest und gewann General von Falkenhayn für die Überzeugung, dass ... von einer Einstellung des Angriffs keine Rede sein dürfe.» Schulenburg, Erlebnisse, S. 109.

137 Notiz Gerhard von Heymanns v. 12.4.1916 nachmittags. Akten AOK5, Angriff auf Verdun, Heft V, 4.4.–18.4.1916. Abschrift. BA-MA Freiburg, RH 61/1689.

138 Mudra an Schmidt von Knobelsdorf. Korps-Hauptquartier, 21.4.1916. Abschrift. BA-MA Freiburg, RH 61/1689.

139 Randbemerkungen Schmidt von Knobelsdorfs zu Forschungsarbeiten Band X v. 16.4.–5.6.16. Glücksburg, 27.10.1934. Abschrift, Bl. 27–28, hier: Bl. 28. BA-MA Freiburg, RH 61/1219.

140 Kewisch an Schäfer. Berlin, 16.8.1935, S. 1–3, hier: S. 2. BA-MA Freiburg, RH 61/1672.

141 Ibid.

142 Ibid.

143 Obkircher, Gündell, S. 210.

144 Kewisch an Schäfer. Berlin, 16.8.1935, S. 1–3, hier: S. 2. BA-MA Freiburg, RH 61/1672.

145 Kronprinz Wilhelm, Meine Erinnerungen, S. 192.

146 Gündell, zitiert nach: Obkircher, Gündell, S. 211.

147 Ibid.

148 Generalmajor a. D. Gerhard von Heymann, Erinnerungen für meine Kinder, Hamburg 1943. Masch.-schriftl. Abschrift eines unveröffentlichten Manuskripts. Nachlass Gerhard von Heymann. Privatarchiv Familie von Heymann.

149 Ibid.

150 Ibid.

151 Ibid. Darüber hinaus waren Heymanns Ausführungen nicht für die Öffentlichkeit bestimmt. Vgl. Anhang «Weihnachtsdenkschrift», S. 384 ff.

152 Wild von Hohenborn an seine Frau. Mézières, 5.12.1914. Abgedruckt in: Wild, Briefe, S. 45–46, hier: S. 46.

153 Kronprinz Wilhelm an Kaiser Wilhelm II. Stenay, 18.8.1916. Abschrift. BA-MA Freiburg, RH 61/1712.

154 Das Zitat stammt von Fritz von Falkenhayn, nicht von dessen Vater, dem Generalstabschef. Vgl. Fritz von Falkenhayn an Wilhelm Solger. Neckarsulm, 17.5.1935; Fritz von Falkenhayn an Karl Ludwig von Oertzen. O. O. 20.1.1932. Abschrift. BA-MA Freiburg, RH 61/1672. Allerdings war Fritz von Falkenhayn von Januar bis Mai 1916 nach eigenem Bekunden täglich mit seinem Vater zusammen. Die Klagen des Sohnes in dem Schreiben an Solger und Oertzen dürfen – bei aller gebotenen Vorsicht – daher wohl auch als Echo der Stimme des verstorbenen Generalstabschefs gelten: «Sie werden mir Recht geben, wenn ich behaupte,

dass Sie aus tausenderlei Gründen nicht in der Lage sind, auszusprechen, dass mein Vater von seinen nächsten Mitarbeitern, von der Nachrichtenabteilung, von Generalstabschefs, von kommandierenden Generälen bis zum österreichischen Generalstabschef hintergangen und mit Absicht belogen wurde.»

155 Schmidt von Knobelsdorf an Falkenhayn. Stenay, 18.8.1916. BA-MA Freiburg, N 2069/3. In diesem Schreiben spielte Knobelsdorf die grundsätzlichen Meinungsverschiedenheiten zwischen dem Kronprinzen und dem Ersten Generalstabsoffizier Graf von der Schulenburg auf der einen Seite und ihm selbst auf der anderen Seite völlig irreführend als «kleinen Riss» herunter. Knobelsdorf betonte sogar die angeblich zwei Jahre aufrechterhaltene «Einheitlichkeit der Meinung und des Willens» in Stenay. Das war schlicht die Unwahrheit.

156 Generalmajor a. D. Gerhard von Heymann, Erinnerungen für meine Kinder, Hamburg 1943. Masch.-schriftl. Abschrift eines unveröffentlichten Manuskripts. Nachlass Gerhard von Heymann. Privatarchiv Familie von Heymann.

157 Ibid.

158 «Auszug aus einer Ausarbeitung des Generalmajors Graf von der Schulenburg über den deutschen Kronprinzen vom 5. Januar 1919. (Dem Reichsarchiv Anfang 1933 zur Verfügung gestellt mit der Bemerkung, dass nur die Sachbearbeiter der Historischen Abteilung für Zwecke des Kriegswerkes Einsicht nehmen dürfen!)». Abschrift. BA-MA Freiburg, RH 61/1674.

159 Boelcke an seine Eltern. O. O., o. J. [Juni 1916]. Abschrift, Bl. 259–264, hier: Bl. 259 f. BA-MA Freiburg, RH 61/746.

160 Klemp, Die deutsche Luftwaffe im Ringen um Verdun, S. 89. BA-MA Freiburg, RH 61/746. Die Zahl gilt für Ende April 1916.

161 Vgl. die Schilderungen verschiedener Flugzeugführer aus den Jahren 1916 und 1917, zitiert bei: Münch, Verdun, S. 50 ff.

162 Hodeir, La photographie aérienne.

163 Klemp, Die deutsche Luftwaffe im Ringen um Verdun, S. 70. BA-MA Freiburg, RH 61/746.

164 Boelcke an seine Eltern. O. O., o. J. [Juni 1916]. Abschrift, Bl. 259–264, hier: Bl. 259. BA-MA Freiburg, RH 61/746.

165 Ibid.

166 Schmidt, Luftkrieg, S. 689.

167 Klemp, Die deutsche Luftwaffe im Ringen um Verdun, S. 3. BA-MA Freiburg, RH 61/746.

168 Ibid., S. 144. BA-MA Freiburg, RH 61/746.

169 Clayton, Paths of Glory, S. 119.

170 Boelcke an seine Eltern. O. O., o. J. [Juni 1916]. Abschrift, Bl. 259–264, hier: Bl. 259. BA-MA Freiburg, RH 61/746.

171 Ibid.

172 Krempp, Le commandant Rose; Pernot, Verdun 1916.

173 Horne, Des Ruhmes Lohn, S. 299 f.

174 Boelcke an seine Eltern. O. O., o. J. [Juni 1916]. Abschrift, Bl. 259–264, hier: Bl. 259. BA-MA Freiburg, RH 61/746.

175 Klemp, Die deutsche Luftwaffe im Ringen um Verdun, S. 159 f. BA-MA Freiburg, RH 61/746.

176 Falkenhayn, der Thomsens Auffassung teilte, entzog Schmidt von Knobelsdorf Anfang Juni 1916 die Verfügung über die Kampfgeschwader. Sie kamen in der zweiten Junihälfte bei Bombereinsätzen im Hinterland der Befestigten Region zum Einsatz, erzielten durchaus Erfolge, mussten aber auch schwere Verluste hinnehmen. Vgl. Klemp, Die deutsche Luftwaffe im Ringen um Verdun, S. 116 f. BA-MA Freiburg, RH 61/746.

177 Horne, Des Ruhmes Lohn, S. 289.

178 Ibid., S. 294.

179 Schmidt, Richthofen.

180 [Stefan George], Der Krieg, S. 5.

Neuntes Kapitel

KRISE

1 Le général commandant en chef à monsieur le général Sir Douglas Haig, commandant en chef des forces britanniques, à Montreuil-sur-Mer. Chantilly, 27.4.1916. Abgedruckt in: Les armées françaises dans la Grande Guerre, 413–2241, S. 772. Vgl. auch Doughty, Pyrrhic Victory, S. 280.

2 Beispielsweise kam es während der Pariser Konferenz (27./28.3.1916) hinter den Kulissen zu einem Zusammenstoß zwischen den Vertretern Großbritanniens und Frankreichs. Es ging um die Frage, welche Partei Truppen von Saloniki an die Westfront verlegen sollte. Die französischen Vertreter erklärten, «sie hätten schwer an Menschen eingebüßt und es sei nun für die Briten an der Zeit, ihre Rolle zu spielen». Tagebuchnotiz Haigs v. 29.3.1916. Abgedruckt in: Haig, The Private Papers (Blake), S. 136–137, hier: S. 137.

3 Les armées françaises dans la Grande Guerre, 41, S. 641. Dort werden für den Zeitraum 21.2.–1.5.1916 vierzig französische Divisionen genannt. Diese Zahl umfasst den Mehrfach-Einsatz einer Division vor Verdun.

4 «Ob das System der Franzosen, die Divisionen nicht so zu überanstrengen, nicht besser sei, wäre in solchem Falle zu überlegen. Jedenfalls habe die 11. Bayerische Division von ihrem Bestand 15 Bataillone, 53 Kompagnieführer und 9000 Mann eingebüßt, hiervon 2000 durch Krankheit, 7000 im Kampf.» Luckwald an Bethmann Hollweg. Charleville, 22.5.1916, S. 1–5, hier: S. 3. Abschrift. BA-MA Freiburg, RH 61/586.

5 Tagebuchnotiz Wilds v. 8.5.1916, abgedruckt in: Wild, Briefe, S. 154–155, hier: S. 154.

6 Falkenhayn war spätestens seit dem 10.5.1916 über die starken französischen Reserven («17–18 Divisionen»), die Joffre im Grundsatz eigene Offensiven gestatteten, im Bilde. Vgl. Luckwald an Bethmann Hollweg. Charleville, 10.5.1916, S. 1–3, hier: S. 2. Abschrift. BA-MA Freiburg, RH 61/586.

7 Luckwald an Bethmann Hollweg. Charleville, 26.6.1916, S. 1–2, hier: S. 1 f. Abschrift. BA-MA Freiburg, RH 61/586.

8 Ryan, Pétain, S. 94.

9 Pétain, zitiert nach: Gras, Castelnau, S. 307.

10 Pedroncini, Pétain, S. 155.

11 Becker, Nivelle, S. 744.

12 Greenhalgh, Victory, S. 46 f.

13 Procès-verbaux de la conférence des Alliés réunie à Paris les 27 et 28 mars 1916. Première séance. Lundi 27 mars 1916. Abgedruckt in: Les armées françaises dans la Grande Guerre 413–2130, S. 600–613, hier: S. 603.

14 Ibid., S. 604.

15 Ibid.

16 Ibid.

17 Ibid., S. 603.

18 Ibid., S. 605.

19 Tagebuchnotiz Rawlinsons v. 1.4.1916. Zitiert nach: Strachan, Der Erste Weltkrieg, S. 235.

20 Rawlinson an Haig. O. O., 3.4.1916. Zitiert nach: French, The Meaning of Attrition, S. 403.

21 Tagebuchnotiz Haigs v. 5.4.1916. Zitiert nach: Haig, War Diaries and Letters (Sheffield), S. 184.

22 Tagebucheintrag Maurice Hankeys v. 21.1.1916, zitiert nach: French, The Meaning of Attrition, S. 400. Hankey bekleidete 1916 das Amt des *Secretary of War Council.*

23 French, The Meaning of Attrition, S. 401 f. Für diese bewusste Täuschung, die auch Kitchener verborgen bleiben sollte, liefert French überzeugende Quellenbelege.

24 Ibid., S. 405.

25 Tagebuchnotiz Riezlers v. 30.4.1916. Abgedruckt in: Riezler, Tagebücher, S.351–353, hier: S.351; Ritter, Tragödie der Staatskunst, S.211.

26 Tagebuchnotiz Plessens v. 30.4.1916. Abgedruckt in: Afflerbach, Oberster Kriegsherr, S.854.

27 Zum *Sussex*-Zwischenfall vgl. Schröder, Die U-Boote des Kaisers, S.211ff; Clark, Enrique Granados, S. 165 ff. Offenbar ist unklar, ob US-Amerikaner auf der *Sussex* ums Leben kamen. Schröder erklärt – ohne Belege –, es habe keinen einzigen Toten gegeben. Tatsächlich starben in jedem Fall Enrique Granados, Amparo Granados und der britische Tennisspieler Manliffe Goodbody. Clark gibt – ebenfalls ohne Belege – 50 tote Passagiere an, darunter 25 US-Amerikaner. Glaubwürdig erscheinen die Angaben von Bridgland, der offenbar archivalisch gearbeitet hat: mindestens 50 Tote, darunter keine US-Amerikaner. Vgl. Bridgland, Outrage at Sea, S. 89 ff.

28 Tagebuchnotiz Müllers v. 28.4.1916. Abgedruckt in: Müller, Regierte der Kaiser?, S. 172.

29 Doughty, Verdun, S. 189.

30 US-Note v. 20.4.1916, zitiert nach: Ritter, Tragödie der Staatskunst, S. 209.

31 Ritter, Tragödie der Staatskunst, S. 209.

32 «We cannot forget that we are in some sort and by force of circumstances the responsible spokesmen of the rights of humanity.» Rede Wilsons v. 19.4.1916, zitiert nach: Schroeder, U-Boote des Kaisers, S. 213.

33 Randbemerkungen Wilhelms II. v. 22.4.1916 auf einer Abschrift der Wilson-Note, zitiert nach: Schroeder, U-Boote des Kaisers, S. 214. Hervorhebungen im Original. Die Marginalien verfasste der Kaiser auf Englisch.

34 Die Fernblockade richtete sich vor allem gegen die Lebensmittelversorgung der Bevölkerung. Sie verstieß gegen die Londoner Deklaration von 1909, die die britische Regierung allerdings nicht ratifiziert hatte. Den Grundsatz der Haager Friedenskonferenzen von 1899 und 1907, Nichtkombattanten so weit wie möglich zu schonen, verletzte die Blockade jedoch ohne Zweifel. Vgl. Strachan, Der Erste Weltkrieg, S. 261–269. Fiebig-von Hase, Deutschland, S. 126. Zum Zusammenhang zwischen Kriegsprofiten und der US-amerikanischen Haltung zur Blockade: Strachan, Der Erste Weltkrieg, S. 264.

35 Kruse, Der Erste Weltkrieg, S. 44 f. Dort auch der Verweis auf die Spezialliteratur.

36 Denkschrift Bethmann Hollwegs v. 29.2.1916. Abgedruckt in: Bethmann Hollweg, Betrachtungen zum Weltkriege, S. 281–290, hier: S. 283.

37 Schroeder, U-Boote des Kaisers, S. 215.

38 Afflerbach, Falkenhayn, S. 394.

39 Ibid., S. 397 f.

40 Zitiert nach: Ritter, Tragödie der Staatskunst, S. 211 u. Kabisch, Verdun, S. 128.

41 Tagebuchnotiz Müllers v. 1.5.1916. Abgedruckt in: Müller, Regierte der Kaiser?, S. 173–174, hier: S. 173.

42 Tagebuchnotiz Müllers v. 3.5.1916. Abgedruckt in: Ibid., S. 174.

43 Tagebuchnotiz Müllers v. 30.4.1916. Abgedruckt in: Ibid., S. 172–173, hier: S. 172.

44 Tagebuchnotiz Müllers v. 3.5.1916. Abgedruckt in: Ibid., S. 174.

45 Tagebuchnotiz Riezlers v. 30.4.1916. Abgedruckt in: Riezler, Tagebücher, S.351–353, hier: S.351 f.

46 Ähnlich auch die Wertung Gerhard Ritters: Vgl. Ritter, Die Tragödie der Staatskunst, S. 211.

47 Staatssekretär Zimmermann, zitiert nach: Janßen, Der Kanzler und der General, S. 202, Anm. 16.

48 Janßen, Der Kanzler und der General, S. 199.

49 Gerard, My Four Years in Germany, S. 308 f.

50 Bericht des Polizeipräsidenten Berlins an den Oberbefehlshaber in den Marken und Gouverneur von Berlin. Berlin, 7.3.1916. Abgedruckt in: Dokumente aus geheimen Archiven, S. 114–115, hier: S. 115.

51 Tagebuchnotiz Riezlers v. 30.4.1916. Abgedruckt in: Riezler, Tagebücher, S. 351–353, hier: S. 352.

52 Tagebuchnotiz Müllers v. 1.5.1916. Abgedruckt in: Müller, Regierte der Kaiser?, S. 173–174, hier: S. 173.

53 «Vormittags teilte mir Valentini ganz aufgeregt mit, Falkenhayn habe seinen Abschied eingereicht, da ihn die Kaiserliche Zustimmung zu der Antwortnote, ohne dass er noch einmal gehört worden sei, schwer beleidige.» Tagebuchnotiz Müllers v. 2.5.1916. Abgedruckt in: Müller, Regierte der Kaiser?, S. 174.

54 Ibid.

55 Janßen, Der Kanzler und der General, S. 204. Falkenhayn gab nach dem Krieg an, aus innen- wie außenpolitischer Rücksichtnahme im Amt geblieben zu sein. Er habe, so Falkenhayn, den Gegensatz zwischen militärischer und politischer Leitung «zum Nachteil Deutschlands nach außen» nicht erkennbar werden lassen wollen. Vgl. Falkenhayn, Oberste Heeresleitung, S. 186.

56 Gerhard Tappen, Bemerkungen zu R. A. Nr. 45 vom 18.10.34. Goslar, 29.10.1934. Abschrift. BA-MA Freiburg, RH61/1219, Bl. 31–45, hier: Bl. 34.

57 Schroeder, U-Boote des Kaisers, S. 219 ff.

58 Ibid., S. 406.

59 Ibid., S. 221 u. 407.

60 Ibid., S. 217.

61 Förster, Im Reich des Absurden, S. 218 ff., 241 ff. u. vor allem S. 244 ff.

62 Laschitza, Die Liebknechts, S. 301.

63 Zitiert nach: Laschitza, Die Liebknechts, S. 301.

64 Karl Liebknecht, Resolution zur Organisierung von Massenaktionen gegen den Krieg. O. O., 19.3.1916. Stenografische Mitschrift. Zitiert nach: Laschitza, Die Liebknechts, S. 295.

65 «Schutztruppe des Imperialismus»: Karl Liebknecht an Reichstagspräsident Johannes Kaempf. Berlin, 2.5.1916. Zitiert nach: Laschitza, Die Liebknechts, S. 297. «Schwatztheater»: Karl Liebknecht, Nicht die alte Leier, sondern das neue Schwert! Spartakus-Brief v. 5.11.1916. Zitiert nach: Laschitza, Die Liebknechts, S. 299. «Wahre Gottvertrauen»: Zitiert nach Scharrer, Karl Liebknecht, S. 432.

66 Karl Liebknecht, zitiert nach: Scharrer, Liebknecht, S. 435.

67 Bericht Luise Kautskys v. 15.1.1929. Zitiert nach: www.gedenktafeln-in-berlin.de. Letzter Zugriff am 11.11.2013.

68 Bericht der Abteilung VII, Exekutive, 2. Kommissariat an den Polizeipräsidenten Berlin. Berlin, 10.5.1916. Abgedruckt in: Dokumente aus geheimen Archiven, S. 125.

69 Becker/Krumeich, Der Große Krieg, S. 116 u. 123; zum fehlenden Rückhalt der Spartakus-Gruppe sogar in der Arbeiterschaft vgl. Geiss, Liebknecht, S. 209.

70 Kruse, Der Erste Weltkrieg, S. 114 ff.

71 Radtke, Douaumont, S. 18.

72 Schillmann, Grenadier-Regiment König Friedrich Wilhelm I., S. 114.

73 Tagebuch des Leutnants Zimmermann vom III. Bataillon (12. Kompanie) des ostpreußischen Grenadier-Regiments Nr. 3. Transkription. Auszugsweise hg. v. Stephan Klink u. Erich Kassing, in: www.oocities.org/bunker1914/Frontalltag_Verdun_Tagebuch_Zimmermann.htm. Letzter Zugriff am 16.11.2013.

74 Ibid.

75 Ibid.

76 Ibid.

77 Ibid.

78 Aus der Geschichte des Grenadier-Rgts. Nr. 12. Grauen um den Douaumont, abgedruckt in: Fischer, Berichte aus dem Fort Douaumont, S. 50–54, hier: S. 51.

79 Wahrscheinlich handelte es sich um den jüdischen Arzt Dr. Wilhelm Hanauer, der am

8.8.1916 nach der Explosion im Fort Douaumont unzähligen Soldaten das Leben gerettet hatte und später als Mediziner und Stadtverordneter in Frankfurt a. M. lebte, lehrte seit 1926 als Privatdozent an der Goethe-Universität Soziale Medizin. Die Nationalsozialisten entzogen ihm 1933 die Lehrbefugnis. Kurz darauf erlitt Hanauer, der Retter von Fort Douaumont, einen Nervenzusammenbruch. Er starb am 14.6.1940 im Alter von 73 Jahren: «Psychisch gebrochen durch die Geschehnisse während der NS-Zeit, starb er in der jüdischen Anstalt für Gemütskranke in Sayn.» Vgl. Schembs, Jüdische Mäzene und Stifter, S. 79.

80 Ettighofer, Verdun, S. 164.

81 Bericht des Unteroffiziers Laffont, Pionierkompanie 284, an die Kriegsnachrichtenstelle des Ersatz-Pionierbataillons Nr. 9. O.O., o.J., abgedruckt in: Fischer, Berichte aus dem Fort Douaumont, S. 34–36, hier: S. 35.

82 Zitiert nach: Ibid., S. 35.

83 Ibid.

84 Ibid., S. 36.

85 Bericht des Stabsarztes Dr. Hallauer [sic], Sanitätskompanie 3, an den Kommandeur der 5. Infanterie-Division. Fort Douaumont, 10.6.1916, abgedruckt in: Fischer, Berichte aus dem Fort Douaumont, S. 37–44, hier: S. 38. Eine masch.-schriftl. Abschrift von Hanauers Bericht wird verwahrt in: BA-MA Freiburg, RH 61/1740.

86 Ibid., S. 39.

87 Major Lichnock, zitiert nach: Kabisch, Verdun, S. 131.

88 Bericht des Stabsarztes Dr. Hanauer, S. 10. BA-MA Freiburg, RH 61/1740.

89 Kaluzko/Lewerenz/Meyer, Fort Douaumont, S. 15.

90 Forschungsanstalt an Friedrich Wolfstieg. Potsdam, 28.5.1936. Abschrift. BA-MA Freiburg, RH 61/1695; Bericht des Stabsarztes Dr. Hanauer, abgedruckt in: Fischer, Berichte aus dem Fort Douaumont, S. 37–44, hier: S. 44. Vgl. auch: Friedrich Wollstieg, Douaumont am 8. Mai 1916, in: Deutsche Ostfront v. 8.5.1941, S. 3–4. BA-MA Freiburg, RH 61/1695.

91 Gräßler, Fort Douaumont, S. 68.

92 Kosch an seine Frau. Saint-Laurent, 13.5.1916. Abschrift, in: Kosch, Erlebnisse, S. 64. BA-MA Freiburg, N 754/6.

93 Kronprinz Wilhelm, Meine Erinnerungen, S. 201.

94 Kosch an seine Frau. Saint-Laurent, 8.5.1916. Abschrift, in: Kosch, Erlebnisse, S. 62–63, hier: S. 63. BA-MA Freiburg, N 754/6.

95 Forschungsanstalt, Die Operationen des Jahres 1916, S. 163.

96 Zur Entwicklung des Gaskriegs vgl. Szöllösi-Janze, Fritz Haber, S. 346ff, hier: S. 348. Zum Ersteinsatz von Phosgen-Granaten bei Verdun: Groehler, Der lautlose Tod, S. 48.

97 Forschungsanstalt, Die Operationen des Jahres 1916, S. 164.

98 Kronprinz Wilhelm, Meine Erinnerungen, S. 201.

99 Auszug aus einer Ausarbeitung des Generalmajors Graf von der Schulenburg über den deutschen Kronprinzen vom 5. Januar 1919. BA-MA Freiburg, RH 61/1674. Schulenburg wiederholte diese Darstellung in seiner handschriftlichen Randbemerkung auf Druckfahne X, B, 221. BA-MA Freiburg, RH 61/1672.

100 Schmidt von Knobelsdorf an Forschungsanstalt. Glücksburg (Ostsee), 27.10.1934. Zitiert nach: Forschungsanstalt, Die Operationen des Jahres 1916, S. 165.

101 Ibid.

102 Die Bedingung stellte Falkenhayn noch am Nachmittag des 16.5.1916 bei einer Besprechung mit dem Kronprinzen und Schmidt von Knobelsdorf in Stenay. Vgl. Forschungsanstalt, Die Operationen des Jahres 1916, S. 167. Dass Thiaumont und Froide Terre unverzüglich fallen müssten, forderte Knobelsdorf bereits am 13.5.1916 kurz nach seiner Rückkehr aus Mézières. Vgl. Auszug aus einer Ausarbeitung des Generalmajors Graf von der Schulenburg über den deutschen Kronprinzen vom 5. Januar 1919. BA-MA Freiburg, RH 61/1674.

103 Schulenburg, Erlebnisse, S. 111. BA-MA Freiburg, N 58/1.

104 Schmidt von Knobelsdorf an Lochow. O.O., 14.5.1916. Zitiert nach: Forschungsanstalt, Die Operationen des Jahres 1916, S. 166.

105 Zitiert nach: Kronprinz Wilhelm, Meine Erinnerungen, S. 201.

106 Kosch an seine Frau. Saint-Laurent, 15.4.1916. Abschrift, in: Kosch, Erlebnisse, S. 64. BA-MA Freiburg, N 754/6. Das I. bayerische Armeekorps unterstand Knobelsdorf seit dem 6.5.1916. Vgl. Forschungsanstalt, Die Operationen des Jahres 1916, S. 165.

107 Zitiert nach: Auszug aus einer Ausarbeitung des Generalmajors Graf von der Schulenburg über den deutschen Kronprinzen vom 5. Januar 1919. BA-MA Freiburg, RH 61/1674. Knobelsdorf hat diese Auseinandersetzung im Rückblick bestritten. Neben dem Kronprinzen bezeugte aber auch Schulenburg diesen Ablauf. Er passt darüber hinaus zu den Täuschungsversuchen, die Knobelsdorf bereits im Vorfeld der Heymann-Entlassung unternahm: zu dem Verbot nämlich, gegenüber dem Kronprinzen von einem Abbruch der Offensive zu sprechen.

108 Schulenburg, Erlebnisse, S. 111. BA-MA Freiburg, N 58/1.

109 Forschungsanstalt, Die Operationen des Jahres 1916, S. 167.

110 Tagebuchnotiz Wilds v. 8.5.1916. Abgedruckt in: Wild, Briefe, S. 154–155, hier: S. 154 f.

111 Tagebuchnotiz Plessens v. 14.5.1916. Abgedruckt in: Afflerbach, Kaiser Wilhelm II. als Oberster Kriegsherr, S. 856.

112 Zitiert nach: Forschungsanstalt, Die Operationen des Jahres 1916, S. 304.

113 Hauptmann Theune, Der Flammenangriff im Caillettewald vor Verdun am 1. Juni 1916. O.O., o.J., S. 4. BA-MA Freiburg, RH 61/1695.

114 Theune, Flammenangriff, S. 2. BA-MA Freiburg, RH 61/1695.

115 Ibid., S. 3.

116 Zitiert nach: Ibid., S. 4.

117 Ibid.

Zehntes Kapitel

ENTSCHEIDUNG

1 Ettighofer, Verdun, S. 191.

2 Französischer Augenzeugenbericht, zitiert nach: Horne, Des Ruhmes Lohn, S. 253.

3 Schalich, Fort Douaumont, S. 15.

4 Denizot, Douaumont, S. 55 f.

5 Schalich, Fort Douaumont, S. 15.

6 Ibid.

7 «Allez dire à votre général que le fort de Douaumont n'est plus qu'une écumoire.» Zitiert nach Denizot, Douaumont, S. 56.

8 «La préparation d'artillerie nous permettra d'arriver au fort l'arme à la bretelle, car le fort sera complètement anéanti.» Zitiert nach: Denizot, Douaumont, S. 58.

9 Klemp, Die deutsche Luftwaffe, S. 97–99. BA-MA Freiburg, RH 61/746. Ein Ballon stürzte über dem West-, vier Ballone über dem Ostufer ab.

10 Randbemerkungen des Generals der Infanterie Ewald von Lochow zum 10. Band des amtlichen Weltkriegswerkes. Potsdam, 28.8.1935. BA-MA Freiburg, RH 61/1690.

11 Bericht des Leutnants Mauler vom bayerischen Infanterieregiment Nr. 15 über die Kämpfe am 24. Mai 1916, abgedruckt in: Schalich, Fort Douaumont, S. 53.

12 Ettighofer, Verdun, S. 190 f.

13 Zitiert nach Kabisch, Verdun, S. 132 f.

14 Niederschrift des Artillerieoffiziers vom Platz, Hauptmann Heydemann, v. 26.5.1916, abgedruckt in: Schalich, Fort Douaumont, S. 35–42, hier: S. 40.

15 Frdl. Hinweise von Werner Schmachtenberg und von Inge und Dieter Wernet. Vgl. auch: Kaluzko/Lewerenz/Meyer, Douaumont, S. 11.
16 Schalich, Fort Douaumont, S. 16.
17 Horne, Des Ruhmes Lohn, S. 336.
18 Schalich, Fort Douaumont, S. 16 f.
19 Niederschrift Hauptmann Heydemann, S. 41.
20 Leutnant Schmidt-Stölting (Feldartillerie-Regiment Nr. 18), Beim Lichtsignaltrupp in Panzerturm Nord, o. O., o. J., abgedruckt in: Schalich, Fort Douaumont, S. 45–51, hier: S. 49.
21 Ibid., S. 50.
22 Ibid.
23 Schalich, Fort Douaumont, S. 18 f.
24 Georges Gaudy, zitiert nach: Horne, Des Ruhmes Lohn, S. 271.
25 Kosch an seine Frau. Schloss Sorbey, 25.5.1916. Abschrift, in: Kosch, Erlebnisse, Bd. 4, S. 67–68, hier: S. 67. BA-MA Freiburg, N 754/6.
26 Ibid., S. 68.
27 Ibid.
28 Luckwald an Bethmann Hollweg. Charleville, 22.5.1916, S. 1–5, hier: S. 5. Abschrift. BA-MA Freiburg, RH 61/586.
29 Tagebuchnotiz Wilds v. 18.5.1916, abgedruckt in: Wild, Briefe, S. 156.
30 Wilhelm Solger, Schilderung der Vorgänge, die zur Enthebung des Generals von Falkenhayn von seiner Stellung als Chef des Generalstabes des deutschen Feldheeres geführt haben. Potsdam 1935. Masch.-schriftl. Manuskript, Bl. 44–190, hier: Bl. 111. BA-MA Freiburg, RH 61/1219.
31 Aufzeichnungen Kuhls über die Chefbesprechung v. 26.5.1916. Zitiert nach: Solger, Schilderung der Vorgänge, Bl. 112. BA-MA Freiburg, RH 61/1219, Bl. 112.
32 Luckwald an Bethmann Hollweg. Charleville, 22.5.1916. Abschrift, S. 1–5, hier: S. 1. BA-MA Freiburg, RH 61/586.
33 Ibid., S. 1 f.
34 Ibid., S. 2.
35 General Alois Freiherr Klepsch-Kloth von Roden am 25.5.1916, zitiert nach: Afflerbach, Falkenhayn, S. 405.
36 Ibid.
37 Luckwald an Bethmann Hollweg. Charleville, 22.5.1916. Abschrift, S. 1–5, hier: S. 4. BA-MA Freiburg, RH 61/586.
38 Tagebuchnotiz Wilds v. 26.6.1916, abgedruckt in: Wild, Briefe, S. 169.
39 Tagebuchnotiz Müllers v. 27.5.1916, abgedruckt in: Müller, Regierte der Kaiser?, S. 185.
40 Tappen, Kriegserinnerungen, Bl. 96' u. Bl. 98'. BA-MA Freiburg, RH 61/986.
41 Notizen des Oberst Fritz von Loßberg über eine Besprechung mit Falkenhayn am 26.5.1916. Abschrift, Bl. 15–17, hier: Bl. 15. BA-MA Freiburg, RH 61/1219.
42 Konrad-Gisbert Freiherr von Romberg, zitiert nach: Afflerbach, Falkenhayn, S. 405 f.
43 Farrar, Peace through Exhaustion, S. 486 f.
44 Falkenhayn an Bethmann Hollweg. O. O., 28.5.1916. Zitiert nach: Afflerbach, Falkenhayn, S. 407.
45 Tappen, Kriegserinnerungen, Bl. 94. BA-MA Freiburg, RH 61/986.
46 Die tatsächlichen französischen Verluste bei Verdun beliefen sich Ende Mai 1916 auf etwa 190 000 Mann. Vgl. Wendt, Verdun, S. 243.
47 Kempis an Bethmann Hollweg. Charleville, 1.6.1916. Zitiert nach: Afflerbach, Falkenhayn, S. 409. Zu Falkenhayns Mai-Euphorie vgl. auch: Deist, Die Kriegführung der Mittelmächte, S. 258 f.
48 Notizen des Obersten Fritz von Loßberg über eine Besprechung mit Falkenhayn am 26.5.1916, Bl. 15–17, hier: Bl. 16. BA-MA Freiburg, RH 61/1219.

49 Afflerbach, Falkenhayn, S. 407.
50 Tappen-Befragung. BA-MA Freiburg, RH 61/1674.
51 Ibid.
52 Foerster, Falkenhayns Plan, S. 318.
53 Tappen, Kriegserinnerungen, Bl. 98. BA-MA Freiburg, RH 61/986.
54 Tagebuchnotiz Wilds v. 9.6.1916, abgedruckt in: Wild, Briefe, S. 160–162, hier: S. 162.
55 Ibid., S. 161.
56 King, Generals and Politicians, S. 116.
57 Greenhalgh, Victory, S. 50; Poincaré, Au service de la France, Bd. 8, S. 250–252.
58 Poincaré, Au service de la France, Bd. 8, S. 250.
59 Greenhalgh, Victory, S. 47.
60 Joffre, zitiert nach: Greenhalgh, Victory, S. 51.
61 Des Vallières, zitiert nach: Greenhalgh, Flames over the Somme, S. 338, Anm. 5. Greenhalgh zitiert einen Tagebucheintrag Haigs v. 30.5.1916. Vgl. auch Greenhalgh, Victory, S. 51.
62 Während Greenhalgh annimmt, Joffre habe an der Somme nach wie vor auf einen operativen Durchbruch gesetzt, glaubt Doughty nicht, dass der Generalissimus mit der Offensive an der Somme die Hoffnung auf einen Durchbruch verknüpfte. Vgl. Doughty, Rezension von: Elizabeth Greenhalgh, Victory through Coalition. Anhand der Quellen ist diese Frage nicht klar zu entscheiden.
63 Haig, zitiert nach: Greenhalgh, Victory, S. 51.
64 Forschungsanstalt, Die Operationen des Jahres 1916, S. 175 ff.
65 Ibid., S. 176 f.
66 Theune, Flammenangriff, S. 7. BA-MA Freiburg, RH 61/ 1695.
67 Ibid., S. 8.
68 Ibid., S. 10.
69 Ibid., S. 11.
70 Ibid.
71 Ibid., S. 13.
72 Ibid., S. 14.
73 Forschungsanstalt, Die Operationen des Jahres 1916, S. 177.
74 Kosch an seine Frau. Sorbey, 2.6.1916. Früh 8 Uhr. Abschrift, in: Kosch, Erlebnisse, S. 75. BA-MA Freiburg, N 754/6.
75 Tagesbefehl der Angriffsgruppe Ost v. 1.6.1916, in: Kosch, Erlebnisse, S. 75–76, hier: S. 76. BA-MA Freiburg, N 754/6.
76 Werth, Verdun, S. 262 f.
77 Schillmann, Grenadier-Regiment König Friedrich Wilhelm I., S. 188.
78 [Zimmermann,] Tagebuch des Leutnants Zimmermann vom III. Bataillon (12. Kompanie) des ostpreußischen Grenadier-Regiments Nr. 3. Transkription. Auszugsweise veröffentlicht v. Stephan Klink u. Erich Kassing, in: www.oocities.org/bunker1914/Frontalltag_Verdun_Tagebuch_Zimmermann.htm. Letzter Zugriff am 16.11.2013.
79 Ibid.
80 Raynal, zitiert nach: Horne, Des Ruhmes Lohn, S. 355.
81 Holstein, Vaux, S. 66.
82 Reymann/ Schwencke, Das Ringen um Fort Vaux, S. 100.
83 Ibid., S. 110.
84 Gefreiter Vanier, zitiert nach: Lefebvre, Die Hölle von Verdun, S. 159.
85 Zitiert nach: Holstein, Fort Vaux, S. 80. Dort auch ein Faksimile der letzten handschriftlichen Meldung Raynals.
86 Zitiert nach: Ibid., S. 95.
87 Ibid., S. 103. Über die Zahl der Parlamentäre und ihren Weg aus dem Fort gibt es in den Quellen unterschiedliche Angaben. Die Darstellung folgt den französischen Angaben.

88 Zitiert nach: Schwencke/Reymann, Vaux, S. 117.
89 Bericht Werner Müllers, zitiert nach: Schwencke/Reymann, Vaux, S. 117.
90 Ibid.
91 Werth, Verdun, S. 252.
92 Holstein, Vaux, S. 99.
93 Ibid., S. 143.
94 Kosch an seine Frau. Sorbey, 7.6.1916. Abschrift, in: Kosch, Erlebnisse, S. 77–78, hier: S. 77. BA-MA Freiburg, N 754/6.
95 Raynal, zitiert nach: Horne, Des Ruhmes Lohn, S. 371.
96 Fischer/Klink, Spurensuche, S. 102.
97 Zitiert nach: Stürgkh, Im deutschen Großen Hauptquartier, S. 116. Die Bemerkung stammt aus dem Februar 1915.
98 Ibid., S. 117.
99 Tappen, Kriegserinnerungen, Bl. 97. BA-MA Freiburg, RH 61/986.
100 Tagbuchnotiz Plessens v. 6.6.1916, abgedruckt in: Afflerbach, Kaiser Wilhelm II. als Oberster Kriegsherr, S. 857.
101 Tagbuchnotiz Wilds v. 9.6.1916, abgedruckt in: Wild, Briefe, S. 160–162, hier: S. 161.
102 Forschungsanstalt, Die Operationen des Jahres 1916, S. 458 ff.
103 Tagbuchnotiz Wilds v. 9.6.1916, abgedruckt in: Wild, Briefe, S. 160–162, hier: S. 161.
104 King, Generals and Politicians, S. 116.
105 Ibid., S. 111.
106 Notiz Ferrys v. 27.6.1916. Abgedruckt in: Ferry, Carnets secrets, S. 185–196, hier: S. 185.
107 Zitiert nach: Suarez, Briand, Bd. 3, S. 301.
108 Zitiert nach: Allard, Les dessous, S. 13.
109 Zitiert nach: Ibid., S. 15 f.
110 Zitiert nach: Doughty, Pyrrhic Victory, S. 300.
111 King, Generals and Politicians, S. 117.
112 Zitiert nach: Allard, Les dessous, S. 31 f.
113 Zitiert nach: Suarez, Briand, Bd. 3, S. 312 f.
114 Zitiert nach: Ibid., S. 315.
115 Forschungsanstalt, Die Operationen des Jahres 1916, S. 320.
116 Am 11.6.1916 hatte Falkenhayn zwei weitere Reserve-Divisionen an die Ostfront verschieben müssen. Vgl. Foerster, Falkenhayns Plan, S. 318. Zur französischen Reserve *außerhalb* des Sektors Verdun und zur Stärke der britischen Expeditionsarmee vgl. Forschungsanstalt, Die Operationen des Jahres 1916, S. 317.
117 Notiz Groeners v. 11.3.1916, in: Aufzeichnungen des Generals Groener 1916, S. 1–8, hier: S. 4. Abschrift. BA-MA Freiburg, RH 61/1672.
118 Gerhard Tappen, Bemerkungen zu R.A. Nr. 45 vom 18.10.34. Goslar, 29.10.1934. Abschrift, Bl. 31–45, hier: Bl. 37.BA-MA Freiburg, RH61/1219.
119 Kroener, Die Geburt eines Mythos, S. 181.
120 Gerhard Tappen, Bemerkungen zu R.A. Nr. 45 vom 18.10.34. Goslar, 29.10.1934. Abschrift, Bl. 31–45, hier: Bl. 37. BA-MA Freiburg, RH61/1219.
121 Zitiert nach: Oberst von Mantey an Ernst Kabisch. Berlin, 10.10.1929. BA-MA Freiburg, RH 61/1672.
122 Hermann von Kuhl, Bemerkungen zu dem Entwurf für das 1. Kapitel zu Band 10 des Reichsarchivwerkes über den Weltkrieg sowie zu 4 Heften der Forschungsarbeit. Berlin, 12.11.1934, S. 1–11, hier: S. 5. BA-MA Freiburg, RH 61/1672.
123 Tagebuchnotiz Plessens v. 17.6.1916, abgedruckt in: Afflerbach, Kaiser Wilhelm II. als Oberster Kriegsherr, S. 858–859, hier: S. 858.
124 Afflerbach, Falkenhayn, S. 438.
125 Kuhl, Bemerkungen zu dem Entwurf, S. 9. BA-MA Freiburg, RH 61/1672.

126 Ibid., S. 6. BA-MA Freiburg, RH 61/1672.

127 Ibid.

128 Kronprinz Wilhelm von Preußen an Lyncker, o. O., o. J. [Stenay, 28.8.1916] Konzept. BA-MA Freiburg, RH 61/1712.

129 «Wo sollte der Gegenangriff stattfinden? Offenbar nicht frontal gegenüber dem englisch-französischen Angriff. Das hätte auch keine Aussicht geboten nach allen Erfahrungen des Weltkrieges.... Warum hat Falkenhayn mir nichts von dieser Absicht gesagt? Er hat mich doch im Januar 1916 genau über seine Absichten unterrichtet, in der Überzeugung, dass Vereinbarungen und Vorbereitungen nötig sind. Aus dem Stegreif kann ein solcher ‹entscheidender› Gegenangriff nicht erfolgen.» Ibid. BA-MA Freiburg, RH 61/1672.

130 Forschungsanstalt, Die Operationen des Jahres 1916, S. 190 f.

131 Ibid., S. 186 f.

132 Werth, Verdun, S. 269.

133 Bericht des Oberleutnants Lapouge, zitiert nach: Lefebvre, Die Hölle von Verdun, S. 181–182, hier: S. 181.

134 Ibid.

135 Meyers Großes Taschenlexikon in 25 Bänden, Bd. 17, S. 162. Vgl. auch Groehler, Der lautlose Tod, S. 42 ff.

136 Ibid.

137 Kabisch, Verdun, S. 147 f.

138 Estorff an Forschungsanstalt. Barum, 31.8.1935. BA-MA Freiburg, RH 61/1690.

139 Werth, Verdun, S. 271.

140 Gemeinhin gilt die Kapelle St. Fine, der heutige Standort des Löwen von Souville, oder auch das nahe Vorfeld des Forts Souville als südlichster deutscher Vorstoßpunkt. In der Luftlinie aber liegt die «Filzlaus» etwas näher an der Zitadelle als die Kapelle oder das Fort.

141 Kabisch, Verdun, S. 150.

142 Zitiert nach: Gras, Castelnau, S. 311.

143 IIe armée, Aux soldats de l'armée de Verdun, 23 juin 1916, in: Les armées françaises dans la Grande Guerre, 422–1472, S. 403.

144 Tagebuchnotiz Wilds v. 1.7.1916, abgedruckt in: Wild, Briefe, S. 172.

145 General Foch, zitiert nach: Greenhalgh, Victory, S. 61.

146 Zitiert nach: Ibid.

147 Simkins, Somme, S. 853.

148 Tagebucheintrag Haigs v. 2.7.1916, abgedruckt in: Haig, War Diaries and Letters (Sheffield), S. 197.

149 Falkenhayn zweifelte scheinbar keine Sekunde, dass es sich bei der Offensive an der Somme um «Durchbruchsversuche» handelte. Vgl. Falkenhayn an Schmidt von Knobelsdorf. Mézières, 24.7.1916. Abschrift. BA-MA Freiburg, RH 61/1734.

150 Afflerbach, Falkenhayn, S. 418.

151 Hindenburg an Lyncker. O. O., 7.7.1916. Zitiert nach: Forschungsanstalt, Die Operationen des Jahres 1916, S. 526.

152 Bethmann Hollweg an Valentini. O. O., 14.6.1916. Zitiert nach: Wilhelm Solger, Schilderung der Vorgänge, Bl. 44–190, hier: Bl. 147. BA-MA Freiburg, RH 61/1219.

153 Bethmann Hollweg an Valentini. Berlin, 10.7.1916. Abgedruckt in: Valentini, Kaiser und Kabinettschef, S. 234–237, hier: S. 236.

154 Ibid., S. 235.

155 Solger, Schilderung der Vorgänge, Bl. 44–190, hier: Bl. 142. BA-MA Freiburg, RH 61/1219.

156 [Erich von Falkenhayn], Vortrag bei Sr. Majestät am 8. Juli 1916. Abschrift, Bl. 52. BA-MA Freiburg, RH 61/1674. Hinter verschlossenen Türen fiel das Urteil Wilhelm Solgers unzweideutig aus: «Es ist schwer, hier noch am guten Glauben Falkenhayns festzuhalten. Ich bin der Meinung, dass er in seiner Bedrängnis und seinem schlechten Gewissen den Obersten

Kriegsherrn direkt – auf Deutsch gesagt: angelogen hat.» Vgl. Solger, Schilderung der Vorgänge, Bl. 44–190, hier: Bl. 142. BA-MA Freiburg, RH 61/1219.

157 Forschungsanstalt, Die Operationen des Jahres 1916, S. 202.

158 Auszug aus dem Kriegstagebuch der Adjutantur Seiner Kaiserlichen Hoheit des Kronprinzen (A.O.K.5) 1914–19. Sept. 1916. Potsdam, November 1935, S. 35. BA-MA Freiburg, RH 61/1674.

159 Falkenhayn, zitiert nach: Kronprinz Wilhelm, Meine Erinnerungen, S. 218.

160 Schulenburg, Erlebnisse, S. 112. BA-MA Freiburg, N 58/1.

161 Randbemerkung Schulenburgs auf den Druckfahnen «Die Oberste Heeresleitung im Juli und August 1916». X, 7, 603. BA-MA Freiburg, RH 61/1672.

162 Forschungsanstalt, Die Operationen des Jahres 1916, S. 202.

163 Tagebuchnotiz Wilds v. 15.7.1916, abgedruckt in: Wild, Briefe, S. 177–178, hier: S. 178.

164 Zitiert nach: Afflerbach, Falkenhayn, S. 301, Anm. 70.

165 Tagebuchnotiz Plessens v. 27.7.1916, abgedruckt in: Afflerbach, Wilhelm II. als Oberster Kriegsherr, S. 866.

166 Forschungsanstalt, Die Operationen des Jahres 1916, S. 530.

167 Tagebuchnotiz Plessens v. 27.7.1916, abgedruckt in: Afflerbach, Wilhelm II. als Oberster Kriegsherr, S. 866.

168 Tagebuchnotiz Müllers v. 27.7.1916, abgedruckt in: Müller, Regierte der Kaiser?, S. 206.

169 Forschungsanstalt, Die Operationen des Jahres 1916, S. 531.

170 Tagebuchnotiz Müllers v. 26.7.1916, abgedruckt in: Müller, Regierte der Kaiser?, S. 206.

171 Zitiert nach: Solger, Schilderung der Vorgänge, Bl. 44–190, hier: Bl. 173 f. BA-MA Freiburg, RH 61/1219.

172 Tagebuchnotiz Müllers v. 27.7.1916, abgedruckt in: Müller, Regierte der Kaiser?, S. 206.

173 Tagebuchnotiz Plessens v. 27.7.1916, abgedruckt in: Afflerbach, Wilhelm II. als Oberster Kriegsherr, S. 866.

174 Hans von Pleß an Daisy von Pleß. Pleß, 28.7.1916. Abgedruckt in: Fürstin von Pleß, Tanz auf dem Vulkan, Bd. 2, S. 247–249, hier: S. 247 ff.

175 Tagebuchnotiz Wilds v. 14.8.1916, abgedruckt bei: Wild, Briefe, S. 192–193, hier: S. 192.

176 Kronprinz an Kaiser Wilhelm II. Stenay, 18.8.1916. Abschrift. BA-MA Freiburg, RH 61/1712.

177 Forschungsanstalt, Die Operationen des Jahres 1916, S. 399.

178 French, The Meaning of Attrition, S. 403.

179 Österreichisch-ungarischer Militärbevollmächtigter im Großen Hauptquartier an Conrad. O. O., 4.9.1916. Abschrift, Bl. 191–197, hier: Bl. 193. BA-MA Freiburg, RH 61/1219.

180 Tagebuchnotiz Wilds v. 14.8.1916, abgedruckt bei: Wild, Briefe, S. 192–193, hier: S. 193.

181 Falkenhayn an Heeresgruppe Kronprinz. Mézières, 15.8.1916. Abschrift. BA-MA Freiburg, RH 61/1734.

182 Hermann von François an Armeeoberkommando. Hauptquartier, 15.8.1916. Abschrift, S. 1–2, hier: S. 1. BA-MA Freiburg, RH 61/1732; Lochow an Armeeoberkommando. Nouillonpont, 17.8.1916, Abschrift, S. 1–8. BA-MA Freiburg, RH 61/1734.

183 Schmidt von Knobelsdorf an Falkenhayn. Stenay, 17.8.1916, Abschrift, S. 1–4. BA-MA Freiburg, RH 61/1734.

184 Schmidt von Knobelsdorf an Falkenhayn. Stenay, 18.8.1916. BA-MA Freiburg, N 2069/3.

185 Aufzeichnungen des Majors Otto von Müller. Abschrift. O. O., o. J., in: Kronprinz Wilhelm. Auszüge bzw. Abschriften aus von S. K. H. dem Kronprinzen im Juni 1933 zur Verfügung gestellten persönlichen Akten … des A. O. K. 5. BA-MA Freiburg, RH 61/1712.

186 Schmidt von Knobelsdorf an Forschungsanstalt. Glücksburg (Ostsee), 23.8.1935. BA-MA Freiburg, RH 61/1672.

187 Schmidt von Knobelsdorf an Falkenhayn. Stenay, 18.8.1916. BA-MA Freiburg, N 2069/3.

188 Kronprinz an Kaiser Wilhelm II. Stenay, 18.8.1916. Abschrift. BA-MA Freiburg, RH 61/1712; Kronprinz an Falkenhayn. Stenay, 18.8.1916. BA-MA Freiburg, N 2069/3.

189 Aufzeichnungen des Majors Otto von Müller. Abschrift. O. O., o. J., in: Kronprinz Wilhelm. Auszüge bzw. Abschriften aus von S. K. H. dem Kronprinzen im Juni 1933 zur Verfügung gestellten persönlichen Akten ... des A. O. K. 5. BA-MA Freiburg, RH 61/1712.
190 Falkenhayn an Heeresgruppe Kronprinz. Pleß, 21.8.1916. Abschrift. BA-MA Freiburg, RH 61/1734.
191 Schulenburg, Erlebnisse, S. 112. BA-MA Freiburg, N 58/1.
192 Randbemerkungen Schmidt von Knobelsdorfs zu Forschungsarbeiten Bd. X. v. 1.8.–20.8.1916. Glücksburg, 2.11.1934. Abschrift. Bl. 29–30, hier: Bl. 30. BA-MA Freiburg, RH 61/1219.
193 Randbemerkungen Schmidt von Knobelsdorfs auf den Druckfahnen des Weltkriegswerkes. Glücksburg (Ostsee), 16.8.1935. BA-MA Freiburg, RH 61/1690.
194 Forschungsanstalt, Die Operationen des Jahres 1916, S. 556 f. u. 565.
195 «Bricht völlig zusammen»: Valentini, Kaiser und Kabinettschef, S. 139; «völlig gebrochen»: Tagebuchnotiz Lynckers v. 29.8.1916, abgedruckt in: Afflerbach, Kaiser Wilhelm II. als Oberster Kriegsherr, S. 418–419, hier: S. 419.
196 Tagebuchnotiz Müllers v. 27.8.1916, abgedruckt in: Müller, Regierte der Kaiser?, S. 216.
197 Tagebuchnotiz Lynckers v. 29.8.1916, abgedruckt in: Afflerbach, Wilhelm II. als Oberster Kriegsherr, S. 418–419, hier: S. 418.
198 Tagebuchnotiz Lynckers v. 30.8.1916, abgedruckt in: Ibid., S. 419.
199 Groener an Reichsarchiv. O. O., 16.1.1935. Zitiert nach: Solger, Schilderung der Vorgänge, Bl. 186. BA-MA Freiburg, RH 61/1219.
200 Hindenburg an Heeresgruppe Deutscher Kronprinz. O. O., 2.9.1916. Abschrift. BA-MA Freiburg, RH 61/1734.
201 Doughty, Pyrrhic Victory, S. 316.
202 Clayton, Paths of Glory, S. 109.
203 Rodier, Évolution de l'artillerie, S. 40; Rocolle, Douaumont, S. 78 f.
204 Fischer, Berichte aus dem Fort Douaumont, S. 85.
205 Ibid., S. 86.
206 Denizot, Douaumont, S. 89.
207 Doughty, Pyrrhic Victory, S. 306.
208 Zitiert nach: Denizot, Douaumont, S. 89.
209 Werth, Verdun, S. 334.
210 Bericht des Oberstleutnants Nicolaï, abgedruckt in: Denizot, Douaumont, S. 95–97, hier: S. 96.
211 Gräßler, Fort Douaumont, S. 90.
212 Forschungsanstalt, Die Kriegführung im Herbst 1916, S. 133 ff. u. 148 ff.
213 Ibid., S. 165 u. S. 171 ff. 11 000 Gefangene: Schulenburg, Erlebnisse, S. 135. BA-MA Freiburg, N 58/1.

NACHSPIEL

1 Bethmann Hollweg am 12.12.1916 im Deutschen Reichstag, zitiert nach: http://www.1000dokumente.de. Letzter Zugriff am 30.11.2013.
2 Bethmann Hollweg am 5.4.1916 im Deutschen Reichstag, zitiert nach: Ibid.
3 Bethmann Hollweg am 12.12.1916 im Deutschen Reichstag, zitiert nach: Ibid.
4 Delbrück, Falkenhayn und Ludendorff, S. 70.
5 Zitiert nach: Suttie, Rewriting, S. 84.
6 Becker/Krumeich, Der Große Krieg, S. 258f; Doughty, Pyrrhic Victory, S. 510 f.
7 Farrar, Peace, S. 478.
8 Ledebur an Forschungsanstalt. Hamburg, 11.7.1937. BA-MA Freiburg, RH 61/1744, Bl. 1–6, hier: Bl. 3.
9 Hillard, Herren und Narren der Welt, S. 93 ff.

10 Afflerbach, Militärische Planung, S. 312.
11 Salewski, Geschichte Europas, S. 983.
12 Ledebur an Kriegsgeschichtliche Forschungsanstalt. Hamburg, 11.7.1937, Bl. 1–6, hier: Bl. 3 f. BA-MA Freiburg, RH 61/1744.
13 Ledebur an Lochow. Hamburg, 28.1.1936. Abschrift. BA-MA Freiburg, RH 61/1744.
14 Schulenburg, Erlebnisse, S. 116. BA-MA Freiburg, N 58/1.
15 Karl Kautsky, zitiert nach: Laschitza, Die Liebknechts, S. 311.
16 Luckwald an Bethmann Hollweg. Pleß, 17.8.1916. Abschrift. BA-MA Freiburg, RH 61/586.
17 Lochow an Cramon. Entwurf. O. O., 7.2.1924. Abschrift. BA-MA Freiburg, RH 61/1744.
18 Schulenburg, Erlebnisse, S. 136. BA-MA Freiburg, N 58/1.
19 Afflerbach, Militärische Planung, S. 302.
20 Oberstleutnant a. D. Müller-Loebnitz, Eindrücke von der Besprechung in Stenay am 19.12.1916. Potsdam, 4.11.1937. Abschrift. BA-MA Freiburg, RH 61/1745.
21 Rolland, Nivelle, S. 79 ff.
22 Afflerbach, Falkenhayn, S. 467.
23 Zitiert nach: Doughty, Pyrrhic Victory, S. 247.
24 King, Generals and Politicians, S. 132.
25 Clayton, Paths of Glory, S. 124.
26 Pöhlmann, Nivelle-Offensive, S. 744 f.
27 Vgl. z. B. Pedroncini, Les Mutineries de 1917; Becker, Frankreich, S. 40 f.; Clayton, Paths of Glory, S. 130 ff.
28 So kam etwa der britische Historiker Paul Kennedy nach einem Vergleich der industriellen Leistungsfähigkeit und der Truppenstärken aller Kriegsparteien zu dem Schluss, dass die «signifikante, aber nicht erdrückende» materielle Überlegenheit der *Entente* ohne den Kriegseintritt Amerikas höchstwahrscheinlich nicht ausgereicht hätte, den Krieg bis 1918 zu entscheiden. Das aber habe die allseitige Verhandlungsbereitschaft wohl erheblich befördert. Vgl. Kennedy, Aufstieg und Fall, S. 392.
29 Ein klassisches Beispiel für dieses Phänomen ist die Entwicklung der französischen und preußischen Streitkräfte nach dem Ende des Siebenjährigen Krieges (1756–1763). Vgl. Kroener, Aufklärung und Revolution, S. 45–70.
30 Pöhlmann, Großer Krieg und nächster Krieg, S. 288.
31 Hürter, Hitlers Generäle, S. 265.
32 Ibid., S. 264.
33 Gerhard von Heymann an Kronprinz Wilhelm von Preußen. Hamburg, 5.5.1941. Entwurf. Nachlass Gerhard von Heymann. Privatarchiv Familie von Heymann.
34 Hürter, Hitlers Generäle, S. 265.
35 Ibid., S. 269.
36 Doughty, Pyrrhic Victory, S. 515.
37 Doughty, French Operational Art, S. 91 f.
38 Zitiert nach: Gras, Castelnau, S. 13.
39 Falkenhayn, Oberste Heeresleitung, S. 176.
40 Vgl. vor allem: Ibid., S. 184.
41 Vgl. Anhang «Weihnachtsdenkschrift», S. 386 ff.
42 Möller, Schmidt v. Knobelsdorf.
43 [Constantin Schmidt von Knobelsdorf], Ergänzungen und Korrekturen im Manuskript «Geschichte der Ritter des Ordens ‹pour le mérite› im Weltkrieg» von Hanns Möller (1935). Privatarchiv Familie Schmidt von Knobelsdorf.
44 Krumeich, «Saigner la France»?, S. 19.
45 Hinter verschlossenen Türen gestanden sogar die Ober-Ost-Anhänger in der Kriegsgeschichtlichen Forschungsanstalt dem Plan Erfolgsaussichten zu. «Meines Erachtens», so Wilhelm Solger, «kann man bis dahin die Möglichkeit einer großen Entscheidung 1916 nach Falkenhayns

Operationsentwurf nicht in Abrede stellen. Aber von Ende März ab ist es nicht mehr möglich.» Vgl. Solger an General von dem Bussche. Potsdam, 7.3.1935. BA-MA Freiburg, RH 61/1219, Bl. 1–12, hier: Bl. 7. In der amtlichen Darstellung aber behauptete namentlich Wolfgang Foerster das Gegenteil.

46 Kewisch an Schäfer. BA-MA Freiburg, RH 61/1690.

47 [Ernst von Rüchel], Anrede an die militärische Gesellschaft bei ihrer ersten Stiftungsfeyer zu Berlin: an dem so merkwürdigen 24sten Januar gehalten in der Versammlung von dem General-Lieutnant von Rüchel. 1803. Abgedruckt in: Denkwürdigkeiten der militärischen Gesellschaft 2 (1803), S. 1–13, hier: S. 7.

48 Krumeich, Verdun [den Boer], S. 439 f.

49 Vgl. Ville de Verdun, La citadelle souterraine de Verdun.

50 Prost, Verdun, S. 261.

51 David, Le Colonel Driant, S. 231.

52 Fournier, Préface, S. 12.

53 Die knappste und zuverlässigste Darstellung des Douaumonts-Streits in: Wolfgang Foerster an Meissner. Potsdam, 18.3.1938. BA-MA Freiburg, RH 61/1725; Radtke an Heidegger. Berlin, 4.7.1966. BA-MA Freiburg, MSG 2/15 146.

54 Schell, Krieg und Ökologie; Hupy, The Long-term Effects.

55 Rodier, Les neuf communes de la zone rouge, S. 191 f.; ders., Les 9 villages détruits, S. 200 f.

56 Treffort, Les lanternes des morts, S. 146.

Warum Verdun?

DIE SCHLACHT UND DIE HISTORIKER

1 Krumeich, Verdun [den Boer], S. 437.

2 Am 19.6.1933 teilte das Brandenburgisch-Preußische Hausarchiv mit, «dass eine Niederschrift des Generals von Falkenhayn von Weihnachten 1915 über die Führung des Krieges in unseren Aktenbeständen nicht ermittelt worden ist.» BPH an Forschungsanstalt. Berlin-Charlottenburg, 19.6.1933. BA-MA Freiburg, RH 61/1672.

3 Afflerbach, Falkenhayn, S. 543.

4 Krumeich, «Saigner la France»?, S. 18.

5 Falkenhayn, Oberste Heeresleitung, S. 176.

6 [Falkenhayn], Verdun, Spalte 97–108.

7 Vgl. vor allem: Falkenhayn, Oberste Heeresleitung, S. 184.

8 [Joffre], Mémoires, Bd. 2, S. 205 f.

9 Guillaud, Pourquoi Verdun?, S. 813 f. Vgl. auch Pétain, La bataille de Verdun, S. 26 ff., hier: S. 31.

10 Recouly, Marschall Foch, S. 102 f.

11 Guillaud, Pourquoi Verdun?, S. 812.

12 Lefebvre, Verdun, S. 46 f. In dt., gek. Übers.: Lefebvre, Die Hölle von Verdun.

13 Les armées françaises dans la Grande Guerre, Abschnitt 4: Verdun et la Somme, Bd. 1: Les projets offensifs pour 1916 et la bataille de Verdun (21 février 1916–1er mai 1916), bearb. v. lieutenant-colonel Appert, capitaine Besse, capitaine Laxague, capitaine Maubert, Paris 1926, S. 154 ff.

14 Service historique de la Défense, Les 300 jours.

15 Vgl. z. B. Bordeaux, Les chansons de Vaux-Douaumont; Canini, Combattre à Verdun; Miquel, Mourir à Verdun.

16 Rocolle, Les préliminaires de la bataille de Verdun, S. 29 f.

17 Denizot, Verdun 1914–1918, S. 65.

18 Cousine, Debattenbeitrag, S. 129. Erst in jüngerer Zeit keimen bei französischen Experten

abermals Zweifel auf. Vgl. Meyer, Guide 1914–1918. Um Falkenhayns Ziele zu erklären, verwendete Meyer den Begriff «Ausbluten» kein einziges Mal.

19 Krumeich, «Saigner la France»?, S. 19.

20 So auch Afflerbach, Falkenhayn, S. 545.

21 Janßen, Die Mühle von Verdun.

22 http://www.unwortdesjahres.net/index.php?id=4. Letzter Zugriff am 20. April 2013. Die Jury ist institutionell unabhängig und besteht aus vier Sprachwissenschaftlern sowie einem Journalisten. Nach eigenen Angaben «kreiert» sie keine «Unwörter», sondern wählt die Begriffe aus Einsendungen der Bevölkerung aus.

23 Krumeich, Verdun [den Boer], S. 438.

24 Salewski, Geschichte Europas, S. 983.

25 Horne, The Price of Glory. In dt. Übersetzung erschien: Horne, Des Ruhmes Lohn, hier: S. 64.

26 Horne, Des Ruhmes Lohn, S. 54.

27 Wendt, Verdun.

28 Ibid., S. 12 ff.

29 Ibid., S. 243.

30 Kabisch und Ziese-Behringer bezweifelten wie Wendt niemals den Quellenwert der Weihnachtsdenkschrift. In ihren Studien ging es vor allem um die Frage, ob Falkenhayns «Ausblutungsstrategie» ein Fehlschlag (Kabisch) oder aber ein Erfolg (Ziese-Behringer) gewesen war. Vgl. Kabisch, Verdun; Ziese-Behringer, Der einsame Feldherr.

31 Forschungsanstalt, Die Operationen des Jahres 1916; Forschungsanstalt, Die Kriegführung im Herbst 1916 und im Winter 1916/17.

32 In Falkenhayns Memoiren tauchte die Möglichkeit einer britischen Entlastungsoffensive, die zu einem deutschen Gegenstoß mit Durchbruch führen könnte, nur andeutungsweise in einem Nebensatz auf: «Das Ergebnis dieser Untersuchung ist, dass es sich nicht empfiehlt, die englische Front im Westen mit entscheidungssuchendem Angriff anzupacken, es sei denn, dass sich eine Gelegenheit dazu im Gegenstoß ergeben sollte.» Falkenhayn, Oberste Heeresleitung, S. 180.

33 «Meine Kriegserinnerungen. Nur für die Familie. Von Gerhard Tappen». BA-MA Freiburg, RH 61/986. Die Historiker der Forschungsanstalt fertigten darüber hinaus Auszüge an. Vgl. BA-MA Freiburg, RH 61/1712. Zum Korrektur-Lesen Tappens: Afflerbach, Falkenhayn, S. 504.

34 Aus taktischen Gründen, so Tappen in seinen «Kriegserinnerungen», sei es an der Westfront Anfang 1916 unmöglich gewesen, die Streitkräfte des Hauptfeindes England unmittelbar anzugreifen. Der OHL sei lediglich übrig geblieben, «die Franzosen entscheidend zu treffen, ihre Kräfte, wie im Jahre 1915 die der Russen, zu brechen und auf diese Weise den Engländern klarzumachen, dass eine Fortsetzung des Krieges keine Vorteile mehr für sie haben würde.» Aus Mangel an Truppen sei ein direkter Durchbruch «im großen Stile», so Tappen, auch an der französischen Front unmöglich gewesen. Daher habe man nach einem operativen Ziel gesucht, «für dessen Behauptung die Franzosen gezwungen waren, alles einzusetzen. Dann war uns die Möglichkeit gegeben, die französischen Kräfte mit verhältnismäßig geringem Einsatz unsererseits zu zerschlagen.» Dieses Ziel sei die Festung Verdun gewesen. Niemals habe die OHL eine «Wegnahme von Verdun» als notwendig «hingestellt». Vielmehr habe man gehofft, für ein «Zerschlagen der französischen Truppen» bei Verdun «nur so viele Truppen nötig zu haben, dass noch genügende Reserven an den übrigen Fronten verfügbar bleiben, um die sicherlich einsetzenden Entlastungsoffensiven der Engländer und vielleicht auch der Russen siegreich bestehen zu können.» Tappen, «Kriegserinnerungen», zitiert nach: Wendt, Verdun, S. 27.

35 «General von Falkenhayn», urteilte Wendt, «steht hier schon völlig auf dem Boden der Anschauungen seiner Denkschrift, die wir weiter oben entwickelt haben.» Wendt, Verdun, S. 26 f.

36 Wilhelm Solger, Ist der Gedanke der Weihnachtsdenkschrift 1915, das Angriffsziel so zu wählen, dass Frankreich nur die Wahl bleibt zwischen einem Sich-Verbluten in aussichtslosen Gegenangriffen oder der Hinnahme eines Verlustes von ungeheurer moralischer Wirkung, wirklich der ganze Operationsplan gewesen?, Potsdam, August 1932. Einem Briefe an Exzellenz Tappen v. 2.8.1932 beigelegt. BA-MA Freiburg, RH 61/974, Bl. 44–51, hier: Bl. 47.

37 Wilhelm Solger an Fritz von Falkenhayn. Potsdam, 13.4.1915. BA-MA Freiburg, RH 61/1672.

38 Solger wird dieser Angabe Tappens noch zwei Jahre später misstrauen: «Dabei lasse ich den Verdacht, den ich habe», schrieb er im März 1935 vertraulich, «dass nämlich der Gegenstoßgedanke gegen die Engländer Tappensches Gewächs und von ihm geschickt in Falkenhayns Projekt hineingeschoben ist, vorläufig außer Acht.» Vgl. Solger an General von dem Bussche. Potsdam, 7.3.1935. BA-MA Freiburg, RH 61/1219, Bl. 1–12, hier: Bl. 3. Angesichts mehrerer Quellen aus dem Umfeld des AOK6 bestehen aber an der Historizität des Gegenstoß-Durchbruch-Gedankens mit Blick auf die britische Front keine begründeten Zweifel.

39 Pöhlmann, Kriegsgeschichte und Geschichtspolitik: Der Erste Weltkrieg. Die amtliche deutsche Militärgeschichtsschreibung 1914–1956, S. 93 ff.

40 George Soldan, Die deutsche Geschichtschreibung. Eine nationale Aufgabe (1919). Zitiert nach: Pöhlmann, «Das große Erleben da draußen». Die Reihe «Schlachten des Weltkrieges» (1921–1930), S. 117.

41 Bereits vor Erscheinen des amtlichen Weltkriegswerkes hatte das Reichsarchiv zwischen 1926 und 1929 eine populäre dreibändige Darstellung der Verdun-Kämpfe in der Reihe «Schlachten des Weltkrieges» herausgegeben. Alle drei Bände entstanden unter Mitarbeit von Archivrat Martin Reymann, Major a. D., Mitglied der Potsdamer Historikergruppe und 1916 als Offizier im ostpreußischen Grenadierregiment Nr. 3 mehrfach an Brennpunkten der Verdun-Schlacht eingesetzt. Von einem Durchbruchsplan war in der Reihe nirgendwo die Rede. Stattdessen verwies Reymann auf die Weihnachtsdenkschrift. Vgl. Gold/Reymann, Die deutsche Offensivschlacht, S. 15; Schwencke/Reymann, Das Ringen um Fort Vaux; Gold/Reymann, Die Zermürbungsschlacht.

42 Allem Anschein nach hat Falkenhayn bis zu seinem Tod an den Erfolg des «Ausblutens» fest geglaubt. Dem widerspricht auch nicht der sonst zutreffende Hinweis von Andree Lambers, dass der Generalstabschef in seinem Schreiben an Gallwitz v. 15.8.1916 mit Blick auf die Somme die «Angriffskraft des Feindes für ungebrochen» hielt (vgl. Lambers, Die Schlacht von Verdun in der militärgeschichtlichen Rezeption, S. 30.). Falkenhayn erklärte diese Angriffskraft mit dem umfangreichen Einsatz französischer Kolonialtruppen, sah also zu dem angeblichen Erfolg seiner Zermürbungstaktik bei Verdun keinen Widerspruch.

43 Pöhlmann, «Das große Erleben da draußen». Die Reihe «Schlachten des Weltkrieges» (1921–1930), S. 126.

44 Tagebuch-Eintrag Falkenhayns v. 23.3.1919, zitiert nach: Zwehl, Falkenhayn, S. 314.

45 Paul Herre, der eine Studie über Bethmann Hollweg verfasst hatte, konnte sich in einem Privatschreiben an Foerster erlauben, Falkenhayn als «Kabinettsgeneral» zu verunglimpfen. Vgl. Paul Herre an Wolfgang Foerster. Charlottenburg, 25.4.1935. BA-MA Freiburg, RH 61/1672. Wilhelm Solger hielt es für möglich, dass Tappen die Forschergruppe belogen haben könnte. Er misstraute der Angabe des «pomadigen» Tappen, die OHL habe auch nach Beginn der Somme-Offensive an ihrem Gegenstoß-Durchbruch-Konzept festgehalten. Vgl. Wilhelm Solger an von dem Bussche. Potsdam, 7.3.1935. BA-MA Freiburg, RH 61/1219, Bl. 3–14, hier: Bl. 5.

46 Solger an General von dem Bussche. Potsdam, 7.3.1935. Abschrift. BA-MA Freiburg, RH 61/1219, Bl. 1–12, hier: Bl. 1.

47 Forschungsanstalt, Die Operationen des Jahres 1916, S. 2 ff.

48 Ibid., S. 671 f.

49 Ibid., S. 674.

50 Foerster, Falkenhayns Plan, S. 313. Foerster nahm Bezug auf die These von der «Ausblutungsschlacht auf der Stelle», also auf den Kern der Weihnachtsdenkschrift. Falkenhayns Verdun-Angriff habe vielmehr, so Foerster, den Weg vom «Stellungskriege zum Bewegungskriege» öffnen sollen. Vgl. Foerster, Falkenhayns Plan, S. 307.

51 Foerster, Falkenhayns Plan, S. 307.

52 Wilhelm Solger, Ist der Gedanke der Weihnachtsdenkschrift 1915, das Angriffsziel so zu wählen, dass Frankreich nur die Wahl bleibt zwischen einem Sich-Verbluten in aussichtslosen Gegenangriffen oder der Hinnahme eines Verlustes von ungeheurer moralischer Wirkung, wirklich der ganze Operationsplan gewesen?, Potsdam, August 1932. Einem Briefe an Exzellenz Tappen v. 2.8.1932 beigelegt. BA-MA Freiburg, RH 61/974, Bl. 44–51, hier: Bl. 46. Reymann allerdings erläuterte im *Reichsoffiziersblatt* immerhin die Folgen, die Falkenhayn im britischen Abschnitt auszulösen gehofft hatte: «So hoffte er seinerseits, zu einem Durchbruch und in dessen Ausnutzung doch noch zum Bewegungskrieg zu kommen, in dem er das deutsche Heer für unbedingt überlegen erachtete.» Reymann, Verdun vor 25 Jahren, S. 101.

53 Werth, Verdun.

54 Ibid., S. 39 ff.

55 «Eine umfassende, moderne Rekonstruktion der operativen, strategischen und taktischen Geschehnisse aus deutscher Sicht», so Münch, «gibt es bisher nicht.» Vgl. Münch, Verdun, S. 7.

56 Millotat, Die Schlacht um Verdun 1916, S. 3 f.; Hilbert, Falkenhayn, S. 45 u. 48. Soweit erkennbar, übernahm nur Wolfgang Petter 1996 für seinen Vortrag im Schloss Vincennes aus Anlass des 80. Jahrestages der Schlacht bei Verdun Teilergebnisse des Reichsarchivs, allerdings ohne Quellenangabe. Vgl. Petter, La Bataille de Verdun, S. 101.

57 «Es vermag zu erstaunen, dass Ansatz wie Ergebnisse [der Forschungsanstalt] von der Forschung nach 1945 komplett ignoriert wurden.» Lambers, Verdun in der militärgeschichtlichen Rezeption, S. 196.

58 Afflerbach, Falkenhayn, S. 544.

59 Afflerbach, Weihnachtsdenkschrift (1915), S. 959.

60 Afflerbach, Falkenhayn, S. 545. Die Durchbruchsthese des Reichsarchivs diskutierte Afflerbach nicht. Vgl. Ibid., S. 351–375; ders., Planning Total War?; ders., Die militärische Planung des Deutschen Reiches.

61 Strachan, Der Erste Weltkrieg, S. 223.

62 Ibid., S. 232.

63 Thoß, Materialschlacht, S. 703–704, hier: S. 703.

64 Otto, Der Bestand Kriegsgeschichtliche Forschungsanstalt, S. 429; Löbel, Neue Forschungsmöglichkeiten, S.143.

65 Solger, Schilderung der Vorgänge, Bl. 69. BA-MA Freiburg, RH 61/1219.

66 Als Beispiel für die interne Verwendung des Begriffes «Durchbruch» mit Blick auf Überlegungen Falkenhayns: Solger, Vom Beginn des Angriffs auf Verdun bis zum Befehlswechsel General von Mudra – General von Lochow, S. 204, 241, 244, 246 u. 254. BA-MA Freiburg, RH 61/1468. Für die Schlachtphase Ende März 1916 mutmaßte Solger, dass auch «in dieser Zeit … der Gedanke eines großen Durchbruchs keineswegs fallen gelassen worden» sei. «Man stößt immer wieder … auf Anzeichen dieser Absicht, die meines Erachtens die ihn eigentlich treibende gewesen ist.» (S. 254) Den letzten Nebensatz («die meines Erachtens die ihn eigentlich treibende gewesen ist») strich Solger, so als habe ihn als Anhänger von Ober-Ost die Aussicht erschreckt, Falkenhayn könnte mit der Absicht, einen Durchbruch zu erzielen, dem Denken Ludendorffs gar nicht so fern gestanden haben. Direktor Wolfgang Foerster, ebenfalls ein Verehrer Schlieffens und Anhänger der 3. OHL, war erst nach der Tappen-Befragung (1932) von seiner Ansicht abgerückt, Falkenhayn habe bei Verdun «das französische Heer auf dem Wege eines fortgesetzten Aderlasses an lebenswichtiger Stelle allmählich zum Ausbluten» bringen wollen. Vgl. Wolfgang Foerster, Die Kriegführung des Generals v. Falkenhayn. O.O., o.J. [um 1926], S. 7. BA-MA Freiburg, RH 61/960. Historiker

wie Foerster oder Solger mussten innerlich einen langen Weg zurücklegen, bevor sie Falkenhayn zugestehen konnten, auf einen Durchbruch gezielt zu haben. Auch das mag ein Grund sein, warum im Weltkriegswerk glasklare Formulierungen zu den Zielen Falkenhayns fehlen.

67 Foley, German Strategy.

68 Ibid., S. 188, Anm. 27.

69 Ibid., S. 188 u. 207.

70 «Contrary to post-war interpretation, this evidence [die Tagebuchnotiz Plessens v. 3.12.1915] demonstrates that, from its inception, the ultimate goal of these operations [Planungen für die Operationen «Schwarzwald», «Waldfest» und «Kaiserstuhl» im Dezember 1915] was the Verblutung, or bleeding to death, of the French army. This idea was to become more clearly defined as the planning process continued.» Foley, German Strategy, S. 189. Soweit erkennbar, nannte Foley lediglich eine Quelle, die vor dem 21.2.1916 entstanden war und in der das Wort «verbluten» tatsächlich auftaucht: das Plessen-Tagebuch (1915). Ein «Beweis» für die angebliche Auffassung Falkenhayns, bei Verdun von Anfang an ein «Zu-Tode-Bluten» des Gegners als «Endziel» anzustreben, ist die Quelle keineswegs. Denn aus dem Plessen-Eintrag v. 3.12.1915 geht nicht hervor, ob Falkenhayn oder Plessen den Begriff «Sich-verbluten» gebrauchte. Außerdem wird das Schlagwort keineswegs eindeutig im Zusammenhang mit «Waldfest», «Kaiserstuhl» oder «Schwarzwald» – und in jedem Fall nicht in Verbindung mit «Gericht» verwendet. Und schließlich: Eine bloße Nennung des «Ausblutens» reicht in keinem Fall aus, um daraus auf Falkenhayns «Endziel» zu schließen. Vgl. Afflerbach, Kaiser Wilhelm II. als Oberster Kriegsherr, S. 844 f.

71 Foley, German Strategy, S. 7 f.

72 Ibid., S. 261 ff.

73 Foerster, Falkenhayns Plan, S. 304.

74 Foley, German Strategy, S. 189, Anm. 34 u. S. 263.

75 Foerster, Falkenhayns Plan, S. 307. Auch in der amtlichen Darstellung heißt es: «Der deutsche Angriff [bei Verdun] hatte seinen Zweck erfüllt, wenn er, ohne sich selbst der Gefahr eines Rückschlages auszusetzen, die Franzosen in so starkem Maße anzog und schwächte, dass sie sich ihrer operativen Handlungsfreiheit an anderer Stelle mehr oder minder begeben mussten.» Vgl. Forschungsanstalt, Die Operationen des Jahres 1916, S. 671 f. Dieser Auffassung des Reichsarchivs schien Foley sich gelegentlich anzunähern. Vgl. Foley, German Strategy, S. 207.

«Weihnachtsdenkschrift»

EIN BLICK AUF DIE QUELLEN

1 Wortprotokoll des Gesprächs von Wolfgang Foerster, Martin Reymann, Wilhelm Solger und Generalmajor a. D. Hans Tieschowitz von Tieschowa mit General d. Art. a. D. Gerhard Tappen am 6. September 1932 im Reichsarchiv Potsdam. Potsdam, 19.9.1932. BA-MA Freiburg, RH 61/1674. Künftig zitiert als: Tappen-Befragung. BA-MA Freiburg, RH 61/1674.

2 Falkenhayn hatte 1919 Tappen zur publizistischen Mitarbeit beim Kampf um das öffentliche Ansehen der Zweiten OHL aufgefordert, die Mitarbeit Wild von Hohenborns jedoch mit der Begründung abgelehnt, Wild wisse «zu wenig Bescheid». Vgl. Afflerbach, Falkenhayn, S. 504.

3 «Das Ergebnis der Besprechung mit Exzellenz Tappen im Reichsarchiv am 6.9.1932». BA-MA Freiburg, RH 61/1674. Dieses Kurzprotokoll lag Tappen zur Korrektur und Unterschrift vor.

4 Hauptmann Geyer, im Februar 1916 Mitglied der Operationsabteilung in der Sektion unter Max Bauer, gab an, seines Erachtens habe in der Operationsabteilung die Ansicht geherrscht, das Ostufer werde in «24–72 Stunden» fallen. Vor dem Angriff habe er, Geyer, einen Generalstabsoffizier des VII. Reservekorps (Zwehl) gefragt, wann die Truppe wohl

auf dem Marktplatz von Verdun sein könne. Auf die Antwort: «Hoffentlich in so etwa drei Wochen» habe er, Geyer, entgegnet: «Dann kann man garantieren, dass Ihr nie hinkommt.» Zitiert nach: Solger, Die O.H.L. in der Führung der Westoperationen, S. 116. BA-MA Freiburg, RH 61/1468.

5 Generalmajor a.D. Gerhard von Heymann, Erinnerungen für meine Kinder, Hamburg 1943. Masch.-schriftl. Abschrift eines unveröffentlichten Manuskripts. Nachlass Gerhard von Heymann. Privatarchiv Familie von Heymann.

6 Ibid.

7 Dem Schriftwechsel zwischen Schmidt von Knobelsdorf und Falkenhayn vom 31.3./4.4.1916 ist zu entnehmen, dass damit wahrscheinlich die Höhenlinie Thiaumont–Fleury–Souville–Tavannes gemeint war. Diese Linie liegt etwa drei Kilometer oberhalb der Stadt. Vgl. Schmidt von Knobelsdorf an Falkenhayn. Mit Randnotizen Falkenhayns. Stenay, 31.3.1916. Abschrift. Falkenhayn an Schmidt von Knobelsdorf. O.O. [Mézières], 4.4.1916. Abschrift. BA-MA Freiburg, RH 61/974. Solger hatte den Eindruck, dass sogar der Belleville-Rücken erreicht werden sollte.

8 Diese Passage ließ Tappen nach Durchsicht des Protokolls streichen und abschwächen – wahrscheinlich, weil ihm die Aussage allzu offen oder politisch nicht opportun erschien.

9 Foerster erklärte in der «Tappen-Befragung» (1932): «In der Zeit 21.2.1916 bis 31.8.1916 haben die Deutschen 281 000 [Mann], die Franzosen 315 000 [Mann] verloren. Das Übergewicht der französischen Verluste ist also viel geringer.» Kronprinz Wilhelm überschätzte die Verluste des Gegners noch dramatischer. 1923 glaubte Wilhelm, die französischen Verluste hätten «die unsrigen um mehr als das Doppelte» übertroffen. Vgl. Kronprinz Wilhelm, Meine Erinnerungen, S. 232.

10 Vgl. S. 381 f.

11 Gerhard von Tappen, Bemerkungen zu R.A. Nr. 45 vom 18.10.34. Goslar, 29.10.1934, Bl. 31–45, hier: Bl. 32 f. Abschrift. BA-MA Freiburg, RH 61/1219.

12 General d. Inf. a.D. Constantin Schmidt von Knobelsdorf an Wolfgang Foerster. Glücksburg/Ostsee, 15.1.1934. Abschrift. BA-MA Freiburg, RH 61/1752; Schmidt von Knobelsdorf an Ziese-Behringer. O.O., 6.3.1933. Abgedruckt in: Ziese-Behringer, Der einsame Feldherr, Bd. 2, S. 200–201.

13 Foerster hatte dem General im Spätherbst 1933 einen ersten, neunseitigen Fragenkatalog zur Vorgeschichte der Schlacht bei Verdun geschickt. Bei der Erläuterung seiner Fragen nannte Foerster alle einschlägigen Telegramme, Notizen, Befehle und Karten aus den Akten von OHL und AOK5, belegt durch amtliche Signaturen. Vgl. Wolfgang Foerster an General d. Inf. a.D. Constantin Schmidt von Knobelsdorf. O.O., o.D. [Potsdam, Herbst 1933]. Durchschrift. BA-MA Freiburg, RH 61/1752.

14 «Die Denkschrift Falkenhayns ist mir leider nie bekannt geworden. Ich weiß auch nicht, wann sie entstanden ist und ob sie überhaupt einem wenn auch nur beschränkten Kreise zur Kenntnis zugeführt worden ist. Auch bei Besprechungen kann ich nachträglich mich keines Hinweises auf den mir nunmehr bekannten Inhalt erinnern. Das war sehr bedauerlich!» Schmidt von Knobelsdorf an Ziese-Behringer. O.O., 6.3.1933. Abgedruckt bei: Ziese-Behringer, Der einsame Feldherr, Bd. 2, S. 200–201, hier: S. 201.

15 Vgl. Auszug aus K.T.B. der Adjutantur S.K.H. des Kronprinzen (A.O.K.5) 1914–19. Sept. 1916. Potsdam, November 1935, S. 2 f. BA-MA Freiburg, RH 61/1674.

16 Vgl. S. 371 ff.

17 Wienskowski, Die Entwicklung der Ansichten über die Führung des Angriffs auf dem westlichen Ufer. Potsdam, 8.7.1933, S. 2. BA-MA Freiburg, RH 61/1665. Die Historikergruppe mutmaßte, dass Schmidt von Knobelsdorf den Zettel persönlich geschrieben und eingeklebt haben könnte. Vgl. «Die Wiederaufnahme des Gedankens eines Angriffs auf Verdun im Dezember 1915». Forschungsarbeit der Kriegsgeschichtlichen Forschungsanstalt, S. 12. BA-MA Freiburg, RH 61/1666.

18 Wienskowski, Die Entwicklung der Ansichten, S. 2. BA-MA Freiburg, RH 61/1665.
19 Ibid., S. 3.
20 Randbemerkungen des Generals d. Inf. a. D. Ewald von Lochow in den Druckfahnen des 10. Bandes des amtlichen Weltkriegswerkes. Potsdam, 28.8.1935. BA-MA Freiburg, RH 61/1690.
21 Wetzell an Foerster. Berlin, 28.10.1935. BA-MA Freiburg, RH 61/1672.
22 Generalleutnant a. D. Ziethen an Forschungsanstalt. Berlin, 30.8.1935. BA-MA Freiburg, RH 61/1690.
23 Auch Kronprinz Wilhelm berichtete 1923 in seinen Memoiren über die Zeit der Angriffsvorbereitung: «Was mich beunruhigte, war der mehrfach ausgesprochene Gedanke des Chefs des Generalstabes des Feldheeres [Falkenhayns], dass es darauf ankomme, Frankreichs Heer bei Verdun ‹zum Ausbluten› zu bringen, gleichgültig, ob die Festung dabei falle oder nicht.» Vgl. Kronprinz Wilhelm, Meine Erinnerungen, S. 160.
24 Schmidt von Knobelsdorf an Falkenhayn. Mit Randnotizen Falkenhayns. Stenay, 31.3.1916. Abschrift. Falkenhayn an Schmidt von Knobelsdorf. O. O. [Mézières], 4.4.1916. Abschrift. BA-MA Freiburg RH 61/974.
25 Kronprinz Rupprecht, Mein Kriegstagebuch, Bd. 1, S. 409–476.
26 Frauenholz, Vorwort, Bd. 1, S. VII.
27 Zitiert nach: Forschungsanstalt, Die Operationen des Jahres 1916, S. 30.
28 Ergänzungen zu den Verhandlungen der 6. Armee mit der O. H. L. Armeehauptquartier, 24.1.1916. Abgedruckt bei: Wendt, Verdun, S, 230–232, hier: S. 231, Anm. 1.
29 Ibid., S. 231, Anm. 2.
30 Ibid., S. 232, Anm. 1.
31 Foerster, Falkenhayns Plan, S. 314 ff.
32 Chiffretelegramm Falkenhayns an AOK6. O. O., 3.2.1916. Abgedruckt bei: Wendt, Verdun, S. 232–233, hier: S. 232.
33 Eintrag im Groener-Tagebuch v. 11.2.1916, zitiert nach: Forschungsanstalt, Die Operationen des Jahres 1916, S. 40, Anm. 1. Hervorhebungen durch den Verfasser.
34 Zu ähnlichen Ergebnissen kam Wilhelm Solger: «Meines Erachtens glaubte Falkenhayn … an einen … außerordentlich schnellen Verlauf. Es ist durchaus möglich, dass diese Entwicklung innerhalb eines Monats erhofft wurde. Selbst wenn das noch nicht bis zur Vollendung (Vertreibung des englischen Heeres vom Festlande!) eintrat, konnte man – so wird General von Falkenhayn gehofft haben – Mitte März das Ende doch schon übersehen. Den schleppenden Verlauf, den die Dinge im Frühjahr und Sommer 1916 tatsächlich genommen haben, hat Falkenhayn sicher nicht in seine zwischen Dezember und Mitte Februar angestellten Überlegungen aufgenommen. [Randbemerkung Martin Reymann: Bestimmt nicht!].» Vgl. Wilhelm Solger, Bemerkungen zu den Ausführungen des O. A. R. Theobald von Schäfer v. 15.11. [1933] betreffend Tagebuchaufzeichnungen Falkenhayns vom 31.VIII.1916. Potsdam, 16.22.1933. BA-MA Freiburg, RH 61/1681.
35 Wolfgang Foerster an General d. Inf. a. D. Constantin Schmidt von Knobelsdorf. O. O., o. D. [Potsdam, Herbst 1933]. Durchschrift. BA-MA Freiburg, RH 61/1752. Vollständige Abschrift auch bei: Solger, Vom Beginn des Angriffs auf Verdun, S. 193'. BA-MA Freiburg, RH 61/1468.
36 Vgl. Forschungsanstalt, Die Operationen des Jahres 1916, S. 94 f.
37 Tappen, der Falkenhayn nach Stenay begleitete, notierte am 26. Februar 1916 in seinem Tagebuch: «Besprechung über Einsetzen weiterer Kräfte auf dem westlichen Maas-Ufer. Mit Rücksicht auf das schnelle Vorwärtsdrängen auf dem östlichen Ufer brauchen wir keine weiteren Kräfte zu geben. A. O. K. 5 will sich selbst helfen.» Zitiert nach: Forschungsanstalt, Die Operationen des Jahres 1916, S. 95, Anm. 2.
38 Forschungsanstalt, Die Operationen des Jahres 1916, S. 94.
39 Genaue Zusammenfassung von Kuhls «Der Durchbruch» v. 26.2.1916 bei: Solger, Vom Beginn des Angriffs auf Verdun, S. 205 ff. BA-MA Freiburg, RH 61/1468. Kuhls Ergebnis: «Un-

ter günstigen Umständen, an einem günstigen Punkt und mit einer überwältigenden Artillerie und einer tüchtigen Infanterie unternommen, wird der Durchbruch trotz aller Schwierigkeiten ausführbar sein.» (S. 211)

40 Generalmajor a. D. Hermann Ritter Mertz von Quirnheim an Oberarchivrat Dr. Wilhelm Solger. Potsdam, 15.11.1933, Bl. 28–34. BA-MA Freiburg, RH 61/974.

41 Vgl. Hermann Ritter Mertz von Quirnheim an Wolfgang Foerster. Potsdam, 4.1.1935. BA-MA Freiburg, RH 61/1672.

42 Vgl. Generalmajor a. D. Hermann Ritter Mertz von Quirnheim an Oberarchivrat Dr. Wilhelm Solger. Potsdam, 15.11.1933, Bl. 34. BA-MA Freiburg, RH 61/974 («Mertz-Schreiben»).

43 Tagebuchnotiz des Kronprinzen Rupprecht von Bayern v. 8.3.1916, abgedruckt bei: Kronprinz Rupprecht, Mein Kriegstagebuch, Bd. 1, S. 445.

44 Karl Georg Treutler an Gottlieb von Jagow. Charleville-Mézières, 11.3.1916. Abschrift. BA-MA Freiburg, RH 61/1689.

45 Treutler an Bethmann Hollweg. 11.3.1916. Maschinenschriftliche Auszüge aus den Akten des Auswärtigen Amtes, «Der Weltkrieg, secr. Bd. 28a; Bd. 29, Bd. 30, Bd. 188» – betreffend die Schlacht um Verdun. BA-MA Freiburg, RH 61/1689.

46 Kronprinz Rupprecht, Mein Kriegstagebuch, Bd. 1, S. 409–476; Schmidt von Knobelsdorf an Falkenhayn. Mit Randnotizen Falkenhayns. Stenay, 31.3.1916. Abschrift. Falkenhayn an Schmidt von Knobelsdorf. O. O. [Mézières], 4.4.1916. Abschrift. BA-MA Freiburg, RH 61/974.

47 Tagebuchnotiz Wilds v. 29.2.1916. Abgedruckt in: Wild, Briefe, S. 138.

48 Kronprinz Rupprecht, Mein Kriegstagebuch, Bd. 1, S. 438 f. Eintrag v. 20.3.1916. Falkenhayn meinte ohne jeden Zweifel, dass für einen Durchbruch *bei Verdun* die eigenen Kräfte nicht ausreichten; denn bei der Sechsten Armee stand Ende März nur noch das Projekt einer Teiloffensive auf Arras im Raum. Die Arras-Offensive sagte Falkenhayn schließlich zugunsten der Weiterführung des Verdun-Angriffs ab. «Arras und Verdun gleichzeitig geht nicht.» Aufzeichnungen Kuhls v. 20.3.1916. Zitiert nach Solger, Vom Beginn des Angriffs auf Verdun, S. 248. BA-MA Freiburg, RH 61/1468.

49 «Für das gänzliche Ausbleiben von Entlastungsversuchen unserer Gegner auf dem westlichen Kriegsschauplatze während der ersten Wochen der Operationen an der Maas hatte man zunächst keine Erklärung gehabt.» Falkenhayn, Oberste Heeresleitung, S. 201.

50 Tagebuchnotiz Wild von Hohenborns v. 27.3.1916. Abgedruckt in: Wild, Briefe, S. 145–146, hier: S. 145 f.

51 Aufzeichnungen Kuhls v. 27.3.1916. Zitiert nach: Solger, Vom Beginn des Angriffs auf Verdun, S. 243. BA-MA Freiburg, RH 61/1468.

52 Diesen Schwenk hatte im Kern bereits Gerd Krumeich erkannt. Vgl. Krumeich, «Saigner la France»?, S. 21 u. 25.

53 Erich von Falkenhayn, Vortrag bei Sr. Majestät am 8. Juli 1916. Abschrift. BA-MA Freiburg, RH 61/1674.

54 Gerhard Tappen, Beurteilung der Lage, O. O. [Mézières] 20.6.1916. Zitiert nach: Forschungsanstalt, Die Operationen des Jahres 1916, S. 320.

55 Wilhelm Solger, Schilderung der Vorgänge, die zur Enthebung des Generals von Falkenhayn von seiner Stellung als Chef des Generalstabes des deutschen Feldheeres geführt haben. Potsdam 1935. Masch.-schriftl. Manuskript. BA-MA Freiburg, RH 61/1219, Bl. 44–190, hier: Bl. 142.

56 Oberstleutnant a. D. Alfred Niemann, Bericht über den Vortrag, den S. M. der Kaiser am 25. Februar 1934 von mir entgegengenommen hat. Doorn, 25.2.1934. BA-MA Freiburg, RH 61/1674.

57 Wilhelm Solger nannte Falkenhayns neuartiges Verfahren einen «Durchbruch mit beschränkten Kräften». Vgl. Martin Reymann, Meine Stellungnahme zu A. O. R. Dr. Solgers Studie vom Juni 33, dass Falkenhayn einen «Durchbruch mit beschränkten Kräften» für den einzig durchführbaren hielt. O. O [Potsdam]., 27.6.1933. BA-MA Freiburg, RH 61/1681.

58 Tagebuchnotiz Plessens v. 16.2.1916. Zitiert nach: Solger, Schilderung der Vorgänge, Bl. 51. BA-MA Freiburg, RH 61/1219.

59 Generalmajor a. D. Gerhard von Heymann, Erinnerungen für meine Kinder, Hamburg 1943. Masch.-schriftl. Abschrift eines unveröffentlichten Manuskripts. Nachlass Gerhard von Heymann. Privatarchiv Familie von Heymann.

60 «Als alter Ia las ich vor kurzem das Buch ‹General Erich von Gündell› von Walther Obkircher. Darin kommt die Verzweiflung über unseren Armeechef [Schmidt von Knobelsdorf] treffend zum Ausdruck! In tiefem Missmut wird er der böse Geist der Armee genannt! Ihm zu gehorchen war oft schwerste Soldatenpflicht: Eurer Kaiserlichen Hoheit eigene und meine sachlichen Beurteilungen der wahren Lage vor Verdun wurden ehrgeizig unterdrückt und dem Chef des Generalstabes [Falkenhayn] im gegenteiligen Sinne vorgetragen!»

61 Fritz von Falkenhayn an Konrad von Oertzen. Abschrift. O. O., 20.1.1932. BA-MA Freiburg, RH 61/1672.

62 Schmidt von Knobelsdorf an Falkenhayn. Mit Randnotizen Falkenhayns. Stenay, 31.3.1916. Abschrift. Falkenhayn an Schmidt von Knobelsdorf. O. O. [Mézières], 4.4.1916. Abschrift. BA-MA Freiburg RH 61/974.

63 Generalmajor a. D. Gerhard von Heymann, Erinnerungen für meine Kinder, Hamburg 1943. Masch.-schriftl. Abschrift eines unveröffentlichten Manuskripts. Nachlass Gerhard von Heymann. Privatarchiv Familie von Heymann.

64 «Irgendwelche Anzeichen, dass dem A. O. K.5 seitens des Generals von Falkenhayn eine beträchtliche Verstärkung der Truppen des Ostangriffs in Aussicht gestellt gewesen sei oder dass der letztere sich unter der Verpflichtung eines dahin gehenden Versprechens gefühlt habe, sind in den Akten nicht zu bemerken. Auch hat das A. O. K.5 selbst keine entsprechenden Anträge gestellt. Sollte das mündlich geschehen sein, so wäre vermutlich am 26. [Februar] bei der Besprechung in Stenay dazu Gelegenheit gewesen. Doch hat Gen. v. Falkenhayn am 27. [Februar] die 113. Inf. Div. nur im Wechsel gegen die 121. zur Verfügung gestellt.» Solger, Vom Beginn des Angriffs auf Verdun, S. 198. BA-MA Freiburg, RH 61/1468.

65 In seinen Randbemerkungen auf den Druckfahnen des Weltkriegswerkes erklärte Heymann, bei Besprechungen zwischen Falkenhayn und Knobelsdorf aufgrund von Weisungen Knobelsdorfs nie zugegen gewesen zu sein. Vgl. Randbemerkungen des Generalmajors a. D. Gerhard von Heymann auf den Druckfahnen des Weltkriegswerkes. X, 3 A, 68. Hamburg, 23.8.1935. BA-MA Freiburg, RH 61/1690.

66 Forschungsanstalt, Die Operationen des Jahres 1916, S. 674.

67 «Bewegungskrieg mit Feldbefestigungen»: Treutler-Bericht (1916); «Bewegungskrieg»: Tagebuchnotiz Plessens v. 16.2.1916. Zitiert nach: Solger, Schilderung der Vorgänge, Bl. 51. BA-MA Freiburg, RH 61/1219; «großes Ergebnis»: Rupprecht-Tagebuch, erster Teil (1915/16); «Durchbruch»: Kuhl an Falkenhayn. Ergänzungen zu den Verhandlungen der 6. Armee mit der O. H. L. Armeehauptquartier, 24.1.1916. Abgedruckt bei: Wendt, Verdun, S, 230–232, hier: S. 231, Anm. 1; «Bewegung»: Rupprecht-Tagebuch, erster Teil (1915/16); «erster Schritt»: Groener-Tagebuch (1916); «starker, entscheidender Schlag»: Kriegstagebuch Adjutantur des deutschen Kronprinzen (1915); «vernichten»: Heymann-Notiz (1916).

68 Falkenhayn, Die Oberste Heeresleitung.

69 «Im folgenden wird die Niederschrift der Kürze halber ‹Weihnachtsdenkschrift› genannt, die ihr entnommenen Sätze sind mit (W. D.) kenntlich gemacht.» Vgl. Forschungsanstalt, Die Operationen des Jahres 1916, S. 2, Anm. 1.

70 Falkenhayn, Oberste Heeresleitung, S. 176.

71 Von einer «Denkschrift» Falkenhayns sprechen vor 1936 allerdings schon andere Verdun-Forscher: Hermann Wendt (1931), Hermann Ziese-Behringer (1934) und Ernst Kabisch (1935) zum Beispiel.

72 Falkenhayn, Oberste Heeresleitung, S. 189, 199, 201 f., 226 u. 242.

73 Im Gegensatz zu vielen Autobiografen gab Falkenhayn offen zu, dass es sich bei seinen Memoiren um eine Rechtfertigungsschrift handelte. Vgl. Afflerbach, Falkenhayn, S. 545.

74 Zu den rechtfertigenden Umdeutungen Schmidt von Knobelsdorfs vgl. [Constantin Schmidt von Knobelsdorf,] Ergänzungen und Korrekturen im Manuskript «Geschichte der Ritter des Ordens ‹pour le mérite› im Weltkrieg» von Hanns Möller (1935). Privatarchiv Familie Schmidt von Knobelsdorf.

75 «Sein Buch kann als Ersatz [für eigenhändige Aufzeichnungen Falkenhayns aus der Zeit des Weltkriegs – d. Verf.] nicht gelten, da sich in seiner Erinnerung eine ganze Reihe von Vorgängen anders dargestellt hat, als sie ausweislich der Akten verlaufen sind. An sich ist diese Veränderung des Tatsachenbildes eine jedem Historiker geläufige Erscheinung; aber sie zwingt leider dazu, uns nun selber einen Vers zu machen, was er in Wirklichkeit gewollt hat.» Wilhelm Solger an Fritz von Falkenhayn. Berlin, 13.4.1935. BA-MA Freiburg, RH 61/1672.

76 Vgl. Tappen-Befragung. BA-MA Freiburg, RH 61/1674.

77 Zu Falkenhayns einschlägiger Weisung: Tappen-Befragung. BA-MA Freiburg, RH 61/1674. Zu Schmidt von Knobelsdorfs Verbot: «Privatnotizen habe ich nicht. General v. Knobelsdorf hatte solche zu Beginn des Feldzuges verboten mit dem Hinweis auf ihre Schädlichkeit ...». Vgl. Antwort des Oberstleutnants a. D. Robert Matthiaß an Direktor Wolfgang Foerster betreffend dessen Anfrage vom 22.9.1932 über die OHL-Ziele der gegen Belfort gerichteten Planungen zwischen Juni und Dezember 1915. Neubabelsberg, 3.10.1932. BA-MA Freiburg, RH 61/1672.

78 Afflerbach, Falkenhayn, S. 543.

79 Ibid., S. 544.

80 Zwehl deutete seine Zweifel nicht nur an: «Am wenigstens annehmbar wird den meisten Beurteilern der Gedanke erscheinen, der Angreifer könne die Franzosen mehr schwächen als sich selbst, den Verteidiger zum Weißbluten bringen, wie damals eine beliebte Wendung lautete.... Die vielleicht um 100 000 Mann größeren Verluste der Franzosen im Vergleich zu denen der Deutschen konnten bei den riesigen Zahlen der Streiter im Weltkriege keinen Ausschlag geben.» Vgl. Zwehl, Erich v. Falkenhayn, S. 184. Zwehl mutmaßte, die Eroberung der Festung und die Beseitigung des französischen Frontbogens seien die Ziele der Operation Gericht gewesen. Auch Wilhelm Solger hielt den Gedankengang des «Dezember-Vortrags» schon aus diesem Grunde für «unhaltbar». Die Aufgabe, «mit 2,4 Millionen die 3,5 Millionen des in fester Stellung stehenden Feindes zu schlagen», hätte sich «nie und nimmer durch bloße Abnutzung lösen» lassen. Vgl. Wilhelm Solger, Ist der Gedanke der Weihnachtsdenkschrift 1915, das Angriffsziel so zu wählen, dass Frankreich nur die Wahl bleibt zwischen einem Sich-Verbluten in aussichtslosen Gegenangriffen oder der Hinnahme eines Verlustes von ungeheurer moralischer Wirkung, wirklich der ganze Operationsplan gewesen? Potsdam, August 1932. Einem Briefe an Exzellenz Tappen v. 2.8.1932 beigelegt. Solger, Bl. 47–51. BA-MA Freiburg, RH 61/974.

81 «Die Denkschrift Falkenhayns ist mir leider nie bekannt geworden. Ich weiß auch nicht, wann sie entstanden ist und ob sie überhaupt einem wenn auch nur beschränkten Kreise zur Kenntnis zugeführt worden ist. Auch bei Besprechungen kann ich nachträglich mich keines Hinweises auf den mir nunmehr bekannten Inhalt erinnern. Das war sehr bedauerlich!» Constantin Schmidt von Knobelsdorf an Hermann Ziese-Behringer. O. O. [Glücksburg], 6.3.1933. Abgedruckt bei: Ziese-Behringer, Der einsame Feldherr, Bd. 2, S. 200–201, hier: S. 201.

82 Generalleutnant a. D. Wilhelm Groener an Wolfgang Foerster. Kommentare zur Forschungsarbeit Dr. Solgers. Berlin-Steglitz, 5.3.1934. Bl. 94–101, hier: Bl. 97.

83 General d. Inf. a. D. Schmidt von Knobelsdorf an Direktor Wolfgang Foerster. Glücksburg, 27.12.1933. Abschrift. BA-MA Freiburg, RH 61/1752. Es handelt sich um Knobelsdorfs Antworten auf den Fragenkatalog der Forschungsanstalt vom Spätherbst 1933.

84 Gerhard von Heymann an Kronprinz Wilhelm von Preußen. Entwurf. O. O., 17.1.1938. Nachlass Gerhard von Heymann. Privatarchiv Familie von Heymann.

85 Afflerbach, Falkenhayn, S. 545.

86 Tappen-Befragung. BA-MA Freiburg, RH 61–1674.

87 Ob man dem Urteil Holger Afflerbachs: «Der General glaubte das, was er schrieb» (vgl. Afflerbach, Falkenhayn, S. 507), auch mit Blick auf Falkenhayns irreführende Angaben zur Planung des Unternehmens *Gericht* als bloßer Ausblutungsschlacht beipflichten kann, erscheint immerhin zweifelhaft. Anhand der Quellen ist diese Frage jedenfalls nicht klar zu entscheiden. Der innere Umschwung Falkenhayns von der Durchbruchs- zur Ausblutungsschlacht, vollzogen zwischen Ende März und Anfang April 1916, hinterließ in den Quellen allerdings zumindest den *Eindruck* eines psychologischen Prozesses; die überlieferten Zeugnisse (Rupprecht-Tagebuch, zweiter Teil; Schriftwechsel Falkenhayns mit Schmidt von Knobelsdorf; Mertz-Schreiben) deuten an, in welcher Gestimmtheit dieser Umschwung verlief; freilich kann der Historiker diese Gestimmtheit bestenfalls erahnen: Selbstüberredung, Fremdmotivation und Rechtfertigungszwang in scheinbar auswegloser Lage.

Die «Tappen-Befragung»

1 Wortprotokoll des Gesprächs von Wolfgang Foerster, Martin Reymann, Wilhelm Solger und Generalmajor a. D. Hans Tieschowitz von Tieschowa mit General a. D. Gerhard Tappen am 6. September 1932 im Reichsarchiv Potsdam. Potsdam, 19.9.1932. BA-MA Freiburg, RH 61/1674.

2 Generalleutnant Luigi Zuccari (1847–1925), 1914 Kommandeur der Dritten Italienischen Armee, später Generalinspekteur des Kriegsgefangenenwesens.

3 Major Bodo von Harbou (1887–1943), Mitglied der Operationsabteilung der Obersten Heeresleitung. Im Dritten Reich im Umkreis der Attentäter des 20. Juli 1944 und des Kreisauer Kreises tätig. Harbou nahm sich am 22.12.1943 in der Haft des Sicherheitsdienstes des Reichsführers-SS das Leben, vermutlich aus Angst, unter der Folter Mitwisser zu verraten.

4 Generalleutnant Hans von Schabel (1857–1945), Artillerie-Experte und vor dem Krieg maßgeblich an der Entwicklung des 42-cm-Mörsers der Firma Krupp beteiligt («Dicke Bertha»). Tappens jüngerer Bruder Hans (1879–1941) arbeitete als promovierter Chemiker am Kaiser-Wilhelm-Institut in Berlin, unter anderem mit dem Nobelpreisträger Fritz Haber, dem «Vater» der deutschen Giftgaswaffen.

Quellen und Literatur

ARCHIVALIEN

Bundesarchiv-Militärarchiv Freiburg i. Br. (BA-MA Freiburg)
MSG 2/9021; MSG 2/14 532; MSG 2/15 146; N 56/1; N 58/1; N 754/1; N 754/6; N 2069/3; PH 3/38; PH 5-II/13; PH 5-II/478; PH 8-I/18; PH 8-I/19; RH 18/2481; RH 61/586; RH 61/746; RH 61/960; RH 61/974; RH 61/986; RH 61/1219; RH 61/1441; RH 61/1443; RH 61/1468; RH 61/1499; RH 61/1664; RH 61/1665; RH 61/1666; RH 61/1671; RH 61/1672; RH 61/1674; RH 61/1675; RH 61/1676; RH 61/1678; RH 61/1681; RH 61/1682; RH 61/1689; RH 61/1690; RH 61/1691; RH 61/1692; RH 61/1694; RH 61/1695; RH 61/1696; RH 61/1697; RH 61/1698; RH 61/1703; RH 61/1706; RH 61/1712; RH 61/1719; RH 61/1721; RH 61/1722; RH 61/1725; RH 61/1726; RH 61/1732; RH 61/1733; RH 61/1734; RH 61/1740; RH 61/1741; RH 61/1744; RH 61/1745; RH 61/1752

Privatarchiv Familie von Wartenberg
Hansjoachim von Wartenberg an Klaus-Dietrich von Wartenberg. Sindelfingen, 10.3.1996.

Privatarchiv Familie von Heymann
Generalmajor a.D. Gerhard von Heymann, Erinnerungen für meine Kinder, Hamburg 1943. Masch.-schriftl. Abschrift eines unveröffentlichten Manuskripts. Nachlass Gerhard von Heymann; Schreiben Gerhard von Heymanns an Kronprinz Wilhelm von Preußen. Entwurf O.O., 17.1.1938; Schreiben Gerhard von Heymanns an Kronprinz Wilhelm von Preußen. Entwurf. Hamburg 5.5.1941

Privatarchiv Familie Schmidt von Knobelsdorf
[Constantin Schmidt von Knobelsdorf], Ergänzungen und Korrekturen im Manuskript «Geschichte der Ritter des Ordens ‹pour le mérite› im Weltkrieg» von Hanns Möller (1935).

Archives nationales, Pierrefitte-sur-Seine
470AP/14

Deutsches Tagebucharchiv Emmendingen (DTA)
Tagebuch Alfred Bauer. Abschrift, Nr. 1544.

GEDRUCKTE QUELLEN, FORSCHUNGEN UND HILFSMITTEL

Abad, Reynald: Aux origines du suicide de Vatel: les difficultés de l'approvisionnement en marée au temps de Louis XIV, in: Dix-septième siècle, 4/217 (2002), S. 631–641.

Afflerbach, Holger: Die militärische Planung des Deutschen Reiches im Ersten Weltkrieg, in:

Wolfgang Michalka (Hg.), Der Erste Weltkrieg. Wirkung, Wahrnehmung, Analyse, München 1994, S. 280–317.
–: Einführung zu beiden Quellen: Wilhelm II. als Oberster Kriegsherr im Ersten Weltkrieg, in: Ders. (Hg.), Kaiser Wilhelm II. als Oberster Kriegsherr im Ersten Weltkrieg. Quellen aus der militärischen Umgebung des Kaisers 1914–1918. (= Deutsche Geschichtsquellen des 19. und 20. Jahrhunderts, hg. v. d. Historischen Kommission bei der Bayerischen Akademie der Wissenschaften durch Klaus Hildebrandt, Bd. 64), München 2005, S. 1–62.
–: Falkenhayn. Politisches Denken und Handeln im Kaiserreich (= Beiträge zur Militärgeschichte, hg. v. Militärgeschichtlichen Forschungsamt, Bd. 42), München 1994.
– (Bearb.): Kaiser Wilhelm II. als Oberster Kriegsherr im Ersten Weltkrieg. Quellen aus der militärischen Umgebung des Kaisers 1914–1918 (= Deutsche Geschichtsquellen des 19. und 20. Jahrhunderts, hg. v. d. Historischen Kommission bei der Bayerischen Akademie der Wissenschaften durch Klaus Hildebrand, Bd. 64), München 2005.
–: Planning Total War? Falkenhayn and the Battle of Verdun, 1916, in: Roger Chickering/Stig Förster (Hg.). Great War, Total War. Combat and Mobilization on the Western Front, 1914–1918, Cambridge 2000, S. 113–279.
–: Weihnachtsdenkschrift (1915), in: Hirschfeld/Krumeich/Renz (Hg.), Enzyklopädie Erster Weltkrieg, S. 959.
Allard, Paul: Les dessous de la guerre révélés par les comités secrets, Paris 1932.
[Anonym:] Extrablatt der Celleschen Zeitung und Anzeigen v. 26.2.1916. Veröffentlicht bei: http://www.deutsches-reich-1914–1918.de/februar-1916.html. Letzter Zugriff am 27.8.2013.
Atkin, Nicholas: Pétain (= Profiles in Power), New York 1998.
Baumont, Michel: Abel Ferry et les étapes du contrôle aux armées, 1914–1918, in: Revue d'histoire moderne et contemporaine 15 (1968), S. 162–208.
Becker, Jean-Jacques/Gerd Krumeich (Hg.): Der Große Krieg. Deutschland und Frankreich 1914–1918. A. d. Franz. v. Marcel Küsters u. Peter Böttner, Essen 2010.
Becker, Jean-Jacques: Frankreich, in: Hirschfeld/Krumeich/Renz (Hg.), Enzyklopädie Erster Weltkrieg, S. 31–43.
–: Georges Robert Nivelle, in: Hirschfeld/Krumeich/Renz (Hg.), Enzyklopädie Erster Weltkrieg, S. 743–744.
Bernède, Allain: Verdun 1916, autopsie d'une bataille, le point de vue français, in: 1916–2006. Verdun sous le regard du monde. Actes du colloque tenu à Verdun 23 et 24 février 2006. Sous la direction de François Cochet, Paris 2006, S. 39–58.
–: Verdun 1916: un choix stratégique, une équation logistique, in: Revue historique des armées. Dossier: 1916, les grandes batailles et la fin de la guerre européenne, 242 (2006), S. 48–59.
Bethmann Hollweg, Theobald von: Betrachtungen zum Weltkriege. Erster Teil: Vor dem Kriege. Zweiter Teil: Während des Krieges, hg. v. Jost Dülffer. Neuausg. d. Ausg. v. 1919, Essen 1989.
[Bethmann Hollweg, Theobald von:] Reichstagsreden v. 5.4. und 12.12.1916, zitiert nach: http://www.1000dokumente.de. Letzter Zugriff am 30.11.2013.
Blake, Robert (Hg.): The Private Papers of Douglas Haig, 1914–1919, London 1952.
Blasius, Dirk: 4. August 1914. Beginn des Ersten Weltkriegs, in: Ders./Wilfried Loth (Hg.), Tage deutscher Geschichte im 20. Jahrhundert, Göttingen 2006, S. 11–26.
Blond, Georges: Verdun. A. d. Franz. v. Franz Wild, Reinbek 1965.
Bordeaux, Henry: Les chansons de Vaux-Douaumont (1916), 2 Bde., Paris 1917.
Bosshard, Madeleine/Antoine Bosshard (Hg.): «Si je reviens comme je l'espère». Lettres du front et de l'arrière, Paris 2003.
Boud'hors, Gérard: Le capitaine de Gaulle et le 33 R. I. à Douaumont (fin février – début mars 1916), in: Revue historique des armées 6/2 (1990), S. 6–15.
Brandis, Cordt von: Die Stürmer vom Douaumont. Mit einem Beitrag von Walter Bloem (= Unter dem Stahlhelm. Einzelschriften aus dem Weltkriege, Bd. 7a), Berlin 1934.
–: Vor uns der Douaumont. Aus dem Leben eines alten Soldaten, Leonie am Starnberger See 1966.

Bridgland, Tony: Outrage at Sea. Naval Atrocities in World War One, Barnsley 2002.

Broucek, P.: August Freiherr Schluga von Rastenfeld, in: Österreichisches Biographisches Lexikon 1815–1950, hg. von der Österreichischen Akademie der Wissenschaften, Bd. 10 (Lieferung 48), Wien 1993. S. 221–222.

Canini, Gérard: Combattre à Verdun. Vie et souffrance quotidiennes du soldat 1916–1917, Nancy 1988.

Carré, Claude: 1916. Année de Verdun, Panazol u. a. 1996.

Clark, Walter Aaron: Enrique Granados. Poet of the Piano. Foreword by Alicia de Larrocha, Oxford 2005.

Clayton, Anthony: Paths of Glory. The French Army 1914–18, London 2003.

Cochet, François: 6–8 décembre 1915, Chantilly: la Grande Guerre change de rythme, in: 1916, Les grandes batailles et la fin de la guerre européenne. Revue historique des armées 242 (2006), S. 16–25.

Cousine, André: Debattenbeitrag, in: Claude Carlier/Guy Pedroncini (Hg.), La bataille de Verdun. Actes du Colloque international organisé pour le 80e anniversaire de la bataille par l'Institut d'Histoire des Conflits Contemporains et le Comité National du Souvenir de Verdun les 21 et 22 mai 1996 au Château de Vincennes, Paris 1997, S. 129.

Corneließen, Christoph: La réception de la bataille de Verdun en Allemagne, in: 1916 – 2006. Verdun sous le regard du monde. Actes du colloque Verdun 23 et 24 février 2006. Sous la direction de François Cochet. Verdun 2006, S. 147–158.

Cron, Hermann: Geschichte des deutschen Heeres im Weltkriege 1914–1918. Neudr. d. Ausg. Berlin 1937, Osnabrück 1990.

Cru, Jean Norton (Hg.): Témoins. Essai d'analyse et de critique des souvenirs de combatants édités en français de 1915 à 1928, Nancy 2006.

Dardart, Gérald: Charleville, capitale du 2e Reich, 1914–1916, in: Supplément au journal «Charleville-Mézières magazine» 81 (2004).

David, Daniel: Le Colonel Driant. De l'armée à la littérature, le Jules Verne militaire, Thionville 2006.

Deist, Wilhelm: Die Kriegführung der Mittelmächte, in: Hirschfeld/Krumeich/Renz (Hg.), Enzyklopädie Erster Weltkrieg, S. 249–271.

Delbrück, Hans: Falkenhayn und Ludendorff, in: Ders., Ludendorff – Tirpitz – Falkenhayn, Berlin 1920, S. 44–78.

Denizot, Alain: Discours du 21 février 1996. Driant et le Bois de Caures, in: Verdun. Cahiers de la Grande Guerre 23 (1996).

–: Douaumont 1914–1918. Vérité et légende, Paris 1998.

–: Préparations et interférences des batailles de la Somme et de Verdun en 1916, in: Verdun. Cahiers de la Grande Guerre 30 (2003), S. 51–69.

–: Verdun 1914–1918, Paris 1996.

Dokumente aus geheimen Archiven, Bd. 4: 1914–1918. Berichte des Berliner Polizeipräsidenten zur Stimmung und Lage der Bevölkerung von Berlin 1914–1918. Bearbeitet v. Ingo Materna u. Hans-Joachim Schreckenbach unter Mitarbeit v. Bärbel Holtz, Weimar 1987.

Doughty, Robert A.: French Operational Art (1888–1940), in: Michael D. Krause/R. Cody Phillips (Hg.), Historical Perspectives of the Operational Art, Washington 2005, S. 69–103.

–: Verdun: le point de vue américain, in: 1916–2006. Verdun sous le regard du monde. Actes du colloque Verdun 23 et 24 février 2006. Sous la direction de François Cochet, Verdun 2006, S. 159–180.

–: Pyrrhic Victory. French Strategy and Operations in the Great War, Cambridge (Mass.)/London 2005.

–: Rezension von (13.6.2007): Elizabeth Greenhalgh, Victory through Coalition: Britain and France during the First World War, Cambridge 2005. http://h-net.msu.edu. Letzter Zugriff am 9.7.2013.

[Driant, Émile:] Tagesbefehl v. 15.1.1916, zitiert nach: http://www.verdun-meuse.fr/index.php?qs=fr/lieux-et-visites/lieu-du-mois---janvier-2011---en-positions-au. Letzter Zugriff am 15.6.2013.

Engels, Jens Ivo: Kleine Geschichte der Dritten französischen Republik (1870–1940), Köln u.a. 2007.

Erdmann, Karl Dietrich (Hg.): Kurt Riezler. Tagebücher, Aufsätze, Dokumente (= Deutsche Geschichtsquellen des 19. und 20. Jahrhunderts, hg. v. d. Historischen Kommission bei der Bayerischen Akademie der Wissenschaften, Bd. 48), Göttingen 1972.

Escrienne, Jean-Martin d': De l'Aisne à Verdun. Octobre 1914–mars 1916, in: Alain Lebougre/Véronique Harel (Hg.), Charles de Gaulle soldat, 1914–1918. Catalogue de l'exposition tenue à l'Historial de la Grande Guerre à Péronne, Paris 1999, S. 23–29.

Ettighofer, Paul C.: Verdun. Das große Gericht. Mit einem Nachwort v. Maurice Genevoix, 6. Aufl., München 1992.

Falkenhayn, Erich von: Die Oberste Heeresleitung 1914–1916 in ihren wichtigsten Entschließungen, Berlin 1920.

[Falkenhayn, Erich von:] Verdun, in: Militär-Wochenblatt, 104. Jg./Nr. 6 (1919), Spalte 97–108.

Farrar, Lancelot L. Jr.: Peace through Exhaustion: German Diplomatic Motivations for the Verdun Campaign, in: Revue Internationale d'Histoire Militaire 32 (1972–75), S. 477–494.

Ferry, Abel: Carnets secrets 1914–1918 suivis de lettres et notes de guerre. Préface de Nicolas Offenstadt, Paris 2005.

Fiebig-von Hase, Ragnild: Deutschland, die USA und die Hintergründe des amerikanischen Kriegseintritts am 6. April 1917, in: Wolfgang Michalka (Hg.), Der Erste Weltkrieg. Wirkung, Wahrnehmung, Analyse, München/Zürich 2000, S. 125–158.

Fischer, Kurt: Berichte aus dem Fort Douaumont, Bonn 2004.

Fischer, Kurt/Stefan Klink: Spurensuche bei Verdun. Ein Führer über die Schlachtfelder, 2. Aufl., Bonn 2005.

Foerster, Wolfgang: Falkenhayns Plan für 1916. Ein Beitrag zur Frage: Wie gelangt man aus dem Stellungskriege zu entscheidungssuchender Operation?, in: Militärwissenschaftliche Rundschau (1937), S. 304–330.

Foley, Robert T.: Easy Target or Invincible Enemy? German Intelligence Assessments of France before the Great War, in: The Journal of Intelligence History 5 (2005), S. 1–24.

–: German Strategy and the Path to Verdun. Erich von Falkenhayn and the Development of Attrition, 1870–1916 (= Cambridge Military Histories, hg. v. Hew Strachan u. Geoffrey Wawro), Cambridge 2005.

Fontane, Theodor: Die Märker und die Berliner und wie sich das Berlinertum entwickelte, in: Ders., Dörfer und Flecken im Lande Ruppin (= Wanderungen durch die Mark Brandenburg, Bd. 6), 2. Aufl., Berlin 1998, S. 559–573.

–: Wanderungen durch die Mark Brandenburg. Erster Teil: Die Grafschaft Ruppin, hg. v. Gotthard Erler und Rudolf Mingau, 2. Aufl., Berlin/Weimar 1998.

Forschungsanstalt für Kriegs- und Heeresgeschichte (Hg.): Die Operationen des Jahres 1915. Die Ereignisse im Westen und auf dem Balkan vom Sommer bis zum Jahresschluß (= Der Weltkrieg 1914 bis 1918. Im Auftrage des Reichskriegsministeriums bearbeitet von der Forschungsanstalt für Kriegs- und Heeresgeschichte. Die militärischen Operationen zu Lande, Bd. 9), Berlin 1933.

–: Die Operationen des Jahres 1916 bis zum Wechsel in der Obersten Heeresleitung. Mit fünfundvierzig Karten und Skizzen (= Der Weltkrieg 1914 bis 1918. Die militärischen Operationen zu Lande, im Auftrag des Reichskriegsministeriums bearb., Bd. 10), Berlin 1936.

–: Die Kriegführung im Herbst 1916 und im Winter 1916/17. Vom Wechsel in der Obersten Heeresleitung bis zum Entschluß zum Rückzug in die Siegfriedstellung. Mit siebenunddreißig Karten und Skizzen (= Der Weltkrieg 1914 bis 1918. Die militärischen Operationen zu Lande, im Auftrag des Reichskriegsministeriums bearb., Bd. 11), Berlin 1938.

Förster, Stig: Im Reich des Absurden: Die Ursachen des Ersten Weltkrieges, in: Bernd Wegner (Hg.), Wie Kriege entstehen. Zum historischen Hintergrund von Staatenkonflikten (= Krieg in der Geschichte, hg. v. Stig Förster, Bernhard R. Kroener u. Bernd Wegner, Bd. 4), Paderborn u. a. 2003, S. 211–251.

François, Guy: Les canons de marine allemands de 38 cm SKL/45 «Max», in: Verdun. Cahiers de la Grande Guerre 27 (2000), S. 231–249.

Frauenholz, Eugen von: Vorwort des Herausgebers, in: Kronprinz Rupprecht von Bayern, Mein Kriegstagebuch. Hg. v. Eugen von Frauenholz, Bd. 1, Berlin 1929, S. VII-XI.

French, David: The Meaning of Attrition 1914–1916, in: The English Historical Review 103/407 (1988), S. 385–405.

Freytag-Loringhoven, Hugo Freiherr von: Menschen und Dinge wie ich sie in meinem Leben sah, Berlin 1923.

Fuchs, Günther: Aristide Briand (1862–1932), in: Günther Fuchs/Udo Scholze/Detlev Zimmermann (Hg.), Werden und Vergehen einer Demokratie. Frankreichs Dritte Republik in neun Porträts. Léon Gambetta, Jules Ferry, Jean Jaurès, Georges Clemenceau, Aristide Briand, Léon Blum, Édouard Daladier, Philippe Pétain, Charles de Gaulle, Leipzig 2004, S. 112–140.

Fournier, Henry-Jean: Préface. Driant, un officier au service de la France, in: David, Le Colonel Driant, S. 12–13.

Gallieni, Joseph Simon: Les Carnets de Gallieni. Hg. v. Gaëtan Gallieni. Mit Anm. v. Pierre Barthélémy Gheusi, Paris 1932.

Geiss, Imanuel: Das Deutsche Reich und der Erste Weltkrieg, München/Zürich 1985.

–: Karl Liebknecht, in: Ders., Das Deutsche Reich und der Erste Weltkrieg, München 1985.

Gerard, James W.: My Four Years in Germany, New York 1917.

Goethe, Johann Wolfgang: Campagne in Frankreich. Mit Anm. v. Ilse-Marie Barth, Stuttgart 1972.

Görlitz, Walter (Hg.): Regierte der Kaiser? Kriegstagebücher, Aufzeichnungen und Briefe des Chefs des Marine-Kabinetts Admiral Georg Alexander von Müller 1914–1918. Mit einem Vorwort v. Sven v. Müller, Göttingen/Berlin/Frankfurt a. M. 1959.

Goßler, Konrad von: Erinnerungen an den Großen Krieg. Dem VI. Reservekorps gewidmet, Breslau 1919.

Grand-Carteret, John: Verdun. Images de Guerre. Frontispice de Robida. Pièces historiques, Estampes, Portraits, Curiosités. 350 Images et Caricatures françaises, alliées, neutres et ennemies, Pairs 1916.

Grandhomme, Jean-Noël: «L'intervention de la Roumanie en 1916. Un élément décisif dans l'interaction des fronts au bénéfice de Verdun?», in: 1916–2006. Verdun sous le regard du monde. Actes du colloque Verdun 23 et 24 février 2006. Sous la direction de François Cochet, Verdun 2006, S. 203–224.

Granier, Gerhard: Einleitung, in: Wild von Hohenborn, Adolf: Briefe und Tagebuchaufzeichnungen des preußischen Generals als Kriegsminister und Truppenführer im Ersten Weltkrieg, hg. v. Helmut Reichold. Für die Veröffentlichung vorbereitet v. Gerhard Granier (= Schriften des Bundesarchivs, Bd. 34), Boppard am Rhein 1986., S. 1–13.

Gras, Yves: Castelnau ou l'art de commander, 1851–1944, Paris 1990.

Gräßler, Martin J.: Fort Douaumont. Verduns Festung, Deutschlands Mythos, München 2009.

Greenhalgh, Elisabeth: Flames Over the Somme: A Retort to William Philpott, in: War in History 10/3 (2003), S. 446–471.

–: Victory through Coalition. Britain and France during the First World War (= Cambridge Military Histories, hg. v. Hew Strachan u. Geoffrey Wawro), Cambridge 2005.

–: Why the British were on the Somme in 1916, in: War in History 6/2 (1999), S. 147–173.

Groehler, Olaf: Der lautlose Tod, Berlin 1984.

Groener, Wilhelm: Lebenserinnerungen. Jugend – Generalstab – Weltkrieg. Hg. v. Friedrich Freiherr Hiller von Gaertringen. Mit einem Vorwort v. Peter Rassow (= Deutsche Geschichtsquellen des 19. und 20. Jahrhunderts, hg. von der Historischen Kommission bei der Bayerischen Akademie der Wissenschaften, Bd. 41), Göttingen 1957.

Guéno, Jean-Pierre: Mon papa en guerre. Lettres de poilus, mots d'enfants 1914–1918, Paris 2004.

Guéno, Jean-Pierre/Yves Laplume: Paroles de poilus. Lettres et carnets du front 1914–1918, Paris 1998.

Guillaud, Jean-Louis: Pourquoi Verdun?, in: Revue de défense nationale: les grands problèmes nationaux et internationaux 22/5 (1966), S. 812–815.

Guth, Ekkehart P.: Der Gegensatz zwischen dem Oberbefehlshaber Ost und dem Chef des Generalstabes des Feldheeres 1914/15. Die Rolle des Majors v. Haeften im Spannungsfeld zwischen Hindenburg, Ludendorff und Falkenhayn, in: Militärgeschichtliche Mitteilungen 35/1 (1984), S. 75–111.

Haffner, Sebastian: Die Sieben Todsünden des Deutschen Reiches im Ersten Weltkrieg, 2. Aufl., Bergisch Gladbach 1981.

–: Verdun 1916. Wie eine Totenglocke. Die Entmythologisierung einer Schlacht, in: Die ZEIT 42 (1980). http://www.zeit.de/1980/42/wie-eine-totenglocke/seite-1. Letzter Zugriff am 25.10.2013.

Haig, Douglas: War Diaries and Letters 1914–1918, hg. v. Gary Sheffield u. John Bourne, London 2005.

Hamann, Brigitte: Der Erste Weltkrieg. Wahrheit und Lüge in Bildern und Texten, München [3]2004.

Herbillon, Émile: Souvenirs d'un officier de liaison pendant la guerre mondiale. Du général en chef au gouvernement, 2 Bde., Bd. 1: Sous le Commandement du Général Joffre, Paris 1930.

Herre, Paul: Kronprinz Wilhelm. Seine Rolle in der deutschen Politik, München 1954.

Hilbert, Lothar: Falkenhayn. L'homme et sa conception de l'offensive de Verdun, in: Verdun 1916. Actes du colloque international sur la bataille de Verdun. 6–7–8 juin 1975. Préface et postface de Maurice Genevoix, hg. v. d. Association Nationale du Souvenir de la Bataille de Verdun u. d. Université de Nancy II, Verdun 1976, S. 41–56.

Hillard, Gustav [d. i. Steinbömer]: Herren und Narren der Welt, München 1955.

Hirschfeld, Gerhard/Gerd Krumeich/Irina Renz (Hg.): Enzyklopädie Erster Weltkrieg. Herausgegeben in Verbindung mit Markus Pöhlmann. Aktualisierte u. erweiterte Studienausgabe, Paderborn u. a. 2009.

Historique du 95ᵉ régiment d'infanterie (= Campagne 1914–1918), Paris o. J.

Hodeir, Marcellin: La photographie aérienne: «de la Marne à la Somme» 1914–1916, in: Revue historique des armées 6/2 (1996), S. 107–118.

Hohrath, Daniel: Rezension von Thomas Kühne/Benjamin Ziemann (Hg.), Was ist Militärgeschichte?, Paderborn u. a. 2000, in: H-Soz-u-Kult. H-net-Reviews, Februar 2001. http://www.h-net.org/reviews/showrev.php?id=16895. Letzter Zugriff am 6.5.2013.

Holstein, Christina: Fort Vaux (= Battleground Europe, hg. v. Nigel Cave), Barnsley 2011.

Horne, Alistair: Des Ruhmes Lohn. Verdun 1916. A. d. Engl. v. Heinzgeorg Neumann, Bergisch Gladbach 1980.

–: The Price of Glory. Verdun 1916, 3. Aufl., London 1993.

Howard, Michael: Der Krieg in der europäischen Geschichte. Vom Mittelalter bis zu den neuen Kriegen der Gegenwart. A. d. Engl. v. Karl-Heinz Siber (= Schriftenreihe der Bundeszentrale für politische Bildung, Bd. 1106), 2. Aufl., Bonn 2010.

Hürter, Johannes: Hitlers Generäle und der Erste Weltkrieg, in: Gerd Krumeich (Hg.), Nationalsozialismus und Erster Weltkrieg, Essen 2010, S. 261–270.

Hupy, Joseph P.: The Long-term Effects of Explosive Munitions on the WWI Battlefield Surface of Verdun, France, in: Scottish Geographical Journal 122/3 (2006), S. 167–184.

Institut Géographique National: Fôrets de Verdun et du Mort-Homme. Champ de Bataille de Verdun. 1:25000 (= Carte de randonnée. Carte topographique Top 25, 3112 ET), Paris 2005.

Jäck, Karl: Die deutsche Feldpost vor Verdun 1914/18, in: Archiv für Postgeschichte in Bayern. Herausgegeben von der Gesellschaft zur Erforschung der Postgeschichte in Bayern in Verbindung mit der Reichspostdirektion München, 18. Jg., August 1943, S. 253–266.

Jahr, Christoph: British Prussianism. Überlegungen zu einem europäischen Militarismus im 19.

und frühen 20. Jahrhundert, in: Wolfram Wette (Hg.), Schule der Gewalt. Militarismus in Deutschland 1871 bis 1945, Berlin 2005, S. 246–261.

Jakob, Neil: Kriegsbriefe, in: Hirschfeld/Krumeich/Renz (Hg.), Enzyklopädie Erster Weltkrieg, S. 631–632.

Janßen, Karl-Heinz: Der Kanzler und der General. Die Führungskrise um Bethmann Hollweg und Falkenhayn (1914–1916), Göttingen u. a. 1967.

–: Die Mühle von Verdun. Ein konventioneller Massenmord?, in: DIE ZEIT v. 25.2.1966. http://www.zeit.de/1966/09/die-muehle-von-verdun. Letzter Zugriff am 3.2.2013.

Jessen, Olaf: Die Moltkes. Biographie einer Familie, München 2010.

[Joffre, Joseph:] Mémoires du Maréchal Joffre (1910–1917), 2 Bde., Paris 1932.

Kabisch, Ernst: Verdun. Wende des Weltkrieges. Mit 10 Bildern und 6 Kartenskizzen von Generalmajor a. D. Flaischien, Berlin 1935.

Kaluzko, Jean-Luc/Uwe Lewerenz/Franck Meyer: Das Fort Douaumont (= Sehen und Verstehen), Louviers 2010.

[Kautsky, Luise:] Bericht v. 15.1.1929. Zitiert nach: www.gedenktafeln-in-berlin.de. Letzter Zugriff am 11.11.2013.

Keegan, John: Der Erste Weltkrieg. Eine europäische Tragödie. A. d. Engl. v. Karl u. Heidi Nicolai, 3. Aufl., Reinbek bei Hamburg 2004.

–: Die Kultur des Krieges. A. d. Engl. v. Karl A. Klewer, Berlin 1995.

–: Die Maske des Feldherrn. Alexander der Große, Wellington, Grant, Hitler. A. d. Engl. v. Bernd Rullkötter, Reinbek bei Hamburg 2000.

–: Somme, 1. Juli 1916, in: Ders., Das Antlitz des Krieges. Die Schlachten von Azincourt 1415, Waterloo 1815 und an der Somme 1916. Mit einem Nachw. d. Autors zur Neuausg. A. d. Engl. v. Hermann Kusterer, Frankfurt a. M./New York 1991, S. 241–338.

Kennan, George F.: The Decline of Bismarck's European Order. Franco-Russian Relations, 1875–1890, Princeton 1979.

Kennedy, Paul: Aufstieg und Fall der großen Mächte. Ökonomischer Wandel und militärischer Konflikt, 6. Aufl., Frankfurt a. M. 2000.

King, Jere Clemens: Generals and Politicians. Conflict between France's High Command, Parliament and Government, 1914–1918. Neudruck d. Aufl. v. 1951, Los Angeles 1971.

Klink, Stephan: Leben und Tod des Generalmajors Wilhelm von Lotterer (1857–1916). Der tödliche Zwischenfall ereignete sich am 3.3.1916. http://www.dffv.de/Verdun/Lotterer/Lotterer.htm. Letzter Zugriff am 9.9.2013.

Klüfer, Kurt von: Seelenkräfte im Kampf um Douaumont. II./I-R 24, seine Nachbarn und Gegner am 25. Februar 1916, Berlin 1938.

Koch, W. John: Daisy von Pless. Eine Entdeckung. Neudr. d. Ausg. Berlin 1994, Edmonton 2005.

Krekeler-Jöris, Antje/Michael Rother: International – führen von vorne. Interview mit General Egon Ramms, in: Y. Das Magazin der Bundeswehr (2007). http://www.y-punkt.de/portal/a/ypunkt. Letzter Zugriff am 9.9.2013.

Krempp, Thérèse: Le commandant Rose, pionnier de l'aviation de chasse, in: Verdun. Cahiers de la Grande Guerre 27 (2000), S. 195–230.

Kroener, Bernhard R.: Aufklärung und Revolution: Die preußische Armee am Vorabend der Katastrophe von 1806, in: Militärgeschichtliches Forschungsamt (Hg.), Die Französische Revolution und der Beginn des Zweiten Weltkrieges aus deutscher und französischer Sicht. Mit Beiträgen v. R. Bassac u. a., Herford/Bonn 1989, S. 45–70.

–: Die Geburt eines Mythos – die «schiefe Schlachtordnung». Leuthen, 5. Dezember 1757, in: Stig Förster/Markus Pöhlmann/Dierk Walter (Hg.), Schlachten der Weltgeschichte. Von Salamis bis Sinai, 3. Aufl., München 2003, S. 169–183.

Krumeich, Gerd: Der Mensch als Material. Verdun, 21. Februar bis 9. September 1916, in: Stig Förster/Markus Pöhlmann/Dierk Walter (Hg.), Schlachten der Weltgeschichte. Von Salamis bis Sinai, 3. Aufl., München 2003, S. 295–305.

–: «Saigner la France»? Mythes et réalité de la stratégie allemande de la bataille de Verdun, in: Verdun. 80e anniversaire. Guerres mondiales et conflits contemporains, Nr. 182 (1996), S. 17–29.

–: Verdun, in: Pim den Boer/Heinz Duchhardt/Georg Kreis/Wolfgang Schmale (Hg.), Europäische Erinnerungsorte, Bd. 2: Das Haus Europa, München 2012, S. 437–444.

–: Verdun: ein Ort gemeinsamer Erinnerung?, in: Horst Möller/Jacques Morizet (Hg.), Franzosen und Deutsche. Orte der gemeinsamen Geschichte, München 1996, S. 162–184.

Kruse, Wolfgang: Der Erste Weltkrieg (= Geschichte kompakt, hg. v. Kai Brodersen u. a.), Darmstadt 2009.

Kühn, Arthur: Verdun 1916. Französische Nachschub- und Versorgungsprobleme, in: Archiv für Eisenbahnwesen, 65 (1942), S. 9–34.

La dernière lettre écrite par des soldats français tombés au champ d'honneur, 1914–1918, Paris 1918.

Lambers, Andree: Die Schlacht von Verdun in der militärgeschichtlichen Rezeption, 1919–1945. Osnabrück 2006.

Laschitza, Annelies: Die Liebknechts. Karl und Sophie – Politik und Familie, Berlin 2007.

Lebougre, Alain: Au pont de Dinant, le 15 aout 1914, in: Ders./Véronique Harel (Hg.), Charles de Gaulle soldat, 1914–1918. Catalogue de l'exposition tenue à l'Historial de la Grande Guerre à Péronne, Paris 1999, S. 23–29.

Lefebvre, Jacques-Henri: Die Hölle von Verdun. A. d. Franz. v. Veronika Fischer. Nach den Berichten von Frontkämpfern (= Éditions du Mémorial. Collection «Témoignages et mémoires», hg. v. Comité National du Souvenir de Verdun), Nachdr. d. Ausg. von 1965, Verdun 1997.

–: Verdun. La plus grande bataille de l'histoire racontée par les survivants. Préface de Georges Duhamel (= Collection «Mémorial de Verdun»). Neudruck der Ausg. v. 1960, Verdun 2008.

Le Nouveau Petit Robert. Dictionnaire alphabétique et analogique de la langue française, hg. v. Paul Robert unter Mitw. v. Josette Rey-Debove u. Alain Rey, Paris 1994.

Löbel, Uwe: Neue Forschungsmöglichkeiten zur preußisch-deutschen Heeresgeschichte. Zur Rückgabe von Akten des Potsdamer Heeresarchivs durch die Sowjetunion, in: Militärgeschichtliche Mitteilungen 51 (1992), S. 143–149.

Machtan, Lothar: Rezension zu: Dieter J. Weiß, Kronprinz Rupprecht von Bayern (1869–1955). Eine politische Biografie, Regensburg 2007, in: H-Soz-u-Kult, 02.08.2007, http://hsozkult.geschichte.hu-berlin.de/rezensionen/2007-3-084. Letzter Zugriff 28.8.2013.

Madelin, Louis: Verdun. La bataille de France. Avec 6 planches et 1 carte hors texte. Paris 1920.

Martin, William: Verdun 1916: «They shall not pass». Illustrated by Howard Gerrard, Oxford 2001.

Mathieu, Axel Oskar: Vomag. Die fast vergessene Automobilmarke, Berlin 1994.

Meyer, Franck: Guide 1914–1918. Champ de bataille de Verdun, Saint Cloud 2012.

Meyers Großes Taschenlexikon in 25 Bänden, Bd. 17, 7. Aufl., Mannheim u. a. 1999.

Millotat, Christian: Das preußisch-deutsche Generalstabssystem. Wurzeln – Entwicklung – Fortwirken (= Strategie und Konfliktforschung, hg. v. Ernst F. König, Dietmar Schössler u. Albert A. Stahel), Zürich 2000.

–: Die Schlacht um Verdun 1916. Zur Anatomie einer Schlüsselschlacht des 20. Jahrhunderts, in: Militärgeschichte. Neue Folge. Hg. v. Militärgeschichtlichen Forschungsamt, 2/2 (1996), S. 26–34.

Miquel, Pierre: Les Poilus. La France sacrifiée, Paris 2000.

–: Mourir à Verdun, Paris 1995.

Ministère de la Guerre/État-major de l'armée/Service historique (Hg.): Les Armées françaises dans la Grande Guerre, Tome IV – 1er volume, Paris 1926.

–: Les Armées françaises dans la Grande Guerre, Tome IV – 1er volume, Annexes – 1er volume, Paris 1926.

–: Les Armées françaises dans la Grande Guerre, Tome IV – 1er volume, Annexes – 2e volume, Paris 1927.

–: Les Armées françaises dans la Grande Guerre, Tome IV – 1er volume, Annexes – 3e volume, Paris 1931.

–: Les Armées françaises dans la Grande Guerre, Tome IV – 2e volume, Annexes – 2e volume, Paris 1932.

Möller, Hanns (Hg.), Geschichte der Ritter des Ordens «pour le mérite» im Weltkrieg. Herausgegeben unter Mitarbeit zahlreicher Ordensritter und unter Benutzung amtlicher Quellen, 2 Bde., Berlin 1936.

Mommsen, Wolfgang J.: Der Erste Weltkrieg als Anfang vom Ende des bürgerlichen Zeitalters, in: Ders., Der Erste Weltkrieg. Anfang vom Ende des bürgerlichen Zeitalters, Frankfurt a. M. 2004, S. 15–36.

[Müller, Richard:] Tagebuch 1916. Auszugsweise veröffentlicht bei: http://www.oocities.org/bunker1914/Frontalltag_Verdun_Tagebuch_Mueller.htm. Letzter Zugriff am 25.7.2013.

Münch, Matti: Verdun. Mythos und Alltag einer Schlacht, München 2006.

Navet, Françoise: Verdun et la censure, in: Guerres mondiales et conflits contemporains. Dossier: Verdun. 80e anniversaire, 182 (1996), S.45–56.

Neitzel, Sönke/Harald Welzer: Soldaten. Protokolle vom Kämpfen, Töten und Sterben (= Schriftenreihe Bundeszentrale für politische Bildung, Bd. 1139), Bonn 2011.

Neitzel, Sönke: Seeblockade, in: Hirschfeld/Krumeich/Renz (Hg.), Enzyklopädie Erster Weltkrieg, S. 1002–1004.

–: Weltkrieg und Revolution. 1914–1918/19 (= Deutsche Geschichte im 20. Jahrhundert, hg. v. Manfred Görtemaker, Frank-Lothar Kroll u. Sönke Neitzel, Bd. 3), Berlin 2008.

Obkircher, Walther (Hg.): General Erich von Gündell. Aus seinen Tagebüchern: Deutsche Expedition nach China 1900–1901. 2. Haager Friedenskonferenz 1907. Weltkrieg 1914–1918, Hamburg 1939.

Otto, Helmut: Der Bestand Kriegsgeschichtliche Forschungsanstalt des Heeres im Bundesarchiv-, Militärisches Zwischenarchiv Potsdam, in: Militärgeschichtliche Mitteilungen 51 (1992), S. 429–441.

Ousby, Ian: The Road to Verdun. France, Nationalism and the First World War, London 2002.

Passaga, Fénelon: Verdun dans la tourmente. Le calvaire de Verdun, 3. Aufl., Paris/Nancy 1929.

Pédoya, Jean Marie Gustave: La commission de l'armée pendant la grande guerre, Paris 1921.

Pedroncini, Guy: Les Mutineries de 1917, Paris 1967.

–: Pétain. Le soldat et la gloire. 1856–1918, Paris 1989.

Pentz, Hans Henning von: General von Falkenhayn, in: Mitteilungen für die Angehörigen des ehemals kgl. Preuß. 4. Garde-Regiments z. F. 4/2 (1922), S. 1–3 u. S. 8.

Péricard, Jacques: Verdun. Histoire des combats qui se sont livrés de 1914 à 1918 sur les deux rives de la Meuse. Avec la collaboration de plusieurs milliers d'anciens combattants, Paris 1933.

Pernot, François: Verdun 1916: naissance de la chasse française, in: Revue historique des armées 2 (1996), S. 39–50.

Pétain, Maréchal: La bataille de Verdun (= Collection de mémoires, études et documents pour servir à l'histoire de la guerre mondiale), Paris 1938.

Petter, Wolfgang: La bataille de Verdun. Aspect allemand, in: Claude Carlier/Guy Pedroncini (Hg.), La bataille de Verdun. Actes du Colloque international organisé pour le 80e anniversaire de la bataille par l'Institut d'Histoire des Conflits Contemporains et le Comité National du Souvenir de Verdun les 21 et 22 mai 1996 au Château de Vincennes, Paris 1997, S. 97–105.

Philpott, William: Bloody Victory. The Sacrifice on the Somme, London 2009.

–: Why the British were Really on the Somme. A reply to Elisabeth Greenhalgh, in: War in History 9/4 (2002), S. 446–471.

Pierrefeu, Jean de: Grand Quartier Général. Le quotidien d'un état-major de guerre, Bd. 2, Paris 1922.

Pleß, Fürstin Daisy von: Tanz auf dem Vulkan. Erinnerungen an Deutschlands und Englands Schicksalswende. Nachdruck d. 2. durchges. Ausg. Dresden 1930 (= Die EU und ihre Ahnen im Spiegel historischer Quellen, hg. v. Louis Krompotic, Reihe 19, Bd. 7), Bd. 1, Hannover 2009.

–: Tanz auf dem Vulkan. Erinnerungen an Deutschlands und Englands Schicksalswende. Nachdruck d. 2. durchges. Ausg. Dresden 1930 (= Die EU und ihre Ahnen im Spiegel historischer Quellen, hg. v. Louis Krompotic, Reihe 19, Bd. 7), Bd. 2, Hannover 2009.

Plessy, Fernand: J'ai connu de Gaulle captif. Témoignage à Ingolstadt 1917-Wülzburg 1918, in: Alain Lebougre/Véronique Harel (Hg.), Charles de Gaulle Soldat, 1914–1918. Catalogue de l'exposition tenue à l'Historial de la Grande Guerre à Péronne, Paris 1999, S. 177–189.

Pöhlmann, Markus: «Das große Erleben da draußen». Die Reihe «Schlachten des Weltkrieges» (1921–1930), in: Thomas F. Schneider/Hans Wagener (Hg.), Von Richthofen bis Remarque. Deutschsprachige Prosa zum I. Weltkrieg (= Amsterdamer Beiträge zur neueren Germanistik, Bd. 53), Amsterdam/New York 2003, S. 113–132.

–: Großer Krieg und nächster Krieg. Der Erste Weltkrieg in den Kriegslehren und Planungen von Reichswehr und Wehrmacht, in: Gerd Krumeich (Hg.), Nationalsozialismus und Erster Weltkrieg, Essen 2010, S. 285–298.

–: Kriegsgeschichte und Geschichtspolitik: Der Erste Weltkrieg. Die amtliche deutsche Militärgeschichtsschreibung 1914–1956 (= Krieg in der Geschichte, hg. v. Stig Förster, Bernhard R. Kroener u. Bernd Wegner, Bd. 12), Paderborn u. a. 2002.

–: Nivelle-Offensive, in: Hirschfeld/Krumeich/Renz (Hg.), Enzyklopädie Erster Weltkrieg, S. 744–745.

Poincaré, Raymond: Au service de la France, Bd. 8: Verdun 1916, Paris 1931.

Porte, Rémy: Verdun avant Verdun, in: 1916–2006. Verdun sous le regard du monde. Actes du colloque. Verdun 23 et 24 février 2006. Sous la direction de François Cochet, S. 25–37.

Prost, Antoine: Verdun, in: Pierre Nora (Hg.), Erinnerungsorte Frankreichs. Mit einem Vorw. v. Étienne François. A. d. Franz v. Michael Bayer u. a., München 2005, S. 253–278.

Radtke, Eugen: Douaumont wie es wirklich war, Berlin 1934.

Raths, Ralf: Vom Massensturm zur Stoßtrupptaktik. Die deutsche Landkriegtaktik im Spiegel von Dienstvorschriften und Publizistik 1906 bis 1918 (= Einzelschriften zur Militärgeschichte, hg. v. Militärgeschichtlichen Forschungsamt, Bd. 44), Freiburg i. Br. u. a. 2009.

Recouly, Raymond (Bearb.): Marschall Foch. Erinnerungen. Von der Marneschlacht bis zur Ruhr. Niedergeschrieben unter persönlicher Redaktion des Marschalls. A. d. Franz. v. Gustav Gugitz, Dresden 1929.

Reimann, Aribert: Stereotypen, in: Hirschfeld/Krumeich/Renz (Hg.), Enzyklopädie Erster Weltkrieg, S. 867–868.

Reymann, Martin (Bearb.)/Ludwig Gold: Die Tragödie von Verdun 1916. I. Teil: Die deutsche Offensivschlacht. Mit Zeichnungen v. A. Reich (= Schlachten des Weltkrieges. In Einzeldarstellungen bearb. u. hg. im Auftrage des Reichsarchivs, Bd. 13), Oldenburg i. O./Berlin 1926.

Reymann, Martin (Bearb.)/Alexander Schwencke: Die Tragödie von Verdun 1916. II. Teil: Das Ringen um Fort Vaux (= Schlachten des Weltkrieges. In Einzeldarstellungen bearb. u. hg. im Auftrage des Reichsarchivs, Bd. 14), Oldenburg i. O./Berlin 1928.

Reymann, Martin (Bearb.)/Ludwig Gold: Die Tragödie von Verdun 1916. III. und IV. Teil: Die Zermürbungsschlacht. III. Teil: Toter Mann – Höhe 304. IV. Teil: Thiaumont – Fleury (= Schlachten des Weltkrieges. In Einzeldarstellungen bearb. u. hg. im Auftrage des Reichsarchivs, Bd. 15), Oldenburg i. O./Berlin 1929.

Reymann, Martin: Verdun vor 25 Jahren, in: Reichsoffizierblatt Nr. 5 (1941), S. 100–101.

Ritter, Gerhard: Gedenkworte für Hermann von Kuhl, in: Orden Pour le Mérite für Wissenschaften und Künste. Reden und Gedenkworte, Bd. 3 (1958/59), S. 85–97.

–: Staatskunst und Kriegshandwerk. Das Problem des ‹Militarismus› in Deutschland, Bd. 3: Die Tragödie der Staatskunst. Bethmann Hollweg als Kriegskanzler (1914–1917), München 1964.

Rocolle, Colonel: Les préliminaires de la bataille de Verdun, in: Revue historique des armées 2/4 (1975), S. 29–58.

Rocolle, Pierre: Douaumont 1916 – un sujet de réflexion, in: Revue historique des armées 3 (1976), S. 55–82.

Rodier, Léon: Batteries allemandes de 38 cm devant Verdun, in: Verdun. Cahiers de la Grande Guerre 26 (1999), S. 45–52.
–: Évolution de l'artillerie à Verdun, in: Verdun. Cahiers de la Grande Guerre 23 (1996), S. 35–49.
–: L'artillerie lourde allemande de l'armée de terre à très longue portée 1914–1918, in: Verdun. Cahiers de la Grande Guerre 26 (1999), S. 27–44.
–: Les neuf communes de la zone rouge. «Mortes pour la France», in: Verdun. Cahiers de la Grande Guerre 24 (1997), S. 191–193.
–: Les 9 villages détruits dans la bataille de Verdun 80 ans après, in: Verdun. Cahiers de la Grande Guerre 24 (1997), S. 195–201.
Röhl, John C. G.: Kaiser, Hof und Staat. Wilhelm II. und die deutsche Politik, 3. Aufl., München 1988.
Rolland, Denis: Nivelle. L'inconnu du Chemin des Dames, Paris 2012.
[Rüchel, Ernst von:], Anrede an die militärische Gesellschaft bei ihrer ersten Stiftungsfeyer zu Berlin: an dem so merkwürdigen 24sten Januar gehalten in der Versammlung von dem General-Lieutnant von Rüchel. 1803. Abgedruckt in: Denkwürdigkeiten der militärischen Gesellschaft 2 (1803), S. 1–13.
Rupprecht von Bayern, Kronprinz: Mein Kriegstagebuch. Hg. v. Eugen v. Frauenholz, 3 Bde., Bd. 1, Berlin 1929.
Ryan, Stephen: Pétain the Soldier, New York/London 1969.
Salewski, Michael: Geschichte Europas. Staaten und Nationen von der Antike bis zur Gegenwart (= Beck's Historische Bibliothek), München 2000.
–: Verdun und die Folgen. Eine militär- und geistesgeschichtliche Betrachtung, in: Wehrwissenschaftliche Rundschau 3 (1976), S. 89–96.
Schalich, Günter: Fort Douaumont. Der französische Angriff im Mai 1916 (= Interessengemeinschaft für Befestigungsanlagen beider Weltkriege, Sonderheft 24), Aachen 1993.
Scharrer, Manfred: Karl Liebknecht, in: Michael Fröhlich (Hg.), Das Kaiserreich. Porträt einer Epoche in Biographien, Darmstadt 2001, S. 431–442.
Schell, Marco: Krieg und Ökologie – die ökologischen Folgen des Ersten Weltkrieges anhand des Beispiels von Verdun, in: Newsletter Arbeitskreis Militärgeschichte e. V. 14 (2001), S. 14–15.
Schembs, Hans-Otto: Jüdische Mäzene und Stifter in Frankfurt am Main. Mit einer Einführung v. Hilmar Hoffmann, Frankfurt a. M. 2007.
Schillmann, Fritz: Grenadier-Regiment König Friedrich Wilhelm I. (2. Ostpreußisches) Nr. 3 im Weltkriege 1914–1918. Nach amtlichen Unterlagen und Berichten der Mitkämpfer bearbeitet (= Erinnerungsblätter deutscher Regimenter. Truppenteile des ehemaligen preußischen Kontingents, Bd. 118), Oldenburg 1924.
Schmidt, Wolfgang: Manfred Freiherr von Richthofen, in: Hirschfeld/Krumeich/Renz (Hg.), Enzyklopädie Erster Weltkrieg, S. 796.
–: Luftkrieg, in: Hirschfeld/Krumeich/Renz (Hg.), Enzyklopädie Erster Weltkrieg, S. 687–689.
Schröder, Joachim: Die U-Boote des Kaisers. Die Geschichte des deutschen U-Boot-Krieges gegen Großbritannien im Ersten Weltkrieg (= Subsidia Academica. Im Auftrage der Akademie gemeinnütziger Wissenschaften zu Erfurt in Verb. mit d. Stiftung Thüringen zu Mainz hg. v. Dietrich Grille u. a. Reihe A: Neue und Neueste Geschichte, Bd. 3), Lauf a. d. Pegnitz 2000.
Schulz, Ursula (Hg.): Die Deutsche Arbeiterbewegung 1848–1919 in Augenzeugenberichten. Mit einer Einleitung v. Willy Dehnkamp, 3. Aufl., München 1981.
Serrigny, Bernard: Trente ans avec Pétain, Paris 1959.
Service historique de la Défense (Hg.): Les 300 jours de Verdun. Hg. unter d. Leitung v. Jean-Pierre Turbergue, Paris 2006.
Sheffield, Gary: Biographical Sketches: Field Marshal Earl Kitchener (1850–1916), in: Douglas Haig, War Diaries and Letters 1914–1918, hg. v. Gary Sheffield u. John Bourne, London 2005, S. 504.
–: The Chief. Douglas Haig and the British Army. Foreword by Saul David, London 2011.

Siebert, Ferdinand: Aristide Briand. 1862–1932. Ein Staatsmann zwischen Frankreich und Europa, Zürich/Stuttgart 1973.

Simkins, Peter: Horatio Herbert Kitchener, in: Hirschfeld/Krumeich/Renz (Hg.), Enzyklopädie Erster Weltkrieg, S. 614–615.

–: Somme, in: Hirschfeld/Krumeich/Renz (Hg.), Enzyklopädie Erster Weltkrieg, S. 851–855.

Skibicki, Klemens: Industrie im oberschlesischen Fürstentum Pless im 18. und 19. Jahrhundert. Zur ökonomischen Logik des Übergangs vom feudalen Magnatenwirtschaftsbetrieb zum modernen Industrieunternehmen (= Regionale Industrialisierung, Bd. 2), Stuttgart 2002.

Smith, Leonard V./Stéphane Audoin-Rouzeau/Annette Becker: France and the Great War 1914–1918, Cambridge 2003.

Solger, Wilhelm: Falkenhayn (= Heerführer des Weltkriegs), Berlin 1938.

Stachelbeck, Christian: Militärische Effektivität im Ersten Weltkrieg. Die 11. Bayerische Infanteriedivision 1915 bis 1918 (= Zeitalter der Weltkriege, hg. v. Militärgeschichtlichen Forschungsamt, Bd. 6), Paderborn u. a. 2010.

Stéphane, Marc: Ma dernière relève au Bois de Caures: 18–22 février 1916. Verdun: souvenirs d'un chasseur de Driant, hg. v. Éric Dussert (= Collection «Les immortelles»), Nachdr. d. Ausg. Paris 1929, Triel-sur-Seine 2007.

Sterkendries, Jean-Michel: La bataille de Verdun vue par les Belges, in: 1916–2006. Verdun sous le regard du monde. Actes du colloque Verdun 23 et 24 février 2006, sous la direction de François Cochet, Verdun 2006, S. 181–188.

Stone, Norman: Przemyśl, in: Hirschfeld/Krumeich/Renz (Hg.), Enzyklopädie Erster Weltkrieg, S. 783–784.

Stürgkh, Josef: Im deutschen Großen Hauptquartier, Leipzig 1921.

Strachan, Hew: Der Erste Weltkrieg. Eine neue illustrierte Geschichte. A. d. Engl. v. Helmut Ettinger, 3. Aufl., München 2009.

Suarez, Georges: Briand: sa vie, son œuvre avec son journal et de nombreux documents inédits, 6 Bde., Bd. 3: Le pilote dans la tourmente 1914–1916, Paris 1940.

Suttie, Andrew: Rewriting the First World War: Lloyd George, Politics and Strategy 1914–1918, Basingstoke 2005.

Szöllösi-Janze, Margit: Fritz Haber. 1868–1934. Eine Biographie, München 1998.

Szymanski, Roger: Les Ardennes, terre de France oubliée en 1914–1918, Charleville 1984.

Tanty, Étienne (Hg.): Les violettes des tranchées. Lettres d'un poilu qui n'aimait pas la guerre, Paris 2002.

Thoß, Bruno: Materialschlacht, in: Hirschfeld/Krumeich/Renz (Hg.), Enzyklopädie Erster Weltkrieg, S. 703–704.

Todman, Dan: The Grand Lamasery Revisited: General Headquarters on the Western Front, 1914–1918, in: Gary Sheffield/Dan Todman (Hg.), Command and Control on the Western Front. The British Army's Experience, 1914–1918, Staplehurst (Kent) 2004, S. 39–70.

Treffort, Cécile: Les lanternes des morts: une lumière protectrice? À propos d'un passage du *De miraculis* de Pierre le Vénérable, in: Cahiers de Recherches Médiévales et Humanistes 8 (2001), S. 143–163.

Ullmann, Hans-Peter: Kriegswirtschaft, in: Hirschfeld/Krumeich/Renz (Hg.), Enzyklopädie Erster Weltkrieg, S. 220–232.

Valentini, Rudolf von: Kaiser und Kabinettschef. Nach eigenen Aufzeichnungen und dem Briefwechsel des Wirklichen Geheimen Rats dargestellt v. Bernhard Schwertfeger, Oldenburg i. O. 1931.

Vallières, Jean des: Au soleil de la cavalerie. Avec le général des Vallières, Paris 1965.

Vaupel, Bettina: Allerhöchste Eisenbahn. Von Kaiserbahnhöfen, Fürstenzimmern und Salonwagen, in: Monumente Online. Magazin der Deutschen Stiftung Denkmalschutz. http://www.monumente-online.de/13/03/sonderthema/Kulturgeschichte_Kaiserbahnhoefe.php. Letzter Zugriff am 25.7.2013.

Ville de Verdun (Hg.): La citadelle souterraine de Verdun, Verdun o. J.

Voluer, Philippe: La guerre de 14 au pays de Stenay. La vie des civils sous l'occupation, Beaufort-en-Argonne 2006.

Weck, Hervé de: La bataille de Verdun depuis la Suisse romande (1916–1921), in: 1916–2006. Verdun sous le regard du monde. Actes du colloque Verdun 23 et 24 février 2006. Sous la direction de François Cochet, Verdun 2006, S. 225–250.

Wehler, Hans-Ulrich: Der zweite Dreißigjährige Krieg. Der Erste Weltkrieg als Auftakt und Vorbild für den Zweiten Weltkrieg, in: Stephan Burgdorff/Klaus Wiegrefe (Hg.), Der Erste Weltkrieg. Die Urkatastrophe des 20. Jahrhunderts. Mit Beiträgen v. Karen Andresen, Wolfram Bickerich u. a., München 2004, S. 23–35.

–: Deutsche Gesellschaftsgeschichte, Bd. 4: Vom Beginn des Ersten Weltkriegs bis zur Gründung der beiden deutschen Staaten 1914–1949 (= Schriftenreihe der Bundeszentrale für politische Bildung, Bd. 776), Bonn 2009.

–: Nationalismus. Geschichte, Formen, Folgen, 3. Aufl., München 2007.

Weiss, Stefan: Wilhelm Stieber, August Schluga von Rastenfeld und Otto von Bismarck. Zu den Anfängen des deutschen Geheimdienstes, in: Francia 31/3 (2004), S. 87–112.

Wendt, Hermann: Verdun 1916. Die Angriffe Falkenhayns im Maasgebiet mit Richtung auf Verdun als strategisches Problem, Berlin 1931.

Wernet, Inge/Dieter Wernet: Toul. Die Geschichte einer französischen Lagerfestung, Aachen 2009.

[Werth, German:] Augenzeugen berichten über Verdun 1916. Film von German Werth und Claus-Ferdinand Siegfried. Produktionsleitung: Rudi Obladen. WDR 1984.

–: Champagne, in: Hirschfeld/Krumeich/Renz (Hg.), Enzyklopädie Erster Weltkrieg, S. 409–411.

–: Verdun. Die Schlacht und der Mythos, Bergisch Gladbach 1989.

Wild von Hohenborn, Adolf: Briefe und Tagebuchaufzeichnungen des preußischen Generals als Kriegsminister und Truppenführer im Ersten Weltkrieg, hg. v. Helmut Reichold. Für die Veröffentlichung vorbereitet v. Gerhard Granier (= Schriften des Bundesarchivs, Bd. 34), Boppard am Rhein 1986.

Wilhelm, Kronprinz: Meine Erinnerungen aus Deutschlands Heldenkampf, Berlin 1923.

Winter, Jay: Großbritannien, in: Hirschfeld/Krumeich/Renz (Hg.), Enzyklopädie Erster Weltkrieg, S. 50–63.

Wolff-Leipzig, Karl: Der Kriegsschauplatz zwischen Mosel und Maas. Land und Leute zwischen Metz – Verdun – Toul und Nancy (= Kriegsgeographische Zeitbilder. Land und Leute der Kriegsschauplätze, hg. v. Hans Spethmann u. Erwin Scheu, Bd. 6), Leipzig 1915.

Woodward, David R.: Field Marshal Sir William Robertson: Chief of the Imperial General Staff in the Great War, Westport/Conn. 1998.

Wurmser, Léon: Flucht vor dem Gewissen: Analyse von Über-Ich und Abwehr von schweren Neurosen, 3. Aufl., Göttingen 2000.

Ziese-Behringer, Hermann: Der einsame Feldherr. Die Wahrheit über Verdun, 2 Bde., Berlin 1934.

[Zimmermann:] Tagebuch des Leutnants Zimmermann vom III. Bataillon (12. Kompanie) des ostpreußischen Grenadier-Regiments Nr. 3. Transkription. Auszugsweise veröffentlicht v. Stephan Klink u. Erich Kassing, in: www.oocities.org/bunker1914/Frontalltag_Verdun_Tagebuch_Zimmermann.htm. Letzter Zugriff am 16.11.2013.

Zwehl, Hans von: Erich v. Falkenhayn, General der Infanterie. Eine biographische Studie, Berlin 1926.

Bildnachweis

Barch = Bundesarchiv-Militärarchiv Freiburg i.Br.
SGB = Stadtarchiv Bergisch Gladbach, Bestand «L 301 Weltkriegsalben Hermann Broich 1914-1918»

Seite 18: Barch, N 56/7 (Nachlass Tappen) | **22:** Barch, N 56/7 (Nachlass Tappen) | **31:** Aus: Pétain, La Bataille, S. 32 | **33:** Aus: Ebd., S. 16 | **34:** © ullstein bild / Roger-Viollet / Excelsior / L'Équipe | **43:** Barch, MSG 2/8987 | **46:** Aus: David, Le Colonel Driant, S. 206 | **53:** © ullstein bild | **65:** © bpk / Studio Niermann / Emil Bieber | **70:** Aus: Klüfer, Seelenkräfte,Nr. 53, S. 339 | **71:** Barch, MSG 2/8879 | **73:** SBG, L 301/23 | **74:** SBG, L 301/116 | **81:** Aus: Klüfer, Seelenkräfte, Nr. 52, S. 339 | **87:** Barch, MSG 2/18046 | **88:** Barch, MSG 2/8868 | **89:** Aus: Klüfer, Seelenkräfte, Nr. 51, S. 338 | **93:** Barch, RH 18/1904 | **105:** Aus: Pétain, La Bataille, S. 32 | **108:** Aus: David, Le Colonel Driant, S. 206 | **132:** Barch, MSG 2/8288 | **134:** Aus: Klüfer, Seelenkräfte, Nr. 17, S. 314 | **137:** Aus: Pétain, La Bataille, S. 17 | **139:** Aus: Ebd., S. 17 | **147:** Aus: Ousby, The Road to Verdun, S. 80 | **150:** Aus: Klüfer, Seelenkräfte, Nr. 18, S. 314 | **152:** Aus: Ebd., Nr. 50, S. 338 | **153:** SBG, L 301/48 | **158:** Aus: Klüfer, Seelenkräfte, Nr. 20, S. 315 | **159:** Aus: Ebd., Nr. 42, S. 332 | **163:** Aus: Ebd., Nr. 34, S. 326 | **169:** Aus: Ebd., Nr. 38, S. 328 | **170:** Aus: Ebd., Nr. 39, S. 329 | **171:** Aus: Ebd., Nr. 40, S. 330 | **175:** SBG, L 301/39/2 | **184:** Barch, MSG 2/9021 | **194:** Aus: Pétain, La Bataille, S. 49 | **197:** Aus: Clayton, Paths of Glory, o.S.| **199:** Aus: Ousby, The Road to Verdun, S. 80 | **201:** Barch, MSG 2/8288 | **204:** Barch, MSG 2/8288 | **210:** © akg-images | **222:** Aus: Pétain, La Bataille, S. 80 | **229:** Barch, N 56/7 (Nachlass Tappen) | **237:** Aus: Grand-Carteret, Verdun, o.S. | **247:** Barch, MSG 2/16389 | **249:** Aus: Martin, Verdun 1916, S. 77 | **271:** Aus: Grand-Carteret, Verdun, o.S. | **274:** Aus: Pétain, La Bataille, S. 128 | **290:** Aus: Hamann, Der Erste Weltkrieg, S. 253 | **292:** Aus: Pétain, La Bataille, S. 113 | **293:** Aus: Ebd., S. 81 | **294:** Aus: Ousby, The Road to Verdun, S. 208 | **303:** Barch, MSG 2/8987 | **304:** Barch, MSG 2/8987 | **305:** Barch, MSG 2/8987 | **317:** SBG, L 301/51 | **320:** Aus: Grand-Carteret, Verdun, o.S. | **325:** Aus: Pétain, La Bataille, S. 113 | **333:** Aus: Carré, 1916, S. 205 | **343:** Aus: David, Le Colonel Driant, S. 250 | **344:** Barch, N 56/7 (Nachlass Tappen) | **345:** © Hervé Champollion / akg-images | **346:** © ullstein bild / AP | **347:** © ullstein bild / Sven Simon | **367:** Barch, RH 61/1674

Karten:
Seite 82–84, vorderer und hinterer Vorsatz: Forschungsanstalt für Kriegs- und Heeresgeschichte (Hg.): Die Operationen des Jahres 1916 bis zum Wechsel in der Obersten Heeresleitung. Mit fünfundvierzig Karten und Skizzen, Berlin 1936, Skizze 2, Karten 2 und 3
Seite 114 f., 156 f., 218 f., 306 f., 312 f.: Peter Palm, Berlin, nach: Forschungsanstalt für Kriegs- und Heeresgeschichte (Hg.): Die Operationen des Jahres 1916 …, Skizzen 1, 6, 15, 13 und 14

Personenregister

Ortsregister

Inhaltsübersicht

Drittes Kapitel
AUFMARSCH
69

Viertes Kapitel
ANGRIFF
99

Fünftes Kapitel
DAMMBRUCH
124

Sechstes Kapitel
DOUAUMONT
151

Siebtes Kapitel
PATT
182

Achtes Kapitel
ZERMÜRBUNG
213

Neuntes Kapitel
KRISE
251

Zehntes Kapitel
ENTSCHEIDUNG
273

NACHSPIEL
327

ANHANG

A.
Abschnitt A (VII.R.K.)
48 Mörser (21cm)
VII.R.
VI.R.K. (einschl. 2.Ldw.Div.)
8 Mörser (21cm)
7 Marine-G. (21cm)
VI.R.
12.R.
11.R.
14.R.
13.R.
Rgt. Stolzingen
R.16
R.Jg. 5
77.Br.
37
72.
72.Div.
VII.
14.
Höhe 304
38.
13.
54.
4.
28.8.
ranke
Rückwärtige Stellung
VERDUN
Vilosnes
Sivry
Dannevoux
Consenvoye
Brabant
Regnéville
Forges
Septsarges
Cuisy
Béthincourt
Chattancourt
Marre
Charny
Vacherauville
Champneuville
Neuville
Montzéville
Esnes
Avocourt
Bethelainville
Fromeréville
Thierville
Belleville
Récicourt
Dombasle
Parois
Jouy
Brocourt
Rampont
Jubécourt
Nixéville
Blercourt
Haraumont